KB068940

제2판

신제품 마케팅전략

NEW PRODUCT MARKETING STRATEGY

박흥수

하영원

강성호

박영사

머리말

　이토록 강력한 변화가 언제였는가 싶게 모든 것이 급격하게 바뀌고 있다. 인공지능 (AI)과 빅데이터, 로봇공학과 사물인터넷 등과 같은 생경한 단어들이 우리 생활에 점차 들어오면서 제품이나 서비스를 구매하고 사용하는 소비자들의 방식도 변화하고 있다. 이러한 변화는 기업들이 지금껏 경험해 보지 못한 새로운 마케팅 의사결정 상황에 놓이게 하고 있으며 기업들에게 제품과 서비스의 새로운 관리 체계를 요구하고 있다. 그 중에서도 진보된 과학기술을 소비자의 언어로 전환시켜야 하는 신제품 개발 관련 의사결정은 이러한 혁명적 변화의 최전선에 놓여있다 해도 과언이 아닐 것이다.

　기술환경과 경영환경의 변화에 매우 민감한 분야가 신제품 관련 의사결정임에도 불구하고 신제품의 개발과 마케팅을 이해하기 쉽게 체계적으로 설명하고 있는 서적은 많지 않다. 저자들이 대학과 현업에서 제품정책과 신제품 관련 강의를 수행하면서 가장 아쉬웠던 점은 실제로 기업들이 신제품 개발의 전 과정에서 유효하게 적용할 수 있는 신제품 마케팅 서적이 필요하다는 것이었다. 이러한 취지에서 이 책에서는 신제품 개발 순서에 맞춰 기본적인 개념을 설명하고 구체적인 방법을 함께 제시하여 누구나 쉽게 이해하고 적용할 수 있도록 책을 구성하였다. 2009년에 출간되었던 본 서적의 개정판을 통해 이러한 저술의도가 충분히 반영되도록 노력하였으며 많은 독자들이 이에 공감해 주시어 새로운 개정판을 저술하기에 이르렀다.

　본 개정판에서 중점을 두어 보완한 내용은 다음과 같다.

　첫째, 이 책을 저술하기 위해 1970년대에서 최근에 이르기까지 많은 외국 문헌들을 참고하였으나 그 내용을 구성함에 있어 가능하면 우리나라의 실정에 부합하도록 기술하였다. 주제별로 장황하게 서술하는 것을 지양하고 신제품 개발 단계마다 꼭 필요하다고 생각되는 부분들을 되도록 간단명료하게 서술하였다. 또한 독자들이 이 책을 읽어나가면서 흐름을 놓치지 않도록 수학적인 서술을 피하고 꼭 필요한 수식만을 포함시켰다.

둘째, 각 부와 장의 도입부 및 본문의 중간에 삽입되어 있는 사례들을 최신의 것으로 교체하였다. 특히 인공지능, 빅데이터, 사물인터넷 등을 활용하는 새로운 신제품 개발과정과 비즈니스 모델을 소개하여 독자들에게 최근 벌어지고 있는 신제품 의사결정 환경의 변화들을 경험할 수 있도록 하였다.

셋째, 이 책이 대체적으로 유형제품의 개발이라는 맥락에 맞게 쓰여 있다는 지적에 따라 본문의 기술과 사례, 그리고 토론 문제 등에서 서비스 맥락에 해당되는 기술들을 추가하였다. 이를 통해 독자들은 보다 다양한 영역의 신제품 개발상황을 이해할 수 있게 될 것이라 확신한다.

이 책은 학부의 고급 과목이나 대학원 과목으로 개설되는 신제품 마케팅, 제품관리론, 제품 정책론 등의 교재로 적합하리라고 생각하며 마케팅 조사론, 마케팅 관리론 등의 부교재로서도 쓰일 수 있을 것이다. 또한 기업에서 새로운 제품과 서비스 개발 등의 업무를 담당하고 있는 실무자에게 성공적인 신제품 개발을 위한 가이드라인과 구체적 방법론을 제시할 수 있을 것이라 기대한다.

이 책은 많은 분들의 다양한 도움의 과정을 통해 만들어졌다. 연세대학교 경영대학, 서강대학교 경영대학, 조선대학교 경상대학의 교수님들의 격려는 저자들에게 늘 큰 힘이 되었다. 그리고 원고정리, 타이핑, 교정 등의 힘든 작업들을 솜씨있게 수행해 준 대학원 학생들에게도 감사의 뜻을 전하고 싶다. 또한 이 책의 출판을 맡아 많은 수고를 아끼지 않으셨던 박영사의 임직원 여러분들께도 고마움을 표하고 싶다. 마지막으로 저자들이 연구와 강의에 몰두할 수 있도록 곁에서 묵묵히 성원을 보내 준 가족들에게 무한한 감사를 드린다.

2018년 8월
박 흥 수(rkohli@hanmail.net)
하 영 원(ywha@sogang.ac.kr)
강 성 호(shkang123@chosun.ac.kr)

차 례

PART 01 신제품 마케팅개관

CHAPTER 01 신제품 마케팅

PART **02 신제품 기회 발견**

CHAPTER 03 **시장의 경쟁구조**

PART 03 신제품 설계

CHAPTER 06 지각도와 포지셔닝

PART 04 신제품 수요예측 개관

CHAPTER 09 예비시험시장 예측

CHAPTER 10 시험마케팅

CHAPTER 11 확산 수요 예측

PART 05 기존 제품 관리

CHAPTER 12 마케팅 믹스 관리 모형

CHAPTER 13 효율적인 고객관리를 통한 대우증권의 1등 탈환 전략 사례

CHAPTER 16 세계 최초 알칼리수 소주 '처음처럼'의 시장 진입 전략 사례

신제품
마케팅전략

NEW PRODUCT MARKETING STRATEGY

PART 01

NEW PRODUCT
MARKETING
STRATEGY

신제품 마케팅개관

우리나라 기업들이 당면하고 있는 경쟁 환경은 하루가 다르게 변모하고 있다. 과거에 한두 가지의 성공적인 제품으로 시장에서 명성을 얻은 후 이를 기반으로 시장을 석권하면서 안주할 수 있었던 기업들도 국내외의 새로운 경쟁자들로부터 심각한 도전을 받고 있다. 뿐만 아니라 새로운 제품이나 서비스가 시장에서 성공한다고 하더라도 제품수명주기가 과거와는 비교도 안될 정도로 짧아져서 한두 가지의 성공적인 신제품이 기업의 지속적인 성장을 더 이상 보장해 주지도 않는다. 예를 들어 금융산업에서 시장에서의 경쟁은 동일 업종 내(예컨대 은행업)에 국한되는 것이 아니라 타 업종(증권, 보험 등)과 같은 업종간 경쟁으로 점점 확대되고 있는 상황이다. 이 같은 경쟁에서 살아남을 수 있으려면 기업으로서는 끊임없는 연구개발과 함께 변화하는 소비자의 욕구를 제품개발에 반영하려는 노력을 게을리해서는 안 된다. 여기서 모나미의 제품 개발 사례를 살펴보자.

"2만원짜리 모나미 153 한정판 샀어요?" '국민볼펜'의 변신, 모나미를 살렸다

이제 사람들은 사무실에서건, 일상에서건 펜을 들고 필기를 하는 일이 거의 없다. 대부분의 메모와 일정관리, 심지어 강의실에서의 노트필기조차 스마트기기와 컴퓨터로 이뤄진다. 저출산 영향으로 '신학기 문구판매특수'마저 희미해져가고 있다. 다른 많은 문구업체들과 마찬가지로 '대한민국 최고의 필기구 제조업체'였던 모나미 역시 위기에 처할 수밖에 없었다. 2010년을 전후해 '유통회사로의 변신'을 시도했지만 이마저도 실패하면서 회사 전체 실적은 적자로 돌아서기도 했다. 그랬던 모나미가 자신들의 상징과도 같은 '모나미 153'을 고급화하면서 부활하고 있다. 2014년 이후 10%의 영업이익률을 달성하며 놀라운 성장세를 보이고 있다.

2003년만 해도 1,236개의 문구 생산업체가 존재했지만 2007년 654개 업체로 급감했고, 2014년 기준 539개까지 줄어들었다. 사정이 이렇다보니 '모나미 153'이라는 '국민 볼펜', 그리고 '모나미'라는 문구 회사의 이름 역시 희미해져 갔다. 말 그대로 바닥을 치고 있던 2013년, 모나미는 수년간 힘을 쏟던 각종 다각화를 접고 본업인 필기구에 집중하는 전략으로 돌아가기로 결정한다.

모나미가 본업인 필기구 산업으로 역량을 다시 집중하기로 결정한 후 중점적으로 추진했던 가치제공 방식은 고급화였다. 하지만 이와 같은 변화를 위해 저렴한 모나미 펜의 상징이었던 국민 볼펜 153을 버리지 않았고, 오히려 모나미 153 자체를 고급화하는 전략을 추진했다. 사실 모나미 153의 저렴한 이미지는 모나미가 새롭게 추진하던 고급화 이미지 구축에 장애가 되는 요소라고 생각될 수 있으며, 따라서 이를 버려야 한다는 잘못된 의사결정을 내리기 쉽다.

시작은 2014년 초에 1만 개 한정으로 출시된 '153 리미티드 에디션'. 이 제품은 온라인 마켓에 등장한 지 2시간 만에 완판됐다. 이후 대한민국 곳곳에 숨어 있던 필기구 덕후들 사이에서 판매가 2만 원을 훌쩍 넘긴 가

모나미 153 블랙 앤 화이트

모나미 153 NEW

모나미 153 리스팩트

격에 재거래되는 기현상이 나타났다. 이후 60년이 넘은 모나미 153펜을 기본 디자인으로 트렌드에 맞게 변형시키고 '고급화'한 다양한 상품이 나오면서 '가성비 펜'의 상징이었던 모나미의 이미지까지 바뀌고 있다.

153펜은 저렴한 이미지에도 불구하고, 엄청난 브랜드 가치를 제공해 모나미의 성장을 이끌어준 기업의 상징이기도 했다. 새로운 이미지 구축에 걸림돌이 될 수도 있지만, 그렇다고 그 자체를 버리기에는 상당한 부담이 될 수 있는 존재적 가치를 제공해주고 있었던 것이다. 따라서 모나미는 153펜의 브랜드 가치는 지키되 저렴한 이미지를 버리기 위한 노력에 집중했다. 그리고 이를 위해 모나미 153 탄생 50주년을 기념하는 한정판을 출시했는데 모양은 그대로 유지하되 고급스러운 재질로 제작된 이 한정판은 소장품으로서의 필기구라는 새로운 가치를 제공하며 모나미의 재도약을 위한 발판을 제공해줬다. 그리고 이 같은 돌풍은 다양한 화제성 뉴스를 만들어내며 고객들의 인식 속에 깊이 고급화된 기업과 제품의 이미지로 자리매김하게 됐다.

자료원: 동아비즈니스리뷰, 206호, 2016. 08.

위의 모나미 사례에서 볼 수 있듯이 과거에는 잘 판매되는 제품이 어느 순간부터 부진한 경우를 우리는 흔히 발견할 수 있다. 하지만 부진한 원인을 찾아서 제품을 개선하거나 혹은 신제품으로 대체하기 위해서는 무엇보다 고객에 기반한 체계적이고 과학적인 소비자 조사가 필수적이다. 신제품을 개발하는 데에는 많은 비용이 소모된다. 기술 개발

그림 1	신제품 개발의 4단계

신제품 기회의 발견   : 제2부

↓

신제품 설계   : 제3부

↓

신제품 수요예측   : 제4부

↓

신제품 출시 및 기존제품 관리   : 제5부

비용뿐만 아니라 생산시설 비용, 마케팅 비용에 이르기까지 신제품 개발은 기업의 운명을 결정할 정도의 큰 의사결정이다. 하지만 많은 신제품들은 시장에서 고전한다. 많은 신제품들이 시장에서 고전하는 이유는 여러 가지를 생각해 볼 수 있겠으나 그 중에서 가장 중요한 것은 역시 기업의 기술적인 능력의 열세와 소비자들의 욕구를 정확하게 파악하여 만족시켜 줄 수 있는 마케팅 능력의 부족이라고 할 수 있다. 이는 과거에 제품을 만들면 팔려 나가던 시장 환경에 길들여진 기업이 소비자의 입장에 서서 소비자들이 원하는 바가 무엇인지를 정확하게 파악하여 이를 제품 설계와 생산에 반영할 수 있는 고객지향적 기업으로 변신하는 것이 신제품 개발의 성공을 인도하는 가장 중요한 첩경임을 의미한다.

이 책에서는 신제품 개발과 관련된 마케팅 문제들을 다루기 위해 신제품 개발과정을 [그림 1]에서 보는 바와 같이 4단계로 나누었다. 첫째, 신제품의 시장기회를 발견하기 위해 시장구조를 파악하고 신제품 아이디어를 창출하는 단계, 둘째, 창출된 아이디어들 중 기술적인 면과 상업적인 면에서 비현실적이거나 바람직하지 못한 아이디어들을 솎아낸 다음 남아 있는 아이디어들을 구체적으로 설계하는 단계, 셋째, 설계된 제품의 시장수요를 예측하는 단계, 넷째, 신제품을 시장에 출시한 뒤 지속적으로 마케팅 믹스를 관리해 나가는 단계의 4단계가 그것이다. 이 4단계는 각각 이 책의 제2부에서 제5부에 이르는 부분에서 단계별로 다루었다.

제1부에서는 신제품 개발과정을 단계별로 살펴보기 전에 신제품 마케팅을 전체적으로 개관해 보기로 한다. 제1부는 두 개의 장으로 이루어져 있는데 제1장에서는 신제품이 성공하게 되는 요인은 무엇이고 실패하는 요인은 무엇인지를 개괄적으로 살펴본다. 이어서 제2장에서는 기업에서 신제품 개발에 관하여 가질 수 있는 기본적인 접근방법을 중심으로 신제품 전략에 대해 살펴보기로 한다.

01 CHAPTER

NEW PRODUCT MARKETING STRATEGY
신제품 마케팅

사례: 메이크업 시장 패러다임 바꾼 쿠션 파운데이션! 아이오페 '에어쿠션'

화장품 시장에서 쿠션 파운데이션 카테고리를 창출하며 팩트형 자외선 차단제의 고유명사가 된 '아이오페 에어쿠션'. 이에 대한민국 여성들의 파우치 필수 아이템으로 자리잡은 쿠션 리더, 아이오페 에어쿠션의 행보가 눈에 띈다.

■ 하나의 발명품이 여성의 필수품으로

2008년, 아이오페는 자외선 차단제를 따로 바를 필요 없이 손에 묻히지 않고 피부에 밀리지 않게 계속 덧바를 수 있는 발명품, 아이오페 에어쿠션을 개발했다. 이는 메이크업을 하는 여성들의 니즈를 정확히 파악한 혁신 제품으로 인정받으며 메이크업 트랜드를 선도해왔다는 평가를 받았다.

자연스러운 피부 표현을 간편하게 할 수 있으면서도 완성도 높은 베이스 메이크업을 가능케 하는 이 혁신 제품은 현대 여성들의 일상에 깊이 파고들어 메이크업의 필수 카테고리로 입지를 굳히며 매해 매출 신기록 경신이라는 기록을 이어가고 있다. 실제 KANTAR Worldpanel에 따르면 아이오페 에어쿠션은 아모레퍼시픽 내에서도 6년 연속 판매량, 판매액 1위를 유지하고 있다. 또한 국내에서 아이오페 에어쿠션을 시삭으로 불기 시작한 쿠션 열풍은 해외로도 이어져 글로벌 유명 뷰티 기업에서도 잇달아 유사 제품을 출시하고 있다. 이는 전 세계 여성들의 화장 문화를 혁신적으로 변화시키는 데 큰 역할을 했다고 볼 수 있다는 게 아이오페 측 설명이다.

■ 한국 여성 75%의 경험률, 81% 재구매율 기록

2015년 글로벌 리서치 기관에서 진행한 조사에 따르면 한국 여성 75%가 쿠션 화장품을 사용한 적이 있고 81%의 여성이 재구매 경험이 있다고 답변할 정도로 이제 쿠션은 메이크업 필수품으로 자리 잡았다. 이는 여성의 평균 화장 시간을 13분에서 7분으로 단축시키는 동시에 더 완벽에 가까운 피부 표현을 도와주는 화장

문화를 질적으로 발전시킨 제품으로도 평가할 수 있다.

이러한 시대적 변화에 힘입어 아이오페 에어쿠션은 리더의 남다른 행보를 뒷받침하듯 2016년에는 유명 매거진 '쎄씨'에서 주최하는 'K뷰티 어워드'에서 한국과 중국 양국에서 모두 쿠션 부문 1위를 기록하며 인기를 실감케 했다. 뿐만 아니라 그 외 여러 매거진 베스트 브랜드 카테고리 종 쿠션 부문에서 1위를 차지하고 에디터들의 직접 품평을 통해 선정하는 '에디터스 픽'에도 선정되는 등 수상 실적을 쌓아가고 있다.

■ 2017 ALL NEW 에어쿠션, 혁신은 여전히 현재 진행형

2008년 출시된 1세대 쿠션에서부터 현재의 쿠션에 이르기까지 아이오페 에어쿠션은 고객의 의견을 담아 제품을 지속 업그레이드해 쿠션의 핵심 기술력을 진화시키고 있다. 아이오페만의 기술력으로 탄생한 '3D 벌집 디자인 에어 스폰지'는 원하는 사용감을 더 높일 수 있도록 각각의 유형별 베네핏에 맞는 최적의 사이즈로 셀 크기를 달리했다. 내추럴과 커버에서는 고보습 내용물을 피부에 듬뿍 전달할 수 있는 3D 셀 크기로 고안돼 촉촉함과 윤기가 더욱 살아나도록 했으며 매트 롱웨어와 인텐스 커버에서는 더욱 많은 3D 셀 조직이 내용물을 촘촘히 머금고 있다가 밀착력 있게 발려 섬세하고 얇은 커버를 돕는다.

특히 이번 2017 신제품 아이오페 에어쿠션은 은은하게 빛나는 고급스러운 용기 디자인이 특징이다. 빛을 받으면 프리즘 광채가 더욱 살아나, '어떤 각도에서도 빛나는 미러볼 광채'라는 제품 베네핏을 연상케 한다. 브랜드 관계자는 "최신의 디자인으로 최고의 효과를 발휘하는 리더 쿠션 2017 ALL NEW 에어쿠션의 혁신은 앞으로도 계속 될 예정"이라고 자부심을 드러냈다.

자료원: 파이낸셜뉴스, 2017. 04. 01.

앞의 사례에서 본 바와 같이 소비자의 욕구에 부합되는 혁신적인 신제품을 개발하고 이를 시장에서 성공시키는 일은 기업의 사활을 좌우하는 중요성을 갖는다. 예를 들면 3M과 같은 기업은 '최근 4년간 개발한 신제품에서 연간 매출의 30%를 달성한다'는 것을 목표로 삼을 정도로 신제품 개발을 중요하게 생각하고 있으며, 우리나라의 경우에도 HITE는 위축되었던 조선맥주의 사세를 반전시켜 놓았다. 그러나 성공적인 신제품의 개발이 우연히 성취되는 경우는 드물다. 시장에서 소비자의 필요를 정확히 파악하고, 이에 부응하는 제품이나 서비스를 설계하여 적절한 시기에 출시하며, 수명주기에 따라 전략적으로 제품을 관리하는 기업만이 시장에서 신제품의 성공 확률을 높일 수 있다.

이렇게 신제품이 시장에서 성공하고 실패하는 데는 많은 요인이 있을 수 있다. 기업이 이들을 정확하게 파악하여 성공할 수 있는 조건들을 갖추어 나가고, 실패 요인들을 피하기 위해서 노력하는 일은 기업의 사활과도 관련이 있는 매우 긴요한 일이라고 하겠다. 따라서 신제품의 성공 요인들을 살펴보고 실패 확률을 줄일 수 있는 신제품 개발 방향을 과학적으로 모색해 보는 일은 실무적으로나 이론적으로 중요한 일이다.

따라서 본 장에서는 신제품을 개발하는 과정에 있어 먼저 성공 및 실패에 영향을 미치는 요인들을 분석하고, 이 결과를 통하여 제품 개발에 관하여 구체적으로 설명하고자 한다. 시장에서 성공한 제품과 실패한 제품을 나누어서 성공과 실패 요인을 분석한 연구들(Booz, Allen and Hamilton, 1982; Duerr, 1986; Cooper and Kleinschmidt, 1987; de Brentani, 1989)에 의하면 신제품의 성공 조건과 실패 요인을 다음과 같이 몇 가지로 분류해 볼 수 있다.

SECTION 01 신제품의 성공 조건

1. 소비자와 관련된 조건들

시장에서 신제품이 성공하기 위한 첫 번째 조건은 새로운 제품이 소비자의 필요에 적합해야 한다는 것이다. 그러기 위해서는 표적고객이 신중하게 선택되어야 하며, 그들의 필요에 부응할 수 있는 상품 아이디어가 창출되어야 한다. 이같은 아이디어들은 고객의 필요에 관한 자료의 수집을 통해서 다듬어지고 고객의 필요를 해결할 수 있는 기술에 초점이 맞추어져야 한다. 또한 제품의 테스팅, 출시 및 수명주기의 관리에 있어서도 고객의 필요를 해결하기 위한 제품의 편익이 소비자에게 적절하게 제공되고 있는지를 지속적으로 감독하여야 한다.

새로운 제품이 시장에서 성공을 거두기 위해서는 소비자의 필요에 부응하는 제품이어야 할 뿐만 아니라 고객에게 가격에 비해 높은 효용을 줄 수 있는 제품 아이디어여야 한다. 그러기 위해서는 고객들이 중요하게 생각하는 편익들이 무엇인지를 찾아낼 수 있어야 한다.

2. 기술과 관련된 조건들

신제품이 성공하기 위해서는 기술상의 우월성을 필요로 한다. 그러나 기술상의 우월성이 다른 기업들이 따라오기 힘든 독점적 기술을 보유하는 것만을 의미하는 것은 아니다. 물론 독점적인 기술을 갖고 있을 때 성공적인 신제품을 출시할 가능성이 커지는 것은 사실이지만, 그보다 중요한 조건은 소비자들이 진정으로 원하는 편익을 제공할 수 있는 능력이다. 이같은 시장지향적 연구개발능력이 가미된 기술적 우월성은 시장에서의 성패를 결정하는 중요조건들 중 하나임에 틀림없다.

Clark and Fujimoto(1991)의 연구에 의하면 자동차 산업에 있어 성공적인 신제품을 시장에 내놓을 수 있는 가장 중요한 조건으로 마케팅, 연구 개발, 엔지니어링의 협력을 통해 얻어지는 총체적 품질(total product quality)의 실현 여부를 들고 있다. 이처럼 신제품의 성공은 단순한 기술적 우월성 이상의 능력을 기업에게 요구한다.

3. 시장 환경과 관련된 조건들

하나의 신제품이 성공적일 수 있으려면 신제품의 성장 잠재력이 커야 한다. 성장 잠재력이 큰 제품은 일반적으로 제품수명주기상으로는 성장기에 있는 제품을 말하며, 신제품의 진부화 속도, 전체 잠재시장의 크기 등을 모두 고려하여 성장 잠재력을 판단하여야 한다. 그러나 성장이 빠른 시장이라고 해서 무조건 신제품이 성공할 수 있는 것은 아니다. 고성장 시장에서도 경쟁자의 수, 경쟁자의 자원과 능력 등을 감안하지 않으면 성공적인 신제품을 만들어내기 어렵다. 예를 들면 1970년대의 대형 컴퓨터 시장은 고성장 시장이었다. 하지만 IBM은 기업에서 사용되는 대형 컴퓨터 시장에서 취약점을 보이고 있었고 workstation기술에 강점을 가지고 있던 DEC와 Sun Microsystems 등이 신제품 개발을 통해 성공할 수 있었다(Urban and Hauser, 1993).

4. 기업 내부적 조건들

　신제품이 시장에서 성공하기 위해서는 기업이 가지고 있는 강점들과 조화될 수 있는 제품이어야 한다. 〈표 1-1〉에서 볼 수 있듯이 Cell A의 경우에는 신제품의 개발이나 출시에 있어서 기업이 이미 갖고 있는 마케팅이나 기술적인 노하우를 충분히 활용할 수 있으나 시장에서는 새로운 제품이기 때문에 신제품과 시장의 조화가 문제이다. 예를 들면 맥주제조업체에서 완전히 새로운 개념의 '무알코올 맥주'를 개발하여 시장에 출시하는 경우, 제조상의 노하우와 유통 능력을 충분히 갖추고 있다고 하더라도, 과연 소비자들이 새로운 제품의 개념을 충분히 이해하고 받아들여 줄 것인가가 문제다. 따라서 신제품의 개념을 소비자에게 정확하게 전달하는 것이 중요하다.

　반면 기존 제품과의 관련성이 높고 시장에서 새로운 정도가 낮은 경우(Cell B)에는 회사의 기존 제품과의 충돌이 문제되며 자기잠식이 일어날 가능성이 높다. 따라서 이 경우에는 신제품으로 인한 추가적 매출의 기여가 어느 정도일 것인가를 면밀하게 따져 볼 필요가 있다. Cell C의 경우는 신제품을 개발하고 출시함에 있어 기업의 강점을 활용하기 어려운 경우가 많을 뿐 아니라 신제품의 시장 수용 여부도 미지수이기 때문에 실패할 가능성이 높다. 한편 Cell D의 경우에는 시장수용도의 문제는 심각하지 않지만 제품과 기업 간의 조화가 중요한 문제로 대두된다(Dolan, 1993). 이 경우에는 제품의 제조와 마케팅 면에서 기업이 가진 강점을 연결할 수 있는 방법을 찾아내는 것이 중요하다.

　Robert(1990)에 의하면 신제품들 중에서 독특한 기술을 가지고 기존 제품과의 관련성이 높은 시장에 진입했을 때는 67%의 성공률을 보였으며, 독특한 기술은 있으나 관련성이 낮은 시장에 진출한 경우에는 25%, 독특하지 않은 기술을 이용하여 관련성 없는 시장에 진입한 경우에는 극히 낮은 성공확률을 보였으며, 독특하지 않는 기술로 관련성이 높은 시장에 진입한 경우 25%의 성공률을 보였다. 따라서 독특한 기술처럼 강점을 가지

표 1-1	기존 제품과의 관련성과 시장에서의 새로운 정도에 따른 신제품의 마케팅 문제	
기존 제품과의 관련성 ＼ 시장에서의 새로운 정도	높 음	낮 음
높 음	A. 제품/시장간의 조화 (Product/Market Fit)	B. 자기잠식, 추가적 매출 기여도
낮 음	C. 높은 실패 가능성	D. 제품/기업간의 조화의 문제 (Product/Company Fit)

고 있으며 기존제품과의 관련성이 높은 시장에 진출한 경우가 가장 성공 가능성이 크다고 할 수 있다.

그 외에도 신제품을 성공시키기 위한 기업 내부적 조건들 중에서 중요한 것들을 열거해 보면 최고경영자의 지원, 신제품 개발과 관련된 기능부서들 사이의 원활한 의사소통(특히 연구개발부서와 마케팅 부서 간 의사소통의 원활성), 신제품을 성공시키려는 강력한 의지를 가진 임직원, 효과적인 신제품 개발 조직 등을 들 수 있다.

5. 효과적인 신제품 개발과정의 활용

신제품 개발과정에 있어서는 신제품 아이디어에 대한 screening과 소비자의 지각과 기호의 측정에 입각한 제품설계 과정을 충실하게 거친 신제품이 보다 성공확률이 크다.

산업재 신제품에 관한 연구에 의하면 제품 출시 전에 한두 과정만을 거친 제품에 비해 충실한 예비과정(6개 이상)을 거친 신제품의 성공확률이 거의 3배(29% vs 73%)에 달하였다(Hise, O'neal, McNeal, and Parasuraman, 1989). 따라서 되도록 적은 비용으로 효과적인 출시 전의 개발과정을 충실히 거치는 것이 신제품의 성공에 매우 긴요한 요소라고 할 수 있다.

6. 신제품 개발 기간 및 출시의 타이밍

제품의 수명주기가 짧아지면서 많은 제품들의 진부화 속도가 빨라지고 있다. 좋은 아이디어라고 하더라도 출시의 적기를 놓치면 시장에서 성공하기 어렵다. 특히 자동차나 반도체처럼 기술집약적인 제품에 있어서는 적시 출시가 신제품 성공의 관건이 되는 경우가 많다(Bayus, Jain, and Rao, 1997; Clark and Fujimoto, 1991). 따라서 가능한 한 개발기간을 단축시키는 노력이 중요하다고 하겠다.

이와는 반대로 아직 성숙되지 않은 시장에 출시하여 좋은 신제품 아이디어가 실패로 끝나는 예도 적지 않다. 1970년대에 McDonald's가 한국시장에 진출을 시도하였으나 실패하였고, 1980년대에 재시도한 끝에 성공의 실마리를 잡은 것은 제품출시의 타이밍이 얼마나 중요한가를 가르쳐주는 좋은 예이다.

사례: 빙그레의 신제품 개발 시스템 'BIRDS'

■ **바나나맛 우유, 투게더, 요플레, 메로나와 같은 국민 브랜드를 소유한 기업 빙그레**

신제품 개발의 필요성 증가로 인해 빙그레는 체계적인 신제품 개발 시스템 'BIRDS'(Binggrae Research and Development System)를 개발하여 운영하고 있다. 빙그레가 수정 보완하여 사용하고 있는 신제품 개발 시스템은 스테이지와 게이트로 구성된다. 스테이지(Stage)는 개발 업무를 수행하는 프로세스 단계로 실제 활동이 이루어지는 공간을 의미한다. 이와 더불어 게이트는 스테이지 단계에서 진행된 사항을 검토하여 현재의 개발 프로젝트를 진행시킬지, 아니면 보류할지, 중단할지, 다시 원점에서 생각해 볼지를 결정하는 의사결정과정이다.

빙그레는 아이디어 수집 및 개발에서 시작되어 컨셉 개발 및 정교화 단계, 제품 개발/시장조사/수익성 분석 단계, 제품출시 및 사업부별 세부전략 수립이라는 4단계를 통해 구체적 마케팅 전략을 수립하였다. 각각의 단계는 stage의 역할을 하고 각 단계에 대한 평가는 게이트 키퍼(Gate Keeper)에 의해 수행되었다.

먼저 제품 담당자는 아이디어의 수집 및 선정을 시작한다. 이 단계에서는 제품의 특성에 따라 특별전담 조직이 만들어지기도 하는데 이때의 조직은 점차 강해지는 유통환경의 압력에 대응하기 위해서 마케팅-영업-연구소의 직원들로 구성되는 TF(Task Force)가 주를 이룬다. 수집된 아이디어는 제품별, 마케팅 담당자별로 정리되어 아이디어 풀로 구성되며 담당자 및 부서장급의 게이트 키퍼(Gate Keeper)를 통해 선정 및 정리된다. 아이디어 수집 선정단계에 대한 평가는 Gate 1에서 이루어진다. Gate 1에서는 수집된 아이디어가 자사 제품과 전략적 방향성이 일치하며 경쟁제품에 비해 차별성이 있는가에 대한 전략적 방향성과 차별성 판단이 실시되며, 전반적인 시장 및 사회 트렌드와 일치하고 있는지와 같은 트렌드 평가가 이루어진다. 이와 더불어 자사의 현재 기술로 제품화할 수 있는지에 대한 기술적 실현 가능성에 대한 평가도 이루어진다.

두 번째 컨셉 개발과 정교화 단계에서는 창출된 아이디어를 소비자의 시각에서 정교화 과정을 통해 보다 구체화시키게 된다. 해당 제품의 마케팅 담당자가 주축이 되어 충족되지 않은 소비자 니즈를 충족시키는 컨셉을 개발하기 위한 여러 활동을 수행한다. 컨셉 개발과 정교화 단계에 대한 평가는 Gate 2에서 이루어진다. Gate2에서는 경쟁제품과 비교하여 제품 컨셉이 경쟁력이 있는가에 대한 평가가 이루어진다. 이러한 평가는 기존의 경쟁제품에 대한 포지셔닝을 검토함으로써 행해진다. 기존 제품의 여러 가지 속성과 편익에 대한 소비자들의 평가를 토대로 자사의 신제품 컨셉이 새로운 포지셔닝에 적합한 제품인지 아니면 기존의 타사 제품의 포지셔닝을 대체할 수 있는 제품인지를 결정하게 된다. 이와 더불어 현재 검토되고 있는 제품의 컨셉이 자사가 보유하고 있는 제품에 대한 자기잠식(Cannibalization)이 일어날 수 있는지도 검토된다. 신제품이 기존 제품의 매출이나 수익을 잠식할 수 있다면 기업의 입장에서는 생산설비와 마케팅 자원의 낭비만을 초래하는 신제품 개발을 진행할 필요가 없기 때문이다. 또한 시장 규모가 충분한지, 수익성이 있을지에 대한 2차 수익성 평가도 실시된다. 이 밖에 신제품이 진입하게 될 시장에 진입 장벽이 존재하는지도 평가된다. 예를 들어 진입하게 될 시장에 대한 유통망을 갖추지 못하거나 원재료의 수급에 있어 현실적 어려움이 존재한다면 컨셉 개발과 정교화 단계에서 신제품 개발을 중단시켜야 한다.

빙그레 신제품 개발 시스템의 개념적 틀

아이디어 수집 및 선정	제품컨셉 개발 및 정교화	시장가능성 검증	상품화 진행 및 세부전략 수립

IDEA → Stage1   Gate1   Stage2   Gate2   Stage3   Gate3   Stage4   Gate4   출하

	아이디어 평가		제품컨셉 및 제품력 검증 여부 결정		상품화 여부 결정	Final Test

빙그레의 신제품 개발 프로세스 'BIRDS'의 세 번째 단계는 바로 제품 개발, 수익성 분석, 시장조사 단계이다. 게이트 키퍼(Gate Keeper)를 통과한 제품 컨셉에 대하여 연구소, 디자인, 생산, 영업 등 전 부문을 고려한 제품 개발이 진행되고 가격 및 광고 커뮤니케이션 계획에 따라 자원을 배분하기 위한 수익성 분석이 이루어진다.

수익성 분석과 더불어 제품의 컨셉을 기술적으로 또는 상업적으로 가능한 형태로 만들기 위해 실제 제품의 기능, 가치 및 외형을 최적화시킬 수 있는 제품 명세서를 토대로 이를 제품화시켜 보는 제품 개발과정이 실행된다. 이렇게 만들어진 제품으로 광범위한 소비자 조사를 실행하게 된다. 주로 FGI(표적집단 면접법: Focus Group Interview)나 CLT(Central Location Test), HUT(가정유치조사: Home Usage Test)를 비롯한 정성 및 정량 조사가 2차례 이상 수행되며 해당 조사결과를 바탕으로 평가와 출시 여부를 결정하게 된다.

마지막으로 네 번째 단계는 제품 출시 및 사업부별 세부전략 수립 단계이다. 이 단계에서는 광고와 프로모션, 출시 후 전략에 대한 정교화와 세분화가 수행되며 각 유관부서에서는 마케팅 전략에 따른 일정에 맞추어 마케팅 활동을 실행하게 된다. 구체적으로는 상품화 품의서가 작성되고 런칭 전략이 수립된다. 또한 디자인과 네이밍에 대한 품의서와 광고 Story Board가 만들어지며 시제품의 원부자재가 발주된다. 또한 시제품을 직접 소비자에게 사용하게 한 후 평가해 보는 CLT를 통해서 연구소 제품과 시생산 제품과의 동일성 여부를 파악하게 된다.

자료원: 박흥수, 하영원, 강성호(2008), 이제는 빙그레 웃어요: 마케팅 CEO의 경영 혁신, 연세대학교 출판부

SECTION 02 신제품의 실패원인

매년 많은 신제품들이 시장에 출시되지만 그 중 많은 수가 실패한 제품으로 물러나고 만다. 성공한 제품과 실패한 제품을 구분하는 기준은 여러 가지가 있을 수 있으며, 신제품이 실패하는 원인은 일반적으로 다음과 같다.

1. 소비자와 관련된 요인들

신제품이 실패하게 되는 여러 가지 요인들 중에서 가장 흔히 볼 수 있는 경우는 신제품이 기존 제품과의 차별화된 독특한 편익을 소비자에게 제공하지 못하는 경우이다. 모방전략(me-too strategy)에 의해 출시된 신제품이 시장의 기존 제품을 따라잡는 것은 거의 불가능한 일이다. 또, 독특한 편익은 있으나 소비자들의 기호가 바뀌어 더 이상 그 편익을 높이 사주지 않게 되는 경우도 볼 수 있다. 1950년대에 Ford사에서 3억 5천만 달러를 들여 심혈을 기울여 제작, 출시했던 모델인 Edsel이 실패한 이유 중의 하나도 대형차를 선호하던 소비자들이 중형차를 선호하는 쪽으로 돌아섰기 때문이었다(Holler, 1994).

따라서 신제품이 시장에서 실패할 확률을 줄이기 위해서 가장 필요한 노력은 기존 제품과는 차별화되면서도 소비자들이 원하는 독특한 편익을 찾아내어 이를 제공할 수 있도록 제품을 설계하는 일이다.

2. 마케팅 전략과 관련된 요인들

신제품의 성공은 정확한 표적시장의 선정과 그에 적합한 포지셔닝을 필요로 한다. 물리적으로는 훌륭한 제품을 만들어 놓고서도 마케팅 전략상의 실수로 인해 신제품이 실패하는 경우도 자주 볼 수 있다. 1960년대 말에 Meister Bräu가 개발한 저칼로리 맥주인 Light맥주는 살이 찔 것을 두려워하는 여성들을 표적고객으로 하여 출시되었다가 시장이 너무 작아 고전을 면치 못하고 있었다. Meister Bräu를 인수한 Miller는 과감하게 표적시장을 다량음용자인 남성 근로직 종사자로 바꾸어 Miller Lite를 새로 출시하여 엄청난 성공을 거두었다. 신제품의 실패확률을 줄이기 위해서는 시장 세분화가 올바르게 되어 있는가 하는 점과 표적고객들에게 파고들 수 있는 포지셔닝이 이루어져 있는가를 면밀히 검토해야 한다.

3. 마케팅/유통 자원의 불충분

신제품이 성공하기 위해 필요한 광고, 판촉, 유통상의 자원이 충분치 못해서 실패하는 신제품들을 볼 수 있다. 특히 사내의 영업조직이나 유통경로 구성원들을 설득하는 데 실패하여 신제품을 취급하기를 꺼려하는 경우 신제품이 시장에서 성공하기는 어려울 것이다. 효과적인 광고, 판촉 및 영업활동 그리고 적절한 after-sales service는 신제품의 성패를 좌우하는 중요한 요소이다.

4. 사내의 조직과 관련된 요인들

성공적인 제품의 개발을 위해서는 전사적인 품질에 대한 인식과 고객지향적인 기업문화가 필수적이지만 그 중에서도 연구개발부서, 마케팅부서, 생산부서, 그리고 영업부서 간의 공통된 시각과 조화된 노력이 성패의 관건이 된다. 따라서 이들 부서 간의 의사소통과 조정이 실패할 경우 신제품이 시장에서 실패할 확률 또한 매우 높아진다.

실패하는 신제품이 많은 경우는 연구개발부서에서 소비자의 필요와는 무관하게 제품을 설계한 경우이거나, 마케팅부서가 자사의 기술적인 능력을 파악하지 못한 채 충족시키기 어려운 소비자의 욕구를 주된 상품 개념으로 삼는 경우이다. 이를 방지하기 위해서는 관련부서들 간의 의사소통이나 조정이 자연스럽게 이루어질 수 있는 공식적 또는 비공식적 경로를 마련하거나, 주요 관련자들로 구성된 신제품 개발을 위한 특별조직(special task force)이나 위원회 등을 만드는 것이 바람직하다.

5. 기타 요인들

그 밖에도 기술의 진부화 속도가 빠른 분야에서는 기술개발의 속도를 따라가지 못하여 실패하게 되는 경우를 볼 수 있으며, 출시의 타이밍이 너무 늦거나 또는 빠른 경우, 수요예측이 잘못되어 과다생산을 한 경우, 신제품 출시 후 경쟁자의 반응이 강력하고도 효과적이어서 소비자들에게 경쟁상품이 더 선호되는 경우, 기업을 둘러싼 경제적·법적·정치적 환경 등이 바뀌는 경우 등을 들 수 있을 것이다.

SECTION 03 신제품 개발 시스템

신제품을 출시하는 데 실패확률을 줄이고, 적시에 출시할 수 있으려면 잘 짜여진 신제품 개발 시스템을 마련하는 일이 중요하다. 신제품 개발 시스템은 몇 개의 과정으로 구성되며, 가능한 한 소비자들의 기호를 출시 이전에 충분히 반영하여 시장에 출시된 뒤 제품이 외면당하는 사례를 줄이는 것을 목적으로 짜여져야 한다.

신제품 개발 시스템의 구체적인 내용은 개별 기업의 사정에 맞도록 구성되어져야 하겠으나 시장을 정의하고 아이디어를 창출하는 과정, 창출된 아이디어를 screening하는 과정, screen된 아이디어를 디자인하는 과정, 디자인된 아이디어를 테스트하는 과정, 시험마케팅 과정, 전국 시판 등 일련의 과정들로 이루어시는 것이 보통이다. 이 같은 과정들 하나하나에서 실패할 가능성이 높은 아이디어들을 걸러내고 성공확률을 높일 수 있도록 체계적인 상품개발 시스템을 마련해야 한다.

체계적인 신제품 개발 시스템은 이상적이기는 하나 실제로 기업에서 사용하기에는 너무 비용이 많이 들고 시간이 오래 걸린다는 반론이 있을 수 있다. 하지만 사후적으로 보면 체계적인 상품 개발 시스템을 활용하는 것은 그렇지 못한 경우에 비해 결코 자원이나 시간의 낭비라고 볼 수 없다. 가상적인 예로 다음과 같은 경우를 생각해 보자. 〈표

단 계	아이디어의 수	통과 비율	아이디어당 비용 (단위: 만원)	총비용 (단위: 만원)
1. 아이디어 screening	64	25%	10	640
2. 제품개념	16	50%	200	3,200
3. 제품설계	8	50%	2,000	16,000
4. 시험마케팅	4	50%	5,000	20,000
5. 전국시판	2	50%	50,000	100,000
총비용			57,210	139,840

표 1-2   신제품의 개발 시스템과 운용비용의 가상적인 예

자료원: Kotler, P. and Keller, K. L. (2016), *Marketing Management*, 15ᵗʰ ed., p. 457.

1-2〉에서는 가상적으로 64개의 신제품 아이디어가 창출되었을 때 다섯 단계를 거쳐 시장에 출시하는 시스템을 사용하는 데 드는 비용을 제시하고 있다.

이 같은 가상적인 예에서 하나의 성공적인 제품을 개발하여 전국적으로 출시하는 데 드는 총비용은 약 14억 원으로 나타나고 있다. 그러나 다섯 단계를 거치지 않고 제1단계인 screening만을 거친 후 제품을 만들어 전국 시판으로 들어가는 경우 하나의 성공적인 신제품을 얻기 위해 드는 비용은 약 80억 원($64 \times 100,000 + 16 \times 500,000,000$ 원$= 8,006,400,000$원)에 이른다. 따라서 중간과정인 제품개념 테스팅, 제품설계, 시험마케팅 등의 과정을 생략하는 경우, 약 4억 원($32,000,000 + 160,000,000 + 200,000,000$원$= 392,000,000$)의 비용이 절약되는 것으로 보이지만, 결과적으로 하나의 제품을 성공시키는 데 드는 비용은 무려 6배에 이른다는 것을 알 수 있다.

물론 screening을 거친 신제품 아이디어를 모두 한꺼번에 개발하여 전국 시판하는 경우는 현실적으로 드물겠지만, 개발되어 출시되는 제품이 성공할 수 있는 확률은 체계적인 개발 시스템이 확립되어 있을 때 훨씬 더 높아지고, 따라서 개발 시스템을 운영하는 데 드는 비용은 정당화되고도 남는다고 할 수 있겠다.

신제품 개발 시스템의 운영에 있어 비용과 함께 문제되는 것은 신제품 아이디어 창출에서 전국 시판까지 걸리는 시간이 길다는 것이다. 특히 최근에는 신제품 출시의 적시성이 시장에서의 성패를 좌우하는 경우가 점점 더 많아지고 있으므로 가능한 한 빠른 시간 내에 개발하여 출시하지 않으면 안 된다.

체계적인 신제품 개발 시스템을 활용하는 경우 개발기간을 단축할 수 있는 방법으로써 첫째, 가능한 한 각 단계별로 필수적인 과정만을 골라내어 나머지부분은 과감하게 없애 버리는 작업이 필요하다. 예를 들면, 지나치게 긴 결재 과정을 생략하고 신제품 프

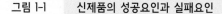

그림 1-1	신제품의 성공요인과 실패요인

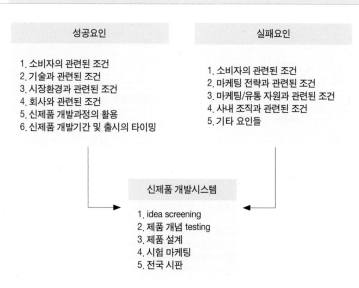

로젝트 관리자에게 대폭적으로 권한을 위양하는 방법을 생각해 볼 수 있다. 또한 각 단계별 과정이 반드시 순차적으로 이루어질 필요가 없는 경우도 많다. 예를 들면 어떤 제품개념이 제품설계 과정의 후반부에 접어들면 시험마케팅에 들어가게 될지 아닐지를 판단할 수 있으므로 설계가 끝나기 전에 미리 시험마케팅 계획을 세움으로써 설계가 끝나자마자 시험마케팅으로 들어가면서 생기는 불필요한 시간의 낭비를 줄일 수 있다.

둘째, 소비자의 의견을 제품개발 초기부터 반영함으로써 제품개발의 후기에 설계를 다시 해야 하는 사례를 줄일 수 있을 것이다. 품질기능전개(quality function deployment)와 같은 방법은 바로 이 점에 착안하여 제품개발 시 engineering의 세밀한 부분에 이르기까지 소비자의 필요를 반영하려는 시도이다(Hauser and Clausing, 1988).

셋째, 경쟁사가 유사한 제품을 개발하고 있고 시장에서 경쟁자보다 빨리 신제품을 출시하는 것이 결정적으로 유리하나고 판단되는 경우에는 신제품 개발과정 중의 일부 단계를 생략하여, 출시하는 시간을 단축해야 하는 경우도 있을 것이다.

특히 우리나라에서는 시험마케팅과 같이 많은 시간(6개월~1년)을 필요로 하는 단계는 생략하는 것이 더 유리한 경우가 많을 것이다. 그러나 시험마케팅 과정을 생략한다 하더라도 그 이전 과정에서 정교한 수요예측모형 등을 활용하여 시험마케팅을 거친 것에 필적할 만한 효과를 얻을 수 있도록 노력하여야 할 것이다. 그 밖에도 설계과정에서 CAD(computer aided design)나 CAM(computer aided manufacturing) 등의 기술을 이용한다

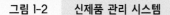

그림 1-2   신제품 관리 시스템

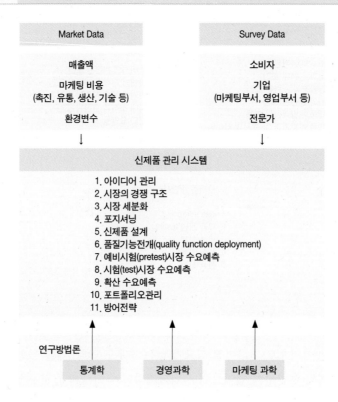

든지, 제조설비에 융통성을 두어 새로운 제품설계를 할 때마다 새로운 제조설비를 필요로 하지 않도록 만든다든지, 자사의 경험이 부족한 기술을 활용하기 위해 타사와 전략적 제휴를 하는 방법 등으로 시장에 출시하는 데까지 걸리는 시간을 단축할 수 있다.

앞에서 언급한 내용을 정리하면 [그림 1-1]과 같다. [그림 1-1]에서 성공요인과 실패요인을 종합할 때 신제품 관리는 기본적으로 아이디어 관리로부터 시작하여 제품을 시장에 확산시키고 이를 종합적으로 관리하는 내용을 포함한다.

시장 관리자들은 효율적인 신제품 관리를 위해서 시장자료(market data)와 조사를 통하여 수집한 자료(survey data)의 두 부분을 과학적으로 관리하게 된다. 시장자료는 주어진 환경 내에서 환경변수와 기업이 지출하는 제품, 촉진 및 유통에 관한 비용요인과 판매의 결과로써 나타나는 매출, 시장점유율, 이익 등에 관한 자료가 여기에 포함된다. 또한 조사를 통하여 수집되는 자료에는 소비자와 기업의 시장관리자의 의견 및 기타 전문가들의 자료들이 포함된다.

이와 같은 자료들을 바탕으로 하여 신제품 관리 시스템은 11가지의 주제들로 [그림 1-2]와 같이 나타낼 수 있다. 여기에 언급될 내용들은 통계학, 경영 과학 및 마케팅 과학의 방법론들을 기본적으로 내포하고 있다.

SECTION 04 맺음말

기업의 입장에서 신제품의 성패를 우연에 맡기는 것은 너무나도 위험스러운 일이라고 하겠다. 체계적인 신제품 개발 시스템은 바로 이러한 우연에 의한 부분을 극소화하려는 시도라고 할 수 있다. 제품을 시장에 출시하기 이전의 시점에서 체계적인 제품개발과정을 거치는 시스템은 많은 시간과 비용을 필요로 하는 낭비적인 활동으로 비쳐지기 쉬우나, 출시 후 성패에 따르는 손익을 생각해 보면 결코 시간과 비용의 낭비라고 볼 수 없다. 다만 기업의 사정에 따라 각 기업에 맞는 신제품 개발 시스템을 마련할 필요가 있을 것이다.

우리나라 기업들 중에서도 성공적인 신제품을 시장에 출시하는 사례는 많이 볼 수 있지만, 소비자 중심적인 제품개발과정의 체계화야말로 우연에 의한 한두 가지 상품의 성공이 아니라 지속적인 신제품의 성공을 가능하게 해주는 열쇠이다. 따라서 본 신제품 마케팅에서는 기업이 출시하는 신제품의 성공을 극대화하고 실패요인을 제거하기 위하여 신제품 시스템에 해당하는 11가지의 항목에 관한 과학적인 방법들을 충분히 검토하고 이에 관련된 사례들을 통하여 교훈을 얻고자 한다.

토론 문제

01 신제품 성공요인으로서 6가지를 제시하고, 각각 요인에 대하여 예를 들어서 설명하였다. 우리의 주변에서도 이와 같은 사례들을 자주 볼 수 있다. 자신의 주변에서 발생한 사례들을 토론하여 보자.

02 신제품의 실패요인으로서 5가지를 제시하였다. 우리 주변에서 실패사례라고 생각되는 예를 찾아보고, 그 원인들이 어디에 해당되는 것인지를 토론하여 보자.

03 <표 1–2>는 신제품 개발 시스템 운용의 가상적인 예이다. 따라서 이와 같은 자료는 기업에 따라서, 속해 있는 업종에 따라서, 그리고 기업의 마케팅 관리자의 능력에 따라서 다를 것이다. 직접 마케팅 담당자들을 접촉하여 기업에서 실제로 어떻게 운용되는가에 대한 자료를 수집하여 구체적인 사례를 <표 1–2>와 같이 작성하여 보자.

04 신제품 관리시스템에 필요한 자료와 연구 방법론에 대하여 보다 구체적으로 검토해 보라. 어떤 자료들이 구체적으로 필요하며 통계학, 경영과학 및 마케팅 과학의 어떤 방법론들이 어떻게 활용되고 있는지 연구하여 보자.

05 신제품의 성공적인 시장진출은 조직적인 면에서도 효율적으로 관리되어야 한다. 이를 위한 조직은 어떻게 구성되고 관리되어야 할 것인가? 이를 토론하여 보자.

참고 문헌

Bayus, B. L., Jain, S., and Rao, A. G. (1997), "Too Little, Too Early: Introduction Timing and New Product Performance in the Personal Digital Assistant Industry," *Journal of Marketing Research*, 34(1), pp. 50-63.

Booz, Allen and Hamilton (1982), *New Product Management for the 1980's* New York: Booz, Allen and Hamilton.

Clark, K. B. and Fujimoto, T. (1991), *Product Development Performance: Strategy, Organization, and Management in the World Auto Industry*, Boston, MA: Harvard Business School Press.

Cooper, R. G. and Kleinschmidt, E. J. (1987), "New Product: What Separates Winner from Losers?" *Journal of Product Innovation Management*, 4(3), pp. 169-184.

De Brentani, U. (1989), "Success and Failure in the Industrial Services," *Journal of Product Innovation Management*, 6(4), pp. 239-258.

Dolan, R. J. (1993), *Managing the New Product development Process*, Reading, MA: Addison-Wesely.

Duerr, M. G. (1986), *The Commercial Development of New Product*, New York: Conference Board.

Dyer, J. H. and Hatch, N. W. (2006), "Relation-Specific Capabilities and Barriers to Knowledge Transfers: Creating Advantage through Network Relationships." *Strategic Management Journal*, 27(8), pp. 701-719.

Emden, Z., Calantone, R., and Droge, C. (2006), "Collaborating for New Product Development: Selecting the Partner with Maximum Potential to Create Value," *Journal of Product Innovation Management*, 23(4), pp. 330-341.

Greenlee, P. (2005), "Endogenous Formation of Competitive Research Sharing Joint Ventures," *Journal of Industrial Economics*, 53(3), pp. 355-391.

Hauser, J. R. and Clausing, D. (1988), "The House of Quality," *Havard Business Review*, 66(3), pp. 63-73.

Hise, R. T., O" Neal, L., McNeal, J. U., and Parasuraman, A. (1989), "The Effect of Product Design Activities on Commercial Success Levels of New Industrial Products," *Journal of Product Innovation Management*, 6(1), pp. 43-50.

Holler, P. (1994), *Marketing Management: Analysis, Planning, Implementation, and Control*, 8th ed., Englewood Cliffs, NJ: Prentice-Hall.

Im, S., Nakata, C., Park, H., and Ha, Y. W. (2003), "Determinants of Korean and Japanese New Product Performance: An Inter-Relational and Process View," *Journal of International Marketing*, 11(4), pp. 181-204.

Kotler, P. and Keller, K. L. (2016), *Marketing Management*, 15th ed., NJ: Pearson.

Nakata, C., Im, S., Park, H., and Ha, Y. W. (2006), "Antecedents and Consequence of Korean and Japanese New Product Advantage," *Journal of Business Research*, 59(1), pp. 28-36.

Petersen, K. J., Handfield, R. B., and Ragatz, G. L. (2003), "A Model of Supplier Integration into New Product Development. Development," *Journal of Product Innovation Management*, 20(4), pp. 284-299.

Robert, E. B. (1990), "Resolving the Innovation Dilemmas": Corporate Development of New Technology-based Product-Lines and Business," *Proceedings of the First International forum on Technology Management*, pp. 146-168.

Urban, G. L. and Hauser, J. R. (1993), *Design and Marketing of New Products*, 2nd ed., Englewood Cliffs, NJ: Prentice-Hall.

02 CHAPTER

NEW PRODUCT MARKETING STRATEGY

신제품 전략

사례: '재기' 성공한 제화업계, 고정관념 깬 후 매출 '쑥' ———————

　　제화업계는 지난 수 년간 캐주얼 열풍으로 운동화 업체에 국내 신발시장을 빼앗겼다. 그러나 최근 각 업체들이 시장을 되찾기 위해 기능성 신발이나 젊은 층을 위한 트렌디한 신제품을 지속적으로 선보이고 다양한 마케팅을 펼친 결과 최근 매출이 다시 오름세를 보이고 있다.

　　이처럼 제화업계가 선전하고 있는 이유는 '구두 = 딱딱한 신발'이라는 고정관념을 없애기 위해 각 업체마다 다양한 노력을 펼친 덕분이다. 업체들은 기능성을 중요시하는 중 · 장년층을 겨냥해 초경량, 무지외반, 쿠션 등 새로운 기능을 접목한 신제품을 선보이고 운동화에 빼앗긴 젊은 층을 잡기 위해 구두에 캐주얼 감각을 접목한 트렌디한 제품을 출시하며 소비자들의 요구를 맞춰가기 위해 애쓰고 있다.

　　먼저 제화시장 1위인 금강제화는 연령층에 따른 제품 전략을 펼쳤다. 먼저 브랜드 충성도와 구매력이 높은 중 · 장년층을 공략하기 위해 기능성 제품을 강화했다.

　　실제로 금강제화는 지난해 가을 시범적으로 출시한 무지외반 펌프스가 1개월 만에 2천 켤레가 완판되며 여성들에게 폭발적인 호응을 얻는 것에 주목해 올해 디자인 수와 운영 물량을 5배 이상 늘렸다. 또 쾌적함과 스타일을 동시에 추구하는 직장 여성들을 위해 올해 첫 출시한 랜드로바 고어텍스 서라운드가 인기를 끌며 고어텍스 서라운드 신발의 전체 판매량을 전년 대비 20% 이상 끌어올렸다.

　　이 외에도 중 · 장년층에게 인기를 끌고 있는 200g 미만의 초경량 신발의 디자인 수와 운영 물량을 30% 이상 대폭 늘렸을 뿐아니라 발 건강을 중요시하는 소비자들을 위해 아치 서포트, 항균, 투습, 논슬립, 쿠션 등 12가지 기능을 접목한 초경량 신발도 대거 선보였다.

　　뿐만 아니라 젊은 층을 잡기 위해 트렌디한 신발도 내놨다. 외피에는 젊은 층이 선호하는 Y팁, 윙팁을 기본으로 디자인 곳곳에 캐주얼 감성을 더하고 기능성을 높이기 위해 굿이어 웰트 제법과 미끄러움 방지 기능이 있는 비브람솔을 적용한 리갈 201을 출시했다. 또 연예인 PPL, 화보, SNS 마케팅을 비롯해 청바지 브랜드 리바이스와 협업을 펼쳐 젊은 남성 층을 금강제화 매장으로 끌어들이기도 했다.

2015년 6월 패션그룹 형지에 인수된 에스콰이아는 디자이너 홍승완 씨를 총괄 크리에이티브 디렉터로 영입하고 고급 수제화 브랜드 '알쿠노'를 비롯해 캐주얼 브랜드 '영에이지'와 '소노비' 등을 젊은 감각으로 탈바꿈하고 있다. 특히 가치소비를 원하는 젊은 남성들을 공략하기 위해 선보인 고급 수제화 라인 '알쿠노'가 젊은 층에게 인기를 끌고 있을 뿐 아니라 발뒤꿈치가 자동으로 복원되는 E-리턴 시스템(E-Return System)을 적용해 출시한 구두가 인기를 끌면서 매출도 함께 늘고 있다.

또 형지에스콰이아는 스타마케팅을 통해 수 년간 침체됐던 브랜드 인지도를 다시 끌어올리는데 주력하고 있다. 이를 위해 올해 배우 박서준과 지소연을 전속모델로 선정하고 이들을 활용한 영상광고를 TV와 소셜 미디어를 통해 공개하기도 했으며 올해 MBC 드라마 '내 딸 금사월', SBS '미세스캅' 등에 매장을 노출시키는 제작지원을 통해 소비자들에게 에스콰이아를 알리는 데 주력하고 있다.

에스콰이아 '알쿠노' [사진=형지에스콰이아]

리갈 201 [사진=금강제화]

엘칸토는 국내 공장 거래처를 바꾸면서 대량 생산으로 진행했던 기성화 비율을 줄이고 맞춤 수제화 비중을 늘려 품질 향상에 주력했다. 특히 가성비에 집중한 전략이 통했다. 고품질 제품을 타 브랜드의 70% 가격으로 선보이고 저가 라인 '엘 바이 엘칸토'로 고객을 끌어들여 2014년 98개였던 매장 수를 118개까지 늘렸고 2015년 매출 650억원을 달성할 것으로 보고 있다.

업계 관계자는 "캐주얼 열풍에 제대로 대응하지 못해 전체 신발 시장이 2005년 3조 5천억원에서 2015년 5조 7천억원으로 커지는 동안 제화시장은 2조원에서 1조 2천억원으로 축소되면서 제화업계가 많이 위축됐던 것이 사실"이라며 "앞으로도 수입 브랜드 유입, 캐주얼 트렌드 확산 등으로 많은 어려움이 있겠지만 기능성 신발 개발과 젊은 트렌드를 반영한 제품을 지속적으로 개발해 국내 제화시장을 지켜갈 것"이라고 말했다.

자료원: 아이뉴스24, 2016. 11. 14.

기업에서의 신제품 개발과정은 대개 많은 비용과 시간을 필요로 하기 때문에 전략적인 접근이 필요하다. 만일 기업에서 아무런 전략을 갖지 않은 채 신제품 개발에 임한다면 하나의 제품을 성공시키기 위해서 지나치게 많은 비용을 허비할 가능성이 높을 뿐만 아니라, 시장에서도 높은 신제품 실패율을 감수할 수밖에 없을 것이다. 따라서 이 장에서는 기업에서 채택할 수 있는 신제품 전략들을 살펴보고 각 전략이 유용하게 수행될 수 있

는 조건들을 따져 보고자 한다. 또한 우리나라 기업의 입장에서 신제품이나 신사업을 개
발해 나가는 데 있어 지침이 될 수 있는 전략방향에 대해 살펴보고자 한다.

SECTION 01 신제품 전략의 유형

신제품 개발전략은 기업 전체의 경영전략의 한 부분을 이루는 것이기 때문에, 기업
의 전반적인 사업전략(business strategy)으로부터 영향을 받게 된다(Kuczmarski, 1988). 사
업전략계획(business strategic planning)은 기업의 목표와 자원, 그리고 변화하는 시장기회
간의 적합성(fitness)을 개발하고 유지하는 과정이라고 할 수 있기 때문에 전반적인 사업
전략의 일환으로서의 신제품 개발은 시장에서의 기회와 기업 내부의 능력 간에 조화가
이루어졌을 때 성공할 가능성이 높다고 말할 수 있다(Kotler and Keller, 2016).

그러한 관점에서 본다면 기업의 자원 및 경쟁자들과 비교한 강점 및 약점, 시장에서
의 기회와 위협, 소비자들의 추세, 정부의 규제 등의 외부 환경적 요소 등을 모두 고려하
여 결정된 사업전략에서 가장 핵심적인 부분은 기업의 사업에 대한 정의와 그 사업에서
의 목표설정이라고 하겠다. 신제품 개발은 주어진 사업의 테두리 안에서 주어진 목표를
달성하기 위한 하나의 과정이라고 볼 수 있다(Urban and Hauser, 1993).

기업에서의 목표는 현실적이면서 그 기업의 성격을 잘 반영하는 것이어야 한다. 예
를 들면 대규모 사기업의 경우 매년 20% 이상의 매출액 증가를 목표로 하되, 신제품을
출시할 경우 50억 원 이상의 연간 매출액과 5% 이상의 시장점유율을 성취할 수 있어야
한다는 목표를 세울 수 있을 것이다. 한편 소규모 기업의 경우에는 시장점유율 1% 미만
이면서 10억 원 이하의 매출액을 올리는 신제품을 가지고서도 50% 이상의 매출액 증가
를 성취할 수도 있을 것이다. 또한 공기업의 경우에는 매년 적자를 10%씩 줄여서 3년 이
내에 수지균형을 이루는 것을 목표로 삼을 수도 있을 것이다. 결국 목표를 현실적으로 설
정하고, 가능하면 그 목표를 수량화시켜서 기업의 성과를 측정해야 할 것이다. 일단 목

표와 성과측정치가 결정되면 그 목표를 달성하기 위한 대안적 전략들을 따져보는 것이 그 다음의 단계이다. 기업의 전략대안들 중 하나인 신제품 전략의 유형들은 다음과 같이 구분될 수 있다.

1. 외부적 요인과 내부적 요인에 의한 구분

기업에서 신제품을 개발하게 되는 요인이 주로 기업 외부적인 것인가 또는 기업 내부적인 것인가에 따라 신제품의 전략적인 역할이 달라지게 된다. 예를 들면 어떤 기업에서 지금 현재 갖고 있는 시장점유율을 지키기 위해 신제품을 개발하는 경우가 있는가 하면, 새로운 시장에 교두보를 확보하기 위해 신제품을 출시하는 경우도 있고, 특정 세분시장을 선점하기 위해 신제품 개발을 시도하는 경우도 있다. 이러한 경우들은 기업 외부적인 요인에 의해 신제품을 개발하게 되는 경우라고 할 수 있다. 이에 반하여 기술혁신의 선두주자로서의 위치를 고수하기 위한 연구개발의 결과로 신제품을 얻게 된다든지, 기존의 기술을 새로운 방법으로 적용해 본다든지, 기업이 보유하고 있는 유통상의 강점을 활용하기 위해 신제품을 개발한다든지, 현금 창출 능력이 큰 신사업을 벌인다든지, 유휴설비를 활용하기 위한 신제품을 개발하는 경우 등은 기업 내부적인 요인에 의해 신제품을 개발하는 경우이다(〈표 2-1〉 참조).

표 2-1	성공적인 신제품의 전략적 모델	

분 류	전략적역할	빈도(%)
기업 외부적 요인	시장점유율의 방어 신시장 개척 세분시장 선점	45 38 34
기업 내부적 요인	기술혁신의 선두주자 위치 유지 기존 기술의 새로운 활용 유통상의 강점 활용 현금창출 초과 또는 유휴설비 활용	47 28 26 14 7

자료원: Booz, Allen and Hamilton (1982), *New Product Management for the 1980's*, New York: Booz, Allen & Hamilton, Inc., p. 11.

2. 반응적 전략과 능동적 전략의 구분

신제품 전략을 구분해 보는 또 하나의 방법은 기업의 신제품 개발전략을 반응적인 (reactive) 전략과 능동적인(proactive) 전략으로 구분하는 것이다(Urban and Hauser, 1993). 반응적인 전략은 기업을 둘러싼 환경의 변화에 의한 압력에 대응하기 위한 수단으로 신제품 개발에 착수하는 경우를 말하며, 능동적인 전략은 시장에서의 기회포착과 경쟁기업들의 움직임을 선제하기 위해 명시적인 기업 내 자원배분을 통해 신제품 개발을 하는 경우를 말한다. 바꾸어 말하면 반응적인 전략하에서는 경쟁기업이 성공적인 신제품을 출시하는 경우 그 신제품을 모방하여 개발하는 것이 보통이지만, 능동적인 전략하에서는 경쟁기업이 따라오기 어려울 정도의 신제품을 시장에 제일 먼저 내놓음으로써 시장에서의 주도권을 확보하기 위해 노력한다(Urban, Hauser, and Dholakia, 1987).

(1) 반응적 전략의 유형

신제품 전략에 있어 반응적인 전략을 좀 더 구체적으로 살펴보면 다음과 같은 전략의 유형들로 구분할 수 있다.

1) 방어적 전략

방어적(defensive) 전략은 경쟁기업의 성공적인 신제품에 대항하여 자사제품에 변형을 가하거나 경쟁이 되는 신제품에 대항할 신제품을 내놓는 전략을 말한다. 예를 들면 1992년 초에 두산음료에서 Sprite를 출시할 것에 대비하여 롯데칠성음료에서 백색시장의 선두 상표인 칠성사이다를 지키기 위해 측면방어상표(flanker brand)로서 Splint를 시장에 내놓은 것을 들 수 있다. 비록 성공적인 방어전략은 아니었으나 방어적 전략은 이와 같이 단순히 기존제품에 변형을 가하는 수준을 넘어서 선제적(preemptive) 또는 역공적(counteroffensive)인 방어의 성격을 갖는 경우도 볼 수 있다(Kotler and Singh, 1981).

2) 모방전략

모방(imitative)전략은 경쟁자의 신제품이 시장에서 완전한 성공을 거두기 전에 이를 모방한 제품을 재빨리 시장에 출시하는 전략이다. 이 같은 전략을 "me-too"전략이라고도 하며 패션 또는 디자인업계에서 흔히 볼 수 있는 전략이다(Urban et al., 1987). 우리나라의 경우 많은 업계에서 외국의 신제품들을 모방한 제품을 내수시장이나 세계시장에 내놓는 경우를 볼 수 있다(예종석과 김명수, 1992). 그러나 이 같은 모방전략으로써는 세계시장에서 경쟁력을 갖는 신제품을 내놓기는 어려운 일이라고 할 수 있다.

3) Second-but-better전략

Second-but-better전략은 경쟁사의 신제품이 완전히 노출된 다음 그 제품을 단순히 모방하는 것이 아니라 그 제품에 대한 소비자의 불만 등의 약점을 파고들어 개선된 신제품을 내놓는 전략을 말한다. 주로 일본의 기업들이 많이 채택해온 신제품 개발전략이라고 할 수 있으나 최근에 와서는 일본기업들의 신제품 개발에 대한 전략이 좀 더 적극적인 방향으로 바뀌어 가는 것을 볼 수 있다. 예를 들면 자동초점장치를 갖춘 카메라, 디지털 시계, 비디오 레코더, 콤팩트 디스크 플레이어 등의 분야에서 일본기업들은 선구적인 신제품들을 내놓고 있다(Kotler, Fahey, and Jatusripitak, 1985).

4) 응답적 전략

응답적(responsive) 전략은 소비자의 요구가 있을 때 그에 부응하여 신제품을 개발하는 경우를 말한다. 예를 들면 시장의 규모가 작아서 기업에서 규모의 경제나 경험효과를 활용할 수 있을 만한 정도의 시장은 못되지만, 그 시장의 고객을 경쟁사에 빼앗긴다면 다른 시장으로의 파급효과가 크기 때문에 고객의 요구에 따라 신제품을 개발하게 되는 경우가 있다. 또한 과학기기 제조업 분야에서도 사용자들의 요구대로 제조업자가 신제품을 만드는 경우를 종종 볼 수 있다.

사례: 가전은 레드오션이 아니다…LG, 건조기·스타일러 '재미 쏠쏠' —

LG전자가 신개념 가전으로 톡톡히 재미를 보고 있다. 없던 시장을 새로 만들어 시장을 개척(스타일러)하는가 하면, 기능에 대한 개념을 새롭게 정의내려 수요를 끌어올리는 방식(건조기)도 가전에 적용시키고 있다.

우선 스타일러 시장이다. 스타일러의 모토는 '옷을 씻어 입자'다. 냉장고처럼 문을 열어 옷을 걸고 작동을 시키면 열 스팀을 쬐여 옷이 깨끗해지는 것이 스타일러의 기능이다. 매일 세탁이 어려운 양복이나 교복, 겉옷 등을 깨끗하게 입을 수 있도록 해준다.

제품 판매의 일등 공신은 당연 소비자들이다. 좋은 제품은 스스로 마케팅을 한다는 격언처럼 스타일러 사용자들의 호평이 이어졌다. 덕분에 '슬림 스타일러'는 출시 2년 만에 누적 판매량 10만대를 넘어섰다. 2017년 LG스타일러 판매량은 지난해 같은 기간 대비 150% 넘게 급증하는 추세다.

특히 '슬림 스타일러'는 2017년 1분기에 월 평균 1만대 이상 판매됐다. 일반 가정뿐 아니라 호텔, 리조트 등 고급 숙박시설에서 스타일러를 설치하는 사례가 늘고 있다. 스타일러 시장은 LG전자가 처음으로 개척한 곳이어서 사실상 여타 경쟁사가 없다.

건조기 시장은 LG전자가 새롭게 개념을 정의하면서 뛰어든 시장이다. 기존 건조기는 전기로 히터를 가열해 뜨거운 바람을 불어 의류를 말리는 방식을 채택해왔다. 그러나 이는 전기료가 많이 들고 옷감이 상한다는 단점이 있었다. 가스식 건조기는 가스배관 설치가 필요하다는 단점이 컸다.

LG전자는 이같은 단점을 보완한 '인버터 히트펌프' 방식의 전기식 건조기를 내놨다. 이 방식은 제습기 원리를 이용한 것으로 전기료를 획기적으로 줄였다. 표준코스 1회 사용시 전기료는 151원에 불과하다. 구동 속도를 조절할 수 있는 인버터 기술이 적용돼 옷감 또는 옷의 종류에 따라 다양한 코스도 가능하다. '인버터 히트펌프'를 탑재한 LG트롬 건조기는 2017년 5월까지 국내 판매 10만대를 넘어섰다. 지난해 건조기 국내 전체 시장규모(10만대)를 고려하면 폭발적인 성장세다.

LG전자의 스타일러와 건조기 판매가 호조세인 이유는 환경 변화도 톡톡히 한몫했다. 1인 가구 증가로 빨래를 말릴 수 있는 공간이 적어졌고, 황사와 미세먼지 등 환경 오염은 야외 건조가 어려워진 원인이 됐다. LG전자 관계자는 "올해 국내 의류 건조기 시장은 작년대비 6배 성장한 60만대 가량이 될 것"이라고 말했다.

자료원: 헤럴드경제, 2017. 06. 21.

(2) 능동적 전략의 유형

반응적 전략과는 달리 기업에서 신제품 개발을 통해 적극적으로 환경 변화를 선도하는 경우를 볼 수 있는데, 이를 능동적(proactive) 신제품 전략이라고 부른다.

1) 연구개발(R&D)전략

능동적 전략을 구사함에 있어, 그 기반을 기업체에서의 연구개발에 두는 경우를 볼 수 있다. 예를 들면 미국 기업인 화이자(Pfizer)와 포드(Ford)는 2016년 한 해 동안 각각 78억 달러와 73억 달러가 넘는 연구개발 예산을 사용하였다. 우리나라 기업들 중에도 삼성전자(132억 달러, 2016년 기준)와 LG전자(34억 달러, 2016년 기준)와 같이 연구개발을 통한 신제품 개발에 주력하는 기업의 수가 증가하고 있다.

2) 마케팅 전략

능동적인 전략의 또 다른 유형은 소비자의 필요나 욕구를 찾아내어 이를 충족시킬 수 있는 신제품을 개발해 나가는 방법이다. 이 경우에는 기술적인 우위보다는 시장에서 소비자들이 무엇을 원하는가 또는 무엇을 원할 것인가를 정확하게 파악해 내는 것이 중요하며, 따라서 마케팅 조사의 중요성이 매우 커지게 된다.

3) 기업가적 전략

참신한 신제품 아이디어를 가진 "창업가"(entrepreneur)가 소규모 조직의 유연성과 기민성을 신제품 개발에 활용하는 방법을 기업가적 전략(entrepreneurial strategy)이라고 할 수 있다. 컴퓨터 소프트웨어산업 등에서 흔히 볼 수 있는 신제품 개발전략의 유형이다. 그러나 미국의 경우 대기업인 3M은 "신사업개발부(new-venture division)"를 두고 기업가적인 기질을 가진 사원들이 통상적 업무를 휴직하고 팀을 이루어 신제품 개발에 전념할 수 있도록 하는 제도를 채택하고 있다. 우리나라의 경우에도 삼성그룹의 사내기업 제도, SK그룹의 Intrapreneuring 등이 이와 맥을 같이 하는 제도라고 하겠다.

4) 기업인수 전략

기업 내에서 신제품을 개발하지 않고 새로운 제품을 갖고 있는 기업을 주식인수라는 방법을 통해서 매수하는 전략이다. 기업으로서 생소한 시장에 진입하기 위한 방법으로 많이 사용되며, 대기업에서 기업 내의 신제품 개발보다 다른 회사를 사들이는 것이 더 효율적인 경우 채택할 수 있는 전략이다. SK 그룹에서 한국이동통신을 인수하여 통신산업에 참여했던 경우를 예로 들 수 있다.

사례: '먹다보니 반짝반짝' 소비자 아이디어…식품업계 보약 ————

소비자가 식품업계의 중요한 R&D(연구·개발) 집단으로 부상하고 있다. 단순히 제품을 구매하고 먹는 일에서 벗어나 적극적으로 제품의 개선점과 아이디어를 제안해서다. 또한 소비자가 제안해 출시한 제품이 실제 시장에서도 좋은 평가를 받는 경우가 많아지면서 식품업계도 소비자 의견에 대한 대우가 달라지고 있다.

2017년 창립 56주년을 맞아 삼양식품은 창립기념 제품으로 '불닭볶음면 소스'를 내놓았다. '불닭볶음면'은 지난 2012년 4월 소수의 매운맛 마니아들을 위한 틈새시장용으로 개발한 제품으로, 출시 이후 10대부터 30대에 이르기까지 폭발적인 인기를 끌며 매운맛 열풍을 일으켰다.

특히 '불닭볶음면'은 자신의 취향에 맞게 여러 음식을 섞어 새로운 요리를 창조하는 이른바 '모디슈머'(Modisumer)들에게 필수 재료로 인식되면서 급기야 소스만 따로 판매해 달라는 소비자들의 요구가 끊임없이 이어져왔다. 삼양식품은 이를 받아들여 '불닭볶음면 소스'를 한정판 5,000개 물량으로 출시하기로 했다. 지난 8일 자체 온라인몰에 출시한 '불닭볶음면 소스'는 판매 당일 매진됐고 재출시를 요구하는 소비자의 의견이 삼양식품 페이스북에 빗발쳤다. 결국 삼양식품은 '불닭볶음면 소스'를 한 차례 더 출시하기로 결정했다.

올해 빙과류 가운데 가장 히트한 상품으로 평가받는 롯데제과의 이른바 '죠 · 크 · 박'(죠스바, 스크류바, 수박바) 파우치 제품도 소비자들의 의견을 제품에 반영한 경우다. 죠스바와 스크류바와 수박바는 롯데제과의 간판 빙과제품을 파우치로 담아 출시 한 달여 만에 300만개가 팔리는 기염을 토했다. 파우치는 기존의 바 형태의 빙과보다 포장단가가 높아 빙과업계가 선뜻 내기 어려운 제품으로 평가받았다. 하지만 최근 젊은 소비자들이 파우치 형태의 제품 출시를 꾸준히 요구했고 롯데제과는 결단을 내렸다.

농심도 소비자들의 재출시 요구를 받아들여 지난 2009년 단종한 '감자탕면'을 이달 달 초에 재출시했다. 농심은 지난해에도 소비자들의 적극적인 요구로 '보글보글찌개면'을 다시 시장에 내놓았다. 해태제과 또한 2005년 출시해 1년 만에 단종시켰던 아이스크림 '토마토마'를 지난 3월 다시 선보였다. 처음 출시 당시 해태제과의 생산 우선 순위에 밀리면서 토마토마는 1년 만에 단종되는 비운을 맞았다. 하지만 지난 2월 한 온라인 커뮤니티에서 이 제품을 다시 출시해 달라는 게시글이 올라왔고 하루 조회수 9만여 건에 달할 정도로 화제가 됐다. 해태제과는 토마토마를 재출시해 소비자들의 성원에 화답했다.

예전에도 식품업계는 각사별로 제품 출시와 관련한 소비자 평가단을 구성해 꾸준히 의견을 받아왔다. 하지만 소비자 의견이라는 한계 탓에 제품의 실질적인 개발과 마케팅에는 제한적으로 적용되는 경우가 많았다. 그러나 최근에는 소비자의 의견 자체가 제품 개발과 연구 및 마케팅의 중요한 축으로 작용하고 있다.

오리온은 아예 '통합 VOC(Voice of Customer)시스템'을 구축했다. 소비자 민원 담당부서원 외에 전 임직원이 수시 열람하도록 하는 한편 '고객의 소리 이해하기' 캠페인을 진행하는 등 소비자들과의 소통을 강화하고 있다. '통합 VOC 시스템'은 공식 홈페이지와 SNS, 고객센터 등에 접수되는 소비자 의견을 실시간으로 파악할 수 있는 프로그램이다.

오리온 관계자는 "소비자 중심의 업무 환경을 조성하고 전사 차원에서 소비자의 의견을 분석해 그 결과를 제품과 경영활동에 발 빠르게 적용하기 위해 시스템을 구축했다"며 "식품업계가 식품 안전과 관련된 소비자 불만 사항을 접수하는 데서 벗어나 소비자의 다양한 의견을 연구와 개발, 마케팅에 반영해 소비자들이 진정으로 원하는 제품을 선보이는 데 매진하고 있다"고 말했다.

자료원: 이데일리, 2017. 09. 11.

SECTION 02 전략선택의 기준

    기업이 선택할 수 있는 신제품 전략들 중에서 어떤 것이 다른 것보다 절대적으로 우월하다고 말하기는 어렵다. 기업이 어떤 전략을 선택하는 것이 유리한가를 결정하기 위해서는 몇 가지 전략선택의 기준에 따라 기업이 처해 있는 조건을 따져볼 필요가 있다 (Kuczmarski, 1988). 전략선택기준을 몇 가지로 구분해 보면 기업의 성장전략, 기술혁신에 대한 보호의 정도, 시장의 크기, 경쟁상황, 생산 및 유통채널상의 위치 등인데 이를 상술하면 다음과 같다.

1. 기업의 성장전략

    우리가 통상적으로 생각하는 신제품 개발은 기업에서 새로운 제품을 만들어 시장에 내놓는 경우를 말한다. 예를 들면 하이트진로에서 새로운 제품으로 Red Rock이라는 상표의 맥주를 기존의 맥주시장에 추가하는 경우를 생각해 볼 수 있다. 그러나 이것은 가능한 기업성장의 네 가지 방향들 중에서 한 가지일 뿐이다(〈표 2-2〉 참조).

| 표 2-2 | 성장기회표 |

시 장 \ 제 품	기존제품	신제품
기존시장	시장침투	제품개발
신시장	시장개발	다각화

자료원: Ansoff, H. T. (1957), "Strategies for Diversification," *Harvard Business Review*, 35(5), pp. 113-124.

(1) 시장침투(market penetration)

    기업에 따라서는 새로운 시장을 개척하거나 새로운 제품을 만들어 내는 것보다는 기존 제품에 주력하여 시장점유율을 높여가는 것을 통해서 기업의 성장을 도모하는 전략을 채택하고 있는 경우를 볼 수 있다. 기업의 규모가 작아서 새로운 제품의 개발이나 신시장 개척을 고려해 볼 여유가 없거나, 시장에서의 틈새전략(market niche strategy)을 구사하는 기업에서 흔히 볼 수 있는 전략이다.

(2) 시장개발(market development)

기존 제품을 가지고 새로운 시장을 개발하는 경우는 해외시장을 개척하거나 국내시장 중에서 새로운 지역시장을 개발하는 경우가 가장 전형적인 예가 될 것이다. 그러나 그에 못지않게 중요한 것은 기존 제품의 새로운 용도개발을 통해 매출의 성장을 도모하는 경우이다. 예컨대 Arm & Hammer의 베이킹 소다가 냉장고 탈취제로서 새로운 용도를 개발하여 시장을 넓힌 사례를 들 수 있다(Urban et al., 1987).

(3) 제품개발(product development)

기업성장전략 중에서 기존의 시장을 새로운 제품을 가지고 공략하는 경우를 제품개발이라고 부른다. 제품개발(product development)은 주로 자사의 유통이나 생산면의 강점을 충분히 활용하면서 새로운 상품을 가지고 시장에서의 기회를 찾아보려는 노력이라고 할 수 있다.

(4) 다각화(diversification)

다각화(diversification)는 기업에서 새로운 제품을 가지고 새로운 시장에 침입하는 경우를 말한다. 예컨대 CJ㈜에서 세탁세제 시장에 '비트'라는 상품을 가지고 진입한 경우를 들 수 있다.

위에 예시한 기업의 성장전략들 중에서 주로 시장침투전략을 성장의 방향으로 삼고 있는 경우에는 기업이 생산이나 유통에 경쟁우위를 가지고 있거나 시장성장률에 대한 기대가 높지 않아야 한다. 이러한 경우 신제품 개발은 경쟁사와 환경의 압력에 대응하여 기존의 제품을 방어하기 위한 신제품 개발전략이 될 가능성이 많다. 그러나 그 이외의 성장전략을 채택하고 있는 기업의 경우에는 능동적 전략이 더 적절한 신제품 전략이라고 할 수 있다.

2. 기술혁신에 대한 보호

일반적으로 특허 등의 법적 장치를 통해 시장에서 기술혁신이 보호되는 경우, 기업에서는 연구개발 전략 등의 능동적인 전략을 구사하는 것이 반응적 전략을 수행해 나가는 것보다 더 유리하다고 할 수 있다. 또한 경쟁사의 모방이 어렵거나 신제품 개발에 많은 시간이 소요되는 시장환경에서, 기술혁신이나 마케팅의 혁신에 의한 경쟁우위가 지켜질 수 있는 경우라면 시장에서 능동적인 전략을 통해서 경쟁우위가 확보될 수 있다. 따라서 이러한 시장에서는 능동적 전략을 통해서 지배적인 위치를 선점하는 것이 매우 중요하다.

Urban과 그 동료들(Urban, Carter, Gaskin, and Mucha, 1986)의 연구에 의하면 시장을 개척하는 상표(pioneering brand)는 평균적으로 58.3%의 시장점유율을 차지하는 반면, 동일한 품질수준의 두 번째 상표는 평균 41.5%를 차지하게 된다. 이 같은 차이는 결국 시장을 능동적으로 개척한 상표에 돌아가는 선두 프리미엄(leader premium)으로 볼 수 있다. 제품에 따라서는 비교적 쉽게 선두제품을 모방할 수 있는 경우가 있는데, 그러한 경우는 물론 연구개발 전략이나 마케팅 전략과 같은 능동적 전략을 구사하기가 어려운 시장환경으로 보아야 할 것이다.

3. 시장의 규모

시장의 규모가 클수록 규모의 경제나 경험효과를 활용하기에 좋은 환경이 조성된다고 볼 수 있으며, 시장에서의 선두주자가 되었을 때 취할 수 있는 이득도 그만큼 커진다. 따라서 연구개발 전략이나 마케팅 전략 같은 능동적인 전략이 더 유리한 환경이라고 하겠다. 반면, 시장규모가 작은 경우에는 신제품 개발에 드는 비용(또는 투자)을 회수하기가 쉽지 않으므로 능동적인 전략을 구사하기가 용이하지 않다. 예를 들면 산업재를 생산하는 회사의 경우 비교적 소수의 고객들에게 그들의 요구에 맞도록 신제품을 개발하여 공급하는 응답적 전략이 유용한 경우가 많다.

4. 경쟁자들

시장에서 경쟁하고 있는 경쟁기업들의 상대적인 크기와 예상되는 반응 역시 신제품 전략을 채택하는 데 있어서 중요한 고려요소라고 할 수 있다. 규모가 작은 기업이 쉽게 모방당할 수 있는 신제품을 앞장서서 개발하는 것은 별로 현명하지 못한 전략일 것이다. 따라서 중소기업의 경우에는 대기업이 따라오기 힘든 기술 또는 경영능력상의 탁월함을 확보하기 전에는 능동적인 신제품 개발을 시도하기 어려울 것이다. 그러나 대기업의 경우에는 비교적 모방이 쉬운 신제품이라 하더라도 능동적 전략을 통해 시장을 선점하는 것이 유리한 전략이 될 수 있다(Urban et al., 1987).

5. 유통시스템상에서의 위치

생산자에서 최종 소비자에 이르는 유통시스템상의 위치에 따라 신제품 개발 전략이 달라질 수 있다. 유통경로상에서 주도적인 위치에 있는 경로구성원이 능동적 전략을 택하게 되면 나머지 구성원들은 이에 따라가는 수동적인 역할을 담당하는 경우를 많이 볼 수 있다. 예를 들면 섬유제품을 미국에 수출하는 우리나라 회사의 경우 Sears와 같은 대형 소매업자들이 미국시장을 잘 이해하고 있기 때문에 그들이 원하는 대로 새로운 제품을 만들어 주는 사례가 흔히 있다. 또한 산업재의 경우 원재료 공급자나 최종 소비자가 신제품을 개발하는 경우도 드물지 않게 볼 수 있다.

SECTION 03 연구개발과 마케팅

　　기업에서 능동적인 전략을 채택하는 경우 신제품 전략의 기본을 이루는 것은 연구개발과 마케팅이라 할 수 있다. 기업의 부가가치 창출의 원천이 되는 두 가지 활동, 즉 연구개발과 마케팅 중에서 상대적으로 어떤 분야가 더 중요한 것인가의 문제는 산업에 따라 그 상대적인 중요성이 다르다고 할 수 있겠다. 그렇지만 Utterback(1974)의 연구에 의하면 성공적인 신제품들 중 60~80%가 시장의 수요나 필요에 부응하여 개발된 제품인데 반하여 20~40%의 제품이 기술적인 우위 때문에 성공한 신제품들이었다(〈표 2-3〉 참조). 또한 혁신적인 제품들 중에서 고객의 필요에 근거한 신제품들의 매출액 성장률이 기술에 근거한 신제품들의 성장률보다 더 높았다(Meadows, 1968). 이 같은 결과를 토대로 살펴보면 시장에서 신제품이 성공하기 위해서는 시장에서 소비자들이 원하는 바를 정확하게 파악하는 일이 기술개발보다도 더 중요한 과제인 경우가 대부분이라는 것을 알 수 있다.

표 2-3　　신제품의 성공요인에 따른 분류

혁신적 제품(괄호안은 표본의 수)	시장에서의 필요에 부응(%)	기술적 기회 포착(%)
영국기업들(137)	73	27
Winner's 산업 연구상(108)	69	31
무기류(710)	61	39
영국의 발명가들(84)	66	34
컴퓨터, 철도, 주택사업(439)	78	22
재료사업(10)	90	10
기기류(32)	75	25
기타(303)	77	23

자료원: Utterback, J. M. (1974), "Innovation in Industry and the Diffusion of Technology," *Science*, 183(4125), pp. 620–626.

SECTION 04 맺음말

　　본 장에서는 신제품 전략의 유형을 살펴보고 각 전략들이 유용하게 수행될 수 있는 조건들을 따져 보았다. 우리나라 기업들의 경우 신제품 전략으로서 능동적인 전략보다는 반응적인 전략을 채택하고 있는 경우가 대부분이라고 하겠다. 그러나 좀 더 부가가치가 높은 신제품을 개발해 내기 위해서는 과감하게 능동적인 신제품 개발전략을 채택하는 기업들의 수가 늘어나야 할 것이다. 능동적인 신제품 개발전략들 중에서도 연구개발과 마케팅의 조화가 신제품을 성공시킬 수 있는 관건이라고 하겠는데, 이를 달성하기 위해서는 시장조사를 통한 소비자 욕구의 파악과 이를 기초로 한 시장지향적 연구개발이 필수적인 전제조건이라고 볼 수 있다.

토론 문제

01 신제품 개발시 능동적 신제품 전략과 반응적 신제품 전략의 장단점을 논의하라.

02 '갑'이란 관리자가 "신제품 개발과정에서 마케팅부서의 역할이 상대적으로 중요한 산업과 R&D 부서의 역할이 상대적으로 중요한 산업이 존재한다."고 말했다. 당신은 '갑'이란 관리자의 의견에 대해 어떻게 생각하는가?

03 시장의 크기가 제한적인 경우 기업은 어떠한 성장전략을 택하는 것이 바람직한가와 그 이유를 논의하시오.

04 경쟁기업의 모방이 용이한 시장환경 내에서 선두기업은 어떤 신제품 전략을 택해야 할까? 그 이유를 제시하시오.

05 second-but-better전략은 어떤 조건하에서 채택하는 것이 바람직한가? 또한 어떤 시장에서는 위험한 전략이 될 수 있을까? 예를 들어 설명하시오.

참고 문헌

예종석, 김명수 (1992), "우리나라 기업의 마케팅 활용실태," 마케팅연구, 7(1), pp. 80-101.

Anakwe, U., Igbaria, M., and Anandarajan, M. (2000), "Management Practices across Cultures: Role of Support in Technology Usage," *Journal of International Business Studies*, 31(4), pp. 653-66.

Ansoff, H. I. (1957), "Strategies for Diversification," *Havard Business Review*, 35(5), pp. 113-124.

Armstrong, S. C. (2001), *Engineering and Product Development Management: The Holistic Approach*, New York: Cambridge University Press.

Baum, J. A. C. and Silverman, B. S. (2004), "Picking Winners or Building Them? Alliance, Intellectual, and Human Capital as Selection Criteria in Venture Financing and Performance of Biotechnology Startups," *Journal of Business Venturing*, 19 (3), pp. 411-436.

Booz, Allen and Hamilton (1982), *New Products Management for the 1980's*, New York: Booz, Allen & Hamilton, Inc.

Cheryl, N., Im, S., Park, H., and Ha, Y. W. (2006), "Antecedents and Consequence of Korean and Japanese New Product Advantage," *Journal of Business Research*, 59(1), pp. 28-36.

Kotler, P. and Keller, K. L. (2016), *Marketing Management*, 15th ed., NJ: Pearson.

Kotler, P., Fahey, L., and Jatusripitak, S. (1985), *The New Competition,* Englewood Cliffs, NJ: Prentice-Hall.

Kotler, P. and Singh, R. (1981), "Marketing Warfare in the 1980s", *Journal of Business Strategy*, 1(3), pp. 30-41.

Kuczmarski, T. D. (1988), *Managing New Products*, Englewood Cliffs, NJ: Prentice-Hall.

Li, H. and Atuahene-Gima, K. (2001), "Product Innovation and the Performance of New Technology Ventures in China," *Academy of Management Journal*, 44(6), pp. 1123-1134.

Lynn, G. S. and Akgün, A. E. (2001), "Project Visioning: Its Components and Impact on New Product Success," *Journal of Product Innovation Management*, 18(6), pp. 374-387.

MacCormack, A., Verganti, R., and Iansiti, M. (2001), "Developing Products on "Internet Time": The Anatomy of a Flexible Development Process," *Management Science*, 47(1), pp. 133-150.

Meadows, D. L. (1968), "Estimating Accuracy and Project Selection Models in Industrial Research," *Sloan Management Review*, 9(3), pp. 105-19.

Uban, G. L., Carter, T. Gaskin, S., and Mucha, Z. (1986), "Market Share Rewards to Pioneering Brands: An Empirical Analysis and Strategic Implications," *Management Science*, 32(6), pp. 645-659.

Urban, G. L. and Hauser, J. R. (1993), *Design and Marketing of New Products*, 2nd ed., Englewood Cliffs, NJ: Prentice-Hall.

Urban, G. L., Hauser, J. R., and Dholakia, N. (1987), *Essentials of New Product Management*, Englewood Cliffs, NJ: Prentice-Hall.

Utterback, J. M. (1974), "Innovation in Industry and the Diffusion of Technology," *Science*, 183(4125), pp. 620-626.

PART 02

신제품 기회 발견

사업은 신제품 기회의 발견으로부터 시작한다고 하여도 과언은 아니다. 시장성 있는 제품을 시장에 내놓기 위해서는 무엇보다도 신제품 기회의 발견에 많은 노력을 기울여야 한다. 그렇다면 신제품 기회는 어떻게 포착할 수 있을 것인가? 무엇보다도 소비자들을 이해하는 단계로부터 시작되어서, 시장에 있어서의 경쟁 그리고 소비자들의 필요와 욕구를 파악해 낼 수 있는 방안들이 강구되어야 하며 이를 위한 제도적인 면과 방법론 등이 선행되어야 효율적인 신제품 기회를 포착할 수 있을 것이다. 다음의 신제품 기회의 발견에 관한 사례를 살펴보자.

51조원 : 35조원, 중국 '유니콘'이 미국 뛰어넘었다

2012년 중국 베이징에서 창업한 스타트업(초기 벤처기업) 바이트댄스는 인공지능을 이용해 소비자들에게 맞춤형 뉴스 서비스를 제공한다. 가입자 수가 6억명에 달하는 이 기업의 가치는 110억 달러(약 12조원)로 평가된다. 2014년 상하이에서 탄생한 자동차 스타트업 니오는 정지 상태에서 시속 100km까지 가속하는 데 고작 2.7초 걸리는 전기차를 개발했다. 니오의 가치는 50억 달러(약 5조 4,500억원)에 이른다. 스타트업 정보 업체 CB인사이츠에 따르면 바이트댄스와 니오 등 중국 스타트업 21곳이 2017년 새로 유니콘 기업(기업 가치 10억 달러 이상 신생 기업)이 됐다. 이 기업들의 전체 가치는 467억 달러(약 50조 9,200억원). 미국에서는 2017년 23개의 유니콘 기업이 탄생했지만 총 기업 가치는 322억 달러(약 34조 9,000억원)에 그쳤다. 전 세계가 중국산(産) 스타트업의 가치를 창업 대국으로 군림해온 미국 스타트업보다 높게 평가하기 시작한 것이다.

■ 실리콘밸리가 베끼는 중국 스타트업

중국 스타트업의 성장세는 창업에 대한 상식을 뛰어넘는다. 2012년만 해도 중국에는 유니콘 기업이 2개뿐이었다. 하지만 미국 보스턴컨설팅그룹에 따르면 2017년 전 세계 유니콘 기업 221개 중 64곳이 중국 기업이고 이 기업들의 가치는 전체 유니콘 기업 가치의 41%에 이른다. 특히 중국의 스타트업 열풍은 인공지능(AI)·드론(무인기)·교통·인터넷 보안·헬스케어·교육·미디어 등 거의 모든 분야에서 전방위적으로 일어나고 있다. 과거 중국의 창업이 해외에서 성공한 사업 모델을 베껴서 내수 시장에서 써먹는 형태였다면 지금은 거대한 내수 시장을 기반으로 혁신적인 기술과 비즈니스 모델을 전 세계로 전파시키고 있다. 자전거 공유 업체 모바이크가 대표적 사례다. 모바이크는 자전거 공유 서비스와 모바일 앱(응용 프로그램)을 연계한 사업 모델을 선보였다. 모바이크는 불과 2년도 되지 않아 중국·영국·일본·미국 등의 180여 도시에 진출했다. 2017년 1월에는 미국 실리콘밸리에서 모바이크를 그대로 베낀 스타트업 라임바이크가 등장하기도 했다. 월스트리트저널은 "미국 기업들이 중국을 베끼는 '카피캣(유사품)' 처지가 됐다"고 보도했다. 미국을 대표하는 IT(정보기술) 기업 애플은 2017년 6월 초 자사의 모바일 메신저에 결제와 송금 기능을 추가했다. 2013년 중국 인터넷 기업 텐센트가 처음 선보인 '위챗페이'를 베낀 것이다.

▪ 정부가 끌고, 민간이 지원한다

영국 이코노미스트는 "세계 최대의 내수 시장과 기술 트렌드에 민감한 중국 소비자, 중국 정부의 적극적인 지원이 중국 스타트업 급성장의 비결"이라고 분석했다.

중국 정부는 2013년 '모두가 창업하고 혁신한다'는 기치를 내걸고 민간 주도의 창업을 지원하고 있다. 창업 절차를 간소화하고, 최소 자본금 제도도 없앴다. 여기에 세계 최고 기업 반열에 오른 텐센트 · 알리바바 · 바이두 등 중국 1세대 테크 기업들이 스타트업 지원에 막대한 돈을 쏟아붓고 있다. 컨설팅 업체 맥킨지에 따르면 2016년 중국에서 스타트업에 투자된 310억 달러(약 33조 8,600억원) 중 42%가 텐센트 · 알리바바 · 바이두 등 3개 업체의 자금이었다.

최근 중국 스타트업들은 활발한 인수 · 합병(M&A)과 투자를 통해 몸집을 불려나가고 있다. 바이트댄스는 2017년 다른 중국 스타트업 뮤지컬리(Musical.ly)를 10억달러(약 1조900억원)에 인수했다. 해외 기업도 중국 스타트업의 타깃이 되기는 마찬가지이다. 차량 공유 스타트업 디디추싱은 미국 우버의 인수 제안을 거절하고 2016년 8월 우버차이나를 역으로 인수해 중국 차량 공유 시장의 절대 강자로 떠올랐다. 막대한 자금력을 앞세워 해외 시장에 진출

중국의 대표적인 유니콘 기업 디디추싱, 메이퇀뎬핑, 바이트댄스, 모바이크 그리고 니오

하기 시작하면서 글로벌 스타트업 업계의 중심이 실리콘밸리에서 중국으로 넘어가고 있는 것이다.

자료원: 조선일보. 2017. 11. 23.

위의 사례에서 볼 수 있듯이 시장에서의 신제품 경쟁은 결국 아이디어 싸움으로 귀착된다. 시장에 소비자의 마음에 드는 신제품을 출시할 수 있으려면 우선 시장을 소비자의 시각에서 정의하고 이에 따른 제품기회를 포착하여 창의적인 아이디어를 체계적으로 창출할 수 있어야 한다. 따라서 제2부에서는 시장에서의 신제품 기회발견에 관한 문제를 다루기로 한다. 우선 제3장에서는 시장의 정의와 시장구조 분석에 관하여 살펴보고, 제4장에서는 시장 세분화의 문제를, 그리고 제5장에서는 제품 아이디어의 창출 및 선발에 관하여 서술하기로 한다.

그림 1	신제품 기회의 발견

시장의 경쟁구조   : 제3장
↓
시장 세분화   : 제4장
↓
신제품 아이디어의 관리   : 제5장

03
CHAPTER | NEW PRODUCT MARKETING STRATEGY
시장의 경쟁구조

사례: 정확한 경쟁구조 파악을 통한 시장규모의 확대

   전통적인 시장구조가 시장을 제품 중심적으로 파악하는 것과는 달리 소비자 중심적인 시장의 경쟁 구조는 소비자의 인식과 제품의 용도에 바탕을 두고 파악된다. 예를 들면, 음료수 시장의 경쟁구조는 크게 대별하여 2단계로 분류될 수 있다. 소비자의 선택 단계별로 보면, 1단계의 시장 에서는 탄산음료, 스포츠 이온음료, 과즙음료, 차음료, 미과즙음료, 기능성음료 등이 경쟁하고 있으며, 2단계에서는 만일 소비자가 스포츠 이온음료를 마시기로 했다면 포카리스웨트, 게토레이, 파워에이드 등이 소비자의 선택상에서 경쟁하게 된다. 1단계는 제품이 다른 것들끼리의 경쟁이기 때문에 제품간 경쟁이라고 하고, 2단계는 동일 제품 계열 내에서 다른 상표끼리의 경쟁이기 때문에 상표간 경쟁이라고 할 수 있다.

   과거에는 포지셔닝 전략이 일반적으로 시장 세분화와 그에 따른 표적 시장의 선정에 따라서 수립되던 것이, 최근에는 시장의 경쟁구조에 따라서도 수립되고 있다. 현재 우리나라의 음료시장의 경쟁구조와 포지셔닝에 대해 이와 같은 논리를 적용해 보면 아래의 그림과 같다.

   이와 같은 경쟁 구조 파악에 따라서 스포츠 이온음료 시장의 제품들은 갈증해소 음료로 포지셔닝되어 있으며 갈증이 심한 상황에서는 탄산음료나 과즙음료, 커피 등이 부적합하다는 것을 소비자에게 강조한다. 따라서 갈증해소 음료의 요건으로서 첫째, 달지 않아야 한다는 것을 주장하고 또한 갈증이 심한 상황에시 소비자들은

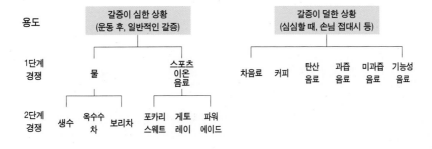

물을 주로 마시고 있는데 물이 가지고 있는 단점은 흡수가 느리다는 것이므로 갈증이 심한 상황에서는 물이나 기타의 음료수를 마시지 말고 건강음료이면서 흡수가 빠른 스포츠 이온음료를 마셔 달라는 것이다.

하지만 이렇게 포지셔닝된 스포츠 이온음료 상품인 포카리스웨트, 게토레이, 파워에이드가 이러한 속성만을 강조하다보면 자칫 2단계의 상표간 경쟁(brand level competition)에 치우치게 되어 스스로 시장의 규모를 줄어들게 한다. 즉, 2단계의 상표간 경쟁보다는 1단계의 제품간 경쟁에 포지셔닝함으로써 매출확대를 기할 수 있다는 것이다. 예를 들면 기능성음료와 미과즙 음료 그리고 물 시장에서도 생수 이외에 옥수수차나 보리차 등이 가공음료화됨에 따라 직접적인 경쟁 상태가 동일 수준간의 상표 경쟁이 아니라 제품간의 경쟁으로 확대되었다는 것이다. 따라서 스포츠 이온음료의 상표들은 스포츠 이후의 심한 갈증해소 음료보다는 더 큰 시장에서 경쟁할 수 있는 제품의 속성을 추가함으로써 시장 기회를 확대시켜 나가야 할 것이다.

앞의 사례에서 분석된 내용과 관련지어서 우리가 매일 마시는 음료수들을 생각해 보자. 현재 우리나라의 시장은 국산 브랜드들을 포함하여 외국산 브랜드에 이르기까지 다양한 제품들간에 치열한 경쟁을 하고 있다. 예를 들어서 롯데에서는 칠성사이다, 펩시콜라, 레쓰비, 델몬트 콜드, 2%부족할 때, 게토레이, 실론티, 델몬트망고, 지리산이 키운 생녹차, 옥수수 수염차 등의 음료수를 팔고 있고, 해태에서는 썬키스트 오렌지주스, 써니텐, 투데이스 커피, 로얄 밀크티, 아미노업, 네버스탑, 큰집 식혜 등을 판매하고 있다. 즉, 기업이 소비자들의 만족을 통한 이윤 극대화라는 경영 목적을 달성하기 위하여 다양한 종류의 음료수들을 판매하고 있는 것이다.

다양한 제품들은 각각 목표로 하는 시장에서 소비자들을 보다 만족시키기 위하여 타사의 여러 제품들과 경쟁하고 있다. 즉 롯데의 게토레이는 해태의 네버스탑이나 동아오츠카의 포카리스웨트와 스포츠 이온음료 시장에서 경쟁하고 있다. 이와 같은 경쟁은 스포츠 이온음료간의 경쟁에 국한되는 것이 아니라, 소비자들의 음료수를 소비하는 용도를 고려하고 소비행태를 분석해 보면 보다 더 복잡한 양상을 띠고 있음을 알 수 있다.

경쟁의 양상을 좀 더 주의깊게 살펴보면, 롯데의 게토레이는 스포츠 이온음료 시장에서 다른 브랜드와 경쟁할 뿐만 아니라, 근원적으로 들어가서 해태의 썬키스트 오렌지주스, 써니텐, 광동제약의 옥수수 수염차, 동아오츠카의 데미소다 등의 스포츠 이온음료가 아닌 여러 타회사의 다양한 음료수와 경쟁하고 있으며, 심지어는 자사의 펩시콜라, 실론티, 2%부족할 때 등과도 경쟁하고 있다.

이와 같은 사례는 비단 음료수 시장에만 국한된 것이 아니라 모든 산업에서 어렵지

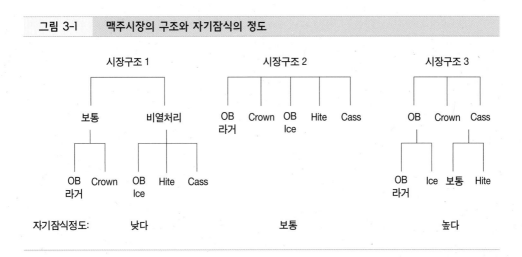

그림 3-1   맥주시장의 구조와 자기잠식의 정도

않게 볼 수 있다. 주류, 신발류, 의약품, 의복, 문방구 등의 소비재뿐만 아니라, 하나의 제품이 보다 다양한 용도를 지니고 있는 산업재에도 분명히 적용될 수 있다. 물론, 서비스 산업에 해당되는 여가 및 스포츠 산업, 은행을 비롯한 보험, 투신, 단자, 증권 등의 금융산업, 철도, 고속버스, 비행기 등의 운송산업, 유선통신, 무선통신 등의 통신산업 등 경쟁이 존재하는 모든 산업에 동일하게 적용된다.

예를 들어 어떤 기업이 오징어 통조림을 생산한다고 하자. 이 기업은 오징어 시장에서 경쟁하고 있는 것일까? 아니면 해물통조림 시장에서 경쟁하고 있는 것일까? 이도 저도 아니면 오징어 통조림 시장이 따로 존재하는 것일까? 이러한 물음에 대해 정확한 해답을 갖는 것은 마케팅 전략을 수립하는 데에 큰 의미를 갖는다.

첫째, 시장의 정의는 새로운 제품 또는 서비스가 속해 있는 시장의 크기를 확정하는 데 결정적인 역할을 한다. 위의 예에서 오징어 통조림이 "오징어 통조림 시장"이라는 한정된 시장 내에서 다른 상표들과 경쟁하고 있는가? 아니면 "해물통조림"이라는 보다 넓은 시장에서 경쟁하고 있는가에 따라 시장의 크기가 전혀 달라질 뿐만 아니라 목표로 하는 시장점유율도 달라질 것이다. 물론 큰 시장에서 높은 시장점유율을 성취하는 것이 바람직한 일이지만 기업의 가용자원 부족 등의 이유로 그것이 불가능할 때에는 잘 정의된 세분시장에서 시장점유율을 높이는 것이 바람직할 것이다.

둘째, 시장을 어떻게 정의하는가에 따라 시장에서의 경쟁상태가 달라진다. 예를 들면, Hite라는 제품이 "맥주시장"에서 경쟁한다면 다른 모든 맥주상표들이 경쟁대상이 되겠으나, 시장이 "비열처리맥주 시장"으로 정의된다면 다른 비열처리 맥주가 경쟁상품이 될 것이고, 따라서 마케팅 전략의 내용도 그에 따라 달라질 것이다.

셋째, 시장에서 신제품의 경쟁상대가 어떤 제품인가에 따라 자기잠식(cannibalization)의 정도가 달라진다. 즉, [그림 3-1]의 시장구조 1과 같은 시장에서는 Hite가 OB Ice 및 Cass와 직접적인 경쟁상태에 있게 되고 따라서 보통 맥주시장에서의 자사브랜드인 Crown의 시장점유율에 크게 영향을 주지 않는다. 그러나 시장구조 2와 같은 경쟁상태하에서는 OB, Crown의 보통맥주와 OB Ice 및 Cass가 모두 Hite의 경쟁상대이므로 Crown 보통맥주의 시장점유율이 Hite에 의해서 영향을 받게 된다. 한편, 시장구조 3과 같은 시장에서는 Hite의 직접적인 경쟁제품이 바로 자사브랜드인 Crown 보통맥주이므로 기존의 자사브랜드 시장점유율이 신제품인 Hite에 의해서 심대한 영향을 받게 된다. 따라서 진출하는 시장의 구조를 정확하게 파악하는 일은 신제품 개발에 관한 의사결정에 있어 필수적인 전제조건이라고 할 수 있다.

SECTION 01 시장의 경쟁구조 파악방법

1. 전통적 방법

시장의 경쟁구조를 파악하는 데 있어서 우리가 흔하게 사용하는 방법은 시장에 총체적인 이름을 붙인 다음, 제품의 물리적인 특성에 따라 좀 더 작은 시장으로 나누는 방법이다. 예를 들면 자동차 시장을 자동차의 크기(또는 엔진 배기량)에 따라 대형차 시장, 중형차 시장, 소형차 시장으로 나누어 정의하는 방법이 그것이다.

이 같은 정의 방법 이외에도 많이 사용되는 전통적인 시장의 정의 방법들 중의 하나는 유통경로에 의해서 시장을 나누는 방법이다. 즉, 맥주 시장을 가정용 시장과 업소용 시장으로 구분한다든지, 화장품 시장을 방문판매 시장과 대리점 시장, 그리고 할인코너 시장 등으로 나누는 것이 그 예이다.

시장에서의 독점을 막기 위한 공정거래법과 같은 법률의 적용에 있어서도 시장의 정의는 매우 중요한 역할을 맡게 된다. 예를 들면 액체 세탁세제의 경우 시장을 액체 세탁세제로 한정시키느냐 아니면 모든 세탁세제(가루비누, 빨래 비누 등)들과 같은 시장에서 경쟁하는 것으로 보느냐에 따라 액체 세탁세제의 제조업체는 과점업체가 될 수도 있고 경쟁적인 시장에 속한 업체로 규정될 수도 있을 것이다. 이런 경우에도 시장의 정의는 제품 또는 제품의 형태를 기준으로 하여 내려진다.

이와 같은 전통적인 시장의 정의 방법들의 문제점은 시장이 소비자 중심적으로 정의되지 않고 제품중심으로 정의되었다는 점이라고 하겠다. 마케팅 전략을 수립하는 데 있어 의미있는 시장의 정의 방법은 소비자 중심의 정의 방법일 것이다. 따라서 대표적인 소비자 중심의 시장정의 방법에 대해 논의해 보기로 한다.

2. 교차탄력성을 이용한 방법

교차탄력성(cross elasticity)은 경제학적인 개념으로서 제품 A의 가격이 변화할 때 제품 B의 수요가 얼마나 민감하게 반응하는가를 측정함으로써 그 크기를 알 수 있다. 만일 코카콜라의 가격이 20% 오르고 펩시콜라의 가격은 오르지 않는다면 펩시콜라의 수요는 증가할 것이다. 이런 경우 코카콜라와 펩시콜라는 같은 시장에서 경쟁하고 있다고 볼 수 있으며, 서로 대체관계에 있는 제품들을 모두 모아 놓았을 때 그 제품들은 하나의 시장을 형성한다고 볼 수 있을 것이다.

교차탄력성을 이용하여 시장을 정의하는 방법은 개념적으로 좋은 방법이지만 실제로 사용하기에는 문제점이 많은 시장정의 방법이다. 왜냐하면 매출액과 가격의 측정치들이 오차를 포함하고 있는 경우가 많으며 교차탄력성 자체가 안정적이지 않은 경우도 있기 때문이다.

3. 동일한 용도에 의한 방법

시장을 정의하는 데 있어 교차탄력성을 통계학적으로 추정하는 대신 소비자들에게 상품의 대체가능성에 대해 직접 물어보아 같은 용도로 사용될 수 있는 제품들끼리 묶어 하나의 시장으로 정의할 수 있다. 예를 들면, 전기모터를 생산하는 데 알루미늄기어, 강철기어, 플라스틱기어가 서로 대체적으로 사용가능하다면 이 제품들은 동일한 시장 내에서 경쟁하고 있다고 보아야 할 것이다. 또한 TV프로그램과 야구경기, 영화, 연극 등은 서로 다른 시장에서 경쟁하는 서비스인 것으로 일견 생각되지만, 만일 소비자들이 토요일 오후를 어떻게 보낼 것인가를 결정할 때 이들 서비스를 함께 놓고 고려한다면 "오락시장"이라는 동일한 시장에서 경쟁하고 있다고 보아야 할 것이다.

제품을 소비자의 용도에 따라 분류하는 작업은 제품들 사이의 대체가능성에 대한 분석적 기법을 필요로 하는데, Stefflre(1972)는 52개의 의약품을 사용되는 증상에 따라 분류하여 시장을 정의하였다.

사례: 지속 가능 경영 원한다면 '민첩한 고양이'전략 써라 ──────

미국 경영전문지 Inc.가 선정한 '2017년 최고의 비즈니스 서적' 중 재미있는 제목이 눈에 띈다. 레오나드 셔먼 컬럼비아대 교수가 쓴 '개싸움판에서는 고양이가 돼라(If You're in a Dogfight, Become a Cat)'다. 이 책을 통해 셔먼 교수는 개와 고양이의 습성을 비교하며 지속적인 성장을 추구하는 기업이라면 고양이형 전략을 취하라고 조언한다. 개들은 싸울 때 '이에는 이, 눈에는 눈' 식으로 서로 할퀴고 물어뜯는다. 기능과 디자인을 서로 베끼기 바쁜 전형적인 미투(me too) 전략이다. 유사한 서비스를 앞다퉈 선보이는 항공사들이나 향과 맛, 기능을 서로 모방하며 수많은 신제품을 출시하고 있는 식품·치약업계 등이 대표적인 사례로 꼽힌다.

고양이는 상대의 어깨 너머를 보고 자신만의 영역을 찾아 나선다. 적에게 관심을 모조리 쏟기보다 자신만의 공간과 룰을 만드는 데 열중한다. 고양이 같은 기업의 예로 호주 와인업체 옐로테일을 들 수 있다. 옐로테일이 미국에 진출할 당시 현지 시장에서 와인을 마시는 비중은 15%에 불과했다. 대부분 와인업체들이 이 15%의 시장을 타깃으로 승부하고 있었지만, 옐로테일은 와인 대신 맥주와 소다를 주로 마시는 85%의 비시장(non market)을 바라봤다. 복잡한 포도 품종과 지역, 와이너리 이름 앞에서 혼란스러워하던 초보자들이 쉽게 이해할 수 있는 레이블을 사용하고 일상적으로 즐길 수 있는 중저가 와인을 선보인 결과 미국 시장 진출 4년 만에 연간 800만병을 판매하는 성과를 거두게 됐다. 그리고 '캐주얼 에브리데이 와인' 시장의 독보적인 브랜드로 자리 잡았다.

성공적인 고양이 전략은 경쟁사에 휘둘리기보다 자사 고유 경쟁력에 대한 명확한 이해를 바탕으로 시장의 빈틈 찾기에 집중할 때 실현된다. 소비자의 깊은 고민을 헤아리고 해결책을 궁리한다면 작은 아이디어로도 새로운 영역을 개척할 수 있다.

접시 위에 단지 다섯 개의 선을 그어 많은 이들의 걱정을 해소해준 제품이 있다. 네덜란드의 영양학자와 디자이너가 고안한 ETE 접시(ETE plate)다. 건강과 외모, 다이어트에 관심 있는 사람들이 증가하면서 저지방 식품, 건강보조제 등 다양한 제품들이 시장에 쏟아졌다. 하지만 소비자들이 근본적으로 원하는 것은 체중 감량을 넘어 스스로 영양의 균형과 음식 양을 조절할 수 있는 지속적인 건강한 식생활이었다. ETE 접시는 여기에 주목해 만들어졌다.

ETE 접시는 다섯 개 선으로 공간이 분할돼 있다. 각 부분에는 밥·면, 육류·생선, 채소, 샐러드 등의 이름이 붙여졌고, 빈 공간 (empty)도 표시돼 있다. 필수 영양소의 하루 권장량에 맞춰 매 끼니 분량을 섭취할 수 있도록 나눈 것이다. 다이어트가 필요한 사람은 음식을 담을 때 빈 공간을 비워두면 된다. 건강한 식사를 위해 음식을 어느 정도 나눠 먹어야 할지 가늠하기 어려운 실질적인 걱정을 간파한 결과다.

ETE 접시는 과식방지를 통해 건강한 라이프스타일을 추구할 수 있도록 고안되었다

2014년 이 접시가 출시됐을 때 많은 언론들이 호평하며 스마트 상품으로 소개했다. 소비자들이 쉬운 방법으로 건강한 식생활을 누릴 수 있도록 할 뿐 아니라 음식물 쓰레기를 줄이는 데도 기여한다는 점이 높게 평가됐다. 경쟁사 어깨 너머, 시장에서 충족되지 않은 니즈가 무엇이고 고객이 평소 아쉬워하는 부분이 무엇인지를 깊이 고민한다면 성숙한 산업일지라도 새로운 시장을 발견하고 확보하는 것이 가능하다. 경쟁기업의 일거수일투족에 매몰돼 모방 경쟁에 치중하다 보면 제로섬게임에 빠질 수밖에 없다.

자료원: 매경이코노미, 제1949호, 2018년, 사진출처: https://www.eteplate.com

4. 소비자들이 지각하는 유사도에 의한 방법

시장을 소비자의 입장에서 정의하는 또 하나의 방법은 소비자들이 지각하는 제품들 사이의 유사도에 따라 시장을 나누어 보는 것이다. 이 방법은 지각도(perceptual map)라고 불리는 기법을 사용하여 소비자들의 인식 속에 각 제품이 어떤 위치를 차지하고 있는지를 알아내어 상대적으로 가까운 거리에 있는 제품들끼리 하나의 시장으로 정의하는 방법이다.

[그림 3-2]에서 보듯이 지각도는 어떤 제품이 속해 있는 시장을 소비자들이 어떤 차원을 가지고 지각하며, 각 제품들이 소비자들의 인식 속에 어떤 위치를 차지하고 있는가를 일목요연하게 나타내준다. 따라서 지각도상에 가까운 위치에 있는 제품들일수록 서로 직접적인 경쟁상태에 있다고 볼 수 있으며 이들 근접한 제품들끼리 하나의 하위시장(submarket)을 형성한다고 볼 수 있다.

이같은 시장정의 방법이 마케팅 전략을 수립하는데 유용한 수단으로 사용될 수 있는 경우를 예를 들어본다면, 기아자동차에서 새로운 제품으로 소울을 내놓았을 때 소비자들이 SONATA TRANSFORM과 비슷한 제품으로 인식하는지, 아니면 AVANTE와 비슷

그림 3-2	우리나라 자동차 시장의 가상적 지각도

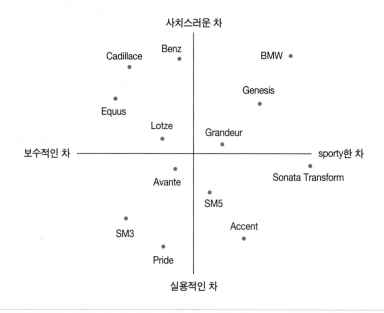

한 제품으로 인식하는지, 또는 SM3와 유사한 제품으로 인식하는지를 지각도상의 거리로부터 파악하여 자기잠식의 정도, 타사 제품 중 어떤 제품으로부터 얼마만큼의 점유율을 가져올 수 있는지 등에 관한 예측을 해낼 수 있을 것이다.

여기에서 한걸음 더 나아가 제품을 실제로 디자인하기 전에 지각도를 이용하여 자기잠식을 극소화하고 타사제품으로부터 고객을 확보하여 시장점유율을 극대화할 수 있는 위치를 찾아내어 포지셔닝하는 것 또한 가능하다.

지각도를 그리는 기법에는 여러 가지가 있으나 가장 널리 사용되는 방법은 다차원척도법(multidimensional scaling)과 요인분석(factor analysis)이라고 할 수 있다.

5. 위계적 시장정의 방법

제품의 대체가능성(substitutability)에 기초한 또 한 가지의 시장정의 방법은 위계적(hierarchical) 시장정의 방법이다. 이 방법에 의하면 시장을 소비자가 인식하는 바에 따라 몇 개의 하위시장(submarket)으로 나누고, 하위시장을 다시 직접적인 경쟁상태에 있는 제품군으로 나누어 그보다 하위시장으로 정의한다.

그림 3-3	우리나라 청량음료시장의 가상적 위계적 시장구조

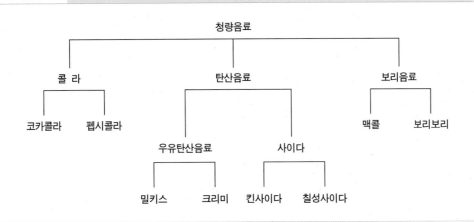

[그림 3-3]은 우리나라 청량음료시장을 콜라와 탄산음료, 그리고 보리음료로 나눈 다음 다시 탄산음료를 우유탄산음료와 사이다로 나누어 하위시장을 정의함으로써 서로 직접적인 경쟁상태에 있는 상표들이 어떤 것들인가를 보여주고 있다.

이와 같은 시장의 위계적 시장구조를 알아내는 방법에는 여러 가지가 있을 수 있겠으나 그 중 하나는 소비자들의 의사결정과정을 관찰하는 방법이다. 즉, [그림 3-3]에서는 청량음료의 소비자들이 우선 콜라, 탄산음료, 보리음료 중에서 하나를 고른 다음 같은 제품계열 내에서 선택해 나가는 과정을 거치는 것으로 가정하고 있으나, 실제로 소비자들의 의사결정과정을 관찰해 보면 우선 콜라와 비콜라음료로 나눈 다음 콜라 내에서 상표를 선택하거나, 비콜라류 제품 중에서 탄산음료와 보리음료 중 하나를 선택하고, 다시 하나의 상표를 선택하는 과정을 거칠 수도 있다.

따라서 시장의 구조는 소비자들의 구매의사결정 과정을 관찰한 다음 이에 관한 자료를 분석하여 결정된다. 그러나 이 방법은 개념적으로는 우수하지만, 자료수집상의 난점과 통계분석상의 어려움으로 인하여 널리 쓰여지지는 못하고 있다.

시장의 위계적인 구조를 밝혀낼 수 있는 방법으로서 몇 가지 방법들이 실무적으로 유용하게 활용되고 있다. 이와 같은 방법들은 소비자들이 비교적 자주 구매하는 제품에 대하여 구매상표를 어떻게 바꾸어 가면서 구매하는가(brand switching behavior)를 관찰하여 이를 토대로 시장의 위계적인 구조를 밝혀 내는 기법으로 비교적 간단한 통계학적 기법을 가지고 위계적인 시장구조를 알 수 있게 해주므로 널리 사용되고 있는 방법이다. 다음 절에서는 가장 많이 활용되는 방법을 소개하고자 한다.

사례: 중국이 넘볼 수 없는 '주특기'로 사드 넘은 3총사 ─────

중국의 사드 보복이란 험난한 '파도'를 오히려 기회로 삼아 코스맥스, CJ CGV, 두산인프라코어가 순항 중이다. 이들은 해당 기업 오너들이 중국 사업에 대한 애착을 갖고 10년 넘는 중국 진출 역사를 통해 중국 현지 업체들이 제공하기 힘든 제품이나 서비스를 내놔 중국인들을 사로잡은 것으로 나타났다. 중국 시장을 철저히 분석해 현지 업체들 영역과 겹치지 않아 마찰을 피한 것도 사드 피해를 덜 겪고 있는 비결이다. 이에 따라 증권가에선 국내 주식시장의 주요 악재인 중국 변수가 이들 종목의 할인 요소가 아니라 오히려 추가 점수 요소라는 의견을 내놓고 있다.

색조화장품 전문업체 코스맥스의 2017년 매출과 영업이익은 각각 9,172억원, 477억원으로 추정된다. 2016년보다 매출이 21.2%나 성장하는 것으로 나타났다. 아모레퍼시픽 매출이 같은 기간 3% 감소하는 것과 대조된다. 코스맥스 영업이익은 1년 새 9.3% 줄어드는 것으로 나오지만 아모레퍼시픽(−20.2%)보다 양호할 것으로 예상된다. 코스맥스는 2017년 다소 주춤하지만 2018년에는 영업이익이 723억원으로 올해보다 무려 51.6% 증가할 것으로 추정된다. 이 같은 저력은 코스맥스의 중국 진출 역사와 연관성이 깊다는 게 주된 의견이다. 창업주 이경수 회장은 1998년 홍콩 화장품박람회에 직접 홍보 부스를 차리며 현지 분위기를 감지한 데 이어 2003년 최경 사장을 보내 중국법인을 만들었다. 당시 최 사장은 "중국은 냄비가 아니라 솥으로 끓기까지 상당한 시간이 걸린다"며 "초기 전략을 잘 짜는 것도 중요하지만 오너의 인내심도 필요하다"고 밝혔다. 코스맥스는 진출 초기부터 중국 법대로 세금을 냈고, 법인 직원으로 한국인이 아닌 중국인을 키우며 현지화에 주력했다. 2004년 중국 진출 이후 3년간 적자에 시달리던 중국법인 '코스맥스차이나'는 예상보다 빨리 자리 잡았다는 평가를 받는다. 2006년 15억원에 불과했던 중국법인 매출이 작년 2,839억원으로 10년 만에 189배나 성장했다. 이 같은 성장은 중국 진출 초기부터 색조화장품을 도입한 차별화 전략이 주효했다는 평가를 받는다.

CJ CGV 역시 현지 업체들이 못 내놓는 서비스로 차별화에 성공해 사드 파도를 넘고 있다. CJ CGV는 2017년 3분기 중국 내 영업이익이 115억원으로 사상 최대치를 기록할 것으로 예상된다. 2017년 3분기 중국 전체 영화시장이 작년 동기 대비 46% 성장한 가운데 CJ CGV는 영화관과 음식점이 결합한 '컬처플렉스'와 관객들의 오감 체험을 가능하게 하는 '4D' 영화관을 내놔 중국 점유율을 높여가고 있다. 영화업계 관계자는 "4D

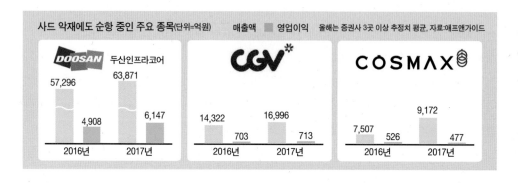

사드 악재에도 순항 중인 주요 종목(단위=억원)   ■ 매출액 ■ 영업이익   올해는 증권사 3곳 이상 추정치 평균, 자료:애프앤가이드

DOOSAN 두산인프라코어
57,296   63,871
4,908   6,147
2016년   2017년

CGV*
14,322   16,996
703   713
2016년   2017년

COSMAX
9,172
7,507   526   477
2016년   2017년

영화관은 국내와 달리 중국에서 통하는 전략"이라며 "중국 관객들은 영화관에서 물에 젖는 것을 오히려 즐거워하며 젊은 층을 중심으로 인기가 높아지고 있다"고 전했다. CGV는 중국에서 130개 4D 스크린을 운영하고 있는데 이는 CGV가 보유한 전 세계 스크린 개수(387개)의 3분의 1을 넘어선다. 또 중국 내 영화관 사업을 하는 완다그룹과 마찰을 피한 것도 이 종목의 성장 요인이다. 2006년 첫 중국 진출 이후 별다른 마찰이나 규제 없이 90개 극장과 711개 스크린을 보유한 중국 내 6위 사업자로 성장한 것이다.

두산인프라코어는 2017년 2분기 영업이익이 2,147억원을 기록하며 증권가 예상치를 크게 웃돌았다. 중국에서 건설시장이 살아나면서 굴착기 판매량도 급증했기 때문이다. 2017년 상반기 중국 내수 굴착기 시장에서 누적 판매량은 7만 843대에 달했다. 지난해 연간 판매량 6만 2,993대를 상반기에 이미 뛰어넘은 것이다. 중국에서의 두산인프라코어 판매량도 전년 동기 대비 138% 증가한 6,095대를 기록했는데 눈여겨볼 점은 점유율이다. 중국 시장점유율이 2016년 7.4%에서 올해 8.6% 늘어난 것이다. 이는 중국에 특화된 상품을 발 빠르게 만들어낸 것이 주효했다. 중국의 환경 규제 발표에 맞춰 신제품과 소형 장비를 출시했고 연비도 개선했다. 두산인프라코어 관계자는 "내구성이 좋은 데다 주요 부품의 경우 보증기간도 기존 1년에서 3년으로 늘려 현지에서 인정을 받았다"고 설명했다.

자료원: 매일경제, 2017. 09. 20.

SECTION 02 위계적 시장구조 정의방법

1. Hendry 시스템

Hendry 시스템의 이해를 위해서는 먼저 Ehrenberg(1972)의 모형을 살펴볼 필요가 있다. 위의 두 모형은 기본적으로 상품교체(switching) 상수를 활용하는 데 있어서 서로 유사한 점이 있다. Ehrenberg(1972)의 모형에서 소비자가 연속적인 구매에서 상품 i와 j를 구매할 결합확률(joint probability) P_{ij}는 상품교체상수(K)와 상품 i와 j의 시장점유율 m_i와 m_j의 곱으로 나타낸다.

$$P_{ij} = Km_i m_j$$

그리고 연속적인 구매에서 상품 i를 지속적으로 구매할 확률 P_{ii}를 위의 P_{ij}를 활용하여 나타내면 다음과 같다.

$$P_{ii} = 상품\ i의\ 시장점유율 - 상품교체율$$
$$= m_i - \sum_{j \neq i} Km_i m_j$$
$$= m_i - Km_i(1-m_i)$$

위의 식을 모든 상품 i에 관하여 합한 다음 K에 관하여 풀면

$$\sum_i P_{ii} = \sum_i m_i - K \sum_i m_i(1-m_i)$$
$$= 1 - K(1 - \sum_i m_i^2)$$
$$K = \frac{1 - \sum_i P_{ii}}{1 - \sum_i m_i^2}$$

Kalwani and Morrison(1977)의 모형에서는 엔트로피 개념을 이용하여 상품교체상수를 다음과 같이 도출하였다.

$$K_w = \frac{\sum_i \dfrac{m_i^2 ln(1/m_i)}{1 + m_i ln(1/m_i)}}{\sum_i m_i(1-m_i)}$$

여기에서 ln은 자연대수(natural logarithm)를 의미한다. Ehrenberg(1972)의 상품교체상수(K)는 두 기간 동안의 연속적인 구매확률(P_{ii})과 시장점유율(m_i)을 활용하여 도출되지만, 이 경우에는 상품의 시장점유율(m_i)만으로 교체상수가 도출되고 있다.

Hendry 시스템에서는 이렇게 도출된 상품교체상수(K_w)를 활용하여 시장의 경쟁구조를 파악할 수 있다. 다음의 간단한 사례를 통하여 보다 구체적으로 상품교체에 관하여 토론하여 보자. 〈표 3-1〉의 자료를 활용하여 좀 더 구체적으로 교체 및 반복 구매자수를 파악할 수 있는데, 물론 여기에서는 각 상품의 시장점유율의 자료만이 활용된다. [그림 3-4]는 지속적 구매자와 교체자를 나타내고 있다. 상품 A의 경우 총구매자는 600명인데 반복구매자는 493.7명이고, 교체구매자는 총 106.3명으로 상품 B로부터 교체되어온 구매자 79.7명과 상품 C로부터 교체되어온 구매자 26.6명으로 구성되어 있다. 이를 수식으로 설명하면 다음과 같다.

표 3-1   교체상수의 계산

상품 i	구매자수 N_i	시장점율 m_i	$\dfrac{m_i^2 ln(1/m_i)}{1 - m_i ln(1/m_i)}$	$m_i(1 - m_i)$
A	600	0.6	0.1408	0.24
B	300	0.3	0.0796	0.21
C	100	0.1	0.0187	0.09
Σ	1,000	1.0	0.2391	0.54

$Kw = \dfrac{0.2391}{0.54} = 0.4428$ (교체상수)

그림 3-4   Hendry 시스템에 의한 반복 및 교체의 이론적인 구매자수

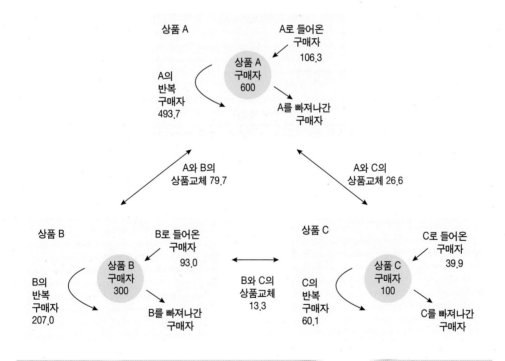

상품 A의 교체구매자

$\qquad = NK_w m_A(1 - m_A)$

$\qquad = B$로부터의 교체구매자 $+ C$로부터의 교체구매자

$\qquad = NK_w m_A m_B + NK_w m_A m_C$

$\qquad = 1,000(0.4428)(0.6)(0.3) + 1,000(0.4428)(0.6)(0.1)$

$\qquad = 79.7 + 26.6$

$\qquad = 106.3$

그리고 상품 *A*의 반복적 구매자는 *A*상품구매자 600명에서 교체자 106.3명을 제외한 493.7명이다.

따라서 실제 교체가 Hendry 시스템에 의한 이론적인 수치와 차이가 작을 경우 상품 *A*, *B*, *C*는 직접적인 경쟁관계에 있으며, 그렇지 않을 경우에는 다른 경쟁관계를 파악해야 한다. 예를 들어서 [그림 3-5]와 같이 마아가린 시장의 소비자 구매행동으로부터 다음과 같은 2개의 가상적인 시장구조를 찾았다고 하자. 그렇다면 어떤 경쟁구조가 소비 행태를 올바로 나타내고 있는가? 이를 위해서 교체상수를 구하고 이론적 또는 실제의 상품 교체자료를 비교함으로써 경쟁구조를 결정짓게 된다.

소비자들이 상품을 선택하는 경쟁구조가 [그림 3-5]의 〈경쟁구조 1〉에 해당되는 경우 브랜드 3을 판매하는 회사는 막대기형의 B_{S3}을 개발하여 시장에 진출하는 것이 바람

그림 3-5   마아가린 시장의 경쟁구조

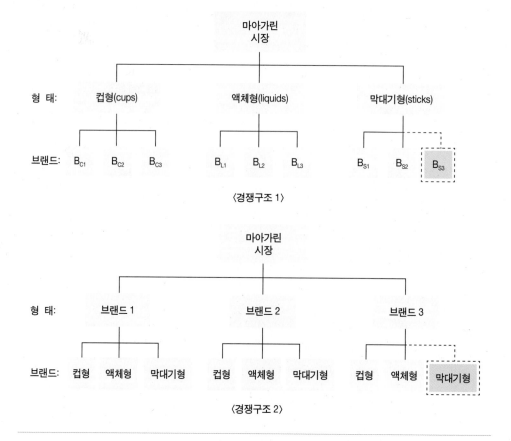

직하나, 〈경쟁구조 2〉에 해당된다면 막대기형을 개발하여 시장에 출하할 경우 자기잠식 작용(cannibalization)을 일으키게 된다. 그러므로 상품의 교체 행위가 형태에 따라서 발생하는가, 브랜드에 따라서 발생하는가를 Hendry시스템을 활용하여 분석함으로써 이론적인 구조와 현실적인 수치와의 관계를 파악하여 적절한 경쟁구조를 파악하고 그에 따른 마케팅 전략을 수립하여야 한다.

2. Urban, Johnson & Hauser의 방법

다음의 [그림 3-6]에 나타난 미국의 승용차 시장의 가상적인 경쟁구조를 살펴보면 첫째, 가솔린 엔진과 디젤 엔진 시장으로 분류된다. 그리고 가솔린 시장은 전륜 구동과 후륜 구동으로 나누어진 후 소형차, 가족형, 스포츠, 고급차 시장으로 다시 분류된다. 가족용 시장에는 네 개의 차가 있고 스포츠카 시장에는 세 개의 차가 있다. 그렇다면 새로 개발하고자 하는 Chevy Cavalier는 어느 쪽으로 포지셔닝해야 할 것인가를 결정해야 하며 또한 이에 따른 고객의 필요와 욕구에 부응하는 상품이 개발되어야 할 것이다. 이에는 소비자들의 인식과 그에 따른 선택 행위가 여기에 반영되어야 함은 물론이다.

우리나라 시장의 예를 가지고 좀 더 구체적으로 설명해 보자. 자동차 시장에 아반떼, SM3, 라세티, 윈스톰, QM5의 다섯 개 모델이 존재한다고 가정하자. 각 모델의 시장점유율은 아반떼 30%, SM3 15%, 라세티 20%, 윈스톰 20%, QM5 15%라고 하자. 그렇다면 다섯 개 모델은 외관에 따라 아반떼, SM3, 라세티라는 하나의 하부시장과 윈스톰, QM5라는 또 하나의 하부시장으로 나누어진다고 직관적으로 생각할 수 있다.

만일 아반떼라는 모델을 이용할 수 없게 되었을 때, 아반떼의 시장점유율 30%는 나머지 네 개 모델에 일정 비율로 배분되리라 생각할 수 있다. 즉, SM3는 21%(15+30×15/70), 라세티 29%(20+30×20/70), 윈스톰 29%(20+30×20/70), QM5 21%(15+30×15/70)의 시장점유율을 가질 경우 이런 상황하에서는 하부시장으로 제품을 묶을 필요가 없게 된다. 반면에 아반떼라는 모델을 이용할 수 없게 되었을 때, 실제로는 SM3가 28%, 라세티가 35%, 윈스톰이 21%, QM5가 16%의 시장을 점유하였다면, SM3, 라세티가 속한 하부시장의 시장점유율이 63%, 윈스톰과 QM5가 속한 하부시장이 37%의 시장점유율이 된다. 이 결과는 실제로 아반떼의 시장점유율 30%를 각 하부시장이 동일한 비율, 즉 아반떼의 시장점유율의 50%씩(각각 15%) 나누어 가져야 함에도 불구하고 SM3, 라세티 하부시장이 아반떼 시장점유율 대부분을 잠식했으므로, 아반떼, SM3, 라세티의 하부시장과 윈

그림 3-6	승용차 시장의 가상적인 경쟁구조

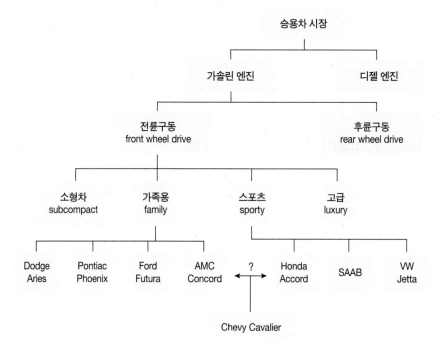

자료원: Urban, G. L., Johnson, P., and Hauser, J. R. (1984), "Testing Competitive Market Structures," *Marketing Science*, 3(2), p. 86.

스톰, QM5의 하부시장이 별개로 존재한다. 이와 같은 내용을 좀 더 수학적으로 표현하면 다음과 같다.

시장에서 모든 제품(j)에 대하여 평가한 척도값(m_j)이 주어지고 하부시장은 A, 하부시장에서 제품 j에 대한 시장점유율은 $P(j|A)$이다.

$$P(j|A) = \frac{m_j}{\sum\limits_{k \in A} m_k}$$

만일 A가 전체시장 T라면 $\sum\limits_{k \in T} m_k = 1$이고, $P(j|T) = m_j$이므로 m_j는 시장점유율이 된다.

$P_i(j)$ = 제품 i가 폐기되었을 때 제품 j의 전체 시장점유율

S = 하부시장 제품들의 집합

$P_i(S)$ = 제품 i가 폐기되었을 때 전체시장에 대한 하부시장 S의 시장점유율

그림 3-7	직접적 경쟁관계에 따른 시장점유율 변화

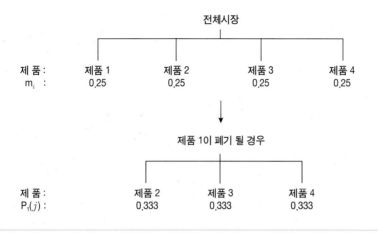

위의 식과 정의로부터 다음을 구할 수 있다.

$$P_i(j) = \frac{m_j}{\sum\limits_{\substack{k \in T \\ k \neq i}} m_k} = \frac{m_j}{(1-m_i)}$$

$$P_i(S) = \sum\limits_{\substack{j \in S \\ j \neq i}} P_i(j) = \frac{\sum\limits_{\substack{j \in S \\ j \neq i}} m_j}{(1-m_i)}$$

예를 들어서 제품 1, 2, 3, 4로 구성된 시장을 살펴보자. $m_1=m_2=m_3=m_4=0.25$라고 할 때 제품 1이 폐기된다면 $P_i(j) = \frac{m_j}{(1-m_i)}$ 이기 때문에 $P_1(2)=P_1(3)=P_1(4)=0.25/(1-0.25)=0.333$이 된다. 모든 4개의 상품이 개별적으로 경쟁관계에 있는 경우 시장점유율의 변화를 나타내면 [그림 3-7]과 같다. 그러나 제품 1과 2가 하부시장을 형성하고 제품 3, 4가 하나의 다른 하부시장을 형성한다면 다른 형태로 나타날 수 있다.

Urban, Johnson, and Hauser(1984)의 방법은 위와 같은 결과를 소비자들의 실제 관찰된 행동과 비교해 보고 그에 따른 경쟁구조를 파악하고자 하는 것이다. 위의 결과들을 소비자들의 실제 관찰된 행동과 비교해 보자.

n_i =모든 제품이 이용가능할 때 제품 i를 선택하는 소비자의 수

$n_i(j)$ =제품 i가 시장에서 폐기되었을 때 이전에 제품 i를 선택했던 사람들 중에서 제품 j를 선택한 사람의 수

$n_i(S)=$이전에 제품 i를 선택했고 제품 i가 폐기됐을 때 현재제품 i가 속해 있는 하부시장 S에서 제품을 선택하는 소비자의 수

만일 분리된 시장구조가 존재하지 않는다면 다음과 같은 결과가 주어지게 될 것이다.

$$n_i(j)/n_i \approx P_i(j)$$
$$n_i(S)/n_i \approx P_i(S)$$

위의 식에서 $\approx$표시를 한 것은 표본집단의 표본오차로 볼 수 있다. 즉, 응답자 수가 많아진다면 $=$표시로 써도 무방할 것이다.

앞에서 사용한 예를 실제 자료를 가지고 계속해서 사용해 보자. 상품 1의 구매자가 100명일 경우 상품 1이 폐기되었을 때 하부시장 1에 잔류하여 상품 2를 구매한 사람이 36명이라면 $n_1(S=1)=36$이 되어서 실제 조사를 통한 추정 확률은 $\hat{P}_1(S=1)=0.36$이 된다. 즉 $\hat{P}_1(S=1)=0.36$과 $P_1(S=1)=0.33$은 거의 유사한 값이다. 그리고 하부시장 2로 이동하여 상품 3 또는 4를 구매한 사람이 64명이 되어서 $n_1(S=2)=64$이고 $\hat{P}_1(S=2)=0.64$가 된다. 즉 $\hat{P}_1(S=2)=0.64$와 $P_1(S=2)=0.67$과 거의 유사하게 되어서 [그림 3-8]과 같이 하부시장을 갖지 않는 경쟁구조를 갖게 된다.

반면에 100명 가운데서 90명이 하부시장 1에 잔류하여 상품 2를 구매하였다면 $n_1(S=1)$

그림 3-8   하부시장이 존재하지 않은 경우 시장점유율의 변화

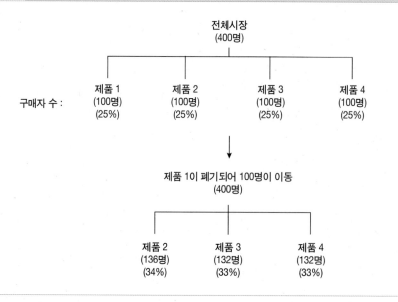

=90이 되고 $\hat{P}_1(S{=}1){=}0.90$이 되어서 $P_1(S{=}1){=}0.33$과 큰 차이를 갖게 된다. 그리고 $n_1(S{=}2){=}10$이기 때문에 $\hat{P}_1(S{=}2){=}0.10$이므로 $P_1(S{=}2){=}0.67$과는 큰 차이가 있어서 [그림 3–9]와 같이 하부시장구조가 존재한다고 할 수 있다.

  따라서 상품 i가 하부시장 S에 포함이 되면 S속의 하나의 상품이 폐기될 경우 기존 하부시장에 있던 소비자들의 대다수가 하부시장에 머물게 된다는 의미이다. 그러므로 상품 i가 하부시장 S에 속한다면 $\hat{P}_i(S){>}P_i(S)$가 되고, 상품 i가 하부시장 S에 속하지 않는다면 $\hat{P}_i(S){<}P_i(S)$가 되는 사례를 [그림 3– 9]를 통하여 보았다.

  이와 같은 내용을 활용하여 시장구조를 검증하며, 그 결과로서 시장의 경쟁적 구조를 파악할 수 있다. 여기에서는 시장구조를 활용한 커피시장의 경쟁 관계를 파악한 실례를 들어보자.

| 그림 3-9 | 하부시장이 존재하는 경우 시장점유율의 변화 |

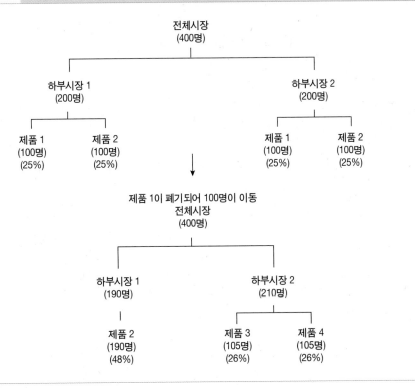

사례: 커피 시장의 경쟁구조

커피시장의 경쟁구조분석을 위한 기준: 브랜드, 제품특성, 용도, 구매자특성

1. 브랜드 구조

① 맥스웰 하우스   ② 초이스   ③ 상카   ④ 브림   ⑤ 폴저스   ⑥ 네스카페

2. 제품 특성

① 원두 카페인   ② 원두 무카페인   ③ 인스턴트 카페인 레귤러

④ 인스턴트 카페인 냉동건조   ⑤ 인스턴트 무카페인 레귤러

⑥ 인스턴트 무카페인 냉동건조

3. 사용 상황

① 모닝커피   ② 점심때만   ③ 다른 사람들과 식사시   ④ 점심커피

⑤ 주식커피   ⑥ 손님과 저녁시   ⑦ 저녁커피   ⑧ 잠을 쫓기 위해

⑨ 주말에

4. 용 도

① 아침   ② 점심&저녁

5. 사용자

① 대량음용자   ② 소량음용자

표 3-2   기업들이 제공하고 있는 커피 브랜드들(1977)

	원두(Groung)	인스턴트(Instant)			
		카페인(Caffeinatd)		무카페인(Decaffeinated)	
		Regular	Freeze Dried	Regular	Freeze Dried
General Food	Maxwell House Brim Sanka Yuban	Maxwell House Yuban	Maxim	Sanka	Brim, Sanka
Nestle		Nescafe	Taster's Choice	Nescafe	Taster's Choice
Procter & Gamble	Folger's	Folger's			High Point
Hills Bros.	Hills Bros.	Hills Bros.			

자료원: Urban, G. L., Hauser, J. R., and Dholakia, N. (1987), *Essentials of New Product Management*, NJ: Prentice-Hall, p. 65.

| 그림 3-10 | 커피시장의 위계적 시장구조 |

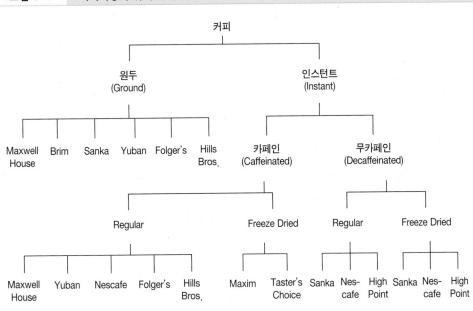

자료원: Urban, G. L., Hauser, J. R., and Dholakia, N. (1987), *Essentials of New Product Management*, NJ: Prentice-Hall, p. 59.

　위와 같은 시장구조를 가지고 네슬레, 제네럴 푸드, 프록터 앤 갬블의 경우 원두커피시장과 인스턴트커피 시장 그리고 각각의 하부시장 등에서 제품의 경쟁 관계를 파악할 수 있다. 이와 같은 경쟁구조를 도시하면 [그림 3-10] 과 같다.

　이러한 기준에 따른 대안들을 검증하고 종합하면 〈표 3-2〉와 같은 시장구조를 얻을 수 있고 이를 도시하면 [그림 3-10]과 같다. 이 시장구조를 가지고 제품의 경쟁관계를 파악할 수 있으며, 이에 따라서 신제품의 개발, 제품 포트폴리오 관리, 또는 새로운 하부시장의 개발을 통한 제품개념 개발 등에 관련된 정책을 수립할 수 있을 것이다.

3. 복합적 시장정의 방법

　소비자의 입장에서 시장을 정의하는 방법들 중에서 최근에 시도되고 있는 방법은 앞서 소개한 소비자가 지각하는 유사도에 의한 방법과 위계적 시장구조를 결합시킨 방법이다. 즉, 먼저 위계적인 시장구조를 밝혀낸 다음 하위시장에서 상표들 간의 유사도는 지각도를 통해서 알아보는 방법이다. 이 방법에 의하면 시장 구조뿐만 아니라 상표들

그림 3-11	복합적 시장정의 방법에 의한 경쟁구조

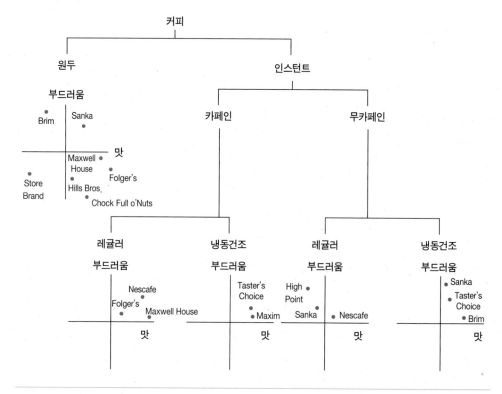

자료원: Urban, G. L., Hauser, J. R., and Dholakia, N. (1987), *Essentials of New Product Management*, NJ: Prentice-Hall, p. 65.

의 상대적인 위치까지 확인할 수 있으므로 경영자에게 매우 유용한 정보를 제공할 수 있다고 하겠다. 앞의 〈표 3−2〉와 관련하여 복합적 시장구조 정의 방법에 의한 시장구조는 [그림 3−11]과 같이 얻을 수 있다.

SECTION 03 맺음말

　위에서 살펴본 여섯 가지의 시장 정의 방법들은 나름대로의 장점과 단점을 가지고 있는 방법들이다. 그러나 한 가지 확실한 사실은 마케팅 전략을 수립하는 데 있어 의미있는 시장의 정의를 제공해줄 수 있는 방법은 제품중심의 시장정의가 아니라 소비자 중심의 시장정의 방법이라는 점이다.

　소비자의 입장에서 소비자들의 반응에 따라서 자사제품과 직접, 간접으로 경쟁하는 제품들이 무엇인지를 파악하고, 이에 따라서 자사 제품의 시장의 영역을 명확히 결정하여 효율적인 마케팅 정책을 수립하여야 한다. 제품시장 영역의 결정은 사업 정의, 시장의 차이(gap)에서 나타나는 시장기회의 발견, 경쟁적 행위에 의한 위협의 평가, 주요 자원할당 결정 등의 기업의 모든 수준의 의사결정에서 중요하게 제기되는 문제이며, 뿐만 아니라 신제품 출하, 제품의 재구성, 포지셔닝 결정 등의 제품전략 수립에도 기초가 되고 있다.

사례: 펩시VS 코카, 이번엔 非콜라 전쟁, 非탄산음료 신제품 쏟아내며 TV 너머 소셜미디어 마케팅 전쟁 확산

　또 한 차례의 콜라 전쟁이 시작됐다. 아니, 이번 전쟁은 엄밀히 말하자면 차(茶), 생수, 유기농 음료 전쟁이라고 보는 게 맞을 것이다.

　펩시가 2018년 1분기 실적을 발표했다. 이 회사는 미국 탄산음료 시장에서의 '고전'을 인정했지만, 홍차 브랜드 '립톤'(Lipton), 연녹차 브랜드 '퓨어 리프'(Pure Leaf), 프리미엄 생수 '라이프워터'(LifeWTR), 버섯차 '케비타 콤부차'(Kevita kombucha), 프로바이오틱 클린징 음료 등이 견고한 성장을 이어가고 있다고 강조했다. 회사는 또 중국, 인도, 브라질 및 기타 국제 시장에서의 음료 판매가 강세를 보였고, 나초 브랜드 도리토스(Doritos)와 오트밀, 시리얼 브랜드 퀘이커(Quaker)를 소유한 프리토-레이(Frito-Lay) 스낵 비즈니스에서 매출이 증가했다고 보고했다. 펩시는 월가의 전망을 뛰어 넘는 매출과 이익을 기록하면서 만족스런 1분기를 마쳤고, 주가는 약 1% 상승했다.

　펩시의 최고 경쟁자인 코카콜라도 북미 지역에서 7년 만에 처음으로 판매가 늘어난 다이어트 코크(Diet

Coke)에 힘입어 예상을 넘는 매출과 이익을 기록했다고 발표했다. 코카콜라는 최근 10대인 밀레니얼을 타깃으로 네 가지 새로운 다이어트 콜라 맛을 출시했다. 여기에는 '생강 라임'(Ginger Lime)과 '피스티 체리'(Feisty Cherry) 같은 맛들이 포함되어 있다.

펩시는 코카콜라의 새로운 다이어트 콜라의 성공에 어떻게 반응할까? 그들은 코카콜라보다 더 다양한 '비(非) 탄산음료'를 개발하기 위한 '혁신 전략'이 상당한 성과를 거두고 있다고 말했다. 그 예로, 회사가 최근 새로 출시한 스파클링 워터 브랜드를 들었다.

스파클링 워터 카테고리는 최근 '내셔널 비버리지'(National Beverage)의 '라크르아'(LaCroix) 브랜드가 시장에서 큰 성공을 거둠에 따라 가장의 뜨거운 이슈가 되었다. 코카콜라도 이 시장에 진입하기 위한 시도를 계속하고 있다. 코카콜라는 최근 멕시코의 스파클링 워터 '토포 치코'(Topo Chico) 브랜드의 미국 판권을 획득했다. 펩시도 최근 코코넛 물을 함유한 파인애플 및 복숭아 과일 음료 '트로피카나 코코 블렌드'(Tropicana Coco Blends)를 출시했다. 또 감미료나 인공 향료가 첨가되지 않은 어린이용 유기농 열대 주스도 신제품 라인에 추가했다.

펩시는 다른 핵심 음료도 준비하고 있다고 덧붙였다. 특히 탄수화물이 없는 스포츠 음료의 새 버전인 '게토레이드 제로'(Gatorade Zero), 깨끗한 라임향의 '마운틴 듀 아이스'(Mtn Dew Ice)에 대한 기대가 높다고 말했다. 이 제품의 광고에 유명스타인 모건 프리먼과 미시 엘리엇을 등장시켜, 〈왕좌의 게임〉의 배우 피터 딘클리지가 출연한 '도리토스 블레이즈'의 광고와 함께 미국 최대의 스포츠 이벤트인 슈퍼볼 광고에 올리며 대대적으로 홍보했다.

펩시는 2018년 1분기 광고 예산을 크게 늘렸다며, 이는 코카콜라도 마찬가지라고 말했다. 두 회사가 최근 다양한 신제품을 시장에 내놓음에 따라 이런 공격적 광고 추세는 계속될 것이다. 펩시는 탄산음료뿐 아니라 차(茶)와 같은 비 탄산음료 브랜드에 대한 마케팅 비용에도 많은 돈을 쓰고 있다. 이들은 또 온라인 광고도 적극적으로 하고 있다. 펩시는 광고비의 30%를 디지털 플랫폼에 지출하고 있다고 한다. 그 비율은 지난 몇 년 동안 꾸준히 상승했으며 이 추세는 앞으로도 계속 이어질 것으로 예상된다.

확실히 코카콜라 대 펩시 전쟁이 다시 시작되고 있다. 하지만 이제 전쟁터가 TV뿐 아니라 구글, 유튜브, 페이스북, 인스타그램 등으로 번지고 있다. 두 회사의 비(非) 탄산음료 신제품 쏟아지며 TV 너머 구글 등 소셜미디어로 전장(戰場)이 확산되고 있다.

자료원: 이코노믹 리뷰, 2018. 04. 27. 사진출처: Pictures And Images

토론 문제

01. 하나의 시장을 선택한 후(예: 자동차 시장, 소프트 드링크 시장) 앞에서 언급한 다양한 경쟁구조 파악 방법에 따라서 시장의 경쟁구조를 파악하여 보자. 어떤 차이가 있는가? 그에 따라서 시장전략에 어떤 변화가 올 수 있는가? 시장을 정의하는 데 있어서 소비자 중심적인 경쟁구조의 파악은 구체적으로 어떤 이점이 있는가를 토론하여 보자.

02. 우리가 일반적으로 마시는 음료수(soft drink)시장의 경쟁구조를 파악하여 보자. 그리고 2010년대 중반에 등장하기 시작한 비타민음료는 음료수 시장에서 어디에 위치하고 있는가?

03. 현재 자동차 시장은 배기량 중심으로(예 1.5, 2.0) 시장이 정의되어 있다. 이와 같은 것은 아마도 정부의 정책과도 관계가 있을 것이다. 그렇다면 소비자 중심적인 시장은 어떻게 정의되어야 할 것인가? 본 장에서 서술한 방법에 따라서 시장을 정의하여 보라. 물론 이를 위해서는 시장조사가 필수적일 것이다.

04. 소비자 중심적인 경쟁구조를 파악하기 위하여 복합적인 시장정의 방법을 활용한다면 제품의 대체가능성 및 소비자의 지각 또는 인식을 조사하여야 한다. 이를 위한 설문서를 작성하여 보라. 아울러서 조사된 자료를 통계적으로 어떻게 처리하여야 할 것인가? 그리고 통계적으로 처리된 결과를 가지고 어떻게 분석하고 그에 따른 시장전략은 어떻게 수립되어야 할 것인가? 토론하여 보자.

참고 문헌

Bettman, J. R. (1971), "The Structure of Consumer Choice Processes," *Journal of Marketing Research*, 8(4), pp. 465-471.

Butler, D H. and Butler, R. F. (1976), "Development of Statistical Marketing Models in Speaking of Hendry," Hendry Corporation, Croton-on-Hudson, NY, pp. 125-145.

Nakata, C., Im. S., Park, H., and Ha, Y. W. (2006), "Antecedents and Consequence of Korean and Japanese New Product Advantage," *Journal of Business Research*, 59(1), pp. 28-36.

Day, G. S., Shocker, A. D., and Srivastava, R. K. (1979), "Consumer Oriented Approaches to Identifying Product Markets," *Journal of Marketing*, 43(4), pp. 8-20.

Ehrenberg, A. S. C. (1972), *Repeat- Buying: Theory and Applications*, Amsterdam: North- Holland.

Fraser, C. and Bradford, J. W. (1983), "Competitive Market Structure Principal Partitioning of Revealed Substitutabilities," *Journal of Consumer Research*, 10(1), pp. 15-30.

Grover, R. and Srinivasan, V. (1987), "A Simultaneous Approach to Market Segmentation and Market Structuring," *Journal of Marketing Research*, 24(2), pp.139-153.

Grover, R. and Dillon, W. R. (1985), "A Probabilistic Model for Testing Hypothesized Hierarchical Market Structures," *Management Science*, 4(4), pp. 312-335.

Griffith, D. A. and Lusch, R. F. (2007), "Getting Marketers to Invest in Firm-Specific Capital," *Journal of Marketing*, 71(1), pp. 129-145.

Kalwani, M. U. and Morrison, D. G. (1977), "A Parsimonious Description of the Hendry System," *Management Science*, 23(5), pp. 121-135.

Kamakura, W. A. and Russell, G. J. (1989), "A Probabilistic Choice Model for Market Segmentation and Elasticity Structure," *Journal of Marketing Research*, 26(4), pp. 379-390.

Kannan, P. K. and Wright, G. P. (1991), "Modeling and Testing Structured Market: A Nested Logit Approach," *Marketing Science*, 10(1), pp. 58-82.

Mayers, J. and Tauber, E. (1973), *Market Structure Analysis*, Chicago: A.M.A

Nijs, V. R., Dekimpe, M. G., Steenkamps, J. B. E., and Hanssens, D. M. (2001), "The Category-Demand Effects of Price Promotions," *Marketing Science*, 20(1), pp. 1-22.

Roberts, J. H. and Morrison, P. D. (2002), "Assessing Market Structure and Company Fit Based on Consumer Perception in Dynamic Information Technology Markets," *Journal of Business Research*, 55(8), pp. 679-686.

Rossi, P. E. and Allenby, G. M. (2003), "Bayesian Statistics and Marketing," *Marketing Science*, 22(3), pp. 304-328.

Shoecker, A. D., Bayus, B. L., and Kim, N. (2004), "Product Complements and Substitutes in the Real World; The Relevance of Other Products," *Journal of Marketing*, 68(1), pp. 28-40.

Srivastava, R. K., Alpert, M. I., and Shocker, A. D. (1984), "A Customer-oriented Approach For Determining Market Structures," *Journal of Marketing*, 48(1), pp. 32-45.

Srivastava, R. K., Leone, R. P., and Shocker, A. D. (1981), "Market Structures Analysis: Hierarchical Clustering of Products based on Substitution-In-Use," *Journal of Marketing*, 45(3), pp. 38-48.

Stefflre, V. (1972), "Some Applications of Multidimensional Scaling to Social Problem," in *Multidimensional Scaling: Theory and Applications in Behavioral Sciences*, 2 eds. A. K. Romney, R. N. Shepard, and S. B. Nerlove, New York: Seminar Press.

Urban, G. L., Hauser, J. R., and Dholakia, N. (1987), *Essentials of New Product Management*, NJ: Prentice-Hall.

Urban, G. L., Johnson, P., and Hauser, J. R. (1984), "Testing Competitive Market Structures," *Marketing Science*, 3(2), pp. 83-112.

Van Heerde, H. J., Mela, C. F., and Manchanda, P. (2004), "The Dynamic Effect of Innovation on Market Structure," *Journal of Marketing Research*, 41(2), pp. 166-183.

Vilcassim, N. (1989), "Note: Extending the Rotterdam Model to Testing Hierarchical Market Structures," *Marketing Science*, 8(2), pp. 181-190.

04 CHAPTER | 시장 세분화

NEW PRODUCT MARKETING STRATEGY

사례: 틈새 중의 틈새: 슈퍼카테고리킬러가 뜬다

블루보틀커피. 로스팅한 지 48시간 이내의 싱글 오리진 원두만을 사용하고, 바리스타가 직접 커피를 내려주는 것이 원칙이다. 2002년만 해도 하루 매출이 고작 70달러였던 이 브랜드는 원칙을 철저히 지켜가면서 서서히 그렇지만 꾸준히 성장했다. 2016년 기준 매출액 9,400만 달러(1,064억원)을 기록했다. 그 사이 영향력은 무시무시하게 커졌다.

미국 블루보틀 지점을 마치 '성지순례'처럼 다녀왔다는 전세계인들의 SNS 사진들이 쏟아지는가 하면 스타벅스가 오히려 블루보틀식 영업과 비슷한 업장(리저브)을 내놓기도 했다. 많은 커피 회사들이 블루보틀 공간의 '세련됨'을 어떻게 벤치마킹할 수 있을까 지금도 고민 중이다. 블루보틀은 '커피맛을 아는 사람들만의 브랜드'에서 '세련되고 멋진 사람들이 즐기는 브랜드'로 시장에서 인식되기 시작했다. 명성이 더 높아지자 다국적 기업 네슬레는 지난해 약 4,000억원(지분 68%)이란 거금을 주고 인수했다. 블루보틀은 조만간 한국 진출도 앞두고 있다.

블루보틀처럼 틈새시장. 그중에서도 극단적인 수요에 주목해 성장하고 있는 회사들이 국내에서도 하나둘 보이고 있다. 완구용품·스포츠용품·아동의류·가전제품·가구 등 상품 분야별로 모든 브랜드를 한곳에 모아 판매하는 소매점을 흔히 카테고리킬러라고 하는데 최근 뜨는 업체 사례들은 보다 고객층을 세분화하고 틈새 중의 틈새시장을 공략하는 대신 소수 고객의 만족도를 높여 재구매하게 만들면서 매출을 극대화하는 '슈퍼카테고리킬러'로 진화하고 있다.

■ 어떤 업체 잘 나가나

대표적인 회사로는 '무신사'를 꼽는다. 2001년 온라인 커뮤니티 프리첼에 '무지하게 신발사진이 많은 곳'이란 이름의 일종의 온라인 모임을 만든 게 효시다. 신발 마니아를 중심으로 희소템(브랜드 한정판) 정기모임 등 각종 이벤트를 전개하면서 점점 가입자가 늘어났다. 그러자 아디다스, 뉴발란스 등 브랜드에서 신발 정보를 유료로 올려달라는 요청에서 쇼핑몰 광고 의뢰 등이 쏟아져 들어왔다. 이후 사업은 말 그대로 신발 희소템을 찾는 마니아 고객들의 요청에 힘입어 승승장구했다. 무신사는 이런 과정에서 광고비와 판매수수료 등의 수입을 올렸다. 2015년 거래액 1,000억원을 돌파하더니 2017년 거래액 3,000억원으로 급상승 중이다.

오프라인 매장으로 확장 중인 문고리닷컴

신체 사이즈에 주목해 시장에서 인정받는 업체도 적잖다. 오픈마켓 '옥션'과 '지마켓'에 따르면 입점업체 중 '빅사이즈', '스몰사이즈' 등 극단 사이즈로 특화한 곳 매출이 꾸준히 상승세를 타고 있는 것으로 파악된다. 이베이코리아 관계자는 "주로 의류와 신발, 잡화 등 패션 상품이 다수였고 매월 평균 15% 내외로 성장하는 추세"라고 설명했다.

몸집이 작은 고객을 위해 특화한 몰도 성업이다. 남성 스몰사이즈 편집숍 '키작남'은 한때 매출액 200억원을 넘기며 꾸준히 성장하고 있다. 단순히 몸집 작은 고객에게 선택의 폭을 넓혀준 면도 있지만 성장기의 학생들이 성인 패션을 소화하고 싶어 구매하는 사례도 많아 고객층이 의외로 넓다는 것이다. 그 밖에 인테리어 소품, 파티용품 등 동네 거리매장에서 점차 보기 힘든 아이템들을 묶어 온라인으로 특화한 회사들도 틈새시장 강자로 뜨고 있다. 온라인 철물점을 표방한 '문고리닷컴'이 대표적이다. 초기엔 인테리어용 나사, 페인트 등을 온라인몰에서 팔았다가 점차 리빙, 라이프스타일 시장이 커지면서 관련 용품을 늘려 2017년에만 매출 220억원을 돌파할 정도로 성장했다. 파티용품만 취급해 회원수만 6만명을 확보한 '스투피드'도 주목해볼 만하다. 각종 기념일이 늘어나고 있고 할로윈데이 등 해외 기념일에도 비슷한 문화를 즐기려는 이들 수요가 늘어나다 보니 관련 매출도 비약적으로 늘어나고 있다는 후문이다.

자료원: 매경이코노미, 제1956호, 2018년.

앞의 다양한 세분화전략을 살펴본 바와 같이 최근 많은 기업들이 고객만족(customer satisfaction)에 충실한 신제품을 강조하면서 여러 가지 형태의 마케팅 전략을 벌이는 것을 볼 수 있다. 이러한 움직임은 소비자의 입장에서 보면 반가운 일임에 틀림없다. 그러나 기업에 따라서는 고객만족 운동이 그야말로 운동으로 그치거나 일과성(一過性)의 행사로 끝나는 일이 많은 것 같아 안타까운 경우가 있다. 이는 고객만족 개념에 대한 정확한 인식의 부족과 타성적인 업무처리에 기인하는 것이라 생각된다.

기업경영에 있어 고객의 만족을 중시하는 생각은 마케팅 개념(marketing concept)의 핵심을 이루는 부분이다. 그러나 자유경쟁체제제하에서의 기업은 이윤을 추구하기 위한 조직체라는 사실을 잊어서는 안 될 것이다. 기업의 장기적인 이윤 추구를 외면한 고객만족은 있을 수도 없을 뿐더러 기업의 입장에서나 사회 전체적인 입장에서 그다지 바람직한 것은 아니다.

고객만족이 구호성(口號性)의 개념으로 전락하지 않기 위해서는 고객만족이 기업의 이윤 추구 메커니즘에 있어서 핵심적인 요소로 깊숙이 내재화될 필요가 있다. 다시 말하면 기업이 이윤추구를 위해 경쟁기업들에 대한 상대적인 우위를 접하려는 수단으로써 고객만족을 모든 경영과정의 지침으로 제도화시킬 필요가 있다는 것이다. 이를 위해 기업은 마케팅 전략 개념을 철저하게 이해하고 실천에 옮겨야 한다.

마케팅 전략 요소들 중에서 근간이 되는 시장 세분화와 고객만족과의 관계를 예로 들어 생각해 보자. 어떤 은행에서 일반소비자들을 대상으로 한 금융 업무(retail banking)를 수행함에 있어 고객들 모두에게 기본적으로 동일한 마케팅 믹스를 제공하는 경우와 일정한 기준에 따라 시장을 세분화하여 각 세분시장마다 다른 종류의 마케팅 믹스를 제공하는 경우 중 어느 쪽이 고객의 만족수준을 높여줄 수 있을까? 아마도 이에 대한 대답은 몇 가지 조건의 충족 여부에 달려 있을 것이다. 즉, 소비자들의 금융 수요 패턴이 동질적인 경우에는 시장을 세분화한다고 해서 고객만족의 수준이 제고되지 않는다. 그러한 경우에는 시장 전체의 욕구나 필요를 정확히 파악하여 그것에 초점을 맞추는 것이 고객만족 수준을 높이는 길일 것이다.

그러나 소비자들의 금융 수요 패턴이 이질적인 경우, 시장을 적절한 기준으로 세분화하여 세분시장마다 소비자의 필요에 맞는 마케팅 믹스를 제공할 수 있다면 전반적인 고객의 만족수준은 높아질 것이다. 그러나 이 경우 중요한 것은 시장을 세분화함으로써 기업에게 발생하는 추가적인 비용이 고객만족 수준의 상승에 의해 정당화될 수 있을 것인가 하는 문제이다. 또 한 가지 문제는 기업 간의 경쟁이다. 즉, 시장에서의 소비자의 욕구가 이질적인 경우에도 경쟁 기업이 없는 독점의 경우라든지 경쟁기업이 있어도 법적 또는 행정적인 규제에 의해 마케팅 믹스상의 차별화가 불가능하거나 어려운 경우에는, 시장의 세분화 자체가 불가능하거나 시장을 세분화하지 않는 집중 마케팅(concentrated marketing)이 더 유리할 수 있을 것이다.

이상을 요약해 보면 시장 세분화는 시장에서의 소비자 욕구는 이질적이고, 세분화를 하는 경우가 세분화하지 않은 경우보다 전반적인 고객의 만족수준이 제고되어 세분화에 드는 비용을 정당화할 수 있으며, 현재적 또는 잠재적인 경쟁대상에 대해 세분화를 통해 우위를 점할 수 있을 때 유리한 전략이라고 할 수 있다. 위와 같은 점들을 염두에 두고 은행고객 세분화의 예를 다시 생각해 보면, 아마도 거래규모에 따라 고객을 세분화해 보는 것이 가능할 것이다. 가령 은행을 이용하면서 2~3만 원 정도의 소액 입출금이 거래의 대부분을 접하는 고객의 경우, 상품의 수익성이나 안전성보다는 은행 이용의 편리성에 훨씬 더 큰 중요성을 부여할 것이다. 반면에 1억 원 이상의 거액을 금융기관을 통한 투자의 목적으로 거래하는 고객은 편리성보다는 상대적으로 수익성이나 안전성에 더 많은 중점을 두게 될 것이다.

이 같은 점을 고려하여 은행 고객을 세분화해 보면 전체 고객을 세 개 정도의 세분시장으로 나누어 볼 수 있다. 즉, 고액거래를 위주로 하는 고객으로서 고도로 개인화된 서비스(private service)를 원하는 고객 집단(집단 1), 소액거래를 위주로 하는 고객으로서 편리성을 주로 추구하는 고객 집단(집단 2), 집단 1과 집단 2의 중간에 해당되는 고객으로서 거래 규모는 중간 정도이며 금융기관 이용의 편리성과 함께 개인화된 서비스도 추구하는 집단(집단 3)이 그것이다.

위와 같은 경우 집단 1의 경우에는 개인적 자산 관리, 세무 및 법률 상담, 유언의 처리 등에 관련된 서비스가 은행에서 제공하는 서비스의 주종을 이룰 것이며, 집단 2의 경우에는 1인 점포나 무인점포 등 기계화 점포의 확대를 통한 대기시간의 감소 및 공휴일과 야간의 금융서비스 이용 등이 주요 과제가 될 것이다. 한편, 집단 3의 경우에는 투자에 관한 고객상담, 보험, 부동산 관련 서비스 등과 연계된 금융상품의 개발 등이 중점 과제가 될 것이다.

이와 같이 전체 고객을 하나로 보고 마케팅 활동을 수행하는 것보다는 고객을 세분화하여 관리하는 경우가 고객의 전반적인 만족수준이 획기적으로 제고될 가능성이 높다. 따라서 고객만족을 일회성 구호의 수준에서 파악할 것이 아니라, 기업이 벌이는 활동 하나하나에 고객의 만족이라는 요소가 침투될 수 있도록 마케팅 전략을 수립하고 수행해 나가는 자세가 필요하다.

여기에서는 시장 세분화에 따른 문헌 연구로부터 시작하여 시장 세분화에 관한 실무적인 내용을 설명하고, 금융시장과 맥주시장의 사례를 통하여 시장 세분화, 표적시장 선정 및 포지셔닝을 포함하는 시장전략 수립의 과정을 상세히 토론하고자 한다.

SECTION 01　시장 세분화와 시장 전략의 수립 절차

　시장 세분화란 보다 효과적인 마케팅 믹스의 개발을 위해서 전체시장을 상품에 대한 욕구가 비슷한, 혹은 영업 활동에 의미있는 동질적 부분시장으로 나누는 작업이라고 정의할 수 있다. 이는 전체시장 중에서 하나 또는 그 이상의 세분시장을 선정하고 각 세분시장의 소비자에 대하여 포지셔닝 전략과 마케팅 믹스를 제공하는 방법을 말한다 (Kotler, 1991).

　구체적인 시장 전략의 수립 절차는 크게 3단계로 분류될 수 있는데, 이는 [그림 4-1] 과 같이 나타낼 수 있다. 1단계는 당면한 마케팅 문제와 전략 계획에 따라서 시장을 세분화할 기준변수와 설명변수를 선정하고, 이를 활용하여 전체시장을 여러 개의 비교적 동질적인 하위시장들로 구분하여 파악하는 단계이다.

　2단계는 이를 기초로 하여 이들 세분시장 중 가장 매력적인 소비자 집단을 선택해서 그들의 욕구에 가장 잘 부응할 수 있는 마케팅 믹스를 개발하는 표적 시장을 선정하는 단계이다. 이때 두 개 이상의 세분시장을 표적으로 선택하여 각각 서로 다른 마케팅 믹스를 개발하는 복수 세분시장 전략을 선택하거나 단지 하나의 세분시장만을 선택하는 집중전략을 취할 수도 있다. 이때 세분시장을 선택하는 기준은 첫째, 객관적으로 매력이 있는 시

그림 4-1　세분화를 통한 시장전략 수립절차

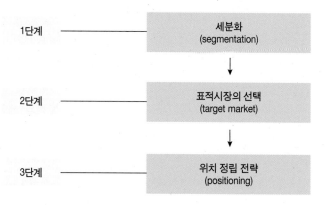

장, 즉 현재의 매출액, 수익률, 성장속도, 경쟁의 강도, 시장 침투의 난이도 등의 기준으로 볼 때 전망이 밝은 시장이어야 하고, 둘째, 그 시장에서 성공할 수 있는 강점이 있어야 한다는 것이다(Lovelock and Weinberg, 1984).

표적시장이 선택된 후 3단계에서는 소비자들의 인구통계적 특성, 라이프스타일 특성들을 파악하여 표적시장의 고객들에게 효율적으로 소구할 수 있는 마케팅 전략을 수립하여 소비자의 인식 속에 원하는 위치로 부각시키는 위치정립(positioning)전략을 수립해야 한다.

상품의 위치란 소비자들이 그 상품을 경쟁상품과 비교해서 어떻게 인식하느냐는 것으로서 이때의 비교 기준은 상품의 주요 속성들이 된다. 기업은 자사의 현재 위치도를 기준으로 하여 위치도의 어느 지점에 자신을 위치시키는 것이 적합한지 결정해야 한다(Donnelly, Berry, and Thompson, 1987).

위와 같은 시장 세분화를 통하여 시장전략을 수립하기 위해서는 첫째, 시장 세분화 목적을 정의하고, 구체적인 시장 세분화 변수를 선택하고, 시장 세분화 접근방법을 결정해야 한다. 즉 사전적 세분화(a priori segmentation)를 할 것인지 또는 군집분석에 의한 사후적 세분화(clustering-based segmentation)를 할 것인지 또는 이를 복합적으로 사용할지를 결정한다.

둘째, 시장 세분화를 수행함에 있어서 연구 설계에는 세분화 연구의 분석 대상과 분석 단위 결정, 세분화 변수들에 대한 조작적 정의 그리고 연구 대상 모집단에 근거한 표본설계가 포함된다. 그런데 연구 설계 시에는 세분시장의 이질성 정도, 측정 가능성, 접근 가능성, 규모, 그리고 연구 조사에 소요되는 시간과 비용 등이 사전적으로 고려되어야 한다.

셋째, 수집할 자료는 그 성격상 1차적 자료와 2차적 자료로 분류된다. 1차적 자료는 주어진 연구 목적에 따라 주로 소비자들을 대상으로 하는 포커스 그룹 인터뷰와 설문조사를 통해 수집된 자료를 말하고, 2차적 자료는 전문적 시장조사기관이 미리 수집한 자료, scanner panel data 등을 말한다. 2차적 자료는 자료의 대표성이 보장될 뿐 아니라 상대적으로 적은 비용이 든다는 장점이 있는 반면, 1차적 자료는 당면한 연구 상황과 목적에 바로 부합되는 자료라는 특징이 있다. 자료의 수집은 연구 목적과 세분화 기준변수의 성격 등에 따라 적절히 조합하여 선택할 수 있다.

넷째, 수집된 자료는 통계적 분석에 의해 적절히 분류되어야 하며, 분류 결과 각 세분시장 간 서로 상이한 특성을 파악하여야 한다. 이러한 자료의 분류(classification)와 판별(discrimination) 절차에 주로 많이 이용되는 통계 기법을 간단히 소개한다면, 교차분리분석(cross-tabulation), 군집분석(cluster analysis), 판별분석(discriminant analysis), 다차원척도법(MDS), 컨조인트분석(conjoint analysis), 로짓분석(logit analysis) 등이 있다.

　　마지막으로, 분석 결과를 토대로 하여 세분시장의 적정한 개수와 표적시장을 선택하고, 각 세분시장별로 차별화된 마케팅 전략을 수립한다.

SECTION 02 세분화 기준 변수의 선택

　　시장을 세분화하는 데 활용 가능한 변수는 무수히 많으며, 시장 세분화의 기준 변수는 연구의 목적과 성격에 따라 다르다. 따라서 연구목적에 부합하는 중요한 변수들이 기준변수로서 선정되어야 한다. 연구목적에 따라 자주 사용되는 세분화 변수들은 다음 〈표 4-1〉과 같다.

표 4-1　　연구의 목적과 세분화 기준

목 적	세분화 기준 변수
시장의 일반적 특성에 대한 이해	니즈, 추구 편익, 구매 여부, 사용 패턴, 상표 충성도와 상표 전환 등
제품 포지셔닝	제품의 용도, 제품에 대한 선호도, 추구 편익 등
신제품 컨셉트 개발	신제품 개념에 대한 반응(구매의도, 선호도 등)
가격 결정	가격, 가격 민감성, 촉신 민감성 등
광고 의사결정	추구 편익, 매체 행동, 라이프 스타일 등
유통 의사결정	상점 충성도, 상점 선택상 편익 등

사례: 서점, 이제 문화, 분위기, 라이프 스타일을 팝니다 ─────

■ 요즘 누가 책을 서점가서 사요?

2000년대 이후 오프라인 서점은 출판시장의 불황과 온라인 서점의 등장으로 입지가 점점 줄어들었다. 약속 시간을 기다리거나 공짜 책을 보러 가기 위해 번화가에 있는 서점을 들르긴 하지만, 실제로 이런 방문은 오프라인 매장에서 실질적인 구매로 이어지지 않는다. 이런 위기를 색다른 방법으로 돌파하려는 국내외 서점의 변신들이 눈에 띈다. 책을 파는 장소에 그치지 않고, 고객을 다양한 방법으로 붙잡아두는 매력적인 공간으로 탈바꿈하고 있다.

■ '함께 책 읽는 경험을 판다'

리모델링 공사를 마치고 다시 오픈한 교보문고 광화문점에서 가장 두드러진 변화는 중심부에 놓인 거대한 원목 책상(길이 11.5m) 두 개다. 테이블 한 개당 가로 11.5m, 세로 1.5~1.8m, 무게는 약 1.6t에 달한다. 교보문고가 책 매대를 치우고 대형 테이블을 설치한 건 더 많은 사람이 책의 온기를 느끼게 하고 싶어서였다. 서점에 혼자 왔다가도 낯선 이들과 나란히 앉아 책을 읽고 눈빛을 주고받으며 사라져가는 공동체의 정을 느끼게 하겠다는 생각에서였다. 과거에는 서점 바닥에 앉아 책을 읽는 고객이 적지 않았고, 통로가 좁아 불편하다는 민원이 다수 있었으나 독서할 수 있는 자리 400석을 새로 만들면서 사람이 모이고 머무르며 즐기는 공간으로 바뀌어 민원도 줄고 독자 반응도 좋아졌다. 이후 빠르게 바뀌는 트렌드와 고객 요구에 부응하려 제목이 잘 보이게 서가마다 자체 조명을 넣었고 카운터를 포함해 벽면 곳곳을 생화(生花)로 장식하고 갤러리를 만드는 등 문화 체험의 폭을 넓혀가고 있다.

■ '독서 라이프 스타일을 판다'

도쿄 다이칸야마 쓰타야쇼텐(蔦屋書店). 아기 업은 엄마가 요리 코너에서 음식 잡지를 들여다보고, 백발이 희끗희끗한 노부부가 여행 코너에서 느긋하게 책을 펴봤다. 월요일 오전인데도 구내 스타벅스는 방금 산 책을 골똘하게 들여다보는 사람들로 빈자리가 거의 없다.

쓰타야는 이 가게를 단순히 책을 파는 공간이 아니라 '책 읽는 라이프 스타일'을 퍼뜨리는 공간으로 디자인했다. 온갖 책을 다 갖추는 대신, 문학 · 여행 · 건축 · 음식 · 음악 · 자동차 등 6개 분야로 한정했다. 각각의 분야를 전공한 사람 30명을 뽑아 '북 컨시에르지'라는 직함을 줬다. 컨시에르지는 원래 고급 호텔에서 손님들한

교보문고 광화문점은 100명이 책을 읽을 수 있는 큰 테이블을 설치했다.

쓰타야 서점은 다양한 편의시설이 한 공간에 있어 책도 보고 앉아 물건도 살 수 있는 공간으로 꾸며졌다.

영국서점 체인 워터스톤스의 양모 거래소점 내부

테 맛집도 추천해주고 소소한 심부름도 해주는 직원이다. 이 개념을 서점 영업에 도입해, 손님들에게 원하는 책도 추천해주고 먼저 읽어본 감상도 들려주게 한 것이다. 이들이 손님 취향과 수준에 맞춰 추천서를 골라주고 "제가 읽어보니 이렇더라"고 독후감도 들려준다.

'책방에선 책만 판다'는 고정관념도 깨뜨렸다. 이곳은 여행 코너에 이탈리아 미술사 책, 이탈리아 가이드북, 여행용 트롤리, 여행용 일기장이 옹기종기 모여있고, 요리 코너에 가면 레시피 책과 그 책에 나오는 자연산 식초·유기농 된장을 함께 살 수 있다. 소설책과 시집이 꽂힌 문학 코너는 서점이라기보다 도서관에 가깝다.

■ 사교 장소로서의 서점

다양한 상품과 저렴한 가격을 앞세운 온라인 서점 아마존의 공세를 이겨낸 영국의 워터스톤스(Waterstones)는 '불필요한 비용'으로 간주하던 서점 공간을 무기로 활용하는 전략을 썼다. 1층부터 6층까지 '책 백화점'이라고 불러도 손색이 없을 만큼 방대한 도서 규모를 가지고 있지만, 이것과 별개로 곳곳에 '서점'이 아닌 '도서관' 또는 '휴식 공간'으로서 '소비자'가 아닌 '독자'에게 다가가려는 배려가 돋보인다. 푹신한 소파는 널찍하게 배치해 방해받지 않고 여유롭게 책을 읽을 수 있다. 또한, 워터스톤스는 출판사에서 돈을 받고 좋은 자리에 책을 배치하던 관행을 깨고, 실제로 잘 팔리는 책 기준으로 베스트셀러 목록을 만들었다. 서점 안에 카페와 레스토랑을 마련하고 저자 강연회나 낭독회 같은 책 관련 행사뿐만 아니라 스윙 댄스 특강 등 다양한 행사를 개최해, 소비자들이 서점을 친숙하고 편한 사교 장소로 활용하게 했다.

서점업계의 이러한 변신은 현재 산업 전체에 불고 있는 '플랫폼 마케팅'과도 관련이 있다. 서비스나 콘텐츠를 기반으로 소비자 네트워크를 구축한 후, 네트워크 내 소비자가 필요한 것들을 일괄 제공하는 마케팅 방식을 뜻한다. 최근 빠르게 성장한 기업들은 '플랫폼 마케팅'을 기반으로 성공했다. 서점업계 역시 책뿐만 아니라 독서를 하는 사람, 잠재적 독자가 관심을 가질만한 행사와 콘텐츠, 상품을 전면에 배치해 '라이프 스타일' 경험을 확대하고 이어주는 데 집중하고 있는 것이다.

자료원: 조선일보, 2016. 06. 28.

시장 세분화의 방법은 대체로 사전적 세분화와 군집화에 근거한 사후적 세분화로 대별된다.

1. 사전적 세분화

이는 시장 세분화의 전통적 방법으로서, 제품 사용량 또는 상표 충성도와 같이 제품과 구체적으로 관련된 구매행동 특성변수나 일반적인 소비자 특성변수(나이, 소득 등의 인구통계적 변수, 지리적 변수, 심리적 변수 등)들을 세분화 기준변수로 사전에 선정하고, 이에 따라 소비자들을 분류하여 이들의 특성을 분석하는 것이다.

(1) 전통적인 세분화

전통적인 세분화 방법으로 첫째, 인구통계적 세분화는 나이, 성별, 가족규모, 가족의 생활주기 단계, 소득, 직업, 교육수준 등에 따라 시장을 세분화하는 것으로 변수들의 측정이 쉽기 때문에 실무적으로 널리 이용되고 있다. 둘째는 지역, 인구밀도, 도시의 크기, 기후 등에 따라 지리적으로 세분화하는 방법이다. 셋째는 심리적 세분화 방법으로 소비자들의 라이프 스타일 특성, 사회계층, 인성 특성 등에 따라 세분화하는 것으로서, 유사한 인구통계적 특성을 가진 사람들이라 하더라도 매우 상이한 심리적 차이를 가질 수 있기 때문에 세분화의 기준이 된다.

(2) 제품 구매행동변수에 따른 세분화

제품 구매행동변수에 따른 세분화는 첫째, 제품의 소비량에 따라서 시장을 다량 사용자, 보통 사용자, 소량 사용자로 세분화하는 것으로서, 대체로 다량 사용자는 그 수는 적지만 전체 제품 소비량의 많은 부분을 차지하기 때문에 유용한 세분화 기준이 될 수 있다. 둘째, 동일한 제품이 여러 가지의 용도와 이용 상황을 가진다면 용도와 상황별로 세분화할 수 있으며, 셋째, 제품에 대한 상표 충성도가 높은 집단, 잦은 상표 전환이 있는 집단, 상표 무관집단 등으로 세분화할 수 있다. 넷째, 사용자, 비사용자, 규칙적 사용자, 전사용자, 잠재적 사용자 등으로 세분화할 수 있다. 이 밖에 시장관리자의 필요에 따라 다양한 제품 구매행동변수에 의해서 시장을 세분화하기도 한다.

2. 사후적 세분화

이와 달리 군집화에 근거한 사후적 세분화 설계에서는 구매행동이나 태도, 편익과 같은 특성과 관련하여 소비자들의 다변량적인 유사성에 따라 이들을 군집화하고, 군집화 결과에 따라서 세분화된 소비자 집단들의 차이점들이 파악된다. 즉, 이 설계에서는 군집분석이 완료되기 전에는 군집들의 수나 그 상대적 규모를 알 수가 없다. 사후적 세분화를 이용할 경우에는 소비자들이 제품 사용에서 추구하는 편익이나 제품이 지니고 있는 속성 등 소비자를 군집화하는 데 적절하다고 판단되는 변수들만을 사전에 명시하고, 그러한 변수들에 대한 소비자의 반응을 거리로서 측정하여 이를 토대로 소비자의 근접성을 검토하여 군집화한다. 그 다음에는 군집화된 집단들 간에 유의적인 차이를 보이는 문항이나 차원이 무엇인가를 알기 위하여 집단을 비교한다(Ennew, Watkins, and Wright, 1990).

편익 세분화는 Haley(1968, 1971)를 비롯하여 그동안 많은 학자들과 마케팅 실무자들에 의해서 사용되어 왔다. 인구통계적, 지리적 변수와 같은 일반적 고객 특성 변수에 의한 세분화는 구체적으로 고객이 어떤 욕구를 가졌는지를 설명해주지 못하기 때문에 마케팅 정책수립에 직접적으로 기여하지 못한다는 단점이 있다. 반면 편익에 의한 세분화는 고객이 상품으로부터 얻고자 하는 편익(benefit)을 기준으로 시장을 세분화하는 기법으로, 기본적인 가정은 한 가지 품목의 상품에 대해서 고객이 얻고자 하는 편익이 다양하게 나타나고, 이와 같이 추구되는 편익의 다양성은 소비자의 구매행동과 밀접한 관계가 있다는 것이다(Green and Krieger, 1991). 이 방법은 어떤 상품이 주는 여러 가지 편익들의 상대적인 중요도는 고객에 따라 다르지만, 비교적 유사한 중요도 패턴을 가진 고객들을 두 개 이상의 집단으로 묶을 수 있다는 것이다(Urban and Hauser, 1993).

SECTION 03 군집분석에 의한 사후적 편익 세분화

편익 세분화에는 군집분석이 통계처리 방법으로 자주 활용되는데, 이 군집분석(cluster analysis)은 비교적 동질적인 고객들을 찾아서 집단으로 묶어주는 작업을 수행한다. 여기서 동질적이라 함은 고객들이 여러 편익에 부여한 중요도들이 유사하다는 것을 의미한다. 따라서 동일한 집단에 속한 고객들이 여러 편익에 부여한 중요도들은 매우 유사한 반면, 상이한 집단 간에는 큰 차이를 보이게 된다.

이렇게 편익을 기준으로 고객들을 세분화하는 데 그치는 것이 아니라, 각 세분시장에 속한 고객들의 인구통계적, 심리통계적, 또는 사용량, 사용상황 등의 특성을 파악한다. 집단 간 차이를 설명하는 변수들이 많아서 복잡한 경우에는 판별분석(discriminant analysis)을 이용하여 어떤 변수들이 각 세분시장에 속한 고객들의 특성들을 잘 나타내주는지 파악할 수 있다.

군집분석은 주어진 분류기준 변수들에 근거하여 소비자들을 유사한 집단으로 분류하게 되는데, 분류방법 면에서 여러 가지 절차들이 개발되어 있다. 각 방법들의 공통적인 절차는 첫째, 대상과 대상 간의 유사성을 나타내는 거리를 측정하는 방법을 결정하고(거리 측정 방법의 결정), 둘째, 계산된 유사성 또는 거리를 어떤 기준에 의해 군집화할 것인지를 정하고(군집화 방법 결정), 마지막으로 군집화된 결과를 보고 군집수를 정하고 이를 해석하고 각 집단에 대해 명칭을 부여하며 특성을 분석하는 세 단계로 구분할 수 있다.

1. 유사성 또는 거리의 측정방법 결정

기본적으로 군집분석은 표본에 있는 대상들을 군집화하는 데 있어서 대상의 유사성에 입각하여 집단 내의 유사성은 가능한 한 높게, 집단 간 유사성은 가능한 한 낮도록 분류한다. 이때 유사성과 비유사성의 정도는 거리 개념으로 측정한다. 대상 사이의 서로 떨어진 정도인 거리를 재는 방법은 유클리디안 거리(Euclidian distance), 유클리디안 제곱 거리, 맨하탄 거리(Manhattan distance), 민카우스키 거리(Minkowski distance) 등이 있는데, 이들은 대부분의 통계 프로그램들을 통해 선택 가능하다.

2. 군집화 방법 결정

각각의 분석대상들 간의 거리 측정이 되면 그 거리값에 의해 대상들을 군집화한다. 군집화 방법의 기본 원리는 집단 내의 분산과 집단 간의 분산의 차이를 최대화하는 것이다. 군집화 방법에는 크게 보아 계층적 방법과 비계층적 방법이 있다.

(1) 계층적 군집화

계층적 군집화(hierarchical clustering)란 각 단계별로 나무모양의 계층적 구조를 형성하는 군집화 방법으로 크게 보아 두 종류가 있다. 하나는 집합적 방법(agglomerative method)으로, 이는 군집화 대상들을 순차적으로 하나의 군집으로 묶는 방법인데 각각의 단계가 진행되면서 단계별로 대상들을 가장 유사한 두 개의 군집으로 결합해 나가며 결국 마지막 단계에서는 모든 대상을 하나의 군집으로 분류한다.

다른 하나는 분할적 방법(divisive method)인데, 이는 모든 대상들을 하나의 군집에서 시작하여 단계가 진행됨에 따라 가장 유사성이 낮은 대상들을 제거하여 결국 모든 대상들을 각각 하나의 군집으로 분류한다. SPSS나 SAS 등 대부분의 통계 프로그램들의 계층적 군집화는 집합적 방법을 사용하므로 여기서는 집합적 방법을 중심으로 구체적인 방법들을 알아보기로 한다.

1) 단일 결합 절차

이는 nearest neighbor approach라고도 하는데, 두 대상(또는 군집) 간의 최단 거리를 기준으로 군집을 형성해 나간다. 처음 단계에서 가장 짧은 거리의 두 대상을 하나의 군집으로 하고 다음으로 짧은 거리의 대상을 첫 번째 군집에 또는 다른 군집에 할당한다. 이러한 과정을 계속하는데 두 군집 간의 거리는 한 군집의 어떤 점에서 다른 군집의 어떤 점 간의 최단거리이다.

2) 완전 결합 절차

완전 결합 기준에 의한 군집화는 대상이나 군집 간의 최장 거리를 기준으로 이루어진다. 여기서 최장 거리란 군집 간 또는 군집과 대상 사이의 거리를 가장 크게 해주는 두 대상 간의 거리를 의미하는데, 이러한 최장 거리가 가장 짧은 대상들 또는 군집들을 하나의 새로운 군집으로 결합시켜 나간다. 즉, 최장 거리를 최소화시키는 것이 두 군집 간의 유사성을 가장 높이는 것이라고 판단하는 기준이다.

3) 평균 결합 절차

평균 결합 기준은 단일 기준이나 완전 결합 기준처럼 한 쌍의 극단적인 대상들의 거리를 두 군집 또는 대상 간의 거리로 판단하는 방법들이 지닌 문제점을 극복하기 위한 것이다. 즉, 각 군집 내에 속해 있는 모든 대상이나 응답자들 간의 거리를 측정하여 그 평균 거리를 두 군집 간의 거리로 간주한다. 이렇게 계산된 평균 거리를 기준으로 그 평균 거

표 4-2	거리 측정 방법에 의해 계산된 각 대상별 거리				
	O	P	Q	R	S
O	0	2	3.5	6	9
P	–	0	1.5	4	7
Q	–	–	0	2.5	5.5
R	–	–	–	0	3
S	–	–	–	–	0

리가 가장 짧은 군집들을 하나의 새로운 군집으로 형성시켜 나간다.

이외에도 centroid method, median method 등이 있다. 여기서 논의된 여러 방법들은 각각의 문제점을 지니고 있으며 서로 다른 결과를 가져올 수 있으므로 사용할 때에 주의하여야 한다.

예를 들어 앞에서 제시된 거리 측정 방법 중 하나를 선정하여 5명의 소비자 O, P, Q, R, S 서로간의 거리를 계산한 결과 〈표 4-2〉가 도출되었다고 하자. 즉, 소비자 O와 R의 거리는 6이며, 소비자 P와 Q간의 거리는 1.5이다. 이와 같은 기본 거리 자료를 활용하여 다양한 계층적 군집화 방법을 적용하면 [그림 4-2]와 같이 군집화가 이루어진다.

(2) 비계층적 군집화

비계층적 군집화 방법은 나무 모양의 계층적 구조를 형성하지 않으며, 연구자가 전하는 군집의 수에 따라 각 군집의 중심에서 일정거리보다 작은 거리를 갖는 대상들을 그 군집으로 분류한다. 이를 K-means clustering이라고 한다. 이 방법은 군집의 중심을 어떻게 선정하느냐가 문제인데, 대부분의 통계 프로그램들은 초기치를 중심으로 이를 개선해 나가는 방법을 쓰고 있다. 여기에는 통계적 방법뿐만 아니라 경영과학에서 활용되는 정수계획법(integer programming) 등의 방법들이 활용되고 있다.

3. 군집의 분석

군집분석을 통하여 각 대상들에 대한 군집화가 완료되고 나면, 연구자는 과연 몇 개의 군집으로 분류해야 하느냐와 결과 해석의 문제가 제기된다. 이에는 어떤 객관적으로

.

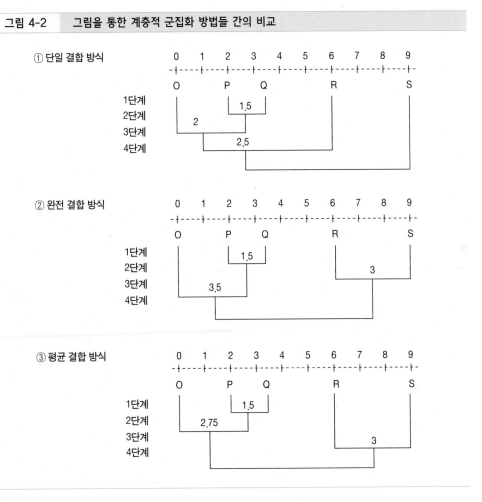

그림 4-2　그림을 통한 계층적 군집화 방법들 간의 비교

타당한 절차가 있는 것이 아니라 수립하고자 하는 시장전략과 연결지어서 연구자의 주
관적인 판단과 경험을 바탕으로 이루어진다.

　　군집분석에서는 각 군집의 특성을 설명해 주는 정보를 제공해 주지 않으며, 또한 군
집 분류의 통계적 유의수준노 나타내 주지 않는다. 따라서 군집화 결과를 판별분석이나
분산분석 등을 통해 타당한 분류 결과가 이루어졌나를 검토해 보고, 타당한 결과로 인정
할 수 있으면 집단 간 차이를 나타내는 특성들에 의해 군집을 설명한다.

　　이렇게 군집분석의 과정을 통해 시장 세분화를 하고 그 특성들을 파악하면, 자사의
제품이 목표로 하는 표적시장을 선정할 수 있으며 이에 따른 포지셔닝 전략을 수립할 수
있게 된다.

　　지금까지 시장 세분화를 통한 표적시장 선정, 포지셔닝에 이르는 마케팅 전략 수립

과정을 개념적으로 토론하였다. 다음에서는 이와 같은 과정을 통해 시장 전략이 어떻게 수립되는가를 사례를 통하여 좀 더 구체적으로 논의하고자 한다. 여기에는 금융시장의 세분화와 주류시장의 세분화 사례가 논의된다.

사례: 떠들썩한 광고 지쳤다면 '콰이어트 마케팅' 역발상 —————

작가 수전 케인은 '콰이어트 파워(Quiet Power)에서 외향성이 선호되는 사회에서 과소평가되고 있는 내향성에 주목하고 그 잠재력을 설명한다. 사회에서는 자기 주장이 확실하고 활발한 사람이 인기를 누리는 듯하지만, 성공한 경영자가 모두 언변이 화려하고 사교적인 것도 아니다. 워런 버핏, 마크 주커버그는 사람들과 어울리기보다 집에서 혼자 또는 가족과 지내기를 좋아하는 내성적인 성격의 소유자들이다.

셀프리지 백화점 내 Quiet Shop의 전경

행동에 앞서 꼼꼼하고 충분하게 생각하는 신중함은 내향적 인물 또는 기업의 대표적인 강점이다. 공격적으로 시장을 개척하는 파이오니어 브랜드가 있는가 하면, 면밀한 분석을 바탕으로 조심스럽게 자신의 영역을 찾아가는 기업들의 저력도 무시할 수 없다. 텔리스 서던캘리포니아대 교수 연구에 의하면 선발 기업이 10년 이내 실패할 확률이 47%인 데 반해 후발 기업 실패율은 8% 수준으로 낮다.

선두 기업의 실패 원인으로는 시장에 대한 충분한 이해 없이 미숙한 전략으로 달려든 성급함이 꼽힌다. 또 시장을 개척하는 브랜드는 소비자들이 익숙하지 않은 상품을 홍보하기 위해 많은 마케팅 비용을 소요하기 때문에 진출 초기 폭발적인 수요가 형성되지 않는 한 안정적인 성장을 이루기 어렵다. 반면 조금 늦더라도 신중하게 접근하는 기업은 선점 기회를 놓칠지라도 선발주자들의 시행착오를 학습하며 역전의 주인공이 되고는 한다. 또 블로그, SNS 등 실시간으로 소비자와 소통할 수 있는 채널이 확산될수록 언행을 조심하는 차분한 태도가 필요하다. 대화가 쉽고 말이 많아질수록 실수를 저지를 가능성도 커지기 때문이다. 미국의 패션 기업 아메리칸어패럴은 2014년 독립기념일을 맞아 멋진 불꽃놀이 사진을 SNS에 올렸다가 소비자들의 공분을 샀다. 사진 속 장면이 1986년 챌린저호 폭발 사고의 비극적인 순간이었던 것이다. 고객과의 소통을 가볍게 여기고 직원 개인에게 책임을 떠넘기는 모양새가 돼 비난 여론이 쉽게 가라앉지 않았다. 경쟁이 치열하고 혼잡할수록 앞다퉈 소리치기보다 오히려 한 걸음 물러서는 '콰이어트 마케팅'을 시도해볼 만하다. 침묵 마케팅의 역사는 1909년 영국의 셀프리지 백화점이 시도한 '노 노이즈(No Noise)' 프로젝트로 거슬러 올라간다. 창업자 해리 고든 셀프리지(Harry Gordon Selfridge)는 백화점 한편에 '침묵의 방(Silence Room)'이라는 공간을 마련했다. 고객들이 소란스러운 매장에서 벗어나 에너지를 충전할 수 있도록 만든 방이었다.

2013년 셀프리지 백화점은 침묵의 방을 부활시켰다. 매장의 소음과 북적거림은 물론 21세기 문명의 방해물에서 벗어날 수 있도록 신발이나 휴대폰을 로커에 두고 입장하는 것을 원칙으로 했다. 동시에 미니멀리즘에 대한 경의를 표하는 의미로 유명 브랜드 제품에서 상표명, 로고를 제거해 판매하는 '조용한 매장(Quiet Shop)'을 선보였다. 비물질적 가치를 중시하고 자기만의 공간에서 휴식을 취하려는 사람들이 많아졌다. 쏟아지는 신제품과 광고로 인한 소비자들의 스트레스와 피로가 커질수록 마케팅은 활기차고 적극적인 외향적 활동이라는 상식을 버려야 한다. 화려한 미사여구가 넘치는 시장에서 충분한 정보와 능력, 경험을 갖춘 소비자들은 속도보다 신중함을, 말하기보다 듣기를 우선하는 내향성의 미덕을 갖춘 기업에 호응한다.

자료원: 매경이코노미, 제1952호, 2018년. 사진출처: https://www.striiiipes.com

SECTION 04 시장 세분화의 실제 사례

1. 금융기관 이용 고객의 세분화

기존에 정부의 금융통화정책의 결정 방향에 따라 움직여 온 시중은행을 비롯한 여러 금융기관들은 현재 자율적 경영을 시작하려는 시점에 있다. 이와 함께 제도적인 분업화에 의해 각자의 영역에서 고유업무에 충실하기만 하면 되던 일반은행, 특수은행, 제2금융권의 인위적인 구분은 각 금융기관의 상업성이 강조되면서 희미해져가고 있다. 한편, 금융시장 개방에 따른 외국계 은행의 업무 확대는 마케팅 능력이 부족한 우리나라 금융기관들에게 커다란 위험요소로 등장하고 있다. 따라서 경영환경의 변화와 경쟁의 심화는 금융기관들에게 경영에 있어 마케팅 전략적인 사고를 체질화할 것을 요청하고 있다.

이와 같은 상황에서 금융기관 마케팅 전략의 핵심이라고 할 수 있는 고객의 세분화를 통하여 시장을 분석하고자 한다. 이를 위하여 전국을 대상으로 만 20세 이상의 성인 남녀를 대상으로 1,000명(가구)의 표본을 선정하여 설문조사를 실시하였다. 편익 세분화

표 4-3		이용 상황별 편익 세분화	

이용상황	추구효용	편 익	인구통계적 특성
일반 거래	가치 목적	편리성 정확성	20대, 30대와 소득이 200만원 미만인 집단: 적은 금액으로 빈번하게 은행과 거래하며 가정과 관련된 업무가 많고 일괄처리 욕구 크다.
	대출 목적	대출의 용이성	40대 이상과 소득이 200~300만원 미만인 집단: 사회적으로 상당한 위치, 투자에 많은 자산과 관심이 집중되어진 상태로 투자 욕구 크다.
투자 거래	안정 지향적	원금의 안정성	20, 30, 60대 200만원 미만의 소득 집단: 미래를 위한 투자거래, 큰 여유자금이 적고 (대출)투자에 경험 부족, 퇴직금의 운용
	수익 지향적	높은 수익성	주로 40대와 200만원 이상의 소득 집단: 투자의욕이 높아 많은 여유자금을 투자
대출 거래	가치목적	낮은 이자율	20, 30, 60대와 300만원 미만의 소득 집단: 소득이 상대적으로 적어 높은 대출이자는 이 집단의 생활과 투자에 영향을 미침
	편리성	간단한 절차	40대와 50대 그리고 300만원 이상의 소득 집단: 이 집단의 주 목표는 투자거래를 통한 수익성, 그래서 자금의 신속성과 간편성 요구

는 고객들이 금융기관을 이용하는 상황을 크게 일반적 거래, 투자거래 및 대출거래의 세 가지로 나누어서 분석하였으며 그 결과는 〈표 4-3〉에 요약된 바와 같다.

(1) 일반거래시

일반거래에 있어서 20대와 30대는 일반거래 시 가치목적을 추구하고 있지만, 40대와 50대는 이와 같은 가치목적도 추구하지만 또한 대출 가능성에 대한 욕구도 많이 가지고 있는 것으로 나타났다. 일반거래에 있어서 가치목적을 주로 추구하는 집단은 20대와 30대의 사람과 소득별로는 200만원 미만의 집단으로 나타났는데, 그 이유는 소득이 상대적으로 적고 사회적으로 이제 시작하는 단계에 있는 이들은 작은 금액을 가지고 은행과 상대적으로 빈번한 거래를 하기 때문에 이들에게 있어서는 정확성과 편리성이라는 가치가 일반거래를 하는 데 있어서 가장 중요한 요소로 나타나고 있는 것으로 보인다.

그러나 40대와 50대의 사람들이나 월 소득이 200만원 이상의 집단은 사회적으로 상당한 지위에 있으며, 여러 곳에 투자를 하고 있어서 급한 자금의 필요가 많이 일어나는 집단이므로 이들은 일반거래의 가치에 대한 욕구와 더불어 대출의 용이성에 대한 욕구도 높다. 세분화 결과 특이하게도 300만원 이상의 고소득자들은 대출에 대한 가능성보다는 가치목적에 대해 강한 욕구를 가지고 있는 것으로 나타났는데, 이는 아마도 이 집단에게는 투자에 대한 자금과 일반적으로 사용하는 자금이 상대적으로 잘 분리되어 있어서 가치목적에 대해서 강한 욕구를 나타낸 것으로 보인다.

(2) 투자거래시

투자거래에 있어서는 안정지향적 집단과 수익지향적 집단으로 분류되었다. 안정지향적 집단은 상대적으로 소득이 적은 20대와 30대의 사람들이 주로 속해 있는 것으로 나타났는데, 이는 이 집단이 투자에 대한 열의는 높지만 자본이 충분하지 못하며, 자신의 여유자금보다는 대출된 자금이거나 일반거래에 사용되는 자금을 투자자금으로 이용하는 경우가 많아서 수익성을 추구하지만 안정성에 대한 욕구가 보다 강하게 작용하고 있는 것으로 보인다.

수익지향적 집단에는 주로 고소득자들이 분포하고 있는 것으로 나타났는데, 이는 고소득자들이 주로 많은 자금을 투자하기 때문에 작은 수익률의 차이가 실제적으로 커다란 손익의 차이를 가져오게 되고, 또한 이 집단에게는 투자 자금이 자신의 생활자금과 분리되어 있기 때문에 안정성보다는 수익성을 보다 지향하고 있는 것으로 보인다.

(3) 대출거래시

대출거래에 있어서는 낮은 이자율이라는 가치목적을 추구하는 집단과 간단한 절차라는 편리성 요인을 추구하는 집단으로 나누어졌다. 그 이유도 20대, 30대 그리고 60대의 사람들은 주로 수입이 300만원 이하가 거의 대부분이며 대출이자가 자신의 생활에 어느 정도 영향을 미치기 때문에 대출이자율이 낮은 상품을 선호하지만, 40대, 50대의 소득이 300만원 이상인 집단은 낮은 이자율보다는 보다 간편하게 대출을 받을 수 있도록 간단한 절차와 같은 편리성 요인을 더 추구하고 있는 것으로 보인다.

(4) 세분시장별 전략

앞에서 분석한 세분화 결과를 종합하여 보면 고객을 세분화하는 데 있어 가장 중요한 기준은 고객들이 어떤 서비스를 원하는가이다. 은행을 찾는 고객은 요구하는 서비스의 내용을 중심으로 〈표 4-4〉와 같이 세 가지로 분류해 볼 수 있다. 첫째는 편리성을 추구하는 집단으로, 이 집단의 특성을 연령과 소득별로 살펴보면 대학생층이거나 사회생활을 시작한 단계에 있는 고객층이다. 은행과의 거래목적이 은행이용의 편리성에 있는 집단이어서 보유하고 있는 현금의 자유로운 입출금 및 기타 은행의 부대서비스의 이용시 짧은 시간에 신속하게 처리되기를 원하고 있다. 현시점에서는 그들이 거래하는 자금의 양이 적으나 이 집단에 대한 마케팅 활동이나 지속적인 관심이 장기적 관점에서 필요

표 4-4	세분화 결과에 따른 특성	
특 성	서비스	주요 고객
고도로 개인화된 서비스 추구집단	Private Service	고소득 전문직 (의사, 변호사, 최고경영자 등)
고객상담 서비스 추구집단	Lobby Service	중견사원, 자영업자, 은퇴자
편리성 추구집단	Convenience	젊은층(학생, 신입사원)

하다. 이 세분시장이 주로 요구하는 새로운 서비스나 마케팅 활동으로는 다음과 같은 것
으로 나타났다.

- 현금 자동지급기의 확대 설치
- 현금 자동지급기로 입출금 가능
- 투자회사(증권회사 등)와 연계 업무
- 주택관련 서비스(주택구입 대출, 주택관련 정보)

둘째, 고객상담 서비스(lobby service)를 강화시켜 나가야 할 집단으로, 이 집단의 특
성을 연령과 소득을 중심으로 살펴보면, 중장년층에 일정한 수준 이상의 정규적인 소득
원을 가지고 향후 노후생활자금이나 교육비 지출에 관심이 많은 것으로 나타났다. 이 집
단의 특성은 여유자금의 활용에 많은 관심이 있고, 수익성에 상당히 민감한 계층이면서,
또 한편으로는 여유자금의 안전한 증식을 원하기도 하는 것으로 나타났다. 즉 수익성과
안전성을 동시에 중요시하는 특성을 보이는데, 은행측에서 이들과의 좋은 유대관계를
갖기 위해서는 은행에 처음 들어와서 심리적 안정감을 느낄 수 있는 데에 많은 신경을 기
울여야 하고, 안정적이면서도 고수익상품에 대한 신뢰성 있는 정보를 제공하는 것이 중
요시 된다. 이는 은행 객장에서의 lay-out과 상담자의 전문성과 친절성에 따라 많이 좌
우된다고 판단되는데 이는 다음과 같다.

- lay-out의 재조정(고객상담 공간 확대)
- 상담자 교육(투자, 세무에 대한 상담기능)
- 야간금고와 대여금고의 설치
- 보험, 투자, 부동산 관련 서비스

셋째, 고도로 개인화된 서비스(private service)에 심혈을 기울여야 하는 집단으로, 이 집단은 상당한 고소득층으로 나타났다. 이들의 특성은 여유자금을 여러 곳에 분산하여 포트폴리오를 구성한다는 것인데, 이 집단에 있어서는 자산 관리가 상당히 중요시되는 요인이라고 할 수 있기 때문에 은행측에서 볼 때 자산을 관리해 주는 역할을 수행하는 데 많은 비중을 두어야 한다. 즉 자산의 운용과 관련된 일체의 사항을 대행해 주는 업무로서 종합적인 관리 시스템을 구축해야 하며, 이 집단에서 요청하는 사항들은 다음과 같다.

- 세무상담 및 법률상담
- 자산관리(부동산, 보험, 증권 등 가능한 모든 투자대상 포함)
- 부대서비스(여행정보, 취미정보 등 각종 서비스 및 비금융수요 연계상품 개발)

앞에서 제시한 시장 세분화는 시장전략에 있어 가장 기본이 되는 것으로 이를 근간으로 하여 좀 더 미시적인 세분화를 해나가는 작업이 필요할 것이다. 이에 따라 타 금융기관과 대비하여 경쟁우위를 점하기 위하여 시장조사 결과를 근거로 상품, 서비스, 광고, 판촉, 점포관리 전략 등을 일관성있게 수립하여야 할 것이다.

은행을 비롯한 금융기관의 자율화는 외국의 예에서 보더라도 단기적으로는 금리경쟁을 통한 예대마진의 축소를 가져오지만 장기적으로는 금리경쟁이 아닌 고객에 대한 서비스 경쟁으로 발전하게 된다. 이 같은 서비스 경쟁에서 우위를 점할 수 있는 첫걸음이 바로 고객들이 원하는 바에 따라 고객을 세분화하여 관리함으로써 고객의 만족도를 높여 주는 것이다. 결국 금융상품의 고부가가치화는 서비스의 개인화 수준에 달려 있으며, 편리성 추구집단을 위해서는 고객만족과 비용절감의 효과를 동시에 추구할 수 있는 기계화 점포 등과 같은 방안을 마련하는 것이 바람직한 방향이라는 것을 알 수 있다.

2. 주류시장 고객의 세분화

(1) 편익 세분화

편익에 의한 세분화는 주류를 선택할 경우에 가장 중요하다고 생각하는 제품 속성을 추구하는 편익으로 간주하여 그에 따라 시장을 세분화하였다. 주류를 선택할 경우에 가장 중요하다고 생각하는 제품 속성을 기준변수로 하여 군집분석(cluster analysis)한 결과

표 4-5	편익집단별 세분시장의 주류 선택시 중요시하는 속성차이			
중요속성	1 집단	2 집단	3 집단	4 집단
쏘는 맛이 강하다	2.1452	2.6944	2.8780	3.0764
즐거운 분위기 조성	4.2177	3.9021	3.6768	4.4306
품위를 유지할 수 있다	2.9194	2.8902	3.1951	4.0023
가격이 적당하다	4.2903	3.7537	3.2561	4.1435
맛이 부드럽다	3.8710	3.1187	3.0854	4.0903
계속 마시기에 좋다	3.8871	3.4154	3.0976	4.1319
알코올도수가 적당하다	4.1129	3.3472	3.0122	4.1852
뒷탈이 없다	4.4919	3.6083	4.0122	4.7130
포장용기가 세련되었다	1.7984	2.1780	2.7866	3.3079
배가 부르지 않다	2.3790	3.3976	2.7988	3.9699
살이 찌지 않는다	1.7742	3.0653	2.6402	3.7986
스트레스 해소가 된다	3.9435	3.9911	2.8232	4.3125
취하고 싶을 때 좋다	3.5887	4.0148	2.8537	4.2454
접대하기에 좋다	3.9355	3.1602	3.2866	4.2639

전체시장은 네 개의 집단으로 분류되었다.

각 집단별로 중요시하는 속성을 살펴보면, 1집단의 경우에는 가격에 민감하고 뒷탈이 없으며 즐거운 분위기를 제공해 주는 주류를 선호하고 알코올도수를 중시하는 집단이고, 2집단의 경우에는 취하고 싶을 때 마시기 좋고 스트레스 해소에 적당한 주류를 좋아하며, 3집단의 경우에는 뒷탈이 없고 즐거운 분위기를 조성해 주는 주류를 좋아하는 것으로 나타났다. 4집단은 주류를 선택할 때 모든 점—맛, 분위기, 품위, 가격, 알코올도수, 뒷탈, 배부른 정도, 스트레스, 접대—을 동시에 고려하여 종합적으로 판단하는 집단으로 나타났다(〈표 4-5〉 참조). 이러한 특성들을 기준으로 1집단은 가격민감형 집단, 2집단은 스트레스해소형 집단, 3 집단은 분위기추구형 집단, 4집단은 다속성추구형 집단으로 명명할 수 있을 것이다. 가격민감형 집단은 전체시장의 11.7% 정도를 구성하고 있는데, 음용량은 중간정도이고 주로 20대 소비자가 많은 편이며 직업은 사무/기술직이나 학생이 많다. 학력은 중·고등학교 졸업자가 많고 소득은 낮은 편에 속하며 지역적으로는 충청남도, 경상북도, 전라남도 거주자가 이에 속하는 것으로 나타났다. 반면 스트레스해소형 집단은 전체시장의 31.9%를 구성하고 있으며 다량음용자가 많고 20대 소비자가 많은 편이다. 직업은 학생, 자영업 종사자가 많으며 학력은 대학교 졸업자가 많고 소득은 낮은 편이다. 주로 서울, 경상북도, 전라 북도, 경상남도, 전라남도에 거주하고 있다. 분위기추구형 집단은 전체시장의 15.5%를 구성하고 음용량은 중간 정도이며 30~50대의 중

| 표 4-6 | 편익세분시장의 특성 |

구 분	가격민감형	스트레스해소형	분위기추구형	다속성추구형
시장크기	11.7%	31.9%	15.5%	40.9%
중요시 하는 속성	뒷탈이 없다 가격이 적당 즐거운 분위기 조성 알코올도수 적당	취하고 싶을 때 마시기 좋다 스트레스가 해소된다	뒷탈이 없다 즐거운 분위기 조성	종합적으로 모든 속성 고려
음 용 량	중간정도 음용	다량음용	중간정도 음용	소량음용
가장 즐기는 주류	생맥주	소주	청하	병맥주
연 령	20대	20대	30~50대	30~50대
직 업	사무/기술직, 학생	학생, 자영업	자영업, 사무/ 기술직, 가정주부	경영/관리직 사무/기술직 전문/자유직
학 력 소 득	중고등학교 졸업 50만원 이하, 50만원 이상~ 100만원 미만	대학교 졸업 50만원 이상~ 100만원 미만	중고등학교 졸업 100만원 이상~ 200만원 미만, 200만원 이상~ 300만원 이하	대학교 졸업 100만원 이상~ 200만원 미만, 200만원 이상~ 300만원 이하
거주지역	충청남도 경상북도 전라남도	서울/경상북도 전라북도 경상남도 전라남도	충청남도 경상남도 전라남도	경기도 경상남도 전라북도 전라남도

장년층이 많으며 주로 자영업, 사무기술직에 종사하고 있다. 학력은 중·고등학교 출신이 많고 소득은 높은 편이다. 주로 충청남도, 경상남도, 전라남도에 거주한다. 다속성추구형 집단은 전체시장의 40.9%를 구성하고 있으며 대체로 소량음용자가 많고 중·장년층에 속하며 경영/관리직, 사무/기술직, 전문/자유직에 종사하며 대학교 졸업자가 많으며 고소득에 주로 경기도, 경상남도, 전라남도, 전라북도에 거주하는 것으로 나타났다. 편익에 의한 세분시장별로 인구통계적 특성과 음용량, 중요시 여기는 속성 등을 종합하여 살펴보면 〈표 4-6〉과 같다.

(2) 소비량에 따른 세분화

1) 소비량에 따른 소비자 구분

음용량에 따라서 소비자들을 구분하는 것은 맥주시장 소비자들에 대한 전략 수립에 유용한 도구가 된다. 이를 위하여 1회 음용량과 1주일의 음용빈도를 파악하여 곱한 후 소비자들을 다량음용자(heavy user), 중간음용자(medium user)와 소량음용자(light user)로 분류하였다. 이러한 기준으로 구분한 결과 전체 소비자들 중에서 다량음용자는 23.8%, 중간음용자는 38.8%, 소량음용자는 37.4%를 차지하는 것으로 나타났으며, 이들이 차지하는 구체적인 소비량은 〈표 4-7〉과 같이 나타났다.

표 4-7	소비량의 백분율		
1회 음용량 음용빈도	한잔-한병*	2-4병	5병 이상
거의 안 마심~ 한달 1회	0.3% (소)	1.0% (소)	0.4% (중)
1주일 1회~ 1주일 2-3회	2.0% (소)	27.0% (중)	21.0% (소)
1주일 4회~ 매일/거의 매일	1.0% (중)	18.0% (다)	29.3% (다)

* 640ml.

2) 연령별로 본 소비자 구분

음용량에 따라 소비자들을 세 집단으로 구분한 뒤 이를 다시 나이와 교차 분할분석을 통해 〈표 4-8〉과 같은 결과를 얻었다.

교차분할분석의 결과를 보면 20대는 소량음용자, 30대는 중간음용자, 40대는 다량음용자가 많은 수를 차지하고 있으며, 50대는 소량음용자이거나 아니면 다량음용자들이 대부분인 것으로 나타났다. 그래서 연령이 낮을수록 많은 양의 술을 즐기지 않는다고 볼 수 있고 40대들이 다른 연령층에 비해 다량음용자의 비율(26.0%)이 높은 것으로 나타나 술을 가장 많이 마신다고 볼 수 있다.

표 4-8	음용자집단과 연령과의 관계			(단위: 명(%))
	소량음용자	중간음용자	다량음용자	합 계
20대	154(39.9)	145(37.8)	86(22.3)	385(36.2)
30대	131(36.7)	142(39.8)	84(23.5)	357(33.6)
40대	66(33.9)	82(41.0)	52(26.0)	200(18.8)
50대	47(38.8)	43(35.5)	31(25.6)	121(11.4)
합 계	398(37.4)	412(38.8)	253(23.8)	1,063(100)

표 4-9	음용량에 따른 세 집단의 라이프 스타일의 차이	
소량음용자 37.4%	식사반주로는 맥주가 제격 TV중계나 스포츠 관람 시 맥주 마심 맥주는 맛보다는 분위기가 중요 술에 대한 지출은 아깝다 젊은이들의 술마시는 풍토를 싫어함	분위기 맥주
중간음용자 38.8%	집에서 중요한 의사결정은 가장이 결정 야외활동(스포츠, 등산)을 좋아한다 혼자보다 친구와 있는 것을 좋아함 맥주 마시면서 대화하는 것을 좋아함 새로운 상품이나 광고에 대해서 이웃, 친지와 종종 의견을 나눔 동일한 맥주상표의 제품을 계속 음용 맥주제품을 고를 때 상표를 비교한다 여성들의 맥주음용은 괜찮다 친구를 만났을 때 맥주를 마신다	사교위주 (대인관계)
다량음용자 23.8%	낮에 술을 마시는 것도 괜찮다 야외활동(스포츠, 등산)을 좋아한다 술은 취하기 위해서 마시는 것 동일한 맥주상표의 제품을 계속 음용 맥주제품을 고를 때 상표를 비교한다 술은 가정에서 마시는 것이 좋다 배우자와 맥주를 마시는 것이 좋다 외국상표의 맥주가 더 좋다	취하기 위함

3) 음용량에 따른 세 집단의 라이프 스타일의 차이

맥주음용량에 따라 소비자들을 세 집단으로 나누었는데 이 집단들의 라이프스타일의 차이는 〈표 4-9〉와 같다.

4) 음용량에 따른 세 집단 간의 차이 비교

마시는 정도에 따라 소비자들을 세 집단으로 구분해 볼 때 이들 각 집단 간의 특징을 〈표 4-10〉과 같이 요약해서 나타낼 수 있다. 참고로 즐겨마시는 술 종류에 따른 소비자들의 세분화에 따른 결과는 〈표 4-11〉과 같다.

| 표 4-10 | 음용량에 따른 집단 간 비교 |

	다량음용자	중간음용자	소량음용자
집단의 비율	23.8%	38.9%	37.4%
소비량	68.3% (1주평균 30병)	28.4% (1주평균 5병)	3.3% (1주평균 0.5병)
지 역	부산, 경남, 인천, 경기	서울	대전, 충남
성 별	남자	남자	여자
연 령	40대	40대	20대
직 업	자영업	사무/기술직	가정주부
학 력	별차이 없음	대졸이상	고졸
가계수입	별차이 없음	100~200만원	100만원 이하
주류 선택시 중요시 하는 요인	쏘는 맛이 강하다 스트레스가 해소된다 취하고 싶을 때 좋다 배가 부르지 않다 (스트레스 해소, 포만감)	가격이 적당하다 계속 마시기에 좋다 즐거운 분위기를 연출 뒷탈이 없다 (가격, 분위기)	품위를 유지할 수 있다 맛이 부드럽다 알코올도수가 적당하다 포장용기가 세련됐다 살이 찌지 않는다 (세련미 추구)
맥주상표	칼스버그 버드와이저 OB보통맥주	OB수퍼드라이 크라운수퍼드라이	OB스카이 버드와이저 OB라이트
밤10시 이후 TV프로그램	뉴스, 영화, 스포츠	시사, 교양	쇼, 오락, 드라마
밤10시 이후 시청시간대	밤 11시~밤 11시 30분 자정	밤 10시~10시 30분	밤 10시 30분~11시
라디오	오후 6시~8시 오후 8시~10시 자정 이후	오전 7시~9시	오전 9시~오후 2시 정오~오후 2시 오후 2시~6시 오후 10시~자정
신문구독	스포츠신문	조간신문, 경제신문	석간신문
관심있는 신문내용	스포츠/오락 만화	정치면, 경제면	사회면, 광고 사설/고정칼럼 문화/예술
즐겨읽는 잡지	주간지류 취미월간지류	시사월간지류	월간여성잡지류 월간음악잡지류
맥주불만사항	도수가 약하다	빈번한 화장실 출입	배가 금방부르다 살이 찐다

표 4-11	즐겨마시는 주류에 따른 집단 간 비교

	소 주	병맥주	생맥주	마주앙	양 주	청하 · 이화
집단 비율	26.7%	37.7%	19.3%	2.2%	5.5%	3.0%
지 역	부산, 경남	서울	서울	부산, 경남	서울	서울
연 령	20대	30대	20대	30대, 50대	40대	20대, 30대
직 업	학생	사무/기술직	학생	가정주부	사무/기술직	학생
학 력	대졸	대졸	대졸	대졸	대졸	고졸
가계수입	50~100만원	100~150만원	50~100만원	50~100만원	150~200만원	100~150만원
추구하는 편익	쏘는맛 즐거운 분위기 배가부르지 않다		가격이 적당 부드러운 맛 계속 마시기 도수가 적당 스트레스 취하고 싶을 때	가격이 적당 뒷탈이 없다 포장용기 살이찌지 않는다 접대용	품위 유지	
라이프 스타일	TV중계시 맥주를 마심. 낮에 술마시는 것 괜찮음. 술은 취하기 위해서 마심. 가족과 마시는 것은 귀찮다. 야외활동을 좋아한다. 의사결정은 가장이 한다.	맥주는 젊은이에게 적당. 배우자와 맥주를 즐긴다. 친구와 맥주를 즐긴다. 여성의 맥주 음용 괜찮음. 맥주 마시며 이야기 한다. 친구와 어울리기 좋아함. 새로운 맥주는 마신다.	맥주는 스트레스를 해소. 반주는 맥주. 맥주제품구매 시 상표중요. 동일한 맥주 상표를 음용. 새로운 상품에 대해 의견 나눔. 맥주를 집에 비치해 둠.	유행에 민감. 맥주광고시 모델보다 광고문안이 중요 가격보다 모양, 색상중요 젊은이의 술 마시는 풍토를 싫어함. 술에 대한 지출 아깝다. 외국맥주가 더 좋다. 술은 집에서. 맥주는 맛보다는 분위기.		
새로운 형태 맥주집	접대부가 있는 맥주집 싼가격으로 맥주, 노래 노래방 형태 선술집 형태	조용한 업소	미국식 bar 셀프 서비스 뷔페 서비스 300평 업소 야외 맥주집			
맥주에 대한 불만사항, 문제점	도수 약하다 건강문제	빈번한 화장실출입	가격이 비싸다	즐겨 마시는 주류가 있다 장소가 싫다	맛이 나쁘다 살이 찐다 색깔이 싫다	배가 부르다

SECTION 05 맺음말

지금까지 시장 세분화를 통한 마케팅 전략 수립의 과정을 마케팅 이론과 통계적인 이론을 도입하여 설명하였다. 시장 세분화 사례로서 금융기관 이용고객의 세분화와 이를 통한 시장전략 수립, 그리고 주류시장 고객의 세분화를 통한 세분시장의 특성을 파악하였다.

모든 마케팅 전략의 시발점은 시장 세분화로부터 시작되며, 세분화된 시장에서 표적을 선정하여 마케팅 전략이 수립된다. 따라서 마케팅 전략의 성공 열쇠는 시장을 어떻게 효과적으로 세분화하고 표적시장을 어떻게 과학적 근거하에서 선정하는가 그리고 이에 따른 상품의 포지셔닝에 달려 있다. 시장 전략의 근간을 이루는 제품전략 또한 시장의 세분화로부터 제품 기회를 파악하고, 이에 따라 신제품을 설계하며, 경쟁자와의 차별화를 통하여 고객의 필요와 욕구에 부응하는 전략이 개발되어야 한다.

토론 문제

01 두통약 시장을 생각해 보자. 시장에는 게보린, 타이레놀, 사리돈 등 다양한 약들이 있다. 이러한 두통약을 구매하는 고객이 추구하는 혜택은 다양하다. 예를 들어서 무조건 빨리 낫고 싶어 하는 고객, 건강까지도 생각하는 고객, 약사의 권유에 따라 구매하는 고객 등 다양한 고객층으로 되어 있다. 이를 고려하여 가상적으로 시장 세분화를 실시하여 보라.

02 금융기관 이용고객 세분화 사례에 대하여 토론하였다. 금융기관의 이용상황을 크게 세 가지로 나누어서 시장 세분화를 실시하였는데, 이에 필요한 자료들은 구체적으로 어떤 것이 있었을 것으로 생각하는가? 이들을 서술하여 보라.

03 주류시장 세분화를 위하여 14가지의 중요한 성질들이 활용되었다(<표 4- 5> 참조). 이 14가지에 대한 시장 세분화를 위한 설문서를 작성해 보라.

04 앞에서 구성된 설문서를 가지고 4~5명의 고객을 대상으로 시장조사를 수행해 보라. 그리고 소비자 간의 거리를 산출하여 보고 구체적으로 세분화가 이루어지는 과정에 따라서 세분화를 실시하여 보라. 그리고 마케팅 전략 도출에 이르는 과정까지를 연습하여 보자.

05 주변에서 하나의 상품시장을 선택하여 설문서의 작성으로부터 시작하여 시장전략 도출 과정까지 전체적인 과정을 실습하여 보자.

참고 문헌

Bucklin, R. E. and Gupta, S. (1992), "Brand Choice, Purchase Incidence, and Segmentation: An Integrated Modeling Approach," *Journal of Marketing Research*, 29(2), pp. 201-215.

Clancy, K. J., Krieg, P. C., and Gamse, H. (2007), "An End to Doorstops: Segmentation Studies Should Do More than Sit on Your Floor," *Marketing Research*, 19(3), pp. 17-24.

Dibb, S. (2003), "Market Segmentation: Changes and Challenges," in Hart, S(Ed), *Marketing Changes*, pp. 205-236.

Donnelly, J. H., Beny, L. L., and Thompson T. W. (1987), *Marketing Financial Services: A Strategic Vision*, Homewood, IL: Irwin.

Ennew, C. T., Watkins, M., and Wright. M. (1990), "New Competition in Financial Services," *Long Range Planning*,

23(6), 80-90.

Green, P. E. and Krieger, A. M. (1991), "Segmenting Markets With Conjoint Analysis," *Journal of Marketing*, 55(4), pp. 20-31.

Gupta, S. and Chintagunta, P. K. (1994), "On Using Demographic Variables to Determine Segment Membership in Logit Mixture Models," *Journal of Marketing Research*, 31(1), pp. 128-136.

Haley, R. I. (1968), "Benefit Segmentation : A Decision-Oriented Tool," *Journal of Marketing Research*, 32(3), pp. 30-35.

Haley, R. I. (1971), "Beyond Benefit Segmentation," *Journal of Advertising Research*, 11(4), pp. 3-8.

Im, S., Nakata, C., Park, H., and Ha, Y. W. (2003), "Determinants of Korean and Japanese New Product Performance: An Inter-Relational and Process View," *Journal of International Marketing*, 11(4), pp. 181-204.

Quinn, L., Hines, T., and Bennison, D. (2007), "Making Sense of Market Segmentation: A Fashion Retailing Case, *European Journal of Marketing*, 41(5), pp. 439-465.

Lovelock, C. H. and Weinberg, C. B. (1984), *Marketing for Public and Nonprofit Managers*: John Wiley & sons.

Marsh, J. (1988), *Managing Financial Services Marketing*, London: Pitman Publishing.

Mahajan, V. and Jain, A. K. (1978), "An Approach to Normative Segmentation," *Journal of Marketing Research*, 15(3), pp. 338-345.

Millier, P. (2000), "Intuition can help in Segmenting Industrial Markets," *Industrial Marketing Management*, 29(2), 147-155.

O'Shaughbessy, J. (1988), *Competitive Marketing: A Strategic Approach*, 2nd ed.: Unwin Hyman, Inc.

Rao, V. R. and Winter, F. W. (1978), "An Application of the Multivariate Probit Model to Market Segmentation and Product Design," *Journal of Marketing Research*, 15(3), pp. 361-368.

Sheth, J., Sisodia, R., and Sharma, A. (2000), "The Antecedents and Consequences of Customer-Centric Marketing," *Journal of the Academy of Marketing Science*, 28(1), pp. 55-66.

Sexton, D. E. (1974), "A Cluster Analytic Approach to Market Response Function," *Journal of Marketing Research*, 11(1), pp. 109-114.

Tollefson, J. O. and Lessig, V. P. (1978), "Aggregation Criteria in Normative Market Segmentation Theory," *Journal of Marketing Research*, 15(3), pp. 346- 355.

Wind, Y. (1978), "Issues and Advances in Segmentation Research," *Journal of Marketing Research*, 15(3), pp. 317-337.

Wind, Y. (1978), "Introduction to Special Section on Market Segmentation Research," *Journal of Marketing Research*, 15(4), pp. 315-316.

Yankelovich, D. and David, M. (2006), "Rediscovering Market Segmentation," *Harvard Business Review*, 84(2), pp. 122-131.

Young, S., Ott, L., and Feigin, B. (1978), "Some Practical Considerations in Market Segmentation," *Journal of Marketing Research*, 15(3), pp. 405-412.

05
CHAPTER

NEW PRODUCT MARKETING STRATEGY

신제품 아이디어 창출

사례: '죠·크·박 아이스', '거꾸로 수박바', 역발상으로 만든 빙과류 대박 행진

롯데제과가 여름 빙과시장에 돌풍을 일으 키고 있다. 장수 제품을 재해석한 제품이 잇 따라 히트 상품 대열에 오르면서 침체된 빙 과시장에 새로운 자극을 주고 있다는 평가다. '죠 · 크 · 박 아이스'는 출시 50일 만에 판매 량 1,000만 개를 돌파했다. 1,000만 개를 소 비자 가격으로 환산하면 약 130억원. 이를 일렬로 늘어 놓으면 약 1,800㎞에 달한다.

죠 · 크 · 박 아이스는 롯데제과가 장수 아이스크림을 재해석해 새로운 패키지로 내놓은 제품이다. 1980년 대 출시된 죠스바(1983년), 스크류바(1985년), 수박바(1986년)의 한 글자씩을 따 이름지었다. 이들 신제품 3 종은 맛과 향이 기존 죠스바, 스크류바, 수박바와 같다. 패키지는 손으로 주물러 먹을 수 있는 형태의 '치어팩' 포장을 택했다.

죠 · 크 · 박 아이스는 본격적인 더위가 시작된 7월 1일부터 20일까지 700만 개가 팔려나갔다. 하루 평균 35만 개씩 팔려나간 셈이다. 야외에서도 오랫동안 냉기를 보존해 차갑게 즐길 수 있다. 적당히 녹았을 때 음 료처럼 마실 수 있고, 마개가 있어 먹다 남길 경우 다시 보관할 수도 있다. 롯데제과 관계자는 "인터넷 이용자 들로부터 어린이들이 먹기 편하고 친근하면서 새롭다는 반응을 얻고 있다"고 말했다.

롯데제과는 죠 · 크 · 박 아이스 외에도 발상의 전환을 한 제품을 다수 선보였다. 떠먹는 타입의 '죠스통' '수 박통'은 지난 4월 출시 이후 7월 중순까지 약 45만 개(약 11억원어치)가 판매됐다. 기존 아이스크림바 형태에 서 대용량으로 바꾸자 가정용 시장에서 큰 인기를 끌었다.

'거꾸로 수박바'도 입소문을 타고 기록을 세우고 있다. 수박바는 롯데제과가 1986년 출시한 장수 아이스크림이다. 쪼갠 수박 모양을 본떠 만든 이 아이스크림은 빨간색(과육) 부분이 90% 정도, 녹색(껍질) 부분이 10% 정도를 차지한다. 빨간 부분은 멜론과 수박의 단맛이, 녹색 부분은 딸기향의 상큼한 단맛이 특징이다. 녹색 부분이 더 맛있다고 느낀 소비자들은 오래전부터 "녹색 껍질 부분의 양을 늘려달라"고 요구했다.

롯데제과는 출시 31년 만에 편의점 CU와 손잡고 수박바를 새롭게 바꿔 내놨다. '익숙하지만 새로운 접근을 하자'는 것을 모토로 삼았다. 10%인 녹색 부분을 위로 올려 90%로 만들고, 빨간색 부분을 10%로 줄여 아래로 넣었다. 위 아래를 뒤바꾼 것. 지난달 29일 출시 첫날 약 2,000개가 팔려나갔고, 10일째인 이달 8일 하루에 13만 개 이상 팔렸다. 10일간 누적 판매량은 100만 개에 달했다. 1초에 1개가량 팔린 셈이다. CU에서 7월 빙과류 제품 중 매출 1위를 기록하고 있다.

거꾸로 수박바는 출시와 동시에 온라인에서 큰 화제를 일으켰다. 각종 소셜네트워크서비스(SNS)를 통해 시식 후기가 올라왔고 제품을 패러디한 사진도 꾸준히 게재됐다. 특히 유년기에 수박바를 즐겨 먹던 30~40대, 연예인들이 인증샷을 올리면서 마케팅 효과를 내고 있다. 그동안 수박바를 즐겨 먹던 마니아층은 '내가 생각하는 수박바의 황금비율'을 주제로 다양한 형태의 패러디 창작물을 온라인에 올려왔다. 줄무늬 수박바, 땅따먹기형 수박바, 50 대 50 수박바 등 다양한 의견이 나왔다.

수박바는 왕수박바, 통에 담긴 수박바, 수박바 젤리 등으로도 판매 중이다. 롯데제과 관계자는 "장수 제품이기 때문에 '추억의 맛'을 떠올리며 호기심 반, 그리움 반으로 구매하는 소비자가 많다"며 "일부 소비자는 진짜 원하던 맛이 드디어 실화가 됐다는 등의 반응도 보이고 있다"고 말했다. 거꾸로 수박바가 인기를 끌자 원조 수박바 매출도 40% 이상 늘었다. 롯데제과 관계자는 "또 다른 변신 전략을 지속적으로 추진할 것"이라고 말했다.

자료원: 한국경제, 2017. 07. 26.

새로운 제품의 개발에 있어서 신제품 아이디어의 창출은 제품의 설계에 선행하는 과정으로서 핵심적인 부분이다. 특히 제품의 질과 제조능력이 1980년대에 있어 가장 중요한 경쟁우위의 요소였다면, 1990년대에 있어서는 기술의 상업화 능력이 기업 간의 경쟁에 있어 가장 중요한 요소로 간주되고 있기 때문에(Nevens, Summe, and Uttal, 1990), 기업에서 상업성있는 아이디어를 창출하여 제품을 적시에 시장에 내놓을 수 있는 능력은 매우 중요하다.

기존의 연구(Nevens et al., 1990)에 의하면 성공적인 기업에서는 비슷한 크기의 덜 성공적인 기업보다 2~3배의 신제품이나 신공정을 시장에 내놓고 있다. 성공적인 기업과 그렇지 못한 기업들 사이의 이러한 차이는 구미(歐美)의 여러 나라뿐만 아니라 일본에서도 발견되고 있으며, 어느 특정시점에 한정되는 일이 아니라 지속적으로 나타나는 현상이다. 이와 같은 중요성에도 불구하고 신제품 아이디어의 창출과정은 신제품 마케팅 분야에서 비교적 소홀하게 다루어져 왔다.

제품 아이디어의 창출과정이 제품설계나 수요예측 등의 분야보다 소홀하게 다루어져 왔던 가장 큰 이유는 신제품 아이디어의 창출과정이 정형화되지 않은 창조적 과정이기 때문에 이를 관리하고 통제할 수 있는 모형을 만들어 내기가 어렵기 때문이다(Urban, Hauser, and Dholakia, 1987).

우리나라 기업들 특유의 사정들 또한 신제품 아이디어 창출과정에 많은 비중을 두지 않아 왔다. 즉, 우리나라 기업들이 수출하는 제품들 중 상당 부분이 주문자상표 부착방식(OEM)으로 제조될 뿐만 아니라(신유근, 1992), 자가상표 수출의 경우에도 선진외국기업들에 비해 상대적으로 연구개발능력이 떨어지기 때문에 새로운 상품 아이디어보다는 가격을 주된 경쟁도구로 수출하는 경우가 대부분이었다. 내수시장에서도 새로운 상품을 개발하는 것보다는 구미 또는 일본 시장에서 성공한 제품들 중에서 우리나라 시장상황에 적합한 제품들을 골라 reverse engineering 등의 방법으로 모방제품을 만드는 것이 일반적이었다.

이와 같은 이유들 때문에 우리나라 기업들은 새로운 제품의 아이디어를 기업 내에서 창출하는 일에 비교적 소홀한 편이었으나, 세계시장에서 더 이상 가격을 주된 경쟁도구로 하는 모방제품으로는 경쟁우위를 확보하기가 어려운 상황이 되고, 내수시장에서도 소비자들의 기호가 다양화되는 추세여서 체계적인 신제품 아이디어 창출기법을 활용한 신제품 개발이 절실히 필요하게 되었다. 따라서 이 장에서는 기업에서 신제품 아이디어를 창출해 내는 기법들을 검토하고 우리나라 기업에 적합한 기법들은 어떤 것인가를 살펴보기로 한다.

SECTION 01 신제품 아이디어의 원천

기업에서 새로운 상품 아이디어를 얻게 되는 원천은 여러 가지가 있을 수 있으나 크게 나누면 기업 내부적 원천과 기업 외부적 원천으로 대별된다(Scheuing, 1989).

1. 기업 내부적 원천

기업 내부의 신제품 아이디어 원천은 연구개발부서나 생산부서에서의 기술 혁신과 사내인력 등을 들 수 있다.

(1) 기업 내에서의 기술혁신

기업 내의 연구개발부서에서 새로운 발명이나 기술혁신에 성공하는 경우 매우 큰 시장에서의 기회를 갖게 되는 것을 볼 수 있다. 예컨대 AT&T의 연구소인 Bell Lab에서 영상전화기를 개발하기 위한 연구를 하던 중 텔레비전을 만들 수 있는 기술을 얻게 되었으며 이러한 기술혁신은 엄청난 시장기회를 제공해 주었다.

기업 내의 연구개발부서뿐만 아니라 생산 및 엔지니어링부서에서도 새로운 아이디어를 내게 되는 경우를 볼 수 있다. Myers and Marquis(1969)는 그들의 조사에서 고도의 기술을 요하는 제품들 중 약 20% 정도가 그 아이디어를 생산 부서에서 얻고 있다는 것을 발견하였다. 특히 엔지니어들의 문제해결능력과 시장에서의 필요가 결합되는 경우 매우 중요한 신제품 아이디어의 원천이 될 수 있다(Urban and Hauser, 1993). 예컨대 '일회용 카메라'로 유명한 일본의 후지사의 민생용 필름사업부는 영업부에 기술과를 따로 두고 30여 명의 엔지니어들로 하여금 시장에서 수집된 소비자 불만족의 정보를 기술적으로 분석하여 새로운 제품 아이디어의 원천으로 삼고 있다.

(2) 사내인력

사내의 부서들 중에서 상품개발과 직접적으로 관련되는 마케팅, 연구개발 (R&D) 및 생산부서의 인력들은 말할 것도 없지만 그 이외의 부서에서 일하는 기업 내의 인력들도 신제품 아이디어를 제공할 수 있는 원천이다. 예를 들어 Proctor & Gamble의 1회용 기저귀인 Pampers, 3M의 접착기능 메모지 Post-it Notes 등의 제품아이디어는 회사종업원들로부터 제안된 것들이었다. 보통 사내공모 등을 통해 새로운 아이디어를 얻는 것이 일반적이지만 그 이외에도 "창의적 집단(creative group)" 방법을 활용하여 신제품 아이디어를 얻어내는 것도 가능하다.

사례: 반짝이는 현장의 아이디어를 잡아라!

경쟁이 치열한 시장에서 리더의 위치를 선점하기 위해 적극적으로 새로운 아이디어를 찾는 움직임이 식음료기업 사이에서도 감지되고 있다. 사내 공모전이나 커뮤니케이션 채널을 개설하는 등 적극적인 소통 방법을 기업 문화에 적용하는 기업들이 늘고 있으며, 이를 통해 발굴된 아이디어들은 실제 업무 현장이나 마케팅 활동에 적용되어 진가를 발휘한다. 실제

버거킹의 직원 신메뉴 공모전 Show Me Your Ideas!

최근 롯데주류는 사내 공모전을 통해 '한국인의 입맛에 딱 맞췄다'는 의미의 '피츠 슈퍼클리어'로 새로운 맥주의 이름을 선정하기도 했다.

■ 현장의 직원들이 제안하는 신메뉴, 버거킹 2017 신제품 공모전 'Show Me Your Ideas'!

프리미엄 햄버거 브랜드 버거킹도 최근 가맹점 크루(CREW)를 포함한 사내 전직원을 대상으로 '2017 신제품 공모전 Show Me Your Ideas'를 진행했다. 사내 공모전에는 총 274개의 독특하고도 신선한 아이디어가 접수되어 직원들의 뜨거운 관심을 확인할 수 있었다. 무려 27:1의 치열한 경쟁률을 뚫고 본선에 오른 10개 팀은 8명의 심사위원 앞에서 신메뉴 구상 이유와 조리 비법 등을 소개하며 창의적인 발상으로 연신 심사위원들을 놀라게 했다는 후문이다. 사내 공모전 'Show Me Your Ideas'의 'the best idea'로는 버거킹 나주빛가람점 크루의 와퍼 신메뉴 아이디어가 선정됐다.

■ 신입사원의 작명 아이디어로 직장인의 눈길을 끌다, 웅진식품 '사장껌', '부장껌'

2017년 초 웅진식품에서 출시한 추잉껌인 '사장껌', '부장껌'의 작명이 화제를 모으고 있다. 바삭한 식감의 코팅껌에 시원한 민트향과 새콤한 맛을 담아 기분을 전환시켜주는 이 제품은 사내 공모를 통해 제품명이 정해졌다. 한 신입사원의 아이디어로 시작된 웅진식품의 '사장껌'과 '부장껌'은 틴케이스의 겉면에 얄미운 직장상사를 표현한 캐릭터까지 그려넣어 소비자들로부터 '기발하다'는 평을 듣기도 했다.

■ 사내 커뮤니케이션 채널로 언제든지 활발한 아이디어 교류를 도모하다, SPC 지식소통마을

SPC 그룹은 임직원의 적극적인 소통과 아이디어 제안을 증진시키기 위해 2013년부터 '지식소통마을'이란 사내 커뮤니케이션 시스템을 구축했다. 지식소통마을에서는 업무 노하우, 신제품·신사업 아이디어 등 다양한 제안을 임직원뿐만 아니라 직영·가맹점에서도 접수받아 현장의 소리까지 반영하고 있다. 덕분에 시스템 구축 이후 매년 7만건 이상 접수되고 있으며, 시스템 운영 3년만에 누적제안 건수 20만건을 돌파하기도 했다.

자료원: 머니S, 2017. 05. 06.; 세계일보, 2017. 05. 01.

2. 기업 외부적 원천

기업에서 새로운 상품의 아이디어를 소비자 또는 경쟁기업의 상품에서 얻게 되는 경우를 볼 수 있는데 이를 기업 외부적 원천이라고 할 수 있을 것이다.

(1) 시장에서의 필요

시장에서 성공하는 신제품들 중의 약 70%가 기술혁신에 의한 것이라기보다는 소비자의 필요에 부응하는 데 성공한 제품들이라는 보고(Utterback, 1974)에서도 알 수 있듯이, 기업에서 가장 중요시해야 할 상품 아이디어의 원천은 시장에서 소비자 또는 사용자들이 무엇을 원하고 있는가하는 것이다.

시장의 필요에 의해 새로운 상품 아이디어가 창출되는 경우는 소비재뿐만 아니라 산업재의 경우에도 쉽게 찾아 볼 수 있다(Utterback, 1971; Von Hippel, 1977, 1978). 예컨대 Von Hippel(1977)에 의하면 반도체와 전자제품 조립기계 분야에 있어서 고객의 요청에 의해서 만들게 된 제품들이 21%이며 고객과 제조업자가 서로 상의하여 새로운 제품의 아이디어를 얻게 된 경우가 46%에 달한다.

표 5-1	신제품 개발을 위한 아이디어 원천

아이디어 원천	비율(%)
외국의 예	36.4
경영자	31.8
일반고객	15.9
판매원, 종업원, 거래처	6.8
기　타	9.1
계	100.0

자료원: 예종석과 김명수(1992).

소비재의 경우에는 시장에서 필요로 하는 상품이 어떤 것인지에 대하여 지속적인 시장조사를 통해서 알아내는 것이 가장 일반적인 방법이라고 할 수 있으나 우리나라 기업들의 경우 일반고객들로부터 신제품 아이디어를 얻는 경우가 15.9%에 지나지 않아 이 방면의 노력이 아직도 미흡한 것을 알 수 있다(〈표 5-1〉 참조).

(2) 소비자가 제시하는 해결책

소비재의 경우에는 소비자들이 직접 제품의 새로운 용도를 발견해내거나 소비와 관련된 자신의 문제를 해결할 수 있는 방법을 알아냄으로써 새로운 제품의 아이디어를 제공하는 경우가 있다. 예컨대, 일부 여성소비자들이 샴푸에 달걀을 풀어 머리를 감는 것에 힌트를 얻어 "프로틴 샴푸"라는 제품이 시장에 나오게 되었으며, 과자를 만드는 데 주로 사용되던 베이킹 소다가 소비자들에 의해 저렴한 냉장고 탈취제로 사용되기 시작했던 것이 좋은 예이다(Kotler and Keller, 2016).

기업에서 소비자들이 완전한 신제품 아이디어의 형태로 제안을 하는 경우에 이를 받아들여 신제품을 개발하게 되는 사례도 없지는 않으나 개발된 제품이 시장에서 성공하는 경우, 여러 가지 법적인 문제가 뒤따르기 때문에 기업의 정책상으로 완성된 형태의 소비자 제안은 사양하는 회사들이 많다(Scheuing, 1989). 예를 들면 면도기기와 화장용품 생산으로 유명한 질레트 같은 회사는 특허권으로 보호될 수 있는 경우를 제외하고는 소비자들이 제안하는 신제품 아이디어를 채택하지 않는 것을 원칙으로 하고 있다(Gillette Company, 1972).

(3) 경쟁회사의 제품들

시장에 경쟁회사가 내놓는 새로운 제품이나 서비스는 매우 중요한 신제품 아이디어의 원천이 될 수 있다. 특히 경쟁사의 제품에 대해 소비자들이 갖고 있는 불만을 해소해 줄 수 있는 신제품을 시장에 내놓는 경우, 시장에서 성공할 확률은 매우 높아진다. 우리나라 기업들의 경우, 외국기업의 신제품을 모방하거나 변형시켜 신제품으로 시장에 출시하는 것을 흔히 볼 수 있다(예종석과 김명수, 1992). 그러나 단순한 외국제품의 모방은 세계시장에서 경쟁력을 갖기가 어려울 뿐만 아니라 외국과의 교역이 좀 더 자유로워지면 국내시장에서도 소비자들에게 외면당할 가능성이 크다(지용희, 하영원, 이재유, 민상기, 한정화, 1992).

업계에서 선도적인 위치를 차지하고 있는 기업에서도 경쟁사의 제품에 자극을 받아 새로운 제품을 시장에 내놓는 경우를 볼 수 있다. 예컨대 백색음료 시장에서 사이다로 선두를 지키고 있던 롯데칠성에서 두산의 스프라이트 출시에 대비하여 스프린트로 선제공격을 가했던 것이 그 예이다.

(4) 특허 및 발명

기업 내부에서의 기술혁신도 중요한 신제품 아이디어의 원천이지만 그에 못지 않게 발명가와 특허권자가 가지고 있는 신제품 아이디어도 기업 외부적 원천으로서 중요성을 갖는다(Mansfield, 1986). 경우에 따라서는 기업에서 발명가나 특허권자로부터 새로운 제품의 아이디어를 사들일 수도 있으며 신제품 아이디어를 얻기 위해 작은 회사를 인수하는 것도 볼 수 있다. 또한 전문적으로 신제품 아이디어를 제공하는 컨설팅회사에서 제품 아이디어를 얻게 되는 경우도 볼 수 있다.

SECTION 02 신제품 아이디어 창출방법

위에서 열거한 아이디어의 원천들을 충분히 활용하여 시장에서 성공을 거둘 수 있을 만한 제품 아이디어를 얻어내는 방법에는 아이디어 원천들을 직접 탐색해 보는 간단한 방법부터 창의적 집단을 이용하는 방법에 이르기까지 여러 가지가 있을 수 있다. [그림 5-1]에서 보듯이 기업에서는 신제품 아이디어의 원천에서 좀 더 효율적으로 아이디어를 얻어내어 제품 개념, 제품 원형 및 제품 그 자체를 만들어내기 위해서 여러 가지 아이디어를 얻어낸다.

그러나 많은 경우 기업에서는 소비자 조사, 기술 예측 등을 실시하여 아이디어를 얻어내며 또한 소비자 엔지니어링 등의 방법으로 시장에서의 필요와 기술을 결합하여 새로운 제품 아이디어를 얻기도 하고 개인적 또는 창의적 집단의 상상력을 자극시켜 새로운 아이디어를 얻는 경우도 있다. 기업으로서 가장 바람직한 아이디어의 창출방법은 이와 같은 여러 가지 방법들 중에서 몇 가지의 방법을 병행하여 잠재적인 아이디어들을 가능한 한 많이 얻어내는 것이다.

신제품 개발 과정에서 아이디어 창출단계의 목표는 되도록 많은 수의 상이한 아이디어들을 얻어내는 것이다. 아이디어의 수가 많으면 많을수록 여과(screening)단계를 거쳐

그림 5-1   신신제품 아이디어의 원천과 창출방법

아이디어 원천	아이디어 창출 방법	신제품 아이디어
• 특허 및 발명 • 경쟁 제품 • 기업 인수 • 시장에서의 필요 • 소비자의 해결책 • 기술 및 엔지니어링 • 사내인력	• 직접 탐색법 • 소비자 조사 • 소비자 해결책의 응용 • 기술적 정보 및 예측 • 소비자 엔지니어링 • 개인에의 동기부여 • 창조적 집단 활용법	• 제품 개념 • 제품의 원형 • 제품

자료원: Urban, G. L. and Hauser, J. R. (1993), *Design and Marketing of New Products*, 2nd ed., p. 127.

서 상품의 설계단계에까지 이르게 되는 아이디어들의 수가 더 많아질 가능성이 커진다.

1. 직접탐색법(direct search)

기업에서 신제품 아이디어의 외부적인 원천을 충분히 활용하기 위해서는 정보수집을 위한 예산과 인력을 투입하여 정보원천에 대한 조사 활동을 벌일 필요가 있다. 예를 들면 변호사를 고용하거나 내부인력을 활용하여 표적시장에 침투하기에 적절한 특허의 내용들을 조사한다든지, 경쟁사의 신제품 판매 및 유통상황을 조사한다든지, 산업재의 경우 산업 전시회(trade show)를 통해 경쟁사의 제품에 대해 조사하는 전담인력을 두는 경우를 볼 수 있다. 또한 기업 내의 영업사원들이 경쟁사의 활동이나 시장에서의 신제품 수요에 관한 정보를 수집하는 것도 직접탐색의 좋은 예이다. 경우에 따라서는 소비자들의 불만을 체계적으로 분석해 보는 것도 신제품 아이디어를 얻는 좋은 방법이 될 수 있다.

2. 탐색적인 소비자 조사

신제품 아이디어의 가장 중요한 원천은 시장에서의 소비자들의 필요라고 할 수 있으므로 신제품 개발과정에서 가능한 한 빨리 소비자들과 접촉하여 그들의 의견을 반영시키는 것이 바람직하다. 일반적으로 소비자들의 구매 또는 소비행동을 관찰하여 이를 제품개발에 반영하는 것도 하나의 방법이겠으나 대표성을 띤 소비자 표본을 대상으로 조사하는 것이 아니기 때문에 비체계적인 관찰은 그 유효성 면에서 한계가 있다.

소비자들을 이해하기 위해 널리 쓰이는 방법들 중에 하나로 초점집단면접(focus group interview)을 들 수 있다(Calder, 1977). 초점집단은 보통 8~10인의 해당제품 사용자들로 구성되는데, 예를 들면 세탁세제를 사용하는 가정주부들, 컴퓨터의 구매를 담당하고 있는 회사원들이 각각 세탁세제와 컴퓨터에 대해 이야기하는 경우를 들 수 있다. 초점집단면접의 진행은 사회자가 토론을 이끌어 나가되 시간은 한 시간에서 두 시간 사이가 적당하며 대개 토론내용을 녹음 또는 녹화하는 것이 보통이다. 또한 토론이 진행되는 광경을 관찰할 수 있도록 일방 거울(one-way mirror)이 설치된 곳에서 초점집단면접을 실시할 수도 있다. 토론은 보통 각자가 상품을 사용하는 방법이나 마지막으로 그 제품을 구매했던 것이 언제인가 등의 가벼운 화제로부터 시작하는데, 토론을 통하여 소비자들의 상품에 대한 의견, 의미론적인 구조, 상품사용패턴, 상품에 대한 태도, 구매과정 등에 대해 알아낼 수 있어야 한다. 초점집단면접을 통해 많은 시사점을 발견할 수 있는 것이 보통이지만 이 방법은 정량적인 것이 아닌 정성적인 것이므로 결론을 얻어내기보다는 가설이나 시사점을 얻어내는 방법으로 사용해야 한다.

초점집단면접은 소비재의 경우에 주로 활용되지만 새로운 서비스나 산업재의 개발에도 사용될 수 있다. 이 방법의 큰 장점은 사용자나 구매자의 상품에 대한 의견을 심층적으로 조사할 수 있다는 점이다. 기업에서 자사제품의 시장을 잘 이해하고 있다고 생각하는 경우에도 초점집단면접은 기업에게 많은 추가적인 정보를 제공해 주는 것이 보통이다. 따라서 신제품 개발과정에서 초점집단면접은 필수적인 과정이다.

초점집단면접 이외에도 소비자 조사를 통해 신제품 아이디어를 얻어낼 수 있는 방법에는 여러 가지가 있으나 그 중 몇 가지만을 예시하여 보면 첫째, 지각도를 작성하여 시장에서의 갭을 알아본 다음 소비자들의 기호를 조사하여 수요가 클 것으로 예측되는 위치에 제품개념을 설정하고 이에 맞는 제품아이디어를 창출해나가는 것이 한 가지 방법이다(Katahira, 1990).

둘째, 위계적 시장정의방법에 의해 시장구조를 파악한 후 시장잠재력이 높은 시장 틈새를 찾아내어 신제품 아이디어를 얻는 경우도 있다(하영원·박흥수, 1992). 셋째, 심층면접을 통해 소비자들이 좀 더 많은 편익을 원하는 제품상황을 찾아내어 이를 만족시킬 수 있는 제품대안을 제시하는 방법이다(Myers, 1976).

위에 제시한 방법들 중 어떤 것을 사용하는 것이 가장 좋을 것인지는 기업이 처해 있는 상황을 고려하여 결정해야 하겠으나, 소비재건 산업재건 제품 아이디어 창출과정의 초기에 소비자, 사용자 및 구매자의 욕구와 제품 사용패턴을 정확하게 이해하는 것이 무엇보다 중요한 일이다.

3. 소비자 해결책의 유도

소비자가 자신의 문제에 관하여 제시하는 해결책은 전술한 바와 같이 중요한 신제품 아이디어의 원천이 될 수 있지만, 단순히 소비자들이 새로운 아이디어를 갖고 오기를 기다리기만 해서는 아이디어의 원천으로 충분히 활용된다고 보기는 어렵다. 기업에서 늘 소비자들의 문제해결과정을 촉진함으로써 좀 더 많은 아이디어들을 얻어낼 수 있을 것이다. 예를 들면 소비자들에게 직접 설문 조사를 통하여 그들이 해결한 문제들이 무엇인가를 알아본다든지, 제품의 부품들을 공급하여 창의적인 소비자들이 그들의 문제를 어떻게 해결하는가를 본다든지 하는 것이 그것이다.

경우에 따라서는 제품을 새로운 용도로 사용하거나 변형해서 사용하는 것이 제품의 개선을 위한 중요한 정보가 되는 경우가 있다. Arm&Hammer의 베이킹 소다의 경우 제조업자의 의도와는 달리 소비자들이 냉장고 탈취제로 사용하게 된 것이 좋은 예이다. 따라서 기업에서 소비자들의 제품 소비행태를 계속해서 조사해 보는 것은 제품의 개선을 위한 아이디어를 얻는 데 있어 매우 바람직한 방법이라고 할 수 있다.

사례: "우리는 '무풍'이라는 가치를 만들었다"

삼성전자의 히트상품인 무풍에어컨과 플렉스워시는 이렇게 제품에 대한 소비자의 요구를 정확히 충족한 덕분에 인기를 누리고 있다. 기획 단계부터 소비자의 니즈를 철저히 분석하고 이를 상품에 반영한 결과다.

■ '무풍', '쾌적냉방' 이제는 일상 속 용어

삼성전자의 관계자는 "무풍에어컨을 기획하면서 소비자의 요구를 파악한 결과 '차가운 바람이 직접 닿는 게 싫다', '냉방병이 걱정된다'는 의견이 많았다"며 "이를 반영해 강한 바람 없이도 냉기를 유지하는 솔루션을 개발했다"고 설명했다.

삼성전자의 에어컨 상품기획팀은 기존 고객의 피드백과 외부기관 의뢰 설문조사, 서비스 및 판매 현장의 의견 등을 통해 에어컨에 대한 소비자의 니즈를 파악했다. 이

바람 없이 시원하게
실내 공기 깨끗하게

무풍에어컨

초강력 최오의 냉방과 바람 없이 시원한 무풍냉방 뿐만 아니라 강력한 청정 능력으로 미세먼지 황사가 심한 날에 단독 공기청정기로도 사용해 보세요.

를 바탕으로 개발팀과 함께 무풍에어컨을 기획, 이후 개발에서 론칭까지 전 과정에서 역할을 수행했다.

무풍에어컨은 기존 에어컨처럼 강한 바람이 나오는 쾌속냉방 기능에 더해 미세한 바람을 통해 동굴 속에 들어온 것처럼 시원한 상태를 유지해 주는 쾌적냉방 기능이 추가됐다. 이런 혁신이 성공을 거둬 출시 1년여 만에 누적판매량 35만대를 돌파하며 삼성전자 에어컨의 대표주자로 자리잡았다.

무풍에어컨이 인기를 얻으면서 무풍과 쾌적냉방이라는 용어가 점점 더 일상 속에서 자연스럽게 쓰이고 있다. 삼성전자의 관계자는 "지하철 약냉방칸에서 '쾌적냉방을 하고 있습니다'는 안내문을 보면서 쾌적냉방에 대한 인지도가 올라갔다는 점을 확인했다"고 말했다.

삼성전자는 2017년형 무풍에어컨을 출시하면서 기존 스탠드형에 더해 벽걸이형 무풍에어컨 라인업도 선보였다. 거실이 아닌 방안에서도 쾌적냉방 기능을 이용할 수 있어 소비자의 반응이 뜨겁다는 설명이다. 삼성전자 측은 "벽걸이형 라인업이 추가되면서 무풍에어컨 소비층이 더욱 다양해졌다"며 "직장인은 자다가 차가운 바람에 깨지 않아도 돼 선호하고 아기 혹은 어르신이 있는 집은 냉방병 우려가 적다는 이유로 무풍에어컨을 고른다"고 말했다.

■ 혁신 통해 프리미엄 전략 강화

삼성전자는 무풍에어컨의 라인업을 확대하면서 소비자의 선택의 폭을 넓히는 한편 다음 제품도 준비하고 있다. 에어컨이 '계절 가전'이라는 꼬리표를 떼고 사계절 가전으로 자리 잡는 것도 또 하나의 목표다. 삼성전자 담당자는 "무풍에어컨이 획기적이라는 평가를 받고 있지만 그 뒤도 준비하고 있다"며 "냉방과 공기청정을 포함해 소비자들이 공기질을 더욱 쾌적하게 느낄 수 있도록 하는 방향으로 연구개발 및 기획을 지속하고 있다"고 설명했다.

삼성전자는 이미 무풍에어컨에도 공기청정, 제습 기능 등을 적용했다. 에어컨이라고 해서 공기청정 능력이 공기청정기와 비교해 떨어지지 않는다는 설명이다. 무풍에어컨은 현재 삼성전자가 판매하고 있는 공기청정기와 동일한 성능을 갖췄다.

무풍에어컨의 종류도 늘리고 있다. 스탠드형 에어컨은 해외에서는 낯선 제품이기 때문에 사실상 국내용이다. 삼성전자는 올해 벽걸이형 무풍에어컨뿐 아니라 무풍 시스템에어컨도 출시했다. 시스템에어컨의 특성상 B2B 거래가 많아 널리 알려지지는 않았지만 좋은 반응을 얻고 있는 것으로 전해진다. 삼성전자 담당자는 "시스템에어컨의 글로벌 판매를 확대해 나갈 것"이라며 "무풍에어컨의 혁신성이 국내에서 좋은 반응을 얻은 만큼 해외에서도 통할 것으로 기대한다"고 말했다.

삼성전자는 프리미엄 가전의 판매 확대에 지속적으로 힘을 쏟고 있다. 이를 위해 제품 혁신에 더욱 집중할 계획이다. 삼성전자 담당자는 "가격만 비싸게 정한다고 '프리미엄'이 되는 것은 아니다"며 "소비자들은 프리미엄 제품을 두고 어디서나 접할 수 있거나 대체재가 있으면 높은 가격을 지불할 가치가 없다고 판단한다"고 설명했다. 이어 "무풍에어컨은 '무풍'이라는 혁신을 통해 다른 에어컨에서는 접할 수 없는 가치를 만들었다"고 강조했다.

자료원: 뉴스1, 2017. 05. 26.

4. 기술을 활용하는 방법

신제품 전략상 소비자가 차지하는 비중은 막중한 것이지만 바람직한 신제품 개발과정은 소비자 또는 시장의 필요와 기술 또는 연구개발이 균형있게 강조될 때에만 만들어질 수 있다. 따라서 기업에서는 마케팅과 연구개발 사이의 의사소통을 원활하게 하면서, 기술의 외부 유입과정을 이해하고 관리하는 일이 절대적으로 필요하다.

(1) 정보흐름(information flow)관리

기술적으로 새로운 신제품 아이디어가 창출되기 위해서는 신제품 개발팀에서 첨단 기술정보를 가지고 있어야 한다. 이를 위해서는 사내의 기술관련 부서들끼리 원활한 의사소통경로가 열려 있어야 함은 물론이고 사내로부터의 정보가 개발팀에게까지 이전될 수 있는 장치가 확보되어 있어야 한다.

외부로부터의 기술정보가 신제품 개발에 있어 결정적인 역할을 하는 경우를 자주 볼 수 있는데, 예를 들면 Mansfield 등(1971)이 발견했듯이 제약회사들은 1935년에서 1962년에 걸친 기간 동안에 약 54%에 해당하는 신제품을 사외의 발명을 기초로 만들어 냈다. 이처럼 사외로부터의 기술적인 정보가 중요한 신제품 개발의 아이디어 원천이지만 그에 못지않게 사내의 기술정보 또한 중요하다. Marquis(1969)의 연구에 의하면 그가 연구한 신제품들 중에서 약 41%가 사내인력의 훈련과 경험에서 비롯된 것이라고 한다. 따라서 의사소통의 경로가 열려 있는 경우, 사내에서의 신제품 아이디어 창출가능성이 더 커진다고 볼 수 있다.

연구개발부서 내에서 외부로부터의 기술정보유입은 몇몇 "문지기들(gatekeepers)"에 의해서 이루어진다. 그들은 정보의 획득, 여과, 전파의 역할을 담당하며 그들끼리 하나의 네트워크를 형성한다. 정보를 필요로 하는 사람들은 이 네트워크와 접촉함으로써 정보를 얻게 되는데, 보통 "문지기들"은 학술잡지를 읽거나 외부와의 광범위한 접촉을 통해서 정보를 흡수한다(Allen, 1977). 이 같은 사내의 정보원천을 충분히 활용하려면 "문지기들"이 누구인가를 알아내어 그들에게 충분한 동기를 부여하고 그들의 역할을 회사차원에서 뒷받침해 줄 필요가 있다. 그렇게 함으로써 그들이 기술정보를 흡수하고 연구개발부서 내에 정보를 확산시키는 것을 도울 수 있을 것이다.

"문지기" 네트워크(gatekeeper network)의 개발과 접촉에 더하여 연구개발 실험실의 레이아웃(layout)도 의사소통의 개선에 있어서 중요한 요소이다. [그림 5-2]는 연구개발 실험실 내의 연구원들이 일주일 동안 일정한 거리만큼 떨어진 다른 연구원과 의사소통을 하게 될 확률을 보여주고 있다.

두 사람의 거리가 멀어지면 멀어질수록 서로 의사소통할 확률은 매우 급격하게 떨어진다. 예컨대 두 사람 사이의 거리가 20m 떨어져 있는 경우 서로 일주일 동안 한번이

| 그림 5-2 | 두 사람이 떨어져 있는 거리의 함수로서의 1주내 의사소통 확률 |

자료원: Allen, T. J. (1977), *Managing the Flow of Technology*, p. 239.

라도 의사소통을 하게 될 확률은 5%에 지나지 않는다. 만일 두 사람이 서로 다른 층에 근무하거나 다른 건물에 근무하게 되면 확률은 더욱더 줄어든다. 따라서 연구개발 실험실의 레이아웃은 연구원들의 사무실이 가능하면 서로 가까운 곳에 위치해 있도록 설계되어야 하며, 서로의 개인적인 접촉을 장려하기 위해 가능한 한 회합을 자주 마련해야 할 것이다. Allen(1977)의 실험에 의하면 연구실의 재배치를 통해 연구원들 간의 물리적인 거리를 감소시킴으로써 의사소통을 증가시킬 수 있다고 한다.

또한 최근에는 쌍방향 커뮤니케이션의 발달로 인터넷을 통해 전 세계에 산재한 각국의 엔지니어들 간의 상호의사소통이 가능해짐에 따라 정보교환이 활발히 이루어지고 있다.

(2) 기술적 발전에 관한 예측의 활용

사내의 정보흐름과 외부로부터의 정보유입이 원활하게 이루어질 수 있도록 관리하는 방법과 함께 기술적인 신제품 아이디어를 얻어낼 수 있는 또 한 가지 방법은 기술적 발전에 관한 예측(technological forecasting)을 활용하는 방법이다. 예컨대 반도체 생산기술이 발전함에 따라 집적회로의 용량이 커지면서 컴퓨터 메모리의 비트당 생산원가가 해가 갈수록 낮아지게 되었다(Noyce, 1977). 이러한 메모리 생산원가의 하락으로 말미암아 새로운 컴퓨터 소프트웨어를 개발할 수 있는 기회가 생겨나게 된다. 따라서 비트당 생산원가의 하락추세를 분석하여 장래에 생산원가가 어느 정도까지 하락할 수 있는가를 예측하여 그에 따라 가능해지는 신제품 아이디어들을 얻어낼 수 있다. 예컨대 디지털 택시 미터기와 같은 제품들은 과거에는 메모리칩의 가격이 높아 생각해 보기도 어려운 제품이었으나 메모리칩 가격의 하락으로 제조 가능하게 된 제품이다.

기술적인 발전에 관한 예측을 신제품 아이디어 창출에 활용하는 경우 기술적인 추세에 대한 면밀한 분석을 필요로 하며, 기술적인 발전이 상업적으로 성공할 수 있는 제품 아이디어의 단계에 이르기까지에는 많은 장애물이 있는 경우가 허다하므로 기술적인 변화를 지속적으로 주시하여 새로운 제품의 기회를 찾아보는 것이 중요하다(Utterback and Brown, 1972).

기술상의 추세를 예측하여 이를 신제품 아이디어 창출에 활용하는 것도 유용한 접근법이지만, 그에 못지않게 많이 활용되는 방법은 전문가들의 판단에 근거하여 미래의 기술적인 변화를 예측하는 방법이다. 전문가들의 판단을 활용하는 예측기법으로서는 델파이 기법(delphi technique)이 많이 이용되는데, 이 기법은 전문가의 집단을 15~20인 정도로 구성한 다음 그들에게 몇 가지의 새로운 기술적 변화가 일정기간 내에 일어날 확률을 익명으로 판단하게 한다. 그리고 나서 그룹의 판단을 종합한 다음 그 결과와 함께 다른 자료들을 다시 전문가 집단에게 보내어 그 정보를 근거로 새롭게 판단하게 하는 과정을 3~5회 반복하고 나면 전문가들의 의견이 상당히 접근하게 된다(Linstone and Turoff, 1975). 만일 전문가들을 이용한 델파이 기법을 활용하여 2000년까지 상온에서 초전도현상을 일으킬 수 있는 물질이 발명될 수 있을 가능성을 비교적 정확하게 알아낼 수 있다면, 기업의 입장에서 장기적인 신제품 개발계획을 수립하는 데 많은 도움을 받을 수 있을 것이다. [그림 5-3]은 델파이 기법을 활용하여 예측하는 방법을 설명해 주고 있다.

5. 소비자 엔지니어링

초점집단면접이나 기타 방법들을 이용하여 소비자의 필요나 욕구를 발견할 수 있으며 기술적 발전에 관한 예측을 통해서 새로운 기술적 가능성을 알아낼 수 있다. 그러나 시장에서 성공할 수 있는 제품을 개발해 내기 위해서는 소비자의 필요나 욕구와 기술적인 가능성을 총합시키는 과정이 필요하다(Urban et al., 1987). 그 같은 과정에서 사용될 수 있는 기법이 소비자 엔지니어링이다.

그림 5-3	델파이 예측의 흐름도

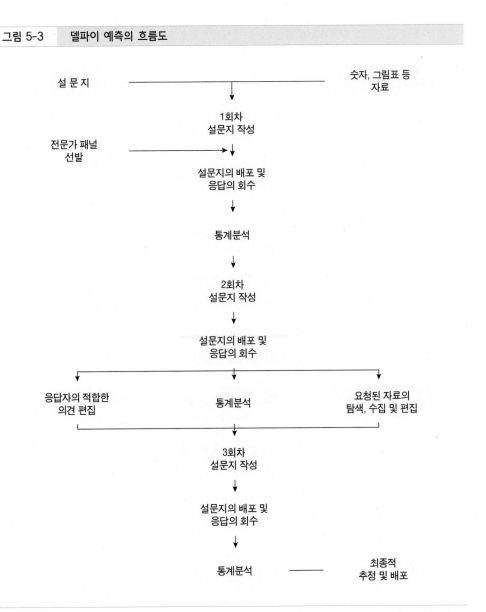

자료원: Basu, S. and Schroeder, R. G. (1977), "Incorporating Judgments Sales Forecasts: Application of the Delphi Method at American Horst and Derrick," *Interface*, 7(3), p. 26.

〈표 5-2〉는 손목시계시장에서 새로운 아이디어를 얻기 위해 엔지니어링 기술과 세분시장을 결합하여 만든 도표이다. 'O'표시는 각 세분시장에 적합한 기술을 나타내고 있다. 이 도표에서 행(row)은 이미 개발되었거나 개발할 수 있는 손목시계에 관련된 기술들을 나타내고 있다. 한편 열(column)은 손목 시계시장을 세분화하여 시장의 기회들이 어떤

표 5-2	엔지니어링 기술과 세분시장을 결합시킨 도표

엔지니어링 기회 ＼ 세분 시장	선물용	신분과시용	보석위주	여성용	남성용	어린이용
얇은 시계 case		○	○			
광선 시계판	○		○		○	
액정 시계판		○		○		
자동 충전전지					○	○
시계의 외관	○	○		○		
시계+계산기	○		○		○	○
시계+라디오	○				○	
시계+TV	○				○	
시계+무선호출기	○				○	

것들이 있을 수 있는가를 나타내 주고 있다. 이때 주의할 것은 세분시장들이 상호배타적일 필요는 없다는 점이다.

대부분의 기업들은 이 같은 경우 특정기술(예를 들면 액정시계판)을 개발하여 이를 활용한 신제품을 필요로 하는 세분시장을 찾게 된다. 즉 〈표 5-2〉의 도표에서 행(row)을 중심으로 시장을 찾으려고 시도하는 것이다. 그러나 좀 더 창의성이 있는 신제품은 도표를 열(column)을 중심으로 살펴볼 때 가능성이 커진다. 예컨대 남성용 선물시장이 가장 전망이 좋은 시장이라고 판단되면 그 시장에 적합한 엔지니어링 기술이 어떤 것인가를 찾아내는 방법이다. 따라서 남성용 선물시계에 적합한 신제품으로서는 광선시계판과 자동충전전지를 이용한 시계로서 시계와 그 이외의 기능(예를 들면 계산기, 라디오 등)을 결합한 시계가 신제품으로서 적합하리라는 것을 알 수 있다. 이와 같은 신제품 아이디어 창출 방법을 소비자 엔지니어링이라고 부른다.

6. 창조적 집단을 활용하는 방법

신제품 아이디어를 창출하는 경우 각 개인이 독립적으로 기발한 아이디어를 제안한 경우도 많지만, 몇 명의 인원이 모여서 '창의적 집단'을 형성하여 서로의 아이디어 창출에 상승작용을 일으켜 독립적인 개인이 생각해 낼 수 없었던 새로운 상품 아이디어를 얻어낼 수 있는 경우가 종종 있다.

창조적 집단의 활용법(creative group methods)에서 가장 중요한 것은 어떻게 하면 집단의 구성원들로 하여금 개인적으로 갖고 있는 지식을 충분히 활용할 수 있는 분위기를 만들어 주는가 하는 점이다. 특히 겉으로 보기에 부적절해 보이거나 황당무계한 것으로 생각되는 아이디어들이라 하더라도 각 구성원이 가진 생각을 자유롭게 이야기하면서 이러한 생각들을 신상품 아이디어의 개발에 적용할 수 있는 분위기가 조성되어야 한다. 예컨대, 새로운 상품 아이디어는 어떤 사람이 최근에 본 영화나 책, 또는 그 사람이 학창시절에 배운 물리학이나 생물학에 관한 지식, 현대미술에 관한 지식 등 예상하지 못했던 곳에서 느닷없이 튀어나올 가능성이 많다.

(1) 두뇌선풍

아이디어를 창출해 내는 집단활용기법들 중에서 가장 먼저 개발된 기법들 중의 하나가 두뇌선풍(brainstorming)이라고 하겠다(Arnold, 1962). 두뇌선풍은 기본적으로 되도록 많은 수의 다양한 아이디어들을 창출해 내기 위한 방법인데, 구성원들 서로가 다른 사람의 견해에 대한 비판을 삼가면서 다른 사람들의 아이디어를 더 나은 것으로 만들어 나가도록 노력하는 일련의 과정이다. 이 같은 과정을 통하여 다양한 아이디어가 나오고 그 아이디어들 중의 몇 개는 새로우면서도 기발한 아이디어일 가능성이 높다.

기본적인 두뇌선풍의 형식이 약간 변형된 기법으로서는 속성열거법(attribute listing)과 강제적 결합기법(forced relationship techniques)을 들 수 있다. 속성 열거법은 기존제품의 속성들을 모두 열거한 다음 각 속성들을 변형해 보거나, 크게 하거나, 작게 하거나, 다른 것으로 대체하거나, 배열을 바꾸어 보거나, 속성들을 결합해 보는 등의 방법으로 새로운 상품 아이디어를 찾아보는 방법이다. 강제적 결합기법은 기존의 상품을 구성하는 여러 가지 요소들을 억지로라도 맞추어 보는 방법이다(Osborn, 1963). 예컨대 사치스러우면서도 경제적인 새로운 개념의 자동차가 신제품 아이디어로 창출될 수 있을 것이다. 최근에는 기업이 컴퓨터를 이용한 쌍방향 커뮤니케이션을 통해 거리적으로 멀리 떨어져 있는 구성원들의 아이디어를 이끌어내는 electronic brainstorming(EBS)을 이용할 수도 있다(Cooper and Gallupe, 1993).

사례: 여름 극장 휩쓰는 디지니픽사, 문화가 문화를 창조한다 ──

푸른 바다를 바라보며 누구나 한번쯤 이런 상상을 해 봤을 것 같다. '이곳에 사는 생물들도 사람처럼 말을 하고 꿈도 꾸진 않을까.' 그래서일까. 바닷속 얘기를 담은 콘텐츠는 수없이 많다. 최근 개봉한 디즈니픽사의 애니메이션 '도리를 찾아서'도 바닷속 이야기다. 줄거리는 간단하다. 단기 기억상실증을 앓고 있는 물고기 도리가 부모님 얼굴을 잊고 헤맨다. 그래도 씩씩한 도리. 그는 13년 전 개봉한 '니모를 찾아서'의 주인공 물고기 니모와 그의 아버지 말린, 자유자재로 몸 색깔을 바꿀 수 있는 문어 행크등 멋진 친구들과 함께 가족을 찾아 나선다. 이 작품은 국

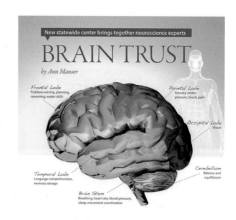

내에서 디즈니픽사 애니메이션 가운데 가장 빠른 속도로 100만 관객을 돌파했다. 북미에서도 개봉 이후 줄곧 박스오피스 1위를 차지하고 있다.

상상을 애니메이션이란 가상현실로 구현해내는 것은 디즈니픽사의 전공이다. 머릿속 감정세포의 모습을 담은 '인사이드 아웃', 동물을 통해 인간의 편견을 재치 있게 풍자한 '주토피아'도 톡톡 튀는 상상력으로 관객을 사로잡았다.

무한히 펼쳐지는 상상의 세계를 창조하는 비결은 뭘까. 흔히 천부적 자질을 가진 개인의 힘일 것이라고 생각한다. 하지만 사실과 다르다. 디즈니픽사의 '창조적 문화'를 창조한 것은 '조직 문화'다. 창의성을 극대화하는 조직 문화로부터 세상을 놀라게 하는 콘텐츠가 나온다. 그 콘텐츠가 새롭고 위대한 하나의 흐름을 만들어낸다.

디즈니픽사는 2006년 디즈니가 픽사를 인수합병하면서 재탄생했다. 이곳 직원들이 처음부터 엄청난 아이디어를 내놓은 건 아니다. 기존 작품과 약간만 다른 '결함 있는' 수준이다. 디즈니픽사에선 이를 '못난이 아기 (ugly baby)'라고 부른다.

이 아기는 동료들과 함께 '브레인트러스트 회의'란 험난한 여정을 떠난다. 이 회의에선 영리하고 열정적인 직원들이 한데 모여 아이디어를 신랄하게 평가한다. 직급에 상관없이 무조건 솔직해야 하는 이 회의를 통해 서로의 창의력에 감탄하고 배우며, 자신의 부족함을 깨닫는다. 알베르트 아인슈타인이 말한 '창의력이 전염되는 공간'이다. 에드 켓멀 디즈니픽사 최고경영자(CEO)는 "훌륭한 제작자가 되려면 자신을 위한 창작에서 남을 위한 창작으로 전환해야 한다"며 "못난이 아기는 이 회의에서 이런 전환을 거치며 성장한다"고 설명했다.

디즈니픽사엔 '스토리가 왕(Story is king)'이란 또 하나의 원칙이 있다. 캐릭터 상품화 등 수익성과 관련된 어떤 것도 생각하지 않는다. 많은 제작사가 '어떻게 하면 하나의 콘텐츠로 다양한 수익을 창출할까' 고민하는 것과 다르다. 수익에 매달릴수록 콘텐츠 질이 떨어진다는 것을 디즈니픽사는 잘 알고 있다. 디즈니는 1980~1994년 성공에 취해 있었다. 빨리 작품을 제작해 더 많은 수익을 내면 그게 다였다. 그 대가는 흥행 실패였다. 1994년 이후 16년간 박스오피스 1위에 오른 작품이 단 한 편도 없었다.

디즈니는 변신했다. 모든 권한을 경영진이 아니라 직원 개개인에게 돌려줬다. 직원 중 누군가가 사소한 문제라도 발견하면 그 작품은 전면 중단한다. 경영진이 하는 일은 단순하다. 소중한 아이디어가 묻히지 않게 보호하는 임무를 다할 뿐이다. 《메인스트림》의 저자 프레데릭 마르텔은 "창작산업에서 중요한 것은 예술가의 자유로운 생각을 작품으로 만드는 것"이라고 강조했다.

자료원: 한국경제, 2016. 07. 16; 디지털데일리, 2017. 07. 19.

(2) 형태학적 분석

좀 더 체계적인 아이디어 창출방법으로서는 형태학적 분석(morphological analysis)을 들 수 있다(Ayers, 1969). 형태학적 분석에서는 첫째, 문제를 명시적으로 정의하고, 둘째, 중요한 파라미터들을 찾아낸 다음, 셋째, 파라미터들의 모든 가능한 조합들을 열거하고, 넷째, 모든 대안들의 타당성을 검토하고, 다섯째, 가장 좋은 대안들을 선택하는 순서로 다섯 단계를 밟아 나가게 된다. 예컨대 1930년대에 Zwicky는 제트 엔진을 개발하는 데 이 방법을 사용하였다(Arnold, 1962). 그는 시동방법(자동점화식 또는 외부점화식), 연료형태(기체, 액체, 고체) 등 여섯 개의 파라미터들을 찾아냈는데, 그 여섯 개의 파라미터들을 조합하여 576개의 대안들을 찾아냈고 그 중에서 몇 개의 획기적인 발명품들을 얻어냈다.

사례: 고정관념을 깬 일반약

가글 형태의 구내염치료제, 뿌리는 무좀치료제 등 최근 기존 틀에 박힌 형태에서 벗어나 새로운 제형의 일반의약품들이 주목을 끌고 있다. 일반의약품은 새로운 성분의 신약이 나오기 어렵다. 새로운 성분의 신약은 시판 후 안전성을 확보하기 위해 전문의약품으로 분류하는 게 일반적이기 때문이다. 따라서 일반의약품 신제품은 기존 성분을 활용할 수밖에 없는데, 최근 제약업계는 제형을 변경하는 전략으로 태생적인 단점을 커버하고 있다.

좌:뿌리는 무좀치료제 무조무알파에어로솔,
우:가글형태 구내염치료제 아프니벤큐

조아제약이 최근 출시한 뿌리는 무좀치료제 '오케이에어로솔'. 5가지 성분의 복합 상승 작용으로 무좀 질환 치료에 효과적인 스프레이 타입이라고 홍보하고 있다. 기존 무좀치료제는 카네스텐, 라미실 등 연고나 크림 형태의 제품이 주를 이뤘다. 하지만 연고나 크림은 손에 묻고, 끈적임 등으로 찝찝하다는 반응도 있다. 스프레이 형태의 뿌리는 무좀치료제는 이러한 연고 · 크림 형태 무좀치료제의 사용시 불편감을 덜어줄 대안으로 떠오르고 있다.

조아제약의 오케이에어로솔 이전에 지난 2015년 신신제약이 출시한 '무조무알파에어로솔'도 같은 성분의 스프레이 타입 제품이다. 무좀약에 많이 쓰이는 테르비나핀염산염과 리도카인, 디펜히드라민, 에녹솔론, 에탄올 등이 주성분이다.

2016년부터 신신제약이 대중매체 등을 통해 마케팅을 시작하면서 뿌리는 무좀치료제에 대한 인지도가 부쩍 높아졌다. 특히 올여름 1회 적용 무좀치료제, 손발톱무좀신약 '주블리아(동아에스티)' 등 각종 무좀치료제들이 쏟아져나오면서 뿌리는 무좀치료제에 대한 관심도 덩달아 오르고 있다는 분석이다.

사실 뿌리는 무좀치료제는 제법 오래됐다. 지난 2003년에는 한미약품이 뿌리는 형태의 '무조날 외용액'을 출시하면서 스프레이 타입의 제품들이 계속해서 시장문을 두드렸다. 하지만 카네스텐, 라미실 등 브랜드 파워와 대중광고 물량공세로 기존 시장을 위협할 만큼 성장하지는 못했다. 아무리 사용하기 편리하고, 제품이 좋아도 기존 브랜드를 뛰어넘기는 일반의약품 시장에서 여간 어려운 일이 아니다.

하지만 최근 변화의 물결이 일고 있다. 2016년 하반기 코오롱제약이 출시한 구내염치료제 '아프니벤큐'는 출시 1년 만에 기존 오라메디와 알보칠의 아성을 흔들고 있다. 이 제품은 가글 형태의 구내염치료제. 알보칠이나 오라메디 등 환부에 직접 바르는 형태의 제품들과 차별화를 꾀했다.

구내염이 입안 구석에 일어나기 때문에 직접 환부에 바르는게 쉽지 않은데, 아프니벤큐는 이 부분을 파고든 것이다. 출시하자마자 대중광고를 통해 인지도를 넓힌 아프니벤큐는 지난 1분기(IMS헬스데이터)에는 알보칠을 제치고 오라메디에 이은 시장 2위로 올라서는 저력을 보여줬다.

그런데 가글 형태의 구내염치료제는 기존에도 부광약품의 '헥사메딘액' 등이 이미 시중에 나와 판매되고 있다. 다만 아프니벤큐는 디클로페낙이 주성분이고, 헥사메딘은 클로르헥시딘글루콘산염으로 성분이 다르다. 아프니벤큐액은 복숭아와 민트향으로 대중적인 취향도 고려됐다.

제약업계 관계자는 "최근 나온 제형변경 제품들이 예전에 없었다고 보기 어렵다"면서 "하지만 일반의약품 시장이 지명구매가 높은 브랜드 제품이 장악하고 있어 기존 제형변경 제품들은 크게 주목을 끌진 못했다"고 말했다.

이 관계자는 "최근에는 사용편의성에 갈증을 느낀 적극 소비자층이 늘고 있는데다 제형변경 제품들이 대중광고를 통해 인지도를 쌓으면서 하나둘씩 시장에서 성공하는 제품들이 생겨나고 있다"며 최신 일반약 트렌드에 대해 설명했다. 이 밖에도 차 형태로 마시는 감기약 '테라플루(노바티스)', 미세분말 형태에서 과립제로 리뉴얼된 '용각산 쿨(보령제약)' 등도 기존 제품보다 사용편의성을 높여 인기를 모으고 있다.

자료원: 데일리팜, 2017. 07. 12.

(3) 시넥틱스

창조적 집단을 활용하는 방법들 중에서 시넥틱스(synectics)는 네 개의 간단하면서도 유용한 개념에 입각한 아이디어 창출방법이다(Prince, 1972). 네 가지 개념들은 첫째, 남들이 이야기하는 것을 주의깊게 경청할 것, 둘째, 거의 대부분의 아이디어들이 적어도 한두 가지의 장점은 가지고 있으므로 그 장점들을 살려서 이어받는 식으로 토의를 진행할 것, 셋째, 구체적인 문제에 대한 공통된 이해를 가질 것, 넷째, 토론을 이끌어나갈 리더를 지정할 것 등이다. 이 같은 네 가지 원칙을 집단토의과정에 적용하면 상품 아이디어의 창출과정을 상당히 개선할 수 있다(Prince, 1972).

시넥틱스에서 사용되는 기법들 중에는 한 가지 "실현 가능성 있는" 아이디어와 함께 "환상적인" 아이디어("fantastic" idea)를 같이 열거해 보도록 하는 간단한 방법도 있지만 좀 더 형식을 갖춘 기법들도 많이 이용되고 있다(〈표 5-3〉 참조). 최근에는 시넥틱스 과정을 돕기 위한 software들이 개발되어 사용되기도 한다(Rangaswamy and Lilien, 1997).

창조적 집단을 활용하는 방법은 일반적으로 직접탐색법, 소비자조사를 이용하는 방법, 기술적 발전을 예측하여 이를 활용하는 방법, 소비자 엔지니어링 등을 통해 얻게 된 다양한 정보를 종합하여 잠재력이 있는 새로운 상품아이디어로 만드는 도구로써 기업에게 매우 유용한 방법이라고 하겠다.

7. 개인적 동기부여

집단을 활용한 새로운 아이디어의 창출도 유용한 방법이지만 개인들 각자에게 동기부여를 통해 신상품 아이디어를 얻어내는 것도 그에 못지않게 중요한 방법이다. 특히 사

표 5-3	형식을 갖춘 시넥틱스 기법늘

기 법	내 용
개인적인 비유 (personal analogy)	토론의 참가자가 토론의 대상이 되는 상품이나 물건의 입장이 되어 토론해 보는 것
책의 표제 (book title)	토론의 참가자가 특정 사물이나 감정의 본질 또는 모순을 포착할 수 있는 문구를 생각해 냄
사례 설립 (example excursion)	토의하는 집단이 기본적인 문제와는 관련이 없는 듯이 보이는 주제를 토론하면서 문제의 해결책에 대한 실마리를 찾아냄
강제 결합 (force fit-get fired)	상품을 이루고 있는 둘 또는 그 이상의 요소들을 강제로 결합시켜 새로운 아이디어를 얻어냄

내의 인력들에게 새로운 아이디어를 제안하도록 장려하는 방법으로, 제안제도를 도입하여 상금을 수여한다든지 하는 방법은 매우 전통적인 방법이라고 하겠으며 그 외에도 몇몇 개인들에게 새로운 아이디어 제고를 과제로 부여하여 좋은 아이디어가 나오는 경우 전사적인 인정을 해주는 일 등이 개인적인 동기부여로서 좋은 방법이 될 수 있을 것이다.

SECTION 03 아이디어의 관리

모든 아이디어를 설계과정을 거치게 하여 시장에서 판매를 한다는 것은 불가능할 뿐만 아니라 어리석은 일이다. 따라서 창출된 아이디어들을 검토하여 선발해 내는 작업은 상품개발에서 거쳐야 하는 필수적인 과정이다(Urban et al., 1987). 상품 아이디어의 선발을 위해 사용할 수 있는 모형들은 여러 가지가 있겠으나(예를 들면 Baker et al., 1976), 모형이 복잡할수록 사용하기가 어려워질 뿐만 아니라 상품 아이디어의 개발과 관련된 이익이나 비용 등에 불확실성이 많은 상태에서 지나치게 복잡한 모형을 사용하는 것은 의미가 없다.

상품 아이디어의 선발도구로 사용할 수 있는 비교적 간단한 모형은 다음과 같다(Urban and Hauser, 1993).

$$I = \frac{T \times C \times P}{D}$$

단, I = 매력도 지표

T = 성공적 기술개발의 확률

C = 성공적으로 기술이 개발되었을 때 상업적으로 성공할 수 있을 확률

P = 상업적으로 성공적인 경우 얻게 되는 이윤

D = 개발에 드는 비용

상품 아이디어의 선발 단계는 상품개발의 초기에 속하는 단계이므로 모형에 포함되는 확률이나 비용에 대해 정확한 추정치를 얻어낸다는 것은 불가능한 일이다. 따라서 여러 가지 상품 아이디어들 중에서 바람직하지 못한 아이디어들을 추려내는 과정에서 위의 모형을 참고로 사용할 수 있을 것이다.

아이디어의 관리와 관련하여 중요한 문제들 중의 하나는 몇 개의 아이디어를 선발하여 실질적인 설계과정까지 진행시킬 것인가 하는 것이다. 물론 몇 개의 아이디어를 선발하느냐 하는 것은 제품의 성격에 따라, 기업이 처해 있는 상황에 따라 달라지겠지만 일반적으로 말해서 최소한 두 개 이상의 아이디어를 선발해 내는 것이 매우 중요하다.

신제품의 개발에 있어 기업이 빠지기 쉬운 함정은 하나의 아이디어만을 선발하여 대안적인 아이디어는 전혀 고려하지 않고 많은 자원을 한 개의 아이디어에 투입하는 것이다. 그러한 경우 시장에서 그 신상품이 별로 새로울 것이 없는 상품으로 받아들여진다면 기업에 커다란 손실을 가져다 줄 것이다. 따라서 기업으로서는 복수의 아이디어들이 시장에서 새로운 차원을 첨가시키면서, 중요하고도 새로운 시장에서의 필요를 만족시킬 수 있도록 하는 것이 바람직하다. 그렇게 함으로써 기업은 잠재력있는 시장에서의 기회들을 놓치지 않고 고려해 보는 일이 가능할 것이다.

SECTION 04 맺음말

본 장에서는 기업에서 신제품 아이디어를 얻는 원천을 살펴보고, 그러한 원천에서 실제로 아이디어를 얻어낼 수 있는 기법들을 검토한 다음, 창출된 아이디어를 관리하는 방법들을 살펴보았다. 우리나라 기업들의 신제품 아이디어 원천에 관한 조사(예종석과 김명수, 1992)에서도 나타나 있듯이 아직도 우리나라에서는 신제품 아이디어를 대부분의 경우 외국의 예나 사내인력에서 얻고 있으며 소비자들의 아이디어나 의견이 반영되는 경우는 드물다. 그러나 바람직한 상품 아이디어 창출방법은 다양한 기법을 활용하여 되도록이면 많은 소비자들의 의견이 반영되도록 하는 것일 것이다. 그렇게 할 수 있을 때 우리 기업들은 단순한 외국제품의 모방에서 벗어나 마케팅 원칙에 부합하는 방법으로 신제품을 개발해나가는 첫걸음을 디딜 것이다.

토론 문제

01 가전업체에서 신제품 개발시 제품 아이디어를 창출할 수 있는 방법들을 생각해 보시오.

02 앞으로 일어날 중요한 기술발전에 대한 예측들을 조사해본 후, 이러한 기술이 활용될 수 있는 신제품 아이디어를 두 가지만 제시하시오.

03 초점집단면접법의 장단점을 논하시오.

04 다음 질문에 답하시오.

신제품 아이디어	T	C	P (단위: 억)	D (단위: 천만원)
가	0.3	0.2~0.5	50,000	20
나	0.6~0.8	0.7	20,000	5
다	0.5	0.7	35,000	10
라	0.1~0.3	0.4~0.6	40,000	30

1) 위의 표에 제시된 정보를 바탕으로 상품 아이디어의 매력도(I)를 비교 해 보시오. 여기서 T는 성공적 기술개발의 확률이고, C는 성공적으로 기술이 개발되었을 때 상업적으로 성공할 수 있을 확률, P는 상업적으로 성공적인 경우 얻게 되는 이윤, 그리고 D는 개발에 드는 비용이다.

2) 당신이 관리자라면 어떤 상품의 아이디어를 선발하겠는가?

3) 상품 아이디어 선발에 사용한 모형의 제한점이 있다면 무엇일까? 또한 당신이 관리자라면 신제품 아이디어 선발시 반드시 고려해야 한다고 생각되는 요인들은 무엇인가?

05 우편서비스 개선을 위한 신제품 아이디어를 두 가지만 제시하시오.

참고 문헌

신유근 (1992), 한국의 경영, 박영사.

예종석, 김명수 (1992), "우리나라 기업의 마케팅 활용 실태," 마케팅연구, 7(1), pp. 80-101.

지용희, 하영원, 이재유, 민상기, 한정화 (1992), "UR과 기업의 대응방안," 한국경제 연구원 연구총서, 88-92-03.

하영원, 박흥수 (1992), "광고전략수립을 위한 시장의 경쟁구조 파악," 광고연구, 제14 호(봄), pp. 5-21.

Allen, T. J. (1977), *Managing the Flow of Technology*, Cambridge, MA: MIT Press.

Baker, N. R., Souder, W. E., Shumway, D. R., Maher, P. M., and Rubenstein, A. H. (1976), "A Budget Allocation Model for Large Hierarchical R&D Organizations," *Management Science*, 23(1), pp. 59-70.

Basu, S. and Schroeder, R. G. (1977), "Incorporating Judgments Sales Forecasts; Application of the Delphi Method at American Horst and Derrick," *Interface*, 7(3), pp. 18-27.

Calder, B. J. (1977), "Focus Group and the Nature of Qualitative Marketing Research," *Journal of Marketing Research*, 14(3), pp. 353-364.

Calantone, R., Garcia, R., and Droge, C. (2003), "The Effects of Environmental Turbulence on New Product Development Strategy Planning," *Journal of Product Innovation Management*, 20(2), pp. 90-103.

Cooper, R. G. and Gallupe, B. R. (1993), "Brainstorming Electronically," *Sloan Management Review*, 35(1), pp. 27-36.

Das, S. S. and Van de Ven, A. H. (2000), "Competing with New Product Technologies: A Process Model of Strategy." *Management Science*, 46(10), pp. 1300-1316.

Gillette Company (1972), *A Word about Ideas*, Boston, MA : The Gillette Co.

Katahira, H. (1990), "Perceptual Mapping Using Ordered Logit Analyses," *Marketing Science*, 9(1), pp. 1-17.

Kotler, P. and Keller, K. L. (2016), *Marketing Management*, 15th ed., NJ: Pearson.

Linstone, H. A. and Turoff, M. (1975), *The delphi Method: Techniques and Applications*, Reading, Mass: Addison-Wesley.

Mansfield, E. (1986), "Patents and Innovation: Empirical Study," *Management Science*, 3(2), pp. 173-181.

Mansfield, E., Schnee, J., Wagner, S., and Hamberger, M. (1971), *Research and Innovation in Modern Corporation*, New York: Norton.

Marquis, D. G. (1969), "The Anatomy of Successful Innovation," *Innovation*, 1(7), pp. 28-37.

Myers, J. H. (1976), "Benefit Structure Analysis A New Tool for Product Planning," *Journal of Marketing*, 40(4), pp. 23-33.

Myers, S., and Marquis, D. G. (1969), *Successful Industrial Innovation: A Study of Factors Underlying Innovation in Selected Firms*, NSF, pp.69-17, Washington, D.C: National Science Foundation.

Nevens, T. M., Summe, G. L., and Uttal, B. (1990), "Commercializing Technology: What the Best Companies Do," *Harvard Business Review*(6), pp. 154-163.

Noyce, R. N. (1977), "Microelectronics," *Scientific American*, 237(3), pp. 63-69.

Osborn, A. F. (1963), *Applied Imagination*, New York: Charles Scribner's Sons.

Prince, G. M. (1972), *The Practice of Creativity*, New York: Collier Books.

Rangaswamy, A. and Lilien , G. L. (1997), "Software Tools for New Product Development," *Journal of Marketing Research*, 34(1), pp. 177-184.

Scheuing, E. E. (1989), *New Product Management*, Columbus, OH: Merrill.

Shane, S. (2001). "Technology Regimes and New Firm Formation," *Management Science*, 47(9), pp. 1173-1190

Urban, G. L. and Hauser, J. R. (1993), *Design and Marketing of New Products*, 2nd ed., Englewood Cliffs, NJ: Prentice-Hall.

Urban, G. L. and Hauser, J. R., and Dholakia, N. (1987), *Essentials of New Product Management*, Englewood Cliffs, NJ: Prentice-Hall.

Utterback, J. M. (1971), "The Process of Innovation: A Study of the Origination and Development of Ideas for New Scientific Instruments," *IEEE Transaction on Engineering Management*, EM-18(4), pp. 124-131.

Utterback, J. M. (1974), "Innovation in Industry and the Diffusion of Technology," *Science*, 183(1), pp. 620-626.

Utterback, J. M. and Brown, J. W. (1972), "Profiles of the Future Monitoring Technological Opportunities," *Business Horizons*, 15(5), pp. 5-15.

Von Hippel, E. (1977), "Has a Customer Already Developed Your Next Product?," *Sloan Management Review*, 18(2), pp. 63-15.

Von Hippel, E. (1978), "Successful Industrial Products from Consumers' Ideas," *Journal of Marketing*, 42(1), pp. 39-49.

Ziamou, P. (2002), "Commercializing New Technologies: Consumers Response to a New Interface," *Journal of Product Innovation Management*, 19(5), pp. 365-374.

PART 03

NEW PRODUCT

MARKETING

STRATEGY

신제품 설계

지금까지 신제품 기회의 발견에 관하여 토론하여 왔다. 따라서 기본적으로 제품 기회는 보다 더 소비자와 밀착된 상태에서 소비자의 필요와 욕구를 파악할 때만이 가능하다는 것과 이에 관한 과학적 방법들을 이해하였을 것이다. 제3부에서는 파악된 기회에서 소비자의 필요와 욕구를 구체적으로 어떻게 제품에 반영할 것인가에 관하여 토론하게 된다. 이러한 과정을 보다 현실감있게 파악하기 위하여 다음과 같은 사례를 검토하여 볼 필요가 있다.

프랑스도 철수한 중국 시장서 파리바게뜨 '빵' 터졌다

파리바게뜨가 프랜차이즈 업체로는 드물게 중국 시장에서 좋은 실적을 내고 있다. 가맹점은 100개를 넘었고, 중국사업은 흑자로 돌아섰다. 대부분 프랜차이즈업체가 리스크를 줄이기 위해 현지 파트너와 합작하는 마스터프랜차이즈 형태로 진출했지만 파리바게뜨는 직접 진출했다. 매장은 235개(가맹 128개, 직영 107개)로 늘어났다. 가맹사업을 시작한 지 3년 만에 가파르게 가맹점이 늘면서 지난해 실적도 흑자로 돌아섰다. '한국형 프랜차이즈'의 성공 가능성을 보여줬다고 업계는 분석했다.

■ 직영점 넘어선 가맹점

파리바게뜨 중국법인에는 2017년 상징적인 사건이 있었다. 2016년 말 72개였던 가맹점 수가 지난해 50개 가까이 늘었다. 가맹점은 100개를 넘었을 뿐 아니라 직영점(107개)보다 많아졌다. 프랜차이즈 시스템이 자리를 잡기 시작했다는 평가다. 파리바게뜨는 2015년부터 본격적으로 가맹점을 모집했다. 2014년 테스트매장으로 7곳이었던 가맹점 수는 2015년 28개, 2016년엔 72개가 됐다. 국내 대부분 기업이 사드(고고도 미사일방어체계) 후폭풍으로 고전한 2017년에도 전년보다 가맹점 수가 68% 증가(121개)했다. 2월 현재 가맹점 수는 128개다. 이렇게 빨리 확장할 수 있었던 것은 그만큼 준비기간이 길었기 때문이다. 파리바게뜨는 1990년대 중반부터 중국 진출을 준비했지만 첫 매장은 2004년 9월(상하이 구베이점)에야 열었다. 10여 년간 중국의 식음료, 외식시장, 상권을 조사하고 분석했다. 가맹점을 낸 것도 그로부터 10년 후다. 그 기간 시장 분석 결과를 바탕으로 프랜차이즈 시스템을 조성하고 브랜드 인지도를 높였다. 2008년 베이징올림픽, HSBC국제골프대회, F-1경기대회 등 대형 행사 파트너로 참여하고 신뢰 · 품질 · 서비스가 우수한 기업에 주는 'AAA브랜드'상 등을 받으면서 현지에서 신뢰도가 높아졌다고 회사 측은 설명했다.

■ 현지화 · 프리미엄 전략 적중

중국 베이커리 시장은 연 30% 이상의 속도로 성장한다. 많은 글로벌 업체가 시장 공략에 나섰다. 하지만 빵의 종주국으로 불리는 프랑스의 유명 브랜드 '폴'과 '포숑'도 결국 사업을 접고 철수했다. 파리바게뜨는 다른 글로벌 브랜드와 달리 현지화에 집중했다. 신제품의 40% 이상은 중국 소비자를 겨냥한 현지화 제품으로 개발한다. 이 같은 현지화 제품 중 대박 나는 상품이 많다.

'입이 더러워지는 빵'이란 뜻의 '짱짱바오(티라미수 페이스트리)'가 대표적이다. 페이스트리에 초코가루를 잔뜩 묻힌 제품으로 손과 입 주변에 초코가루가 묻는 특징을 제품명으로 표현했다. 어린이층 소비자에게 큰 인기를 끌었다. 이 제품의 월매출이 전체 매출에서 차지하는 비중은 7%에 달한다.

파리바게뜨 중국 200호점인 청두 콴자이샹즈점이 개점 첫날 빵을 사려는 소비자로 북적이고 있다. 콴자이샹즈점 외관(왼쪽)은 중국 전통 방식으로 꾸며졌다.

중국 업체에 비해 고급스러운 제품에 집중하고 프랑스에 진출한 프리미엄 브랜드로 포지셔닝한 것도 성과가 있었다. 고급 주택가를 비롯해 베이징 중심 쇼핑몰 '더플레이스', 서울의 명동과 같은 베이징 왕푸징 등 주요 중심상권에 매장을 냈다. 파리바게뜨 관계자는 "프리미엄 브랜드라는 이미지에 더해 고수익을 내는 매장의 입소문이 나면서 공산당 출신, 대형 쇼핑몰 부동산 개발자 등 유력가들이 가맹점을 내고 있다"고 전했다. 파리바게뜨 효과로 중국베이커리공회 등 제과업계 주요 기관이 연수 지역을 유럽 등에서 한국으로 바꾸는 사례도 있었다. 파리바게뜨는 중국 13개 도시에 진출해 있다. 청두 등 내륙으로도 확장해 올해 중국 매장 수를 300개로 늘릴 계획이다.

자료원: 한국경제, 2018. 02. 19.

위의 사례에서 본 바와 같이 시장에서의 경쟁은 어떻게 하면 소비자에게 선호될 수 있는 상품을 만들어 시장에 진출시킬 것인가 하는 문제이다. 이를 위해서 첫 번째 단계에서 소비자의 인식을 분석하게 된다. 이에는 소비자의 상품에 대한 인식에 입각한 경쟁 관계를 일목요연하게 평면상에 지도를 그리는 지각도(perceptual map)와 이상적인 제품의 방향을 파악하는 선호도 회귀분석(preference regression)이 활용된다.

두 번째 단계에서는 앞에서 선발된 속성들 중에서 중요한 속성들을 선택하여 각 속성에서 제품을 다양화시킬 수 있는 정도를 결정하여, 즉 다양화 수준을 결정하여 각 속성에서 다양화된 수준들이 지니는 효용 값어치를 추정한다. 이 효용 값어치에 입각하여 시장이 세분화되며 세분된 시장에서 최적의 상품을 선택하는 단계이다. 이 단계에서 소비자의 효용 추정을 위해서 결합분석(conjoint analysis) 그리고 세분화된 시장에서 최적 상품의 조합을 선택하기 위하여 선형 계획법(linear programming)이 사용된다.

그림 1	제3부의 주제와 계량적 방법

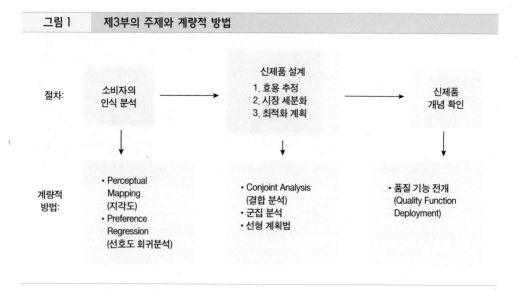

마지막 단계에서는 전 단계에서 선발된 제품이 실제적으로 소비자들로부터 선호될 수 있는 제품인가를 다시 확인하는 단계이다. 이에는 품질 재배치(quality function deployment) 기법들이 사용된다.

제3부에서는 먼저 제6장에서 소비자의 인식 분석을 위하여 지각도(perceptual map)에 관하여 토론하며 여기에 필요한 계량적인 기법들과 사례들이 자세히 언급된다.

제7장에서는 신제품 설계에 관한 방법을 소개하는데, 1980년대에 들어와서 현재까지 실무자들에게 널리 활용되고 있는 결합분석(conjoint analysis)을 중심으로 하여 최적 상품의 설계와 제품차별화에 대한 구체적인 방법들이 토론된다.

그리고 마지막 8장에서는 신제품 설계에 따른 기능들을 소비자의 필요와 욕구에 따라서 제품의 기능을 전개하는 QFD(quality function deployment) 등이 자세히 설명된다.

그림 2	제3부의 구성내용

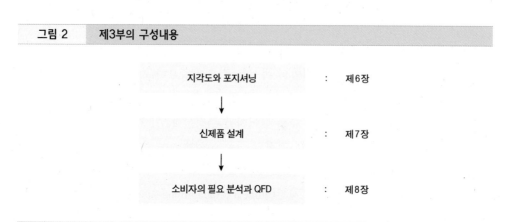

CHAPTER 06 지각도와 포지셔닝

NEW PRODUCT MARKETING STRATEGY

사례: 경쟁사보다 튀려면 '역포지셔닝' 전략 이용하라 ─────

많은 기업이 '차별화'를 외치고 있다. 경쟁사로부터 확실한 차별화를 두기 위해 잘나가는 다른 곳을 벤치마킹하거나 무리해서라도 비용을 낮추는 등 이것저것 시도해 본다. 그런데 문제는 사실 이런 것은 경쟁사도 생각할 수 있는 뻔한 방법이다. 이 때문에 튀려고 시도하면 할수록 경쟁사와 비슷해지는 아이러니한 상황에 부닥치고 만다. 그럼 어떻게 해야 남들이 생각하지 못한 차별화 전략을 둘 수 있을까.

문영미 미국 하버드대 경영대학원 교수는 저서인 '디퍼런트(Different)'에서 역포지셔닝 전략을 구사하는 것이 한 방법이라고 제안한다. 여기서 역포지셔닝 전략이란 경쟁 기업이 중요하게 여기는 것을 축소하거나 없애며, 그 과정에서 새로운 가치를 제공하는 것이다. 그래서 아무도 예상하지 못한 새로운 전략을 펼칠 수 있다고 하는데 사례를 통해 자세히 살펴보자.

1992년에 창업한 헬스클럽 '커브스(Curves)'. 경쟁사와 확실한 차별점을 두기 위해 이 전략을 사용했다. 바로 다른 헬스클럽이 중요하게 여기고 있는 것을 축소한 것이다. 커브스는 로커룸, 샤워실, 사우나실 등 헬스클럽이라면 당연히 있는 것들을 없앴다. 다양한 운동기구까지도 과감히 포기했다. 단 8개의 운동기구만 배치한 것이다. 게다가 고객도 여성으로만 제한하고, 다른 헬스클럽의 1시간보다 짧은 30분 동안만 운동하는 프로그램을 만늘었다. 다른 헬스클럽에 있는 당연한 것들을 없앰으로써 고객의 외면을 받지 않았을까. 아니다. 오히려 커브스 운영 방식은 좋은 시설에 대한 홍보로 식상해 하고 있던 고객들에게 신선하게 다가왔다. 여성 회원만 받는 덕분에 고객은 남자를 신경 쓸 필요 없이 편하게 운동할 수 있어 좋았다. 다양한 운동기구도, 사우나도 절대적인 것이 아니었으니 이 시설을 제외하니깐 가격도 저렴해져서 부담 없이 운동할 수 있게 된 것이다. 그 결과 커브스는 세계 최대의 여성 전용 피트니스 프랜차이즈로 이름을 굳히며 다른 헬스클럽과는 확실히 다른 차별화 전략을 펼칠 수 있었다. 현재도 여전히 여성의 열렬한 지지를 받으며 세계 90개국에서 1만여 개 프랜차이즈 점포를 운영할 정도로 승승장구하고 있다.

게임회사 넥슨도 역포지셔닝으로 차별화한 레이싱 게임을 만들어 성공을 거뒀다. 당시 온라인 레이싱 게임

시장에서 게임회사는 어떻게 하면 더 현실감 있는 그래픽과 실제 자동차처럼 조작할 수 있는 정교한 조작법을 만들 수 있는지 고민했다. 그

심플하고 귀여운 캐릭터로 역포지셔닝에 성공한 카트라이더

경쟁사와 확실한 역차별화에 성공한 커브스

래서 새로 나오는 게임마다 영상과 조작법이 아주 우수했다. 모든 회사가 같은 방식으로 경쟁하다 보니 고객의 관심을 확 끌어들이는 차별화한 게임을 만들기가 쉽지 않았다.

이때 넥슨이 카트라이더라는 레이싱 게임을 출시했다. 경쟁사 게임과는 달리 화려한 그래픽을 없애고, 심플하고 귀여운 그래픽으로 정면 승부했다. 조작법 역시 마찬가지였다. 기존의 레이싱 게임은 차종부터 기어 변속까지 자동차에 대해 모르는 사람이라면 조작할 수 없을 정도로 정교한 옵션을 제공했지만 카트라이더는 단지 방향키와 단축키 두 개만으로 게임을 가능하게 했다. 게임 시간도 5분 미만으로 줄여서 모든 플레이어가 부담 없이 게임을 할 수 있도록 했다. 이렇게 화려한 그래픽과 정교한 옵션을 버리고 모두 손쉽게 즐길 수 있는 단순한 게임으로 만든 결과는 어땠을까. 카트라이더는 출시 1년 만에 가입자 1,000만 명을 돌파하는 등 큰 화제를 모았고, 출시된 지 12년이 지난 지금까지도 꾸준한 사랑을 받고 있다. 혹시 당신도 차별화한 전략으로 경쟁력을 확보하고 싶은가. 그렇다면 커브스와 넥슨처럼 역포지셔닝 전략을 채택해 보는 것은 어떨까. 먼저 경쟁사가 무엇에 집중하고 있는지 파악하고, 그들이 집중하고 있는 것을 과감히 없애거나 줄이는 것이다. 그리고 그들이 소홀히 여기고 있는 가치를 고객에게 제공한다면 경쟁자가 생각하지 못한 방법으로 확실한 차별화를 둘 수 있을 것이다.

자료원: 전자신문, 2016. 05. 25. 사진출처: 전자신문 , https://www.groupon.com.au

앞의 사례들에서 나타난 바와 같이 소비자의 마음속에 어떻게 포지셔닝 시키느냐 하는 것은 시장 전략 수립의 필수적인 과제이다. 1980년대 중반 신문의 사회면에 크게 부각되었던 사건이 있었다. 너무나 많은 해외 여행객들이 외국 시장에서 코끼리표 전자밥솥을 들고서 입국했다가 문제시되었던 사건이다. 지금은 비록 이 정도로 심각한 문제는 아니나 본질적으로 크게 다를 바 없다.

공업진흥청 발표에 의하면 국산 전자밥솥이나 보온 도시락이 외국산에 비해 기능상에서 뒤질 바가 없다고 한다. 오히려 몇 가지 면에서는 보다 뛰어나다고 한다. 그럼에도 불구하고 소비자들은 아직까지도 코끼리표를 선호하고 있지 않은가?

　　이러한 현상은 과연 어디에서 도래한 것인가? 우리 기업은 많은 노력과 비용을 들여서 제품을 시장에 내놓고 있지만 소비자들로부터 냉담한 반응을 받고 있음을 볼 수 있다. 이와 같은 현상은 시장에서 제품에 대한 소비자들의 인식을 도외시하고 실험실이나 사무실 내에서 신제품 관리자들의 개인적인 생각만으로 제품을 설계하여 시장에 진수시키기 때문에 발생되는 것이다.

　　현재 국내시장은 가격상승 요인과 시장개방으로 인한 외국 상품의 진입으로 더욱더 어지러운 경쟁에 직면하고 있다. 이러한 상황에서 국내 기업가들은 고품질의 제품을 생산하여 고가격을 받아야만이 기업이 존립할 수 있다고 생각하는 경향이 있지만, 고품질 고가격이라는 시장정책만이 문제를 해결할 수 있는 것은 아니다. 어떠한 제품을 시장에 출시하더라도 소비자들의 필요와 욕구를 제품에 반영시켜서 제품이 소비자의 마음속에 들어맞게 하지 못할 경우 결과는 마찬가지일 것이다.

　　이러한 상황에서 제품을 어떻게 포지셔닝(positioning)하여야 소비자들로부터 애호받을 수 있는 제품이 될 것인가 하는 문제에 직면하게 된다. 이를 위하여 첫째로 소비자들이 시장에 나와 있는 제품들을 어떻게 인식하고 있으며, 둘째로 그러한 인식에 바탕을 두고서 어떻게 제품을 설계하여야만이 경쟁에 살아남을 수 있으며, 셋째로 선정된 집단의 소비자들에게 얼마나 애호될 수 있는가를 분석하여 시장에 제품을 출범시켜야 한다. 이와 같은 과정에서 지각도(perceptual map)와 선호도 회귀분석(preference regression)이 널리 애용되고 있다. 이는 소비자들로부터 제품에 관한 평가를 받아서 제품간의 경쟁관계를 일목요연하게 평면상에 지도를 그리는 방법이다. 본 장에서는 소비자의 인식 분석, 제품 개념 확인을 위한 지각도와 선호도 회귀분석을 통한 포지셔닝에 관하여 상세히 토론하고자 한다.

SECTION 01 소비자의 인식 분석

    소비자들의 제품에 대한 인식은 〈표 6-1〉에 나타난 바와 같이 제품의 네 가지 관리 변수에 따라서 달라지게 된다. 이러한 관리변수는 일반적으로 4P's(Product, Price, Place and Promotion)로서 널리 알려진 내용이다. 그러나 기업의 마케팅 관리자들은 실제로 이 관리 변수들을 독자적으로 관리하여 각각 별개의 것으로 주지하고 있는 경향이 있다. 하지만 각각의 속성들은 독자적으로 작용하는 동시에 서로 상호작용하여 소비자들의 상품 선택에 영향을 주고 있음을 간과해서는 안 된다.

    소비자의 인식을 분석하기 위해서는 소비자의 상품 선택에 영향을 주는 구체적인 속성을 선발하게 되며, 이러한 속성은 대별하여 주관적인 것과 객관적인 것으로 분류될 수 있다. 객관적인 속성은 물리적인 성질을 지니고 있어서 측정이 비교적 용이하며 계량화하기 쉬운 반면에, 주관적인 속성은 소비자 개인의 심리상태에 따라 달리 느껴져서 선발해 내기가 어려울 뿐만 아니라 소비자에 따라서 느끼는 정도가 달라지기 쉽다. 〈표 6-1〉에는 유통의 경우만이 예시되었는데, 진열대의 위치나 면적, 취급점포의 수는 객관적인 속성에 해당되며 진열방법과 점포의 분위기, 판매원의 서비스 등은 주관적인 속성에 속할 것이다.

표 6-1   성장기회표

	제 품	유 통	촉 진	가 격
객관적인 속성 (물리적 속성)	* * *	예) 취급점포의 수 진열대 높이 진열 면적	* * *	* * *
주관적인 속성 (심리적 속성)	* * *	예) 판매원 서비스 점포의 분위기 진열 방법	* * *	* * *

표 6-2	각 속성에 대한 기업별 응답점수의 평균치									
속성	SK	쌍용	LG	기아	현대	두산	롯데	삼성	코오롱	대우
제품의 질과 가격	4.32	4.07	4.11	4.32	3.30	3.68	3.37	3.91	3.97	3.75
기업인지도와 광고	4.66	4.35	5.04	4.92	5.06	3.93	4.94	5.60	4.18	5.13
적정이윤	4.27	4.11	4.02	4.13	3.57	3.83	3.73	4.17	4.00	3.85
재무구조의 건전성	4.52	4.25	4.01	4.16	3.19	4.01	4.20	4.23	4.04	3.29
의사결정의 민주성	4.50	4.13	3.96	4.03	2.56	3.77	3.52	3.77	4.02	3.70
경영자질 우수	4.83	4.52	4.39	4.62	3.63	4.11	4.20	5.05	4.31	4.75
기술혁신	4.98	4.12	4.60	4.44	3.97	3.62	3.52	5.21	4.05	4.24
교육훈련	5.15	4.30	4.51	4.19	3.89	3.81	3.62	5.37	4.13	4.40
기업윤리	4.35	3.99	3.71	3.91	2.62	3.41	3.06	3.51	3.79	3.57
경제발전 기여	4.50	4.39	4.67	4.32	4.64	3.75	3.55	5.02	4.11	4.73
사회복지 투자	4.64	3.90	3.84	3.55	3.26	3.45	3.11	4.04	3.66	4.20
사내복지	4.72	4.30	4.19	4.14	3.05	3.95	3.59	4.54	4.13	3.85
노사문제 해결	4.86	4.53	4.13	3.98	1.99	4.04	3.92	4.62	4.21	3.37
중소기업 지원	4.07	3.93	3.76	3.89	2.96	3.55	3.29	3.76	3.84	3.57
국제화 정도	4.61	4.17	4.47	3.96	4.39	3.56	3.79	5.10	3.96	4.63

　　속성들이 나열되면 다음으로 중요한 속성들을 선발하여 소비자들을 표본추출하여 제품별로 각 속성에 대한 의견을 조사·분석한다. 여기에는 각 속성별로 제품을 비교하는 방법과 전반적인 인식을 분석할 수 있는 방법의 두 가지가 있다. 먼저 각 속성별로 평가한 사례를 살펴보자. 10대 그룹을 15개 항목에 따라서 평가한 자료가 〈표 6-2〉와 같다. 여기에서는 각 항목에 대하여 7점 척도를 이용하여 조사하였으며 그 결과 평균치를 정리한 것이다. 또한 평균치의 자료를 그림으로 나타낸 것이 [그림 6-1]이다.

　　[그림 6-1]은 10대 그룹에 대하여 소비자들이 속성별로 평가한 결과들의 평균치를 도표화하여 일목요연하게 나타낸 것이다. 각 속성에서 높은 수치를 가질수록 응답자들이 그룹에 대하여 긍정적으로 인식하고 있다는 것을 의미한다. 앞의 예에서 속성별로 살펴보면, 15개의 항목에서 각 그룹들을 비교하기 위하여 나타내고 있으나 속성의 수가 너무 많아 쉽게 파악하기는 어려운 상태이다.

그림 6-1   중요 속성의 그룹별 평가도

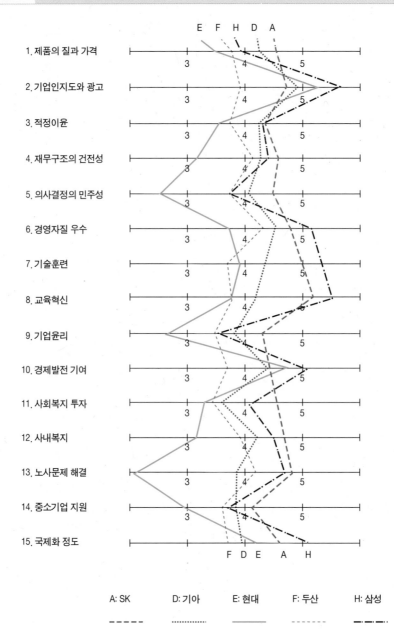

A: SK   D: 기아   E: 현대   F: 두산   H: 삼성

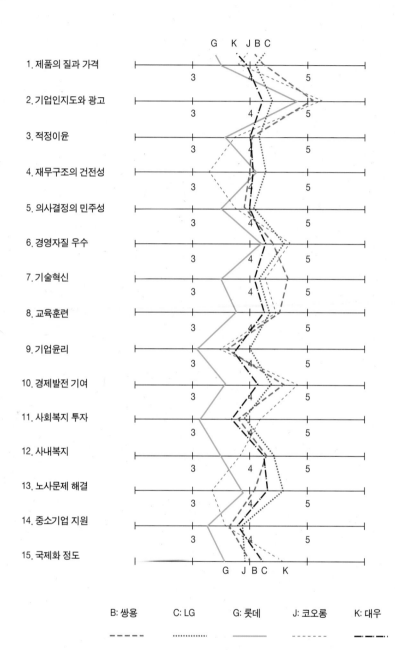

1. 제품의 질과 가격	G	K	J B C
2. 기업인지도와 광고			
3. 적정이윤			
4. 재무구조의 건전성			
5. 의사결정의 민주성			
6. 경영자질 우수			
7. 기술혁신			
8. 교육훈련			
9. 기업윤리			
10. 경제발전 기여			
11. 사회복지 투자			
12. 사내복지			
13. 노사문제 해결			
14. 중소기업 지원			
15. 국제화 정도			

B: 쌍용   C: LG   G: 롯데   J: 코오롱   K: 대우

그림 6-2	국내 주요 그룹에 대한 지각도 및 요인점수

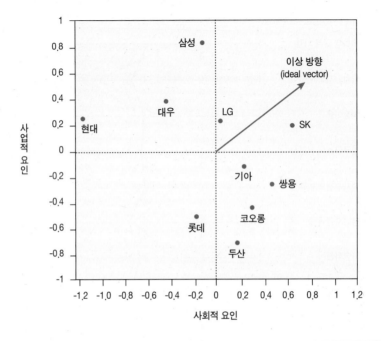

	요인 1 (사회적 요인)	요인 2 (사업적 요인)
S K	.63	.20
쌍 용	.42	-.26
L G	.05	.21
기 아	.22	-.11
현 대	-1.15	.29
두 산	.16	-.71
롯 데	-.20	-.48
삼 성	-.05	.84
코 오 롱	.29	-.41
대 우	-.36	.43

이와 같은 분석은 제품들을 개개의 속성별로 비교할 수 있는 장점을 가지고 있으나, 반면에 소비자를 행동으로 이끄는 전반적인 이미지를 파악할 수 없으며 소비자의 인식에 따르는 시장에서의 경쟁 양상을 파악할 수 없다. 더욱이 신제품을 설계하여 포지셔닝하거나 기존 제품을 재포지셔닝하고자 할 경우 구체적인 방향을 제시해 주지 못한다는 단점을 갖고 있다.

물론 [그림 6-1]에 입각하여 기술적인 통계치와 더불어서 여러 가지 전략들이 도출될 수 있을 것이다. 그러나 개별적인 속성에 입각한 상품의 비교와는 달리 시장에서의 경쟁관계를 고려하여 전반적인 소비자들의 인식을 비교 평가하기 위해서는 지각도(perceptual map)라는 방법이 필요하다.

지각도란 선발된 중요한 속성들을 분류하여 기본적인 인식차원을 설정하고, 상품들을 눈으로 일목요연하게 볼 수 있게끔 평면상에 나타낸 도표이다. 따라서 중요한 속성이 n개라고 하면, 각 상품이 각 소비자에 의해서 n차원의 속성 공간에 존재하는 것을 눈에 쉽게 볼 수 있는 2차원 평면상에 도시되어서 각 상품의 인식을 비교하기 쉽게 한 것이며, 이에 따라 효율적인 마케팅 전략을 수립하고자 한 것이다

[그림 6-2]에서는 10개의 그룹에 대한 15개의 속성평가를 통해 사회적 요인과 사업적 요인이라는 두 가지 인식차원을 평면에 나타낸 것이다. 여기에서 X축에는 사회적 요인을, Y축에는 사업적 요인을 나타낸 것이다. 여기에서 주의할 점은 15개의 속성들이 사회적 요인과 사업적 요인으로 집약되어 있는데, 이러한 과정에서 횡축과 종축의 이름은 속성들이 분류되는 과정에서 새로이 명명한 것인데, 분류된 속성들을 종합할 수 있는 이름들이 될 수 있도록 유의하여야 한다.

여러 가지 각도에서 [그림 6-2]는 분석될 수 있으나 간단히 설명하면, 10개의 그룹은 사회적 요인과 사업적 요인의 차원에서 소비자들의 인식에 의해 대략 네 그룹으로 분류될 수 있다. 사회적 요인의 차원에서 SK, 쌍용, 코오롱, 기아, 두산, LG 등이 높게 나타난 반면, 삼성, 롯데, 대우, 현대는 상대적으로 약하게 나타나고 있다. 또 사업적인 요인에서 삼성, 대우, 현대, LG 등이 높게 나타난 반면, 기아, 쌍용, 롯데, 코오롱, 두산 등은 낮게 나타나 있다. 즉, 각 그룹들이 시장에 포지셔닝한 결과가 어떻게 소비자들에 의해서 인식되고 있는가를 살펴볼 수 있다.

기본적으로 지각도는 제품의 속성이 선발되면 여러 가지 속성들을 분류하여 기본적인 인식 차원을 구성하고 시장에서 상품들을 일목요연하게 볼 수 있게끔 평면상에 나타낸 도표인데, 소비자가 제품을 평가하는 데 사용하는 근본적인 인식 차원(perceptual dimension)을 알려 주며, 이러한 차원에 있어서 기존 제품과 신제품의 상대적 위상을 알려준다. 따라서 지각도가 올바로 사용될 때, 경영자들은 시장기회를 확인하여 신제품 및 신사업에 대한 전략과 소비자에게 높은 효용을 줄 수 있는 이상적인 마케팅 전략을 수립할 수 있다.

SECTION 02 지각도 작성기법

지각도를 작성하는 데에는 유사성 척도(similarity scaling), 요인분석(factor analysis), 판별분석(discriminant analysis), 대응분석(multiple correspondence analysis) 등 다양한 방법이 있다.

유사성 척도에 의한 방법으로 다차원 척도법(multidimensional scaling: MDS)은 소비자들에게서 각 제품상에 대한 유사성 정도를 측정하여, 기하학적 공간상에서 제품간 거리가 원래 소비자의 유사성 정도와 가능한 일치하도록 위치시킴으로써 지각도를 구성하는 방법이다.

기본적으로 MDS를 이용한 지각도 작성에 활용되는 설문은 상당히 단순하다는 이점이 있다. 예를 들어 5종류의 상품을 각 쌍별로 $_5C_2(=10)$번 유사한 정도를 다음의 설문을 통하여 파악한다.

|대단히|약간|보통|약간|대단히|
|유사하다|유사하다|이다|다르다|다르다|

A상품과 B상품은   1 ·········· 2 ·········· 3 ·········· 4 ·········· 5

예를 들어서 앞의 설문에서 A상품과 B상품이 약간 다르다고 소비자가 응답하였다면 A상품과 B상품의 거리는 4이다. 이와 같은 자료를 종합하여 수학적 알고리즘을 사용하여 나타내면 스트레스(stress)로 표현되는 값을 계속해서 줄여나가는 것이라 할 수 있다.

$$스트레스 = \left[\frac{\sum_{\substack{i=1 \\ i \neq j}}^{n} (d_{ij} - \hat{d}_{ij})^2}{\sum_{\substack{i=1 \\ i \neq j}}^{n} d_{ij}^2} \right]^{\frac{1}{2}}$$

여기서 d_{ij}는 자극(stimulus) i에서부터 j까지의 실제거리(또는 입력된 자료에 나타난 거리)를 표시하고, d_{ij}는 프로그램에 의해 추정된 거리를 나타낸다.

요인분석에 의해 지각도를 작성할 경우, 이는 속성에 기초한 방법(attribute-based methods)으로, 속성들의 가치에 근거한 인식구조를 밝힘으로써 지각도를 구성하는 방법이다. 이 방법에 있어서의 주요 관심은 기본 인식구조가 어떤 것인가에 있으므로, 속성간의 상관관계가 제품과 소비자들에 걸쳐 계산되며, 제품의 인식도상 위치는 요인점수(factor score)에 의해 측정된다. 특히 요인분석은 소비자들이 그 제품군을 인식할 때 사용하는 기본 인식구조에 대한 통찰력을 제공해 주며, 선호도 분석(preference analysis)과 잠재구매를 예측하는 데에도 사용할 수 있다.

제품들의 속성 평가에 의해서 인식도를 구성하는 데에는 요인분석 외에 판별분석이 사용될 수 있다. 이는 속성간의 상관관계에 기초한 구조를 밝히기보다는 제품을 가장 잘 판별해 낼 수 있는 속성들의 선형결합을 찾아내는 것이다. 이때, 속성의 공통구조를 알기 위하여 소비자들에 대해 판별분석이 행해지며, 제품의 인식도상 위치는 판별점수(discriminant score)에 의해 정해진다.

이들 각각의 방법은 각기 장·단점을 가지고 있어서 사용자들의 편의에 따라서 방법이 선택되기도 하지만, 여러 연구 결과를 종합해 보면 요인분석이 유사성 척도법이나 판별분석보다도 소비자의 인식을 측정하는 데 훨씬 좋은 방법이라는 것이다(Hauser and Koppelman, 1979). 특히 요인분석은 각 속성을 공통요인에 의해서 종합함으로써 도출된 차원이 무엇인지를 명확히 알아볼 수가 있으며, 제품수가 상대적으로 많은 경우에 각 제품쌍을 비교하는 방법보다 정확한 위치를 찾아낼 수가 있다. 또한 고려하는 제품들에 대해서, 소비자들이 이를 인식하는 데 있어 차이가 있는 경우 다양한 속성에 의해서 제품을 평가하게 함으로써 보다 정확한 소비자의 인식을 알아낼 수가 있다.

사례: 이것은 물이 아니라 에비앙이다

■ 평범한 물 한 병이 1만 7,000원 가치의 프리미엄 상품이 된 비결

어떻게 해야 생수 한 병의 가격을 맥주나 포도주 가격으로 팔 수 있을까? 많은 기업들은 약속이나 한 듯 '이야기'라는 카드를 꺼내들었다. 그들은 생수에 전설적이고 낭만적이며 신비로운 이야기를 가미함으로써 프리미엄 생수를 탄생시키고 있다. 그중에는 한 병에 백 위안(한화 약 1만 7,000원)이 훌쩍 넘는 생수도 있다. 이제 우리는 주변에서 프리미엄 생수를 어렵지 않게 찾아볼 수 있다. 특히 주목할 만한 점은 에비앙(Evian)과 보스(Voss) 등과 같은 프리미엄 생수들 대부분이 수원과 관련된 이야기를 가지고 있다는 점이다.

잘 알려진 것처럼 에
비앙 생수는 알프스 산
의 자연수로, 맑고 깨끗
한 생수라는 명성으로
세계 선두 자리를 지키
고 있다. 프랑스의 아름
다운 작은 마을인 에비
앙은 뒤로는 알프스 산

에비앙은 단순한 물이 아닌 생활방식이라고 '젊게 살자'란 메세지를 담은 에비앙 캠페인
광고한다.

을 등지고 있고, 앞으로는 레만 호수(Lake Leman)를 마주하고 있다. 그곳 고산에서 녹은 눈과 산지의 빗물이
산맥과 오지를 흐르며 15년이라는 자연 여과를 거쳐 만들어진 물이 바로 에비앙 생수다. 이 기나긴 시간 동안
천연 여과를 거친 에비앙 광천수에는 깨끗하고 순수한 미네랄 성분이 다량 함유되어 있다. 인체에 필요한 칼
슘, 마그네슘, 탄산수소염 등이 함유된 에비앙은 가장 안전하고 가장 건강한 생수로 불린다. 설령 에비앙이 대
자연에서 만들어진 기적이자 보물이라지만, 그렇다고 사람들이 처음부터 많은 돈을 들여 사 마시고 싶다고 생
각했을까? 만약 소비자의 구매 욕구를 만족시킬 만한 이야기가 없었다면 에비앙은 최고의 프리미엄 생수가
될 수 있었을까?

■ 나폴레옹 3세도 반한 '귀족의 물' 에비앙…의사가 직접 처방해

1789년 어느 여름날이었다. 신장결석을 앓고 있던 레세르 후작은 긴 투병 생활로 인해 힘든 나날을 보내고
있었다. 에비앙 마을을 산책하던 레세르는 우연히 어느 집 화원에서 나오는 광천수를 얻게 됐다. 그런데 그 물
을 꾸준히 마신 후 믿기 힘든 일이 그에게 벌어졌다. 오랫동안 그를 괴롭혔던 신장결석이 기적처럼 완치된 것
이다.

이 소식이 전해지면서 에비앙 마을에는 물을 직접 마셔보고 이 기적을 경험하려는 사람들의 발길이 끊이지
않았다. 에비앙 물을 처방해주는 의사가 생겨났고, 나폴레옹 3세와 황후도 에비앙 물에 홀딱 반했다. 1864년
나폴레옹 3세는 공식적으로 이 작은 마을에 '에비앙'이라는 이름을 하사했고, 1878년 프랑스 의학아카데미는
에비앙 생수의 뛰어난 치료 효과를 인정했다. 그리고 얼마 지나지 않아 젊은 여성들은 에비앙이 치료 효과는
물론이고, 뛰어난 미용 효과도 있다는 데 열광했다. 에비앙 생수를 얼굴에 뿌리면 피부 윤기와 탄력이 좋아지
는 데다 아무런 부작용이 없어 가장 안전한 천연 미용 제품이라는 것이다. 이때부터 에비앙 생수는 천연 광천
수 중에서도 '귀족'이라고 불렸다. 의학계의 찬사와 함께 에비앙은 모두가 인정하는 가장 건강한 생수로 자리
매김했다.

이런 에비앙의 브랜드 스토리는 빠르게 퍼져 나갔고 에비앙은 생수계의 명실상부한 일인자가 되었다. 에비앙
의 가격은 몇 천 원, 심지어 몇 만 원이나 하는 것도 있지만, 사람들은 에비앙은 그만한 가치가 있다고 믿는다.

■ 누구나 마시는 물이기에, 더욱 프리미엄에 대한 수요 커

에비앙은 그것이 단순한 물이 아닌 일종의 생활방식이라고 광고한다. 에비앙의 주요 고객층은 생활수준을
높이고 싶어 하는 소비자, 자기만족을 중시하는 중산층과 고소득층이다. 에비앙의 고급화된 포지셔닝, 건강하

고 깨끗한 고품질이라는 이미지는 그들의 소비 심리와 니즈에 딱 맞아떨어졌다.

생수 한 병 한 병에는 저마다의 이야기가 담겨 있다. 당신은 물을 마시는 것이 아니라, 물에 담긴 신비한 이야기를 통해 심리적·감정적 경험과 만족을 느끼는 것이다. 어떤 이야기를 담고 있는지에 따라 그 소비자층도 달라진다. 에비앙은 '당신이 마시는 것은 물이 아니라, 에비앙입니다'라고 말한다. 그들의 신비로운 이야기는 생수 한 병을 통해 소비자에게 전해지고, 소비자들은 다양한 감정적인 경험을 하게 된다. 이에 소비자들은 기꺼이 많은 비용을 지불하더라도 에비앙을 찾는다. 이것이 바로 에비앙이 가진, 그리고 그 안의 이야기가 가진 매력이자 자본이다.

자료원: 조선비즈, 2016. 10. 10.

SECTION 03 요인분석에 의한 지각도의 구성

요인분석(factor analysis)이란 여러 변수간의 상관관계로부터 공통의 변량을 찾아내고, 관측값의 중복성을 점검해 몇 개의 변수집단, 즉 요인들을 찾아내는 방법이다. 이러한 요인분석에 의한 인식도의 구성을 순서대로 설명하고자 한다.

1. 소비자 반응 및 자료의 관리

요인분석이란 소비자 반응간의 상관관계를 살펴서 그 상관도가 높을 경우 이들 반응은 하나의 공통구조로 묶을 수 있다는 데 착안한 것이다. 소비자의 어떤 한 자극에 대한 반응은 모두 세 가지로 나누어질 수 있는데, 어떤 변수가 다른 변수들과 공유하는 분산(정보)으로서의 공통분산, 그리고 어떤 특수한 변수에만 해당하는 분산으로서의 고유분산, 또한 자료수집 과정에서의 오차나 관찰대상의 확률적 요소에 해당하는 분산으로서의 오차분산으로 나눌 수 있다. 따라서 요인분석이란 소비자들이 제품을 인식하는 공

표 6-3	지각도 작성을 위한 설문의 예

	전혀 그렇지 않다			보통 이다			매우 그렇다
1. 교통이 편리하다.	1--------2--------3--------4--------5--------6--------7
(1) 뉴코아	1--------2--------3--------4--------5--------6--------7
(2) NC백화점	1--------2--------3--------4--------5--------6--------7
(3) 신세계(명동)	1--------2--------3--------4--------5--------6--------7
(4) 롯데(잠실)	1--------2--------3--------4--------5--------6--------7
(5) 롯데(명동)	1--------2--------3--------4--------5--------6--------7
(6) 현대(압구정)	1--------2--------3--------4--------5--------6--------7
(7) 그랜드	1--------2--------3--------4--------5--------6--------7
(8) 갤러리아	1--------2--------3--------4--------5--------6--------7
(9) AK플라자	1--------2--------3--------4--------5--------6--------7

통분산으로서의 요인을 찾고자 하는 것으로서 주성분분석(principal component analysis)과 공통인자분석(common factor analysis)으로 나뉜다.

소비자들로부터 얻게 되는 데이터 자료는 〈표 6-3〉과 같은 설문을 통하여 N명의 개인에 대해서 J개의 상품을 K개의 속성으로 평가하게 한다. 그러면 $(NJ) \times (K)$의 행렬이 도출되는데, K개의 속성이 개인과 제품에 걸쳐서 요인분 석이 되어지는 것이다. 여기서 y_{ijk}는 소비자 i가 제품 j에 대해서 속성 k에 대해 5점 척도 혹은 7점 척도로서 평가한 점수이다.

여기에 관한 설문서의 상세한 사항들은 제6장 맨끝의 부록에서 제시한 자료를 참조하기 바란다. 아울러서 요인분석을 위한 내용 또한 부록에서 제시한 바와 같이 입력될 수 있다.

부록에서 제시한 지각도 작성을 위한 입력자료를 좀 더 구체적으로 살펴보자. 첫 번째 셋째줄에 해당되는 001은 소비자의 일련번호에 해당되며, 넷째줄의 숫자는 1에서부터 9까지 밑으로 기록되었는데 이는 설문서에 상응하는 백화점 번호이다. 즉 설문서에서와 마찬가지로 1은 뉴코아, 2는 NC백화점에서부터 9는 AK플라자로 되어있다. 그리고 그로부터 14줄의 자료는 14개 속성에 대한 평가이다. 맨 마지막 줄은 각 백화점에 대한 선호순위를 역순으로 표시한 숫자이다. 자료에 대한 사항은 SPSS 프로그램에서 자료에 관한 설명에서도 이를 읽을 수 있다. 지각도 분석을 위하여 요인분석에 활용되는 자료들을 일반적으로 서술하면 〈표 6-4〉와 같으며 입력자료에 해당된다.

표 6-4	요인분석에 사용되는 데이터 자료				
		속성 1	속성 2	......	속성 K
개인 1	제품 1 제품 2 . 제품 J	y_{111} y_{121} . y_{1J1}	y_{112} y_{122} . y_{1J2}	....	y_{11K} y_{12K} . y_{1JK}
개인 2	제품 1 제품 2 . 제품 J	y_{211} y_{221} . y_{2J1}	y_{212} y_{222} . y_{2J2}	....	y_{21K} y_{22K} . y_{2JK}
. . .	.	.	.		.
개인 N	제품 1 제품 2 . 제품 J	y_{N11} y_{N21} . y_{NJ1}	y_{N12} y_{N22} . y_{NJ2}		y_{N1K} y_{N2K} . y_{NJK}

2. 차원의 결정

그 다음 단계로는 차원의 수를 결정해야 된다. 차원의 수는 극단적인 경우 변수의 수만큼 나올 수 있으므로 이를 어느 정도의 수준에서 결정해 주어야 한다. 일반적인 결정 방법은 다음과 같다.

첫째는 고유근 기준방법이다. 고유근(eigen value)이란 각 요인이 얼마만한 설명력을 가지는가를 나타내 주는 값으로 보통 고유근이 1 이상인 요인들까지만 선택하고 나머지는 버린다. 이렇게 고유근 1을 기준으로 쓰는 이유는 어떠한 요인이라도 최소한 변수한 개의 설명량보다는 클 때 그 존재가치가 있다는 데 근거를 둔다. 두 번째는 분석자가 몇 개의 요인이 필요한지 아는 경우에, 미리 그 수를 결정하여 주는 방법이 있다. 셋째로 지각도 작성자가 지가도를 몇 개의 그림으로 나타낼 것인가 하는 자성자의 주관적 의사결정에 의존한다.

이러한 차원수를 결정하는 데에는 설명되는 분산의 양과 요인구조 해석의 용이성 간에 항상 상충관계가 일어나므로 의사결정의 환경 등을 고려하여 결정해야 할 것이다.

차원(요인)의 수가 결정된 후에는 〈표 6-5〉와 같이 요인적재값(factor loading)이 도출된다. 이는 뒤에서 설명되는 실제 백화점에 대한 요인분석의 결과이다. 여기서 요인적재값이란 해당 요인에 의해서 표현되는 분산(정보)의 양을 나타낸다.

표 6-5	베리맥스 회전된 백화점 속성의 요인분석 결과		
속성	매장 이미지 요인	편리성 요인	가격 요인
매장 분위기	.75730	.22608	.10389
유명도	.75112	.21705	-.25020
품질	.73096	.04450	.15652
제품 다양성	.68450	.19867	-.05191
친절성	.63510	.05378	.35642
교환 및 반환	.59657	.04873	.30502
부대시설	.57035	.50258	.01344
광고 선전	.50591	.38276	.25700
개인 업무	.43010	.39570	.09556
주차 편리성	.02081	.79731	.22091
교통 편리성	.08713	.72113	-.09776
오락 시설	.37991	.47933	.12693
가격	-.06182	.09524	.82503
바겐세일	.42728	.08704	.62238

따라서 요인적재값이 높은 변수들만 모으면 이 변수들은 어느 한 기본 차원으로 나타나질 수 있으므로, 이들 변수들에 근거해 그 차원에 이름을 붙일 수가 있는 것이다. 〈표 6-5〉에서 보면 첫 번째 요인으로 먼저 요인적재값이 0.43 이상인 변수들이 묶여서 한 요인을 이루게 되는데, 이 변수들을 살펴보면 이 변수들은 매장 이미지요인이라는 한 덩어리로 묶을 수 있으므로 우리는 이를 매장 이미지 요인이라고 명명하며, 그 다음으로는 주차 편리성 변수와 교통편리성 변수 그리고 오락 시설 변수가 높은 적재값을 보이는 요인으로서 이를 편리성 요인으로 명명하고, 그 다음으로는 가격요인이라고 이름붙이게 되는 것이다.

3. 지각도의 작성

위와 같이 해서 차원의 명칭과 수가 결정되면 다음으로는 각제품의 위치를 2차원의 공간상에 나타낸다. 즉 제품 1에서부터 제품 J까지의 각 차원상에서의 좌표는 요인분석을 통해서 얻게 되는 요인점수(factor score)를 평균함으로써 얻게 된다.

〈표 6-6〉에서 보면 제품 1에 대해 요인 1에 있어서의 위치는 빗금친 요인 점수를 평균함으로써 얻게 된다. 마찬가지로 제품 2에 대한 요인 1의 위치는 빗금친 요인점수 바로 밑의 점수를 평균함으로써 구할 수 있다. 이와 같은 방법으로 제품 1부터 제품 J에 이르기까지 요인 1에서 요인 3에 이르기까지 평균을 구하면 다음의 〈표 6-9〉와 같이 각 백

표 6-6	요인점수의 데이터 자료			
		요인 1	요인 2	요인 3
개인 1	제품 1 제품 2 : 제품 J	1.60753 −2.10978 −0.34378	. . .	. . .
개인 2	제품 1 제품 2 . . 제품 J	−0.82718 −2.16009 . . 0.70362	. . .	. . .
. . . .	. . . .			
개인 N	제품 1 제품 2 . . 제품 J	0.49567 −0.45186 . . 0.95713	. . .	. . .

화점의 좌표가 주어지게 된다. 여기에서 요인이 세 개이기 때문에 지각도를 2개 또는 3개가 필요하게 되며 그 결과는 [그림 6-3], [그림 6-4], [그림 6-5]에 나타난 바와 같다.

4. 선호도 회귀분석과 이상방향(ideal Vector)

그 다음 단계는 요인분석의 자료를 활용하며 선호도 회귀 분석에 의해서 이상방향을 구하는 것이다. 앞에서 설명한 바와 같이 각 인식도상에 기존 제품에 대한 위치가 나와 있는 경우, 신제품 혹은 기존 제품이 어느 곳으로 옮아가야 소비자에게 보다 많은 효용을 줄 수 있을 것인가? 즉 차원상에 있어서 어느 차원에 얼마만한 가중치를 주어야 하는가를 결성해야 한다. 여기서의 이상방향이란 각 차원상에 있어서 상대적인 가중치의 평균선을 의미하는 것으로 이는 선호도 회귀분석(preference regression analysis)이라는 기법을 사용함으로써 구해질 수 있다.

이에 대한 자료는 〈표 6-7〉과 같은 방법으로 소비자에게 각 제품에 대한 선호도를 측정한다.

앞에서 같은 소비자의 선호 순위를 조사해 순위가 높은 제품에 대해서는 많은 점수를 할당하고, 이 선호도 점수와 각 차원에 있어서의 요인점수를 회귀 분석함으로써 각

표 6-7	선호도 회귀분석을 위한 선호도 조사의 예

설문 예:

당신이 가장 좋다고 생각하시는 백화점을 1위로 하시고 가장 좋지않다고 생각하시는 백화점을 9위로 하시어 순위를 매겨 주십시오.

가장 좋은 백화점은 1위
가장 좋지 않은 백화점은 9위

뉴코아	(1)
NC백화점	(9)
신세계(명동)	(5)
롯데(잠실)	(2)
롯데(명동)	(3)
현대(압구정)	(4)
그랜드	(3)
갤러리아	(8)
AK플라자	(7)

차원의 가중치를 도출한다. 이에 대한 자료는 〈표 6-8〉과 같다. 이 가중치가 이상방향의 기울기가 되며, 각 차원의 상대적 중요도를 나타내는 것이 된다. 이와 같은 절차를 다시 자료를 통하여 설명하면, 먼저 선호도 점수는 앞에서 언급한 바와 같이 〈표 6-8〉에 선호순위의 역순으로 입력되었는 데, 예를 들어 뉴코아가 1위였다면 뉴코아는 9−1=8이 되고 NC백화점은 9위였기 때문에 9−9=0가 되며 신세계(명동)는 9−5=4, 롯데(잠실)는 9−2=7, 롯데(명동)는 9−6=3, 현대(압구정)는 9−4=5, 그랜드는 9−3=6, 갤러리아는 9−8=1, AK플라자는 9−7=2 등이 각각의 선호도 점수가 된다.

〈표 6-8〉에서의 자료를 활용하여 선호도 평가점수를 종속변수로 하고 매장 이미지 요인, 편리성 요인, 가격 요인은 독립변수가 되어 회귀분석을 실시한다. 그 실행 결과에 따른 회귀분석의 계수추정치가 각 차원에 있어서의 상대적 중요도가 된다. 〈표 6-8〉에서 보면 매장 이미지 요인과 편리성 요인을 고려할 경우 이상방향의 기울기는 0.4132/0.3524가 된다.

이러한 과정을 통해 도출된 각 백화점의 차원별 좌표와 이상방향의 기울기를 요약하면 〈표 6-9〉와 같다. 이에 따라서 〈표 6-9〉에서 현대백화점(압구정)은 매장 이미지 요인이 0.45이고 편리성 요인이 1.05이기 때문에 [그림 6-3]과 같은 위치를 차지하게 된다. 이와 같은 결과는 컴퓨터 출력 결과를 참조하면서 파악해주기 바란다. 위와 같이 지각도를 작성하기 위한 3개의 차원과 좌표를 도출하여, 이를 각각 2개 차원씩 쌍을 지어 2차원 평면상에 도시하면 [그림 6-3], [그림 6-4], [그림 6-5]와 같다.

지금까지 지각도의 작성에 대하여 사례를 토론하여 왔다. 그 결과 백화점 사례를 종

| 표 6-8 | 선호도 회귀분석에 대한 데이터 자료 |

		선호도	매장이미지 요인	편리성 요인	가격 요인
개인 1	뉴코아	8	1.60753	1.11933	0.71066
	NC백화점	0	−2.10978	−1.07227	0.39935
	신세계(명동)	4	1.32166	−0.74674	0.97128
	롯데(잠실)	7	1.94466	1.35140	2.00649
	롯데(명동)	3	1.94255	−0.11736	1.88216
	현대(압구정)	5	2.06173	2.29830	0.03190
	그랜드	6	−0.14922	0.04778	0.39042
	갤러리아	1	−0.11503	−0.19016	0.63199
	AK플라자	2	−0.34378	0.16590	0.63932
개인 2	뉴코아	4	.	.	.
	NC백화점	0	.	.	.
	신세계(명동)	7	.	.	.
	롯데(잠실)	5	.	.	.
	롯데(명동)	6	.	.	.
	현대(압구정)	8	.	.	.
	그랜드	3	.	.	.
	갤러리아	2	.	.	.
	AK플라자	1	.	.	.
.	.	.	.	.	.
.	.	.	.	.	.
.	.	.	.	.	.
개인 N	뉴코아	7	0.49567	1.23870	−0.21779
	NC백화점	4	−0.45186	−1.13124	1.06252
	신세계(명동)	0	0.85542	−1.59196	−0.30158
	롯데(잠실)	5	1.54567	0.35964	−0.60972
	롯데(명동)	3	1.41433	−1.52962	−0.53087
	현대(압구정)	8	0.81724	1.48352	−0.74858
	그랜드	1	0.75790	−0.53239	−0.28314
	갤러리아	2	0.95687	−1.75986	−0.26043
	AK플라자	6	0.95713	0.42756	−0.67520
추정 가중치			0.4132	0.3524	−0.1056

| 표 6-9 | 이상방향의 기울기 및 각 백화점의 차원별 좌표 |

백화점 \ 차 원	매장 이미지 요인	편리성 요인	가격 요인
뉴코아	−0.29	0.74	0.14
NC백화점	−0.88	−0.17	0.57
신세계(명동)	0.51	−0.76	−0.08
롯데(잠실)	0.43	0.35	−0.21
롯데(명동)	0.76	−0.44	0.37
현대(압구정)	0.45	1.05	−0.46
그랜드	−0.45	−0.24	0.25
갤러리아	−0.09	0.73	0.03
AK플라자	−0.45	0.12	0.12
이상 방향의 기울기	0.4132	0.3524	−0.1056

그림 6-3   매장 이미지 요인과 편리성 요인에 대한 지각도

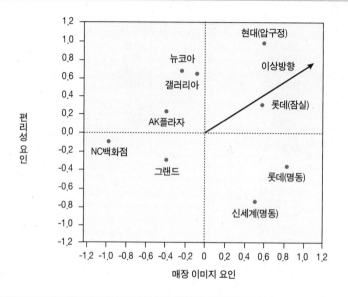

그림 6-4   편리성 요인과 가격 요인에 대한 지각도

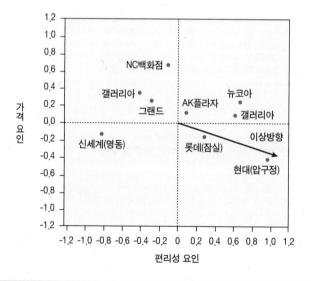

합해보면 소비자들이 백화점을 비교 평가하여 선택하는 데 있어서 중요한 인식차원은 매장이미지 요인, 편리성 요인 그리고 가격 요인의 세 가지이다. 따라서 편리성 차원에서 백화점의 입출이 편리하게 이루어져야 하며, 일단 편리하게 매장에 진입하게 되면 매장

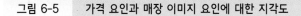

그림 6-5   가격 요인과 매장 이미지 요인에 대한 지각도

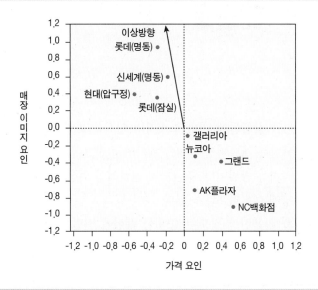

분위기, 품질, 구색, 친절도, 부대시설 등이 상품의 구매에 직접적인 영향을 주는 변수로서 매장관리가 효율적으로 되어서 매장에 대한 이미지를 제고시킬 수 있어야 한다. 마지막으로 구매한 상품과 제공받은 서비스에 대하여 소비자들은 가격을 지불하게 되는데 가격요인 또한 중요한 인식차원이 되고 있다.

　세 가지 차원에서 소비자에게 인식된 정도에 따라서 지각도에 나타나게 되는데 이를 살펴보면 9개의 백화점은 크게 나누어서 세 그룹으로 분류될 수 있다. 한 그룹이 도심권 백화점으로서 롯데(명동), 신세계 그리고 갤러리아가 이에 해당된다. 제2그룹으로서 현대(압구정), 롯데(잠실) 및 뉴코아 백화점으로서 본 조사의 조사 시점에서 좋은 이미지를 지닌 백화점에 해당된다. 또한 NC백화점, 그랜드, AK플라자가 하나의 그룹을 형성하고 있다. 각 지각도상에서 이상 방향의 소구점을 파악한다면 각 백화점별로 나아가야 할 시장 전략의 방향들을 파악할 수 있을 것이다.

　이와 같이 요인분석에 의한 지각도는 소비자들의 제품을 평가하는 데 사용되는 인식차원을 파악할 수 있게 하며 인식차원상에서 상품들의 위상을 알려 준다. 이에 따라서 자사의 상품들이 어떻게 포지셔닝되고 있는지 알 수 있으며 신제품의 기회, 시장진출 전략 그리고 포지셔닝 및 기존 제품에 대한 재포지셔닝 등 다양한 시장전략 수립의 기본적인 도구로 활용될 수 있다.

SECTION 04 맺음말

시장에서 경쟁하는 상품들에 대한 소비자의 인식을 파악하는 방법은 크게 두 가지로 분류될 수 있다. 하나는 개별적인 속성을 평가하는 방법이고 다른 하나는 경쟁 상품의 전반적인 위상을 파악하는 방법이다. 지금까지 전반적인 위상을 파악하는 방법으로서 지각도 작성과 포지셔닝에 대하여 토론하였다.

특히 요인분석을 활용한 지각도는 중요한 속성이 선발되면 기본적인 인식 차원을 설정하여 경쟁상품들을 인식차원에서 일목요연하게 파악할 수 있는 도구가 된다. 각 상품이 소비자 개인들에 의해 n차원의 속성공간에서 존재하는 복잡한 자료들을 2차원이라는 평면상에서 도시할 수 있어서 시장전략 수립에 유용한 도구가 되고 있다. 즉 소비자가 제품을 평가하는 근본적인 인식차원을 알려주며, 평가되는 상품들의 위상을 파악할 수 있게 한다.

우리는 본 장에서 9개의 백화점의 위상과 우리나라 10대 그룹의 위상을 파악하는 지각도를 보았다. 이와 같은 위상의 파악은 비단 상품에만 국한되는 것이 아니다. 어떠한 대상이건 그 대상이 경쟁적인 관계에 있고 그리고 다양한 속성들의 집합체라고 한다면 우리는 요인분석을 통한 지각도를 작성할 수 있으며, 그 결과로서 인식차원을 파악할 수 있고, 상대적인 위상을 알아볼 수 있다. 현재 알려져 있는 정치인, 유명배우, 가수 등과 같이 잘 알려져 있어서 비교 평가가 가능한 인물뿐만 아니라 조직체, 사건, 사물 등 다양한 속성을 가지고 있는 것이라면 마찬가지로 지각도를 작성할 수 있으며 상대적인 위상과 이상적인 방향(ideal vector)을 파악할 수 있다. 그 결과로서 이미지 제고를 위한 포지셔닝 전략이 수립될 수 있을 것이다.

마지막으로 전반적인 위상을 파악하는 지각도는 그 자체만으로 포지셔닝에 이용될 수 있으나 소비자의 효용을 미시적으로 파악할 수 있는 Conjoint 분석과 더불어서 상호 보완적으로 활용한다면 소비자의 효용증대에 효과적인 전략 수립에 더욱 기여할 수 있을 것이다. 물론 Conjoint 분석뿐만이 아니라 앞에서 언급한 경쟁구조 시장 세분화, 그리고 나중에 언급되는 QFD(quality function deployment), 수요예측 등 다양한 방법들과 함께 활용된다면 그 효과가 극대화 될 수 있다.

토론 문제

01 지각도를 작성하기에 앞서서 토론한 방법 외에 다차원 척도법(multidimensional scaling: MDS)과 multiple correspondence analysis(MCA)의 방법이 활용되고 있다. 각 방법에서 입력자료는 어떤 차이가 있으며 근본적으로 어떤 경우에 각 방법들이 활용될 수 있다고 생각되는가? 토론하여 보자. 나아가서 자료가 처리되는 통계적인 방법들은 각각 어떠한 특성을 지니고 있으며 어떤 차이점을 가지고 있는가 생각하여 보자. 각각이 지니고 있는 방법들 상의 장·단점을 고려하여 시장조사를 통한 제품관리에 적용하여 보자.

02 상품에 대한 소비자의 인식과 그에 따른 상품의 선호도를 나타낸 것이 지각도라고 한다면 지각도를 활용하여 앞에서 토론한 경쟁구조를 어떻게 나타낼 수 있을 것인가? 본 장에서 예시한 백화점의 지각도를 가지고 경쟁 구조를 작성하여 보자.

03 본 장에서 예시한 백화점의 지각도는 전체시장을 대상으로 한 지각도이다. 이와 같은 지각도는 소비자들의 개인적인 인식상의 차이가 존재하며 이를 종합하여서 나온 결과이다. 그렇다면 앞의 시장 세분화의 개념을 도입하여 백화점에 대한 인식이 유사한 사람을 집단화하여 몇 개의 지각도를 작성하는 것이 시장 정책 수립에 도움이 될 수 있다. 어떤 방법에 의하여 시장을 세분화하여 지각도를 작성하겠는가? 토론하여 보자.

04 요인분석(factor analysis)을 이용하여 지각도와 선호도 회귀분석(preference regression)을 활용하여 이상방향(ideal vector)을 파악하였다. 여기에 활용되었던 다양한 자료들은 지각도 작성 및 이상방향파악 이외에 시장 전략 수립을 위하여 어떻게 활용될 수 있는가? 자료활용을 위한 다양한 방법들을 토론하여 보자.

05 자료의 수집으로부터 통계 처리, 지각도 작성 및 시장 전략 수립에 이르는 과정을 효과적으로 수행하기 위해서는 시장 조사 경험을 쌓을 필요가 있다. 본 장에서 토론한 백화점의 예를 학습한 후 내구성소비재(예: 가전제품), 비내구성 소비재(예: 콜라), 서비스 상품(예: 금융상품) 등 다양한 상품에 대하여 현재 시장을 파악하여 보고 지각도와 관련지어서 시장을 파악해 볼 필요가 있다. 그리고 하나의 상품계열을 선택하여 실습하여 보자.

참고 문헌

성준서 (1990), "인식도 기법을 통한 기업 이미지 전략에 관한 연구," 연세대학교 대학원.

안성범 (1989), "컨조인트 분석과 인식도에 의한 백화점 설계에 관한연구," 연세대학교대학원.

Aaker, D. A. and Shansby, J. G. (1982), "Positioning Your Products," *Business Horizons*, 25(3), pp. 56-62.

Abrahamsson, M. and Brege, S. (2004), "Dynamic Effectiveness Improved Industrial Distribution from Interaction Between Marketing and Logistics Strategies," *Journal of Marketing Channels*, 12(2), 83-112.

Biankson, C. and Kalafatis, S. P. (2001), "The Development of A Consumer/Customer-Derived Generic Typology of Positioning Strategies," *Journal of Marketing Theory & Practice*, 9(2), pp. 35-54.

Bucklin, R. E. and Srinivasan, V. (1991), "Determining Inter-Brand Substitutability Through Survey Measurement of Consumer Reference Structures," *Journal of Marketing Research*, 28(1), pp. 112-125.

Desarbo, W. S., Grewal, R. and Scott, C. (2008), "A Clusterwise Bilinear Multidimensional Scaling Methodology for Simultaneous Segmentation and Positioning Analyses," *Journal of Marketing Research*, 45(3), pp. 280-292.

Dillon, W. R., Frederick, D. G., and Tangpanichdee, V. (1985),"Decision Issues in Building Perceptual Product Spaces with Multi-Attribute Rating Data," *Journal of Consumer Research*, 12(1), pp. 47-63.

Erickson, G. M., Johansson, J. K., and Chao, P. (1984), "Image Variables in Multi-Attribute Product Evaluations: Country-of-Origin Effect," *Journal of Consumer Research*, 11(2), pp. 694-699.

Gray, E. R. and Smelzer, L. R. (1985), "SMR Forum: Corporate Image-An Integral Part of Strategy," *Sloan Management Review*, 26(4), pp. 73-78.

Green, P. E. and Krieger, A. M. (1988), "Recent Contributions to Optimal Product Positioning and Buyer Segmentation," *European Journal of Operational Research*, 41(2), pp. 127-141.

Hauser, R. A. and Koppelman, F. S. (1979), "Alternative Perceptual Mapping Techniques : Relative Accuracy and Usefulness," *Journal of Marketing Research*, 16(4), pp. 495-506.

Huber, J. and Holbrook, M. B. (1979), "Using Attribute Ratings for Product Positioning : Some Distinctions Among Compositional Approaches," *Journal of Marketing Research*, 16(4), pp. 507-516.

Lilien, G. L. and Rangaswamy, A. (2004), *Marketing Engineering: Computer Assisted Marketing Analysis and Planning, Reading*, MA: Addison-Wesley.

Lindquist, J. D. (1974), "Meaning of Image : A Survey of Empirical and Hypothetical Evidence," *Journal of Retailing*, 50(4), pp. 29-38.

Robert E. M., Strong, C. A., and McGuinness, T. (2003),"Product-Market Positioning and Prosector Strategy: An Analysis of Strategic Patterns from the Resource-Based Perspective," *European Journal of Marketing*, 37(10), pp. 1409-1439.

Shocker, A. D. and Srinivasan, V. (1979), "Multiattribute Approaches for Product Concept Evaluation and Generation : A Critical Review," *Journal of Marketing Research*, 16(2), pp. 159-180.

Urban, G. L. and Hauser, J. R. (1980), *Design and Marketing of New Products*, Englewood Cliffs, NJ: Prentice-Hall.

Wilkie, W. L. and Pessemier, E. A. (1973), "Issues in Marketings Use of Multi- Attribute Attitude Models," *Journal of Marketing Research*, 10(4), pp. 428-441.

부록1

1. 지각도 작성을 위한 설문의 예

Ⅰ. 다음의 각 질문은 백화점에 관한 사항들입니다. 9개의 백화점에 대해 각 항목별로 귀하가 느끼는 바를 보기와 같은 요령으로 모두 표시하여 주시기 바랍니다.

[보기]

좋은 백화점이다

	전혀 그렇지 않다			보통 이다			매우 그렇다
(1) 뉴코아	1	2	3	4	5	6	7
(2) NC백화점	1	2	3	4	5	6	7
(3) 신세계(명동)	1	2	3	4	5	6	7

이 사람은 "좋은 백화점"이라는 항목에 대하여 (1) 뉴코아는 보통보다는 조금 못한 백화점이고 (2) NC백화점은 상당히 좋은 백화점이라고 표시하고 있습니다. (3) 신세계(명동)은 보통 수준의 백화점이라고 생각하고 있는 것입니다

---

1. 교통이 편리하다.

	전혀 그렇지 않다			보통 이다			매우 그렇다
(1) 뉴코아	1 ⋯ 2 ⋯ 3 ⋯ 4 ⋯ 5 ⋯ 6 ⋯ 7						
(2) NC백화점	1 ⋯ 2 ⋯ 3 ⋯ 4 ⋯ 5 ⋯ 6 ⋯ 7						
(3) 신세계(명동)	1 ⋯ 2 ⋯ 3 ⋯ 4 ⋯ 5 ⋯ 6 ⋯ 7						
(4) 롯데(잠실)	1 ⋯ 2 ⋯ 3 ⋯ 4 ⋯ 5 ⋯ 6 ⋯ 7						
(5) 롯데(명동)	1 ⋯ 2 ⋯ 3 ⋯ 4 ⋯ 5 ⋯ 6 ⋯ 7						

(6) 현대(압구정)	1	…	2	…	3	…	4	…	5	…	6	…	7
(7) 그랜드	1	…	2	…	3	…	4	…	5	…	6	…	7
(8) 갤러리아	1	…	2	…	3	…	4	…	5	…	6	…	7
(9) AK플라자	1	…	2	…	3	…	4	…	5	…	6	…	7

* 빠짐없이 표시하셨습니까? 감사합니다.

2. 백화점의 유명도가 높다.

	전혀 그렇지 않다				보통 이다						매우 그렇다
(1) 뉴코아	1	…	2	…	3	…	4	…	5	…	6	…	7
(2) NC백화점	1	…	2	…	3	…	4	…	5	…	6	…	7
(3) 신세계(명동)	1	…	2	…	3	…	4	…	5	…	6	…	7
(4) 롯데(잠실)	1	…	2	…	3	…	4	…	5	…	6	…	7
(5) 롯데(명동)	1	…	2	…	3	…	4	…	5	…	6	…	7
(6) 현대(압구정)	1	…	2	…	3	…	4	…	5	…	6	…	7
(7) 그랜드	1	…	2	…	3	…	4	…	5	…	6	…	7
(8) 갤러리아	1	…	2	…	3	…	4	…	5	…	6	…	7
(9) AK플라자	1	…	2	…	3	…	4	…	5	…	6	…	7

* 빠짐없이 표시하셨습니까? 감사합니다.

3. 취급하는 상품의 품질을 믿을 수 있다.

	전혀 그렇지 않다				보통 이다						매우 그렇다
(1) 뉴코아	1	…	2	…	3	…	4	…	5	…	6	…	7
(2) NC백화점	1	…	2	…	3	…	4	…	5	…	6	…	7
(3) 신세계(명동)	1	…	2	…	3	…	4	…	5	…	6	…	7
(4) 롯데(잠실)	1	…	2	…	3	…	4	…	5	…	6	…	7
(5) 롯데(명동)	1	…	2	…	3	…	4	…	5	…	6	…	7
(6) 현대(압구정)	1	…	2	…	3	…	4	…	5	…	6	…	7
(7) 그랜드	1	…	2	…	3 ·	…	4	…	5	…	6	…	7
(8) 갤러리아	1	…	2	…	3	…	4	…	5	…	6	…	7
(9) AK플라자	1	…	2	…	3	…	4	…	5	…	6	…	7

* 빠짐없이 표시하셨습니까? 감사합니다.

4. 취급하는 상품의 종류가 다양하다.

	전혀 그렇지 않다			보통 이다		매우 그렇다
(1) 뉴코아	1 … 2 … 3 … 4 … 5 … 6 … 7
(2) NC백화점	1 … 2 … 3 … 4 … 5 … 6 … 7
(3) 신세계(명동)	1 … 2 … 3 … 4 … 5 … 6 … 7
(4) 롯데(잠실)	1 … 2 … 3 … 4 … 5 … 6 … 7
(5) 롯데(명동)	1 … 2 … 3 … 4 … 5 … 6 … 7
(6) 현대(압구정)	1 … 2 … 3 … 4 … 5 … 6 … 7
(7) 그랜드	1 … 2 … 3 … 4 … 5 … 6 … 7
(8) 갤러리아	1 … 2 … 3 … 4 … 5 … 6 … 7
(9) AK플라자	1 … 2 … 3 … 4 … 5 … 6 … 7

* 빠짐없이 표시하셨습니까? 감사합니다.

5. 상품 교환 및 반환이 쉽다.

	전혀 그렇지 않다			보통 이다		매우 그렇다
(1) 뉴코아	1 … 2 … 3 … 4 … 5 … 6 … 7
(2) NC백화점	1 … 2 … 3 … 4 … 5 … 6 … 7
(3) 신세계(명동)	1 … 2 … 3 … 4 … 5 … 6 … 7
(4) 롯데(잠실)	1 … 2 … 3 … 4 … 5 … 6 … 7
(5) 롯데(명동)	1 … 2 … 3 … 4 … 5 … 6 … 7
(6) 현대(압구정)	1 … 2 … 3 … 4 … 5 … 6 … 7
(7) 그랜드	1 … 2 … 3 … 4 … 5 … 6 … 7
(8) 갤러리아	1 … 2 … 3 … 4 … 5 … 6 … 7
(9) AK플라자	1 … 2 … 3 … 4 … 5 … 6 … 7

* 빠짐없이 표시하셨습니까? 감사합니다.

6. 취급 상품의 가격이 품질에 비해 저렴하다.

	전혀 그렇지 않다			보통 이다			매우 그렇다
(1) 뉴코아	1 …	2 …	3 …	4 …	5 …	6 …	7
(2) NC백화점	1 …	2 …	3 …	4 …	5 …	6 …	7
(3) 신세계(명동)	1 …	2 …	3 …	4 …	5 …	6 …	7
(4) 롯데(잠실)	1 …	2 …	3 …	4 …	5 …	6 …	7
(5) 롯데(명동)	1 …	2 …	3 …	4 …	5 …	6 …	7
(6) 현대(압구정)	1 …	2 …	3 …	4 …	5 …	6 …	7
(7) 그랜드	1 …	2 …	3 …	4 …	5 …	6 …	7
(8) 갤러리아	1 …	2 …	3 …	4 …	5 …	6 …	7
(9) AK플라자	1 …	2 …	3 …	4 …	5 …	6 …	7

* 빠짐없이 표시하셨습니까? 감사합니다.

7. 판매원들이 친절하며 상담에 잘 응한다.

	전혀 그렇지 않다			보통 이다			매우 그렇다
(1) 뉴코아	1 …	2 …	3 …	4 …	5 …	6 …	7
(2) NC백화점	1 …	2 …	3 …	4 …	5 …	6 …	7
(3) 신세계(명동)	1 …	2 …	3 …	4 …	5 …	6 …	7
(4) 롯데(잠실)	1 …	2 …	3 …	4 …	5 …	6 …	7
(5) 롯데(명동)	1 …	2 …	3 …	4 …	5 …	6 …	7
(6) 현대(압구정)	1 …	2 …	3 …	4 …	5 …	6 …	7
(7) 그랜드	1 …	2 …	3 …	4 …	5 …	6 …	7
(8) 갤러리아	1 …	2 …	3 …	4 …	5 …	6 …	7
(9) AK플라자	1 …	2 …	3 …	4 …	5 …	6 …	7

* 빠짐없이 표시하셨습니까? 감사합니다.

8. 매장의 분위기가 좋다.

	전혀 그렇지 않다			보통 이다			매우 그렇다
(1) 뉴코아	1 …	2 …	3 …	4 …	5 …	6 …	7
(2) NC백화점	1 …	2 …	3 …	4 …	5 …	6 …	7
(3) 신세계(명동)	1 …	2 …	3 …	4 …	5 …	6 …	7
(4) 롯데(잠실)	1 …	2 …	3 …	4 …	5 …	6 …	7
(5) 롯데(명동)	1 …	2 …	3 …	4 …	5 …	6 …	7
(6) 현대(압구정)	1 …	2 …	3 …	4 …	5 …	6 …	7
(7) 그랜드	1 …	2 …	3 …	4 …	5 …	6 …	7
(8) 갤러리아	1 …	2 …	3 …	4 …	5 …	6 …	7
(9) AK플라자	1 …	2 …	3 …	4 …	5 …	6 …	7

* 빠짐없이 표시하셨습니까? 감사합니다.

9. 약속 장소로서 부대시설(휴식 공간, 커피라운지)이 좋다.

	전혀 그렇지 않다			보통 이다			매우 그렇다
(1) 뉴코아	1 …	2 …	3 …	4 …	5 …	6 …	7
(2) NC백화점	1 …	2 …	3 …	4 …	5 …	6 …	7
(3) 신세계(명동)	1 …	2 …	3 …	4 …	5 …	6 …	7
(4) 롯데(잠실)	1 …	2 …	3 …	4 …	5 …	6 …	7
(5) 롯데(명동)	1 …	2 …	3 …	4 …	5 …	6 …	7
(6) 현대(압구정)	1 …	2 …	3 …	4 …	5 …	6 …	7
(7) 그랜드	1 …	2 …	3 …	4 …	5 …	6 …	7
(8) 갤러리아	1 …	2 …	3 …	4 …	5 …	6 …	7
(9) AK플라자	1 …	2 …	3 …	4 …	5 …	6 …	7

* 빠짐없이 표시하셨습니까? 감사합니다.

10. 주차하기가 쉽다.

	전혀 그렇지 않다			보통 이다		매우 그렇다
(1) 뉴코아	1 … 2 … 3 … 4 … 5 … 6 … 7
(2) NC백화점	1 … 2 … 3 … 4 … 5 … 6 … 7
(3) 신세계(명동)	1 … 2 … 3 … 4 … 5 … 6 … 7
(4) 롯데(잠실)	1 … 2 … 3 … 4 … 5 … 6 … 7
(5) 롯데(명동)	1 … 2 … 3 … 4 … 5 … 6 … 7
(6) 현대(압구정)	1 … 2 … 3 … 4 … 5 … 6 … 7
(7) 그랜드	1 … 2 … 3 … 4 … 5 … 6 … 7
(8) 갤러리아	1 … 2 … 3 … 4 … 5 … 6 … 7
(9) AK플라자	1 … 2 … 3 … 4 … 5 … 6 … 7

* 빠짐없이 표시하셨습니까? 감사합니다.

11. 백화점의 광고 선전에 마음이 끌린다.

	전혀 그렇지 않다			보통 이다		매우 그렇다
(1) 뉴코아	1 … 2 … 3 … 4 … 5 … 6 … 7
(2) NC백화점	1 … 2 … 3 … 4 … 5 … 6 … 7
(3) 신세계(명동)	1 … 2 … 3 … 4 … 5 … 6 … 7
(4) 롯데(잠실)	1 … 2 … 3 … 4 … 5 … 6 … 7
(5) 롯데(명동)	1 … 2 … 3 … 4 … 5 … 6 … 7
(6) 현대(압구정)	1 … 2 … 3 … 4 … 5 … 6 … 7
(7) 그랜드	1 … 2 … 3 … 4 … 5 … 6 … 7
(8) 갤러리아	1 … 2 … 3 … 4 … 5 … 6 … 7
(9) AK플라자	1 … 2 … 3 … 4 … 5 … 6 … 7

* 빠짐없이 표시하셨습니까? 감사합니다.

12. 오락 시설이 잘 되어 있다.

	전혀 그렇지 않다				보통 이다						매우 그렇다
(1) 뉴코아	1	…	2	…	3	…	4	…	5	…	6	…	7
(2) NC백화점	1	…	2	…	3	…	4	…	5	…	6	…	7
(3) 신세계(명동)	1	…	2	…	3	…	4	…	5	…	6	…	7
(4) 롯데(잠실)	1	…	2	…	3	…	4	…	5	…	6	…	7
(5) 롯데(명동)	1	…	2	…	3	…	4	…	5	…	6	…	7
(6) 현대(압구정)	1	…	2	…	3	…	4	…	5	…	6	…	7
(7) 그랜드	1	…	2	…	3	…	4	…	5	…	6	…	7
(8) 갤러리아	1	…	2	…	3	…	4	…	5	…	6	…	7
(9) AK플라자	1	…	2	…	3	…	4	…	5	…	6	…	7

* 빠짐없이 표시하셨습니까? 감사합니다.

13. 백화점 근처에서 쇼핑 이외의 개인 업무를 보기가 쉽다.

	전혀 그렇지 않다				보통 이다						매우 그렇다
(1) 뉴코아	1	…	2	…	3	…	4	…	5	…	6	…	7
(2) NC백화점	1	…	2	…	3	…	4	…	5	…	6	…	7
(3) 신세계(명동)	1	…	2	…	3	…	4	…	5	…	6	…	7
(4) 롯데(잠실)	1	…	2	…	3	…	4	…	5	…	6	…	7
(5) 롯데(명동)	1	…	2	…	3	…	4	…	5	…	6	…	7
(6) 현대(압구정)	1	…	2	…	3	…	4	…	5	…	6	…	7
(7) 그랜드	1	…	2	…	3	…	4	…	5	…	6	…	7
(8) 갤러리아	1	…	2	…	3	…	4	…	5	…	6	…	7
(9) AK플라자	1	…	2	…	3	…	4		5	…	6	…	7

* 빠짐없이 표시하셨습니까? 감사합니다.

14. 바겐세일 물건을 믿을 수 있다.

	전혀 그렇지 않다				보통 이다						매우 그렇다
(1) 뉴코아	1	…	2	…	3	…	4	…	5	…	6	…	7
(2) NC백화점	1	…	2	…	3	…	4	…	5	…	6	…	7
(3) 신세계(명동)	1	…	2	…	3	…	4	…	5	…	6	…	7
(4) 롯데(잠실)	1	…	2	…	3	…	4	…	5	…	6	…	7
(5) 롯데(명동)	1	…	2	…	3	…	4	…	5	…	6	…	7
(6) 현대(압구정)	1	…	2	…	3	…	4	…	5	…	6	…	7
(7) 그랜드	1	…	2	…	3	…	4	…	5	…	6	…	7
(8) 갤러리아	1	…	2	…	3	…	4	…	5	…	6	…	7
(9) AK플라자	1	…	2	…	3	…	4	…	5	…	6	…	7

* 빠짐없이 표시하셨습니까? 감사합니다.

II. 당신이 위와 같은 백화점의 속성을 종합적으로 고려했을 때 가장 좋다고 생각되는
   백화점의 순서대로 순위를 매겨 주십시오.

• 가장 좋은 백화점은 1위
• 가장 좋지 않은 백화점은 9위

(1) 뉴코아   (   ) 위
(2) NC백화점   (   ) 위
(3) 신세계(명동)   (   ) 위
(4) 롯데(잠실)   (   ) 위
(5) 롯데(명동)   (   ) 위
(6) 현대(압구정)   (   ) 위
(7) 그랜드   (   ) 위
(8) 갤러리아   (   ) 위
(9) AK플라자   (   ) 위

* 빠짐없이 표시하셨습니까? 감사합니다.

2. 지각도 작성을 위한 입력자료

	DEP	X1	X2	X3	X4	X5	X6	X7	X8	X9	X10	X11	X12	X13	X14	X15
	1	6	7	7	7	6	4	6	5	5	7	7	4	4	5	8
	2	3	2	2	2	2	3	4	2	2	2	1	2	2	4	0
	3	3	6	5	6	5	5	5	5	5	2	6	3	6	5	4
	4	3	6	6	7	6	6	7	7	7	7	7	7	7	5	7
001	5	3	6	6	6	6	6	7	5	7	3	7	5	7	5	3
	6	7	7	6	5	7	2	7	7	7	7	7	7	7	5	5
	7	4	5	4	4	4	4	4	4	4	3	5	4	4	4	6
	8	4	5	4	4	4	5	4	4	5	2	4	4	4	4	1
	9	5	4	3	3	4	4	6	4	5	2	3	5	5	4	2
	1	5	4	4	5	5	5	3	4	4	6	4	3	3	4	4
	2	4	2	3	3	4	6	2	3	3	4	2	2	3	3	0
	3	3	5	6	4	6	5	5	5	1	1	5	1	5	6	7
	4	5	5	6	6	6	5	5	7	7	7	6	6	6	6	5
002	5	3	7	6	7	6	5	5	5	2	1	6	2	5	7	6
	6	7	7	6	7	6	5	5	6	3	5	6	3	6	7	8
	7	4	3	4	5	5	6	4	4	2	3	5	2	3	5	3
	8	2	2	3	4	4	6	3	3	1	1	2	1	1	5	2
	9	5	3	5	4	5	5	3	4	2	4	2	2	2	6	1
	1	7	6	6	7	4	4	5	4	5	6	3	3	5	4	0
	2	3	4	6	4	4	5	4	4	2	4	1	3	2	4	1
	3	3	5	6	6	4	3	5	4	4	2	2	3	2	4	6
	4	4	7	6	7	4	3	6	6	6	6	3	3	5	4	7
003	5	3	5	6	7	4	3	5	6	5	2	2	3	2	4	2
	6	7	7	6	6	4	3	5	6	5	7	3	3	5	4	8
	7	4	5	6	6	4	3	5	5	4	4	2	3	4	4	3
	8	3	5	6	6	4	3	5	5	3	2	2	3	2	4	4
	9	7	6	6	6	4	3	5	6	4	4	3	3	5	4	5
	1	5	3	4	5	1	1	2	3	3	5	4	3	4	1	7
	2	5	3	4	5	1	4	2	2	3	4	4	3	4	1	4
	3	4	5	4	3	1	1	2	2	2	1	4	2	1	1	0
	4	5	7	4	4	1	1	2	2	5	4	4	7	4	1	5
004	5	4	7	4	4	1	1	2	2	4	3	4	2	1	1	3
	6	6	6	4	2	1	1	2	5	4	5	4	4	4	1	8
	7	3	1	4	2	1	1	1	2	2	4	4	2	4	1	1
	8	3	4	4	2	1	1	2	2	3	1	4	2	1	1	2
	9	5	4	4	2	1	1	2	4	2	2	4	2	4	1	6

3. 지각도 작성을 위한 WINDOWS용 SPSS 프로그램의 Syntax

Factor

    /VARIABLES x1 x10 x11 x12 x13 x14 x2 x3 x4 x5 x6 x7 x8 x9/MISSING

    LISTWISE /ANALYSIS x1 x10 x11 x12 x13 x14 x2 x3 x4 x5 x6 x7 x8 x9

    /PRINT INITIAL KMO EXTRACTION ROTATION FSCORE

    /FORMAT SORT

    /PLOT ROTATION

    /CRITERIA FACTORS(3) ITERATE(25)

    /EXTRACTION PC

    /CRITERIA ITERATE(25)

    /ROTATION VARIMAX

    /SAVE REG(ALL).

REGRESSION

    /DESCRIPTIVES MEAN STDDEV CORR SIG N

    /MISSING LISTWISE

    /STATISTICS COEFF OUTS CIR ANOVA

    /CRITERIA = PIN(.05) POUT(.10)

    /NOORIGIN

    /DEPENDENT x15

    /METHOD=ENTER fac1_1 fac2_1 fac3_1.

DESCRIPTIVES

    VARIABLES=fac1_1 fac2_1 fac3_1

    /FORMAT=LABELS NOINDEX

    /STATISTICS=MEAN

    /SORT=NAME (A).

4. 컴퓨터 출력 자료

FACTOR ANALYSIS

Analysis Number 1 Listwise deletion of cases with missing values

Kaiser—Meyer—Oklin Measure of Sampling adequancy = .87860

Bartlett Test of Sphericity = 12750.126, Significance= .00000

Extraction 1 for analysis 1, Principal Components Analysis

Initial Statistics:

Variable	Communality	Factor	Eigenvalue	Pct of Var	Cum Pct
x1	1.00000	1	5.08076	36.3	36.3
x10	1.00000	2	1.29720	9.3	45.6
x11	1.00000	3	1.26804	9.1	54.6
x12	1.00000	4	1.02462	7.3	61.9
x13	1.00000	5	.80301	5.7	67.7
x14	1.00000	6	.74700	5.3	73.0
x2	1.00000	7	.66814	4.8	77.8
x3	1.00000	8	.59092	4.2	82.0
x4	1.00000	9	.50496	3.6	85.6
x5	1.00000	10	.48024	3.4	89.0
x6	1.00000	11	.42388	3.0	92.1
x7	1.00000	12	.38572	2.8	94.8
x8	1.00000	13	.38073	2.7	97.5
x9	1.00000	14	.34477	2.5	100.0

PC extracted 3 factors.

Factor Matrix:

	Factor1	Factor2	Factor3
X8	.77347	-.05072	-.18596
X9	.72129	-.21046	.11627
X3	.67970	.06206	-.30812
X2	.67428	-.37893	-.27503
X2	.67246	.06415	.11034
X11	.65951	-.18058	-.20769
X4	.65348	.25543	-.20248
X7	.60545	.21263	-.19880
X5	.57786	-.07814	.22400
X12	.57337	-.08426	.12183
X13	.56035	.51332	-.00286
X6	.20119	.74710	.30809
X10	.44594	-.06256	.69438
X1	.38579	-.34196	.52097

Final Statistics

Variable	Communality	Factor	Eigenvalue	PCt of Var	Var Cum Pct
X1	.53717		5.08076	36.3	36.3
X10	.68495	1	1.29720	9.3	45.6
X11	.46850	2	1.26804	9.1	54.6
X12	.39020	3			
X13	.35069				
X14	.57750				
X2	.67389				
X3	.56078				
X4	.51070				
X5	.45130				
X6	.69356				
X7	.53327				
X8	.63541				
X9	.57807				

VARIMAX rotational1 for extraction1 in analysis1—Kaiser Normalization.
VARIMAX Converged in 7 iterations.

Rotated Factor Matrix

	Factor1	Factor2	Factor3
X8	.75730	.22608	.10389
X2	.75112	.21705	-.25020
X3	.73096	.04450	.15652
X4	.68450	.19867	-.05191
X7	.63510	.05378	.35642
X5	.59657	.04873	.30502
X9	.57035	.50258	.01344
X11	.50591	.38276	.25700
X13	.43010	.39570	.09556
X10	.02081	.79731	.22091
X1	.08713	.72113	-.09776
X12	.37991	.47933	.12693
X6	.06182	.09524	.82503
X14	.42728	.08704	.62238

Factor Score Coefficient Matrix

	Factor1	Factor2	Factor3
X1	-.12529	.46004	-.12927
X10	-.20727	.50517	.10838
X11	.06193	.11639	.10076
X12	.00976	.21785	.01474
X13	.05158	.15310	-.00923
X14	.05689	-.08316	.39825
X2	.25365	-.01742	-.29214
X3	.23578	-.15238	.02047
X4	.20885	-.02666	-.13684
X5	.16727	-.12763	.14621
X6	-.14835	.02396	.60805
X7	.17365	-.13666	.17003
X8	.20935	-.03576	-.03323
X9	.08781	.19576	-.09408

Covariance Matrix for Estimated Regression Facotor Scores:

	Factor1	Factor2	Factor3
Factor1	1.00000		
Factor2	.00000	1.00000	
Factor3	.00000	.00000	1.00000

3PC EXACT factor scores will be saved
Following factor scores will be added to the working files:

Name	Label
FAC1_1	REGR factor score 1 for analysis 1
FAC1_2	REGR factor score 2 for analysis 1
FAC1_3	REGR factor score 3 for analysis 1

MULTIPLE REGRESSION
Listwise Deletion fo Missiong Data

	Mean	Std Dev	Label
X15	4.004	2.583	
FAC1_1	1.000	1.000	REGR factor score 1 for analysis 1
FAC2_1	1.000	1.000	REGR factor score 2 for analysis 1
FAC3_1	1.000	1.000	REGR factor score 3 for analysis 1

N of Cases = 2808

Correlation, 1-tailed Sig:

	X15	FAC1_1	FAC2_1	FAC3_1
X15	1.000			
FAC1_1	1.4131 .000	1.000 .000		
FAC2_1	.352 .000	.500 .000	1.000 .000	
FAC3_1	-.106 .000	.500 .000	.500 .000	1.000 .000

Equation Number 1 Dependent Variable X15
Descriptive Statistics are printed on page 5
Block Number 1. Method: Enter FAC1_1 FAC2_1 FAC3_1

Variables Entered on Step Number

1..	REGR factor score 3 for analysis 1
2..	REGR factor score 2 for analysis 1
3..	REGR factor score 1 for analysis 1

Multiple R	.55326
R Square	.30610
Adjusted R Square	.30535
Standard Error	2.15247

Analysis of Variance

	DF	Sum of Squares	Mean Squares
Regression	3	5730.71314	1910.23771
Residual	2804	12991.23557	4.63311

F=412.30155 Sig F =.0000

Variables in the Equation

Variable	B	SE B 95%	Confdnce	Intrvl B	Beta	T	Sig T
FAC1_1	-.272783	.040627	-.352445	-.193121	-.105624	-6.714	.0000
FAC2_1	.910179	.040626	.830517	.989841	.352430	22.403	.0000
FAC3_1	1.067119	.040626	.987457	.146781	.413198	26.266	.0000
(Constant)	4.004274	.040620	.924626	4.083921		98.579	.0000

End Block Number 1 All Requested Variables Entered

Number of valid Observations (listwise) = 312.00

Variable	Mean	Valid N	Label
FAC1_1	-.29	312	REGR factor score 1 for analysis 1
FAC2_1	.74	312	REGR factor score 2 for analysis 1
FAC3_1	.14	312	REGR factor score 3 for analysis 1

Number of valid Observations (listwise) = 312.00

Variable	Mean	Valid N	Label
FAC1_1	-.88	312	REGR factor score 1 for analysis 1
FAC2_1	.17	312	REGR factor score 2 for analysis 1
FAC3_1	.57	312	REGR factor score 3 for analysis 1

Number of valid Observations (listwise) = 312.00

Variable	Mean	Valid N	Label
FAC1_1	-.51	312	REGR factor score 1 for analysis 1
FAC2_1	-.76	312	REGR factor score 2 for analysis 1
FAC3_1	-.08	312	REGR factor score 3 for analysis 1

Number of valid Observations (listwise) = 312.00

Variable	Mean	Valid N	Label
FAC1_1	.43	312	REGR factor score 1 for analysis 1
FAC2_1	.35	312	REGR factor score 2 for analysis 1
FAC3_1	-.21	312	REGR factor score 3 for analysis 1

Number of valid Observations (listwise) = 312.00

Variable	Mean	Valid N	Label
FAC1_1	.76	312	REGR factor score 1 for analysis 1
FAC2_1	-.44	312	REGR factor score 2 for analysis 1
FAC3_1	-.37	312	REGR factor score 3 for analysis 1

Number of valid Observations (listwise) = 312.00

Variable	Mean	Valid N	Label
FAC1_1	.45	312	REGR factor score 1 for analysis 1
FAC2_1	1.05	312	REGR factor score 2 for analysis 1
FAC3_1	-.46	312	REGR factor score 3 for analysis 1

Number of valid Observations (listwise) = 312.00

Variable	Mean	Valid N	Label
FAC1_1	-.45	312	REGR factor score 1 for analysis 1
FAC2_1	-.24	312	REGR factor score 2 for analysis 1
FAC3_1	.25	312	REGR factor score 3 for analysis 1

Number of valid Observations (listwise) = 312.00

Variable	Mean	Valid N	Label
FAC1_1	-.09	312	REGR factor score 1 for analysis 1
FAC2_1	-.73	312	REGR factor score 2 for analysis 1
FAC3_1	.03	312	REGR factor score 3 for analysis 1

Number of valid Observations (listwise) = 312.00

Variable	Mean	Valid N	Label
FAC1_1	-.45	312	REGR factor score 1 for analysis 1
FAC2_1	-.20	312	REGR factor score 2 for analysis 1
FAC3_1	.12	312	REGR factor score 3 for analysis 1

CHAPTER 07 | 신제품 설계와 최적 상품 선택

사례: 어? 이 신발은 우리 취향을 잘 알아, 10대와 소통한 휠라의 화려한 부활

휠라는 국내 진출 초기인 1990년대에는 젊은 이미지의 프리미엄 브랜드로 인식됐다. 하지만 주 고객층이 중년층으로 바뀌고 주력하던 아웃도어 시장이 쇠락하면서 고전을 겪었다. 쇠락해가던 이 브랜드는 갑자기 2016년부터 중고생을 비롯한 젊은 고객들의 적극적인 지지로 화제가 됐다. 브랜드 히스토리를 살려 테니스화를 재해석한 '코트디럭스'는 무려 70만 켤레가 판매되는 신기록을 세웠다. 휠라가 재기에 성공한 주 요인은 무엇이었을까? 혁신적인 생산방식과 유통방식 도입으로 제품의 질은 유지하면서 가격에 들어간 거품을 빼낸 것이 주효했다. 즉 10대, 20대 젊은 고객들이 인지하는 '프리미엄'의 정의를 다시 생각하며 이들이 꼽는 핵심 가치인 '가성비'를 공략하였다.

■ 본사를 삼킨 지사, 그 이후

휠라 코리아가 글로벌 본사를 막 인수한 시점인 2007년 직후, 글로벌 금융위기로 인해 지출을 자제하고 가성비를 꼼꼼히 살피는 보수적 소비 성향으로 전환되면서 미국 신발 시장은 급격히 위축되기 시작하였다. 이에 휠라는 프리미엄 포지셔닝 대신 가성비 전략을 모색하기 시작하고 원가 관리로 소비자가는 낮추되 마진도 최대한 보호하는 방식을 택해 판매사이드(sell side)에서뿐 아니라 구매 사이드(buy side)에서도 가격 혁신을 도모하기 시작하였다.

하지만 한국 시장에서는 생산전략만으로 승부하기엔 역부족이었다. 유통 구조와 관련해 복잡한 이슈가 있었기 때문이다. 미국은 백화점 등 유통업체가 브랜드로부터 제품을 사들여 자신의 매장에서 판매하며 재고 리스크를 직접 지는, 이른바 직매입 방식이 정착돼 있다. 반면 우리나라는 백화점 등 유통업체가 판매 공간을 각 브랜드에 임대할 뿐 재고 관리나 머천다이징 구성은 각 입점 업체가 도맡아 하는 모델이 발달돼 있다. 그런데 이 경우 입점 브랜드들은 유통업체에 내야 하는 임대료까지 고려해 제품 가격을 다소 비싸게 매길 수밖에 없

휠라는 10대배우 김유정을 광고모델로 기용해 또래 소비자인   휠라×펩시 컬래버레이션 컬렉션
10대를 적극 공략하고 있다.

다. 이러한 특수한 유통 구조 탓에 상당수 수입 제품에 대한 소비자 가격이 해외에 비해 2배에 달하는 경우도
발생했다. 소비자가 원하는 가치를 제공하지 못하게 하는 이러한 구조로 인해 많은 고객들은 국내 오프라인
유통 업체로부터 등을 돌렸다. 그래서 소비자 가격을 적정가로 책정하는 'Sell side'에서의 혁신이 절실했다.

고민 끝에 휠라가 도입한 것은 바로 미국식의 도매모델이었다. 사실 주요 글로벌 스포츠 브랜드는 물론 휠
라USA마저도 90%, 심지어 100%를 소매 업체에 물건을 납품하는 도매 형태로 사업을 운영하고 있다. 기본적
인 유통 구조를 흔들지 않고서는 'Sell side'에서의 진정한 혁명이 일어나기 힘들 것 같았다. 이에 재고 리스크
를 부담할 필요가 없는 도매 형태의 납품에 집중하기 시작하였고 때마침 젊은 소비자들을 중심으로 백화점이
나 마트보다 신발 편집숍을 선호하는 분위기도 휠라에게 큰 도움이 되었다.

휠라는 'ABC마트', '슈마커', '폴더', '레스모아' 같은 신발 전문 매장에 도매 형태로 납품하기 시작했다. 이렇
게 재고 부담률을 낮추자 소비자 가격도 내릴 수 있었다. 예컨대 베스트셀러인 휠라의 '디스럽터2' 운동화는
미국 판매가(60달러)와 한국의 소매가(6만 9,000원)가 거의 동일한 수준이다. 과거 국내 판매가가 미국 대비,
약 30% 비쌌던 데 비하면 장족의 발전이 있었던 셈이다.

이 같은 가격 혁신 덕에 운동화의 평균 판매 가격은 10만 원대를 상회하던 것이 6~7만 원대로 대폭 하향
조정됐다. 디자인이나 품질은 오히려 높임으로써 기존 고객들도 만족했고, 높은 가격과 올드한 이미지 탓에
발길이 뜸했던 10~20대 초반 고객들이 매장에 제 발로 찾아 들어오기 시작했다. SNS와 입소문에 강한 이들
이 자신과 휠라와의 다양한 접점을 사진과 글 동영상 등으로 스스로 알리기 시작하면서 매장도, 제품도, 이들
이 무심하게 입고, 신고 있는 모습의 사진 한 장도 모두 홍보 수단이 되었다. 예컨대 20대 여성들이 즐겨 찾는
뷰티 커뮤니티 내 1993년 이전 출생자들이 주로 모이는 게시판에는 '휠라 헤리티지 진심 존예 비욘세도 입은
듯', '휠라 디스럽터 살까요, 말까요' 등 휠라 제품 구매와 관련한 또래 친구들의 의견을 구하는 문의글이 지금
도 잇따라 올라오고 있다. 가성비를 내세운 후속 제품들도 인기를 끌었다. 2만 9,000원대 티셔츠인 '헤리티지
빅로고 반팔 티셔츠', 3만 9,000원대 캔버스화 '클래식 킥스' 등 유명 브랜드 제품이면서도 합리적인 가격대의
제품이 속속 등장하자 10대의 호응은 더욱 커졌다.

■ 밀레니얼세대에 프리미엄이란?
제조업의 핵심 뼈대가 되는 원가 관리 및 생산, 유통 구조가 효율적인 방향으로 확립되자 '가격 혁신'에 맞

준 브랜드의 성격이 재정립되기 시작했다. 가격 문턱이 낮아지자 10대, 20대가 기웃댔다. 휠라 특유의 빅 로고는 마침 불어닥친 복고열풍에 힘입어 인기를 끌기 시작했다. 때를 놓치지 않고 휠라는 10만 원대를 상회하는 글로벌 브랜드와 비교해 디자인적으로도 훌륭하다고 판단한 10대 고객이 몰리면서 한때 일부학교에선 이 운동화가 '국민신발'로 불리기도 했다. 이후 리한나, 비욘세 등 핫한 스타들이 협찬이 아닌 자신의 일상복으로 휠라 티셔츠와 운동화를 착용한 사진이 인스타그램에 등장하면서 관련 뉴스가 엄청난 속도로 전파되기 시작했다. 이에 국내 스타들이 휠라의 패션 아이템을 이용해 스타일링한 사진도 SNS를 통해 널리 알려지면서 트렌드에 민감한 젊은 층 고객들이 속속 휠라를 '쿨'한 브랜드로 인지하기 시작했다. 사실 백화점을 주요 유통채널로 삼아온 브랜드가 젊은 층을 공략하는 접근 가능한 가격대의 제품을 내놓는다는 것을 리스크가 큰 전략일 수 있다. 프리미엄 이미지가 훼손될 가능성이 높기 때문이다. 하지만 휠라 측은 브랜드 턴어라운드의 1차 수단이자 목적을 밀레니얼세대를 주축으로 한 10~20대 젊은 층 고객의 재확보로 생각했기에 이들이 생각하는 프리미엄, 더 나아가 럭셔리의 정의는 다를 것으로 판단했다.

세계적 디자이너에서부터 인기 식품 브랜드에 이르기까지 다양한 영역을 오가는 컬래버레이션 전략도 젊은 층의 취향을 제대로 '저격'했다는 평가를 받았다. 신예 디자이너 '고샤 루브친스키'와의 협업은 큰 화제를 불러일으켰고 파스텔 민트색이 시그니처 컬러인 빙그레 메로나와의 협업 역시 초도 물량이 모두 완판되는 등 큰 성공을 거두었다. 이후 휠라는 펩시콜라, 마운틴 듀 등 유명 식음료 브랜드와 협업한 의류를 내놓는가 하면 일본의 대표 스트리트 편집숍 브랜드 '해브 어 굿 타임'과 함께한 의류 및 액세서리를 출시해 뜨거운 반응을 얻고 있다.

자료원: 동아비즈니스리뷰, 2017. 10. Issue 1.

새로운 상품을 연구, 개발하는 데 기업들은 금액상으로 많은 돈을 투자하지만 개발된 제품을 시장성있게 설계하는 데에는 등한시하는 경향이 있다. 또 제품의 설계에 많은 노력을 기울이고 있으나 소비자의 욕구와 필요를 제품에 정확히 반영하지 못하고 있는 실정이다. 이런 연유로 우리 기업의 제품은 선진국 시장에서 소비자들에 의해서 애호되지 못하고 낮은 가격에 거래되고 있다.

현재 국내 시장의 가격상승요인과 후진국들의 추격은 해외시장에서 우리 상품의 입지를 더욱 어렵게 하고 있다. 또한 국내 시장에서는 시장개방으로 인하여 외국상품과 더욱더 어지러운 경쟁에 접하게 되리라는 것은 쉽게 예상할 수 있다. 이러한 상황에서 기업가들은 우리 기업이 고품질의 제품을 생산하여 높은 가격을 받을 수 있어야만이 존립할 수 있다고 생각하고 있다. 그러나 고품질 고가격의 정책 자체만으로는 문제가 해결될 수 있는 것은 아니다. 어떠한 제품을 생산하든 세분화된 목표시장에서 소비자들의 필요와 욕구를 제품에 반영하지 못한다면 결과는 마찬가지일 것이다.

　새로운 상품을 개발할 때 혹은 기존 상품을 변경할 때, 기업의 제품 관리자는 세 가지의 중요한 기본적인 문제들을 고려해야 한다. 첫째는 상품시장이요, 둘째는 상표의 성질에 관한 이해이며, 셋째는 소비자들의 인식에 관한 문제이다. 그런데 상표가 여러 가지 속성을 가지고 있고, 다양한 관심을 가지고 있는 현재 구매자, 또는 잠재적 구매자들에게 각 속성들이 다양하게 호소될 때 시장과 상품의 성질과 소비자들의 인식에 관한 문제는 더욱더 난해해지게 된다.

　이러한 문제들의 해결을 위해서 제품 관리자는 다음 단계로서 첫째, 시장과 상품의 성질의 이해로부터 제품이 지니고 있는 속성을 파악하고, 둘째, 소비자의 인식에 바탕을 두고서 속성들의 값, 즉 효용가치를 측정하며, 셋째, 측정된 효용가치에 입각하여 최적 상품을 도출하게 된다. 마지막 단계에서 도출된 최적상품과 아울러서 촉진정책, 유통 및 가격정책을 수립하게 된다. 이러한 제품개념 개발의 3단계를 도시하면 [그림 7-1]에 나타난 바와 같다.

　본 장에서는 앞에서 설명한 바와 같이 시장과 상품의 성질과 소비자의 인식에 입각하여 제품을 설계하는 방법을 소개하고자 한다. 제1절에서는 설명을 보다 쉽게 하기 위하여 간단한 실제의 예를 들어서 설명한 후에 설계절차를 소개하며 신제품 설계절차의 각 단계가 간단한 예와 함께 설명된다. 제2절에서는 추정된 소비자 개개인의 효용가치에 입각하여 최적상품의 구성에 관한 여러 가지모형들이 소개된다. 마지막으로 이러한 신제품 설계 기법들이 제품관리를 포함하여 응용될 수 있는 분야들을 토론한다.

그림 7-1	제품 개념 개발의 3단계

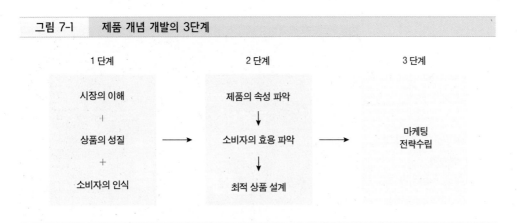

사례: 테슬라의 경쟁자가 포르셰? 갖고 싶은 욕망을 자극하라 ─────

대부분의 사람들이 소유하기를 원하지만 누구나 소유하지 못하는 제품이 있고, 대부분의 기업들이 자신의 제품과 서비스가 명품이길 바라지만 누구나 진입할 수는 없는 하이엔드 시장이 있다. 저성장 경제에 접어든다지만 명품 시장의 소비는 줄어들지 않고 있다. 많은 한국 기업들이 명품 시장에서 활약할 수 있는 방법은 없을까?

■ 빅터처칠이 팔면 고기도 명품이 된다.

루이비통처럼 고기를 팔고 있는 정육점의 사례부터 살펴보자. 호주 시드니에 위치한 정육점 '빅터처칠(Victor Churchill)'이야기다. 이 가게는 외관부터 남다르다. 마치 버버리나 루이비통 같은 명품 브랜드의 매장을 보는 듯하다. 문에 달린 소시지 모양의 손잡이만 없다면 깜빡 속기 십상이다. 가게 안으로 들어서면 고급스러우면서도 푸근한 인테리어가 눈에 띈다. 바닥은 이탈리아산 대리석, 벽은 히말라야산 암염벽돌을 사용해 세련된 이미지를 연출한 반면 빨간색 육가공 기계와 갈고리, 여물통 등을 비치해 마치 호주의 한 농장에 온 것 같은 친숙한 분위기를 자아낸다. 투명한 냉장고 안에는 건조숙성 고기들이 진열돼 있고 쇼윈도에는 가축의 털과 가죽으로 만든 제품들이 장식되어 있다.

하지만 '빅터처칠'이 단순히 고급스러운 인테리어만으로 고객을 사로잡는 것은 아니다. 가장 큰 힘은 다름 아닌 품질이다. 이 가게의 정직원들은 모두 세계 요리대회 수상자들이며 파트타임 직원들 역시 요리에 조예가 깊다. '빅터처칠'에 입사하면 각종 첨단 장비로 고기의 육질과 고기 요리를 연구할 수 있기 때문에 채용 공고가 나면 수많은 요리사들이 앞다퉈 지망한다. 그리고 빅터처칠은 이들을 활용해 트위터, 카페, 요리 관련 TV쇼 등을 만들어 홍보한다. 현재 빅터처칠의 세계적 명성을 바탕으로 중국과 싱가포르의 최고급 레스토랑에 프리미엄 고기를 수출하고 있다. 기존 업계에서 사용하지 않던 고급화 전략으로 가게 자체를 당당히 명품 반열에 올린 '빅터처칠'. 한덩이 고기도 루이비통처럼 판매하는 그들의 전략은 '하이엔드(highe—end)'의 전형이라고 할 수 있다.

■ 하이엔드 전략의 끝판왕 '테슬라'

하이엔드 전략이란 제품과 서비스, 마케팅, 브랜드 등, 그리고 경영을 통틀어 자신의 가치를 대체불가, 모방불가, 측정 불가의

빅터처칠의 매장 전경

경지에 올려놓는 전략이다. 그리고 이 모든 것이 합쳐진 새로운 사례로 테슬라 모터스가 등장한다.

테슬라모터스는 영화 아이언맨의 실제 모델인 앨런 머스크가 JB 스타라우벨 등 다섯 명과 함께 순수 전기 자동차를 생산하기 위해 설립한 회사다. 테슬라는 2010년 나스닥에 상장됐고 놀랍게도 그해 도요타의 캘리포니아 공장을 인수해 양산 체제에 돌입함으로서 "테슬라는 벤처이며 결코 대중 양산 차를 생산하지 못할 것"이라던 전문가들의 코를 납작하게 만들었다. 또한 전기자동차라는 특수한 환경을 활용한 하이엔드 전략을 구사함으로써 전략적으로 강렬한 경쟁우위를 구축했다. 그들의 전략은 무엇이었을까?

첫째, 그들은 자신만의 고도에서 시작했다. 테슬라 전기차는 한 번 충전으로 440km를 달린다. 보통 전기자동차 하면 소형이고 느리며 오랜 시간 움직이지 못할 것이라고 생각한다. 하지만 테슬라모터스는 다소 위축된 전기자동차의 운명을 거부하며 그들의 경쟁상대는 스포츠카인 포르셰와 페라리라고 대담하게 공표하는데, 이것은 결코 허세가 아니다. 테슬라 로드스터의 경우 제로백, 즉 정지상태에서 100km까지 도달시간이 3.7초로 페라리F430을 능가하며 포르셰 911과 대등하다. 가격 또한 12만 달러로 포르셰 터보의 13만 달러와 유사하다. 즉 기존 업체들이 대중차를 지향하며 '선규모, 후 수익'의 로엔드 전략을 취할 때 스포츠카를 '선수익, 후 규모'의 하이엔드 전략을 취한 것이다.

둘째, 벤치마킹 대상을 기존 업계가 아닌 애플로 정해 자동차 업계에서는 낯선 전략을 구사했다. 테슬라는 내부의 패드를 통해 모든 장치를 컨트롤한다. 외관 디자인은 심플하고 유려하다. 그러면서도 사용자의 체험과 느낌을 중요시한다. 일반적으로 자동차 대리점이 위치하는 대로변 대신 쇼핑몰에 테슬라 스토어를 설치해 고객이 체험할 수 있도록 한 것도 애플의 홍보 전략을 그대로 가져온 것이다. 결국 애플 벤치마케팅 전략은 자동차를 보는 관점을 운송수단에서 IT제품 또는 디자인이 가미된 기호품으로 변경시킴으로써 기존 자동차와는 완전히 다른 위치를 확보할 수 있게 된 출발점이었다.

셋째, 이용할 수 있는 무기를 자신만의 전장에서 완전히 재구성했다. 기존 업체들이 엔진으로 싸울 때 테슬라는 전장을 엔진에서 배터리 기술로 옮겨놓았다. 전문가들은 공공연하게 테슬라의 핵심 역량이 배터리 기술에 있다고 한다. 테슬라는 기존 전기차 업체들이 숙명처럼 받아들였던 배터리 용량의 한계를 간단히 해결해버렸는데, 그 방법이 대단한 것이 아니라서 더 의외다. 우리는 흔히 문제의 해결을 첨단 기술에 미루지만 테슬라는 현존하는 기술만으로도 얼마든지 첨단을 만들어낼 수 있음을 보여준다.

결론적으로 명품, 차별화 전략을 완성하는 것은 나와 우리 조직이 몇 개의 F(First), O(Only), B(Best)를 가지고 있는가에 달려있다.

자료원· 동아비즈니스리뷰, 200호, 2016. 08. Issue 1, 사신출처: 빅터처칠 홈페이지

SECTION 01 신제품 설계 절차

다음과 같은 두 종류의 자동차용 진공청소기가 시장에 나와 있다고 가정해 보자. 소비자의 한 사람으로서 어떠한 진공청소기를 선택할 것인가?

청소기 1: 제품의 이름은 'Car-Vec'이고, 모형은 둥근형이며, 필터는 영구적이다. 제품의 가격은 12,000원이다.

청소기 2: 제품의 이름은 '자동차 진공청소기'이며, 모형은 4각형이며. 필터는 수시로 필요에 따라서 교환하게 되어 있다. 그리고 제품의 품질보증은 3년이며, 가격은 10,000원이다.

예시한 바와 같이 소비자들은 두 개의 제품을 비교할 것이다. 물론 두 개 이상의 제품이 시장에 나와 있어도 마찬가지로 소비자 개인의 구매결정 메커니즘에 따라서 여러 상품들의 속성을 비교하여 선택하게 된다. 즉, 여러 가지의 상이한 속성을 지닌 자동차 진공청소기를 놓고서, 소비자들은 제품 속성의 여러 차원에서 평가하여, 그 결과로서 전반적인 판단을 내린 후 구매행동을 취하게 된다.

다음의 〈표 7-1〉에서 두 개의 청소기를 속성에 따라서 비교해 보자. 소비자들은 제품의 모형이 어떠한가? 즉, 둥근형과 사각형을 비교한다. 그리고 가격, 필터의 교환 유무, 제품의 품질 보증 등을 비교할 것이다. 이와 같이 소비자들이 제품의 속성을 비교,

표 7-1   속성의 비교

청소기 1	속 성	청소기 2
둥근형	모 형	사각형
12,000원	가 격	10,000원
Car-Vec	제품명	자동차 진공청소기
영구 필터	필터 교환	교환 필터
없음	품질보증	있음(3년)

평가하는 과정에 입각하여 제품을 설계함으로써 소비자의 취향에 대한 이해가 가능하며, 개개인이 다른 취향을 지니고 있는 소비자들의 집합체인 시장을 분석함으로써 최적의 상품을 설계할 수 있을 것이다.

이를 위해 이하에서는 첫 번째 단계로서 속성과 그 수준의 선발에 관하여 서술하고, 실험설계, 자료수집, 그리고 효용의 추정의 순서로 본 절을 서술하고자 한다.

1. 속성과 수준의 선발

상품의 설계는 상품이 지니고 있는 속성들의 선정으로부터 시작된다. 속성을 선발하는 방법에는 여러 가지가 있으나, 주로 소비자들에게 해당 상품에 대하여 중요하게 생각되는 속성들이 무엇인가를 직접 물어보는 방법이 널리 이용되고 있으며, 전문가들의 조언이나 제품 판매상들의 이야기를 들어서 속성이 선발되기도 한다. 또는 소비자의 구매시점에서 관찰하거나, 포커스 그룹(Focus Group)을 이용한 심층면접을 이용하기도 한다. 이와 같이 선발된 속성들은 신제품 설계의 효율화를 위하여, 그리고 추정되는 속성의 효용에 대한 정확성과 신뢰성을 높이기 위하여 속성의 수가 적절히 축소된다(Catin, 1981; Srinivasan, Jain, and Malhotra, 1983). 이를 위하여 요인분석(Factor Analysis)이나 군집분석(Cluster Analysis)이 사용되기도 한다(Hagerty, 1985).

신제품 설계에서 고려하고자 하는 속성들이 결정되면, 각 속성의 수준(level)을 결정

표 7-2   자동차용 진공청소기 설계를 위한 속성과 수준의 예

속 성	수 준
1. 모 형	1. A형(둥근형) 2. B형(사각형) 3. C형(원통형)
2. 제품명	1. Car-Vec 2. 자동차 진공청소기 3. 샛별
3. 가 격	1. 10,000원 2. 13,000원 3. 15,000원
4. 필터 교환	1. 영구 필터 2. 수시 교환
5. 품질 보증	1. 있음 2. 없음

하게 되는데, 수준이란 상품화시킬 때에 속성을 다양화시키는 정도를 나타낸다. 이에 대한 설명은 〈표 7-2〉를 설명함으로써 분명해질 것이다. 앞의 예를 계속적으로 사용하여 5가지의 속성(모형, 제품명, 가격, 필터 교환 그리고 품질보증)이 예시되었고, 각 속성에 따른 수준들이 열거되었다.

진공청소기의 모형은 세 수준, 즉 둥근형, 사각형과 원통형이 고려되었고, 제품명은 세 수준, 가격은 세 수준, 그리고 필터 교환과 품질보증은 두 수준으로 나타나 있다. 물론 이와 같은 수준의 결정은 편의상 결정한 것이며 필요에 따라 증감시킬 수도 있을 것이다. 이러한 수준의 결정은 제품설계 담당자들이 수준의 수를 몇 개로 할 것인가 하는 문제와 각 수준의 간격을 어떻게 유지할 것인가 하는 문제를 포함하게 된다. 이에 관해서는 고려되는 제품의 수와 관련을 가지게 되므로 다음에서 설명하는 실험설계와 관련지어서 논하고자 한다. 그리고 〈표 7-2〉의 가격은 연속형 변수에 해당하나 편의상 3개의 수준으로 나열하였다.

사례: 롯데제과, 업계 최초 AI 활용한 빼빼로 선봬

롯데제과가 인공지능(AI)을 통해 소비자 트렌드를 분석한 후 이를 토대로 빼빼로 신제품을 만들었다. AI를 활용한 제과 제품이 출시된 것은 이번이 처음이다. 롯데제과는 IBM의 인공지능 컴퓨터 왓슨의 도움을 받아 '빼빼로 카카오닙스'와 '빼빼로 깔라만시 상큼요거트'를 새롭게 출시하였다. 특히 소비자들이 원하는 맛, 소재, 식감 등 잠재적인 니즈를 파악하는 것이 중요하다고 판단해 '신개념 트렌드 분석 시스템'을 개발하고자 했다. 이후 롯데제과는 IBM의 인공지능 컴퓨터 '왓슨'을 이용해 8만 여개의 식품 관련 인터넷 사이트에 게재된 약 1,000만 건의 정보를 수집했다. 왓슨은 1,000만건의 데이터를 노출 빈도, 관련성 등 항목별로 분석해 식품, 과자, 초콜릿 등 카테고리별로 현재 소비자들이 좋아하거나 인기를 끌 가능성이 높은 소재와 맛을 도출해냈다.

빅데이터 분석 결과 식품 분야에서 향후 인기가 높아질 소재로는 맥주, 치즈, 고추 등이 꼽혔다. 과자 및 초콜릿 분야에서는 앞으로 헤이즐넛, 딸기, 코코아, 카카오닙스, 깔라만시 등이 높은 관심을 얻을 것으로 전망됐다. 이 외에도 왓슨은 소비자들이 상큼한 맛을 선호하고 건강에 대한 관심이 높다는 사실을 도출했다.

AI를 활용해 만든 '빼빼로 카카오닙스'와 '빼빼로 깔라만시 상큼요거트'

롯데제과는 빅데이터를 토대로 빼빼로 신제품을 만들기 시작했다. 그 결과물이 바로 빼빼로 카카오닙스와 빼빼로 깔라만시 상큼요거트다. 소비자들이 선호하는 맛과 건강을 중시하는 트렌드를 고려해 두 제품을 선정했다는 게 롯데제과 측의 입장이다.

카카오닙스는 카카오 열매를 원물 그대로 발효해 로스팅한 알갱이다. 항산화 물질인 폴리페놀이 풍부해 최근 각광받고 있다. 깔라만시는 동남아시아 전역에 분포하는 라임류의 열매다. 비타민C와 식이섬유가 풍부하게 들어 있으며 최근 디톡스 다이어트 식품으로도 큰 인기를 누리는 중이다. 롯데는 카카오닙스와 깔라만시가 포함된 식품들이 향후 시장의 소비 트렌드를 이끌 것으로 전망돼 신제품에 활용하기로 결정한 것이다. 인공지능 시스템을 활용한 첫 번째 제품인 만큼 포장지에 AI 심볼을 새겨넣기도 했다. 포장지에선 제품이 개발된 과정도 찾아볼 수 있다. 롯데제과는 향후 AI를 활용한 소비자 분석 시스템을 공고하게 구축하고 이를 활용한 신제품을 다양하게 선보일 계획이다.

자료원: 매일경제. 2017. 09. 27.

2. 실험설계 및 자료 수집

설계하고자 하는 제품의 속성들과 각 속성의 수준이 주어진 상황에서 상품설계 담당자의 관심은 각 속성의 수준을 하나씩 선발하여 조합함으로써 적절한 상품을 설계하는 것이다. 앞의 〈표 7-2〉에 주어진 예에서 살펴보면 모든 속성의 수준들을 이용하여 총 108개(=3×3×3×2×2)의 진공청소기의 설계가 가능하며, 108개 가운데에서 최적의 진공청소기의 수준들을 선발하는 것이다. 그러나 위의 단순한 예에서 108개의 제품조합들이 소비자를 대상으로 조사되는 것은 쉬운 일이 아니다. 실제의 경우에는 이보다도 더욱 많은 속성들이 있게 되어서 보다 더 많은 상품의 조합들이 조사되어야 할지도 모르기 때문에 더욱 어려운 작업이 된다.

상품의 설계를 위하여 고려되는 속성들의 집합이 $I=\{1:1, 2, \cdots I\}$로 표시되며 각 속성 i에 n_i 수준들이 있다고 하자. 그러면 조합이 가능한 총 제품들의 수는 $\prod_{i=1}^{I} n_i$가 된다. 만일 실제 상품개발에서 속성의 수가 5개이고 각 속성이 3개의 수준들을 지니고 있을 경우 총 설계 가능한 상품의 수는 모두 $3^5(=243)$개가 되기 때문에 모든 조합의 상품들을 소비자에게 모두 조사한다는 것은 아마도 힘들 것이다.

선발된 속성이 연속형 변수일 때(예를 들면 가격)에는 수준과 수준 사이에 응답자들이 실제로 차별을 느낄 수 있을 정도의 충분한 간격을 유지해야 한다. 이를 위해서 본 조사가 실시되기 이전에 예비조사를 통하여 충분히 검토함이 바람직하다. 그리고 속성이 범주형(categorical)일 경우에는 선정된 수준이 실제로 상품설계에 있어서 실행 가능해야 하며 속성을 대표할 수 있을 만큼 충분히 선발되어야 한다. 그러나 수준의 수 증가는 총 가능한 상품의 수를 기하급수적으로 증대시켜서 조사에 어려움을 주게 된다. 이를 위하여 시장조사의 어려움을 줄이고 동시에 필요한 만큼의 정보를 유지할 수 있는 대체적인 실험설계방법으로 부분인수법(Fractional Factorial Design)이 제안되었다. 이에 대한 자세한 내용은 다음의 논문들을 참고하기 바란다(Addleman, 1962; Holland and Cravens, 1973; Green, 1974; Green, Carroll, and Carmen, 1978).

앞의 〈표 7−2〉에서 예시한 자동차 진공청소기의 예에서 108개의 설계가능한 총 조합을 부분인수법에 의해서 18개까지 축소하여 각 속성의 수준들의 효용을 추정할 수 있는 실험설계가 〈표 7−3〉에 예시되어 있다. 진공청소기 1은 모형이 형(둥근형)이며, 제품명은 Car−Vec이고, 가격은 10,000원이고, 필터는 수시로 교환하여야 하며 품질보증은 없다. 마찬가지로 마지막의 진공청소기 18에 이르기까지 속성의 단계들의 조합을 볼 수 있다.

표 7-3   자동차 진공청소기 설계를 위한 실험 설계

상 품	모 형	제품명	가 격	필터교환	품질보무증	응답자의 평가(순위)
1	A	Car-Vec	10,000	수시교환	무	13
2	A	진공청소기	13,000	〃	유	11
3	A	샛별	15,000	영구필터	무	17
4	B	Car-Vec	13,000	〃	유	2
5	B	진공청소기	15,000	수시교환	무	14
6	B	샛별	10,000	〃	무	3
7	C	Car-Vec	15,000	〃	유	12
8	C	진공청소기	10,000	영구필터	무	7
9	C	샛별	13,000	수시교환	무	9
10	A	Car-Vec	15,000	영구필터	무	18
11	A	진공청소기	10,000	수시교환	유	8
12	A	샛별	13,000	〃	무	15
13	B	Car-Vec	10,000	〃	무	4
14	B	진공청소기	13,000	영구필터	무	6
15	B	샛별	15,000	수시교환	유	5
16	C	Car-Vec	13,000	〃	무	10
17	C	진공청소기	15,000	〃	무	16
18	C	샛별	10,000	영구필터	유	1

소비자들의 응답을 받기 위하여, 설계된 상품들을 소비자에게 제시하는 데에는 일반적으로 세 가지 방법이 있다. 첫째, 문장으로 기술하는 방법, 둘째는 각 속성의 수준을 카드로 제시하는 방법, 그리고 셋째는 그림 또는 실물을 제시하는 방법 등이다. 각 방법이 사용될 수 있는 경우가 다를 수 있으며 각각 장단점을 지니고 있어서 필요에 따라서 이를 절충하여 쓰고 있다(Green, 1978).

제품의 선호도를 측정하는 데에는 명목척도를 제외한 순위척도(ordinal scale), 간격척도(interval scale)와 비율척도(ratio scale) 등이 다양하게 사용된다(Torgerson, 1958: 105-112; Green, 1978). 척도의 선택은 선호도 모형과 효용의 추정방법의 선택에 따라서 각각 달라지게 되는데 이에 관해서는 Green(1978)을 참조하기 바란다.

〈표 7-3〉에서는 마지막 행에 소비자의 응답이 기록되었는데, 순위척도를 사용하여 각 제품별로 1부터 18에 이르는 순위가 매겨져 있다. 즉 진공청소기 18이 한 개인의 응답자에게 가장 선호되었고 진공청소기 10이 최하위였다. 이러한 각 상품의 실험설계에 따라서 응답자의 순위가 주어진 후 각 속성의 수준에 대한 효용을 추정한다.

사례: 식품업계 "소비자가 최고의 제품 개발자" 대박 낳는 소비자 아이디어

식품업계는 소비자의 눈높이에 맞춘 제품을 출시하기 위해 다양한 노력을 기울이고 있다. 소비자 의견을 제품 개발 과정 등에 적극 반영하는 추세이다. 최근에는 소비자의 요구에 따라 단종된 제품을 재출시하는 사례도 늘고 있다.

■ 오리온 '소비자 의견 공유 시스템' 구축

오리온은 소비자 의견을 실시간으로 파악할 수 있는 프로그램인 'VOC(Voice of Customer) 사내 공유 시스템'을 구축, 전 임직원이 수시 열람할 수 있도록 했다. 제품에 대한 소비자의 의견을 듣고 신제품 개발 및 기존 제품 개선에 반영하기 위한 조치다.

오리온은 "다이제를 한입에 먹을 수 있는 크기로 만들면 좋겠다"는 소비자 의견을 반영해 '다이제 미니'를 출시했다. 다이제 미니는 지름 40mm 크기로, 한입에 갈끔하게 먹을 수 있는 것이 특징이다. 입에 과자가 묻지 않고 부스러기가 잘 생기지 않는 점 때문에 20대 여성을 중심으로 인기를 끌고 있다. 다이제 미니는 출시 이후 4개월 만에 누적 판매량 240만 개를 돌파하는 등 다이제 전체 매출의 약 20%를 차지하고 있다.

■ CJ제일제당, 주부 의견 적극 반영

CJ제일제당은 소비자 참여 프로그램을 통해 의견을 청취하고 제품에 반영한다. CJ제일제당 '톡톡 주부 연구원'은 소비자의 아이디어 공유를 통해 새로운 제품을 기획하는 참여형 프로그램이다. 연구원에 선발되면 맛집 탐방이나 시판 제품에 대한조사 등 트렌드 체험을 통해 아이디어를 발굴한다. 아이디어는 실제 제품 개발로 이어지기도 한다. 2015년 출시된 '비비고 곤드레 나물밥'이 대표적이다. 비비고 곤드레 나물밥은 한 주부 연구원의 아이디어를 바탕으로 탄생했다. 손이 많이 가는 나물 요리로 가정에서 쉽고 간편하게 건강을 챙길 수 있다는 점에서 좋은 아이디어로 평가 받았다. 비비고 곤드레 나물밥은 CJ제일제당의 대표 냉동밥으로 자리 잡았다. 현재 70건이 넘는 주부 연구원의 아이디어가 상품화 준비 단계에 있다.

■ 빙그레, 컬래버레이션 제품으로 주목

빙그레는 온라인에서 화제를 모은 캠페인에서 착안해 관련 제품을 출시하였다. 빙그레는 바나나맛우유에 사용되는 빨대를 소재로 한 '마이스트로우' 영상 5편을 SNS에 공개했다. 해당 영상은 조회 수가 3,000만 뷰를 넘어서는 등 화제를 모았다. 빙그레는 해당 영상을 본 소비자의 빨대 제품에 대한 출시 요청이 잇따르자 제품을 실제로 선보였다. '링거 스트로우' 등 3종은 출시 1주일 만에 전량 판매되는 등 총 8만여 개가 팔려나갔다.

소비자와 패션업계의 의견을 반영한 슬리퍼와 의류 등의 컬래버레이션 제품도 인기다. 빙그레는 휠라코리아와 협업해 메로나 특유의 색을 입힌 운동화 '코트디럭스 메로나'를 선보였다. 해당 제품은 초도물량 600족이 출시 2주 만에 전량 판매되는 등 화제를 모았다. 빙그레는 SPA(이랜드)와 협업해 '메로나 티셔츠', '메로나 가디건' 등을 출시하기도 했다.

■ 모디슈모의 출현 + 단종 제품의 부활

기존 제품의 요리법에 만족하지 않고 자신의 취향에 맞게 재창조해 내는 '모디슈머(modify+consumer) 열풍'을 반영한 제품도 인기다.

삼양식품은 새로운 레시피로 자신만의 요리를 즐기는 소비자 트렌드를 반영해 쌈장라면을 출시했다. 쌈장라면은 쌈장분말 7%, 된장, 고추장을 비롯해 파, 마늘 등 갖은 양념으로 버무린 쌈장을 라면에 한 스푼 정도 넣으면 진한 국물 맛을 낼 수 있다는 TV프로그램의 조리법을 활용한 제품이다. 소비자의 요청으로 기존 제품속 구성품을 별도 제품으로 출시한 사례도 있다. 팔도는 '팔도비빔면'의 34년 노하우가 담긴 비빔장(액상스프)을 '팔도 만능비빔장'이라는 이름으로 정식 출시했다. 팔도 홈페이지와 고객센터, 온라인 등을 통해 "팔도 비빔면의 액상스프를 따로 판매해 달라"는 소비자들의 요청에 따라 제품을 선보이게 됐다는

CJ제일제당 '톡톡 주부 연구원'들이 회사 소속 연구원과 아이디어를 나누고 있다.

것이다.

소비자의 재출시 요구로 단종 제품이 부활한 사례도 늘고 있다. 오뚜기는 2010년 출시된 '보들보들 치즈라면'의 맛을 기억하는 소비자들의 요청에 따라 '리얼치즈면'을 새롭게 출시했으며, 해태제과는 2005년 이후 단종되었던 아이스크림 '토마토마'를 재출시하기도 했다.

자료원: 한국경제매거진, 2018. 01. 17. 사진출처: CJ제일제당

3. 효용의 추정

각 속성의 수준에 대한 효용의 추정은 추정하고자 하는 선호도모형과 관계가 있기 때문에 우선 선호도 모형에 관해서 언급한 후, 추정방법에 대해서 소개하기로 한다. 먼저 모형에서 사용되는 첨자와 변수는 다음과 같다.

첨자, 변수 및 상수

$i = 1, 2, \cdots,$ 소비자
$j = 1, 2, \cdots,$ 설계된 상품
$k = 1, 2, \cdots,$ 속성
$l = 1, 2, \cdots,$ 속성 k의 수준

Y_{ij}: 소비자 i의 제품 j에 대한 선호도(19−순위)

(<표 7−4>에서는 마지막 행에 순위로 조사되었음)

U_{ikl}: 속성 k의 수준 l에서 소비자 i가 갖는 효용

$X_{jkl} = \begin{cases} 1: \text{상품 } j\text{에 속성 } k\text{의 수준 } l\text{이 포함될 때} \\ 0: \text{포함되지 않을 때} \end{cases}$

일반적으로 가장 많이 활용되고 있는 선호도 모형은 다음과 같은 모형으로 제시된다.

$$Y_{ij} = \sum_{k=1}^{K} \sum_{l=1}^{L_k} U_{ikl} X_{jkl}$$

<표 7−3>에서 소비자의 평가로서 순위척도가 예시되었는데, 이 자료는 앞의 모형에서 종속변수 Y_{ij}의 입력자료로서 이용되며, 앞에서 언급한 부분인수법에 의한 실험설계가 X_{jkl}의 자료로서 입력된다. 그리고 U_{ikl}이 추정되어지는 속성 k의 수준 l에 관한 소비

자 i의 효용이 된다. 이에 대한 내용은 〈표 7-4〉에서 나타난 바와 같다. 여기에서 소개된 모형과 그에 따른 설계행렬은 각 속성의 주요효과(main effect)만이 고려되었으며, 하나의 속성이 다른 속성과 상호작용하며 발생되는 상호작용효과(interaction effect)도 물론 추가될 수 있음을 부가한다.

속성수준의 효용 추정방법은 설계된 제품의 선호도로 어떠한 척도를 이용하였는가에 따라서 달라진다. 순위척도를 사용하여 선호도를 측정하였을 경우 MONANOVA(Kruskal, 1965), PREMAP(Carlot, 1972), nonmetric trade-off 분석법 (Johnson, 1973) 및 LINMAP(Srinivasan and Shocker, 1973) 등의 방법이 있다. 그리고 간격척도를 사용하였을 경우 OLS 회귀분석, MSAE 회귀분석이 사용되며, 상호비교(paired comparison)자료의 경우에는 LOGIT이나 PROBIT이 적용된다(McFadden, 1976). 각 추정방법에 관한 토론은 Green(1978)을 참고하기 바란다.

표 7-4   효용 추정을 위한 설계 행렬

제품	모 형			제품명			가 격			필터교환		품질보증		평 가
	A	B	C	Car	진공	샛별	10,000	13,000	15,000	영구	수시	유	무	(19-순위)
j	X_{j11}	X_{j12}	X_{j13}	X_{j21}	X_{j22}	X_{j3}	X_{j31}	X_{j32}	X_{j3}	X_{j41}	X_{j42}	X_{j1}	X_{j2}	X_{ij}
1	1	0	0	1	0	0	1	0	0	0	1	0	1	6
2	1	0	0	0	1	0	0	1	0	0	1	1	0	8
3	1	0	0	0	0	1	0	0	1	1	0	0	1	2
4	0	1	0	1	0	0	0	1	0	1	0	1	0	17
5	0	1	0	0	1	0	0	0	1	0	1	0	1	5
6	0	1	0	0	0	1	1	0	0	0	1	0	1	16
7	0	0	1	1	0	0	0	0	1	0	1	1	0	7
8	0	0	1	0	1	0	1	0	0	1	0	0	1	12
9	0	0	1	0	0	1	0	1	0	0	1	0	1	10
10	1	0	0	1	0	0	0	0	1	1	0	0	1	1
11	1	0	0	0	1	0	1	0	0	0	1	1	0	11
12	1	0	0	0	0	1	0	1	0	0	1	0	1	4
13	0	1	0	0	0	0	1	0	0	0	1	0	1	15
14	0	1	0	0	1	0	0	1	0	1	0	0	1	13
15	0	1	0	0	0	1	0	0	1	0	1	1	0	14
16	0	0	1	1	0	0	0	1	0	0	1	0	1	9
17	0	0	1	0	1	0	0	0	1	0	1	0	1	3
18	0	0	1	0	0	1	1	0	0	1	0	1	0	18

위와 같은 추정방법들을 이용하지 않더라도, 〈표 7-4〉의 설계행렬이 부분인수법 (fractional factorial design)에 의하여 상품을 모두 열거하였거나 혹은 orthogonal 설계인 경우, 다음과 같은 전환된 평균법에 의해서 계산할 수 있다. 여기에서 제시한 방법에 의해서 효용치를 추정한 후에 이에 대한 설명과 MONANOVA에 의한 추정을 비교하고자 한다.

효용의 추정방법은 크게 두 단계로 나누어질 수 있다. 첫 번째 단계는 속성에서 해당되는 수준의 평균값을 구하는 단계이며, 두 번째는 평균값을 효용치로 전환하는 단계이다. 첫째로 〈표 7-4〉의 설계행렬에서 각 속성의 각 수준에 대하여 종속 변수에 해당되는 선호도 값의 평균치를 계산한다. 수식으로 나타내면,

$$\sum_{j=1}^{18} Y_{ij} X_{jkl} \, / \, \sum_{j=1}^{18} X_{jkl}$$

예를 들어 제품명 Car-Vec이 이용되는 제품의 종속변수 값의 평균을 구하면, (6+17+7+1+15+9)/6=9.17이 된다. 여기에 활용된 숫자, 예를 들어서 6은 19-순위(=19-13)라는 것을 이해하기 바란다.

둘째로 위에서 구한 평균값을 특정한 범위의 효용가치로 변환시킨다. 예를 들면, 〈표 7-5〉에 나타난 바와 같이, 평균값의 범위는 5.33-13.33인데 단순히 0.1-1.0의 범위에서의 효용가치로 전환될 수 있다. 이 경우 전환을 위하여 활용된 식은 {(평균값-5.33)/(13.33-5.33)}×0.9+0.1이 사용되었다. 따라서 Car-Vec의 효용은 {(9.17-5.33)/(13.33-5.3)}×0.9+0.1=0.5이며 〈표 7-5〉의 효용(전환된 평균)에 나타나 있다.

표 7-5   속성수준의 평균치 및 효용

	속성수준	평 균 치	효용(전환된 평균)	효용(MONANOVA)
모 형	A형	5.33	0.1	0.1
	B형	13.33	1.0	1.0
	C형	9.83	0.6	0.0
제품명	Car-Vec	9.17	0.5	0.3
	진공청소기	8.67	0.5	0.2
	샛별	10.67	0.7	0.5
가 격	10,000원	13.00	1.0	1.0
	13,000원	10.17	0.6	0.7
	15,000원	5.33	0.1	0.1
필터교환	영구필터	10.50	0.7	0.3
		9.00	0.5	0.2
품질보증	유	12.50	0.9	0.7
	무	8.00	0.4	0.2

그림 7-2   속성의 수준별 효용의 그래프

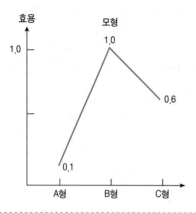

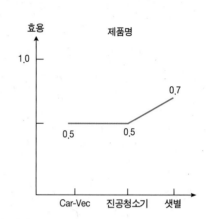

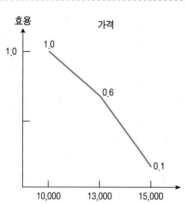

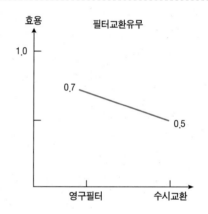

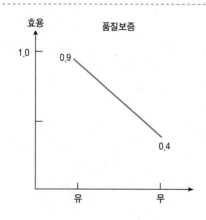

위 방법에 의하여 계산된 효용을 일목요연하게 그래프를 이용하여 각 속성의 수준별로 나타내면 [그림 7-2]와 같다. 첫 번째 그래프를 보면, A형은 효용이 0.1이고, B형은 1.0, 그리고 C형은 0.6이다. 모형 속성에 따른 효용의 간격은 0.9인데, 올바른 수준의 선택에 따라서 변할 수 있는 효용의 차이로 해석할 수 있다. 따라서 한 속성에서 수준 간의 효용의 범위가 클수록 올바른 수준의 선택은 중요성을 지니게 된다. 예를 들면, 제품명의 효용의 범위는 0.2이기 때문에, 모형의 적절한 선택이 제품명의 선택보다 상대적으로 중요함을 볼 수 있다.

각 속성수준의 효용이 주어졌을 때 하나의 설계된 제품에 대해 각 속성의 해당되는 수준의 효용을 합함으로써 상품의 효용을 파악할 수 있다. 예를 들어, 상품 2의 경우

$$U(상품2) = U(A형) + U(진공청소기) + U(13,000원) + U(수시교환) + U(유)$$
$$= 0.1 + 0.5 + 0.6 + 0.5 + 0.9$$
$$= 2.6$$

즉 순위가 11인 상품 2의 총효용은 2.6이다. 그리고 순위가 1인 상품 18의 경우를 보면,

$$U(상품18) = 0.6 + 0.7 + 1.0 + 0.7 + 0.9$$
$$= 3.9$$

그러나 〈표 7-4〉의 순위를 나타낸 소비자의 경우, 제품 18에서 모형 속성을 C형에서 B형으로 바꿈으로써 제품의 효용이 0.4만큼 증대될 수 있으며, 이 제품이 최대효용을 줄 수 있는 제품이 된다. 그러나 이 제품은 본 제품의 설계에는 나타나 있지 않음을 볼 수 있다. 따라서 부분인수법을 하여 108개 가운데서 18개의 제품의 선호도를 소비자에게 물을지라도 108개 가운데서 최대의 효용을 주는 제품을 설계할 수 있음을 알 수 있다.

지금까지 언급한 전환된 평균법에 의한 효용 추정 방법과 MONAOVA에 의한 추정 방법을 비교하고자 한다. MONANOVA에 의한 추정은 〈표 7-5〉의 마지막 열에 나타나 있다. 두 가지 다른 방법에 의하여 추정된 속성 수준의 효용을 각 제품의 설계별로 더함으로써 제품의 효용을 구할 수 있으며 〈표 7-6〉의 두 번째와 세 번째 열에 기입되었다. 그리고 제품의 효용에 입각해서 두 가지 방법 각각에 의한 순위가 네 번째와 다섯 번째 열에 기입되었고, 마지막 열에는 소비자가 매긴 순위가 기입되었다. 〈표 7-6〉에서 볼 수 있듯이 거의 완벽하게 소비자의 순위를 복원하고 있음을 볼 수 있다. 따라서 한 소비자의 순위만 가지고 언급했으나, 두 방법은 응답자의 순위에 입각하여 효용을 추정하고 다시

표 7-6	MONANOVA와 전환된 평균법의 비교				
제 품	제품의 효용	제품의 효용 (전환된 평균)	순위 (MONANOVA)	순위 (전환된 평균)	순위 (소비자)
1	1.8	2.5	13	13.5	13
2	1.9	2.6	11.5	11	11
3	1.2	2.0	17	17	17
4	3.0	3.7	2	2	2
5	1.7	2.5	14.5	13.5	14
6	2.9	3.6	3	3	3
7	1.9	2.6	11.5	11	12
8	2.4	3.2	6.5	6	7
9	2.2	2.8	8.5	9	9
10	1.0	1.8	18	18	18
11	2.2	3.0	8.5	8	8
12	1.7	2.3	14.5	15	15
13	2.7	3.4	4	4	4
14	2.4	3.2	6.5	6	6
15	2.5	3.2	5	6	5
16	2.0	2.6	10	11	10
17	1.3	2.1	16	16	16
18	3.1	3.9	1	1	1

추정된 효용에 입각하여 순위를 복원시킬 때 원래 응답자의 순위를 대단히 잘 반영한다고 말할 수 있다. 그러므로 여기에서 제시한 전환된 평균법을 사용하는 것은 속성의 효용들을 추정하는 데 좋은 방법이라고 말할 수 있을 것이다.

지금까지 하나의 소비자를 대상으로 속성수준의 효용추정에 관하여 언급하였다. 그리고 한 소비자일 경우 효용을 최대로 하는 제품의 선택에 관하여 논하였다. 다음 절에서는 제품의 취향과 그에 따른 선호도가 다른 이질적인 소비자들로 구성된 실제 시장에서 최적의 제품의 선택에 관한 선형계획 모형을 소개하고자 한다.

SECTION 02 최적 상품의 선택

앞에서 여러 가지 효용 추정 방법에 관하여 설명하였다. 어떤 방법에 의해서 속성수준의 효용이 추정되었다고 하자. 이런 상태에서 본 절에서는 최적의 상품라인을 선정하는 수학적 모형을 소개하고자 한다.

속성과 그의 수준의 선발에 따라서 설계될 수 있는 제품의 조합을 M이라고 하면 $M=\{m\,|\,m=1, 2, \cdots, M\}$으로 표시될 수 있으며 앞의 자동차 진공청소기의 경우 $m=108$이 된다. 그리고 소비자의 집합을 N이라고 하면 $N=\{n\,|\,n=1, 2, \cdots, N\}$으로 표시될 수 있으며 이 경우 N은 소비자(응답자)들의 총 숫자가 될 것이다. 따라서 소비자 n의 상품 m에 대한 효용을 $W_{m,n}$으로 표시하자. 그렇다면 최적 상품라인을 선정하는 문제는 총 설계 가능한 k개의 상품 가운데서 소비자의 효용을 최대로 할 수 있는 m개의 상품들을 선정하는 문제가 된다. 선형계획 모형을 소개하기 전에 다음과 같이 변수들을 정의하고자 한다.

$$Y_m = \begin{cases} 0, \text{ 제품 } m\text{이 최적 상품으로 선정되지 않을 경우} \\ 1, \text{ 제품 } m\text{이 최적 상품으로 선정될 경우} \end{cases}$$

$$Z_{m,n} = \begin{cases} 0, \text{ 소비자 } n\text{이 상품 } m\text{을 선정되지 않을 경우} \\ 1, \text{ 소비자 } n\text{이 상품 } m\text{을 선정될 경우} \end{cases}$$

M개의 상품 가운데서 한 소비자가 하나의 제품을 구매한다고 가정하면, 소비자 전체의 효용을 최대화하는 선형계획모형은 다음과 같이 설정된다.

1) $Max \displaystyle\sum_{m=1}^{M} \sum_{n=1}^{N} W_{m,n} Z_{m,n}$

    $s.t$

2) $\displaystyle\sum_{m=1}^{M} Z_{m,n} = 1$ $\qquad\qquad\qquad$ $n=1, 2, \cdots, N$

3) $\displaystyle\sum_{m=1}^{M} Y_m = k$

4) $0 \leq Z_{m,n} \leq Y_m \leq 1$ $\qquad\qquad$ $m=1, 2, \cdots, M$

$\qquad\qquad\qquad\qquad\qquad\qquad\qquad$ $n=1, 2, \cdots, N$

5) $Z_{m,n}=0, 1$ $m=1, 2, \cdots, M$

                               $n=1, 2, \cdots, N$

6) $Y_m=0, 1$ $m=1, 2, \cdots, M$

앞의 선형계획 모형은 0-1 정수계획모형으로 설정되었다. 목적함수 1)은 선정된 제품들이 소비자의 효용을 최대화할 수 있도록 하였으며, 제약식 2)는 하나의 소비자가 하나의 제품을 선택하도록 설정되었다. 제약식 3)은 M개의 제품 가운데서 m개를 선정하기 위한 것이다. 제약식 4)에서 $Y_m=0$일 경우 $Z_{m,n}$은 항상 0이 된다. 즉 상품 m이 선택되지 않을 경우 소비자 n은 상품 m을 선택할 수 없다. 그리고 $Y_m=1$일 경우 $Z_{m,n}$은 0이나 1의 값을 취하게 되는데, 제약식 2)에 의하여 소비자 n은 하나의 제품만을 선정하게 되며, 목적함수에 의하여 효용을 최대화할 수 있는 제품이 선정된다. 따라서 최대화하는데 기여하는 제품일 때 $Z_{m,n}=1$이 되고 그렇지 못할 경우 $Z_{m,n}=0$이 된다. 그러나 제약식 2)에 의하여 하나의 소비자에게 선택되는 제품은 항상 하나가 존재하게 된다. 마지막으로 제약식 5)와 6)은 0 혹은 1의 값을 갖는다는 것이다.

앞의 목적함수 1)과 제약식 2)에서 소비자 한 사람이 하나의 제품을 선택하여 소비한다고 소비자들을 동등하게 수식화하였으나, 이러한 가정은 어느 정도 쉽게 해결이 될 수 있다. 실제의 경우 소비자들이 소비하는 제품의 양은 모두 다를 수 있다. 즉, 시장에서 다량구매자(heavy user)와 소량구매자(light user)의 문제는 목적 함수에 소비자들의 구매하는 정도에 따라서 가중치를 설정함으로써 해결이 될 수 있다. 예를 들면 소비자 n의 제품 m에 대한 소비율, 또는 소비량을 $C_{m,n}$이라고 하면 목적함수는 다음과 같이 변경될 수 있다.

$$Max \sum_{m=1}^{M} \sum_{n=1}^{N} C_{m,n} W_{m,n} Z_{m,n}$$

여기에서 $C_{m,n}$과 $W_{m,n}$은 상수이므로 $d_{m,n}=C_{m,n} W_{m,n}$이라 놓고, 목적함수를 단순화시키면,

$$Max \sum_{m=1}^{M} \sum_{n=1}^{N} d_{m,n} Z_{m,n}$$ 이 된다.

위의 수학적 모형에서 변수가 정수이기 때문에 정수해 (0, 1)을 구하는데, 제약식이 증가함에 따라서 정수해를 구하는 데 걸리는 컴퓨터 시간이 기하급수적으로 증가하

기 때문에 이러한 문제를 해결하기 위하여 Heuristic Algorithm들이 연구되고 있다(Green and Krieger, 1985; Kohli and Krishnamurti, 1987).

앞에서 소개한 정수계획 모형은 소비자의 효용의 합을 최대화하는 제품라인을 선택하는 모형이었다. 따라서 이러한 모형화는 문제를 소비자의 입장에서 보고 효용을 최대화하고자 하는 것이었으며, 문제를 보는 관점에 따라서, 추구하고자 하는 목적에 따라서 모형은 변하게 될 것이다. 또한 제품의 성격에 따라서도 달라질 수 있다. 예를 들면, 기업이 종업원들을 위하여 보험상품라인을 제공한다고 할 때 종업원들의 입장과 경영자들의 입장에서 서로 상충된 효용가치를 가질 수 있다. 또한 일반 소비재와 달리 공공적인 성격을 지니고 있는 제품을 설계할 때에도 모형의 목적함수가 달라질 수 있다. 따라서 제품이 지니고 있는 성격을 파악하고, 생산자와 소비자의 입장을 고려하여 모형의 목적함수를 설정하도록 하여야 할 것이다(Green and Krieger, 1985).

SECTION 03 Conjoint 분석의 적용

지금까지 신제품 개발을 위하여 자동차 진공청소기를 예로 들어 Conjoint분석의 각 단계들을 설명하고, 제품라인의 최적화 문제에 대해서 선형계획 모형을 제시하였다.

Conjoint 분석이 소개되고 실제로 기업들이 이 Conjoint 분석을 상품개발에 응용하기 시작한 것은 1970년대에 들어와서였다. 1970년대 말에 이르러서 많은 기업들에 의해서 이용되었으며, 신제품 개발뿐만 아니라 마케팅 관리의 여러 분야에서 응용되었다.

1971~1980년 사이에 미국의 17개의 경영연구 자문회사를 상대로 조사한 결과 698건의 연구 프로젝트가 Conjoint 분석을 이용하였으며, 이 중 160건이 1980년에 행하여졌다. 이러한 프로젝트의 내용들을 제품과 서비스별로 나누어 보면 다음의 〈표 7-7〉과 같다(Cattin and Wittink, 1982).

60%에 해당되는 프로젝트가 소비재에 관련되어 있으며 다음으로 산업재에 20%가

| 표 7-7 | 제품/서비스별 Conjoint 분석의 사용 | |

제품구분	1971년~1980년 사용빈도	1980년 사용빈도
소비재	429 (61%)	96 (60%)
산업재	138 (20%)	33 (21%)
수송재	25 (4%)	5 (3%)
금융재	53 (8%)	6 (4%)
공공재	18 (3%)	7 (4%)
기타 서비스	35 (5%)	13 (8%)
합 계	698(100%)	160(100%)

자료원: Cattin, P. and Winttink, D. R. (1982), "Commercial Use of Conjoint Analysis: A Survey," *Journal of Marketing*, 46(3), pp. 44-53.

조금 넘게 Conjoint 분석이 이용되었음을 볼 수 있다. 그리고 재화뿐만 아니라 서비스 부분(금융재와 기타 서비스)도 13%가 Conjoint 분석을 응용하였음은 재화와 용역의 모든 분야에 걸쳐서 적용되고 있음을 보여주고 있다. 이러한 Conjoint분석은 1980년대에 이르러서 더욱더 증가되고 있음을 Wittink and Cattin(1989)의 조사결과에서 볼 수 있다.

    Conjoint 분석의 적용사례들을 마케팅 관리상에서 프로젝트의 용도별로 살펴보면 다양하게 사용되고 있음을 〈표 7-8〉에서 볼 수 있다. 1971~1980년에는 698건에 대한 조사이고 1981~1985년에는 1,062건에 대한 조사결과이다. 우선 마케팅 관리의 모든 분야에서 적용되고 있음을 볼 수 있으며 최근에 이르러서 용도도 다양해지고 있음을 볼 수 있다. 그리고 하나의 프로젝트가 행하여 질 때 다양한 목적을 가지고, 예를 들면 신제품 개발시에 가격과 경쟁분석을 동시에 행함으로써 경영관리자가 의사결정을 내리는 데 보다 효율적인 도구로 사용되고 있음을 감지할 수 있다. 〈표 7-8〉에서 합계가 100%가 넘는 것은 Conjoint 분석을 수행할 때 그 용도가 신제품 개발을 하면서 경쟁분석, 가격분석 등을 동시에 수행하기 때문이다. 이것은 Conjoint 분석이 다목적으로 활용될 수 있는 힘있는 도구라는 의미이다. Conjoint 분석의 다목적 이용이 70년대보다는 80년대에 이르러서 더욱 활발해지고 있음이 나타나고 있다. 이 밖에도 앞에서 소개한 절차, 즉 속성과 수준의 선발을 포함하는 다양한 주제에 관하여 여러 가지 방법이 연구되고 토론들이 진행되어 왔다. 이에 관한 자세한 내용은 Cattin and Wittink(1982), Wittink and Cattin(1989), 그리고 Green and Srinivasan(1978, 1990)을 참고하기 바란다.

    현재에 이르기까지 실무자들이 Conjoint 분석을 보다 실용적으로 이용할 수 있도록, 많은 노력을 기울여와서 최근에는 간편한 컴퓨터 소프트웨어들이 개발되어 있다. 그리고

표 7-8	용도별 Conjoint 분석의 적용	

용 도	1971년~1980년	1981년~1985년
신제품 개발	72%	47%
경쟁분석	-	40%
가격결정	61%	38%
시장세분화	48%	33%
Repositioning	-	33%
광 고	39%	18%
유 통	7%	5%
합 계	100% (698건에 대한 분류)	100% (1,062건에 대한 분류)

속성들이 많아짐에 따라서 조사하는 데 부담을 가져오게 되는데, 이러한 문제의 해결에도 노력을 기울이고 있으며, 다양한 선호도 모형의 개발과 결과의 타당성 문제, 효용가치의 신뢰성 문제 등 다양한 문제들을 심도있게 연구하고 있다. 1970년대를 Conjoint 분석의 도입시기라고 본다면 1980년대에는 실용화를 위하여 노력했던 시기라고 볼 수 있으며, 앞으로 더욱 더 친밀하게 마케팅 관리 실무자들이 Conjoint 분석을 이용할 수 있게 되리라고 믿는다.

사례: 수술실 걸어들어간 환자가 더 행복한 이유

수술실을 향하는 환자들의 하소연은 대개 두 가지다. 첫 번째는, 혹여 수술실에서 깨어나지 못한다면 영영 못보게 될 사랑하는 아내나 남편, 그리고 눈에 넣어도 아프지 않은 아이들, 가족에 대한 걱정과 불안, 연민 등 수술실을 향하는 침대에 누우면 왜 그리도 걱정과 생각이 많아지는지 불안과 초조함을 달래기기 힘들다는 깃이다. 두 번째는, 이송반원에 이끌려 수술실을 향하는 도중 잠시 서 있거나 엘리베이터를 기다리고 있을 때 다른 사람들과 마주치는 시선이 너무도 부담스럽고 창피하다는 것이다. 그래서 많은 환자들은 안대나 머리맡을 가려달라는 요구를 한다.

모든 사람에게 적용하지는 않지만 스스로 걸을 수 있고 동의하는 환자에 한해서 수술실까지 걸어가게 하는 병원이 있다. 이송반원이나 보호자와 함께 두런두런 이야기하면서 이동하다 보니 못 깨어나면 어쩌지 하는 불안감이 훨씬 덜할 뿐 아니라 수술실을 향하는 침대에 누울 일이 없어 다른 사람들의 시선을 의식하지 않아도 되니 환자 만족도가 거의 만점에 가깝다.

환자가 수술실로 걸어가는 프로세스를 도입하려면 걸어가는 환자를 위한 수술복, 걸어가는 환자 이동경로에 대한 서비스 디자인 등 많은 것을 세심하게 배려해야 한다. 따라서 침대에 누워서 가는 환자와는 다른 수술복으로 새로 디자인했고 쾌적하고 청결한 실내환경 조성에도 힘썼다. 물론, 잠시라도 창밖으로 눈길을 돌릴 때 조금이나마 위안을 주고자 성경구절도 창에 새겼다. 건강한 사람은 창밖의 경치에 눈길이 가기 마련이지만 수술실을 향하는 환자는 창에 새겨진 성경구절이 그렇게나 큰 위안이 되더라는 후기가 많다.

수술실에 도착하면 환자의 동의하에 주치의 선생님을 비롯한 전 의료진이 환자의 몸에 손을 얹고 편안한 마음으로 수술을 잘 받을 수 있도록 최선을 다하겠다는 기도를 한다. 이 병원에서 수술을 받은 경험이 있는 환자들은 거의 대부분이 이 '기도하는 의사' 프로그램이야말로 '시그니처 서비스'이자 병원의 격을 끌어올리는 최고의 프로그램이라고 입을 모은다. 이게 다가 아니다. 수술을 마치고 회복실에서 눈을 뜨면 여기가 불안에 떨던 천국이 아니라 사랑하는 가족들이 애타게 기다리는 '가족의 품'임을 알려주는 천장에 새겨진 성경구절이 또 한번 맞아준다. "두려워하지 말라. 내가 너와 함께 함이라."

이처럼 서비스에 대한 패러다임이 달라지고 있다. 고객이 원하지도 않는 여러 가지 서비스를 과도할 정도로 제공하던 방식에서 약간의 수고로움이 따르더라도 고객에게 꼭 필요한 가치만을 맞춤 제공하는 서비스로 바뀌고 있다. 환자가 수술까지 걸어가야 하는 약간의 수고스러움이 따르더라도 환자에게 꼭 필요한 가치, 즉 창피함이나 불안감을 떨치고 싶은 심정을 고려한 서비스로 바뀐 것이다.

자료원: 동아비즈니스리뷰, 2017.04. Issue 1.

SECTION 04 맺음말

과거 30년을 돌이켜 보면 우리 기업은 판매량 제고에 무던히도 많은 노력을 기울여 왔다. 그러나 판매량의 증대를 위하여, 특히 해외시장에서 우리 기업들은 소비자의 취향을 고려하지 않은 상태에서 연구개발부서가 상품을 개발하여 영업부서에 판매를 의뢰하였고, 영업부서에서는 제품을 해외시장에 가지고가서 그곳의 구매담당자와 단순히 가격만을 가지고 흥정한 사실이 많았음을 해외지사의 담당자와 의견을 교환해 볼 때 쉽게 느낄 수 있다. 그리고 해외시장의 유통업자들이 편의상 적절히 소매상을 통하여 판매해온 것이 사실이다. 이런 이유로 우리 기업이 심혈을 기울여 만든 고도의 정밀과 테크놀로지를 요구하는 제품들이 심지어 장난감가게에서 판매되고 있는 현실을 목격한 바 있다. 한 마디로 요약하면 우리 기업의 많은 수가 OEM 방식에 의해서 주문자가 해달라는 대로 상품을 제조하던가, 아니면 연구실에서 R&D 부서에 의해서 소비자의 취향을 무시한 채 제품을 설계하였고, 마케팅 관리의 변수로서는 오로지 가격만을 가지고 유통업자와 흥정을 하였던 것이다.

  기존의 시장 관리 방식으로는 시장 경쟁에서 살아남기 힘들 뿐만 아니라 성공적인 제품 관리가 이루어질 수 없다. 성공적인 신제품의 설계는 먼저 시장, 제품, 소비자에 대해 정확히 이해한 후, 제품의 속성을 파악하고 이에 대한 소비자의 효용을 파악하여 이를 바탕으로 제품을 설계하는 과정을 통해서 이루어진다. 이렇게 설계된 제품들을 통해 다양한 소비자들의 효용을 최대화하는 최적의 제품 라인을 구성할 수도 있으며, 이렇게 도출된 최적 제품들은 마케팅 전략 수립의 근본이 된다.

  오늘날의 시장 경쟁 상황은 과거처럼 가격(price)에 전적으로 의존하던 정책이 아닌 4P's 전체의 효율적인 관리가 절대적으로 필요하다. 이를 위해서는 우선 소비자의 욕구와 취향을 파악하고 제품이 지니고 있는 효용을 추정하여 소비자가 진정으로 필요로 하는 제품을 만들어야 한다. 또한 신제품 개발과 마케팅의 다른 3P's(promotion, place and price) 등에 대해 동시에 조사를 실시하여 제품 계획을 수립해야 한다. 이러한 각 단계들에서 앞에서 언급한 바와 같이 conjoint 분석이 유용한 분석 도구로서 사용되고 있다. 즉, 신제품 개발, 경쟁분석, 유통, 가격 결정, 광고 정책 등을 동시에 종합적으로 분석할 수 있는 기법이기에 과학적 관리의 중요한 도구로 추천할 수가 있다.

토론 문제

01 80년대 후반으로부터 시작하여 오늘날에 이르기까지 소주시장은 많은 변화를 가져왔다. 특히 새로운 상표들이 다양하게 출시되어 왔다. 유리병 포장으로부터 시작하여 종이팩, 사카린 소주에서 무사카린 소주, 디자인 및 알코올 농도의 변화를 비롯하여 시티, 그린 등의 브랜드와 김삿갓, 참나무통 맑은 소주에 이르는 다양한 신상품이 출하되었다. 신상품을 개발하기 위하여 중요한 속성을 나열하고 그에 따른 수준을 개발하여 보자. 나아가서 Conjoint분석을 위한 profile들을 열거하고 시장조사를 실시하여 보라. 하나의 기업을 선정하고 선정한 기업의 제품 관리자로서 소비자의 필요와 욕구에 부응하기 위하여 어떤 제품을 개발하겠는가?

02 금융기관의 장기성 상품의 중요한 성질은 크게 나누어서 수익성, 위험 및 환금성으로 구분될 수 있다. 다양한 금융기관 가운데서 업종을 선택하여(예: 은행) 상품을 개발하여 보라.

03 Conjoint 분석을 통한 개발사례는 다양하다. 호텔, 백화점, 병원 등의 디자인으로부터 화장품, 의류, 가전제품 및 식음료에 이르기까지 다양한 상품들에 있어서 conjoint 분석이 활용되어서 히트상품이 되었다. 이와 같은 국내외 문헌들을 찾아보고 추가적인 신제품 개발 방향들을 모색하여 보자.

04 현재 국내시장에서는 삼성, LG, 대우가 냉장고를 생산해 내고 있다. 귀하가 속해 있는 회사에서 신사업으로서 냉장고 시장에 진입하고자한다. 제품을 어떻게 설계하며, 교두보를 확보하기 위하여 경쟁사에 비하여 어떻게 제품 차별화를 실시하겠는가? 토론하여 보자.

05 Conjoint 분석을 활용하여 최적 상품이 선정되고 이에 따라서 상품의 효용치가 계산되었다고 하자. 그렇다면 이 상품의 수요를 예측하고자 한다면 어떤 방법이 적합할지 토론하여 보자.

참고 문헌

이동수 (1992), 신제품라인의 선정 및 가격결정에 관한 연구, 연세대학교 대학원.

Addleman, S. (1962), "Orthogonal Main-Effect for Asymmetrical Factorial Experiments," *Technometrics*, 4(1), pp. 21-47.

Alba, J. W. and Cooke, A. D. J. (2004), "When Absence Begets Inference in Conjoint Analysis," *Journal of Marketing Research*, 41(4), pp. 382-387.

Andrews, R. L., Ansari, A., Currim, I. S. (2002), "Hierarchical Bayes Versus Finite Mixture Conjoint Analysis Models: A Comparison of Fit, Prediction, and Partworth Recovery", *Journal of Marketing Research*, 39(1), pp. 87-98.

Bradlow, E. T., Hu, Y., and HoA, T.-H. (2004), "Learning-Based Model for Imputing Missing Levels in Partial Conjoint Profiles," *Journal of Marketing Research,* 41(4), pp. 369-381.

Cattin, P. (1981), "Some Findings on the Estimation of Continuous Utility Functions in Conjoint Analysis," in *Advances in Consumer Research*, Vol.9, Andrew Mitdhell, ed., St. Louis: Association for Consumer Research, pp. 367-372.

Cattin, P. and Wittink, D. R. (1982), "Commercial Use of Conjoint Analysis: A Survey," *Journal of Marketing*, 46(3), pp. 44-53.

Ding, M., Grewal, R., and Liechty, J. (2005), "Incentive-Aligned Conjoint Analysis," *Journal of Marketing Research*, 42(1), pp 67-82.

Green, P. E. (1974), "On the Design of Choice Experiments Involving Multi-Factor Alternatives," *Journal of Consumer Research*, 1(2), pp. 61-68.

Green, P. E., Douglas, C. J., and Carmone, F. J. (1978), "Some New Types of Fractional Factorial Designs for Marketing Experiments," *Research in Marketing*, 1(S 102), pp. 99-122.

Green, P. E. and Krieger, A. M. (1985), "Models and Heuristics for Product Line Selection," *Marketing Science*, 4(4), pp. 1-19.

Green, P. E. and Srinivasan, V. (1978), "Conjoint Analysis in Consumer Research: Issues and Outlook," *Journal of Consumer Research*, 5(2), pp. 103- 123.

Green, P. E. and Srinivasan, V. (1990), "Conjoint Analysis in Marketing: New Development with Implications for Research and Practice," *Journal of Marketing*, 54(4), pp. 3-19.

Hagerty, M. R. (1985), "Improving the Predictive Power of Conjoint Analysis: The Use of Factor Analysis and Cluster Analysis," *Journal of Marketing Research*, 22(2), pp. 168-184.

Holland, C. and Cravers, D. W. (1973), "Fractional Factorial Experimental Designs in Marketing Research," *Journal of Marketing Research*, 10(3), pp. 270-276.

Huber, J., Wittink, D. R., Fiedler, J. A., and Miller, R. (1993), "The Effectiveness of Alternative Preference Elicitation Procedures in Predicting Choice," *Journal of Marketing Research*, 30(1), pp. 105-114.

Johnson, R. M. (1973), "Paired Nonmetric Multidimensional Scaling," *Psychometrika*, 38(1), pp. 11-18.

Kohli, R. and Mahajan, V. (1991), "A Reservation Price Model for Optimal Pricing of Multiattribute Products in Conjoint Analysis," *Journal of Marketing Research*, 28(3), pp. 347-354.

Kohli, R. and Krishnamurti, R. (1987), "A Heuristic Approach to Product Design," *Management Science*, 33(12), pp. 1523-1533.

Kruskal, J. B. (1965), "Analysis of Fractical Experiments by Estimating Monotone Transformation of Data," *Journal of the Statistical Society*, Series, B, 27, pp. 251-263.

McFadden, D. (1976), "Quantal Choice Analysis: A Survey," *Annals of Economics and Social Measurements*, 5, pp. 363-390.

Rubin, D. B. (2004), "Design and Modeling in Conjoint Analysis with Partial Profiles," *Journal of Marketing Research*,

41(4), pp. 390-391.

Srinivasan, V., Jain, A. K., and Malhotra, N. K. (1983), "Improving Predictive Power of Conjoint Analysis by Constrained Estimation," *Journal of Marketing Research*, 20(4), pp. 433-438.

Srinivasan, V. and Shocker, A. D. (1973), "Linear Programming Techniques for Multidimensional Analysis of Preferences," *Psychometrics*, 38(3), pp. 337-369.

Togerson, W. S. (1958), *Theory and Methods of Scaling*, New York: John Wiley and Sons Inc.

Wittink, D. R. and Cattin, P. (1989), "Commercial Use of Conjoint Analysis : An Update," *Journal of Marketing*, 53(3), pp. 91-96.

사례: 아모레 퍼시픽 모디네일의 신제품 개발 과정
고객니즈가 제품 아이디어, 저절로 차별화!

손톱 색을 바꾸는 데서 화장의 재미를 찾거나 저렴한 가격으로 기분 전환을 꾀하는 여성이 많아지면서 전체 화장품시장의 침체에도 불구하고 네일 시장은 오히려 점점 더 커지는 추세다. 2014년 기준 국내 네일 제품 시장의 규모는 413억 원 정도로10년 전에 비해 3배 이상 증가했다. 최근 10년 동안 매년 평균 10% 이상 성장세다.

국내 네일 시장의 규모가 커진 데는 아모레퍼시픽의 로드숍 '아리따움(ARITAUM)'에서 내놓은 PB(Private Brand products) 브랜드 '모디네일(MODI nail)'의 공이 컸다. 2012년 6월 처음 나온 모디네일은 우수한 제품력과 다양한 색상, 빠른 회전율과 게릴라 마케팅을 토대로 시장에 나오자마자 여성 소비자들의 이목을 집중시켰고 출시된 지 1년 반 만에 1,000만 개가 팔려나가는 기록을 세웠다

고객가치를 새로운 제품이나 서비스로 만들어내는 과정을 신제품 개발 과정, 흔히 NPD(New Product Development) 과정이라고 한다. 모디네일은 이 과정을 잘 이행했다. 제품을 만들기 전에 먼저 온라인 커뮤니티를 통해 네일 제품에 관심이 많은 고객들이 기존 제품에 어떤 불만을 갖고 있는지 분석했고 이는 신제품 아이디어 창출에 중요한 초석이 됐다. 또한 고객을 관찰하고 거기서 얻은 자료를 분석해 고객의 니즈를 정확히 파악하는 과정을 충실히 이행한 결과, 기존 제품과 차별되는 모디네일만의 가치를 구현하는 포인트들을 찾을 수 있었다.

■ 소비자를 읽어라

2011년 말, 화장품을 주제로 여성들이 모여 정보를 교환하는 온라인 커뮤니티들을 탐색하던 아모레 퍼시픽 PB팀에서 흥미로운 현상을 발견했다. 해외 브랜드에서 내놓는 네일 제품을 손톱에 발라 색상을 비교하는 사진이 올라온다든지, 브랜드별 네일 제품의 품질을 평가하는 글이 올라오는 등 네일 제품에 대한 글이 유난

히 많이 올라온다는 것을 포착한 것이다. 페이지마다 네일 관련 글들이 잔뜩 올라오는가 하면 이런 글마다 댓글이 수십 개, 수백 개씩 달리기도 했다.

2011년 당시 PB팀이 감지한 것은 네일 제품에 대한 관심이 일부 마니아로부터 일반 소비자에게 확산되고 있는 듯한 분위기였다. 아리따움 BM팀 관계자는 "당시 네일과 관련된 글 자체도 많았지만 이런 글이 올라왔을 때 많은 여성들이 '나도 해보고 싶다' '갖고 싶다' '그 제품, 어디서 살 수 있느냐'며 열렬한 호응을 보였다"고 설명했다. 온라인 커뮤니티 동향을 파악한 아리따움 PB팀은 기존에 갖고 있던 네일 제품 라인업을 개선해 새롭게 구성하기로 했다. PB팀은 제품을 재구성하기 위해 먼저 네일 제품에 관심이 많은 고객들이 기존 제품에 어떤 불만을 갖고 있는지, 원하는 바가 무엇인 지를 알아야 한다고 생각했다.

이를 위해 추진한 방법은 크게 두 가지다. 우선 온라인 커뮤니티를 더욱 철저히 관찰하고 분석해 고객 니즈를 파악했다. 화장품에 관심이 많은 여성들이 주로 찾는 온라인 커뮤니티들을 매일 방문해 이들이 올리는 네일 관련 본문과 댓글을 일일이 읽고 자주 언급되는 문제점들을 모아 정리했다. 다음은 사내 품평이다. PB팀은 물론 네일 제품 제작업체 사람들까지 불러 한자리에 앉았다. 여러 회사의 네일 제품을 늘어놓고 하나씩 발라가며 질적 차이를 비교 평가했다. 소비자들의 의견과 자체 품평 결과, 개선해야 할 점은 크게 세 가지였다. 솔대의 길이, 브러시 모양, 색이 발리는 모양새가 그것이다.

■ 백지에서 재검토–어떻게 제품의 차별성을 확보할 것인가?

어떻게 하면 기존 솔대를 개선하여 더 나은 그립감을 얻을 수 있을까에 대한 고민을 시작했다. 여러 길이의 솔대를 제작해 직접 발라보기도 하고 솔대를 구부리거나 굴곡을 줘 보기도 하는 등 다양한 방법을 연구했다. 그러다 착안한 것이 '연필'이었다. 일단 솔대 두께를 기존 제품보다 얇게 조정하고 솔대 길이도 기존 제품보다 길게 해서 손가락이 연필을 잡는 것과 비슷한 느낌을 가질 수 있도록 했다. 둘째는 브러시이다. PB팀은 업체와 상의해 모 개수를 200, 220, 240, 260 등으로 변화시켜가며 브러시의 굵기와 발림의 정도를 실험하며 적절한 브러시 굵기를 찾는 데 주력했다. 셋째는 발리는 모양새였다. PB팀은 브러시가 너무 두껍지 않으면서도 한 번 바르면 넓게 발라질 수 있는 방법을 연구했다. 이를 위해 여러 모양의 브러시를 만들어 다양한 점도의 안료를 묻혀 발라보기를 수십차례 반복했다. 이런 과정을 통해 개발한 것이 삼각형으로 발리는 브러시다.

신제품 개발 과정에서 제품 출시 전 중요한 부분 중 하나를 꼽는다면 제품 테스트일 것이다. 면도기로 유명

모디네일 블로그 메인 화면

한 질레트(Gillette)는 100여 명의 본사 직원들이 순번을 정해서 매일 출근길에 R&D 연구소에 들러 출시 전의 다양한 신제품을 사용해보고 평가하며 그 결과를 데이터로 관리해 신제품의 품질 및 기능을 테스트한다. 모디네일의 성공요인 중 하나인 제품의 우수한 성능에 기반을 둔 독특성과 차별성은 삼각형 모양으로 퍼지는 브러시인데 이는 철저한 제품 및 아이디어 테스트의 산물이다. PB팀은 수십 번, 수백 번 자체 평가 및 테스트를 반복해 기존에 없던 브러시를 만들어냈다. 또한 200여 개 안팎의 색상도 체계적인 제품 테스트의 결과로, 덕분에 소비자가 가질 수 있는 선택의 폭이 어느 경쟁사보다도 넓다는 차별성을 확보할 수 있었다.

아울러 모디네일은 고객가치의 유지도 소홀히 하지 않았다. 모디네일 블로그를 운영해 온라인 커뮤니티를 활성화하고 서포터즈를 통해 마니아층을 육성했다. 특히 소비자들이 아리따움 PB팀과 자유롭게 커뮤니케이션할 수 있도록 블로그를 운영해서 고객의 소리에 귀를 기울이고 그것을 제작에 반영해 또 다른 성과를 거두었다. 모디네일은 고객으로 시작해서 고객으로 끝나는 일련의 마케팅 과정을 고객가치를 중심으로 지속적으로 선순환시킨 성공적인 사례로 볼 수 있다.

출처: 동아비즈니스리뷰, 2015. 05. Issue 1.

기업에서 수행되는 마케팅 과정 중에서 가장 중요한 과업들 중의 하나는 소비자의 필요를 파악하고 이를 분석하여 그 필요에 맞는 제품이나 서비스를 설계해내는 일이다(Griffin, 1992). 소비자의 필요는 일반적으로 소비자들이 어떤 제품이나 서비스로부터 얻기를 원하거나 기대하는 편익을 소비자의 언어로 표현해 놓은 것을 말한다(Urban and Hauser, 1993). 소비자의 필요는 단순히 제품이나 서비스의 물리적 또는 기능적 실체에 한정되는 것이 아니라 소비자가 그 제품을 사용하는 전과정에 관련된 것이며, 또한 최종 소비자뿐만 아니라 중간상인을 포함하는 넓은 의미의 고객들의 필요를 모두 포함하는 개념이다. 따라서 이 장에서는 이와 같은 고객의 필요를 분석하는 틀과 조사방법을 제시하고, 분석된 필요를 제품의 설계과정에서 제품에 반영하는 도구로서 품질 기능 전개(quality function deployment)라는 기법을 소개하고자 한다.

SECTION 01 소비자 필요의 분류

소비자의 욕구나 필요를 찾아내는 데 있어서 유의할 것은 소비자가 갖고 있는 문제의 해결책이 아니라 먼저 문제 그 자체를 철저하게 이해해야 한다는 것이다. 예컨대 어떤 소비자가 '나는 2,400cc짜리 DOHC엔진을 갖춘 자동차가 필요하다'고 이야기했다고 하더라도 그 소비자의 필요는 '파워가 좋은' 또는 '가속이 쉽게 되는' 자동차이지 '배기량 2,400cc' 또는 'DOHC엔진' 자체가 소비자의 필요는 아닐 것이다. 이같은 관점이 중요한 이유는 힘이 좋고 가속이 잘되는 자동차를 설계하는 데 있어 반드시 배기량을 높이거나 DOHC엔진을 사용할 필요는 없을지도 모르기 때문이다. 경우에 따라서는 비용을 덜 들이고도 소비자의 필요를 만족시켜줄 수 있는 창의성 있는 대안을 생각해낼 수도 있을 것이다. 소비자의 필요를 분석함에 있어 유용한 분류법은 King(1987)이 제시하고 있다. 그는 소비자의 필요를 세 가지로 구분하였는데 그 내용은 다음과 같다.

1. 기본적 필요

소비자가 어떤 제품이나 서비스에 대해서 기본적으로 가정하거나 기대하는 편익을 말한다. 예를 들면 세탁세제의 경우 소비자들이 기대하는 기본적 필요(basic needs)는 의류에 묻은 때나 먼지를 제거해 주는 것이라 할 수 있다.

2. 표현된 필요

소비자가 비교적 쉽게 표현할 수 있는 필요를 말한다. 표현된 필요(articulated needs)는 지금 현재 시장에 출시되어 있는 제품에 의해서 이미 만족되고 있거나 새로운 제품에 의해서 만족되는 것을 쉽게 상상할 수 있는 소비자의 필요를 말한다. 예를 들면 '좀 더 힘이 좋은 자동차' 나 '열고 닫기에 좀 더 편리한 창문을 갖춘 자동차' 등이 그것이다.

3. 잠재적 필요

　　잠재적 필요(exciting needs)는 그것이 만족되었을 때 소비자가 놀라거나 기뻐할 수 있을 만한 필요를 말한다. 잠재적 필요는 지금 현재 시장에 나와 있는 제품이나 서비스로는 만족되고 있지 않은 필요이며 소비자들이 필요로서 인식하고 있지도 않는 것이 보통이다. 예를 들면 '액체연료를 넣지 않아도 달릴 수 있는 자동차' 또는 '로보트가 조정하는 자동차' 등이 그 예가 될 수 있을 것이다. 그러나 잠재적인 필요라고 하더라도 반드시 획기적인 기술혁신을 통해서 얻어낼 수 있는 제품들만이 만족시킬 수 있는 필요를 말하는 것은 아니다. 소비자들이 일반적으로 어떤 제품이나 서비스가 만족시켜 주리라고 기대하지 않은 필요는 모두 잠재적 필요의 범주에 포함된다. 위에서 제시한 세 가지 범주의 필요들은 시간이 지남에 따라 서로 넘나드는 관계에 있게 될 것이다. 예컨대 일단 잠재적 필요가 신제품에 의해서 만족되면 표현된 필요로 되며, 표현된 필요가 거의 모든 제품에 의해서 만족되면 기본적 필요로 변한다. 이동전화가 한때는 잠재적 필요를 만족시키는 신제품이었다면, 지금 현재는 표현된 필요를 만족시키는 제품이라고 할 수 있으며 미래에는 아마도 기본적인 필요를 만족시키는 제품으로 변해갈 것이다. 어떤 제품이나 서비스를 설계할 때는 소비자들이 갖고 있는 세 가지 종류의 필요를 모두 알아내야 한다. 기본적인 필요를 만족시켜주지 못하는 제품은 시장에서 성공할 수 없으며 표현된 필요는 경쟁자들로부터 제품이나 서비스를 차별화하는 발판이 된다. 나아가서 잠재적인 필요는 경쟁우위를 확보하고 새로운 고객을 끌어올 수 있는 기회를 제공한다.

SECTION 02   소비자의 필요를 알아내는 방법

1. 일대일 면접

소비자의 필요를 알아내기 위해 가장 널리 쓰이는 방법은 개별적으로 소비자에게 충족되지 않고 있는 필요가 무엇인지를 직접 물어보는 방법이다. 소비자들은 기존 제품들을 어떻게 사용하고 있는지, 그리고 기존 제품에 대한 불만이 무엇인지에 대해 응답한다. 이때 면접원은 소비자에게 보충질문(probing)을 통해서 소비자의 응답 중 명확하지 않은 부분을 자세히 물어본다. 예컨대 소비자들이 기존의 냉장고들은 야채를 보관하기가 불편하다고 응답했다면, 어떤 야채를 보관하기가 불편한가, '보관하기가 불편하다'는 것은 용량이 적기 때문인지 또는 쉽게 시들어 버리기 때문인지 등의 질문을 통해 좀 더 구체적인 소비자의 필요를 알아낸다. 20~30번에 걸친 개인별 면접을 통해 얻어낸 필요를 모두 기록하면 보통 소비자들이 갖고 있는 필요의 80% 이상을 알아낼 수 있다(Griffin and Hauser, 1993). 좀 더 발전된 형태의 일대일 면접(one-on-one interviews)은 먼저 5~10번 정도의 면접을 통해 얻어낸 필요를 검토한 다음, 추가적인 면접에서는 이전에 소비자들

이 제시한 필요들 중에서 새로운 것에 대해서만 집중적으로 질문하는 방법이다(Urban and Hauser, 1993). 이같은 방법을 사용하면 10~20번의 면접만으로도 소비자의 필요에 대해 충분히 알아낼 수 있다. 일대일 면접에서 얻은 결과는 이를 모두 기록하여 필요에 대한 분석을 실시하게 되는데, 분석하는 사람도 1인이 아니라 2인 이상을 사용하는 것이 바람직하다.

출처: Greenbook.org

2. 초점집단면접

일대일 면접과 함께 흔히 사용되는 정성적인 방법은 초점집단면접(focus group interviews)이다(Calder, 1977). 소비자의 필요를 찾아내기 위한 초점집단면 접에서는 8~10인의 소비자가 2시간 정도에 걸쳐 그들의 필요에 관하여 이야기하도록 한다. 일대일 면접에 비해 초점집단면접에서는 다른 사람의 의견에 의해 새로운 생각이 떠오를 수도 있다는 점과 소비자들의 공통적인 견해를 알아낼 수 있다는 것이 장점이다. 일대일 면접과 초점집단면접의 상대적 효율성을 따져보면 잘 계획된 일대일 면접은 초점집단면접에 비해 더 효율적이면서도 효과적일 수 있다. Silver and Thompson(1991)은 사무용 기기제품의 소비자필요에 관한 분석에서 약 한 시간 정도가 소요되는 일대일 면접을 두 번 시행했을 때 두 시간 정도 진행되는 한번의 초점집단면접과 비슷한 정도의 소비자 필요를 얻어낼 수 있다는 것을 발견했다.

3. 구조화된 방법들

기업에 따라서는 좀 더 구조화된 정성적 기법(structured methods)들을 사용하기도 한다. 예를 들면 Kelly(1955)의 레퍼토리 그리드 기법(repertory grid technique)에서는 소비자들로 하여금 기존제품을 3개씩 한꺼번에 생각하도록 하여 가장 유사한 두 개의 제품을 고르도록 한 뒤, 왜 그 두 개의 제품이 유사한지를 말하도록 한다. 그리고 나서 가장 서로 다른 두 개의 제품을 고른 뒤 역시 그 이유를 말하게 한다. 이같은 작업을 모든 3개 제품의 집합에 대해 실시한다. 에코기법(echo technique)에서는 소비자가 제품에 관하여 느끼는 '좋은 점', '나쁜 점', '유용한 점' 등을 더 이상 대답이 안 나올 때까지 물어본다(Barthol and Bridge, 1968). 수단목표분석(means-ends analysis)에서는 소비자들이 말하는 필요에 선행하는 보다 근본적인 필요가 무엇인지를 질문하는 방법으로 필요의 구조를 알아본다(Reynolds and Gutman, 1988).

소비자 필요의 분석에 구두진술(verbal protocol)을 사용하는 경우도 볼 수 있다(Bettman, 1971; Ruiz and Jain, 1991). 구두진술을 이용하는 경우, 소비자는 제품을 구매하거나 사용하는 과정 중에 머리에 떠오르는 것들을 모두 크게 말하도록 한다. 이같은 구두진술을 기록한 뒤 생각의 단위로 나누어 이를 분석하여 소비자의 필요를 찾아낸다.

4. 기타 방법들

위에 제시한 정성적 방법들보다 더 간단하게 소비자의 알아내는 방법으로는 일본기업에서 많이 사용하는 '고객의 중얼거림(murmur of the customer)'이라는 방법을 들 수 있다. 이 방법은 소비자들이 많이 모여드는 백화점 같은 공공장소에 제품을 진열한 다음 소비자들이 그 제품을 살펴보거나 사용해 볼 수 있도록 한다. 그때 소비자들이 중얼거리는 내용을 본인이 눈치채지 못하게 기록한다. 그 밖에도 사용자 그룹과 이야기해 보거나 회사에 접수된 소비자 불만을 살펴보는 방법 등이 있다.

일단 소비자들의 필요를 찾아내고 나면 찾아낸 필요들을 그 성질에 따라 분류해 낼 필요가 있다. 보통 제품을 차별화하는 마케팅 전략의 수립을 위해서 지각분석을 수행하는 경우에는 20~30개의 전술적 필요(tactical needs)로부터 2~3개의 전략적 필요(strategic needs)를 추출해 내게 된다. 소비자 필요분석의 목표가 찾아낸 필요들을 엔지니어링상의 설계와 연결시키기 위한 것일 때에는 보통 200~300개의 구체적인 소비자 필요들을 찾아내지 않으면 안 된다. 이같이 많은 필요들은 체계적인 방법에 의해 분류되어야 하며, 이같은 분류에 사용되는 방법으로 유사성도표(affinity diagram)를 이용하는 방법과 군집분석을 이용하는 방법을 들 수 있다(Urban and Hauser, 1993).

사례: 데이터보다는 직접 들은 말 한마디! 살아있는 고객의 눈이 혁신 첫발

혁신은 문제를 제대로 정의하는 데서 시작한다. 통찰을 위해서는 때론 1,000명의 정량적 데이터보다 한 사람의 행동이나 말 한마디가 더 큰 도움을 줄 수 있다. 신상품을 만들어내는 일이든, 기존 상품을 업그레이드하는 일이든 기업들은 더 나은 해결책을 만들어내기 위해 오늘도 고군분투하고 있다. 그런데 어쩌면 문제해결 자체에 집중한 나머지 더 중요한 것을 놓치고 있지는 않은지 생각해볼 필요가 있다. 그것은 바로 무엇이 문제인지를 아는 것, 즉 어떻게 문제를 제대로 정의할 것인가에 관한 것이다.

단순한 기능의 개선을 넘어 좀 더 큰 범위의 혁신을 시도한다면 어떻게 문제를 정의할 것인가가 더욱 중요해진다. 개선을 넘어 혁신을 원한다면 기존의 정의에 대한 이노베이터의 용기 있는 도전이 필요하다. 그 중심적 사고체계이자 방법론 역할을 하는 것이 바로 '고객 공감에 기반한 관점 전환적 통찰'이다.

그림 1	공감디자인 관점

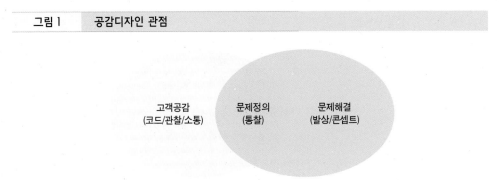

고객공감
(코드/관찰/소통)

문제정의
(통찰)

문제해결
(발상/콘셉트)

■ 현상의 정리가 아니라 패턴을 읽고 통찰을 구조화한다.

공감 디자인에서 말하는 분석은 과학적이고 논리적인 데이터의 확보보다는 사용자 맥락과 공감적 직관에 의존한다. 어떠한 주장을 뒷받침하는 통계적 데이터 확보가 아니라 창의적이고 혁신적인 통찰의 실마리를 얻는 것이 분석의 목적이기 때문이다. 아래에서 〈인사이트, 통찰의 힘〉에서 소개한 정보 분석과 인사이트 도출 과정을 간략히 정리한다.

① 정보의 분류와 색인 달기

팩트로부터 인사이트를 뽑아내는 방법은 여러 가지가 있다. 인사이트 매트릭스(insight matrix)와 같은 엑셀 프로그램 활용법도 있지만 여기서는 포스트잇을 활용한 방법을 소개한다. 포스트잇은 사고의 유연성과 생각의 재조합 측면에서 매우 효과적인 분석의 도구다. 특히 팀 단위 공동 작업에 유용하다. 포스트잇을 작성할 때는 한 장에 하나의 팩트를 완성형 문장으로 적는 것이 좋다. 정보의 출처나 성격에 따라 분리해 벽이나 보드에 붙인다. 포스트잇의 하단에 사람의 이름이나 관찰장소 등을 표시하도록 한다. 정보의 분류와 재결합 과정에서 출처를 쉽게 확인하기 위해서다.

② 정보의 의미 묶음 및 패턴 찾기

다음 단계에선 정보를 의미 단위로 묶는 클러스터링(clustering) 기법을 활용해 정보의 패턴을 찾는다. 클러스터링이란 '특정한 의미가 부여된 기준'에 따라 정보를 묶는 것을 의미한다. 이를 위해 1차적으로 사용자 경험 여정으로 분류화한다. 예를 들어 해외여행을 하는 사람의 경험을 살펴본다고 해보자. 여행지 정보 탐색, 여행 준비, 공항 이용, 탑승, 현지 공항, 호텔 이용, 현지 여행, 입국 과정, 여행 후 경험의 저장과 공유 등 가급적이면 세부적으로 경험을 분리하는 것이 좋다. 다음은 의미 단위의 정보 묶음 속에서 소비자의 특별한 행동 패턴이나 익숙해진 불편함, 자구책 등을 뽑아 내는 것이다. 패턴을 찾기 위해서는 클러스터링 과정을 한 번에 끝내지 않고 정보를 합치거나 분리하는 과정을 계속 반복해야만 한다.

③ 고객 인사이트 및 핵심 키워드 뽑기

클러스터링과 패턴 찾기 과정을 거치고 나면 고객 행동의 근본적인 동기나 언메트 니즈(unmet needs) 등의 핵심적인 통찰을 발견해야 한다. 통합적인 인사이트를 찾아내는 가장 확실한 방법 중 하나는 고객의 미충족 잠재니즈에 집중하는 것이다. 이를 위해 스스로 'Why'라는 질문을 계속 던질 필요가 있다. "고객은 왜 이런 행동패턴을 보일까?" "고객은 왜 이런 말을 했을까?" 이런 질문이 계속되면 점점 더 근본적인 원인에 다가갈 수

| 그림 2 | 정보 분류화 및 인사이트 도출 과정 |

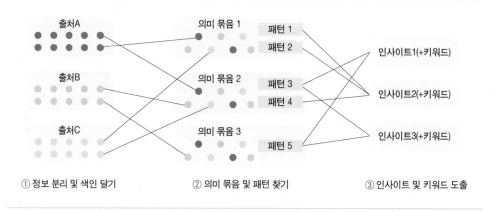

① 정보 분리 및 색인 달기   ② 의미 묶음 및 패턴 찾기   ③ 인사이트 및 키워드 도출

있다.

　고객의 잠재니즈나 새로운 의미를 발견했다면 그것을 한두 단어의 핵심 키워드로 정제하는 것이 좋다. 또한 통찰을 프레임워크(framework)화하면 전달 효과를 극대화할 수 있을 뿐만 아니라 프레임워크화 과정에서 또 다른 인사이트를 발견하기도 한다.

■ 관점을 재정의해 새로운 기회를 포착한다

　정보를 분석해 의미 있는 고객 통찰을 찾아냈다면 그것에 기반해 새로운 관점 정의를 시도해야 한다. 시계 산업을 사례로 의미 전환적 혁신의 중요성을 살펴보자. 1960년대만 해도 스위스가 시계 산업을 주도했다. 당시의 스위스 시계는 예물로서의 의미가 컸기 때문에 자녀에게 물려줄 만큼 귀한 것이었다. 1970년대는 기술 혁신을 통해 전자 시계가 보급되고 일본이 시장을 이끌어갔다. 이때의 시계는 기능적 도구로서의 의미가 컸다. 이후 스위스가 다시 시계 시장의 혁신을 가져온 것은 시계라는 대상의 의미를 새롭게 정의한 관점의 전환

| 그림 3 | 시계의 의미 변화와 혁신 |

예물(1960년대)   기능(1970년대)   패션(1980년대 이후)

덕분이었다. 1983년에 등장한 스와치 시계는 예물이나 기능적 도구가 아닌 패션으로 시계의 의미를 재정의했다. 시계를 예물로 정의하면 평생 한 번 구매하지만 패션으로 정의하는 순간 매일 바꿔 입는 옷처럼 자주 구매할 수 있는 명분이 생기는 것이다.

출처: 동아비즈니스 리뷰, 제213호, 2016. 11.

SECTION 03 소비자 필요의 위계적 분석

1. 유사성도표

유사성도표(affinity diagrams)기법을 사용하는 경우에는 신제품 개발팀이 전문가적인 판단을 활용하여 소비자의 필요들을 분류한다. 예컨대 200개 정도의 소비자 필요를 신제품 개발팀이 분류한다면 200개의 카드를 만들어 개발팀 중 한 명이 자기의 카드 중 하나를 내놓고 이와 유사하다고 생각하는 카드들을 다른 사람들이 내놓도록 한다. 만약 팀 구성원들 사이에 이견이 있는 경우에는 토론을 통해 각 카드의 군집을 결정한다. 이같은 과정이 끝난 다음에는 각 군집에 이름을 붙여 구체적인 필요(tertiary needs)가 모여 전술적인 필요(tactical needs, secondary needs)를 형성하고, 전술적인 필요들이 모여 전략적인 필요(strategic needs, primary needs)를 형성할 수 있도록 배열한다. 마지막으로 개발팀은 필요의 구조를 검토하여 조정의 필요가 있는 경우 이를 조정한다. 이 방법은 신속하고 저렴할 뿐만 아니라 팀 구성원들 간의 합의를 도출해낼 수 있다는 장점을 가진 반면 고객의 관점이 아닌 기업의 관점이 개입될 수 있다는 단점을 가지고 있다(〈표 8-1〉 참조).

표 8-1	유사성도표의 가상적인 예

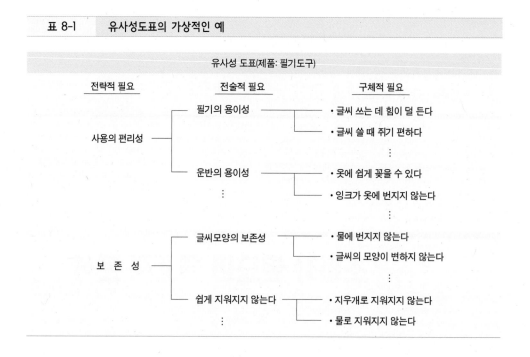

2. 군집분석을 이용하는 방법

소비자의 필요를 분류하는 데 소비자 자신을 이용하는 방법이다. 즉, 소비자들은 그들이 느끼기에 유사하다고 생각되는 필요들을 묶어서 전체 필요들을 몇 개의 그룹으로 나누어 놓는다. 그렇게 한 다음 소비자들은 각 그룹을 대표한다고 생각하는 카드를 뽑아서 그 그룹의 이름을 붙여본다. 이같은 소비자의 판단에 근거하여 병발행렬(竝發行列)(co-occurrence matrix)을 만든다(Urban and Hauser, 1993). 병발행렬은 두 개의 소비자 필요가

표 8-2	필기도구에 대한 소비자 필요를 분석하기 위한 병발행렬의 가상적인 예

	필기의용이성	운반의용이성	...	글씨모양보존성	쉽게 지워지지 않음
필기의 용이성	-	25	...	4	3
운반의 용이성	25	-	...	2	3
⋮	...	...	...	...	...
글씨모양 보존성	4	2	...	-	27
쉽게 지워지지 않음	3	3	...	27	-

얼마나 자주 같은 그룹에 속해 있었는가 하는 빈도수를 나타내는 것이다. 예를 들면 필기도구의 경우 '필기의 용이성'이라는 필요가 '운반의 용이성'과 같은 그룹에 30명 중 25명에 의해 분류된 반면, '글씨모양의 보존성'과는 단지 4명의 소비자에 의해서만 같은 그룹에 포함되었다. 필기의 용이성과 운반의 용이성은 좀 더 상위의 전략적 필요인 '사용의 편리성'이라는 범주에 같이 속해 있는 필요라고 할 수 있으며, '필기의 용이성'과 '글씨 모양의 보존성'과는 다른 전략적 필요의 범주에 속하는 필요라고 판단할 수 있다(〈표 8-2〉 참조).

이같은 방법으로 20~30개 정도의 소비자 필요를 좀 더 상위의 5~6개의 전략적인 필요로 군집화하는 것은 비교적 쉬운 일이지만 필요의 수가 100~300개에 달하게 되면 병발행렬을 육안으로 검토하여 필요를 군집화하기가 매우 어려울 것이다. 따라서 필요의 수가 많아지면 병발행렬상에 나타난 수치들을 자료로 위계적 군집분석(hierarchical cluster analysis)을 실시하여 동일집단 내의 필요들끼리는 높은 병발값(co-occurrence value)을 갖고 상이한 집단에 속하는 필요들끼리는 낮은 값을 갖도록 군집화한다. 이 방법에서는 각 소비자의 필요 하나 하나를 하나의 집단으로 시작하여 비슷한 필요들끼리 계층적으로 묶어나가는 방식으로 필요를 분류하게 된다([그림 8-1] 참조). [그림 8-1]에 나타나 있는 것처럼 신제품 개발팀은 소비자의 필요들이 몇 개의 군집으로 표현될 수 있다는 것을 알게 된다.

일단 소비자들의 필요들이 군집화되면 각 군집에 이름을 붙여주어야 한다. 군집분석을 이용하는 방법의 장점은 소비자의 필요의 구조를 소비자들 자신의 판단에 근거하여 알아낼 수 있다는 점이지만 유사성 도표에 의한 방법보다 자료의 수집과 분석에 비용과 시간이 더 많이 든다는 단점을 갖고 있다. 그러나 개발팀의 판단에 의한 유사성도표에

| 그림 8-1 | 필기도구에 대한 소비자 필요의 가상적인 위계적인 군집화의 예 |

의한 방법에서는 제품 개발팀의 생각에 따라 제품이 제조되는 방법에 의해서 소비자 필요의 분석이 수행되기 쉬운 반면, 군집분석에 의한 방법은 소비자가 제품을 사용하는 방법에 따라 필요가 분류되는 경향이 있다. 따라서 유사성도표에 의한 방법보다는 군집분석에 의한 방법이 더 우월한 필요분석기법이라고 할 수 있을 것이다.

SECTION 04 품질 기능 전개(QFD)

신제품의 개발과정에서 핵심편익문안(core benefit proposition)을 만들어 내고 이를 구현하기 위한 제품속성들을 찾아내고 나면, 이같은 문안(상품개념)이나 제품속성들을 구체적인 엔지니어링과 생산상의 설계를 가지고 구체화시킬 필요가 있다. 이같은 구체화 과정에서 전체를 통해 지침이 되어야 할 개념은 품질이라고 하겠다. 과거에는 품질이라는 개념이 제품이나 서비스의 불량률을 줄이는 품질관리의 차원에서만 논의되어 왔으나 최근에는 품질개념이 고객을 만족시키는 것을 목표로 하는 제품의 설계와 생산에 관한 요소들을 모두 포괄하게 되었다(Hauser and Clausing, 1988). 따라서 품질은 더 이상 생산이나 연구개발부서에 한정된 관심사가 아니며 마케팅을 비롯한 조직구성원 전부의 노력이 뒤따라야 하는 전사적 품질(total quality)의 개념으로 발전하게 되었다. 이같은 개념의 품질을 중심으로 제품이 물리적 또는 기능적 실체를 갖추어나갈 수 있으려면 고객의 필요와 자사의 엔지니어링 특성을 연결시키는 고리가 필요하다. quality function deployment(QFD)는 바로 그와 같은 연결고리의 역할을 수행한다고 볼 수 있다.

1. 소비자 위주의 설계

이미 소비자 필요의 분석 부분에서 언급한 바 있으나 소비자의 필요는 일차적 필요

(primary needs)인 전략적 필요, 2차적 필요(secondary needs)인 전술적 필요, 3차적 필요인 구체적 필요(tertiary needs)로 나누어 볼 수 있다(〈표 8-3〉 참조). 소비자 위주의 설계란 결국 이같은 소비자의 필요들을 엔지니어링 특성들을 가지고 만족시킬 수 있는 방법을 찾아나가는 것이라고 할 수 있다. 이같은 과정을 올바르게 수행해내기 위해서는 '고객의 소리'(the voice of the customer)를 정확하게 듣고 해석해낼 능력을 갖추어야 한다(Griffin, 1993). 고객의 소리는 일반적으로 고객필요를 망라한 list, 그 필요들의 위계적 구조, 필요들의 상대적인 중요도 및 각 필요상 경쟁제품들에 대한 고객의 평가를 총체적으로 일컫는 말이다.

 품질 좋은 자동차의 문을 만들기 위해서는 〈표 8-3〉에서 보는 바와 같이 '밖에서 닫기 편하고', '언덕에서 열려 있는 상태로 고정될 수 있어야' 하며, '밖에서 열기에 편해야 한다'는 등의 조건을 구비해야 할 것이다. 그러나 이와 같은 구체적인 필요들이 모두 동일한 중요성을 갖는다고 보기는 어렵다. 또한 모든 속성에서 최고급의 제품을 만들어내는 것은 기업의 입장에서 기술상 불가능하거나, 기술상으로는 가능하다고 하더라도 손익상 바람직하지 못한 제품인 경우가 많다. 따라서 시장에서 경쟁우위를 갖는 제품을 만들어내기 위해서는 각 3차적 필요에 대해 소비자들이 부여하는 중요도와 경쟁제품들에 대한 소비자의 평가를 얻어낼 필요가 있다(〈표 8-4〉 참조). 〈표 8-4〉의 경우 자사제품은

표 8-3   위계적으로 정리된 소비자의 필요(예: 자동차 문)

1차적 필요	2차적 필요	3차적 필요
작동이 잘됨	개폐의 용이성	밖에서 닫기 편함 언덕에서 열려 있음 밖에서 열기 편함 …
	차 단 성	비가 새지 않음 소음이 안들림 세차할 때 물이 안샘 …
	팔 걸 이	부드럽고 편함 올바른 위치에 있음
보기에 좋음	내부 끝맺음	쉽게 닳지 않는 재료의 사용 매력적인 생김새
	청 결 성	청소하기에 편함 기름때가 잘 안묻음 …
	꼭 맞 음	문과 본체 사이에 틈이 균일함

자료원: Hauser, J. R. and Clausing, D. (1988), "The House of Quality," *Harvard Business Review*, 66(3), p. 65.

표 8-4	소비자가 부여하는 중요도와 경쟁제품에 대한 평가의 가상적인 예(제품: 필기도구)

2차적 필요	3차적 필요	중요도 1: 중요하지 않음 7: 매우 중요함	경쟁제품에 대한 소비자의 지각 가장나쁨 가장좋음
필기의 용이성	글씨 쓰는데 힘이 덜든다	7	
	쥐기 편하다	5	
글씨모양의 보존성	물에 번지지 않는다	3	
	모양이 변하지 않는다	2	

● 자사의 기존제품
■ 경쟁제품 A
▲ 경쟁제품 B

필기의 용이성이라는 면에서 소비자가 매우 중요하다고 생각하는 속성임에도 불구하고 경쟁제품들에 비해 낮은 점수를 받고 있다. 한편 글씨모양의 보존성면에 있어서는 상대적으로 덜 중요한 속성임에도 경쟁제품보다 높은 평가를 받고 있다. 이와 같은 경우에는 글씨 보존성 측면에서는 지금 현재의 수준을 유지하는 한편 필기의 용이성 면에 있어서는 경쟁제품과 동일한 수준, 또는 그보다 더 나은 수준까지 끌어올리는 것이 제품의 경쟁력을 제고시키는 길일 것이다.

사례: '정말 내게 중요한 것'에만 집중, 워라밸 발맞춰 스몰 브랜드 뜬다

불확실한 미래가 주는 불안감 속에서 사람들은 '신경 끄기의 기술'을 찾는다. 불안한 환경 속에서 사람들은 이제 집단보다 나 자신, 그리고 내가 중요하다고 생각하는 것들에 집중하려고 한다. 또한 이전보다 좀 더 냉정한 방식으로 다양한 사회 이슈에 대해 목소리를 내고 싶어 한다. '오싫모(오이를 싫어하는 사람들의 모임)'의 인기에서 보듯 이제 삶의 밸런스 유지를 위해 자신의 취향을 명확히 밝히고, 더 나아가 이런 취향의 사람들이 모여 '취향 씨족(Taste Clan)'을 형성하려 한다. 이처럼 개인의 개성과 행복이 중시되면서 명성을 가진 기존의 '빅브랜드'들 역시 입지가 좁아지고 있다. 전통적인 역사를 가진 럭셔리 브랜드들이 요즘 소비자의 감성을 반영하는 스트리트 브랜드와 협업하기도 한다.

■ 워라밸: 지금에 집중하는 사람들

지금 한국 사회 곳곳에서는 워크 라이프 밸런스(Work–Life Balance)가 중요하다고 이야기한다. 그간 저녁의 삶과 가족을 포기하고 일에 매달렸던 기성세대들과 달리 2030세대는 오랜 취업난과 조기퇴직 등의 불안정한 노동 환경 속에서 회사를 위해 더 이상 자신의 삶을 희생하지

장기 투숙객을 위한 '모조 노마드' 프로그램을 운영하는 홍콩의 오볼로호텔

않고 '나와 내가 중요하다고 생각하는 것들'에 집중한다. 이러한 워라밸 트렌드는 한국만의 이슈는 아니다. 글로벌 시장에서 특히 밀레니얼세대에게 공통적으로 나타나고 있는 현상이다.

일과 삶에 대한 소비자들의 태도 변화로 인해 여행산업의 지형이 바뀌면서 호텔들도 재빠르게 새로운 서비스와 비즈니스모델로 무장하고 있다. 예컨대 홍콩의 숙박 전문기업인 '오볼로호텔'(Ovolo Hotel)은 '모조 노마드'(Mojo Nomad)라는 프로그램을 통해 장기투숙객들에게 코워킹스페이스를 제공할 뿐만 아니라 지역전문가와의 네트워킹, 도심 내 무료 와이파이 제공 등의 서비스를 넣은 패키지 프로그램을 운영하고 있다.

기술적인 지원뿐 아니라 일상생활에서 업무와 밀접한 사람들과의 네트워킹을 도와 효율적인 커리어 설계가 가능하도록 하는 서비스도 각광을 받고 있다. 예컨대 영국 런던에서 시작한 공유거주(Co–Living) 기업 '스타트업홈(StartupHome)'은 Women in Tech House, FinTech House, Food Tech House 등으로 분류해 관련 분야에서 종사하는 창업자들과 프리랜서들을 연결해줌으로써 새로운 사업 아이디어도 공유하고 테스트도 하는 라이프 서비스를 제공하고 있다.

2018년에 우리는 좀 더 일과 삶이 통합돼 하나가 되는 것을 경험하게 될 것이다. 우리는 그간의 경험을 통해 현실적인 문제는 과감히 던져버릴 수 없다는 사실을 이미 인지했다. 욜로(YOLO · You Live Only Once)만을 외치던 소비자들은 이제 '김생민의 영수증'을 보면서 자신의 '스튜핏'한 소비패턴을 되돌아보고, 오히려 '그뤠잇'한 선택을 통해 보다 조화로운 라이프스타일을 만들어 갈 것이다.

■ 당신의 이야기를 좀 더 솔직하게

워라밸 세대의 소비자들은 자신의 삶을 보다 주체적으로 인식하면서 자신의 취향과 가치관에 대한 선택에 대해 더 확신을 갖는다. 과거 다른 사람들의 눈치를 보며 자신의 의사를 숨겨왔다면 이제는 당당히 '노(No)'를 외치기도 하고, 거절을 당해도 상처받지 않기 위해 노력한다. 또 자신의 주관과 취향에 따라 다양한 스타일을 자유롭게 소화하는 이들은 획일적인 선택을 거부한다. 따라서 철학과 문화가 없는 브랜드나 기업은 과감히 선택의 대안에서 탈락하게 된다.

화장품 브랜드 SK–II는 중국 시장에서 광고 마케팅을 진행하면서 이른바 '결혼 적령기'에 대한 인식을 변화시키기 위한 캠페인을 기획했다. 미혼의 일반인 광고모델들이 등장해 자신의 결혼관을 당당히 밝힘으로써 27세가 넘었는데도 결혼을 하지 않았으면 인생에 실패했다고까지 여기는 결혼에 대한 중국인의 통념을 변화

시키려고 했다. 이 광고는 당연히 이미 여성 주권에 눈을 뜨고 있는 여성 소비자들로부터 폭발적인 반응을 얻었다.

또한 미국의 아웃도어 리테일러인 REI는 미국의 유통기업들이 1년 매출의 20% 이상을 벌어들이는 연말 블랙프라이데이 프로모션에 참여하지 않는다. 대신 매장의 문을 닫고 쇼핑 대신 아웃도어 라이프를 즐기라는 'OPTOUTSIDE' 캠페인을 진행해 칸 광고제에서 금상을 수상했다.

■ 취향 씨족과 스트리트 패션

삶의 밸런스를 유지하기 위해서는 자신이 좋아하는 것, 하고 싶은 것과 싫어하는 것, 하고 싶지 않은 것에 대한 기준이 명확해야 한다. 더 나아가 이러한 비슷한 취향의 사

활발한 컬래버레이션을 통해 젊은 소비자를 공략하는 나이키와 아디다스

람들이 모여 '취향 씨족(Taste Clan)'을 형성한다.

이런 취향 씨족을 바탕으로 성장한 브랜드가 스트리트 브랜드다. 빅브랜드의 시대는 이제 서서히 저물어 가고 있다. 한때 빅브랜드는 가장 합리적이고 가성비 높은 상품을 글로벌하게 유통하는 최상의 단계의 위치해 있다고 생각됐다. 그런데 취향이 중요한 요즘, 소비자들에게는 오히려 명확한 취향을 반영하는 스몰 브랜드들이 각광받고 있다.

브랜드의 명성보다 확실한 콘셉트와 취향이 중요해지면서 빅브랜드들은 명확한 취향을 표현하기 위한 다양한 컬래버레이션 활동을 진행하고 있다. 특히 글로벌 스포츠 브랜드 나이키와 아디다스는 경쟁적으로 활발한 컬래버레이션을 펼치면서 젊은 소비자들을 공략하고 있다. 나이키는 카이엔웨스트와의 컬래버레이션으로 출시된 Yeezy Boost의 업그레이드 라인을 시즌 연속 출시하면서 스트리트 컬처의 진수를 보여주고 있다. 반면 아디다스는 고샤 르부친스키나 알렉산더 왕과 같은 디자이너들과의 컬래버레이션을 통해 혁신적 디자인을 선보이고 있다.

소비자들은 자신의 취향을 온전히 반영한 제품을 선택하면서 소비 금액과 무관하게 심리적 만족감을 느낌과 동시에 '취향 씨족'을 형성하기 위한 연결 고리를 확보하게 된다. 따라

REMOTE YEAR 2015-2016

일과 여행을 병행할 수 있는 프로그램을 미국의 전문 여행사 '리모트이어'

서 타깃 소비자들을 위한 그들만의 리그를 형성하기 위해 컬래버레이션과 한정판 전략은 기업에는 반드시 생각해 봐야 할 카드가 될 것이다.

출처: 동아비즈니스리뷰, 제238호, 2017.12.

2. 소비자 필요와 엔지니어링 특성의 연결

일단 '고객의 소리'에 대한 분석이 끝나 소비자의 필요구조와 경쟁제품들에 대한 지각을 파악하고 나면 이를 토대로 소비자들이 원하는 편익을 제품특성을 통해 실현하는 작업이 수행되어야 한다. 이를 위해서는 우선 소비자의 필요와 관련된 엔지니어링 특성들이 어떤 것들인지를 확정하여야 한다. 〈표 8-5〉에서 볼 수 있듯이 자동차의 문에 관련된 소비자의 2차적 필요는 개폐의 용이성이나 외부와의 차단성 등을 들 수 있다. 이같은 필요들과 관련된 엔지니어링 특성들을 살펴보면 개폐의 용이성의 경우에는 '문을 닫는 데 필요한 에너지', '평지에서 버티는 힘', '10도 경사의 언덕에서 열려 있는 채로 버티는 힘', '문을 여는 데 필요한 에너지', '문을 닫을 때 필요한 최대의 힘' 등을 들 수 있다. 엔지니어링 특성은 제품속성(product features)이나 부품특성(parts characteristics)과는 구별되는 개념이라는 것을 유의할 필요가 있다. 제품속성은 창문을 자동으로 만들 것인가 수동으로 할 것인가와 같은 제품 자체의 물리적인 특성을 말하고, 부품특성은 재료를 강철로 사용할 것인가 알루미늄을 사용할 것인가 등에 관한 부품의 물리적 특성을 의미한다. 이에 반해 엔지니어링 특성은 소비자의 필요와 연결될 수 있으면서 측정 가능한 변수로서

표 8-5	자동차 문과 관련된 엔지니어링 특성
2차적 필요	엔지니어링 특성
개폐의 용이성	문닫는 데 필요한 에너지 평지에서 열린 채로 버티는 힘 10도 경사의 언덕에서 열린 채로 버티는 힘 문여는 데 필요한 에너지 문닫을 때 필요한 최대의 힘
외부와의 차단성	문을 밀 때 저항력 창문의 소리전달 정도 길가소음의 감소 정도 방수성

자료원: Hauser, J. R. and Clausing, D. (1988), "The House of Quality," *Harvard Business Review*, 66(3), p. 72.

엔지니어링의 지침이 될 수 있는 특성들을 말한다. 소비자 필요를 만족시켜주기 위해 어떤 엔지니어링 특성을 강화시킬 필요가 있는지를 확정하게 되면 이를 구현하기 위해 제품속성이나 부품속성을 갖추어 나가게 된다.

Gupta, Raj, and Wilemon(1986)에 의하면 소비자의 필요와 엔지니어링 특성을 연결시키는 데 가장 큰 장애가 되는 요소는 부서들간의 의사소통 부족이다. 특히 마케팅과 연구개발부서 사이에 빈번한 의사소통이 되지 않는 경우, 신제품이 실패하는 사례를 자주 볼 수 있다(Urban and Hauser, 1993). 두 번째로 흔하게 볼 수 있는 장애요인은 마케팅과 연구개발부서가 서로의 관점을 이해하지 못하거나 무시해버리는 것이다. 특히 연구개발부서의 입장에서는 마케팅부서에서 전달해주는 고객의 요구조건이나 제품성능에 대한 평가, 경쟁제품에 관한 정보가 별로 쓸모가 없거나 적절치 못하다고 평가하는 경우를 흔히 볼 수 있다. 그러나 마케팅부서와 연구개발부서가 동의하는 것은 다음의 다섯 가지에 관하여 마케팅과 연구개발부서 사이에 의사소통을 통한 합의가 필요하다는 점이다: (1) 제품에 관한 소비자의 요구사항, (2) 제품성능에 관한 소비자의 평가, 경쟁제품에 관한 정보, (4) 시장의 필요에 맞는 상품개발, (5) 신제품의 목표와 우선순위 결정(Gupta et al., 1986).

3. 품질의 집을 이용한 QFD

신제품의 개발은 이제 더 이상 연구개발부서나 생산부서만의 일이 아니라 전사적인 통합된 노력을 기울여야 하는 과업으로 되어가고 있다. 그 중에서도 앞서 기술한 바와 같이 마케팅과 연구개발부서 사이의 원활한 의사소통은 신제품의 성패를 좌우하는 관건이라고 할 수 있다. 신제품의 성공을 위해 필수적인 마케팅과 연구개발부서 사이의 의사소통을 원활하게 해주면서도 신제품 설계에 있어 창의성을 보존할 수 있도록 하는 기법들 중 가장 대표적인 것이 QFD이다. QFD는 제품의 출시 이전에 마케팅과 연구개발부서 사이에 충분한 의사소통이 일어나도록 함으로써 제품설계의 질은 그대로 유지하거나 개선시키면서도 설계시간은 40%, 설계비용은 60%까지 절감시키는 효과를 얻을 수 있는 기법이다(Hauser and Clausing, 1988). QFD기법을 수행해나가기 위한 도구들 중에서 가장 대표적인 것은 '품질의 집'(house of quality)을 이용한 접근법이다(Hauser and Clausing, 1988). [그림 8-2]는 '품질의 집'의 한 예이다. 보통 '품질의 집'은 마케팅, 연구개발, 엔지니어링, 생산 등의 여러 부서가 같이 참여하여 만들게 되는데, 실제 품질의 집은 자동차 문만을

그림 8-2   품질의 집(자동차 문의 예)

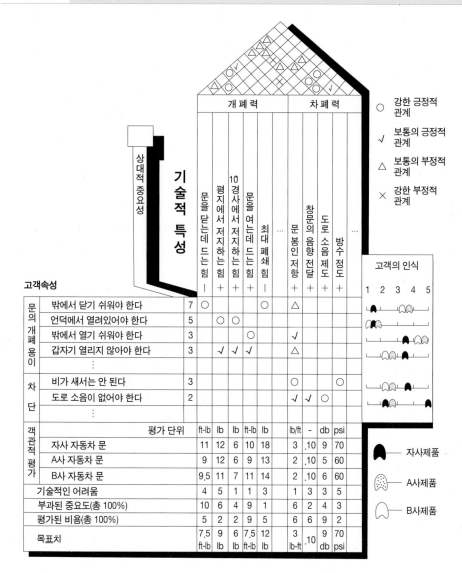

위한 품질의 집이라 하더라도 [그림 8-2]에서 볼 수 있는 것보다는 고객속성의 수나 기술적 특성의 수가 훨씬 더 많다.

　품질의 집에서는 '문의 개폐 용이성', '차단성' 등의 2차적 필요와 '밖에서 닫기 쉬워야 한다'는 등의 3차적 필요를 고객속성으로 보고 이를 '문을 닫는 데 드는 힘'등의 기술적 특성(엔지니어링 특성)과 연결시키고 있다. 중앙의 매트릭스에는 고객의 속성과 기술적 특성들 사이의 관계가 표현되어 있다. 한편 지붕에 해당하는 세모꼴 속에는 기술적 특성들 사이의 상호관계가 표현되어 있으며, '굴뚝'에는 고객특성의 상대적 중요성이 나타나 있다. 한편 '고객의 인식'부분에는 고객의 필요마다 경쟁제품들을 소비자들이 어떻게 지각하고 평가하는가를 나타내었다. '객관적 평가'부분에는 각 경쟁제품들을 기술적인 특성별로 평가하여 객관적인 측정치로 나타내었다. 그리고 기술적 특성 부분의 맨 밑에 나타나 있는 '+' 또는 '-'는 그 특성 값이 올라갈수록 고객의 효용이 올라가는 경우에는 '+', 내려가는 경우에는 '-'로 나타낸다. 품질의 집 중에서 가장 아래 부분에는 각 기술적 특성을 개선시키는 데 있어서의 기술적인 어려움과 각 기술적 특성의 중요도와 개선에 필요한 비용 등이 나타나 있다. 마지막으로 고객의 필요와 기술적 특성, 고객의 인식과 각 제품에 관한 객관적 평가, 그리고 기술적인 면, 비용 등을 모두 고려하여 각 기술적 특성별로 우리 제품의 목표치를 정한 값이 맨 아래 나타나 있다.

[그림 8-2]의 자동차 문의 예에서 보듯이 품질의 집을 활용할 때는 고객의 3차적인 필요부터 따져보는 것이 정석이다. 즉 소비자들은 문을 밖에서 닫기 쉬워야 한다는 3차적 필요가 매우 주요한 속성으로 생각하고 있음에도 불구하고 경쟁제품에 비해 자사제품이 매우 낮은 평가를 받고 있다. 따라서 시장에서 우리제품이 경쟁우위를 확보할 수 있으려면 이 속성을 대폭 개선하지 않으면 안 된다. 밖에서 닫기 쉽다는 속성과 관련 있는 기술적 특성을 따져보면 '문을 닫는 데 드는 힘'과 '최대 폐쇄힘'과는 강한 긍정적인 관계가 있다. 기술적 특성간의 관계를 지붕에서 살펴보면 '밖에서 닫기 쉽도록' 하기 위해 '문을 닫는 데 드는 힘'과 '최대 폐쇄힘'을 개선하면 차폐력이 떨어지면서 외부와의 차단성을 저해할 우려가 있다. 그러나 밖에서 닫기 쉬워야 한다는 고객의 필요는 너무나 중요한 속성이기 때문에 11 ft.lb의 현 수준에서 경쟁제품들의 수준을 능가하는 7.5 ft.lb를 '문을 닫는 데 드는 힘'의 목표치로 삼았다. 비를 막아주는 것과 도로 소음을 줄여주는 측면은 이미 우리 제품이 경쟁제품보다 뛰어나다고 인식되고 있으며 객관적인 평가로도 우리제품의 기술적 특성이 경쟁제품들보다 우월하다. 더구나 이 속성들은 소비자들이 상대적으로 덜 중요하다고 생각하는 속성들이므로 지금 현재의 기술적 특성 수준으로 고정시키기로 결정한다.

이같은 방법으로 제품개발과 관련된 모든 부서들 사이의 의사소통을 원활하게 할 수 있을 뿐만 아니라 제품개발의 노력을 고객만족과 경쟁우위확보에 그 초점을 맞출 수 있다. 품질의 집은 단순히 한 차례만 사용할 수 있는 기법이 아니라 '기술적 특성'을 '부품특성'과 연결시키는 집, '공정계획'을 '생산요건'과 연결시키는 집 등으로 점점 더 구체적인 제품의 요건을 확정해 나가는 데 사용할 수 있다(Hauser and Clausing, 1988).

SECTION 05 맺음말

  이 장에서는 소비자 필요의 분석과 소비자 필요를 제품에 반영시키는 기법의 하나로서 품질 기능 전개(quality function deployment)를 살펴보았다. 우리 기업들이 높은 품질의 제품들을 생산해내기 위해 기술혁신에 눈을 돌리기 시작하고 있으나 시장에서 성공하는 높은 품질의 제품을 만들어내기 위해서는 소비자 욕구와 필요에 관한 체계적인 분석이 선행되지 않으면 안 된다. 소비자가 제품에 관해 요구하는 속성, 제품품질에 관한 소비자의 평가, 경쟁제품에 대한 소비자들의 인식과 기술적 특성에 관한 객관적 평가, 그리고 비용정보 등을 갖추고 각 기술적 특성에 관한 목표치를 정하고 이를 달성하기 위해서 노력해 나갈 때 진정한 시장 위주의 생산이 이루어질 수 있을 것이다. 따라서 우리 기업들도 QFD와 같은 기법들에 대해 좀 더 많은 관심을 가지고 우리 기업에 맞는 기법으로 만들어 가는 노력을 기울여야 할 것이다.

토론 문제

01 소비자 필요를 분석하는 데 있어서 유사성도표(affinity diagrams)를 이용한 방법과 군집분석의 장단점은 무엇인가?

02 지하철이라는 대중교통 서비스와 승용차를 예로 들어 각각 소비자의 기본적 필요, 표현된 필요, 잠재적 필요를 설명하라.

03 제품특성과 기술적(엔지니어링) 특성은 어떤 차이가 있는가?

04 품질의 집을 이용한 신제품 설계과정을 설명하시오. 특히 품질의 집에서 는 고객의 필요와 기술적 특성이 어떻게 연결되는가?

05 품질의 집을 이용하면 왜 마케팅부서와 연구개발부서의 의사소통이 원활할 수 있는가를 설명하시오.

참고 문헌

Bettman, J. R. (1971), "The Structure of Consumer Choice Processes," *Journal of Marketing Research*, 8(4), pp. 465-471.

Calantone, R. J., Garcia, R., and Droge, C. (2003), "The Effects of Environmental Turbulence on New Product Development Strategy Planning," *Journal of Product Innovation Management*, 20(2), pp. 90-103.

Chandy, R. K., Prabhu, J. C., and Antia, K. D. (2003), "What Will the Future Bring? Dominance, Technology Expectations, and Radical Innovation," *Journal of Marketing*, 67(3), pp. 1-18.

Chris E., Moxey, S., and Capleton, H. (2006), "Bringing High Technology to Market: Successful Strategies Employed in the Worldwide Software Industry." *Journal of Product Innovation Management*, 23(6), pp. 498-511.

Farrell, D. (2003), "The Real New Economy," *Harvard Business Review*, 81(10), pp. 104-112.

Griffin, A. (1992), "Evaluating QFD's use in U.S. Firms as a Process for Developing Products," *Journal of Product*

Innovation Management, 9(3), pp. 171-187.

Griffin, A. and Hauser, J. R. (1993), "The Voice of the Customer," *Marketing Science*, 12(1), pp. 1-27.

Griffn, A. and Hauser, J. R. (1992), "Patterns of Communication among Marketing Engineering and Manufacturing-A Comparison Between Two New Product Teams," *Management Science*, 38(3), pp. 360-373.

Gupta, A. K., Raj, S. P., and Wilemon, D. (1986), "A Model for Studying R & D-Marketing Interface in the Product Innovation Process," *Journal of Marketing*, 50(2), pp. 7-17.

Hauser, J. R. and Clausing, D. (1988), "The House of Quality," *Harvard Business Review*, 66(3), pp. 63-73.

Im, S., Nakata, C., Park, H., and Ha, Y. W. (2003) ,"Determinants of Korean and Japanese New Product Performance: An Inter-Relational and Process View". *Journal of International Marketing*, 11(4), pp. 181-204.

Kelly, G. A. (1955), *The Psychology of Personal Constructs*, New York, NY: Norton.

King, B. (1987), *Better Designs in Half the Time: Implementing Quality Function Deployment in America*, Methuen, Methuen, MA: G. O. A. L., Inc.

O'Connor, G. C. and DeMartino, R. (2006), "Organizing for Radical Innovation: An Exploratory Study of the Structural Aspects of RI Management Systems in Large Established Firms," *Journal of Product Innovation Management*, 23(6), pp. 475-497.

Ruiz, D. and Jain, D. (1991), "Designing and Developing New Products: The Subproblem Decomposition Approach," Working Paper, Northwestern University, Department of Marketing, Vol. 7(June).

Siguaw, J. A., Simpson, P. M., and Enz, C. A. (2006), "Conceptualizing Innovation Orientation: A Framework for Study and Integration of Innovation Research," *Journal of Product Innovation Management*, 23(6), pp. 556-574.

Silver, J. A. and Thompson, Jr. J. C. (1991), "Understanding Customer Needs: A Systematic Approach to the Voice of the Customer," Cambridge, MA: Master's Thesis, *Sloan School of Management*, MIT.

Slater, S. F. and Mohr, J. J. (2005), "Successful Development and Commercialization of Technological Innovation: Insights Based on Strategy Type," *Journal of Product Innovation Management*, 23(1), pp. 26-33.

Urban, G. L. and Hauser, J. R. (1993), *Design and Marketing of New Products*, 2nd ed., Englewood Cliffs, NJ: Prentice-Hall.

PART 04

신제품 수요예측 개관

지금까지 신제품이 시장에 출시되어 히트상품으로 선정되기까지 신제품 관리에 보다 더 원칙론적인 관리자가 필요함을 파악할 수 있었다. 아이디어 관리에서 제품 설계 그리고 수요예측에 이르는 과정이 보다 더 과학적이어야 함은 아래의 사례에서도 느낄 수 있다. 따라서 과학적 제품관리는 아이디어 관리의 결과로부터 시작하여 제품 설계, 예비시험시장(pretest market), 시험시장(test market) 및 확산(diffusion)과정에서 수요를 과학적으로 예측함은 물론, 지속적인 수요의 관리에 이르기까지 과학적인 방법이 활용되어야 하는 것이다. 이러한 과학적 제품 관리를 통해서 히트상품이라는 결과를 낳게 되는 것이다.

시장 흐름 읽고 제품 완성도에 사활 걸어: 연어, '캔의 강자' 참치에 도전하다

CJ제일제당이 2013년 선보인 연어 통조림 '알래스카 연어'는 맛과 영양 면에서 참치 통조림을 대체할 대항마로 꼽히며 눈에 띄게 사세를 불리고 있다. '알래스카 연어'는 출시 첫해 100억 원 매출을 기록 한 이후 이듬해 약 600억 원으로 6배가량 그 규모를 키웠다. 3년째인 올해는 1,000억 원 규모의 매출을 올릴 수 있을 것으로 전망된다. CJ제일제당 '알래스카 연어' 통조림의 성공요인을 살펴보자.

■ 이제 연어다: 프리미엄 이미지+친숙성 동시 모색

CJ제일제당은 즉석밥(햇반)이나 햄류(스팸), 장류(해찬들) 등에서 내는 성과와 비교할 때 수산물 제품군에서 내놓을 만한 대표 제품이 없다는 내부 판단으로 수산물 통조림에 대한 도전을 감행했다. 경쟁이 치열한 시장에서 눈을 돌려 완전히 새로운 시장을 뚫어보자는 데 의견이 모였다. 그래서 초점을 맞춘 생선이 연어였다. 타사의 실패 사례가 있기는 했지만 원인을 꼼꼼히 분석한 결과, 국내 소비자 취향에 맞게 가공한 제품이 아니었기 때문이라는 결론을 내리고 국내 시장에 맞게 커스터마이징(customizing)을 잘한다면 승산이 있을 것으로 봤다.

10년 전과 달리 우리나라 소비자들이 연어에 많이 익숙해 졌고, 소득 수준이 높아지고 안전에 대한 관심이 많아지면서 연어나 로브스터(lobster)처럼 먼 바다에서 잡혀 들어오는 생선에 가치를 부여하는 소비자가 늘어났다. CJ제일제당은 여러 가지 환경적 요인과 시대적 변화, 내부 역량 등을 종합해 새로 출시할 연어 제품이 지향해야 할 포인트를 결정했다. 친숙함과 고급화가 그것이었다.

■ "연어 넣어 김치찌개 끓이세요"

우리나라 소비자들에게는 연어에 대한 일종의 고정관념이 있어서 '연어' 하면 스테이크나 훈제, 회 등으로, 가정에서의 일상식이 아닌 특별한 날 레스토랑에서 먹는 메뉴라는 생각이 강했다. 연어 통조림을 만들기 시작하면서 시판 전 사전 조사를 위해 충성 소비자를 대상으로 FGI(Focus Group Interview)를 실시했을 때도 예상과 비슷한 반응이 나왔다. 소비자들은 "연어는 비싸서 가끔 먹어요"라든가 "연어와 가장 잘 어울리는 술은 와인이라고 생각해요" 또는 "연어로 김치찌개를 끓인다고요? 아까워요" 등의 답변을 내놨다.

연어가 그리 어려운 생선이 아니며 가정에서 일반 식사 재료로 얼마든지 간편하게 활용할 수 있다는 점을 알리기 위해 연어 통조림을 본격적으로 판매하며 CJ제일제당이 선택한 마케팅 방법은 '연어를 활용한 대표 레시피를 알리는 것'이었다. 참치 캔을 산 소비자 중 절반 이상은 캔 참치를 넣어 김치찌개를 끓여 먹는다는 조사를 기반으로 마케팅팀은 이 자리에 참치 대신 연어가 쓰일 수 있다는 점을 집중 홍보하기로 했다. 가장 먼저 내건 슬로건을 '이제 김치찌개를 업그레이드하세요'라고 정한 것도 이런 이유에서였다. 또한 주요 유통매장마다 대대적인 시식행사를 지속적으로 가졌다. 매장에서 선보이는 메뉴는 매장마다 달라졌는데 아이들이 많은 지역에서는 아이들이 좋아하는 샌드위치나 카나페, 자취하는 직장인이 많은 지역에서는 계란말이나 미역국 등 메뉴를 달리해 해당 매장을 많이 찾는 고객들에게 적합한 메뉴를 선보이려고 노력했다.

인기 예능 프로그램에 연어를 노출시키는 방법도 빼놓지 않았다. '삼시세끼', '꽃보다 할배', '오늘 뭐 먹지?' 등 요리와 관련된 다양한 프로그램에서 진행자나 참석자들이 요리를 하거나 식사를 준비하는 과정에 연어 통조림을 자연스럽게 노출시켜 인지도 제고를 꾀했다.

다음으로 택한 전략은 다양한 종류의 연어 통조림을 한꺼번에 출시하는 것이다. 오리지널 연어 캔을 출시한 후 CJ제일제당은 곧바로 맛이나 활용도가 다른 연어 제품을 연속해서 선보였다. 연어를 다양한 방법으로 즐길 수 있다는 것을 제품 포트폴리오로 보여주자는 전략이었다. 빵에 발라 먹을 수 있는 연어, 밥에 비벼 먹을 수 있는 연어, 크래커에 올려 먹을 수 있는 연어 등이 잇따라 나왔다. 시장 반응을 봐 가면서 후속 시리즈를 낼 것인가, 말 것인가를 결정하는 통상의 제품 개발과 비교했을 때 굉장히 신속하게 움직인 셈이다. 단기간에 제품 포트폴리오를 다변화하기 위해 CJ제일제당은 가급적 다양한 통로를 통해 아이디어를 얻으려고 애썼다. 특히 소비자들이 연어를 어떻게 받아들이고 어떤 새로운 활용법을 알고 있는지 캐치하기 위해 유통 매장의 판매

알래스카연어 신제품 3종

원들을 적극 활용했다. CJ제일제당은 내부적으로 운영하는 시스템에 매장 판매원들이 직접 접속해 글을 올릴 수 있 는 게시판을 운영하며 이들이 매장에서 소비자를 대하면서 듣는 이야기를 공유할 수 있도록 했다. 실제로 통조림 종류 중 하나로 크래커 위에 올려 카나페를 만들어 먹을 수 있는 '알래스카 연어 화이트마요'는 판매원이 올린 아이디어에서 비롯됐다. 매장 에서 연어를 시식한 소비자가 판매원과 대화하는 중에 연어는 크래커 위에 올려 먹는 것이 맛있다며 그냥 연어를 올려 먹기에는 심심하고 퍽퍽한 감이 있으니 부드러운 양념이 돼 있는 연어가 나오면 좋겠다고 말했고, 이 의견을 판매원이 게시판에 올린 것이다. 이 아이디어는 곧바로 제품화로 이어졌고, 특히 마요네즈를 좋아하지만 칼로리 때문에 꺼리는 소비자를 위해 연어와 잘 어울리는 마요네즈를 별도로 개발해 연어와 섞어 완성했다. '건강'과 '안전'이라는 제품 콘셉트를 최대한 살리기 위해서였다. CJ 제일제당은 "내부적으로 낼 수 있는 아이디어에는 한계가 있을 수밖에 없기 때문에 다양한 사람들의 의견을 가급적 많이 들어야 한다고 생각했다"며 "판매 현장에서 소비자를 면대면으로 만나 대화하는 판매원들이야말로 소비자들의 솔직한 의견을 가장 가까이에서 생생하게 들을 수 있는 최적의 접점"이라고 말했다.

■ 성공요인 1. 시장의 변화와 브랜드를 읽어내는 시장 감지 능력

소득 수준이 높아지고 보다 건강한 식품에 대한 관심이 커지고 있는 상황에 포화된 참치시장을 대체할 수 있는 연어시장에 대한 니즈를 파악하고 이를 실제 제품으로 연결시킨 시장감지능력은 무엇보다도 중요한 성공요인으로 꼽을 수 있다.

■ 성공요인 2. 소비자와의 커뮤니케이션 능력

흔히 신제품 개발이 성공하기 위해 중요한 요소 중 하나로 소비자가 얼마나 많은 input을 투입했는가가 꼽힌다. CJ제일제당은 신제품 개발 시작부터 출시까지 소비자와 지속적으로 소통하며 아이디어를 얻고 피드백을 구했다. 소비자들의 니즈가 무엇인지, 어떻게 하면 인지도나 친숙도를 높일 수 있을지 등에 대해 소비자를 조사하고 분석해 소비자들의 input을 최대한 이끌어냈다. 이를 통해 여러가지 제품 사용 상황을 고려한 맞춤형 제품을 만들어 냈고 기본적인 제품 형태도 소비자들이 친숙한 참치 캔 유형으로 결정했다. 이는 신제품 개발팀과 마케팅팀이 협력해 소비자의 요구사항을 철저하게 제품 개발에 반영한 덕분이라 할 수 있다.

■ 성공요인 3. 체계적인 신제품 개발 프로세스

많은 기업이 신제품 개발 프로세스를 구축하고 있지만 체계적으로 모든 단계를 엄격하게 지키는 곳은 많지 않다. 많은 신제품이 실패하는 주요 원인이기도 하다. CJ제일제당이 보여준 연어캔 개발 프로세스는 신제품 개발 프로세스의 정석이라고 할 수 있다. 시장 니즈를 감지하고 발굴하는 것에서 이를 구현할 수 있는 아이디어 연구, 아이디어를 구체화하는 제품 제조 과정 확보, 제품 콘셉트를 고객이 원하는 형태로 만들고 이를 구현할 수 있는 기술의 개발, 시장성 및 수익성을 고려한 철저한 경제성 분석, 제품 시험 및 출시 전략 수립 등 신제품 개발 프로세스를 철저하게 지키는 것은 물론 철저한 시장 평가를 거쳐 모든 과정을 체계적으로 관리했다는 데서 성공 요인을 찾을 수 있다.

자료원: 동아비즈니스리뷰, 제182호, 2015.08.

복잡한 남대문시장, 눈을 감고 걸어보라. 아마도 한발자국도 제대로 가기 어려울 것이다. 눈을 뜨면 앞이 훤하다. 그러나 눈을 감으면 앞의 상황이 어떻게 전개되고 있는가 알 수 없고 궁금하다. 눈을 감고 있으면 있을수록 앞에서 벌어지는 상황을 알고 싶고 이 상황을 알 수만 있다면 똑바로 걸어갈 수 있다. 그렇다면 눈을 감을수록 앞에서 벌어지는 상황을 올바로 예측해야만이 똑바로 갈 수 있다. 기업의 상황도 마찬가지이다. 최근 시장 상황이 더욱 어려워지고 있으며 미래에 대한 불확실성이 높아가고 있다. 그러나 눈을 감고 걷는 것과 마찬가지로 불확실성이 높으면 높을수록 미래에 대한 과학적인 예측이 절대적으로 필요하다.

제품의 수요예측은 현재 기업이 생산하여 판매하고 있는 기존 제품에만 국한되는 일이 아니다. 기업가들은 소비자들로부터 잘 팔릴 수 있는 제품을 생산하여야만이 기업이 생존 및 발전할 수 있기 때문에 신제품이 실제 시장에 출범하기 전 상품기획 단계에서부터 수요예측을 하여야 한다. 따라서 수요예측은 기획단계에서부터 생산, 판매하는 기존 제품에 이르기까지 크게 4단계로 분류할 수 있다.

제품 아이디어가 결정되거나 설계가 완성되면 신제품 생산에 들어가기 전 단계에서, 시장에서 소비자들을 직접 접하기 전에, 예비실험 단계를 통하여 설계된 제품의 성공 여부를 예측하는데 이에 대한 모형이 예비시험시장 수요예측 모형(pretest market model)이다. 이 결과로서 제품의 설계가 수정되기도 하고 보완되기도 하며, 장차 성공 여부에 대한 확신이 서지 않으면 전 단계 또는 그 이전 단계로 되돌아가기도 한다. 예비실험 단계에서 실험 결과에 대한 확신이 서면 일정한 집단의 소비자에 대해서 시장성 여부

그림 1	신제품 수요예측

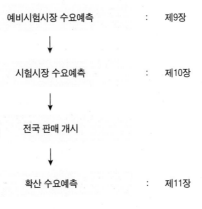

를 타진하여 수요를 예측하는 시험시장의 수요예측(test market)과정을 거치게 된다. 여기에서 시장성이 있으면, 확정된 제품에 대하여 나머지 3P's(promotion, place, price)들과 아울러 경쟁적인 측면을 동시에 고려하여 수요를 예측하며 이의 결과로서 판매촉진정책, 가격정책 그리고 분배정책을 수립한다. 수립된 정책에 따라서 실제 시장에 진입하게 되며 시장에 진입한 후 짧은 기간 내에 소비자들의 실제 반응에 따라서 제품이 시장에 확산되는 과정을 예측하게 되는데 이에 관한 모형이 확산 수요 예측모형(product diffusion model)이다.

시간의 경과에 따라서 제품은 시장에서 소비자들에게 확산되며 기존 제품으로 분류된다. 이에 따라 마케팅 믹스 정책의 수립이 요청되며, 이러한 정책에 의해서 제품의 수요가 달라지게 된다. 그리고 제품은 다시 환경의 변화, 소비자 구매 취향의 변화, 시장구조의 변화, 경쟁 도구 및 경쟁 양태의 변화 등에 따라서 제품이 변경된다.

제4부에서는 [그림 1]에 나타낸 바와 같이 예비시험시장, 시험시장 및 확산수요예측에 관한 계량적인 분석이 토론될 것이다. 계량적인 과학적 방법들을 도입하는 데 있어서 소비자의 자료를 관리하고, 획득한 자료를 계량적으로 처리하며, 이에 따라 수요를 예측하는 방법에 이르는 과정을 상세히 토론하게 되며, 전략적인 의미까지도 언급하게 될 것이다.

CHAPTER

09

NEW PRODUCT MARKETING STRATEGY

예비시험시장 예측

사례: ㈜빙그레의 요플레 마켓 리더십 강화 전략

　국내에서 떠먹는 요구르트로 불리는 호상 발효유가 1980년대 첫 선을 보인 후로 빙그레 요플레는 국내 호상 발효유 시장의 선점 브랜드로서 그 입지를 유지하며 시장의 성장을 주도적으로 이끌어 왔다. 그러나 2009년부터 남양유업, 다농, 매일유업 등이 떠먹는 요구르트 시장에 뛰어들면서 빙그레 요플레는 이전과는 다른 시장 상황에 직면하게 된다.

　시장점유율 40%로 절대적 지위를 누리던 요플레는 이 시기에 시장점유율의 하락을 경험하게 된 것이다. 뿐만 아니라 경쟁 브랜드들의 공격적인 제품 출시와 판매촉진활동으로 인해 확대되어온 떠먹는 요구르트 시장은 기능성을 강조한 마시는 요구르트 시장이 상대적으로 다시 커지기 시작하면서 2011년부터 서서히 정체기를 겪게 되었고 시장 수요가 침체되는 양상을 보이게 되었다.

　이러한 상황에서 빙그레 요플레는 시장 내에서 선도적인 위치를 유지 및 강화하기 위해서 다양한 노력을 기울였다. 구체적으로 지속적인 연구 개발로 선도 브랜드로서의 제품력을 유지 및 강화하였고, 시장 성장성과 변화하는 소비자들의 욕구에 부합할 수 있도록 제품 라인업을 재정비하였다. 또한 빙그레는 광범위한 소비자 조사를 기반으로 하여 소비자와의 커뮤니케이션 노력을 지속적으로 경주함으로써 시장 1등 브랜드로서의 리더십을 유지 및 강화하고자 노력하였다.

■ 일등 제품력 강화를 위한 오리지널 제품의 리뉴얼

　빙그레는 자기 혁신의 일환으로 오리지널 제품을 리뉴얼 하기 위해 2년의 기간 동안 10여 차례의 소비자 정량 조사를 실시하였다. 그 과정에서 빙그레는 제품 세부 속성별 장단점을 파악하고, 제품의 맛을 개선하기 위해 지속적인 연구개발을 병행하였다. 한 예로 요플레는

한층 더 업그레이드된 품질의
NEW 요플레 오리지널

닐슨 주관으로 시행된 '경쟁 제품 대비 요플레의 상대선호도 블라인드 테스트'를 통해 도출된 개선점을 바탕으로 오리지널 제품을 리뉴얼하여 경쟁 제품보다 뛰어난 맛의 제품으로 발전시켰다.

■ 제품 라인업(Line-up) 재정비

시장 성장성 및 변화하는 소비자 욕구에 기반하여 제품 라인업을 효율성 있게 재정비한 것 또한 빙그레 요플레의 1등 리더십 강화를 위한 자기 혁신의 노력 중 빼놓을 수 없는 부분이다. 빙그레는 라인업 재정비를 위해 강점인 오리지널 제품을 소비자 기호에

요플레의 2013년 신제품 딜라이트

맞춰 보다 다양한 과일 맛의 제품들로 확장하고, 프리미엄 라인 제품인 딜라이트를 개발하였다. 이와 반대로 체중 관리 부문 '0% 무지방'과 기능성 부문 '바이오플레'는 시장 수요 감소세 부문임을 고려하여 지난 2012년 운영을 종료했다. 한편, 각각 시장 구성비 9.2%, 2.4%를 차지하는 무첨가 부문과 아동용 부문은 지속 성장 부문과 미래성장동력 부문으로 선정하여 지속적인 개발과 지원을 보장했다. 이러한 제품라인업 재정비 노력은 요플레가 고객의 수요를 반영하여 비중 있는 제품라인만을 보유하고 판매하는 데 기여한 것으로 분석가능하다.

■ 마케팅 전략 현지화 전략의 모범 사례

빙그레 요플레가 한국 시장에서 장기간 시장점유율 1위를 지켜온 사실은 그동안 요플레의 한국 시장 현지화가 매우 효과적으로 이루어져왔음을 말해주는 결과이다. 먼저 요플레의 현지화 전략은 한국 소비자를 이해 하는 것에서부터 출발한다. 빙그레는 초점집단 면접 (Focus Group Interview; FGI)과 CLT(Central Location Test)를 비롯하여 정성·정량 조사를 여러 차례 진행하였고 브랜드 건강도 검진을 위한 연간 트래킹(Tracking) 조사를 시행함으로써 한국 소비자를 보다 깊게 이해하려는 노력을 보였다. 다음으로, 한국 소비자의 기호를 반영한 제품을 개발하였으며 맛, 용량, 패키지 등을 모두 현지화하였다. 그 이후에 국내 트렌드를 지속적으로 반영하여 국내 시장 취향에 맞춘 커뮤니케이션을 도출하였고, 요플레 브랜드 이미지 관리를 통해 1983년 출시 이래 지난 30여 년간 시장 1위 브랜드로서의 지위를 유지해왔다. 현재 40여 개 프랜차이즈 국가 중 한국만이 요플레가 오랜 시간 동안 시장 1위 지위를 유지한 국가이며, 요플레는 국내 소비자들 사이에서 한국의 로컬 브랜드로 오인 받을 만큼 깊숙이 현지화되어 있다.

자료원: 안희경, 김자연, 하영원(2014), "㈜ 빙그레의 요플레 마켓 리더십 강화 전략," Korea Business Review, 18(4), pp. 131-158 중 발췌

기업이 신제품이나 새로운 서비스를 개발함에 있어 부딪치게 되는 가장 큰 문제들 중에 하나는 신제품을 시장에 내놓았을 때 소비자들의 수요가 어느 정도일 것인가를 예측하는 일이다. 일반적으로 신제품을 시장에 내놓기 위해서는 많은 연구개발투자가 필요하며 상당한 시간과 인력을 소비하게 되므로 시장에서의 수요를 정확하게 예측하여 신제품의 실패율을 극소화하는 일은 기업의 입장에서 보면 지극히 중요한 일이다. 따라서 이 장에서는 어떻게 하면 좀 더 정확하게 신제품의 시장수요를 예측할 수 있을 것인가를 살펴보고 이와 관련된 예비시험시장 분석을 통한 신제품의 수요예측모형을 살펴보고자 한다.

SECTION 01 시장수요 예측방법

신제품의 설계과정에서는 주로 소비자의 지각분석과 선호분석을 중심으로 소비자의 기호에 맞는 최적상품을 찾아내는 데 주력하게 되지만, 찾아낸 최적 상품을 실제로 만들어 시장에 출시할 것인가의 여부를 결정하기 위해서는 최적 상품의 시장수요가 어느 정도인가를 측정할 필요가 있다. 신제품의 시장수요를 측정하기 위해서는 소비자들의 구매행동을 예측할 수 있어야 하는데, 실제로 상품이 최종적으로 만들어지기 전에는 소비자의 구매행동을 관찰하는 것이 불가능하므로, 대개 소비자들의 최적상품 개념에 대한 선호도를 조사하여 이를 근거로 소비자들의 구매행동을 예측하게 된다.

소비자들의 제품구매의도 또는 상품선호도를 기초로 구매행동을 예측하는 모형에는 비교적 단순한 주먹구구식의 방법인 구매의도분석, 선호서열분석 등이나 좀 더 세련된 모형인 Logit분석을 사용하는 방법으로 나누어 볼 수 있는데 이를 자세히 살펴보면 다음과 같다.

1. 구매의도분석

구매의도분석이란 단순히 소비자들에게 신제품을 구매 또는 사용할 가능성을 물어본 후 이로부터 얻어낸 주관적 추정치를 과거의 경험 등을 통해서 신제품을 구매할 확률로 환산해 내는 방법을 말한다. 예컨대 Gruber(1970)의 연구에 의하면 비내구성 소비재의 경우 "분명히 사겠다"는 소비자들 중 75.5%, "아마도 살 것이다"고 응답한 소비자들 중의 31.4%, "살지도 모르겠다"는 소비자들 중의 26.8%가 실제로 제품을 구매했다고 한다. 그러나 제품의 포지셔닝(positioning)이 잘 되고 공격적인 마케팅 전략을 구사하는 경우, "분명히 사겠다"는 소비자의 약 90%, "아마도 살 것"이라는 소비자의 약 40%, 그리고 "살지도 모르겠다"는 소비자의 10% 정도가 실제로 제품을 사게 될 것이라는 것이 마케팅 연구자들의 의견이다(Urban and Hauser, 1993).

이러한 수치들을 실제로 적용함에 있어서는 산업별 특성, 관리자로서의 판단 등이 가미되어야만 한다. 그러나 경험적으로 밝혀진 바에 의하면 이러한 요인들을 감안하더라도 90%, 40%, 10%의 수치에서 크게 벗어나지는 않고 있다. 여기서 이 수치들을 적용하는 구체적인 예를 들어보면 다음과 같다. 어떤 회사에서 얼음과 냉수를 빼낼 수 있는 장치가 문에 달린 냉장고를 개발하여 시장조사를 해본 결과 응답자들 중 "분명히 사겠다"는 사람은 아무도 없었고 "아마도 살 것이다"라고 응답한 사람이 23.7%, "살지도 모르겠다"라고 응답한 사람이 36.1%라고 하면 소비자들 중의 약 13.1%[$= (0.90)(0.00) + (0.40)(0.237) + (0.10)(0.361)$] 정도가 새로운 냉장고를 구매하게 될 것이라고 예측이 가능하다.

그런데 Juster(1966)는 앞서 제시한 측정항목들인 "분명히 살 것이다", "아마도 살 것이다", "살지도 모르겠다", "안 살 것이다"의 네 가지로 구매의도를 나타내는 것보다는

표 9-1	소비자들이 응답한 구매확률과 실제구매확률의 관계	
응답확률	실제확률(자동차)	실제확률(가전제품)
100분의 1	0.07	0.017
10분의 1, 2 또는 3	0.19	0.053
10분의 4, 5 또는 6	0.41	0.111
10분의 7, 8 또는 9	0.48	0.184
100분의 99	0.55	0.205

자료원: Juster, F. T. (1966), "Consumer Buying Intensions and Purchase Probability: An Experiment in Survey Design," *Journal of American Statistical Association*, 61(315), p. 689.

그림 9-1	응답구매확률과 실제구매확률 사이의 선형관계

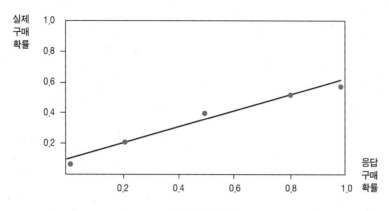

자료원: Morrison, D. G. (1979), "Purchase Intentions and Purchase Behavior," *Journal of Marketing*, 43(2), p. 172.

확률적인 표현을 사용하는 것이 더 정확한 예측을 가능하게 해 준다고 주장한다. 즉, "확실히 살 것이다(100중 99)", "거의 확실히 살 것이다(10중 9)", "살 가능성이 매우 높다(10중 8)", "살 가능성이 높다(10중 7)" 등의 표현을 사용하는 경우, 범주(category)의 수가 많고 또한 정확하게 정의되어 있기 때문에 예측의 정확도를 높일 수 있다. 그러나 확률적인 척도 역시 구매의도와 마찬가지로 일종의 환산과정을 거쳐야 한다. 즉, 소비자들이 말하는 확률과 실제구매확률은 일치하지 않기 때문에 실제구매확률을 구하기 위해서는 소비자들이 말한 확률에 일정한 상수를 곱해야 실제구매확률을 얻을 수 있게 된다. Juster(1966)에 의하면 〈표 9-1〉에 나타난 바와 같이 소비자들의 응답확률은 실제구매확률과 대체로 정비례하기는 하지만 응답확률의 값이 커지면 커질수록 실제확률보다 과대 표현되는 경향이 있음을 알 수 있다.

한편 Morrison(1979)도 [그림 9-1]과 같이 응답된 구매확률과 실제구매확률 사이에 Juster(1966)와 비슷한 선형관계를 발견했다. 여기서 〈표 9-1〉에 나다넌 응답된 구매확률과 실제구매확률의 관계를 그림으로 나타내면 [그림 9- 1]과 같은 선형관계로 표현할 수 있다.

이와 같은 관계를 파악한 후 소비자들이 응답한 구매확률을 소비자별로 환산하여 실제구매확률을 추정하고, 추정된 구매확률의 평균을 구하면 그것이 바로 시장점유율의 추정치가 된다. 그러나 이 방법을 사용함에 있어 주의할 점은 무응답 오류(non response bias)이다. 즉, 실제로 신제품을 구매할 가능성이 높은 소비자들이 설문지에 응답하여 회신할 가능성도 높다면 실제보다 구매확률이 더 크게 나타날 가능성이 많다. 이와 같은 오류를 줄이기 위해서는 응답률을 높이기 위한 조치를 취하거나 무응답 오류를 감소시키는 통계학적 기법을 사용할 필요가 있다.

2. 선호서열분석

구매의도분석과 함께 비교적 손쉽게 신제품의 시장수요를 예측할 수 있는 방법으로는 선호서열분석을 들 수 있다. 이 방법의 가장 큰 장점은 신제품의 제품개념에 대한 소비자의 의견을 따로 물어볼 필요가 없이 상품의 설계과정에서 선호회귀분석(preference regression)을 행하면서 사용하는 기법을 이용하여 신제품의 기존상표들과 비교한 선호서열을 얻어냄으로써 손쉽게 시장점유율의 추정치를 얻어낼 수 있다는 점이다. 즉, 선호서열분석에서는 신제품의 선호서열이 1위냐, 2위냐, 3위냐에 따라 각각의 서열에 해당하는 구매확률을 부여함으로써 시장점유율을 추정하게 된다.

예를 들면 Silk and Urban(1978)에 의하면 체취방지제의 경우 선호서열이 1위인 경우 구매확률(t_1)은 0.83, 2위인 경우 구매확률(t_2)은 0.15, 3위인 경우 구매확률(t_3)은 0.02로 나타났다. 이 수치들은 제품의 종류에 따라 다른 것이 사실이므로 제품별로 경험의 축적을 통해 되도록이면 정확한 구매확률을 알아낼 필요가 있다. 여기서 실제로 선호서열분석의 예를 들어 보기로 하자. 앞에서 예를 든 신형냉장고의 경우 $t_1=0.80$, $t_2=0.20$이라고 가정하고, 표적시장의 소비자들 중에 9.2%가 신제품을 여러 가지 대안들 중 가장 좋아하고, 22.4%가 신제품을 두 번째로 좋아한다면, 결국 추정시장점유율은 (0.80)(0.092)+(0.20)(0.224)=0.118, 즉 11.8%가 된다.

선호서열분석은 앞서 소개한 구매의도분석과 함께 신제품 설계과정의 초기인 제품개념단계에서 사용되는 기법이며, 제품의 개념이나 포지셔닝(positioning)을 간단하게 평가해 보는 도구로서 적합한 방법이다. 그러나 신제품 설계의 후기로 가면 갈수록 좀 더정확성을 가진 시장수요 측정모형을 필요로 하게 되는데, 그 이유는 신제품 설계의 후기단계에 들어가게 되면, 원형 또는 견본의 제작 등 상당한 투자를 요하는 과정들을 거치게 되므로 신제품의 시장잠재력에 관한 어느 정도의 확신이 따라야 하기 때문이다. 그러므로 신제품 설계의 마지막 단계에 이르러서는 통계학적으로 세련된 모형들을 동원하여시장수요를 예측하게 되는데, 그러한 대표적인 모형들 중의 하나가 다음에 제시될 Logit분석이다.

3. Logit 분석

앞에서 언급한 바 있는 선호서열분석과 같은 기법의 경우에는 소비자들의 선호순위에 따라 각각의 순위에 해당하는 구매확률을 부여하여 시장점유율의 추정치를 얻어낼수 있다. 따라서 소비자들의 선호강도가 고려되지 않기 때문에 소비자들이 각 대안을 비슷한 정도로 좋아할 경우, 실제와는 전혀 동떨어진 시장점유율의 추정치를 얻을 수 있다. 그에 반해 Logit분석은 소비자들이 각 대안을 좋아하는 정도를 감안하여 구매확률에 대한 정확한 추정치를 얻어내기 위한 분석적 기법이다. 여기서 Logit모형의 구조를 간단히 살펴보면 다음과 같다.

$P_i[X]$: 소비자 i가 제품 X를 구매할 확률
$U_i[X]$: 소비자 i가 제품 X에서 얻는 효용
$e = 2.71828\cdots$이라고 하면
$P_i[X] = P_i\{U_i(X) > U_i(Y)\ for\ all\ Y \neq X\}$

만일 오차가 weibull분포를 이룬다면 $P_i[X]$는 다음과 같이 표현된다.

$$P_i[X] = \frac{e^{U_i(X)}}{\sum_{all\ Y} e^{U_i(Y)}}$$ ········· <9-1>

흔히 사용되는 Logit분석에서는 $U(X) = \beta P_\chi$로 놓게 되는데, 이때의 P_X는 보통 Conjoint 분석을 통해서 얻어진 제품 X에 관한 선호점수를 사용하게 된다 (<표 9-2> 참조). 여기서 $P_i[X]$를 구해내기 위해 β를 추정해야 하는데 이를 위해서 최우추정법(maximum likelihood method)을 사용하게 된다. 위의 과정을 간단한 예를 들어 설명하면 다음과 같다. 실제로 제품이 만들어져 있는 경우에는 가상적인 구매 상황을 통해서 선택

표 9-2	4개 상표의 껌에 대한 가상적 선호점수
제 품	선호분석으로 얻어낸 선호점수
신 제 품(A)	3.5
오리온껌(B)	2.6
롯 데 껌(C)	3.7
해 태 껌(D)	5.4

표 9-3		각 상표의 선택빈도에 대한 예측		
제 품	선호점수	선택빈도의 예측치	실제빈도	Squared Error
신 제 품(A)	3.5	10.4/(10.4+5.7+11.9+37.3)=0.16	2/11=0.18	0.004
오리온껌(B)	2.6	5.7/(10.4+5.7+11.9+37.3)=0.09	1/11=0.09	0.000
롯 데 껌(C)	3.7	11.9/(10.4+5.7+11.9+37.3)=0.18	2/11=0.18	0.000
해 태 껌(D)	5.4	37.3/(10.4+5.7+11.9+37.3)=0.57	6/11=0.55	0.007

되는 상표를 관찰한다.

만일 관찰된 구매순서가 A, D, D, C, D, A, B, D, C, D, D라면 우도함수(likelihood function)는 $L_A \cdot L_D \cdot L_D \cdot L_C \cdot L_D \cdot L_A \cdot L_B \cdot L_D \cdot L_C \cdot L_D \cdot L_D$으로 되는데,

$$단, L_A = e^{3.5\beta}/(e^{3.5\beta}+e^{2.6\beta}+e^{3.7\beta}+e^{5.4\beta})$$
$$L_B = e^{2.6\beta}/(e^{3.5\beta}+e^{2.6\beta}+e^{3.7\beta}+e^{5.4\beta})$$
$$L_C = e^{3.7\beta}/(e^{3.5\beta}+e^{2.6\beta}+e^{3.7\beta}+e^{5.4\beta})$$
$$L_D = e^{5.4\beta}/(e^{3.5\beta}+e^{2.6\beta}+e^{3.7\beta}+e^{5.4\beta}) \ 이다.$$

여기서 우도함수 $L_A^2 \cdot L_B^1 \cdot L_C^2 \cdot L_D^6$를 극대화할 수 있는 β를 찾아내면 그 값은 0.67이 되므로 〈표 9-3〉과 같은 결과를 얻을 수 있다.

Logit분석의 장점으로는 현실적인 소비자 행동모형에 근거를 두고 있고, 오차를 허용하는 모형이라는 점이다. 또한 Logit분석은 비교적 사용하기 쉽고 시장수요에 대한 정확한 추정치를 얻어낼 수 있게 해 준다. 그러나 Logit모형을 사용하기 위해 필요한 통계 패키지가 널리 보급되어 있지 않은 점이 큰 단점이라고 하겠다. 이와 같은 단점에도 불구하고 Logit분석은 여전히 수요예측을 위해서 소비자들의 기호와 소비자들의 선택을 연결해 주는 최선의 방법으로 남아 있다.

SECTION 02 판매형성모형을 이용한 예측

　지금까지 살펴본 시장수요 예측모형들에서는 소비자들이 신제품의 존재를 알고 있고 또 신제품이 구득가능(available)할 때 신제품의 시장점유율 또는 구매확률을 예측하였다. 그러나 실제로 신제품을 시장에 내놓을 때는 모든 소비자들이 신제품의 존재를 알 수 있는 것도 아니고 신제품의 구득가능성을 모든 소비자에게 제공하는 것도 불가능한 일이다. 사실 인지도(awareness)와 구득가능성(availability)은 광고나 유통전략에 의해서 좌우되는 관리변수들인 것이다. 따라서 실제 매출액을 좀 더 정확하게 예측하기 위해서는 구매확률의 추정치를 인지도와 구득가능성을 고려하여 변형시켜야 한다. [그림 9-2]는 판매형성모형의 기본적인 구조를 표현한 것이다. 이 모형에 의하면 소비자가 제품을 구매하기 위해서는 우선 그 제품의 존재를 알아야 하고(awareness), 또한 그 제품이 구득가능(available)해야 한다.

　예를 들면, 어떤 소비자가 새로운 진통제가 나왔다는 것을 알 확률이 0.8이고 그 소비자가 이용하는 약국에서 그 제품을 취급할 확률이 0.9라고 가정하고 시장수요예측모형에 의한 구매확률 추정치가 0.5라고 하면 실제로 그 소비자가 새로운 진통제를 구매할 확률은 (0.8)(0.9)(0.5)=0.36이라고 할 수 있다. 만일 표적시장에 위에서 말한 소비자와 비슷한 소비자가 100,000명이 있다면 매기마다 기대시장수요는 36,000단위가 될 것이다. 이를 아래와 같은 간단한 수식으로 표현할 수 있다.

$$P = \sum_{i=1}^{N} A_W \cdot A_V \cdot B_i \qquad \cdots\cdots\cdots <9-2>$$

그림 9-2　판매형성모형

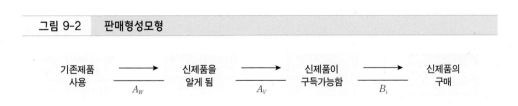

자료원: Urban, G. L. and Hauser, J. R. (1993), *Design and Marketing of New Products*, 2nd ed., Englewood Cliffs, New Jersey: Prentice-Hall, Inc., p. 315.

단, P: 총구매량

N: 표적시장의 소비자수

A_W: 인지도

A_V: 구득가능성

B_i: 소비자 i가 신제품을 알고 또 신제품이 구득가능할 때 신제품을 구매할 확률

1. 인지도와 구득가능성의 측정

판매형성모형을 실제로 사용함에 있어서 하나의 문제는 인지도(A_W)와 구득 가능성(A_V)을 어떻게 측정할 것인가 하는 문제이다. 우선 인지도(A_W)는 보통 표적시장의 소비자들 중 신제품을 "떠올릴"(evoke) 수 있는 소비자의 비율을 말하는 것이다. 좀 더 구체적으로 말하면, 상기집합(evoked set) 안에 들어가는 제품들은 소비자가 사용해 봤거나, 갖고 있거나, 심각하게 사는 것을 고려하는 제품들이다. 따라서, A_W는 표적시장의 소비자들 중에 신제품을 상기집합 안에 포함시키는 소비자의 비율이라고 할 수 있다. 이는 관리자의 주관적인 판단에 의하여 A_W를 일정한 비율로 정하거나, 비보조상기율(A_U: unaided recall)과 A_W의 관계를 알아내어 A_U를 통해 A_W를 추정하는 방법을 사용할 수도 있다.

한편, 구득가능성(A_V)은 표적시장의 소비자들 중 신제품을 사기를 원하는 소비자들 가운데 신제품을 실제로 살 수 있는 소비자의 비율을 말한다. 이는 표적시장 내의 소매점들 가운데 신제품을 취급하는 상점의 비율로 추정된다. 산업재의 경우에는 구매자들 중에 배달이 가능한 지역에 있는 구매자의 비율로서 A_V를 추정하게 된다.

2. 시용과 반복

비내구성 소비재나 서비스 등에서와 같이 반복구매가 중요한 품목인 경우에는 단순히 구매확률(B_i)을 추정하는 것보다는 이를 시용(trial)과 반복(repeat)으로 나누어 고찰해 볼 필요가 있다. 이에 따라 구매확률모형은 다음과 같이 바뀐다.

$$P = \sum_{i=1}^{N} A_W \cdot A_V \cdot T_i \cdot R_i$$

········· <9-3>

단, P: 총구매량

N: 표적시장의 소비자수

A_W: 신제품의 인지도

A_V: 신제품의 구득가능성

T_i: 신제품을 인지하고 신제품이 구득가능할 때 소비자 i가 신제품을 시용할 확률

R_i: 소비자 i가 신제품을 시용했을 때 그 제품을 다시 구매할 확률

여기서 시용확률 T_i는 소비자가 제품 컨셉을 보고 응답한 것을 기초로 얻어지며, R_i는 신제품을 실제로 집에서 사용해 본 후 소비자 i의 반응을 측정하여 얻어진다. 따라서 이 모형은 제품설계과정의 후기에 실제로 제품을 소비자에게 주고 가정에서 사용해볼 수 있도록 하는 것이 가능할 때 사용될 수 있다. 그러나 실제로 시장수요를 측정할 때에는 통합된 모형(aggregated model)을 사용하는 것이 더 용이한데 그 내용은 다음과 같다.

$$P = N_P A_W A_V T R \qquad \cdots\cdots\cdots <9\text{-}4>$$

단, P : 총구매량(신제품)

N_P: 매기당 소비자들의 품목 전체 구매량

그림 9-3   반복 구매비율 R을 구하기 위한 2상태 전환모형

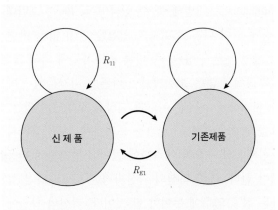

자료원: Urban, G. L. (1975), "PERCEPTOR: A Model for Product Positioning," *Management Science*, 21(8), p. 858.

A_W: 신제품의 인지도

A_V : 신제품의 구득가능성

T : 신제품을 인지하고, 신제품이 구득가능한 경우 궁극적으로 신제품을 사용해 보는 소비자의 전체표적시장에 대한 비율

R : 신제품을 사용해 본 소비자들의 구매 중에 신제품이 장기적으로 차지하는 비율

여기서 R은 간단한 상표전환과정(brand switching process)에 근거하여 추정하게 되는데 그 모형은 [그림 9-3]에 잘 나타나 있다. 이 경우 균형상태하에서의 R은 $R_{E1}/(1+R_{E1}-R_{11})$으로 나타낼 수 있는데 R_{E1}은 기존 제품에서 신제품으로 구매를 전환하는 소비자의 비율을 말하고, R_{11}은 신제품을 반복 구매하는 소비자의 비율(조건부 확률)을 말한다.

위의 모형을 구체적으로 예를 들어 설명하면, 만일 $R_{E1}=0.4$이고 $R_{11}=0.5$이면 신제품을 사용해 본 소비자들 중에서의 장기적인 점유율 R은 $R=(0.4)/(1+0.4-0.5)=0.444$가 된다. 그러므로 신제품의 시용률이 0.4, 인지도가 0.8, 구득가능성이 0.9인 경우 신제품의 장기적인 구매율 P는 매기당 품목총구매(N_P)가 1백만 개라고 가정하면 $P=(1,000,000)(0.8)(0.9)(0.4)(0.44)=126,720$(개)이 될 것이다.

3. 혁신의 확산(diffusion of innovation)

신제품의 표적시장에 있는 소비자들은 크게 나누어 혁신적인 소비자들(innovators)과 모방적인 소비자들(imitators)로 대별해 볼 수 있다(Bass, 1969). 그런데 여기서 혁신자들은 그들의 구매의사결정에 있어 다른 소비자의 영향을 받지 않는 반면 모방자들은 혁신자들과 달리 사회체제 내의 다른 구성원, 즉 다른 소비자들에 의해 크게 영향을 받는다. 따라서 신제품의 채택과정에서 많은 소비자들이 다른 소비자들의 구매의사결정에 의해 영향을 받아 신제품을 채택하게 된다면 이러한 현상을 고려하지 않는 위에 소개한 예측모형들은 시장의 수요를 과소 추정하는 결과를 초래하게 된다. 따라서 혁신의 확산과정이 일어나는 경우에는 신제품의 수요를 예측함에 있어 소비자들의 반응을 변형시킬 필요가 있음을 염두에 두어야 한다. 특히 혁신의 확산과정은 내구재와 산업재의 경우에 두드러지게 나타나고 있다는 점을 염두에 두어야 할 것이다. 혁신의 확산에 관하여는 제11장에서 다루고 있다.

SECTION 03 예비시장 예측

신제품의 설계가 완전히 끝나고 그에 따르는 전반적인 마케팅 전략이 수립되면 이 모두를 총체적으로 테스트해 보는 최선의 방법은 시험마케팅이다. 그러나 다음 장에서도 자세히 언급이 되지만 시험마케팅은 많은 비용과 상당한 시간을 요할 뿐만 아니라, 경쟁사를 지나치게 자극하는 단점이 있기 때문에 시험마케팅에 들어가기 전에, 또는 시험마케팅 과정을 거치는 대신에 예비시장분석(pretest market analysis)을 실시하는 경우가 점점 증가하고 있다.

예비시장 분석의 가장 큰 목적은 역시 신제품을 시판했을 때의 시장수요를 좀 더 정확하게 예측하는 것이다. 예비시장 분석을 행하는 방법에는 여러 가지가 있지만 예측의 정확성, 진단적인 정보 제공능력, 시간과 비용이라는 세 가지 기준을 가지고, 개발해낸 신제품의 성격에 맞는 분석방법을 선택하여 시장수요를 예측하여야 한다.

1. 예비시장 분석방법

예비시장을 분석하는 방법은 대체로 네 가지를 들 수 있는데, 경영자의 판단이나 과거의 경험에 의존하는 방법, 소비자들의 시용과 반복구매를 측정하는 방법, 태도변화모형을 이용하는 방법, 그리고 몇 가지 방법을 동시에 사용하는 접근법(convergent approach)이 그것이다. 이런 분석방법들을 상술하면 다음과 같다.

(1) 경영자의 판단과 과거의 경험에 의한 예측방법

예비시장 예측의 한 방법으로서 과거의 경험에 의존하는 접근방법은 기본적으로 신제품의 성패를 좌우하는 측정 가능한 요인들을 과거의 경험에 의해 찾아내고, 그 요인들을 측정함으로써 신제품의 성패를 예측하는 것이다. 예컨대 Claycamp and Liddy(1969)가 개발한 모형에 의하면 [그림 9-4]에 나타나 있듯이 신제품의 성패를 좌우하는 광고상기

그림 9-4	과거경험에 근거한 예측모형

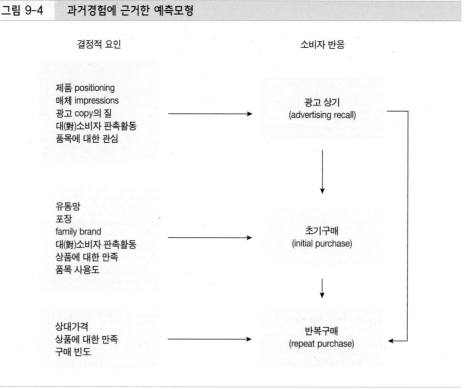

자료원: Claycamp, H. and Liddy, L. E. (1969), "Prediction of New Porduct Performance: An Analytical Approach,"*Journal of Marketing Research*, 6(4), p. 415.

율, 초기구매, 반복구매를 결정하는 요소들을 찾아내고, 회귀모형을 만들어서 신제품의 광고상기율, 초기구매, 반복구매 등을 예측하는 것이다. 이 과정에서 결정적인 요인들을 모두 쉽게 측정하기는 불가능하기 때문에 경영자 또는 전문가의 판단에 의존하게 되는 경우가 많다.

　　이 접근법의 장점은 일단 회귀방정식이 만들어지면 비교적 적은 비용으로 신속한 예측이 가능하다는 점이다. 그러나 회귀모형을 만들기 위해 과거의 상품들을 사용하기 때문에 신제품에는 모형이 맞지 않는 경우가 생겨나게 되며, 또한 전문가의 판단에 오류가 있는 경우 당연히 예측이 빗나가게 된다는 단점을 가지고 있다.

(2) 시용과 반복구매 측정을 통한 예측방법

　　장기적으로 보아 신제품의 매출은 시용과 반복구매에 의해 좌우된다. 만일 표적시장의 소비자들 중에서 신제품을 시용하는 소비자들의 비율과 시용해본 소비자들 중 반복구매하는 소비자들의 비율을 정확하게 예측할 수 있다면 신제품의 장기적인 수요를 큰 오차없이 추정할 수 있을 것이다. 따라서 비교적 현실적인 상황에서 신제품을 소비자들에게 제시하고 소비자들로부터 반응을 얻어내어 소비자들의 시용과 반복구매를 예측하기 위한 모형들이 많이 개발되었다. 대표적인 예측방법으로는 확률적 모형과 가정배달을 통한 측정, 그리고 실험실 측정법을 들 수 있는데 이를 간략히 설명하면 아래와 같다.

1) 확률적 모형

이 접근법은 과거의 구매경험을 근거로 판촉비용, 유통경로, coverage 등이 어떻게 시용이나 반복구매에 어떤 영향을 미치는가를 모형화하여 시장수요를 예측한다(Eskin and Malec, 1976; Kalwani and Silk, 1980). 이 모형들은 앞서 언급한 Claycamp and Liddy(1969)의 모형과 비슷하기는 하지만 제품의 position, 광고 카피의 질 등 전문가의 판단에 의존하는 변수들을 포함하지 않는다는 점에서 다르다고 하겠다.

2) 가정배달을 통한 측정

시장수요예측을 위한 또 하나의 접근법은 실제로 소비자의 가정에 신제품을 배달하여 시용과 반복구매를 측정하는 방법이다. 즉, 판매원이 소비자의 가정을 직접 방문하여 매달 발행되는 제품카탈로그를 통해서 소비자들로부터 주문을 받고 그 제품을 당일로 배달해 주고 판매기록을 컴퓨터에 수록하는 방식으로 자료를 수집하게 되는데 보통 1,000가구 정도를 대상으로 실시한다. 이 방법을 사용하여 신제품을 테스트하는 경우에는 카탈로그에 신제품 광고를 내보내고 시용과 반복구매를 관찰하게 된다. 이렇게 해서 수집된 자료를 바탕으로 누적시용률(cumulative trial)과 사용해 본 소비자들의 신제품 구매율을 구하여 두 비율을 곱해서 시장점유율을 예측한다(Parfitt and Collins, 1968).

이와 같은 패널접근법의 장점은 실제 소비자들의 반응을 얻어내는 것이기 때문에 예측의 정확성이 높다는 점이다. 그러나 다른 예비시장 분석방법들보다 시간이 오래 걸린다는 단점이 있다.

3) 실험실 측정법

가정배달을 통한 측정의 성패는 가정배달 서비스가 얼마나 실제구매환경에 근사한 조건을 소비자에게 제공해 줄 수 있느냐에 달려 있다. 가정배달 대신에 사용할 수 있는 방법으로서는 실험실 측정법이 있다. 이 방법은 소비자들을 모아서 실험실에서 광고를 보여주고 가상적인 소매점의 환경을 제공한 뒤 제품을 선택하도록 만드는 것이다. 소비자가 가상적인 환경에서 제품을 구매한 다음 제품을 집에 가져가서 사용해 보도록 한 후에 실험자가 전화를 걸어서 반복구매의사를 물어보게 된다. 실험실 측정방법의 성패는 실험실이라는 인위적 환경에서 비롯되는 오류를 얼마나 줄일 수 있는가에 달려 있다.

이러한 실험실 방법의 가장 큰 이점은 결과를 신속하고 저렴하게 얻어낼 수 있다는 데 있다. 또한 얻어내는 측정치들이 비교적 현실적인 구매환경 내에서의 소비자들의 반응이므로 정확도면에 있어서도 다른 방법들에 비해 떨어지지 않는다. 그러나 소비자들이 광고에 노출된 직후에 제품을 선택한다는 점과 측정을 당한다는 것을 알고 있다는 데서 오는 체계적인 오류가 있을 수 있다.

(3) 태도변화 모형

소비자들의 제품에 대한 태도를 근거로 시장수요를 예측하는 방법으로서는 앞서 언급한 바 있는 Logit모형이 이러한 방법에 해당된다고 볼 수 있다. 이 접근법에 의하면 소비자들의 태도 또는 기호를 기존 제품들을 사용하여 모형화하고 소비자에게 신제품을 제공하여 이미 만들어진 모형을 이용하여 신제품에 대한 태도를 측정한다.

이 방법은 측정치들이 실험과정을 거치기 전에 얻어지는 것이므로 시용률 및 반복구매율과는 달리 실험실 방법 때문에 생겨나는 오류를 피할 수 있다는 장점이 있다. 그러나 이 방법은 태도의 측정치들이 소비자들의 반응으로부터 간접적으로 얻어내는 수치들이므로 예측의 정확도가 모형 자체의 정확성에 의존하게 된다는 단점이 있다. 이런 모형들 중 가장 대표적인 것은 Silk and Urban(1978)의 ASSESSOR에서 사용된 태도모형을 근거로 한 시장점유율 예측방법이다.

ASSESSOR에서는 소비자들의 각 제품에 대한 선호를 일정합계 쌍대비교법(constant sum paired comparison task)을 통해서 측정한다. 즉 소비자들은 상기집합(evoked set)에 속하는 기존 제품들의 짝(pair)에 대해서 일정한 수의 칩(chip)을 좋아하는 정도에 따라 나누어서 각 제품에 대한 선호도를 표시한다. 이렇게 해서 얻어진 측정치를 Torgerson(1958)에 의해서 개발된 변형기법을 통해 비율척도로 바꾼다. 비율척도로 표현된 소비자 i의 제품 j에 대한 선호를 P_{ij}라고 하면 앞에서 소개된 Logit모형의 변형을 소비자의 선호(P_{ij})로부터 구매행동을 추정할 수 있다.

$$즉,\ L_{ij} = \frac{(P_{ij})^{\beta}}{\sum_{i=1}^{m_i} (P_{ij})^{\beta}} \qquad\qquad \cdots\cdots\cdots <9\text{-}5>$$

단, L_{ij} : 소비자 i가 제품 j를 구매할 확률의 추정치

m_i : 소비자 i의 상기집합에 속하는 제품의 개수

물론 어떤 제품 j가 소비자 i의 상기집합에 속하지 않는다면 L_{ij}는 0이 될 것이다. 여기서 상수 β는 소비자가 마지막으로 구매한 몇 개의 상표가 어떤 것인가를 알아내어 최우추정법(maximum likelihood method)을 통해서 추정해낼 수 있다. 신제품 b가 구매될 확률 L_{ib}는 소비자 i가 신제품 b를 사용해 보고 난 뒤에 다시 선호도를 측정한 다음에 얻어질 수 있다. 그러나 신제품 b의 시장점유율을 예측함에 있어서는 소비자에 따라 신제품 b를 상기집합에 포함시키지 않을 경우도 있다는 것을 고려해야 한다. 신제품 b의 시장점유율은 식 〈9-6〉과 같은 방법으로 측정된다.

$$M_b = E_b \cdot \sum_i \frac{L_{ib}}{N} \qquad \text{......... <9-6>}$$

단, M_b: 신제품 b의 시장점유율

E_b: 표적시장의 소비자들 가운데 신제품 b를 상기집합 안에 포함시킨 소비자의 비율

(4) 복수측정방법

시장수요를 예측함에 있어 경영자나 전문가의 판단과 과거 경험에 의존하는 방법, 시용 및 반복구매모형을 사용하는 방법, 태도모형을 사용하는 방법 등을 살펴보았으나, 각 방법은 나름대로의 장점과 단점을 가지고 있다. 따라서 어느 한 가지 방법만을 사용하는 것보다는 두 가지 이상의 방법을 사용해 측정치가 비슷한 경우에는 더 자신있는 측정치를 사용하고 측정치들이 서로 다른 경우에는 결과치들을 비교 분석하여 측정상의 오차 또는 모형의 구조적인 문제점을 찾아내어 좀 더 정확한 예측치를 얻어내야 할 것이다.

물론 이와 같은 방법의 단점은 비용이 많이 든다는 점이겠으나 두 가지의 다른 방법들을 사용한다고 해서 비용이 두 배로 드는 것이 아님을 유의할 필요가 있다. 왜냐하면 두 개의 다른 모형을 사용하는 경우에도 자료는 한꺼번에 수집할 수 있을 뿐더러 두 개의 모형이 같은 자료를 사용하는 경우도 많기 때문이다. 복수측정방법(convergent measures)의 대표적인 예는 이미 언급한 바 있는 Silk and Urban(1978)의 ASSESSOR를 들 수 있는데 이를 간략히 설명하면 다음과 같다.

1) ASSESSOR의 목적과 구조

ASSESSOR는 일단 신제품의 포지셔닝 전략이 개발되고 제품, 포장, 광고 카피 등이 마련되었고, 또한 초기의 마케팅 계획(가격, 촉진, 광고 등)이 수립된 연후에 신제품의 시

장잠재력을 평가함에 있어 경영자를 돕기 위한 도구로서 만들어진 시스템이다. 이러한 ASSESSOR는 다음과 같은 일들을 수행해 낼 수 있다.

① 균형상태하에서의 신제품의 장기적인 시장점유율을 예측할 수 있다.
② 신제품의 시장점유율의 원천(source)을 추정하여 자사의 기존제품의 시장 잠식(cannibalization) 정도를 예측할 수 있다.
③ 제품을 개선하고 광고 카피를 개발함에 있어 사용가능한 진단적인 정보를 제공한다.
④ 저비용으로 복수의 마케팅 계획들 중 효과적인 계획을 선택할 수 있다.

위와 같은 목적들을 충족할 수 있도록 개발된 ASSESSOR의 전반적인 구조는 [그림 9-5]와 같다.

ASSESSOR의 여러 가지 목적들 중에 가장 중요한 것은 역시 신제품의 시장점유율 예측이라고 할 수 있는데, 이는 시용 및 반복구매모형과 태도모형(기호모형)으로 구성되어 있다. 이 두 가지 모형을 통해서 얻어진 결과치들이 일치하는 경우 관리자는 자신감을 갖고 시장점유율을 예측할 수 있을 것이고, 불일치할 때에는 불일치의 원인을 분석하여 두 예측치의 타협점을 찾아내야 할 것이다. ASSESSOR 모형에 필요한 자료를 얻기 위해

| 그림 9-5 | ASSESSOR시스템의 구조 |

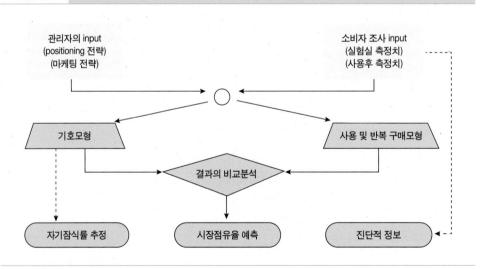

자료원: Silk, A. J. and Urban, G. L. (1978), "Pre-Test Market Evaluation of New Packaged Goods: A Model and Measurement Methodology," *Journal of Marketing Research*, 15(2), p. 174.

서는 다음과 같은 연구설계를 이용하여야 한다.

2) 연구설계와 측정치

ASSESSOR의 연구설계는 〈표 9-4〉에서 볼 수 있듯이 신제품에 대한 소비자의 반응 과정의 각 단계에 맞도록 짜여져 있다. 즉, 반응과정 중에서 인지 및 시용단계를 재연하기 위해서 소비자들은 신제품에 대한 광고와 경쟁제품의 광고를 같이 보게 된다. 이어서 소비자들은 가상적인 상점 내에서 신제품 또는 기존제품을 구매할 기회를 갖게 된다. 그리고 가정에서 제품을 사용해 볼 수 있을 정도의 충분한 시간이 지난 뒤에 사후 인터뷰를 통해 반복구매율을 측정하게 된다. 〈표 9-4〉에 나타난 측정치들 중 태도모형(기호모형)에 사용되는 측정치들은 O_2를 통해서 얻게 되고, 태도모형에 의한 신제품의 점유율 예측은 O_5에서 얻어진 측정치를 사용하게 된다. 또한 시용확률은 O_4를 통해서 얻게 되며, 반복구매에 대한 측정치들은 O_5를 통해서 각각 얻게 된다.

표 9-4   ASSESSOR의 연구설계와 측정치

설 계	과 정	측정치
O_1	응답자 선정(개인 면담)	표적시장 선택기준
O_2	기존제품에 대한 측정(설문지)	상기집합의 구성 및 속성의 중요도, 속성점수, 선호도
X_1	기존제품과 신제품에 대한 광고	
$[O_3]$	광고에 대한 반응 측정(설문지)	광고에 대한 태도, 광고의 신빙성 등(선택적)
X_2	가상적 구매환경내에서의 제품 선택	
O_4	구매 기회: 사용 확률	구매된 상품
X_3	가정에서의 제품사용	
O_5	사용후 측정(전화면담): 반복구매	신제품 사용률, 만족도, 반복구매의향, 속성점수, 선호도, 상대적 선호도 등

3) ASSESSOR 시스템을 이용한 시장점유율 예측

ASSESSOR에 있어서의 기호모형과 시용 및 반복구매모형은 그 구조상 유사성을 가지고 있다. 즉 기호모형에 있어서의 시장점유율은 신제품을 상기집합 안에 포함시키는 소비자의 비율(E_b)과 신제품을 구매할 평균적인 조건부 확률의 곱($\sum L_{ib}/N$)으로 나타나며 시용 및 반복구매모형에 있어서의 시장점유율은 누적시용비율(cumulative trial proportion)과 시용자들의 반복구매율의 곱으로 표현된다. 그러나 두 모형의 개념적인 유사성에도 불구하고 실제로 두 모형에 사용되는 측정치들은 상당히 다르다. 즉, 시용과 반복모형에서는 기본적으로 시용이나 반복구매의 직접적인 관찰에 의한 측정치들을 주로 사용하는 반면 기호모형에서는 상기집합의 비율이나 평균 조건부 구매확률은 간접적인 측정치에 의해서 얻어지게 된다.

이렇게 상이한 두 가지 방법을 통해서 얻어진 시장점유율에 대한 예측치가 일치할 때에는 그 예측에 대한 자신감을 강화시켜 준다. 그러나 두 모형의 예측치가 서로 다를 때는 그 원인을 찾아야 하는데 그 첫 단계는 상기집합비율과 시용의 추정치를 비교해 보는 것이다. 두 수치의 불일치는 시용 및 반복구매모형에 있어서의 인지도와 구득가능성에 대한 가정들의 비현실성 때문에 생겨날 가능성이 많다. 시용과 상기집합에 대한 추정치를 살펴본 뒤에는 조건부 구매확률과 반복구매율을 비교해 볼 필요가 있다.

사례: 국민스낵 새우깡을 제친 '허니버터칩'의 성공비결

60g짜리 과자 한 봉지에 온 나라가 들썩인다.

매장 진열대에 깔리기가 무섭게 동이 나버린다. SNS는 온통 이 과자 이야기로 도배돼 있다. 맛 한번 보기 위해 편의점과 마트를 수도 없이 다녔다는 '순례기'가 올라오는가 하면 어렵게 구한 귀한 과자 맛을 봤다는 '무용담'이 올라온다.

급기야 "생산이 중단됐다"는 식의 루머가 돌고, "이 과자는 원래 존재하지 않는다"는 우스갯소리 섞인 음모론까지 등장했다. 인터넷에선 웃돈까지 붙어 거래가 된다. 일부 상점에선 다른 상품 끼워팔기를 해 눈총을 받기도 한다.

사진 출처: 구글 이미지 검색

도대체 이 과자가 뭐길래? 눈치챘겠지만 해태제과 '허니버터칩' 얘기다. 감자칩 시장에서 만년 꼴찌였던 해태제과는 이 제품 하나로 연일 즐거운 비명을 지른다. 허니버터칩은 감자칩은 물론 스낵류 전체 매출 1위를 달성했다. '국민 스낵' 새우깡도 제친 지 오래다. '반짝 인기'를 넘어 스테디셀러로 자리매김할지는 미지수다. 하지만 지금까지만 놓고 보자면 대박임엔 틀림없다. 경기 불황, 부진한 투자, 격화되는 경쟁, '대박상품' '히트상품' 부재 등 악재투성이인 요즘 비즈니스 환경에서 허니버터칩 성공 스토리는 성장동력을 상실하고 무기력증에 빠진 우리 기업들에 많은 시사점을 던져 준다.

■ 역시 '입소문'이 무섭더라

싸이의 '강남스타일'은 유튜브를 통한 입소문으로 전 세계적 대히트를 쳤다. 바이럴 마케팅(입소문 마케팅)은 기업들이 외면할 수도 없고 외면해서도 안 되는 가장 효율적 마케팅 수단으로 떠올랐다. 허니버터칩 성공의 결정적 요인 중 하나도 SNS 등을 통한 입소문이었다. 출시 한 달 만인 10월부터 인스타그램을 중심으로 2만건에 달하는 관련 글이 올라오기 시작했다. 11월 들어선 소유진, 소이, 강민경, 박지윤 아나운서, 유희열 등 유명인들이 인터넷이나 라디오 등에서 허니버터칩을 언급하면서 페이스북과 트위터 등은 허니버터칩 글들로 그야말로 '도배'됐다. 제품 수요가 폭발적으로 늘어났다.

대부분 일반 소비자들이 자발적으로 글을 올렸다. 해태제과 관계자는 "파워블로거나 SNS 등을 활용한 마케팅을 준비하고는 있었지만 무서운 속도로 입소문이 다 퍼져 버려 우리가 뭔가를 할 여지가 거의 없었다"고 귀띔했다. 하지만 입소문 마케팅의 위력을 새삼 재확인한 셈이다.

■ 줄 서서 사고 싶게 만들라

소비자들의 갈망을 이끌어내는 가장 손쉬운 방법 중 하나는 희소성 전략이다. 쉽게 구할 수 없고 수량이 한정돼 있다고 느끼면 딱히 필요 없는 물건도 괜히 갖고 싶어지는 게 사람 마음이다. 허니버터칩이 'SNS 스타'로 떠오른 건 쉽게 구할 수 없었기 때문이기도 하다. 편의점이나 마트 어디를 가도 찾아보기 힘든 제품이 되니 소비자들은 애가 탔다. SNS에 허니버터칩을 '득템'했다며 우쭐대는 글이 올라올 때마다 '도대체 무슨 과자길래…' 하는 참을 수 없는 호기심이 발동했다.

출시할 때마다 품절 대란을 겪는 대표적 상품이 애플 아이폰이다. 가격 하락을 막기 위해 국가별로 물량을 조절하고 출시 일정도 조정한다. 사전예약을 해야만 물건을 제때 받을 수 있다는 공통 인식이 생겨나며 저절로 다른 스마트폰들과 차별화됐다. 전문가들은 기업들이 자사 제품 인기가 높아졌다고 무작정 공급 물량을 늘리려는 유혹을 어느 정도 통제할 필요가 있다고 지적한다. 임채운 서강대 경영학과 교수는 "허니버터칩 인기는 품귀 현상과 입소문에 기반하고 있다"며 "무리하게 공장을 증설하거나 가동력을 지나치게 높인다면 그저 흔하고 쉽게 구할 수 있는 과자가 돼 인기가 사라질 수 있다"고 말했다.

■ 상품성은 기본…R&D · 시장조사

허니버터칩 성공에는 의도하지 않았던 바이럴 마케팅 성공, '비의도적' 신비주의 마케팅 등 '운(運)'도 많이 따른 게 사실이지만 제품의 상품성이 떨어졌다면 인기는 일찌감치 사그라졌을 것이다. 결국 소비자들을 사로잡은 것은 '맛'이었다.

뛰어난 맛은 치밀하고 과감한 연구개발(R&D)과 투자, 철저한 시장 조사에서 나왔다. 허니버터칩 연구개발 기간은 약 2년이었다. 다른 과자 개발 기간의 두 배에 달하는 기간을 연구하고 투자했다. 전 세계에서 200종이 넘는 감자칩을 모조리 사들여 일일이 맛을 보고 분석했다. 이 중 일본 가루비의 행복버터칩과 해태의 신당동떡볶이를 벤치마킹하며 수많은 시행착오를 거친 끝에 달콤한 맛과 고소한 맛을 잘 배합한 '한국적인 단맛'을 찾아냈다. 일반 소비자를 대상으로 한 블라인드 테스트는 전국 남녀노소 1,000명을 대상으로 했다. 보통 과자 테스트 표본은 주고객층인 20대 여성 100명 남짓이다. 이는 시장 지배 기업들과 차별화한다는 정확한 지향점을 갖고 명확한 타깃을 설정해 놓은 뒤 과감하고 치밀하게 R&D를 진행해 성공을 거둔 것이다.

자료원: 매일경제, 2014. 11. 27.

4) ASSESSOR의 정확성과 한계점

예비시장 예측의 정확도는 모형의 시장점유율 예측과 실제 시장점유율과의 차이에 의해서 추정된다. 〈표 9-5〉는 ASSESSOR를 통해서 예측한 시장점유율과 실제 시험시장에서의 시장점유율의 차이를 보여주고 있다. 〈표 9-5〉에 나와 있는 9개의 제품들 중에 첫 3개의 제품들은 시험마케팅이 진행되는 것과 동시에 예비시장 분석이 행하여졌다. 체취제거제의 경우에는 예비시장 분석시에 계획되었던 마케팅 계획들이 시험시장에서 계획대로 실시되지 않았기 때문에 오차의 상당부분이 그것에 기인하는 것으로 생각된다. 그러나 대부분의 신제품에 있어서 오차는 1.0%를 넘지 않는다. 따라서 비용이 많이 드는 시험 마케팅을 실시하지 않고서도 상당한 정확도를 가지고 신제품의 시장점유율을 예측할 수 있다.

| 표 9-5 | 예측된 시장점유율과 실제 시장점유율 | | | | |

제품	예비시장예측의 타이밍(시험시장과 관련)		시장점유율		
	동시	사전	예측치	실제값	오차
체취제거용	○		13.3	10.4	+2.9
소화제	○		9.6	10.5	-0.9
세탁용 세제	○		1.8	1.8	0.0
가정용 세척제		○	12.0	12.5	-0.5
샴푸		○	3.0	3.2	-0.2
합성세제		○	9.3	8.5	+0.8
진통제		○	3.0	2.0	+1.0
과일음료		○	4.9	5.0	-0.1
씨리얼		○	6.0	4.4	+1.6
평균		○	7.0	6.5	0.5

자료원: Silk, A. J. and Urban, G. L. (1978), "Pre-Test Market Evaluation of New Packaged Goods: A Model and Measurement Methodology," *Journal of Marketing Research*, 15(2), p.188.

2. 내구소비재와 산업재의 예비시장 예측

지금까지 언급한 예비시장 예측은 주로 비내구재에 적용될 수 있는 기법들이다. 소비자의 반응면에서는 가전제품이나 자동차와 같은 내구재의 경우에도 비내구재와 유사한 점이 많으나 몇 가지 중요한 점에서 차이가 있다. 즉 내구재의 경우에는 시장에서의 성패가 소비자들의 첫 구매에 의해서 좌우된다. 물론 반복구매가 없는 것은 아니지만 비내구재의 경우와는 달리 그 중요성은 낮다고 볼 수 있다. 또한 내구재의 가격은 비내구재에 비해서 높은 편이고 표적 시장에서의 침투속도가 늦다. 즉, 비내구재의 경우에는 3~6개월 만에 매출액이 최고수준에 달하게 되는 일이 허다하지만 내구재의 경우에는 매출액이 최고에 달하려면 3~6년이 걸리는 수가 많다.

이와 같은 내구재와 비내구재의 차이점 때문에 시장수요의 예측방법도 달라지게 된다. 특히 실험실에서 얻어진 구매확률에 대한 측정치는 혁신의 확산과정이 일어나고 나서의 구매확률보다 낮을 가능성이 많다. 따라서 내구재에 있어서는 이러한 현상을 포착할 수 있는 예비시장 예측모형이 필요하다고 하겠다. 산업재의 경우에는 품목에 따라 소비재 시장에서와 마찬가지로 시용 및 반복구매모형이 그대로 적용될 수 있는 분야도 있지만 많은 경우에 소비재와는 다른 특징을 가지고 있다. 즉, 구매의사결정이 한 사람 이상에 의해서 이루어지고, 구매자의 수가 제한되어 있으며 구매가격이 높은 것이 보통이다. 또한 상품 정보를 전달함에 있어 판매원의 역할이 매우 중요하며 판매과정이 상당히 복잡하다. 이러한 산업재의 고유한 특징들을 고려한 예비시장 예측모형은 아직까지 별로 개발된 것이 없다고 하겠으나 산업재의 중요성을 감안할 때 그와 같은 모형의 필요성은 매우 크다고 하겠다.

최근 Urban, Weinberg, and Hauser(1996)는 아주 혁신적인 신제품(예컨대 대기오염 물질의 방출이 전혀 없는 자동차)의 경우 유용한 예비시장 예측방법을 소개하고 있다. 기존의 예비시험시장 예측기법과 IA(information acceleration)라는 새로운 측정방법을 결합하여 혁신적인 신제품의 시장출시 여부를 결정할 수 있다. IA란 측정방법은 컴퓨터 프로그램을 통해 가상의 실제구매상황을 소비자들에게 제시하며, 소비자들은 구매결정시 자신들이 원하는 정보를 광고, 구전, showroom방문 등을 통해 획득할 수 있다. 이러한 수요예측 기법을 적용한 예측은 컴퓨터 프로그램 개발과 잡지, 신문광고의 제작, 구전정보를 제공하는 비디오의 제작 등으로 인해 다른 예측기법에 비해 비용이 다소 많이 소요되나, 소비자들에게 가상의 실제 구매상황을 제공하여 수요를 예측하므로 신뢰할 만한 결과를 얻을 수 있을 것이다. 따라서 재무적 위험부담이 큰 신제품의 경우에 적용하기에 적합할 것이라 생각된다. 보다 자세한 내용은 Urban, Weinberg, and Hauser(1996)의 논문을 참조하기 바란다.

SECTION 04 시험시장을 통한 수요예측

예비시장 분석의 결과 예측되는 시장점유율이 제품의 성공을 위해서 필요한 최소한의 기준을 넘어서는 경우 시험시장을 골라 시험마케팅을 행하거나 혹은 시험마케팅을 생략하고 전국적인 시판에 들어가게 된다. 우리나라의 경우 국토면적이 넓지 않고 시장의 크기도 일본이나 미국에 비하면 작기 때문에 반드시 시험마케팅을 거쳐야 하는 경우는 그리 많지는 않을 것이다. 그러나 품목에 따라서 전국적인 판매 이전에 좀 더 정확한 시장정보를 얻어내어 전국시판시의 실패율을 극소화할 필요가 있는 경우에 시험마케팅을 실시하게 된다. 일반적으로 전국 시판 시에 사용하게 될 마케팅 전략 일체를 전국을 대표할 수 있는 2~3개의 중소도시에서 시행해 보는 과정을 거치게 된다.

시험마케팅에서 얻을 수 있는 것은 좀 더 정확한 시장수요의 예측치와 제품 및 다른 마케팅 전략들을 개선할 수 있는 진단적인 정보라고 하겠다. 그러나 시험마케팅은 많은 투자를 필요로 하고 경쟁사에게 신제품을 전국시판 이전에 노출시켜 불필요하게 경쟁사의 신경을 곤두세우게 만들거나 경쟁사에 의해서 모방을 당하게 될 가능성이 있는 등의 단점이 있으므로 신중한 고려 후에 시행여부를 결정할 필요가 있다.

시험시장에서 얻어진 자료를 분석하는 방법으로는 소비자 패널을 이용한 시용 및 반복구매모형을 사용하는 방법(Parfitt and Collins, 1968), 소비자의 신제품채택과정을 단계적으로 모형화한 TRACKER(Blattberg and Golanty, 1978)를 사용하는 방법, Macro-Flow 모형(Urban, 1970)을 이용하는 방법 등이 있으며 자세한 내용은 다음 장에서 언급하고자 한다.

SECTION 05 맺음말

이 장에서는 신제품의 설계단계와 설계가 완전히 끝난 뒤에 있어서의 신제품 시장 수요예측에 관하여 살펴보았다. 일반적으로 신제품 개발의 초기단계에서는 비교적 간단한 방법으로 수요를 예측하게 되지만 후기단계로 넘어갈수록 점점 더 정확한 예측치를 필요로 하게 되므로 예측력이 높은 세련된 모형들을 사용하게 된다. 그러나 우리나라 기업들의 경우 신제품의 시장수요 예측모형들에 대한 인식이 부족하고 정확한 시장수요 측정의 중요성에 대한 인식이 충분치 못한 관계로, 많은 경우 막연한 수요예측에 근거하거나 단순히 주먹구구식의 예측방법에만 의존하여 신제품을 시장에 내놓게 되는 것을 볼 수 있다.

그러나 우리나라의 경우에도 제품이 고급화되고 기업들 간의 경쟁이 점점 더 치열해질수록 시장에서의 신제품의 실패는 기업에게 치명타를 입히게 된다. 따라서 좀 더 정확한 시장수요 예측모형에 근거한 마케팅 계획의 수립이 절대적으로 필요하다. 또한 예비시장 분석도구의 하나인 ASSESSOR 같은 시스템은 기업에게 소비자들로부터의 신제품에 대한 반응을 수집하여 제품 또는 기타 마케팅 믹스를 개선할 수 있도록 해주므로 시장에서의 실패율을 최소한으로 줄여줄 수 있을 것이다.

앞으로 우리 기업들도 좀 더 정확한 신제품 시장 수요예측을 위한 모형들을 과감히 도입하여 신제품의 개발 및 관리의 과학화를 이루도록 노력하는 것이 바람직할 것이다.

토론 문제

01 예비시험시장 분석을 이용한 수요예측의 한계점을 논의하라.

02 시험시장을 실시하는 것이 바람직한 경우는 언제인가? 또한 시험시장을 실시하기에 적합한 제품들의 예를 두 가지만 제시하시오.

03 ASSESSOR모형을 이용한 예비시장 분석에 관한 다음의 질문에 답하시오.

1) ASSESSOR 모형을 적용 시의 한계점을 논의하라.

2) 이 모형을 사용하여 얻어낼 수 있는 진단적 정보는 무엇이 있는가?

3) (주)자영음료는 ASSESSOR 모형을 이용해 신제품의 수요를 예측하였다. 이때 신제품의 시장을 정확히 정의할 수가 없어서, 직접적으로 신제품과 경쟁관계가 아닌 타사의 히트상품을 제품범주에 포함시켰다. 이 경우 신제품의 구매확률 예측치에 어떤 영향을 미칠 것으로 생각되는가?

04 구매의도분석과 선호서열분석을 이용한 시장 수요예측 방법을 설명하시오.

05 비내구재의 예비시험시장 분석과 내구재, 산업재의 예비시험시장 분석의 차이점은 무엇인가?

참고 문헌

Bass, F. M. (1969), "A New Product Growth Model for Consumer Durables," *Management Science*, 15(5), pp. 215-227.

Bass, F. M. (1974), "The Theory of Stochastic Preference and Brand Switching," *Journal of Marketing Research*, 11(1), pp. 1-20.

Blattberg, R. and Golanty, J. (1978), "Tracker: An Early Test Market Forecasting and Diagnostic Model for New Product Planning," *Journal of Marketing Research*, 15(2), pp. 192-202.

Bolton, L. E. (2003), "Stickier Priors: The Effects of Nonanalytic Versus Analytic Thinking in New Product Forecasting," *Journal of Marketing Research*, 40(1), pp. 65-79.

Claycamp, H. and Liddy, L. E. (1969), "Prediction of New Product Performance: An Analytical Approach," *Journal of Marketing Research*, 6(4), pp. 414-420.

Eskin, G. J. and Malec, J. (1976), "A Model for Estimating Sales Potential Prior to the Test Market," *Proceeding 1976*

Fall Educators'Conference, Chicago: American Marketing Association, pp. 230-233.

Franses, P. H. (2005), "On the Use of Econometric Models for Policy Simulation in Marketing," *Journal of Marketing Research*, 42(1), pp. 4-14.

Green, P. E. and Srinivasan, V. (1978), "Conjoint Analysis in Consumer Research: Issues and Outlook," *Journal of Consumer Research*, 5(2), pp. 103-123.

Gruber, A. (1970), "Purchase Intent and Purchase Probability," *Journal of Advertising Research*, 10(1), pp. 23-28.

Hauser, J. R. and Urban, G. L. (1979), "Assessment of Attribute Importance and Consumer Utility Functions Von Newman-Morgestern Theory Applied to Consumer Behavior," *Journal of Consumer Research*, 5(4), pp. 251-262.

Jamieson, L. F. and Bass, F. M. (1989), "Adjusting Stated Intention Measures to Predict Trial Purchase of New Products: A Comparison of Models and Methods," *Journal of Marketing Research*, 26(3), pp. 336-345.

Juster, F. T. (1966), "Consumer Buying Intentions and Purchase Probability: An Experiment in Survey Design," *Journal of American Statistical Association*, 61(315), pp. 658-696.

Kawani, M. U. and Silk, A. J. (1980), "Structure of Repeat Buying for New Packaged Goods," *Journal of Marketing Research*, 17(3), pp. 316-322.

Luce, R. D. (1969), *Individual Choice Behavior*, New York: John Wiley and Sons.

Morrison, D. G. (1979), "Purchase Intentions and Purchase Behavior," *Journal of Marketing*, 43(1), pp. 65-74.

Parfitt, J. H. and Collins, B. J. K. (1968), "Use of Consumer Panels for Brand Share Prediction," *Journal of Marketing Research*, 5(2), pp. 131-146.

Pringle, L. G., Wilson, R. D., and Brody, E. I. (1982), "NEWS: A Decision Oriented Model for New Product Analysis and Forecasting," *Marketing Science*, 1(1), pp. 1-29.

Roggeveen, A. L. and Johar, G. V. (2004), "Integration of Discrepant Sales Forecasts: The Influence of Plausibility Inferences Based on an Evoked Range," *Journal of Marketing Research*, 41(1), pp. 19-30.

Rust, R. T., Lemon, K. N., and Zeithaml, V. A. (2004), "Return on Marketing: Using Customer Equity to Focus Marketing Strategy," *Journal of Marketing*, 68(1), pp. 109-127.

Silk, A. J. and Urban, G. L. (1978), "Pre-Test-Market Evaluation of New Packaged Goods: A Model and Measurement Methodology," *Journal of Marketing Research*, 15(2), pp. 171-191.

Tauber, E. H. (1977), "Forecasting Sales Prior to Test Market," *Journal of Marketing*, 41(1), pp. 80-84.

Urban, G. L. (1970), "Sprinter model Ⅲ : A Model for the Analysis of New Frequently Purchased Consumer Products," *Operations Research*, 18(5), pp. 805-854.

Urban, G. L. (1975), "PERCEPTOR: A Model for Product Positioning," *Management Science*, 21(8), pp. 858-871.

Urban, G. L. and Hauser, J. R. (1993), *Design and Marketing of New Products*, Englewood Cliffs, NJ: Prentice-Hall, Inc.

Urban, G. L. and Katz, G. M. (1983), "Pre-Test-Market Models: Validation and Managerial Implications," *Journal of Marketing Research*, 20(3), pp. 221-234.

Urban, G. L., Weinberg, B. D., and Hauser, J. R. (1996), "Premarket Forecasting of Really- New Products," *Journal of Marketing*, 60(1), pp. 47-60.

Van Everdingen, Y. M., Aghina, W. B., and Fok, D. (2005), "Forecasting Cross-Population Innovation Diffusion: A Bayesian Approach," *International Journal of Research in Marketing*, 22(3), pp. 293-308.

CHAPTER 10

NEW PRODUCT MARKETING STRATEGY

시험마케팅

사례: 성공하는 모바일 광고의 특징
-장기적인 관점에서 테스트하고 또 테스트 하기

모바일 광고는 인공지능에 힘입어 더 빠르게 발전하고 있다. 과거 오프라인 광고에 비해 모바일 디지털 광고는 빠르다. TV광고를 하기 위해서는 광고 영상을 오랫동안 제작하고, TV 광고 시간을 미리 청약해서 받아 놓고, 광고를 하기로 했으면 1주일 혹은 한 달 등 이미 계약해 둔 기간 동안 광고를 해야만 했다. 이랬던 것이 디지털에 들어오면서 모두 빨라졌다. 검색 광고는 1분이면 수정할 수 있다. 동영상 광고는 검색 광고나 배너 광고에 비해서는 제작 시간이 오래 걸리기는 하지만 TV광고가 한 번 시작하면 고치기 어려운 데 비해 동영상 광고는 필요하다면 언제든지 편집을 다시 해서 수정본으로 광고를 진행할 수도 있다. 더 중요한 것은 광고의 집행인데 디지털에서는 매우 짧은 기간만 광고를 진행할 수도 있고, 필요하다면 언제든지 광고를 계속해서 진행할 수도 있다. 뭔가 로맨틱한 상품을 판매하는 브랜드 입장에서 지금 갑자기 첫눈이 내리기 시작한다면 눈이 오는 것을 보고 광고를 시작해서 눈이 그치면 광고를 종료하는 것도 가능하다.

이처럼 빠르고 유연한 디지털 광고의 특성은 모바일 시대가 되면서 더 강화되고 있다. PC만 있던 시대와 비교해 보면 사용자들이 온라인 상태로 있는 시간도 늘어났고 온라인상에서 하는 활동의 종류와 복잡성도 늘어났다. 이에 따라 기업이 실행 중인 온라인 마케팅과 관련된 무수한 고객 데이터가 쏟아지고 있으며, 이를 측정하는 지표들도 늘어나고 있다. 광고를 스마트폰으로 관리를 할 수 있게 되면서 더 빨리 광고 전략을 수정할 수 있다. 모바일 시대의 배너 광고의 크기는 PC시대보다 작아지면서 만들기 간단해졌고 배너광고의 종류는 다양해지면서 여러 가지 광고를 테스트하고 수정해볼 기회는 늘어났다. 동영상 광고에서도 유사한 변화들이 일어나고 있다. 모바일 시대에는 6초 길이의 매우 짧은 동영상 광고가 공존하고 있고, 동영상 광고를 보여주면서 함께 수행할 수 있는 마케팅 활동-상품을 보여주거나 채팅을 하는 등의 활동-도 더 늘어나고 있다. 동시에 고객의 반응도 더 빨리 전달되고 확산된다. 좋은 광고는 SNS를 통해 급속도로 퍼져나가고 좋지 않은 광고에 대한 악평과 비난도 SNS와 댓글 창에서 빠르게 자라난다.

스타트업의 사업방식을 닮은 모바일 광고 개선 과정

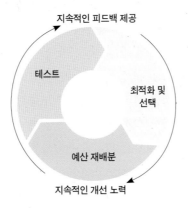

이처럼 모바일 광고가 점점 더 빠르고 유연해지면서 모바일 광고를 계속해서 개선하고, 테스트하고, 다시 개선하는 것이 광고의 성공에 지대한 영향을 미치게 됐다. 광고를 잘 하는 기업들은 모바일상에서 다양한 방법으로 시도를 해본 후 가장 효율이 좋은 광고에 예산을 더 늘리고, 효율이 좋지 않은 광고는 중단한다. 그리고 중단한 광고를 대신할 새로운 광고를 기획해서 또 시도해보고, 계속해서 좋은 광고를 찾아나가는 과정을 무한 반복하는 것이다. 이 과정에서 광고 A안이 나은지, B안이 나은지를 결정하는 A/B 테스트를 종종 시행하게 된다. 예를 들어, 헤어케어 제품을 판매하는 한 글로벌 기업은 타깃 고객을 두 그룹으로 나누어 각 그룹에 각기 다른 동영상 광고를 보여주었다. 최소한의 예산만 소진해서 두 가지 광고를 집행한 후 광고 상기도와 구매 의향을 측정해 A안이 B안보다 더 효과적이라는 것을 발견했다. 이를 바탕으로 B안 광고에는 더 이상 광고비를 집행하지 않고 남은 예산을 A안 광고에 집중해서 좋은 성과를 거둘 수 있었다. 이외에도 새로운 고객군을 타기팅할 때와 하지 않을 때, 새로운 국가를 대상으로 광고를 집행할 때와 집행하지 않을 때, 텍스트 문구를 바꿨을 때, 영상의 길이를 바꿨을 때 등등 다양한 광고 방법을 A/B 테스트 해보고 고객의 반응에 따라 광고를 효율화 할 수 있다. 여러 가지로 테스트를 해보지 않으면 절대로 잠재적인 고객을 모객할 수 없고 고객이 무엇을 원하는지 제대로 이해할 수도 없다.

배달앱으로 유명한 요기요는 그들의 본업에서도 데이터와 고객 인사이트를 기반으로 큰 성공을 거뒀다. 뿐만 아니라 모바일 마케팅에서도 고객 인사이트를 기반으로 고객이 필요로 하는 마케팅을 수행하고 테스트와 성과 측정, 개선을 반복하면서 이제는 국내에서 가장 효과적으로 모바일 광고를 진행하는 수준에 이르렀다.

이처럼 기업 그 자체가 고객을 늘 중심에 두고 빠르고 유연하게 움직이고 있다면 이 기업은 모바일 광고를 포함한 모든 영역에서 성공할 것이다.

자료원: 동아비즈니스리뷰, 제213호, 2016. 11.

시험마케팅은 기업에서 새로운 제품을 전국적으로 시판하기에 앞서, 개발된 신제품을 전국을 대표할 수 있는 몇 개의 중소도시에서 시판해 보는 과정이다. 이 과정을 통해서 기업은 개발된 제품만이 아니라 전국 시판시 사용될 전반적인 마케팅 프로그램을 테스트함으로써 신제품의 성공 여부에 관한 정보, 마케팅 프로그램을 개선하기 위해 필요한 진단적 정보(diagnostic information) 등을 얻게 된다. 그러나 시험마케팅은 많은 투자를 필요로 하고 경쟁사에게 신제품을 전국시판 이전에 노출시켜 불필요하게 경쟁사의 신경을 곤두세우게 만들거나 경쟁사에 의해서 모방을 당하게 될 가능성이 있는 등의 단점이 있으므로 신중한 고려 후에 시행여부를 결정할 필요가 있다. 따라서 이 장에서는 시험마케팅과 관련된 여러 가지 모형들을 살펴보고, 이 모형들을 기업에서 적용하는 데 있어서의 문제점들을 파악한 후 가장 적절하다고 생각되는 모형을 선발해내고자 한다.

SECTION 01 시험마케팅 모형의 구조

시험마케팅(test marketing)의 주목적은 기업이 신제품을 개발하여 이를 전국적으로 판매하기 이전에 전국시판에 따른 위험을 극소화하기 위하여 시장정보를 얻어내는 것이다. 이러한 시장정보에는 신제품의 예상 시장점유율(predicted market share), 예상매출액, 제품 및 광고 등에 대한 진단적 정보(diagnostic information) 등이 포함된다(Narasimhan and Sen, 1983). 새로운 제품을 전국시장에 내놓기 전에 거치는 제품에 대한 평가과정 중에서 시험마케팅은 가장 정확하고 유용한 정보를 얻을 수 있는 수단이지만 시험마케팅을 실시함으로 해서 감수하지 않으면 안 되는 불이익도 무시하기 어렵다(Urban and Hauser, 1993). 이와 같은 시험마케팅의 장점과 단점은 다음과 같다.

1. 시험마케팅의 장단점

(1) 장   점

시험마케팅의 장점으로는 첫째, 신제품의 시판에 따르는 위험을 감소시켜준다. 신제품의 시판에 수반되는 위험은 전국 시판에 실패할 경우 이에 따르는 막대한 금전적인 손실뿐만 아니라 유통경로 구성원과의 관계 악화, 판매원들의 사기저하, 투자자들의 회사에 대한 신뢰감 상실 등을 들 수 있다.

둘째, 신제품을 판매하기 위한 마케팅 계획을 개선시켜 줄 수 있는 진단적인 정보를 제공한다. 잘 짜여진 시험마케팅 계획은 광고 문안(advertising copy)의 개선, 유통경로계획의 미비점 파악, 촉진 및 가격정책의 확정에 많은 도움을 줄 수 있으며, 또한 생산설비를 가동했을 때의 문제점들을 파악할 수 있는 기회를 제공함으로써 전국규모의 신제품 판매 이전에 미비점들을 개선할 수 있도록 해 준다.

(2) 단   점

시험마케팅의 단점으로는 첫째, 시험마케팅을 실시하는 데는 많은 비용이 소요된다. 내구재의 경우에는 전국 시판에 드는 비용과 거의 맞먹는 시험마케팅 비용 때문에 시험마케팅을 생략하는 경우가 많다. 따라서 시험마케팅은 포장된 비내구재(packaged consumer nondurables)에 한정되는 경우가 대부분이다.

둘째, 시험마케팅을 실시하는 데에 보통 9개월에서 12개월의 시간이 소요되므로, 시험마케팅 기간 중에 경쟁사에서 시험시장에 나와 있는 자사상품을 예의주시하게 되며 최악의 경우에는 신제품을 완전히 모방한 제품을 경쟁사에서 미리 전국 규모로 시판하여 시장에서의 선두주자의 위치를 차지해 버릴 가능성마저 존재한다.

셋째, 경쟁사에서 자사의 시험마케팅을 혼란시킬 목적으로 경쟁사의 마케딩 전략을 시험시장에서만 변경할 가능성이 있다. 즉, 자사의 신제품이 성공적일 것이라고 예상되는 경우 경쟁사에서는 경쟁사의 제품가격을 시험시장에서 인하한다든지, 광고를 늘린다든지, 사은품을 증정한다든지 하는 방법을 통해서 자사 신제품의 시험시장에서의 점유율을 낮출 수 있으며, 그와는 반대로 자사의 신제품에 대한 소비자들의 호응이 별로 좋지 않으리라고 예상되는 경우, 경쟁사에서 일부러 시험시장에서의 광고나 판촉활동의 수준을 낮추거나, 심지어 자사 신제품의 구입을 통해서 전국 시판을 유도할 가능성도 존재한다.

따라서 시험마케팅은 제품별로 이와 같은 장단점을 고려하여 시행여부를 결정하게 되는데, 이를 결정하기 위해서 Bayesian분석에 기초한 의사결정기법(decision analysis)을 사용할 수 있다.

2. 시험마케팅 모형의 구조

신제품에 대한 시험마케팅을 실시하기로 결정하고 나면 구체적인 자료수집 및 분석에 대한 계획을 세워야 한다. 이 과정에서 어떤 시험마케팅 모형을 사용하느냐에 따라 자료수집방법 빛 분석방법이 달라질 뿐만 아니라 제공되는 정보의 내용도 달라지므로 여러 가지 시험마케팅 모형들 중에서 그 구조상 당면한 상황에 가장 적합한 모형을 선택해야 한다. 지금까지 개발된 여러 가지 시험마케팅 모형 중에는 그 구조가 비교적 간단한 Fourt and Woodlock(1960)의 모형에서부터 Urban(1970)이 제시한 매우 복잡한 SPRINTER 모형까지 다양한 모형이 있다.

(1) 소비자들의 신제품 채택과정

대부분의 시험마케팅 모형들은 소비자가 새로운 제품이나 서비스를 완전히 채택하기까지 세 가지 단계를 거치는 것으로 가정하고 있다(Narasimhan and Sen, 1983) 즉, [그림 10-1]에서처럼 소비자들은 우선 신제품에 대한 인지단계(awareness stage)를 거쳐서 신제품을 시용해 보는 단계(trial stage)를 거치게 되고 마지막으로 신제품을 반복 사용하는 단계(repeat stage)에 이르면 그 신제품을 완전히 채택하게 된다.

이러한 시험마케팅 모형은 인지, 시용, 반복의 세 단계를 적절히 모형화할 수 있어야 예측력이 높은 모형으로 평가될 수 있다. 이와 같은 시험마케팅 모형들을 각 단계별로 살펴보면 다음과 같다.

1) 인지단계

소비자들은 [그림 10-1]에 나타나 있는 바와 같이 신제품에 대하여 여러 가지의 경로를 통해서 알게 된다. 즉 쿠폰, 무료샘플, 광고 등의 마케팅 믹스 변수들이 소비자에게 새로운 제품의 존재를 알리는 데 중요한 역할을 담당한다. 그런데 여기서 주의할 점은 무료샘플을 통해서 신제품을 알게 된 소비자는 그 샘플을 사용해 봄으로써 쉽게 제품의 품질을 확인해 볼 수 있고, 쿠폰을 통해서 알게 된 사람들은 정상가격보다 싼 값에 신제품

| 그림 10-1 | 시험마케팅 모형의 틀 |

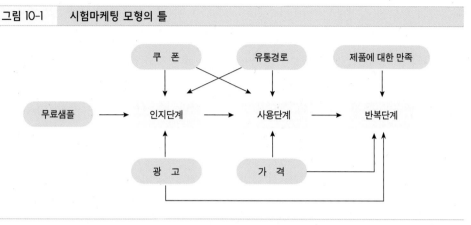

자료원: Narasimhan, C. and Sen, S. K. (1983), "New Product Models for Test Market Data," *Journal of Marketing*, 47(4), p. 13.

을 구입할 수 있으므로 광고를 통해서 신제품에 대한 정보를 얻는 소비자들보다 시용확률(trial probability)이 높다는 것이다.

2) 시용단계

신제품의 존재를 알게 된 소비자는 그 제품의 시용여부를 결정하게 되는데, 이때 중요한 것은 유통경로에 있어서 신제품의 구득가능성과 신제품의 가격이다. 신제품의 시용과정(trial process)을 모형화 함에 있어 주의할 점은 소비자가 어떤 경로를 통해서 신제품을 알게 되었는가에 따라 시용확률이 달라진다는 것이다(Narasimhan and Sen, 1983). 즉, 광고를 통해서 신제품의 존재를 알게된 소비자보다는 무료샘플을 얻게 된 소비자가 당연히 신제품을 시용해 볼 확률이 더 크다고 하겠으며, 어떤 기(t기)에 신제품의 존재를 처음 알게 된 소비자가 t기에 신제품을 시용해 볼 확률이 $t-1$기 이전에 신제품의 존재를 알면서도 시용해 보지 않은 소비자가 t기에 처음 신제품을 시용해 볼 확률보다 크다.

3) 반복단계

일단 신제품을 시용해 본 소비자가 그 제품을 다시 사용할 것인가, 말 것인가를 결정하게 된다. 이 단계에서 가장 큰 영향을 미치는 요소는 시용의 결과 소비자가 신제품에 대해 얼마나 만족하였는가 하는 점이며, 그 이외에도 신제품의 가격, 유통경로에서의 구득가능성 등이 반복구매에 영향을 미친다.

소비자의 반복구매를 모형화 함에 있어 주의할 점은 신제품이 시장에 나오자마자 구입하는 소비자는 뒤늦게 처음으로 구입하는 소비자보다 일반적으로 더 많은 양의 반복구매를 한다는 것이다(Parfitt and Collins, 1968). 그 이유는 신제품의 시판 초기에 신제품을 구입하는 소비자는 그 제품에 대해서 호의적인 태도를 가지고 있을 가능성이 높을 뿐만 아니라 그 품목(product class)을 많이 사용하는 소비자인 경우가 많기 때문이다. 또한 일단 시용을 마친 소비자들이 얼마나 자주 반복적으로 신제품을 구매하는가 하는 점도 반복구매비율을 추정함에 있어 중요한 고려요소이다. 즉, 신제품을 여러 번 반복구매한 소비자는 앞으로도 계속해서 신제품을 반복구매할 확률이 높다고 할 수 있고 단 한 번의 반복구매에 그친 소비자는 앞으로의 반복구매확률이 낮다. 그런데 이를 염두에 두지 않고 평균적인 반복구매확률을 구하게 되면 통합에서 오는 바이어스(aggregation bias) 때문에 부정확한 매출액의 추정치를 얻게 되는 일이 종종 있다(Kalwani and Silk, 1980). 신제품의 시험시장에 있어서 소비자들의 상품채택과정을 모형화하기 위해서는 위에서 언급한 세 가지 고려사항들을 염두에 두어야 하며, 좋은 시험마케팅 모형은 이런 점들을 포착할 수 있어야 한다.

(2) 각 단계별 모형

시험마케팅 모형들은 위에서 언급한 세 단계를 각 단계별로 모형화하여 이를 종합하게 되는데, 각 단계별 모형에 있어 중요한 점은 [그림 10-1]에 나타나 있는 여러 가지 마케팅 믹스 변수들의 효과를 어떻게 모형에 포착할 수 있는가 하는 점이다. 예를 들면, 시용확률을 추정하기 위한 모형이 가격이라는 변수를 포함하지 않고 있다면 그만큼 추정치의 정확도가 낮아질 것이다. 그 밖에도 시험마케팅 모형은 경쟁사의 반응, 자사의 광고, 판촉, 유통전략의 효과를 적절히 포착할 수 있어야 이상적인 모형이라고 할 수 있다. 그러나 이러한 변수들을 모두 포함하는 경우, 모형이 수학적으로 복잡해지고 자료수집량이 증가하며 모수 추정상의 어려움이 커지게 된다. 따라서 모형을 만들거나, 선택할 때는 이론적인 정교성과 모형의 실용성 사이에 적절한 균형을 유지해야 한다.

(3) 자료의 수집

시험마케팅 모형을 위한 자료는 소비자 패널 자료(consumer panel data)나 설문조사에 의한 자료(survey data)를 사용하게 되는데, 매출액을 예측하는 데는 일반적으로 패널자료가 설문조사자료보다 더 정확한 것으로 알려져 있다(Wind and Learner, 1979). 그러나 패널 자료는 수집비용이 많이 들며, 설문조사를 통해서 얻을 수 있는 소비자들의 상표인지도, 상표선호도 등의 자료를 얻을 수 없다는 단점을 가지고 있다.

(4) 진단적 정보의 제공

시험마케팅 모형의 주목적은 균형상태하에서의 매출액이나 시장점유율을 예측하는 것이지만, 그에 못지않게 중요한 것은 여러 가지 마케팅 믹스 변수들의 효과에 관한 진단적인 정보(diagnostic information)를 제공하는 일이다. 만일 제품상의 하자가 없는 듯이 보이는 신제품의 매출이 예상보다 저조한 경우, 경영층에서는 그 이유를 알고 싶어 할 것이다. 예를 들면, 신제품에 대한 인지도가 낮다면 회사의 광고, 또는 판촉활동에 문제가 있다는 것을 알 수 있을 것이고, 신제품의 시용률(trial rate)이 낮다면 유통정책이나 가격정책에 문제가 있음을 시사해 준다고 하겠다. 문제가 어디에 있건 간에 좋은 시험마케팅 모형은 문제점을 파악할 수 있도록 해주며 이에 대한 적절한 조치를 취하는 것을 가능하게 만들어 준다. 또한 여러 가지 마케팅 수단들 중에서 어떤 것이 상대적으로 더 효과적인지를 알기 위해서도 시험마케팅 모형이 사용될 수 있다. 이를 위해서 시험마케팅 모형은 신제품 채택과정의 각 단계를 모형화 함에 있어 마케팅 믹스 변수들의 효과를 명시적으로 포착할 수 있도록 구성되는 것이 중요하다.

(5) 시험마케팅 모형의 분류

위에서 제시된 여러 가지 기준에 따라 기존의 시험마케팅 모형들 중 가장 대표적인 9개의 모형을 분류해 보면 〈표 10-1〉과 같다(Narasimhan and Sen, 1983).

〈표 10-1〉에서 모형의 복잡성 수준(level of model complexity)이라 함은 모형에서 사용하고 있는 분석 및 추정기법의 복잡성과 모형구조(변수의 수, 방정식의 수 등)의 복잡성을 뜻하고 있다. 그리고 모형의 질은 두 가지 기준으로 평가되었다. 즉, 신제품 채택과정상의 여러 단계가 얼마나 잘 모형화되었는가 하는 점과 모형에 적절한 마케팅 믹스 변수들이 포함되어 있는가라는 두 가지 기준에 의해서 평가되었다.

우선 기업에서 시험마케팅 모형을 선택할 때 중요한 기준으로서는 예측을 위한 사료수집에 드는 비용의 과다를 들 수 있겠는데, 그런 측면에서 보면 패널자료를 사용하는 모형들보다는 설문조사자료를 사용하는 모형들이 비용상의 이점을 갖고 있다. 그러나 패널자료를 사용하는 모형들 중에서도 Parfitt and Collins모형은 모형의 복잡성이 낮은 간단한 모형이라는 점 때문에, SPRINTER 모형은 모형의 질이 높기 때문에 사용을 고려해 볼 수 있는 모형들이다. 한편 설문조사자료를 사용하는 모형들 중에서 NEWPROD는 모형의 질적인 면과 진단적인 정보의 제공능력면에서 TRACKER나 NEWS 모형에 비해 떨어지므로 고려대상에서 제외된다. 따라서 Parfitt and Collins 모형, SPRINTER,

표 10-1	시험마케팅 모형의 분류

모 형	모형의 특성					
	모형의 목적	모형의 복잡성	모형의 질	요구되는 자료의 분류	진단적 정보의 제공능력	상업적 수용가능성
Fourt and Woodlock (1960)	판매량 예측	낮음	불만족스러움	패널자료	낮음	낮음
Parfitt and Collins (1968)	시장점유율 예측	낮음	불만족스러움	패널자료	낮음	높음
STEAM (Massy, 1969)	판매량 예측	높음	불만족스러움	패널자료	낮음	낮음
SPRINTER (Urban, 1970)	판매량 예측	높음	좋음	패널자료	높음	중간
Eskin(1973)	판매량 예측	중간	불만족스러움	패널자료	낮음	중간
Nakanishi (1973)	판매량 예측	높음	불만족스러움	패널자료	중간	낮음
NEWPROD (Assmus, 1975)	시장점유율 예측	중간	만족스러움	설문조사 자료	중간	낮음
TRACKER (Blattberg and Golanty, 1978)	판매량 예측	중간	좋음	설문조사 자료	높음	높음
NEWS(Pringle, Wilson, and Brody, 1982)	판매량 예측	중간	좋음	설문조사 자료	높음	높음

자료원: Narasimhan, C. and Sen, S. (1983), "New Product Models for Test Market Data," *Journal of Marketing*, 47(4), p. 12.

TRACKER, NEWS의 네 가지 모형이 고려대상으로 남는데, 이들 중 SPRINTER는 약 500개의 방정식으로 구성되어 있어 지나칠 정도로 복잡하다는 단점을 가지고 있다. 그러므로 본 장의 나머지 부분에서는 Parfitt and Collins모형, TRACKER, NEWS를 중심으로 구체적으로 설명하고자 한다.

SECTION 02 Parfitt and Collins 모형

Parfitt and Collins 모형은 패널자료를 사용하는 모형으로서 매우 간단한 구조를 가지고 있다. 모형의 주목적은 새로운 상표 T의 장기적인 시장점유율 S를 예측하는 것인데 이는 다음과 같은 식으로 표현된다.

$$S = PRB \qquad\qquad\qquad\qquad\qquad \cdots\cdots\cdots <10-1>$$

$\quad\quad P=$ 상표의 궁극적인 누적시용률

$\qquad\quad$ (ultimate cumulative trial rate)

$\quad\quad R=$ 상표의 궁극적인 반복구매율

$\qquad\quad$ (ultimate repeat purchase rate)

$\quad\quad B=$ 구매율 요인(the buying rate factor)

식 〈10-1〉에서 구매율 요인은 신제품의 구매자와 일반적인 해당 품목 구매자 사이의 구매량의 차이를 모형화한 것이다. 여기서 P를 추정하기 위해서 Parfitt and Collins는 다음과 같은 성장률 모형(growth rate model)을 사용하였다.

$$K(t) = P(1-e^{-at}) \qquad\qquad\qquad \cdots\cdots\cdots <10-2>$$

$\quad\quad K(t)=$ 시점 t에서의 누적시용률

$\quad\quad a=$ 성장률 모수

위의 식 〈10-2〉이 P와 a는 할인최소지승법(discounted least squares procedures)을 통해서 추정되며, 식 〈10-1〉에서 R을 추정하기 위해서는 통계학적인 모형을 사용하지 않고 초기 시험시장자료의 주관적인 외삽기법(subjective extrapolation)을 사용하고 있다. B는 신제품 T사용자의 구매량을 해당품목 구매자의 평균 구매량으로 나눈 값이다.

사례: 한국, 글로벌 식품 기업 '테스트 마켓' 역할 톡톡 ─────

한국이 글로벌 식품·외식업체에서 '검증된 시장'으로 대우받고 있다. 이들 업체는 민감한 소비 트렌드를 갖고 있는 한국에서 성공한 제품은 비슷한 문화권인 중국 등 아시아뿐 아니라 미국, 영국 등에서도 큰 무리 없이 받아들여진다고 판단하고 있다. 이 때문에 한국에서 반응을 살펴보고 글로벌 시장을 공략하겠다는 복안이다.

관련업계에 따르면 프링글스가 국내 단독으로 출시한 '프링글스 버터카라멜'이 대만에서 판매를 시작한다. 프링글스 버터카라멜은 애초 국내 20~30대 여성 소비자를 겨냥해 한국에서만 선보인 제품이다. 국내에서 출시 3개월 만에 100만캔 이상 판매됐다. 하지만 한국을 방문한 대만 관광객들 사이에서 SNS와 입소문이 퍼지며 대만 진출이 성사됐다. 실제로 관광객들이 가장 많이 찾는 롯데마트 서울역점의 '버터카라멜(110g)' 판매율은 전국 롯데마트 매장 판매율의 36%를 차지하며 해외 관광객들에게 좋은 반응을 얻고 있다.

돌코리아의 '후룻&넛츠'는 견과류에 대한 국내 소비자의 관심을 반영해 한 봉에 적당한 양의 견과류와 건과일을 담은 국내 단독 제품이다. 2014년 4월 처음 선보인 프리미엄라벨 제품은 11개월 만에 2,000만봉 이상 판매됐으며, 옐로우 라벨은 2015년 4월 이후 현재까지 약 1,400만개 판매됐다. 회사 측은 예상 외 뜨거운 반응에 국내에서만 판매하던 후룻&넛츠 제품을 내년 중 해외까지 확대할 계획이다.

켈로그 시리얼의 경우 한국에서 개발·단독 출시한 '스페셜K 블루베리'가 중국과 대만에, '리얼 그래놀라'와 '콘푸로스트 라이트슈가'가 대만에 수출된 바 있다. 캡슐커피 업체 돌체구스토 역시 '아메리카노 인텐소'를 국내 단독 출시했다. 국내 소비자들이 가장 선호하는 커피가 아메리카노라는 점을 반영했고, 국내 시장 성공을 바탕으로 영국, 호주, 뉴질랜드 등 다른 나라에도 추가 출시됐다.

스타벅스코리아는 아예 시스템 벤치마킹의 사례를 만들고 있다. IT 서비스와 한국적 정서가 만나 한국에서만 볼 수 있는 첨단 디지털 시스템이 전세계로 확산 중인 셈이다. 2014년 5월 전세계 스타벅스 최초로 국내에 소개된 모바일 주문 시스템 '사이렌 오더'는 2년 5개월 만인 2016년 9월 이용횟수 1,000만건을 돌파했다. 이 방식은 해외에서도 좋은 반응을 얻고 2014년 12월 미국을 시작으로 캐나다, 영국 등으로 서비스 지역을 넓혔다. 올해는 중국, 일본에서도 서비스할 계획이다.

이와 함께 모든 드라이브 스루 매장에서 전세계 스타벅스 최초로 자체 개발한 첨단 화상 주문 시스템을 운영하고 있다. 고객과 눈을 맞추며 경청하는 스타벅스의 철학과 얼굴을 맞대고 정을 나누는 한국의 문화를 모두 담아낸 시스템이다. 화상 주문 역시 현재 드라이브스루 매장을 준비하는 스타벅스 해외 현지법인들의 벤치마킹 대상이 되고 있다.

　업계 관계자는 "한국 소비자의 깐깐하고 유행에 민감한 소비 습관 때문에 한국에서 성공한 제품들은 아시아를 비롯해 전세계적으로 받아들여질 확률이 높다고 평가되고 있다"며 "과거 중국 시장 진출을 위한 '시험대'로 입지를 굳혔다면 최근에는 글로벌 시장이 한국에 집중하고 있다"고 말했다.

　자료원: 매일경제, 2016. 10. 13.

SECTION 03　TRACKER 모형

　Blattberg and Golanty(1978)의 TRACKER모형은 신제품이 시험시장에서 판매되기 시작한 지 3개월이 지난 뒤에 시험시장 시판 후 1년 뒤의 매출을 예측하기 위한 것이 주목적이다. 매출의 예측은 신제품 채택과정의 3단계를 모형화 한 인지모형, 시용모형, 그리고 반복모형의 세 모형에 근거하고 있다.

1. 인지모형

　인지모형(awareness model)은 광고가 어떻게 인지에 영향을 미치는지를 파악하는 모형으로서 다음과 같은 관계식으로 표현된다.

$$ln(1-A_t/1-A_{t-1}) = a - b\,GRP_t \qquad\qquad \cdots\cdots\cdots <10-3>$$

a, b = 추정되어야 하는 상수
GRP = 총노출점수
A_t = t기까지의 누적인지비율

위의 식 〈10-3〉에서 나타난 바와 같이 상표에 대한 인지도가 증가하면 할수록 매체를 통해 비인지 집단에 도달하기는 더욱 어려워진다. 즉, 광고의 한계수익이 체감하는 것을 포착하고 있다.

2. 시용모형

시용모형(trial model)에서는 두 가지 유형의 시용자들이 고려된다. 즉, 당해 기간에 처음 신제품에 대해서 알게 된 소비자들과 이전 기간에 알았으나 신제품을 시용해 보지 않은 소비자들을 고려하고 있다. 따라서 시용모형은 다음과 같이 표현될 수 있다.

$$\Delta T_t = (T_t - T_{t-1}) = \alpha - (A_t - A_{t-1}) + \beta(A_{t-1} - T_{t-1}) \qquad \cdots\cdots\cdots <10-4>$$

단, α와 β는 추정되어야 할 상수이고, T_t는 t기까지 누적된 신제품 시용자의 비율이다.

이 모형은 신제품을 새로 알게 된 소비자들이 이미 신제품에 대해서 알고 있었지만 시용해 보지 않은 소비자들보다 더 높은 시용확률을 갖고 있을 것이라는 가정에 근거하고 있다. 즉, α와 β는 모두 0과 1 사이의 숫자이고 α는 β보다 클 것이라는 것이다. 위의 모형은 신제품의 가격이 해당품목의 평균가격과 같다는 것을 가정하고 있다. 만일 신제품의 가격이 평균가격과 다르다면 시용모형은 다음과 같이 수정될 수 있다.

$$\Delta T_t^* = \Delta T \cdot P_t^\gamma \qquad \cdots\cdots\cdots <10-5>$$

단, ΔT_t^*=가격에 의해서 수정된 시용량의 증분

P_t=상대가격, 즉 신제품의 가격을 해당 품목의 평균가격으로 나눈 값

γ=시용의 가격에 대한 탄력성을 나타내는 상수($\gamma > 0$)

만일 〈10-5〉에서 신제품의 가격이 평균가격보다 높다면 $P_t > 1$이고 $\Delta T_t^* < \Delta T_t$가 된다. 마찬가지로 $P_t < 1$이면 $\Delta T_t^* > \Delta T_t$일 것이며, $P_t = 1$이면 $\Delta T_t^* = \Delta T_t$이다. 한편 $\gamma > 1$이면 가격차이의 효과가 두드러지게 나타나는 경우이고, $\gamma < 1$이면 효과가 덜 두드러진 경우이다. 한편 시용에 영향을 미칠 수 있는 요소들 중에서 유통경로, 구전효과, 상품포장, 광고 메시지의 질 등의 변수들은 측정하기가 매우 어렵거나, 비용이 많이 들기 때문에 TRACKER에서는 포함하고 있지 않다. 따라서 이들의 효과는 오차항에 포함되게 되는데, 오차가 순차적인 상관관계(serial correlation)를 갖는 경우, 시용모형은 다음과 같이 표

현된다.

$$\Delta T^*_{i,\,t} = \alpha(A_{i,\,t} - A_{i,\,t-1}) + \beta(A_{i,\,t-1} - T_{i,\,t-1}) + U^*_{i,\,t} \qquad \cdots\cdots\cdots <10-6>$$

$$\Delta T^*_{i,\,t} = \Delta T_{i,\,t} \cdot \Delta P^\gamma_t \qquad \cdots\cdots\cdots <10-7>$$

$$t = 1, \cdots\cdots, n_i$$

$$i = 1, \cdots\cdots, k$$

$$U_{i,\,t} = \rho U_{i,\,t-1} + \varepsilon_{i,\,t} \qquad \cdots\cdots\cdots <10-8>$$

$$t = 2, 3, \cdots\cdots, n_i$$

$$U^*_{i,\,t} = U_{i,\,t} \cdot P^\gamma_t \qquad \cdots\cdots\cdots <10-9>$$

$$t = 1, \cdots\cdots, n_i$$

단, $\Delta T^*_{i,\,t}$＝가격에 의해 수정된 i번째 제품의 t기에 있어서의 시용의 증분

$A_{i,\,t}$＝i번째 제품의 t기까지의 누적 인지도

P_t＝t기에 있어서의 상대가격

$U_{i,\,t}$＝i번째 제품의 t기에 있어서의 오차

$U^*_{i,\,t}$＝가격에 의해 수정된 오차

$\varepsilon_{i,\,t}$＝순 잔차

n_i＝제품 i에 대한 자료를 얻을 수 있는 기간의 수

k＝제품계열(product class)에 속하는 상표의 수

$\alpha, \beta, \gamma, \rho$는 추정되어야 할 상수

3. 반복모형

시용의 증분(ΔT), 시용시 사용률(trial rate), 반복시 사용률(repeat usage rate: RU), 그리고 반복구매 소비자의 비율(r과 $1-d(i)$) 등을 추정해내면 TRACKER는 매출투사모형 (sales projection model)을 이용하여 어떤 기의 매출을 계산해낼 수가 있다. [그림 10-2]에서는 제4기에 있어서의 매출을 계산해내는 방법을 도표화하였다. 제4기의 매출(TS(4))은 4기에 처음 시용해 보는 사람들과 1기, 2기 또는 3기에 시용해 본 다음 제4기에 반복하는 소비자들로부터 오게 되는데, TRACKER에서는 반복의 각 단계마다 소비자의 비율을 추정해 내고, 매기마다 시용자와 반복자로부터의 매출을 더함으로써 기당 총매출액을 구하게 되고, 이를 모두 더함으로써 연간 매출을 측정한다.

그림 10-2	제4기를 위한 매출투사모형(The Sales Projection Model)

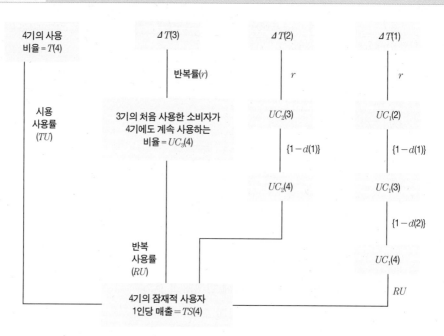

자료원: Blattberg, R. and Golanty, J. (1978), "Tracker: An Early Test Market Forecasting and Diagnostic Model for New Product Planning," *Journal of Marketing Research*, 15(2), p. 199.

$$TS(4) = \underbrace{TU \cdot \Delta T(4)}_{\text{새로운 시용자}} + \underbrace{RU \cdot UC_3(4)}_{\text{1회 반복자}} + \underbrace{RU \cdot UC_2(4)}_{\text{2회 반복자}} + \underbrace{RU \cdot UC_1(4)}_{\text{3회 반복자}}$$

[그림 10-2]에서 $d(1)$은 첫 번째 시용 이후 그 다음 기에는 신제품을 구매했지만 2기 후에는 구매하지 않는 소비자의 비율을 말한다. $d(2)$는 첫 번째 시용 이후 2기 후에 구매했지만 3기 후에는 구매하지 않는 소비자의 비율을 말한다.

4. 자료의 수집과 모수의 추정

TRACKER는 신제품의 잠재적 소비자들 중에서 500~1,000명을 골라 한 달간격으로 세 번의 설문조사를 실시함으로써 자료를 얻어낸다. 그러나 설문조사가 실시되는 간격은 제품의 평균 구매주기에 따라 달라질 수 있다. 모형의 모수들(parameters)을 추정하는 데는 그 제품계열의 여러 가지 다른 상표들에 대한 관측치를 함께 사용(pooling)하게 되는

데, 이때의 중요한 가정은 여러 가지 상표들이 동일한 모수를 가진다는 것이다. 이처럼 여러 상표에 대한 관측치를 함께 사용하는 이유는 한 가지 상표당 3개의 관측치 밖에 없기 때문에 신제품만을 사용하는 경우 모수의 추정이 불가능하기 때문이다. 인지모형의 모수들은 최소자승법(ordinary least squares)에 의해서 구해진다. 시용모형에서는 비선형 최소자승법(nonlinear least squares method)을 사용하여 모수들을 추정하며, 투사모형에서는 시용사용률(trial usage rate: TU)을 1로 놓는 것이 보통이고, $d(i)$는 주관적 판단에 의해서 추정되며, 반복률 r과 반복사용률(repeat usage rate: RU)은 전화를 통한 설문조사결과에 의거하여 추정한다. 여기서 주의할 것은 매출예측이 $d(i)$의 추정치를 얼마로 잡는가에 따라 민감하게 변할 수 있다는 점이다(Blattberg and Golanty, 1978).

SECTION 04 NEWS 모형

NEWS(New Product Early Warning System)모형은 광고대행사인 BBDO에서 개발한 모형으로 초기의 DEMON모형을 발전시킨 것이다(Learner, 1968). NEWS는 신제품의 인지도, 시용도, 반복도 및 매출을 예측하는 것이다. 그리고 NEWS는 명시적으로 인지-시용-반복의 연쇄를 고려하는 모형이다.

1. 인지모형

소비자들의 신제품에 대한 인지는 광고나 무료샘플, 쿠폰 등의 촉진활동에 의해서 창출되기 때문에 NEWS는 인지를 광고에 의한 부분과 촉진활동에 의한 부분으로 나누어 모형화하고 있다. 즉, 광고에 기인하는 누적적 상표인지도 AV_i는 다음과 같은 식 〈10-10〉으로 표현할 수 있다.

$$AV_t = AR_t + AE_t + AN_t \qquad\qquad \cdots\cdots\cdots <10-10>$$

단, $AV_t = t$기까지의 광고에 의한 누적적 인지도

$AR_t = t$기에는 광고에 노출되지 않았지만 이미 신제품을 알고 있는 소비자
들의 비율

$AE_t = t$기의 광고에 노출되어 이미 알고 있던 신제품에 대한 인지를 지속
적으로 보유하는 소비자들의 비율

$AN_t = t$기 이전에는 신제품에 대해서 모르고 있다가 t기에 광고에 노출됨
으로써 비로소 알게 된 소비자의 비율

여기서 AN_t는 t기 이전에 신제품에 대해서 모르고 있던 소비자들의 비율에 학습항
(learning operator)인 $(1-e^{-\alpha G_t})$를 곱해서 얻어진다. 여기서 G_t는 t기에 있어서의 광고예산에
비례하는 숫자로서 보통 GRP를 많이 사용하고 있다. 한편 AE_t는 학습항에 $(A_{t-1}-A_0)$를 곱
한 값이며, AR_t는 A_0에 $(A_{t-1}-A_0-AE_t)$와 '보유율(retention rate)'의 곱을 더한 값이다. 이때
의 가정은 처음에 신제품에 대해서 알고 있던 소비자들은 광고의 도움이 없이도 그들의
인지를 유지할 수 있다는 것이다. 광고 이외의 촉진활동에 의해서 신제품을 알게 되는 소
비자들은 신제품을 모르는 소비자들 중의 일정 비율이다. 따라서 t기에 있어서의 총인지
도 A_t는 다음과 같이 표현될 수 있다.

$$A_t = AV_t + AP_t + (A'-AV_t) \qquad\qquad \cdots\cdots\cdots <10-11>$$

단, $AP_t =$ 촉진에 의해 신제품을 알게 되는 비율

$A' =$ 가능한 최대 잠재 인지수준

2. 사용모형

t기에 이르기까지의 누적시용비율, 즉 표적시장 전체에 대한 시용자의 비율인 T_t는
다음과 같이 표현될 수 있다.

$$T_t = TV_t + TP_t + T_{t-1} \qquad\qquad \cdots\cdots\cdots <10-12>$$

단, TV_t=광고에 의해 유발된 새로운 시용

   TP_t=촉진에 의해 유발된 새로운 시용

$$TV_t = TV_t' + TV_t''$$ ········· <10-13>

단, TV_t'=당해기에 새로이 인지하여 시용까지 하게 된 소비자들

   TV_t''=지난 기에 새로이 인지하고 이번 기에 시용하는 소비자들

$$TV_t' = \tau AN_t D_t$$ ········· <10-14>

단, τ=인지-시용률 즉, 단일구매주기 내에 새로운 인지상태에서 시용으로

   옮겨가는 소비들의 전체 표적시장에 대한 비율

   D_t=유통경로의 효과

한편, TV_t''는 다음의 식 ⟨10-15⟩와 같다.

$$TV_t'' = \tau^2 + \kappa D_t (AN_{t-1} - TV_{t-1}')(1 - TP_{t-1})$$ ········· <10-15>

그런데 여기서 인지-시용률 τ가 τ^2로 조절되어야 하는 이유는 $t-1$기에 인지한 소비자가 t기에 시용할 확률은 줄어들기 때문이다. 촉진에 의해서 유발되는 시용 TP_t는 어떤 종류의 촉진 때문에 시용하게 되었는가(예를 들면, 무료샘 플, 또는 쿠폰 등)에 따라 6개의 그룹으로 소비자를 나누어 계산하게 된다. 즉, 각 그룹은 다른 시용확률을 갖고 있으며 지금 현재 기와 다음 기에 시용구매를 할 확률이 동일하다는 것을 가정하고 TP_t가 다음과 같이 정의된다.

$$TP_i = 1/2 \, D_t \sum_{t=1}^{6} (TP_{i,\,t} + TP_{i,\,t-1})$$ ········· <10-16>

$$TP_{i,\,t} = \tau_i AP_{i,\,t}$$ ········· <10-17>

단, τ_i=i번째 시용 소비자 그룹의 인지-시용계수

3. 반복모형

반복모형에서 누적 일차 반복비율 R_i는 다음과 같은 식 〈10−18〉로 표현된다.

$$R_t = R_{t-1} + R_t' + R_t'' \qquad\qquad \cdots\cdots\cdots <10-18>$$

단, R_t' = 지난 기에 처음으로 시용한 다음 이번 기에 반복 구매하는 소비자들
R_t'' = $t-2$기에 시용한 다음 t기에 처음으로 반복 구매하는 소비자들

여기서 R_t'은 $(T_{t-1}-T_{t-2})$와 시용−반복계수 w에 의해서 연결되어 있으며, R_t'은 낮은 수준의 제품 구득가능성(product availability)의 경우에 하향 조정된다. R_t''은 $(T_{t-2}-T_{t-3})$으로부터 계산된다. 그리고 어떤 기의 사용자의 비율 U_t는 새로운 시용자, 일차 반복자 그리고 연속 반복자의 합으로 계산된다. t기에 있어서의 연속 반복자는 새로운 일차 반복자 (R_2-R_1), (R_3-R_2) 등에 연속구매율을 적용함으로써 얻어진다. 그리고 t기의 매출은 시용구매와 반복구매의 합으로 표현되는데 이는 다음 식 〈10−19〉와 같다.

$$매출 = (T-T_{t-1})TV + \{U_t-(T_t-T_{t-1})UV\} \qquad\qquad \cdots\cdots\cdots <10-19>$$

단, TV = 시용자의 구매량
UV = 반복자의 구매량

4. 자료의 수집과 모수의 추정

NEWS모형은 BBDO의 관련 상품에 대한 경험과 전화설문자료 등의 2차 자료를 사용한다. 이와 더불어 200~1,000명의 시험시장 소비자들로부터 시험시장의 초기 3개월간 2~4번의 설문조사를 실시하여 자료를 얻어낸다. 얻어진 자료에 근거하여 몇 개의 모수를 추정해내야 하는데, 이들은 인지모형에서의 학습상수(learning operator) α와 인지−시용률 τ, 보유율 κ, 촉진시용률 τ_i, $i=1, \cdots, 6$, 시용−반복계수 ω, 그리고 몇 개의 애호도 상수들(loyalty parameters)이다. 이들 중에 κ나 τ_i 등의 모수들은 회사의 경험과 2차 자료를 가지고 추정하지만 α, τ, ω와 애호도 상수들은 수치탐색절차(numerical search procedure)에 의해서 추정된다. NEWS에서는 TRACKER에서와는 대조적으로 어떤 제품의 모수들이

그 제품에 관한 자료만을 가지고 추정된다. 따라서 추정을 위해서 2~4개의 관측치를 얻을 수 있는 경우가 일반적이라고 할 수 있다(Pringle, Wilson, and Brody, 1982).

SECTION 05 세 모형의 평가

지금까지 살펴본 세 가지 모형, 즉 Parfitt and Cellins모형, TRACKER모형, NEWS모형은 다음과 같이 상호 비교해 볼 수 있다.

우선 Parfitt and Collins모형은 전술한 바와 같이 간단하다는 장점을 가지고 있으나 소비자들이 신제품 채택과정 중에서 새로운 제품을 인지하게 되는 과정이 모형화되지 않았다는 점과 패널자료를 사용하기 때문에 자료의 수집비용이 다른 두 모형보다 높다는 점, 그리고 마케팅 믹스 변수들이 모형에 포함되어 있지 않으므로 진단적인 정보를 제공할 수 없다는 점에서 다른 두 모형보다 열세에 있다.

TRACKER모형은 설문조사자료를 사용하기 때문에 패널자료의 이용이 쉽지 않은 우리나라 기업의 입장에서 사용하는 데 큰 어려움이 없는 모형이라고 할 수 있다. 또한 TRACKER는 신제품에 대해 유용한 진단적인 정보를 제공해주며 신제품의 매출에 관한 예측도 상당히 정확한 편이다(Narasimhan and Sen, 1983). 그러나 TRACKER는 NEWS에 비해 채택과정의 구체적인 측면에 대한 묘사가 뒤떨어지며, 무료샘플이나 쿠폰의 인지도에 대한 효과가 모형화되지 못하고 있다는 점, 그리고 제품계열 내에서의 모든 상표에 대한 소비자들의 반응이 동일하다고 가정하는 점 등이 단점이라고 할 수 있다.

NEWS모형은 소비자들이 신제품 채택과정을 종합적으로 모형화하였다는 점에서 질적으로 세 모형들 중에서 가장 뛰어난 모형이다. 그러나 시용모형에서 신제품의 상대가격의 효과를 모형에 포함시키지 않았다는 점과 모수추정의 상당부분을 회사의 경험 또는 BBDO의 자료를 토대로 한다는 점, 그리고 TRACKER와는 달리 몇몇 모수추정에 있어 신제품에 관한 자료만을 사용하므로 추정된 모수가 불안정할 가능성이 높다는 점 등이 단점이라고 할 수 있다.

시험시장모형의 목적이 매출 또는 시장점유율의 예측과 진단적인 정보의 제공이라고 한다면, 위에서 살펴본 세 가지 모형 중에서는 TRACKER와 NEWS가 Parfitt and Collins모형보다 우월한 모형이라고 할 수 있다. 그러나 NEWS의 경우 몇몇 중요한 모수의 추정을 회사의 경험이나 BBDO의 자료에 의존하지 않으면 안 되므로 우리나라 기업들과 같이 시험마케팅에 대한 경험이 전무하거나 적은 기업이 대부분인 경우 TRACKER를 사용하는 것이 NEWS를 사용하는 것보다 편리할 것으로 생각된다. 그러나 시험마케팅 경험이 축적되어 간다면 NEWS모형의 사용도 고려해 볼 수 있을 것이다.

SECTION 06 맺음말

지금까지 여러 가지 시험마케팅 모형들을 소개하고 이러한 모형들의 적용 가능성을 평가해 보았다. 그러나 무엇보다 중요한 일은 한국기업들이 과학적 마케팅 기법 도입의 필요성을 인식하는 일일 것이다. 종래와 같이 주먹구구식의 수요예측에 근거하여 신제품의 수요를 예측하고 마케팅 믹스를 개선하는 관행을 과감히 탈피하여 과학적 방법에 근거한 수요예측 과정 및 신제품 진단 과정을 제도화시키는 것이 신제품의 전국시판에 따르는 위험을 극소화하는 첩경이다. 위에서 소개한 모형들은 이미 외국에서의 사용을 통해서 그 유용성을 인정받은 모형들이므로 우리나라의 상황에 맞도록 적절한 변형을 가하여 이들을 사용하는 경우, 기업으로서는 큰 비교우위를 갖게 될 것이라 생각된다.

토론 문제

01. 신제품에 대한 시험마케팅 실시의 장단점을 논하시오.

02. (주)자영은 냉동식품을 생산하는 회사이다. 이번에 이 회사는 신제품을 개발하였는데 시험마케팅 실시 여부를 놓고 고민 중이다. 귀하가 마케팅 책임자라고 가정하고 시험마케팅의 실시 여부를 결정하라. 만일 실시한다면 어떻게 시험마케팅을 실시해야 하는지 설명하시오.

03. TRACKER모형을 이용한 시험마케팅 실시를 통해 얻을 수 있는 진단적 정보들은 무엇이며, 이러한 정보들은 신제품과 마케팅믹스의 개선에 어떤식으로 이용될 수 있는가?

04. Parfitt and Collins모형, TRACKER모형, NEWS모형을 서로 비교하고, 일반적으로 우리나라 기업들이 사용하기에 적합한 모형은 무엇이라 생각하는지와 그 이유를 제시하시오.

05. 시험마케팅에 있어서 패널 자료와 설문조사 자료의 장단점을 논의하시오.

참고 문헌

Assmus, G. (1975), "NEWPROD: The Design and Implementation of a New Product Model," *Journal of Marketing*, 39(1), pp. 16-23.

Blattberg, R. and Golanty, J. (1978), "Tracker: An Early Test Market Forecasting and Diagnostic Model for New Product Planning," *Journal of Marketing Research*, 15(2), pp. 192-202.

Chatterjee, R., Eliashberg, J., Gatignon, H., and Lodish, L. M. (1988), "A Practical Bayesian Approach to Selection of Optimal Market Testing Strategies," *Journal of Marketing Research*, 25(4), pp. 363-375.

Eskin, G. J. (1973), "Dynamic Forecasts of New Product Demand Using a Depth of Repeat Model," *Journal of Marketing Research*, 10(2), pp. 115-129.

Fourt, L. A. and Woodlock, J. W. (1960), "Early Prediction of Market Success for Grocery Products," *Journal of Marketing*, 25(3), pp. 31-38.

Hitsch, G. J. (2006), "An Empirical Model of Optimal Dynamic Product Launch and Exit Under Demand Uncertainty," *Marketing Science*, 25(1), pp. 25-50.

Im, S., Nakata, C., Park, H. and Ha, Y. W. (2003), "Determinants of Korean and Japanese New Product Performance: An Inter-Relational and Process View," *Journal of International Marketing*, 11(4), pp. 181-204.

Kaufman, P., Jayachandran, S. and Rose, R. L. (2006), "The Role of Relational Embeddedness in Retail Buyers' Selection of New Products," *Journal of Marketing Research*, 43(4), pp. 580-587.

Kawani, M. U. and Silk, A. J. (1980), "Structure of Repeat Buying for New Packaged Goods," *Journal of Marketing Research*, 17(3), pp. 316- 322.

Keeney, R. L. and Raiffa, H. (1976), *Decision Analysis with Multiple Objectives*, New York: John Wiley & Sons, Inc.

Learner. D. B. (1968), "Profit Maximization through New Product Marketing Planning and Control," in *Applications of the Sciences in Marketing Management*, F. M. Bass, C. W. King, and E.A. Pessemier, eds., New York: John Wiley & Sons, Inc., pp. 151-167.

Massy, W. F. (1969), "Forecasting the Demand for New Convenience Products," *Journal of Marketing Research*, 6(4), pp. 405-412.

Morris, L., Abrams, D., Randsley de Moura, G., and Durlach, P. (2003), "Delaying the Inevitable? The Effects of "Time to Think" on Responses to Innovative Concepts," *European Journal of Marketing*, 37(10), pp. 1440-1456.

Nakanishi, M. (1973), "Advertising and Promotion Effects on Consumer Response to New Products," *Journal of Marketing Research*, 10(3), pp. 242-249.

Narasimhan, C. and Sen, S. K. (1983), "New Product Models for Test Market Data," *Journal of Marketing*, 47(4), pp. 11-24.

Parfitt, J. H. and Collins, B. J. K. (1968), "Use of Consumer Panels for Brand Share Prediction," *Journal of Marketing Research*, 5(2), pp. 131-146.

Pringle, L. G., Wilson, R. D., and Brody, E. I. (1982), "NEWS: A Decision Oriented Model for New Product Analysis and Forecasting," *Marketing Science*, 1(4), pp. 1-30.

Sorescu, A., Shankar, V., and Kushwaha, T. (2007), "New Product Preannouncements and Shareholder Value: Don't Make Promises You Can't Keep," *Journal of Marketing Research*, 44(3), pp. 468-489.

Urban, G. L. (1970), "Sprinter model III: A Model for the Analysis of New Frequently Purchased Consumer Products," *Operations Research*, 18 (5), pp. 805-854.

Urban, G. L. and Hauser, J. R. (1993), *Design and Marketing of New Products*, 2nd ed., Englewood Cliffs, NJ: Prentice-Hall, Inc.

Wind, Y. and Learner, D. (1979), "On the Measurement of Purchase Data: Surveys versus Purchase Diaries," *Journal of Marketing Research*, 16(1), pp. 39-47.

Wu, Y., Balasubramanian, S., and Mahajan, V. (2004), "When is a Preannounced New Product Likely to be Delayed?," *Journal of Marketing*, 68(2), pp. 101-113.

11 CHAPTER

NEW PRODUCT MARKETING STRATEGY

확산 수요 예측

사례: 고령사회 한국, 1조원 실버푸드 시장 열린다 ────────

우리나라의 인구 고령화가 빠른 속도로 진행되면서 식품업계가 앞다퉈 블루오션으로 떠오른 '실버푸드' 시장에 진출하고 있다. 정부 역시 고령친화식품 산업 육성을 위해 한국산업표준(KS)을 제정하고 관련 법 개정에 나서는 등 기반 마련에 속도를 내고 있다.

■ 국민 5명 중 1명 65세 이상 눈앞…고령친화식품시장 4년새 55%↑

농림축산식품부와 통계청 등에 따르면 우리나라의 고령화율은 2011년 11.2%에서 2015년 13.1%가 됐다. 통상 65세 이상 인구 비율이 7% 이상이면 고령화 사회, 14% 이상은 고령사회, 20% 이상은 초고령사회 등으로 구분하고 있는데, 우리나라는 2018년 초 고령화 비중이 14%를 넘어서는 고령사회로 접어들 것으로 전망되고 있다. 세계에서 유래를 찾아볼 수 없을 정도로 빠른 속도라는 게 정부의 설명이다. 이런 추세대로라면 2025년이나 2026년께에는 국민 5명 중 1명이 65세 이상인 초고령사회에 진입할 것으로 관측되고 있다.

고령화가 급속도로 진행되면서 관련 식품 시장 규모도 급격히 커지고 있다. 2015년 기준 고령친화식품 시장 규모는 7천 903억원으로, 2011년(5천 104억원) 대비 54.8% 급증했다. 급성장에도 불구하고 고령친화식품이 국내 전체 식품시장(2015년 출하액 기준 52조 63억원)에서 차지하는 비중은 1.5% 수준이어서, 머지않아 1조원대 시장으로 확대되는 등 성장 가능성도 무궁무진하다는 것이 정부의 판단이다.

실제 우리보다 앞서 고령화가 진행된 일본의 경우 고령친화식품과 비슷한 개념의 '개호식품'(介護食品, Care Food)이 발달하면서 올해 시장 규모가 1조 6천억 원대에 육박할 것으로 전망되고 있다.

■ 업계, 시장 선점 경쟁…고령자 위한 고기 · 떡 · 견과류 개발

노인들이 새로운 소비층으로 주목을 받으면서 식품업계도 앞다퉈 시장 선점에 나서고 있다. 육류나 생선 등 일상생활에서 반드시 섭취해야 하지만 소화 능력이 떨어지는 노인들이 먹기 편하면서도 영양 성분은 최대한

아워홈 식품연구원에서 고령자를 위해 개발한 부드러운 떡의 물성과 맛에 대해 심층인터뷰를 진행하는 모습

으로 유지하는 기술 개발에 초점이 맞춰지고 있다.

종합식품기업 아워홈은 효소를 활용한 연화(蓮花) 기술을 통해 고령자를 위한 고기와 떡, 견과류 개발에 성공했다고 발표하며 실버푸드 시장에 본격 출사표를 냈다. 아워홈이 특허 출원한 육류 연화 기술은 영양 손실은 최소화하는 동시에 고기와 떡 등을 부드럽게 할 수 있다. 아워홈은 개발된 기술을 바탕으로 고령친화식품을 시험 생산 중이며, 조만간 소고기사태찜, 구이용 가래떡 등의 상품 출시를 목표로 하고 있다.

한돈농가 비영리단체인 한돈자조금관리위원회는 최근 대한영양사협회와 함께 단백질 섭취가 어려운 노인, 환자, 유아를 대상으로 국산 돼지고기를 활용한 메뉴를 선보였다. 개발된 메뉴는 '등심스테이크', '포크웰링턴', '한돈샐러드' 등 10여 종으로, 치아가 약해도 먹기 편하면서도 장시간 조리해 맛, 향, 수분, 영양소를 보존하며 조리하는 수비드조리법(저온진공조리법)을 활용한 것이 특징이다. 한돈자조금 측은 향후 식품기업과의 제품개발, 급식업체 메뉴 보급, 레시피 홍보 등을 추진할 계획이다.

자료원: 연합뉴스, 2017. 12. 16. 사진출처: 아워홈

제품수명주기 이론을 매출 분석에 최초로 사용하기 시작한 이래로 제품, 구매, 유통관리 등의 마케팅 분야뿐만 아니라 생산, 재무, 국제무역 등 경영학의 여러 분야에서 제품수명주기 이론이 널리 사용되어 왔다. 특히 기업의 장기적 성장과 이익 증대의 원천이 되는 신제품을 시장에 출하하는 기업에서는 신제품의 판매 양상을 파악하기 위하여 제품수명주기 이론을 널리 사용하고 있다. 최근 제품수명주기는 기술 혁신, 소비자 욕구의 다양화, 시장에서의 경쟁의 심화 등으로 인해 그 주기가 점점 단축되는 추세에 있으며, 특히 Qualls(1981)는 37개의 가정용기류를 대상으로 실시한 연구에서 실증적인 결론을 얻었다.

신제품을 시장에 출하하는 기업의 마케팅 담당자나 경영자의 입장에서는 제품수명주기의 단축현상과 관련하여 신제품의 제품수명이 어느 정도 지속될 수 있는지, 혹은 신제품이 성숙단계에 도달하기까지 몇 년의 기간이 필요한 것인지, 그리고 궁극적으로는 몇 개의 신제품을 수명주기 동안에 잠재적 수요자에게 판매할 수 있을 것인지에 대해서 제품의 도입단계에서 예측해야만 한다. 그러나 미래를 예측한다는 것은 사실상 매우 어려운 일이며 이를 위해 경험에 의한 주관적 판단뿐만 아니라 복잡한 통계적 기법도 동원되고 있는 실정이다.

하지만 말 그대로 신제품은 통계 분석을 위한 기존의 판매량 자료가 적기 때문에 다량의 자료를 요구하는 통계적 기법의 단순한 적용은 사실상 무의미하다. 특히 왜 제품의 수명주기가 생기며, 왜 수명주기 단계별로 확산의 차이가 발생하는가에 대한 이론적 이해없이 단순히 시계열 자료의 통계적 추정방법에 의해 미래를 예측한다는 것은 위험한 일이다.

위와 같은 문제점과 관련하여 제품의 수명주기 혹은 확산과정에서 판매량과 구전효과(word-of-mouth), 혁신자들의 수용 확률, 광고비 지출 등의 관계에 대한 이론적 모형을 소개하고, 한국 시장에서 가전제품을 대상으로 이 모형을 적용하여 실제 확산과정을 살펴보고자 한다. 이와 같은 신제품의 제품수명주기와 관련한 수요예측은 다음과 같은 유용성을 가진다. 첫째로, 신제품의 확산 양상을 파악함으로써 시장 출하와 관련된 위협을 감소시키며, 둘째로 확산 양상을 예측함으로써 기존 제품의 수확과 폐기시점의 결정, 신제품의 개발과 도입시점의 결정을 지원해 줄 수 있다. 셋째로, 확산의 피크 시기와 그 시기의 판매량을 예측함으로써 이에 따른 생산계획, 자금계획, 마케팅 믹스의 결정을 지원해 줄 수 있으며, 넷째로 유사한 제품의 경우 앞으로의 확산 과정을 예측하는 데 비교의 기준이 될 수 있으며, 표본 제품군에 대한 소비자의 특성을 발견하는 데 하나의 기준을 제시할 수 있다.

SECTION 01 일반적인 확산모형

확산모형은 정의된 행동적 가정에 따라 확산 형태가 결정되는데, 제품의 성장률이 모형에 따라 다르게 정의되기 때문에 비대칭의 정도와 변곡되는 점의 위치가 다양하다. 이에 따라 확산과정은 여러 형태가 있으나 최초 구매(first purchase)의 확산과정은 일반적으로 로지스틱 곡선의 형태 혹은 지수곡선의 형태를 따른다고 가정된다.

확산모형 중 상당수의 모형들이 사회적 모방 혹은 개인적 영향을 강조하면서 로지스틱 곡선 형태를 나타내고, 그 외의 많은 모형들이 직접적인 마케팅노력을 강조하면서 지수곡선의 형태로 나타난다. 기업의 입장에서 본다면, 사실 대개의 경우 지수형태의 좀 더 빠른 판매의 가속을 선호하는데, 이는 판매의 가속이 빠를수록 투자에 대한 수익의 실현이 빨리 이루어지고 비용에서의 우위, 그리고 진입장벽을 얻는 이점이 있기 때문이다. 그러나 지수형태의 확산과정은 생산과 마케팅에서의 초기 비용과 관련된 위험이 로지스틱 형태의 확산과정보다 더 큰 점이 단점이라 할 수 있겠다. 그러므로 지수형태 혹은 로지스틱형태가 어떤 상황과 조건하에서 나타날지를 분명히 파악해야 할 필요가 있다. 로지스틱 형태의 곡선은 수용에 있어서 계층적 학습효과가 있는 상황에서, 그리고 개인적 영향이 큰 경우에 나타날 것으로 기대되며, 지수형태의 곡선은 상대적으로 개인의 영향이 작고 마케팅의 지출이 많을 때 나타날 것으로 기대된다.

확산이론과 관련된 문헌들에 의하면 확산은 사회체계의 영역 내에서 일어나는데, 대부분의 확산모형은 잠재적 시장의 크기는 상수로서 알려져 있고, 일정한 시장크기를 가진다고 가정한다. 그러나 잠재시장은 외생적 변수(예를 들면, 인구의 증가), 내생적 변수 (즉, 마케팅 활동) 등에 의해서 변할 수도 있다.

일반적인 최초구매(fist-purchase) 확산모형은 반복구매자가 없으며, 구매자의 구입량은 한 단위로 가정을 하고 있는데, 특히 다음의 질문에 관심을 두고 있다. 즉, "확산과정의 어느 기간 t기에 전체시장에는 $M(t)$만큼의 개인이 있고, 그 중에 $N(t)$가 잠재고객수 혹은 궁극적 구매자수라 할 때, t시기에는 이 잠재적 고객 중 몇 명이나 신제품을 구매할 것인가?"이다. 환언하면 확산과정에 있어 시장을 세 개의 세그먼트로 나누어 전체 고객의 흐름과 그 비율에 관심을 두고 있는 것인데, 세 개의 세그먼트는 미개척시장(untapped market), 잠재시장(potential market), 현재시장(current market)으로 구분된다.

미개척시장은 시장에서의 전체 개인 중에서 궁극적 잠재고객수를 제외한 나머지 사람들로써 구성된 세그먼트인데, 이들은 제품에 관한 정보를 못 얻었거나 다른 요인들, 예를 들면 제품의 높은 가격, 일반적인 경제적 여건 등에 의해서 잠재고객이 되지 않는 세그먼트이다. 그러나 동태적으로 볼 때 이 세그먼트의 구성원도 잠재고객으로 전환될 수 있다.

현재시장은 t시기까지 신제품을 구입한 수용자들의 세그먼트를 나타내며, 잠재시장은 전체 잠재고객에서 이미 신제품을 수용한 개인들을 제외한 세그먼트를 의미한다. 이를 그림으로 나타내면 [그림 11-1]과 같다.

$S1(t)$, $S2(t)$, $S3(t)$는 각 세그먼트를 나타내고 있으며, $M(t)$는 시장에서의 전체 개인의 수이고, $N(t)$는 궁극적 잠재고객수이며, $X(t)$는 신제품을 이미 수용한 구매자의 수를 각각

그림 11-1	세그먼트 간 고객의 흐름

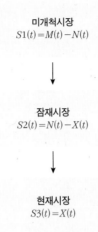

미개척시장
$$S1(t) = M(t) - N(t)$$

↓

잠재시장
$$S2(t) = N(t) - X(t)$$

↓

현재시장
$$S3(t) = X(t)$$

나타내고 있다. 따라서 [그림 11-1]은 확산과정에서 세 개의 세그먼트 간의 고객의 흐름을 보여주고 있으며, 이를 수식으로 표현하면 아래와 같다.

$$S1(t) + S2(t) + S3(t) = M(t) \qquad \cdots\cdots\cdots <11-1>$$

$$S1(t) = M(t) - N(t) \qquad \cdots\cdots\cdots <11-2>$$

$$S2(t) = N(t) - X(t) \qquad \cdots\cdots\cdots <11-3>$$

$$S3(t) = X(t) \qquad \cdots\cdots\cdots <11-4>$$

세 세그먼트의 합은 곧 전체 개인수 $M(t)$를 의미하고, $S1(t)$는 전체 개인에서 잠재적 고객을 제외한 세그먼트이며, $S2(t)$는 잠재고객에서 이미 신제품을 구입한 수용자수를 제외한 세그먼트이며, $S3(t)$은 신제품을 수용한 세그먼트를 나타내고 있다.

만약, t와 $t+1$기 사이에 $X(t)$가 잠재시장에서 현재시장으로 전환되고, $n(t)$가 미개척시장에서 잠재시장으로 전환되고, 미개척시장이 $m(t)$만큼 증가했다면, $t+1$기의 세 세그먼트는 아래와 같다.

$$S1(t+1) = S1(t) + m(t) - n(t) \qquad \cdots\cdots\cdots <11-5>$$

$$S2(t+1) = S2(t) + n(t) - X(t) \qquad \cdots\cdots\cdots <11-6>$$

$$S3(t+1) = S3(t) + X(t) \qquad \cdots\cdots\cdots <11-7>$$

여기서 각 세그먼트의 증감분을 $s1(t)$, $s2(t)$, $s3(t)$로 나타내면 각각은 아래와 같이 나타낼 수 있다.

$$s1(t) = S1(t+1) - S1(t) \qquad \cdots\cdots\cdots \langle 11-8 \rangle$$
$$s2(t) = S2(t+1) - S2(t) \qquad \cdots\cdots\cdots \langle 11-9 \rangle$$
$$s3(t) = X(t) \qquad \cdots\cdots\cdots \langle 11-10 \rangle$$

위의 세 식은 다시 아래와 같이 바꾸어 표현할 수 있다.

$$s1(t) = m(t) - n(t) \qquad \cdots\cdots\cdots \langle 11-11 \rangle$$
$$s2(t) = n(t) - X(t) \qquad \cdots\cdots\cdots \langle 11-12 \rangle$$
$$s3(t) = X(t) \qquad \cdots\cdots\cdots \langle 11-13 \rangle$$
$$s1(t) + s2(t) + s3(t) = m(t) \qquad \cdots\cdots\cdots \langle 11-14 \rangle$$

결국 〈11-11〉, 〈11-12〉, 〈11-13〉식은 t기와 $t+1$기 사이의 세 세그먼트 간의 고객의 변동에 대한 증감을 나타내고 있는 것이다.

위에서 본 고객의 흐름은 이전기구(transfer mechanism)란 측면에서 이해되는데, 여기에서 세그먼트 간의 흐름에 영향을 주는 변수들은 1) 대중매체에 의한 의사소통, 2) 구전에 의한 의사소통, 3) 다른 마케팅 노력, 4) 제품에 대한 개인의 경험, 5) 일반 경제적 여건과 같은 외생적 요인인데, 모형의 개발에 있어서는 위와 같이 고려대상이 되는 특정 세그먼트와 이전기구에 대한 가정을 달리함으로써 여러 가지 형태의 모형을 나타내고 있는 것이다.

사례: 구글 AI 스피커 '한국상륙' 임박…국내 판도 바꾸나

국내 인공지능(AI) 스피커 시장이 2018년 상반기 중 일대 전환기를 맞는다. 업체 간 경쟁 심화로 이미 '춘추전국시대'에 접어든 상황에서, 세계 최대 인터넷 기업인 구글이 자사의 AI 스피커로 조만간 '한국 공습'을 본격화한다. 국내 출시는 상대적으로 늦은 것이지만 구글이 '글로벌 IT 공룡'으로 불리는 만큼 시장에 상당한 영향을 미칠 전망이다. 국내 이동통신사 및 포털 업체와의 주도권 경쟁이 불가피하다는 관측이다.

■ 구글 'AI 퍼스트' 전략 본격화
IT 업계에 따르면 구글의 AI 스피커인 '구글홈'과 소형 제품인 '구글홈 미니'는 각각 한국의 국립전파연구원으로부터 전파인증을 받았다. 이 인증은 해외 무선기기가 국내에 출시되기 전 반드시 거쳐야 하는 절차다. 통상 기업들은 제품 출시 1, 2개월 전에 전파인증을 받는다. 이 때문에 두 제품은 올해 상반기 중 발매될 게 확실시된다.

2016년 5월 미국에서 처음으로 판매된 구글홈은 음성 명령에 따라 각종 가전기기를 작동시키거나 질문에 답해주는 제품이다. 지난해 미국에서만 1,400만 대가 팔릴 정도로 구글을 대표하는 AI 스피커로 평가받는다. 전자상거래 업체인 아마존의 AI 스피커 '에코'와 글로벌 시장을 양분하고 있다.

특히 구글은 국내 음원 서비스 1위 사업자인 멜론과 손을 잡고 구글홈에 '음악 재생' 기능을 탑재할 계획인 것으로 알려졌다. 이렇게 되면 구글홈은 국내에서 상당한 경쟁력을 갖추게 된다.

구글홈의 한국 출시는 단순히 '해외 제품 하나가 국내에서 판매된다'는 차원으로 볼 수 없다는 분석이 우세하다. 구글이 올해 들어 전사적 차원에서 'AI 퍼스트' 전략을 내세우고 있기 때문이다. 앞서 구글은 2017년에도 AI 비서 '구글 어시스턴트' 한글판을 안드로이드 스마트폰용으로 선보였다. 국내 전체 스마트폰 사용자 중 안드로이드폰 사용자 비율이 80% 이상인 점을 고려할 때 AI 산업 자체가 흔들릴 수 있다는 우려까지 나온다.

■ 국내 '합종연횡' 통해 콘텐츠 강화

이에 맞서 국내 업체들은 이미 출시된 자사 AI 스피커의 기능을 콘텐츠 중심으로 개편하는 데 주력하고 있다. 특히 업체 간 '합종연횡'이 두드러지고 있다.

2016년 '누구'(NUGU) 출시로 국내 AI 스피커 시장을 선점한 SK텔레콤은 최근 한국콘텐츠진흥원과 손을 잡았다. 역사, 문화재, 방송, 드라마 등 10만 개의 문화 콘텐츠가 담긴 '문화원형DB'를 이달 중 '누구'에 탑재한다. "남한산성이 뭐야"라고 물으면 위치와 설명, 역사적 의미까지 설명해주는 방식이다.

KT는 인기 캐릭터 '핑크퐁' 제작사인 스마트스터디와 힘을 합쳤다. 자사의 AI 스피커 '기가지니'에 핑크퐁을 접목했다. 어린이들이 핑크퐁 영어 교육 영상을 보면서 문장을 따라 말하면, 기가지니가 발음의 정확도 등을 분석해 "엑설런트" 등 피드백을 해준다. LG유플러스는 네이버의 AI 스피커 '프렌즈'에 자사 IPTV와 가정용 사물인터넷(IoT) 서비스를 결합한 플랫폼 'U+우리집 AI'를 출시했다.

네이버는 이와 별도로 지난달 30일 프렌즈 3차 라인업을 선보였고, 카카오는 지난 2일 유튜브 크리에이터 '도티' 등과 자사의 AI 스피커 '카카오미니' 음성 제공 계약을 체결했다.

최초출시	2016년 5월(미국)
한국출시	2018년 상반기 예상
색상	화이트(상단) 및 그레이(하단)
높이	5.62인치(143mm)
무게	480g
연결방식	무선
판매국가	미국 캐나다 프랑스 일본 인도 싱가포르 등
판매가(미국 기준)	129달러(약 13만 9,000원)
특징	최대 6개 목소리 인지 후 각각 다르게 반응

〈자료: 구글〉

구글 홈 개요

국내 AI 스피커 업계 합종연횡 작전

자료원: 국제신문, 2018. 05. 03.

SECTION 02 Bass(1969)의 확산모형

최초 구매자의 성장을 모형화할 때 Bass(1969)의 기본적인 확산모형에서는 잠재시장과 현재시장의 두 가지 세그먼트만을 고려하고, 제품을 수용하도록 잠재고객에게 영향을 주는 이전기구는 대중매체와 구전(word-of-mouth)의 두 가지만을 고려한다. 또한 제품수명주기에 있어서 잠재고객수의 총인구는 고정되어 있다고 가정하고 있다. 따라서 기본 모형의 관심은"시장에 일정한 수의 잠재고객이 있을 때, 그들 중에서 몇 명이나 t시기까지 제품을 구매할 것인가?"를 파악하는 것이다. 따라서 $X(t)$, 즉 잠재고객 시장에서 현재시장으로의 고객 흐름을 모형화하고, 두 이전기구를 각각 혁신계수와 모방계수로 나타내어 확산과정을 설명하고 있다.

우선 Bass(1969)모형의 주요 가정을 살펴보면, 소비자의 최초구매의 시기는 이전의 구매의 수와 관련되어 있다는 것이다. 아직 아무런 구매가 이루어지지 않았다고 할 때 그 시기에 최초 구매가 이루어질 확률 $P(T)$은 이전의 구매자수의 선형함수라는 것이며, 아래식과 같이 표현된다.

$$P(T) = p + (q/m)Y(T) \qquad\qquad \cdots\cdots\cdots <11-15>$$

   p, q, m은 상수
   $Y(T)$는 T기 이전의 구매자의 누적수

〈11-15〉식에서 $t=1$기의 이전 누적 구매자수 $Y(1)$는 0이므로 $P(1)$는 결국 p가 된다. 즉 상수 p가 $t=1$에서 최초 구매의 확률이며, 이 확률의 크기는 사회 체계에서 혁신자들의 중요성을 반영하는 혁신계수를 나타낸다. m은 잠재고객수를 나타내고 q는 구매자들의 구전효과를 나타내는 모방계수이며, $q(Y(T)/m)$는 잠재고객에 대한 이전 누적 구매자수의 비율에 모방계수 q를 곱한 것으로서 이전의 구매자수가 증가하면서 모방자에게 작용하는 압력을 의미한다.

결국 t시기에 아직 아무런 구매가 이루어지지 않았다고 할 때 그 시기에 최초구매가 이루어질 조건확률 $P(t)$는 혁신자들의 영향을 나타내는 혁신계수와 모방자에게 작용하는 압력을 나타내는 값의 합으로 표현되며, 이 조건확률은 이전의 누적 구매자수에 대한 선형함수가 되는 것이다.

둘째, 관심의 대상이 되는 기간 동안의 잠재고객수는 일정하며 m으로 나타내기로 한다. 이는 혁신을 수용할 최종 고객수를 나타낸다. 위와 같은 가정을 토대로 Bass(1969)는 혁신효과와 모방효과를 비연속적인 형태로 결합하였다.

$$S(T) = P(T)[m - Y(T)]$$ ········· <11-16>
$$= [p + qY(T)/m][m - Y(T)]$$

$$S(T) = p[m - Y(T)] + q[Y(T)/m][m - Y(T)]$$ ········· <11-17>

$S(T) = T$기의 수용자의 수
$m = $ 최종적인 수용자의 수
$Y(T) = T$기 이전까지의 누적 수용자수
$q = $ 모방계수
$p = $ 혁신계수

〈11-16〉식은 T기에 아직 아무런 구매가 이루어지지 않았다고 할 때, 구매가 이루어질 조건확률에 비수용자수 $[m-Y(T)]$를 곱한 결과가 T기의 구매자수가 되는 것을 나타내고 있다. 〈11-17〉식은 〈11-16〉식을 전개한 식인데, T기의 구매자수는 궁극적 예상고객 중 T기 이전까지 비구매자수에 혁신계수를 곱한 외부효과와 T기 이전까지의 구매자수와 궁극적 예상고객 중 T기 이전까지 비구매자수에 모방계수를 곱한 내부효과를 합한 결과로서 나타내어진다는 것이다.

〈11-16〉식에서 시간이 경과함에 따라 누적 수용자 $Y(T)$는 증가하므로, 최초 구매확률은 이전의 최초 구매자의 누적수에 대한 증가함수가 된다. 반면에 시간이 경과함에 따라 나머지 비수용자수 $m-Y(T)$는 누석 수용자수의 증가에 따라 감소하게 된다. 따라서 새로운 수용자들의 판매곡선은 이 두 가지의 상반된 경향의 상대적 비율에 의해서 결정된다. 즉 성공적인 신제품의 경우처럼 모방계수가 혁신계수보다 큰 경우에는 판매곡선이 처음에는 증가하다가 나중에는 떨어지는 형태를 가지며, 만약 모방계수가 혁신계수보다 작은 경우에는 판매곡선은 [그림 11-2]에서와 같이 계속해서 떨어지는 형태를 가지게 된다.

〈11-16〉식을 전개하면 사례 연구에서 적용하게 될 모형이 도출되는데 이는 〈11-18〉

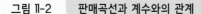

그림 11-2   판매곡선과 계수와의 관계

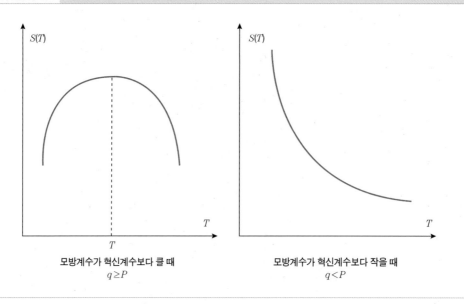

식과 같다.

$$S(T) = pm + (q-p)Y(T) - (q/m)[Y(T)]^2 \qquad \cdots\cdots\cdots <11-18>$$

위의 모형으로부터 p, q, m을 추정하는 것이며, 이 세 가지 모수를 추정하기 위해 Bass는 〈11-19〉식을 이용하여 신제품이 소개된 연도부터 재구매가 중요해지기 시작한 연도까지의 매년 판매량 자료를 이용하여 〈11-19〉식의 모수인 a, b, c를 추정한다.

$$S(T) = a + bY(T) + c[Y(T)]^2 \qquad \cdots\cdots\cdots <11-19>$$
$$a = pm \qquad \cdots\cdots\cdots <11-20>$$
$$b = q - p \qquad \cdots\cdots\cdots <11-21>$$
$$c = -(q/m) \qquad \cdots\cdots\cdots <11-22>$$

〈11-20〉, 〈11-21〉, 〈11-22〉식을 이용하여 p, q, m의 추정치를 구한 다음, 실제 확산양상과 비교하고 피크에 이르는 시점(T^*)과 그때의 판매량 $S(T^*)$의 크기를 추정한다. 이는 아래의 식을 이용한다.

$$T = 1/(p+q) \, ln(q/p) \qquad \cdots\cdots\cdots <11-23>$$
$$S(T^*) = [m(p+q)^2]/4q \qquad \cdots\cdots\cdots <11-24>$$

　　Bass(1969)는 또한 예측도구로서의 유용성을 검토하기 위해 신제품 확산에 있어서 조기의 자료를 모형에 적용하여 장기예측에 사용하였다. 일단 신제품 판매의 첫 3개연도 자료가 얻어지면 a, b, c의 추정이 가능하고 여기서 m, p, q를 얻을 수 있다.

　　하지만, 모수의 추정에 있어서 연속적 모형에 비연속적 자료를 이용하기 때문에 추정에 편의가 발생하게 된다. 추정에 많은 수의 자료가 포함되어 연속적 자료를 대신할 수 있는 경우에는 편의가 완화되거나 없어지게 되지만, 관찰치의 수가 적을 때는 비연속적인 모형에서 발생하는 편의가 상당히 크게 되므로 위의 추정량은 아래와 같이 수정되어야 한다.

$$p' = (0.97p)/[1+0.4(1+q/p)p] \qquad \cdots\cdots\cdots <11-25>$$
$$q' = (0.97q)/[1+0.4(1+p/q)q] \qquad \cdots\cdots\cdots <11-26>$$
$$m' = m/[0.97-0.4(p+q)] \qquad \cdots\cdots\cdots <11-27>$$

p, q, m은 <11-20>, <11-21>, <11-22>에서 구한 값

　　만약 신제품이 동일한 제품군(product class)에서 이전의 어떤 신제품과 동일한 내력을 가질 것으로 예상된다면, 이전의 제품에 대한 파라미터는 근사치로서 이용될 수 있으며 또한 추정된 모수를 통하여 그 제품군의 특징, 혹은 제품군에 대한 소비자 특성을 파악하는 데 하나의 기준이 될 수도 있을 것이다. 그러나 관찰치가 몇 개밖에 없을 때의 파라메타 추정치는 주관적이고 직관적인 조정이 필요하다고 제안했다.

　　더욱이 이 모형의 적용대상을 내구재에 한정하고 있으며, 확산은 단지 시간만의 함수로 생각하여 마케팅 관련 통제변수는 무시되고 있고 잠재적 고객수가 상수로 간주된다는 것 등이 비판의 대상이 되고 있다. 또한 확산 파라메타가 상수로 가정되고 있으며 모형이 인지적 상태를 고려하지 않고 있는 것도 약점이다.

사례: 생선가게 모델 삼은 '자라' 스피드 경영 위대함 입증 ─────

'옷가게는 생선가게와 같다.'

　1975년 26세 나이로 스페인에서 자라(ZARA)를 창업한 아만시오 오르테가는 브랜드 정체성을 생선가게로 정의했다. 옷은 화학적으로 부패하지 않지만 팔지 못해 재고로 남은 옷의 가치는 급속히 신선도가 떨어지는 생선과 다를 바 없다는 게 핵심이다. 가난한 집에서 태어나 중학교를 졸업하고 옷가게에 취업해 10여 년을 일

하며 터득한 경험의 산
물이었다.

이 같은 관점 전환은
사업 전제를 바꾸고 제
품 역동성을 높였다. 썩
지 않는 옷을 순식간에
부패하는 생선에 비유한
'업의 본질'은 오늘날 자
라를 패션 산업의 글로
벌 리더로 성장시킨 관
점의 전환이었다. 오르
테가는 수산 시장에 가
면 항상 진열돼 있는 싱

싱한 생선처럼 언제나 싱싱한 옷을 매장에 진열하기 위해 애썼다. 팔리지 않는 재고는 대폭 할인해 신속하게
매장에서 없애버리는 파격적 할인정책도 도입했다. 생산 과정을 혁신해 신제품 기획에서 생산, 판매, 재고 처
분에 이르는 전체 과정의 속도를 높이는 방식은 이후 패스트패션의 정석이 됐다.

**"아무리 비싼 초밥이라도 시간이 지나면 가격이 떨어지듯이 디지털 제품의 재고는 치명적이기 때문에
스피드가 제일 중요하다."**

1990년대 후반 윤종용 삼성전자 부회장은 디지털 전환의 핵심을 생선초밥에 비유했다. 냉장고, 에어컨, 세
탁기 등 아날로그 제품 재고는 시간이 지나도 판매할 수 있다. 하지만 컴퓨터, MP3, 휴대전화 등 디지털 제품
은 급격히 진부화되기에 스피드가 핵심이라는 논지였다. 실제 생산 후 1~2년이 지난 냉장고의 할인 판매는
가능하지만 컴퓨터는 완전히 철 지난 물건으로 전락한다. 아날로그 시대 세계 시장에서 주변 기업으로 취급받
았던 삼성전자가 디지털 시대 글로벌 초일류로 도약한 핵심 역시 디지털 시대 속도감을 신속하게 감지하고 사
업 모델과 프로세스에 적용했기 때문이다. 이처럼 40년 전 자라와 20년 전 삼성전자는 경쟁자가 아날로그에
머물러 있을 때 신속히 디지털 시대의 스피드로 바꿔 큰 성공을 거뒀다.

아날로그와 디지털 시대는 속도감에서 완연히 다르다. 고객 성향, 경쟁구조에서 기반 기술과 제품수명주기
에 이르는 가속적 변화를 특징으로 하는 디지털 시대에는 속도감에 대한 적응력으로 기업 흥망이 구분된다.
현재 살아남은 기업은 이런 속도 변화를 이긴 기업들이다.

4차 산업혁명 시대를 맞아 다시 변속기어를 올려야 하는 상황이 됐다. 이런 배경에서 시장이 변하고 경쟁자
가 질주하고 나 자신도 달리고 있는 유동적이고 불확실한 상황에서 기업이 취하는 전략적 균형의 개념도 역동
적으로 바뀌고 있다.

아날로그 시대 전략적 균형은 지도를 보며 포지션을 찾는 독도법에 비유되는 '정적 안정성'이다. 디지털 시
대 전략적 균형은 자전거를 타면서 균형을 잡는 '동적 안정성(dynamic stability)' 개념이다. 아날로그 시대에는

지도를 보면서 시장과 고객, 경쟁자의 위치를 파악하고 자신의 포지션을 설정했다. 하지만 디지털 시대에는 지도상 포지션을 확인하고 이동하는 동안 지형과 지물이 모두 변해버린다. 따라서 디지털 시대에는 불안정하고 유동적인 상황을 전제해야 한다. 움직이는 자전거 위에서 페달을 밟고 움직이며 균형을 잡고 목표를 향해 나아가야 한다. 포지션을 확보하려고 자전거를 멈추면 오히려 쓰러지는 역설적 상황에서 살아남기 위해서는 끊임없이 움직여야 한다.

자료원: 매경이코노미, 제1933호, 2017. 1.1. 20. 사진출처: www.flare.com

SECTION 03 확산모형의 확장

　　Bass(1969)에 의해 기본적인 확산모형이 제시되고 나서 다양한 산업과 국가에서 실증적 연구가 이루어졌으며, 현실 상황을 기술하고 미래를 예측하기 위해서 주로 사용되었다. 하지만, Bass모형 및 기본 성장모형은 여러 가지 가정을 하고 있으며, 마케팅 변수 등을 포함한 관련 변수들을 거의 고려하지 않았기에 일단 관련 모수가 추정되면 어떠한 외부적인 노력이나 변화도 모형의 예측치를 변화시킬 수 없는 것이다. 따라서 이러한 확산모형에 대해 각종 가정들을 완화하거나, 마케팅 믹스 및 관련 변수를 고려하여 모형을 확장한 일련의 연구들이 제시되었다. 또한 전략적 변수의 변화로서 원하는 결과를 얻으려는 규범적 목적으로 이용하기 위한 연구들도 다양하게 전개되었다.

　　모형의 수학적인 관점에서는 모수 추정방법에 대한 논의(Mahajan and Sharma, 1986; Lawrence and Lawton, 1981; Thomas, 1985; Srinivasan and Mason, 1986; Schmitten and Mahajan, 1982; Sultan, Farley, and Lehman, 1990)와 유연한 형태의 성장곡선(Easingwood, Mahajan, and Muller, 1983; Bowler and Fiebig, 1988)을 유도하기 위한 노력들이 있었으며, 마케팅 분야에서는 신제품의 동태적 도입과정에의 응용과 잠재고객에 대한 최적 마케팅 전략의 개발 등에 초점을 맞춘 연구들이 이루어져 왔다. 따라서 본 절에서는 마케팅 변수

를 도입한 모형들과 각종 가정들을 완화한 확장모형들을 중심으로 주요 연구 결과들에 대한 논의를 전개해보고자 한다.

우선 기본모형과 확장된 모형과 비교하기 위해 다시 정의하면 다음과 같다.

$$S(t) = dY(t)/dt = [m-Y(t)][p+q/mY(t)]$$
$$= [m-Y(t)][\alpha+\beta Y(t)] \qquad \cdots\cdots\cdots <11-28>$$

위 모형에 대한 설명은 기본적 배스모형에서 밝힌 바 있으므로 여기서는 생략하기로 한다.

1. 마케팅 변수의 도입

가격의 효과를 처음 도입한 Robinson and Lakhani(1975)의 연구 이후 가격, 광고, 촉진, 인적판매, 유통 등이 제품의 성장에 미치는 영향에 대해 체계적으로 연구가 이루어져 왔다(Kalish and Sen, 1986). Bass모형은 3가지 파라메타(parameter)들로 이루어져 있는데 이들의 연구는 이러한 파라메타들을 이러한 관련 변수들의 함수로 나타내는 것이다. 시장 잠재력을 가격의 함수로 표현한 Kalish(1983, 1985)의 연구가 있고, 내적 영향계수나 외적 영향계수를 마케팅 영향 변수의 함수로서 표현한 연구들도 다수 있다.

주로 많이 연구된 마케팅 변수들은 가격과 광고인데, 낮은 가격은 잠재적 수용자의 구매확률을 높이며, 가격 변화에 대한 소비자의 기대는 현재의 가격이 이미 소비자에게 받아들일 만한 가격이라 할지라도 구매를 연기시킨다는 것을 보여주고 있다. 또한 광고는 소비자에게 제품의 존재를 인식시키며 구전효과를 증가시키고, 유통, 제품의 질, 보증, 브랜드명, 제품의 출하시기 등 기타 관련변수들은 모두 상호 연관적으로 확산에 영향을 미친다는 것을 보여주고 있다. 이렇게 마케팅 변수의 도입을 통한 모형의 확장은 다양한 방면으로 이루어져 왔으며, 그 중 주요한 연구들을 살펴보면 다음과 같다.

(1) 가격을 통합시킨 모형

Robinson and Lakhani(1975)는 승수모형(multiplicative model)을 이용해 소비성내구재의 경우 혁신계수가 매우 작았음을 알고 마케팅 의사결정 변수의 함수로서 개발되어야 할 것은 모방계수라고 지적하면서, 기본모형에 광고, 판촉, 가격 등의 마케팅 노력이 포함되어 확산율이 승수적으로 영향받아야 한다고 주장하였다.

두 사람은 특히 가격의 효과를 포함시킨 모형을 제시하였는데, 한계수익과 한계비용이 같을 때 이익이 최대가 된다는 고전적 가격 법칙은 시장과 경쟁 환경이 시간이 지남에 따라 변화되는 상황에서 부적합하다고 주장하면서, 단기적인 현재의 이익보다는 장기에 걸친 이익의 총합을 최대화시키는 가격정책을 사용하여야 한다고 하였다. 모형을 살펴보면 다음과 같다.

$$S(t) = dY(t)/dt = [m - Y(t)][\alpha + \beta Y(t)]G(p) \qquad \cdots\cdots\cdots <11-29>$$

$\quad G(p): e^{-dp(t)}$

$\quad d$는 상수로서 가격탄력성

$\quad p(t)$는 t기의 가격

여기서 $p(t)$는 t시기의 가격을 나타내고 $G(p)$가 가격 반응함수이다. 따라서 오른쪽 항의 세 번째 항목이 가격의 효과를 나타내는데, 모형에서 가격은 확산의 수용률에 직접적으로 영향을 주고 있는 것이다. 그러나 이 모형의 잠재고객은 여전히 상수이고, 가격과는 독립적이다. 즉 제품의 가격이 다르게 책정된다고 하더라도 궁극적인 수용자의 수는 기본모형과 같다는 것이다. 이것이 승수모형의 주요 한계점이다.

Robinson and Lakhani(1975)의 초점은 규범적인 것이며 모형을 지지하는 실증적 증거를 보여주지는 않았다. 즉 확산과정과 경험곡선의 비용이 감소하는 것으로 주어졌을 때, 수명주기에 있어서 어떻게 제품가격을 책정하는가에 있다. 최적가격은 도입기에는 증가하고 나중에는 감소하는 것이다. 특히 구전효과가 클 때에는 가격은 도입기에서 피크기까지 증가하고 나중에는 감소한다는 것을 보였다. 따라서 내구재에 대한 전형적인 가격책정은 초기 수용자가 강한 영향을 미치는 도입기에는 높게, 그리고 확산이 진행되어 포화효과가 구전효과 보다 우월해질 때는 낮게 책정하는 것이다.

잠재고객의 이질성과 유보가격를 고려한 Jeuland(1981)와 Kalish(1985)는 개인 차원에서의 효용을 극대화하는 방식으로 가격을 통합시킨 확산모형을 제시했다. 두 모형은 또한 불확실성과 정보의 확산을 모형에 도입하였는데, 잠재고객을 제품에 부과하는 자신들의 가치와 제품에 대한 불확실성과 관련해서 이질적으로 고려했다. 즉, 고객들은 각 개인의 금전적 제약조건 하에서 개인에게 혁신의 가치가 되는 유보가격(reservation price)에 의해서 특징지어진다. 여기에서 유보가격은 개인이 그 혁신, 신제품을 기꺼이 사고자 하는 최대치를 의미한다.

소득, 취향, 기타 여러 특징의 차이로 인해서 각 개인들의 혁신에 대한 가치는 다를 것이다. 이 가치와 실제가격과의 차이가 소비자잉여를 나타내며, 특정가격의 수용을 위한 필요조건은 유보가격이 실제가격보다 크거나 적어도 같아야 한다. 이외에 Bass(1980)도 확산모형에 가격의 효과를 통합하였다. 즉, 생산에 있어서의 경험효과(learning effect)의 결과로 신제품의 원가가 하락하고 따라서 가격이 시간이 지남에 따라 감소하게 됨으로써, 결과적으로 수요에 영향을 주게 되며 이는 곧 제품의 성장률에 영향을 미친다는 것이다. Robinson and Lakhani(1975)와는 달리 Bass의 확장모형(1980)은 내적, 외적 영향계수 모두가 시간에 따라 변화한다는 것이다.

(2) 광고를 통합시킨 모형

확산모형은 처음에 정보의 확산이라는 의미에서 소개되었다. 확산모형에 광고비를 변수로서 포함시킨 시도는 Stigler(1961)에 의해서 시작되었으며, 그 후 광고는 확산모형에서 주요 변수 중의 하나로 작용해 왔다.

Dodson and Muller(1987)는 3단계의 확산모형 체계 내에서 광고를 도입시켰다. 개인들은 우선 먼저 인지하고 그 후 수용한다는 것이다. 무지상태에서 인지상태로의 흐름은 Bass모형(1969)과 유사한데, 그 흐름이 현재 인지하고 있는 개인들로부터의 구전효과와 독립적인 원천인 광고로 인해서 일어난다는 점에서이다. 그 구조를 살펴보면 [그림

그림 11-3   Dodson and Muller(1987)의 3단계 모형의 구조

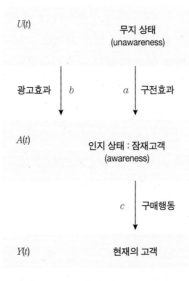

11-3]과 같다.

t기에 시장에 전체 $m(t)$의 개인이 있다고 할 때, 두 사람의 모형은 다음 4개의 방정식에 의해서 표현된다.

$$dU(t)/dt = -aU(t)[A(t)+Y(t)] - bU(t) \qquad \cdots\cdots\cdots <11-30>$$
$$dA(t)/dt = aU(t)[A(t)+Y(t)] + bU(t) - cA(t) \qquad \cdots\cdots\cdots <11-31>$$
$$dY(t)/dt = cA(t) \qquad \cdots\cdots\cdots <11-32>$$
$$U(t)+A(t)+Y(t) = m(t) \qquad \cdots\cdots\cdots <11-33>$$

　　　$m(t)$: t기의 사회체계 내의 전체 개인수

　　　$U(t)$: t기의 제품에 대해 모르고 있는 사람수

　　　$A(t)$: t기의 제품에 대해 알고는 있지만 아직 구매를 하지 않은 사람수, 즉, 잠재고객수

　　　$Y(t)$: t기까지 제품을 구매한 사람수

　　　a : 구전효과를 반영하는 계수로서 상수

　　　b, c: 기업의 마케팅 노력을 반영하는 상수

$dU(t)/dt$, $dA(t)/dt$, $dY(t)/dt$는 각 단계에서의 고객의 흐름을 나타내는 비율이며, U, A, Y는 확산과정의 각 단계를 의미하며 어떤 시기에서든 고객은 이 세 단계 중 어느 하나에 속하게 된다. 위의 3단계의 이동에 영향을 주는 변수는 제품을 구입한 혁신자들에 의한 구전과, 또 이와는 독립적인 촉진, 광고 등 마케팅 활동이 있다.

위의 모형을 설명하면, 〈11-30〉식은 구전과 광고에 의해서 새로이 제품에 대해 인지하게 되는 고객의 비율을 나타내고, 〈11-31〉식은 잠재고객으로 전환되는 고객에서 구매를 한 고객수를 제외한 비율을 나타내고, 〈11-32〉식은 구매를 한 고객의 비율을 나타낸다.

Dodson and Muller(1987)의 모형에서 $A(t)=0$이 되어 신제품의 존재를 인식한 모든 사람이 구매를 하게 되면 결국 〈11-31〉식은 Bass모형(1969)에서 $S(t)$가 되는데, 전체 잠재고객 $m(t)=U(t)+Y(t)$가 m이라면 Bass모형(1969)과 같아지게 되는 것이다. $A(t)=0$라면 〈11-30〉식은 아래와 같이 변형된다.

$$dU(t)/dt = -aU(t)Y(t) - bU(t) \qquad \cdots\cdots\cdots <11-34>$$

$U(t)+Y(t)=m$이 되므로 $U(t)=m-Y(t)$가 되어 〈11-34〉식은 다시 〈11-35〉식으로 변

형된다.

$$dY(t)/dt = a[m-Y(t)]Y(t) + b[m-Y(t)] \qquad \cdots\cdots\cdots \ <11-35>$$

식⟨11-35⟩을 전개하여 정리하면 곧 식⟨11-18⟩의 Bass모형이 되는 것이다.

$$dY(t)/dt = a' + b'Y(t) + c'[Y(t)]^2 \qquad \cdots\cdots\cdots \ <11-36>$$

이들은 자신들의 모형 하에서 최적 광고전략을 연구하지는 않았으며, 자료의 획득 가능성이 낮고 추정이 어렵다는 한계점이 있다. 즉, 자료에 있어서 $U(t)$와 $A(t)$는 얻을 수 없는 경우가 많다. 그러나 이 모형의 장점은 모형의 일반성에 있다고 하겠다.

Horsky and Simon(1983)은 광고를 하는 생산자가 신제품의 존재와 가치를 혁신자에 게 알리는 역할을 하고, 한편 이전의 구매자에 의한 정보전달, 즉 구전이 모방자들에게 영향을 준다고 하여 두 종류의 정보원천만을 가정하였다. 이에 따라 t기에 아직 아무런 구매가 이루어지지 않았다고 할 때 t기의 구매가 이루어질 조건확률 $P(t)$를 살펴보면 다음과 같다.

$$P(t) = a_0 + a_1 \, lnA(t) + bY(t) \qquad \cdots\cdots\cdots \ <11-37>$$

$A(t)$: t기의 생산자의 광고 지출비
$Y(t)$: t기 이전까지의 구매자수

계수 a_0는 광고와 구전이 아닌 다른 대체적 수단에 의해 혁신자에게 전달되는 정보 를 나타내는 것이며, a_1과 b는 각각 두 정보원천, 즉 광고와 구전의 효과를 나타내는 계 수이다.

따라서 Bass모형의 혁신계수를 광고의 함수로서 구성하여 Bass모형을 확장시킨 모 형이 Horsky and Simon(1983)의 모형이다.

$$S(t) = [m-Y(t)][a_0 + a_1 \, lnA(t) + bY(t)] \qquad \cdots\cdots\cdots \ <11-38>$$

모형을 보면 $m-Y(t)$는 t기까지의 비구매자수를 나타내고 있으며, 따라서 t기의 구 매는 위에서 말한 조건확률 $P(t)$와 비구매자수를 곱한 결과로서 나타난다.

위 모형은 일반적으로 받아들여지는 광고의 두 가지 속성을 포함하는데 지연효과 (lagged effect)와 수확체감(diminishing returns)을 말한다. 지연효과란 특정 기간의 광고의 증가는 그 기간의 구매자들에게 영향을 줄 뿐만 아니라 이 구매자들이 다음기에 정보전달자의 일부분이 된다는 것이며, 수확체감효과는 모형에 자연로그의 사용으로 광고의 효과가 시간이 지남에 따라서 감소한다는 것을 의미한다.

만약 $a_0 + a_1 \cdot lnA(t)$를 p라 한다면, 식〈11-38〉은 p를 광고와 관련짓지 않고 혁신성에 관련지어 모형을 구성한 Bass(1969)모형과 동일하게 되며, 또한 Dodson and Muller(1987)는 p를 광고와 다른 마케팅 활동의 결과라고 보지만 p를 일정한 상수로 가정하고 있다.

Stigler(1961)는 혁신계수를 광고의 함수로는 간주하지만 구전효과를 고려하지 않았다. 즉 식〈11-38〉에서 계수 b를 영(zero)이라고 하였으며, 반대로 정보는 구전에 의해 확산된다고 가정하지만, 구전의 내용이 광고에 의해 재기억된다면 개인이 정보를 전달할 수 있는 확률은 증가된다고 가정하는 연구도 있다. 즉 위 식과 관련해 보면, $p=0$이지만, 계수 b가 광고의 함수라는 것이다.

Horsky and Simon(1983)은 이 모형으로 최적 광고비 지출에 대해 적용하고 있는데, 이자율을 고려하지 않을 때 시간에 걸쳐 단순감소하고 있다는 것을 보여준다. 여기에서 이자율이 너무 높지 않다면 결과는 마찬가지이고, 이자율이 높다면 도입기에 있어서 광고는 증가할 수 있다.

(3) 가격과 광고를 통합시킨 모형

Kalish(1985)는 확산모형에 가격과 광고를 함께 고려한 모형을 제시하였는데 그는 수용과정에서 인지와 수용이라는 두 가지 단계가 있다고 하였다. 인지(awareness)는 제품의 속성에 대해 정보를 받는 단계로서 구전과 직접적인 광고에 의해서 유발되고, 그런 연후에 각 개인이 정보를 얻게 되고 제품에 관한 위험의 평가가 제품의 가격을 초과하게 되면 수용이 뒤따르게 된다고 하여 수용은 인지에 대하여 조건적이라고 하였다.

제품속성은 단순히 조사만 하면 파악할 수 있는 속성과 실제로 제품을 사용함으로써 파악할 수 있는 속성이 있는데, Kalish(1985)가 의미하는 인지는 조사속성에 대한 인지로써 이는 광고와 구전에 의해 발생하게 된다는 것이다. 경험에 의한 속성도 구전과 여론에 의해 정보가 확산되지만 이는 개인의 실제 사용경험에 의한 것이므로 개인의 제품에 대한 평가에 있어서 불확실성을 감소시키는 역할을 한다. Kalish(1985)는 불확실성으로 인해 제품에 대한 개인의 실제평가를 알 수는 없으나 제품의 구매자가 증가함에 따라 불확실성의 정도가 감소한다고 가정하고 있다.

고객은 소비재 시장에서 소득, 취향 등의 차이, 산업재 시장에서 신제품에 의한 비용절감의 차이 등으로 인해 신제품에 대해 다른 가치를 부여하게 되는데, 각 개인이 제품에 관해 모든 정보를 알고 있어서 불확실성이 없다고 가정하면, 자신이 부여한 가치보다 제품의 가격이 낮을 때만 제품을 구매하게 될 것이라고 하여 가격이 잠재고객을 결정짓는다고 하였다.

모형의 구조는 인지에 관한 정보가 전염병처럼 확산된다는 점과 실제 수용은 가격과 제품에 대한 개인의 평가에 의존한다는 점에서 Jeuland(1981)의 모형과 유사하다. 그리고 Kalish(1985)는 독점적 생산자에 최적가격 정책과 광고 정책에 대해서 분석을 하였는데 그 결과는 첫째, 최적 광고비 지출은 이자율이 0이라면 내구재나 재구매 제품 모두에 대해 단순감소하며, 또한 이자율이 너무 높지만 않다면 역시 마찬가지 결과가 나타난다. 둘째, 내구재에 대한 최적가격은 불확실성을 감소시키고 인지를 발생시키는 데 있어서 첫 수용자들의 효과가 크지 않다면, 시간에 걸쳐 단순감소한다. 마지막으로 재구매 제품의 경우, 비용이 일정하다면 최적가격은 시간에 걸쳐 일정 수준까지 단순증가한다.

2. 동태적인 확산모형

(1) 잠재고객의 변화모형

Mahajan and Peterson(1978)은 수용자의 잠재적 모집단의 크기가 일정하다는 가정을 완화하여 이 잠재적 모집단이 기업의 마케팅 노력과 인구의 증가, 경제적 여건 등 외생적 요소의 결과로 시간에 따라 변화한다고 주장했다.

$$S(t) = dY(t)/dt = [m(t) - Y(t)][\alpha + \beta Y(t)] \qquad \cdots\cdots \langle 11-39 \rangle$$

$m(t) = f[V(t)]$: 잠재고객

$V(t)$는 $m(t)$에 영향을 주는 모든 관련된 내생적, 외생적 변수의 조합

위의 모형을 보면 잠재고객이 $m(t)$로서 상수가 아님을 보여주고 있으며, $f[V(t)]$의 함수 형태는 상황에 따라 각각 다를 것이다. 만약 $m(t) = m$이라면 이는 결국 Bass모형과 같아지게 되는 것이다.

Mahajan and Peterson(1978)모형에 대한 주요 비판은 위의 식이 장기에 걸친 확산형태를 예측하기 위해 사용될 때는 잠재고객에 영향을 주는 주요변수의 추세를 예측하는 능력에 의존해야 하는데 관련 자료의 획득 가능성에 의해서 제약을 받게 된다는 것이다.

또, 시간에 따라 잠재적 모집단이 감소하는 경우를 설명하지 못하게 되는 단점도 있다.

(2) 잠재고객의 민감도 분석

Tigert and Farivar(1981)는 하이테크 제품에 관한 민감도 분석을 Bass모형을 기초로 하여 실시하였는데, 이 연구가 기존의 연구와 다른 점은 자료의 획득이 연도별 뿐만 아니라 월별로도 가능하였다는 것이다. 위 두 사람이 조사한 대상은 광학판독 시스템(optical scanning system)이며 자료는 이를 수용한 상점의 유형에 따라 월별로 보고되었으나 월별로 자료를 이용할 경우 계절성(seasonality)의 문제로 인해서 자료는 분기별로 분석되었다.

Bass(1959)는 자신의 모형에서 추정된 파라메타들은 예측에 사용되기 전에 사전검토를 거쳐야 한다고 경고했는데, 특히 잠재고객수인 m에 대해서 강조하였다. Heeler and Hustad(1980)는 m의 값을 직관적인 추정치로 제약을 줌으로써 예측의 질을 상당히 개선하였다.

Tigert and Farvar(1981)도 고객수를 임의적으로 직관적인 추정치로 제약을 주는데 원래의 Bass모형을 수정하고 미리 주어진 m의 어떠한 값에 대해서도 p와 q값을 직접 유도할 수 있는 방법을 사용하여 잠재고객에 대한 민감도 분석을 하였다.

$$S(t)=pm+(q-p)Y(t)-(q/m)[Y(t)]^2 \qquad \cdots\cdots\cdots <11\text{--}40>$$

원래의 Bass모형인 식⟨11-40⟩을 m으로 양변을 나누면,

$$S(T)/m=p+(q-p)Y(t)/m-q[Y(t)]^2/m^2 \qquad \cdots\cdots\cdots <11\text{--}41>$$

$S'(t)=S(T)/m$, $Y'(t)=Y(T)/m$으로 대체하면 모형은 다음과 같이 된다.

$$S'(T)=p+(q-p)Y'(T)-q[Y(t)]^2 \qquad \cdots\cdots\cdots <11\text{--}42>$$

식⟨11-42⟩의 계수 a, b, c는 곧 혁신계수와 모방계수를 직접 나타내고 있는데, 이를 자세히 보면 추정치 간에는 다음의 방정식을 만족해야 됨을 알 수 있다.

$$a+b+c=p+(q-p)+(-q)=0 \qquad \cdots\cdots\cdots <11\text{--}43>$$

그러므로 회귀분석을 할 때 제약조건식으로서 식⟨11-43⟩이 작용하게 되며, 위 식으로부터 주어진 m값에 대한 민감도 분석을 실시한다. 즉, Heeler and Hustad(1980)의

지적대로 m의 직관적인 추정이 가능해진다.

(3) 상호 관련이 있는 확산들의 통합

Bass의 기본모형은 한 혁신의 확산은 다른 혁신들에 대해 독립적이라고 가정하고 있다. 즉, 한 혁신의 채택이 또 다른 혁신의 채택을 보완, 대체, 감소, 증가시키지는 않는다는 것이다. 그러나 현실적으로는 신제품의 도입시 그 시장 안에는 이미 다른 제품들이 존재하므로 신제품은 다른 제품들로부터 긍정적이든 부정적이든 간에 영향을 받게 된다. 특히, 한 혁신의 확산이 다른 혁신의 확산을 전제로 하거나(예를 들면, 콤팩트디스크 하드웨어와 소프트웨어), 보완적 관계(세탁기와 건조기)일 때는 복수제품에 대한 확산을 동시에 고려할 필요가 있다. Peterson and Mahajan(1978), Bayus(1987) 등이 제안한 조건적 (contingent) 확산모형에 의하면, 종속적인 제품(콤팩트디스크 소프트웨어)의 확산은 주제품 (콤팩트디스크 하드웨어)의 확산을 전제조건으로 한다. 즉, 기본적인 Bass모형에서의 성장 잠재력을 나타내는 $(m-Y(t))$가 $(Y_1(t)-Y_2(t))$로 바뀌게 된다. 이때 $Y_1(t)$는 주제품(콤팩트디스크 하드웨어)의 누적 채택자 수이고, $Y_2(t)$는 종속적인 제품(콤팩트디스크 소프트웨어)의 누적 채택자 수이다.

또한 기본 모형은 혁신의 본질은 시간의 경과에도 불구하고 불변한다고 가정하고 있다. 하지만 첨단 기술 제품의 경우에는 연속적인 신제품(예, 반도체 칩)들을 출시함으로써 혁신을 확산시킨다. 그러한 연속적인 세대교체가 이루어지는 경우 후속세대는 이전세대보다 제품의 속성이 우월하다. 따라서 각 세대는 그 자체의 수요를 창출할 뿐만 아니라 선행세대의 확산을 잠식, 대체하게 된다.

Norton and Bass(1987)는 집적회로의 두 가지 기본적인 형태인 기억회로와 논리회로의 확산에 있어서 기술적 대체성을 고려하여 확산모형을 확장하였다. 그들은 τ_2가 차세대의 도입시간일 때, 각 세대의 구전효과와 연속적 세대 간의 대체효과를 다음과 같이 제시하였다.

1세대 제품의 t기에 있어서의 매출 :
$$S_1(t) = m_1 F_1(t) - m_1 F_1(t) F_2(t-\tau_2) \qquad \cdots\cdots\cdots \langle 11-44 \rangle$$
2세대 제품의 t기에 있어서의 매출 :
$$S_2(t) = m_2 F_2(t-\tau_2) + m_1 F_2(t) F_2(t-\tau_2) \qquad \cdots\cdots\cdots \langle 11-45 \rangle$$

여기서 $F_1(t)$와 $F_2(t)$는 각 세대의 채택자의 비율이며, 기본모형에 의해 주어지고,

$m_1F_1(t)F_2(t-\tau_2)$는 대체효과(잠식효과)를 나타낸다.

(4) 반복/대체구매를 반영하는 모형

확산모형의 목적은 주어진 잠재고객들 사이에 혁신이 어느 정도 확산되었는가를 나타내기 위한 것이다. 상당수의 신제품의 경우 채택자의 증가는 최초구매자뿐만 아니라 반복, 대체 구매자들이 포함되어 있다. 따라서 한 단위를 단 한 번만 채택한다는 가정을 완화한 모형들이 제시되었다. 이에 대한 대표적인 실증연구들은 Lilien, Rao, and Kalish(1981)의 연구, Mahajan, Wind, and Sharma(1983)의 연구, Olson and Chol(1985)의 연구, Kamakura and Balasubramanian(1987)의 연구 등이 있다.

3. 확산모형의 추가적인 활용

전통적으로 확산모형은 수요예측을 위해서 주로 활용되어 왔다. 즉, 확산모형은 시간의 경과에 따른 제품의 채택 정도와 피크시기 등에 관한 정보를 제공해준다. 하지만, 그 외에도 기술적(descriptive) 목적이나 규범적(normative) 목적으로도 활용될 수 있다. 즉, 확산모형은 확산 현상을 설명하기 위한 분석적인 틀을 제공해 주기 때문에 혁신의 확산 현상을 설명하고 확산과 관련된 가설을 검증하기 위한 기술적 목적으로 사용될 수 있다. 또, 확산모형은 신제품의 제품수명주기를 설명하기 위한 것이기 때문에 제품이 각 단계별로 어떠한 마케팅 전략과 함께 시장에 제시되어야만 하는가와 관련된 규범적 목적으로도 사용될 수 있다.

기술적인 활용으로는 지각된 제품의 속성이 확산 형태에 미치는 영향과 관련한 가설들을 검증하기 위한 Srivastava et al.(1985)의 연구, Rao and Yamada(1988)의 연구 등이 있으며, 국가 간이 혁신의 획신에 대한 가설을 검증하기 위한 Kobrin(1985)의 연구, Takada and Jain(1988)의 연구, Gatignon, Eliashberg, and Robertson(1989)의 연구 등이 있다. 또, Bass(1980), Olshavsky(1980), Modis and Debecker(1988) 등은 신제품의 동태적 제품수명주기와 관련된 가설들을 검증하기 위해 확산모형을 사용하였다.

규범적인 활용으로는 주로 최적 마케팅 전략의 결정을 위해 연구되었다. 비록 확산모형은 한 제품군의 성장을 나타내는 것에 주관심이 있지만, 한 제품군의 성장은 경쟁자들의 행동에 의해서 장기적으로 영향을 받는다. 비록 그 산업 내에 한 기업만이 존재하는 경우에도 그 기업은 수명주기의 동태성을 고려하여 이익을 최대화하기 위한 최적 마케팅 전략의 수립이 필요하다. 즉, 기업은 일정한 성장 패턴을 보이는 제품의 수명주기를 제약으로 하여 계획기간 동안에 할인된 이익을 최대화하기 위해 따라야 하는 관련 마케팅 믹스의 최적 전략을 찾아야만 하는 것이다. 따라서 다음과 같은 동적 최적화 문제의 해를 찾게 되는 것이다.

$$Max\ \pi: \text{계획기간 동안의 할인된 총이익}$$
$$s.\ t. \text{주어진 제품수명주기의 성장 패턴} \qquad \cdots\cdots\cdots <11-46>$$

이러한 최적화 과정을 통해 마케팅 믹스의 조합을 결정하는 과정은 제품의 성장 패턴을 어떻게 구체화하느냐에 따라 다소 상이한 결론들을 보이기도 한다. 최적 가격전략과 관련된 연구들을 예로 들면, 가격이 확산율에 승수적 효과를 준다고 가정하여 도입기에서 피크까지는 가격을 증가시키고 피크 이후에는 가격을 낮추는 전략을 제시한 Dolan and Jeuland(1981, 1982), Robinson and Lakhani(1975) 등의 연구가 있으며, 가격이 잠재시장의 크기에 영향을 미친다고 가정하여 가격을 시간의 진행에 따라 감소시키는 전략을 제시한 Kalish(1983)의 연구가 있다.

사례: 자라와 넷플릭스의 공통점… 알고리즘 활용 '業의 한계' 극복 ─

패션회사인 자라와 동영상 스트리밍업체 넷플릭스의 공통점은 알고리즘이 성공의 밑바닥에 있다는 것이다. 알고리즘은 데이터에 기반해 기업의 반복되는 문제를 풀기 위한 자동화된 프로세스 또는 프로그램이라고 정의할 수 있다. 구글의 성공에는 클릭 수가 많은 페이지를 보여주는 페이지 랭크 알고리즘이, 우버의 기하급수적 성장의 배경에는 운전자와 승객의 매치 알고리즘이 있다.

패스트 패션기업 자라도 알고리즘을 통해 패션산업의 본질적 한계를 극복했다. 패션 속성상 팔리지 않는 제품의 가격은 급격하게 떨어진다. 그래서 재고는 "근으로 판다"는 말이 있을 정도로 정가 판매율과 재고율은 패션산업의 핵심 경쟁력이다. 패스트 패션이라는 말처럼 자라는 패션을 예측하지 않고 패션에 대응하는 쪽으로 방향을 잡고 알고리즘에 따라 생산량의 80%를 대응해서 만들고 있다. 옷에 부착된 전자태그(RFID) 칩을 통해 실시간으로 판매량을 확인하고, 재고 데이터에 기반해 매장별로 어떤 상품을 얼마나 공급해야 하는지를 수학적 알고리즘으로 결정하고 있다. 과학적인 수요 예측과 재고 관리를 통해 자라의 재고율은 15% 수준(H&M은 45%)으로 업계 평균보다 훨씬 낮아졌다. 반면 신제품 실패율은 1% 미만으로 알려져 있다. 경쟁사 실패율이 17~20%라는 점을 감안하면 놀라운 수치가 아닐 수 없다.

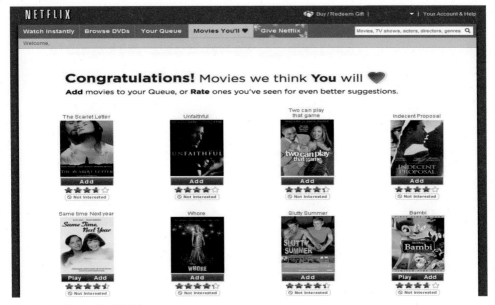

넷플릭스의 추천 시스템 시네매치

　넷플릭스도 마찬가지다. 넷플릭스에는 80% 이상의 소비자가 만족하는 시네매치라는 알고리즘이 있다. 알고리즘은 사람 간의 관계에 기반한 협업적 필터링과 콘텐츠를 분해한 내용 기반 필터링 위에서 영화를 추천한다. 넷플릭스 이용자 세 명 중 두 명이 시네매치 알고리즘이 추천한 영화를 볼 정도로 영향력은 막강하다. 넷플릭스 사업의 단계마다 알고리즘은 위력을 발휘했다. 넷플릭스는 온라인으로 영화 DVD를 주문해서 우편 서비스로 받아보고 다시 우편 서비스로 반납하는 방식으로 사업을 시작했다. 이때 소비자가 찾는 동영상은 최신작이나 인기작 등으로 한정되기 때문이다. 매번 엄청난 신작을 구입해야 하고 또 시간이 지나 관심에서 멀어지면 창고에서 재고로 쌓이는 악순환이 계속됐다. 넷플릭스는 신작 중심의 소비를 다양화하고 창고에서 잠자고 있는 좋은 영화를 순환시키기 위해 2000년부터 시네매치 알고리즘을 시작했고, 20% 정도의 소비자가 추천에 의해 잠자고 있던 오래된 영화를 보기 시작했다.

　이것은 당시 시장의 강자인 블록버스터와의 싸움에서 엄청난 무기가 됐고, 2007년 넷플릭스가 운영 방식을 비디오 스트리밍으로 진화시켰을 때도 큰 힘을 발휘했다. 8만 개의 콘텐츠를 가진 선발 업체 아마존에 대해 3만 5,000개의 콘텐츠만을 갖고도 알고리즘을 통해 넷플릭스는 아마존을 압도할 수 있었다.

　기하급수 기업의 일하는 방법은 다르다. 많은 기업이 데이터를 참조하고 있지만 결과적으로 매몰비용 편향, 확증 편향 등으로 자기 기만에 빠져 있다. 참조가 아니라 알고리즘 기반의 활용으로 나아가야 한다. 앞으로 2020년이 되면 1조 개 이상의 센서가 연결될 것이고 데이터는 폭발적으로 증가할 것이다. 지금 한국 기업도 일하는 방법을 고민해야 한다.

자료원: 한경닷컴, 2018. 03. 08. 사진출처: Google 이미지 자료.

SECTION 04   Bass 모형에 의한 사례연구

앞서 기술한 Bass모형(1969)의 가정을 토대로 실제 적용하게 될 모형은 식⟨11-47⟩과 같다.

$$S(T) = a + bY(T) + cY(T)^2 \qquad \cdots\cdots\cdots \langle 11{-}47 \rangle$$

위 식의 계수인 a, b, c를 추정하는 것이며 이 추정치를 통해 p, q, m을 추정하게 되는데 아래의 세 방정식에 의해 구한다.

$$a = pm \qquad \cdots\cdots\cdots \langle 11{-}48 \rangle$$
$$b = q - p \qquad \cdots\cdots\cdots \langle 11{-}49 \rangle$$
$$c = -(q/m) \qquad \cdots\cdots\cdots \langle 11{-}50 \rangle$$

위의 세 방정식을 정리하면 다음의 방정식을 얻게 된다.

$$cm^2 + bm + a = 0 \qquad \cdots\cdots\cdots \langle 11{-}51 \rangle$$

식⟨11-51⟩에서 m을 구할 수 있으며, 이때 m은 두 개의 근을 가지게 되지만 잠재고객수가 음의 부호를 가질 수는 없으므로 m이 음수값일 때는 분석에서 제외한다. m이 구해지면 식⟨11-48⟩과 ⟨11-49⟩에 대입하여 p와 q를 구하고 식⟨11-23⟩과 ⟨11-24⟩에 의해서 피크시기 T^*와 그때의 판매량 $S(T^*)$를 구하게 된다.

1. 자   료

신제품 확산에 대한 연구에 있어서는 제품집합수준, 대상시장, 측정단위 및 시간단위 등에 관한 명확한 개념정의가 요구된다. 우리나라 가전제품의 경우에는 제품명에 대한 종합적인 자료를 수집하는 것이 불가능하기 때문에, 제품명은 물론 제품형에 대한 분석에도 난점이 있다. 따라서 해당산업 전체를 대상으로 산업차원에서 이루어지며, 또한 잠재고객이 동질적이라는 가정에 따라 우리나라에서 생산되고 있는 가전제품에 대한 국내시장 전체를 확산의 대상으로 한다.

확산은 재구매를 포함하는 경우와 최초구매만을 고려하는 두 가지 경우를 생각할 수 있는데, 여기서는 내구재의 최초구매만을 실증분석하려고 하므로 측정단위는 한번 구입 시에 한 개의 제품만을 구매한다는 모형의 가정에 따라 총 판매량이 곧 확산의 정도를 나타내는 측정단위로 하고자 한다.

제품형의 수명주기는 비교적 장기이기 때문에 연간 단위에 의거한 분석이 일반적이다. 확산양상을 분석함에 있어서, 월별 혹은 분기나 반기의 많은 자료를 이용하는 것이 확산양상의 조기예측을 위해 바람직하나 우리나라의 경우에는 이러한 집계가 극소수의 제품에 한정되어 있는 실정이어서 대상제품 간의 비교분석을 위하여 연도(year)를 단위로 한다.

우리나라에는 종합적인 자료가 없어서, 우리나라에서 생산, 판매된 가전제품으로서 한국전자공업진흥회의 자료를 기준으로 매출자료가 주요 제품형별로 수집 혹은 추정가능한 7개의 제품군을 대상으로 하였다. 수집된 자료는 판매되기 시작한 연도부터 1985년 까지 관련협회 및 기업에서 정기, 비정기적으로 집계한 통계들을 정리하였다(자료는 부록 참조 바람).

2. 자료의 분산

연구대상의 실제 확산형태가 어떠한지를 보기 위해 우선 실제의 판매자료를 분석하였다. 선발제품형과 후발제품형, 그리고 이들의 합으로서 나타나는 제품군의 연도별 실제 판매량 자료를 분석한 결과 제품의 판매피크는 지나간 것으로 나타나고 있다. 그 중 녹음기와 전자식 세탁기는 판매가 계속 증가되고 있는 형태인데, 이들 제품에 대한 특징은 내구성 소비재이기 때문에 잠재고객수가 다시 보충되는 제품이라고 할 수 있다. 그리고 1980년 국내의 정치상황의 불안은 곧바로 전반적인 경제여건의 악화로 이어져 판매가 급격히 하락하는 양상을 초래하였다. 즉, 확산에 있어 외생적 변수의 영향을 크게 받은 것이다. 따라서 이 변동은 연구의 결과에 영향을 미칠 것이라는 것을 암시하고 있다.

실제자료에서 피크가 도래한 제품의 그 기간까지의 누적 판매량 Y(peak)와, 분석대상의 전체기간까지의 누적수용량 Y(total)와의 비율을 제품군에 대해서만 살펴보면 〈표 11−1〉과 같다.

표 11-1	누적수용량의 비율

제품군	Y(peak)/Y(total)
라디오	0.62
선풍기	0.47
냉장고	0.25
밥 솥	0.82
T V	0.88
녹음기	*
세탁기	*

*표시는 아직 피크가 도래하지 않은 것을 나타냄. 즉, 판매가 계속 증가

〈표 11-1〉에서 선풍기와 냉장고의 경우는 상대적으로 다른 제품군에 비해서 피크 시기가 빨리 도래된 것을 알 수 있다. 녹음기와 세탁기의 경우는 피크 시기가 아직 도래 하지 않았기 때문에 이들 제품군에 대한 확산양상의 파악은 더 큰 의미를 가진다고 하 겠다.

3. 모형의 적용

우선 회귀분석의 결과를 살펴보면, 추정된 파라메타의 부호가 논리적으로 모형에 적합한 결과를 보인다. 전자식 세탁기를 제외하고는 파라메타 c들이 모두 음수를 나타내 고 있고, 혁신계수와 모방계수의 비율, q/p는 전기식 선풍기와 흑백TV를 제외하고는 모 두 모방계수가 큰 것으로 나타났다. 따라서 본 연구의 대상제품들은 확산양상에 있어서 일단 S자 형태를 따르고 있다고 할 수 있다. 즉 확산의 어느 시점에서인가는 판매의 피크 를 가진다고 할 수 있는 것이다.

모형의 계수에 대한 통계적 유의성을 검토해 보면, 계수 b인 경우 진공관 라디오, 컬러 TV, 라디오 카세트, 전자식 세탁기를 제외하고는 유의수준 5%에서 유의적인 것으 로 나타났다. 그러나 계수 a의 경우는 통계적 유의성이 없는 경우가 대부분이었고, 계수 c의 경우 16개의 제품형과 8개의 제품군에서 절반인 12개의 경우가 유의적인 것으로 나 타났다.

이를 해석해 보면 잠재고객 m이 계수에 포함되는 경우가 통계적인 유의성이 낮은 것으로 나타났고, m이 포함되지 않은 b, 즉 혁신계수와 모방계수만의 추정치는 통계적

으로 유의성이 높다는 것이다. 이는 모형이 잠재고객을 정확히 추정하지 못하고 있다는 것을 암시하고 있다. 각 제품군과 제품형의 분석기간까지의 누적수용자와 추정치 m과의 비율을 살펴보면 〈표 11-2〉와 같다.

〈표 11-2〉에서 보듯이 판매가 종료된 제품의 경우는 궁극적 잠재고객수를 거의 정확하게 예측하고 있다. $m/Y(t)$가 1에 가깝다는 것은 수용이 거의 끝나간다는 것을 의미하는데, 실제 자료에서 알 수 있듯이 수용이 끝나가는 상태가 아니어서 대부분의 경우 잠재고객의 추정치가 과소평가되고 있다는 것을 알 수 있다. 더구나 전자손목시계, 녹음기, 냉장고는 아직 피크시기도 도래하지 않은 점을 볼 때 m의 추정치는 과소평가되고 있음을 확인할 수 있다.

결정계수 R^2는 대체로 높은 값을 유지하고 있는데, 제품의 판매가 종료되었거나 기

표 11-2   수용자수와 추정치 m의 비교

제 품	$Y(t)$	m	$m/Y(t)$
진공관 라디오*	192	191.6	1.00
트랜지스터 라디오	5,120	5,565.7	1.08
라디오 합 계	5,321	5,858.4	1.10
전기식 선풍기*	921	931.1	1.01
전자식 선풍기	14,657	18,688.0	1.27
선풍기 합 계	15,578	18,941.3	1.21
전기식 냉장고*	62	62.5	1.01
전자식 냉장고	8,464	16,625.0	1.96
냉장고 합 계	8,526	15,035.8	1.76
전기식 밥솥*	51	49.4	0.97
전자식 밥솥	14,433	21,037.6	1.46
밥솥 합 계	14,484	18,679.3	1.29
흑백 TV	8,639	8,610.5	0.99
칼라 TV	7,128	7,922.4	1.11
TV 합 계	15,768	18,246.6	1.16
카세트 녹음기	1,861	2,865.4	1.53
라디오 카세트	6,962	56,558.9	8.12
녹음기 합 계	8,823	19,258.0	2.18
전기식 세탁기*	15	14.6	0.97
전자식 세탁기	2,983	5,588.6	1.87
세탁기 합 계	2,998	54,267.8	18.10

*표시는 판매가 종료된 제품을 나타냄.

술혁신의 정도가 높고 시기적으로 나중에 시장에 출하된 제품형의 경우가 보다 더 높게 나타나고 있다.

　이제 모형을 통해 추정한 모수를 기초로 하여 표본제품들의 예측치와 실제 값을 비교하고자 한다. 피크시기의 예측치를 t^*로, 피크시기의 예측판매량을 $S(t^*)$로 나타내기로 한다.

　〈표 11-3〉에서 본 바와 같이 Bass모형 적용의 결과 표본제품들의 확산양상을 잘 추정하고 있는데, 전자식 냉장고를 제외하고는 판매의 피크시기는 실제와 거의 유사한 연도로 추정되고 있다. 그리고 피크시기의 판매량의 경우 실제보다는 과소평가되고 있다. 피크시기의 예측치는 잠재고객 m이 포함되지 않은 것으로 볼 때 배스모형의 한국시장 적용의 문제점은 결국 m의 추정에 있다고 하겠다. 냉장고의 경우 피크시기의 추정이 다른 제품군에 비해 현저한 차이가 나는데 이는 1980년대의 판매가 급격히 하락하여 분석기간까지의 실제 피크시기가 1979년으로 너무 빨리 도래한 것으로 되어 있기 때문이다.

표 11-3	피크시기와 판매량의 예측치				
	q/p	t^*	$s(t^*)$	실제피크	실제판매량
1. 라디오 1	1.41	0.62	45.51	1	69
2	84.66	17.9	348.85	18	718
3	45.62	17.24	331.58	18	718
2. 선풍기 1	-894.42	ERR	98.97	8	173
2	17.18	9.59	1466.6	7	2,295
3	98.97	15.01	1,464.25	14	2,295
3. 냉장고 1	10.44	4.40	9.12	4	10
2	37.00	12.44	1,239.13	4	1,317
3	84.18	13.87	1,215.26	7	1,317
4. 밥솥 1	101.79	2.22	25.95	4	27
2	22.87	8.38	2,049.06	9	2,248
3	118.54	11.02	2,040.27	11	2,248
5. TV 1	-192.54	ERR	1,595.84	10	1,714
2	8.38	2.82	1,671.26	4	1,715
3	73.99	12.25	1624.5	14	1,743
6. 녹음기 1	34.13	10.91	237.72	7	302
2	69.22	18.51	3,291.06	9	1,374
3	96.69	13.82	1,608.97	11	1,653
7. 세탁기 1	18.35	2.10	5.31	2	6
2	12.06	12.85	2,903.02	12	622
3	800.27	24.61	3,690.45	14	622

주) 1. 분석 대상기간의 첫기는 판매가 pm과 같거나 이보다 커지는 기간으로 한다.
　 2. ERR은 파라메타가 음수여서 해를 구할 수 없는 경우이다.
　 3. 선발제품형은 1, 후발제품형은 2, 제품군은 3으로 나타낸다.

4. 결과의 전략적 분석

전술한 바와 같이 궁극적인 목적은 우리나라 가전제품의 확산양상을 파악하고 이를 추정 혹은 예측함으로써 신제품 확산과 관련된 기업의 장단기전략에 확산모형을 이용하고자 함이다. 모형에서 추정된 계수를 살펴보면 대개의 제품이 혁신계수보다 모방계수가 훨씬 큼을 보이고 있다. 혁신계수 p와 모방계수 q는 각 제품에 따라 혁신자들의 영향과 이전기구에 있어서 상대적인 비율이 다를 것이기 때문에 정도의 차이는 있겠으나, 성공적인 제품의 경우라면, 보통 모방계수가 혁신계수보다 클 것이다. 즉 수용자수가 늘어나면서 신제품의 수용에 대한 압력이 보다 더 커질 것이다. 따라서 경영전략적 입장에서는 혁신계수보다는 모방계수를 크게 하는 전략이 필요하다고 하겠으며, 이를 위해서 긍정적인 구전효과를 유도할 수 있는 이전기구의 설립이 요구된다.

추정된 잠재고객 m의 값이 실제보다 과소추정된다는 것은 장단기전략의 수립에 큰 변화를 가져오게 되며, 이는 결국 기업입장에서 볼 때 기존 제품수확(harvesting)과 폐기시점의 결정, 신제품의 개발과 도입시점의 결정에 큰 오류를 범하게 되므로, 잠재고객 m의 추정이야말로 모형의 장기 예측력의 기준이 될 뿐만 아니라 기업의 성패에도 직결되는 것이라 하겠다. 따라서 확산모형의 적용을 통한 추정과 경영자의 직관적 판단에 의한 추정을 공히 이용하여 전략을 수립해야 할 것이다.

전부 7개인 표본제품은 1987년 말 현재 생산, 판매되고 있는데 그중에서 확산의 피크가 도래하지 않은 제품군은 녹음기, 세탁기이며 이들 제품군에 대한 확산양상의 파악은 앞으로 마케팅 믹스, 생산계획 등의 전략에 직접적으로 사용될 수 있으므로 더욱 중요한 의미를 가진다고 하겠다.

모형적용의 결과 판매가 종료된 진공라디오, 전기식선풍기, 전기식냉장고, 전기밥솥의 경우는 다른 제품에 비해 피크시기를 훌륭하게 예측하고 있었는데, 이들 제품들은 더 이상 잠재고객이 증가하지 않아서 확산이 거의 종결되는 제품들이라 하겠다. 기술혁신, 소비자 욕구의 다양화 등으로 기존의 제품보다 훨씬 개선된 제품의 출현으로 잠재고객이 증가되지 않거나 감소하는 경우라 하겠다. 따라서 잠재고객의 변동이 크게 없을 것으로 예상되는 제품의 경우라면 Bass모형에 의한 확산양상의 파악은 어느 정도 가능하리라는 것을 암시하고 있다.

확산과정에 있어서 외적 환경의 변화에 크게 영향을 받았는데, 즉 1980년에 한국에서의 정치적 불안이 경제적 여건의 악화로 나타나 1980년 초반에 판매량이 급격히 감소하였다. 따라서 이때의 판매감소가 없었더라면 Bass모형으로 한국에서의 신제품 확산과정을 좀 더 잘 설명할 수 있었다고 생각된다. 흑백 TV의 경우 80년대의 경기불황에도 불구하고 결정계수가 96.4%인데 이는 1980년부터 컬러 TV가 등장하면서 자연스러운 대체가 일어났기 때문이라고 생각된다. 따라서 신제품의 확산을 고려할 때 제품군 사이의 관계를 살펴보아야 하는데, 제품군의 관계란 독립적, 보완적, 대체적, 상황적(contingent) 관계를 말한다. 예를 들면, 컴퓨터의 경우 하드웨어와 소프트웨어는 제품군에 있어서 상황적 관계를 가지는데, 관련되어 있는 제품의 확산 정도를 고려해야 판매예측을 제대로 추정할 수 있을 것이다.

본 사례연구에서는 재구매를 전혀 다루지 않았는데 재구매의 정도, 즉 횟수는 차치하더라도, 제품별 재구매가 일어나는 제품에 대해서는 이를 고려해야 함은 물론이다. 또한 잠재고객은 시간의 변화에 따른 외생적 변수, 예를 들면, 목표시장의 인구의 증가 등에 의해 다시 보충되고 있어서 잠재고객의 변화를 분명히 모형에 포함시켜야 할 것이다.

본 사례의 결과와 해석을 우리나라 가전제품 전체와 다른 산업에 확대 적용하는 데에는 표본숫자상 무리가 있으나, 일단 신제품 확산에 관한 하나의 비교기준을 제시하고 있으므로, 이를 다른 접근방법과 병행하여 경영전략의 수립에 이용할 수 있으리라 판단된다.

SECTION 05 맺음말

본 장에서는 제품의 수명주기 혹은 확산과정에 대한 Bass의 기본적 확산모형과 확장 모형들, 즉 판매량과 가격, 광고 및 구전효과(word-of-mouth), 혁신자들의 수용확률 등의 관계에 대한 이론적 모형을 소개하고, 한국 시장에서 가전제품을 대상으로 이 모형을 적용하여 실제 확산과정을 살펴보았다. 신제품의 제품 수명주기를 설명하는 확산모형을 이용한 수요예측은 신제품의 확산양상을 파악함으로써 시장 출하와 관련된 위협을 감소시키며, 기존 제품의 수확(harvesting)과 폐기시점의 결정, 신제품의 개발과 도입시점의 결정, 생산계획, 자금계획, 마케팅 믹스의 결정과 관련한 의사결정에 도움을 준다.

앞으로 확산 수요 예측을 위해 확산모형을 보다 더 유용하게 활용하기 위해서는 이론적인 측면에서는 소비자의 기대를 반영하는 모형, 다양한 제품들 간의 관계를 고려한 모형, 정교화된 재구매모형, 개인 차원의 확산과정에 대한 모형, 좀 더 다양한 마케팅 믹스 조합의 영향(예, 유통 등)을 반영한 모형, 경쟁관계를 명시적으로 반영한 모형 등에 대한 추가적인 연구가 필요하다. 실증적인 측면에서는 기본모형뿐만 아니라 다양한 형태의 확장모형들을 국내 여러 산업 상황에서 실증적으로 분석하여 국가간, 산업간 비교 자료를 확보하는 것 역시 요구되고 있다.

토론 문제

다음과 같은 전자식 세탁기 자료를 생각해 보라.

연 도	s(t)	Y(t)
t	14	0
t+1	43	14
t+2	65	57
t+3	115	122
t+4	268	237
t+5	320	505
t+6	112	825
t+7	225	937
t+8	230	1,162
t+9	402	1,392
t+10	567	1,794
t+11	622	2,361

위의 자료는 t시점부터 t+11까지의 전자식 세탁기의 판매량 $S(t)$와 그의 누적 판매량 $Y(t)$를 나타낸 것이다.

01. $S(t)$와 $Y(t)$의 그래프를 그린 후 향후 예상판매량을 눈대중을 통하여 예측하여 보라.

02. Bass모형을 이용하여 t+12년 이후 판매량을 예측하여 보라.

03. 시장조사를 통하여 t+11년 이후 실제 판매량의 자료를 획득하여 앞에서 구한 예측치와 실제치를 비교하여 보라. 그리고 귀하의 견해를 피력하라.

04. t+11년 이후 자료가 확보되었다면 추가적으로 확보된 자료를 이용하여 Bass모형을 활용하여 예측치와 실제치를 비교하여 보라. 그리고 견해를 피력하라.

05. 앞의 자료에서 연도별 가격과 광고비를 조사하여 자료를 보완하라.

06. 광고비와 가격의 자료가 확보되었다면 Robinson and Lakhani(1975)의 모형, Horsky and Simon(1983)의 모형, Kalish(1985)의 모형 등을 활용하여 앞의 과정을 되풀이 하여 보라. 그리고 귀하의 견해를 피력하고 향후 확산모형의 발전 방향을 연구해보라.

07 Mahajan, Muller, and Bass(1990)의 논문을 읽고 확산모형의 연구발전에 관하여 토론하라.

08. 부록 2의 자료를 이용하여 최종시점 이후의 판매량을 예측해 보라. 그리고 이후의 자료를 수집하여 비교해 보자.

참고 문헌

박홍수, 강우성 (1997), "유선방송 산업의 성장예측과 향후 전망에 관한 연구", *한국 방송학보*, 봄호 제 8 호, pp. 89-118.

서재범 (1989), 신제품의 최초 구매 확산에 관한 실증적 연구, 연세대학교 대학원.

하영원, 김진교 (1994), "시장영역의 변화에 따른 상대적 지각 변화에 근거한 다속성 확산 모형에 관한 연구," *마케팅연구*, 제 9 권 제 1 호, pp. 93-119.

Bass, F. M. (1969), "A New Product Growth Model for Consumer Durables," *Management Science*, 15(1), pp. 215-227.

Bass, F. M. (1980), "The Relationship Between Diffusion Rates, Experience Curve, Demand Elasticities for Consumer Durable Technological Innovations," *Journal of Business*, 53(3), pp. 51-67.

Bass, F. M. and Bultez, V. (1982), "A Note on Optimal Strategic Pricing of Technological Innovations," *Marketing Science*, 1(4), pp. 371-378.

Bayus, B. L. (1987), "Forecasting Sales of New Contingent Products, An Application to the Compact Disc Market," *Journal of Product Innovation Management*, 4(4), pp. 243-55.

Bewley, R. and Fiebig, D. G. (1988), "A Flexible Logistic Growth Model With Application in Telecommunications," *International Journal of Forecasting*, 4(2), pp. 177-192.

Shih, C. F. and Venkatesh, A. (2004), "Beyond Adoption: Development and Application of a Use-Diffusion Model, *Journal of Marketing*, 68(1), pp. 59-72.

Danaher, P. J., Hardie, B. G. S., and Putsis Jr. W. P. (2001), "Marketing-Mix Variables and the Diffusion of Successive Generations of a Technological Innovation," *Journal of Marketing Research*, 38(4), pp. 501- 514.

Dodson, J. A. and Muller, E. (1978), "Models of New Product Diffusion Through Advertising and Word-of-Mouth," *Management Science*, 24(15), pp. 1568-1578.

Dolan, R. J. and Jeuland, A. P. (1981), "Experience Curves and Dynamic Demand Model: Implications for Optimal Pricing Strategies," *Journal of Marketing*, 45(4), pp. 52-62.

Easingwood, C. J., Mahajan, V., and Muller, E. (1981), "A Nonuniform Influence Innovation Diffusion Model of New Product Acceptance," *Marketing Science*, 2(3), pp. 273-296.

Easingwood, C. J. and Jeuland, A. P. (1986), "The Impact of Competitive Entry in a Developing Market Upon Dynamic Pricing Strategies," *Marketing Science*, 5(1), pp. 20-36.

Fourt, L. A. and Woodlock, J. W. (1960), "Early Prediction of Market Success for Grocery Products," *Journal of Marketing*, 25(2), pp. 31-38.

Gatignon, H. and Robertson, T. S (1985), "A Propositional Inventory for New Diffusion Research," *Journal of Consumer Research*, 11(4), pp. 849-867.

Harrell, S. G. and Taylor, E. D. (1981), "Modeling the Product Life Cycle for Consumer Durables," *Journal of Marketing*, 45(4), pp. 68-75.

Heeler, R. M. and Hustad, T. P. (1980), "Problems in Predicting New Product Growth for Consumer Durables," *Management Science*, 26 (10), pp. 1007-1020.

Horsky, D. and Simon, L. S. (1983), "Advertising and the Diffusion of New Products," *Marketing Science*, 2(1), pp. 1-17.

Kalish, S. (1985), "A New Product Adoption Model with Price, Advertising, Uncertainty," *Management Science*, 31(12), pp. 1569-1585.

Kalish, S. and Lilien, G. L. (1986), "A Market Entry Timing Model for New Technologies," *Management Science*, 32(2), pp. 194-205.

Kamakura, W. A. and Balasubramanian, S. K. (1987), "Long-Term Forecasting With Innovation Diffusion Models: The Impact of Replacement Purchase," *Journal of Forecasting*, 6(1), pp. 1-19.

Kobrin, S. J. (1985), "Diffusion as an Explanation of Oil Nationalization or the Domino Effect Rides Again," *Journal of Conflict Resolution*, 29(1), pp. 3-32.

Krishnan, T. V., Bass, F. M., and Kumar, V. (2000), "Impact of a Late Entrant on the Diffusion of a New Product/Service," *Journal of Marketing Research*, 37(2), pp. 269-278.

Lawrence, K. D. and Courts, M. (1984), "Converging Conflicting Forecasting Parameters in Forecasting Durables New Product Sales," *European Journal of Operational Research*, 16(1), pp. 42-47.

Lilien, G. L., Rao, A. G., and Kalish, S. (1981), "Bayesian Estimation and Control of Detarling Effort in a Repeat Purchase Diffusion Environment," *Management Science*, 27(5), pp. 493-506.

Lilien, G., Kotler, P., and Moorthy, K. (1992), *Marketing Models*: Prentice-Hall.

Mahajan, V. and Muller, E. (1979), "Innovation Diffusion and New Product Growth Model in Marketing," *Journal of Marketing*, 43(4), pp. 55-68.

Mahajan, V. and Peterson, R. A. (1978), "Innovation Diffusion in a Dynamic Potential Adopter Population," *Management Science*, 24(15), pp. 1589-1597.

Mahajan, V. and Wind, Y. (1986), *Innovation Diffusion Models of New Product Acceptance*: Ballinger Publishing Co.

Mahajan, V., Muller E., and Bass, F. M. (1990), "New Product Diffusion Models in Marketing: A Review and Directions for Research," *Journal of Marketing*, 54(1), pp. 1-26.

Marinova, D. (2004), "Actualizing Innovation Effort: The Impact of Market Knowledge Diffusion in a Dynamic System of Competition, *Journal of Marketing*, 68(3), pp. 1-20.

Meade, N. (1984), "The Use of Growth Curves in Forecasting Market Development: A Review and Appraisal," *Journal of Forecasting*, 3(4), pp. 429-501.

Neale, L., Murphy, J. and Scharl, A. (2006), "Comparing the Diffusion of Online Service Recovery in Small and Large Organizations," *Journal of Marketing Communications*, 12(3), pp.165-181.

Novers, J. V. (1972), "Extensions of a New Product Growth Model," *Sloan Management Review*, 13(2), pp. 78-89.

Norton, J. A. and Bass, F. M. (1987), "A Diffusion Theory Model of Adoption and Substitution for Successive Generations of High Technology Products," *Management Science*, 33(9), pp. 1069-86.

Olshavsky, R. W. (1980), "Time and the Rate of Adoption of Innovations," *Journal of Consumer Research*, 6(4), pp. 425-428.

Olson, J. and Choi, S. (1985), "A Product Diffusion Model Incorporating Repeat Purchase," *Technological Forecasting and Social Change*, 27(4), pp. 385-397.

Peterson, R. A. and Mahajan, V. (1978),"Multi-Product Growth Models,"in *Research in Marketing*, J. Sheth, ed. Greenwich, CT: JAI Press, Inc., pp. 201-31.

Quails, W., Olshavsky, R. W., and Michaels, R. E. (1981), "Shortening of the PLC-An Empirical Test," *Journal of Marketing*, 45(4), pp. 76-80.

Rao, A. G. and Yamada, M. (1988), "Forecasting With a Repeat Purchase Diffusion Model," *Management Science*, 34(6), pp. 734-752.

Rao, R. C. and Bass, F. M. (1985), "Competition, Strategy, and Price Dynamics: 4.0 Theoretical and Empirical Investigation," *Journal of Marketing Research*, 22(3), pp. 283-296.

Rogers, E. M. (2010), *Diffusion of Innovation*, 4th ed., New York: The Free Press.

Robinson, B. and Lakhani, C. (1975),"Dynamic Price Models for New Product Planning," *Management Science*, 21(10), pp. 1113-1122.

Schmittlein, D. C. and Mahajan, V. (1982), "Maximum Likelihood Estimation for an Innovation Diffusion Model of New Product Acceptance," *Marketing Science*, 1(1), pp. 57-78.

Shinivasan, V. and Mason, C. H. (1986),"Nonlinear Least Squares Estimation of New Product Diffusion Models," *Marketing Science*, 5(2), pp. 169-78.

Simon, H. and Sebastian, K. H. (1987), "Diffusion and Advertising: The German Telephone Company," *Marketing Science*, 33(4), pp. 451-466.

Srivastava, R. K., Mahajan, V., Ramaswami, S. N., and Cherian, J. (1985), "A Multi-Attribute Diffusion Models for Forecasting the Adoption of Investment Alternatives for Consumers," *Technological Forecasting and Social Change*, 28(4), pp. 325-333.

Stigler, G. J. (1961), "The Economics of Information," *Journal of Political Economy*, 69(3), pp. 213-225.

Sultan, F., Farley, J., and Lehmann, D. R. (1990), "A Meta-Analysis of Applications of Diffusion Models" *Journal of Marketing Research*, 27(1), pp. 70- 77.

Takada, H. and Jain, D. (1991), "Cross-National Analysis of Diffusion of Consumer Durable Goods in Pacific Rim Countries," *Journal of Marketing*, 55(2), 48-54.

Tanny, S. M. and Derzko, N. A. (1988), "Innovations and Imitators in Innovation Diffusion Modeling," *Journal of Forecasting*, 7(4), pp. 225-234.

Thomas, R. J. (1985), "Estimating Market Growth for New Products: An Analogical Diffusion Model Approach," *Journal of Product Innovation Management*, 2(1), pp. 45-55.

Tigert, D. and Farivar, B. (1981), "The Bass New Product Growth Model: A Sensitivity Analysis for a High Technology Product," *Journal of Marketing*, 45(4), pp. 81-90.

Van Everdingen, Y. M., Aghina, W. B., and Fok, D. (2005), "Forecasting Cross-Population Innovation Diffusion: A Bayesian Approach," *International Journal of Research in Marketing*, 22(3), pp. 293-308.

Wind, Y. (1981), *Product Policy: Concepts, Methods, and Strategy*: Addison- Wesley.

Wind, Y., Mahajan, V., and Cardozo, R. N. (1981), *New Product Forecasting Models*: Lexington Books.

Wong, Y. H., Chan, Ricky Y. K., and Leung, T. K. P. (2005),"Managing Information Diffusion in Internet Marketing," *European Journal of Marketing*, 39(7/8), pp. 926-947.

부록 2

[표 1] TV 판매자료

Year	B/W		Color		Total	
	$S(T)$	$Y(T)$	$S(T)$	$Y(T)$	$S(T)$	$Y(T)$
t	2	0			2	0
t+1	25	2			25	2
t+2	32	27			32	27
t+3	52	59			52	59
t+4	85	111			85	111
t+5	106	196			106	196
t+6	197	302			197	302
t+7	354	499			354	499
t+8	437	853			437	853
t+9	731	1,290			731	1,290
t+10	843	2,021			843	2,021
t+11	1,415	2,864			1,415	2,864
t+12	1,714	4,279			1,714	4,279
t+13	1,598	5,993			1,598	5,993
t+14	544	7,591	230	0	774	7,591
t+15	257	8,135	1,265	230	1,522	8,365
t+16	136	8,392	1,288	1,495	1,424	9,887
t+17	53	8,528	1,514	2,783	1,567	11,311
t+18	28	8,581	1,715	4,297	1,743	12,878
t+19	30	8,609	1,117	6,012	1,147	14,621

[표 2] 녹음기(Cassette) 판매자료

Year	Cassette Record		Radio Cassete		Total	
	$S(T)$	$Y(T)$	$S(T)$	$Y(T)$	$S(T)$	$Y(T)$
t	0	0		0	0	0
t+1	0	0		0	0	0
t+2	1	0		0	1	0
t+3	9	1	0	0	9	1
t+4	12	10	2	0	14	10
t+5	70	22	8	2	78	24
t+6	85	92	50	10	135	102
t+7	119	177	213	60	332	237
t+8	206	296	551	273	757	569
t+9	139	502	996	824	1,135	1,326
t+10	14	641	694	1,820	708	2,461
t+11	302	655	387	2,514	689	3,169
t+12	220	957	709	2,901	929	3,858
t+13	202	1,177	814	3,610	1,016	4,787
t+14	203	1,379	1,164	4,424	1,367	5,803
t+15	279	1,582	1,374	5,588	1,653	7,170

[표 3] 선풍기 판매자료

Year	Electric		Electronic		Total	
	$S(T)$	$Y(T)$	$S(T)$	$Y(T)$	$S(T)$	$Y(T)$
t	1	0			1	0
t+1	15	1			15	1
t+2	32	16			32	16
t+3	30	48			30	48
t+4	40	78			40	78
t+5	25	118			25	118
t+6	67	143			52	143
t+7	78	195			67	195
t+8	173	262			78	262
t+9	160	340			173	340
t+10	92	513	51	0	211	513
t+11	69	673	190	51	282	724
t+12	61	765	214	241	283	1,006
t+13	24	834	354	455	415	1,289
t+14	2	895	524	809	548	1,704
t+15	0	919	576	1,333	578	2,252
t+16	52	921	850	1,909	850	2,830
t+17			1,059	2,759	1,059	3,680
t+18			1,782	3,818	1,782	4,739
t+19			2,295	5,600	2,295	6,521
t+20			791	7,895	791	8,816
t+21			824	8,686	824	9,607
t+22			871	9,510	871	10,431
t+23			1,102	10,381	1,102	11,302
t+24			1,429	11,483	1,429	12,404
t+25			1,745	12,912	1,745	13,833

[표 4] 라디오 판매자료

Year	Vacuum		Transister		Total	
	$S(T)$	$Y(T)$	$S(T)$	$Y(T)$	$S(T)$	$Y(T)$
t	30	0	9	0	39	0
t+1	69	30	50	9	119	39
t+2	29	99	109	59	138	158
t+3	20	128	129	168	149	296
t+4	24	148	111	297	135	445
t+5	12	172	108	408	120	580
t+6	5	184	139	516	144	700
t+7	2	189	138	655	140	844
t+8	1	191	178	793	179	984
t+9	0	192	194	971	194	1,163
t+10			259	1,165	259	1,357
t+11			151	1,424	151	1,616
t+12			118	1,575	118	1,767
t+13			162	1,693	162	1,885
t+14			195	1,855	195	2,047
t+15			301	2,050	301	2,242
t+16			230	2,351	230	2,543
t+17			496	2,581	496	2,773
t+18			718	3,077	718	3,269
t+19			500	3,795	500	3,987
t+20			231	4,295	231	4,487
t+21			152	4,526	152	4,718
t+22			119	4,678	119	4,870
t+23			96	4,797	96	4,989
t+24			132	4,893	132	5,085
t+25			95	5,025	95	5,217

[표 5] 냉장고 판매자료

Year	Electric		Electronic		Total	
	$S(T)$	$Y(T)$	$S(T)$	$Y(T)$	$S(T)$	$Y(T)$
t	3	0			3	0
t+1	4	3			4	3
t+2	9	7			9	7
t+3	10	16	2	0	12	16
t+4	8	26	20	2	28	28
t+5	7	34	22	22	29	56
t+6	7	41	26	44	33	85
t+7	7	48	50	70	57	118
t+8	4	55	74	120	78	175
t+9	2	59	99	194	101	253
t+10	1	61	197	293	198	354
t+11	0	62	373	490	373	552
t+12			881	863	881	925
t+13			1,317	1,744	1,317	1,806
t+14			397	3,061	397	3,123
t+15			658	3,458	658	3,520
t+16			715	4,116	715	4,178
t+17			1,087	4,831	1,087	4,893
t+18			1,240	5,918	1,240	5,980
t+19			1,306	7,158	1,306	7,220

[표 6] 밥솥 판매자료

Year	Electric		Electronic		Total	
	$S(T)$	$Y(T)$	$S(T)$	$Y(T)$	$S(T)$	$Y(T)$
t	1	0			1	0
t+1	2	1			2	1
t+2	8	3			8	3
t+3	27	11			27	11
t+4	10	38	77	0	87	38
t+5	3	48	283	77	286	125
t+6	0	51	586	360	586	411
t+7			676	946	676	997
t+8			1,004	1,622	1,004	1,673
t+9			1,298	2,626	1,298	2,677
t+10			1,352	3,924	1,352	3,975
t+11			1,622	5,276	1,622	5,327
t+12			1,556	6,898	1,556	6,949
t+13			1,957	8,454	1,957	8,505
t+14			2,248	10,411	2,248	10,462
t+15			1,774	12,659	1,774	12,710

[표 7] 세탁기 판매자료

Year	Electric		Electronic		Total	
	$S(T)$	$Y(T)$	$S(T)$	$Y(T)$	$S(T)$	$Y(T)$
t	0	0			0	0
t+1	0	0			0	0
t+2	0	0			0	0
t+3	1	0			1	0
t+4	6	1			6	1
t+5	5	7	14	0	19	7
t+6	2	12	43	14	45	26
t+7	1	14	65	57	66	71
t+8	0	15	115	122	115	137
t+9		15	268	237	268	252
t+10		15	320	505	320	520
t+11		15	112	825	112	840
t+12		15	225	937	225	952
t+13		15	230	1,162	230	1,177
t+14		15	402	1,392	402	1,407
t+15		15	567	1,794	567	1,809
t+16		15	622	2,361	622	2,376

PART 05

NEW PRODUCT
MARKETING
STRATEGY

기존 제품 관리

소비자들의 욕구가 다양해지고 이를 만족시키기 위한 경쟁이 다원화됨에 따라 마케팅 관리자들의 의사결정의 문제는 더욱더 복잡해지고 있다. 어느 시점에서 어떤 신제품이나 서비스를 추가하여야 할 것인가? 또한 기존 제품에 대한 정책은 어떻게 끌고 나가야 할 것인가? 한정된 물적, 인적 마케팅 자원의 효율을 극대화시키기 위하여 어떻게 분배하고 활용하여야 할 것인가? 신규 사업에 진입의 문제, 그리고 특정 사업에 계속 잔류해야 하는 문제, 시장 선도자의 위치를 획득하고 유지하는 문제 등 너무나도 다양한 문제가 마케팅 믹스 관리와 관련되어 있는 문제들이다. 그렇다면 이와 같은 다양한 문제들을 기업이 지니고 있는 자원의 한계 내에서 어떻게 과학적이고 효율적으로 관리하여야 할 것인가?

소형가전 돌풍 '발뮤다' 소비자 취향 제대로 저격 '리틀 스티브 잡스'

서울 강남 가로수길에 위치한 88브레드. '오전 8시 8분부터 오후 8시 8분까지만 문을 연다' '대표 상품인 데니스브레드가 88겹이라 붙여진 가게 이름' 등등으로 화제를 모으고 있는 '핫'한 베이커리다. 특히 이곳이 또 유명해진 이유 중 하나는 즉석에서 토스터기를 이용해 먹는 맛이 일품으로 알려지면서다. 일본 프리미엄 가전 '발뮤다' 제품(BALMUDA The Toaster)이다. 인스타그램 등 소셜미디어에서 이곳 빵이 특별히 맛난 비결이 여기에 있다는 입소문이 퍼져 나가면서 88브레드는 일약 유명 베이커리로 뛰어올랐다.

누가 시켜서도 아니다. 소비자들이 알아서 구매하고 척척 사진도 공유한다. 하나의 마니아층이 형성된 느낌이다. 국내에서는 이미 동나 1월 초 주문하면 1주일 이상 기다려야 상품 수령이 가능할 정도다. 그 덕에 별 광고를 하지 않았지만 발뮤다코리아 매출 성장률은 전년 대비 두 배 가까이 성장했다. 2012년 기준으로는 매해 두 자릿수 이상 기록적인 성장률을 보이고 있다. 사정은 일본에서도 크게 다르지 않다. 이미 전통의 강자가 자리하고 있는 시장이지만 발뮤다는 일본 가전업계의 애플로 통하며 이례적인 성장 사례로 손꼽힌다.

■ 강점 1 | 창조적 파괴 '룰 브레이커'

발뮤다가 지금의 유명세를 얻게된 배경에도 철저히 '룰 브레이커' 정신이 자리한다. 선풍기 시장에서 공전의 히트를 기록한 '그린팬' 시리즈가 대표적인 예다. 발뮤다가 제품을 내놓기 전까지만 해도 종전 일본 선풍기 시장은 날개는 4~5개에 버튼을 누르면 모터 소리가 시끄럽고 '거기서 거기'인 디자인 제품이 다수였다. 가격대는 5,000엔(약 5만원)대가 주류인데 전기는 또 꽤 많이 잡아먹었다. 2011년 동일본 대지진 이후 저전력·고성능 제품이 각광받기 시작했다. 발뮤다는 이런 시장이 올 것이라 간파하고 종전 선풍기 시장에선 볼 수 없었던 새로운 제품을 내놓는다. '그린팬' 시리즈다. 14개 이중구조 날개로 일단 디자인에서 확실한 차별화를 했다. 성능도 획기적으로 개선했다. 나비 날갯짓 소리보다 조금 더 큰 13데시벨 수준으로 소음을 확 줄였고 전력소비량은 가장 약한 모드로 작동시켰을 때 3와트에 불과하다. 대신 가격대는 3만 6,000엔(약 36만원) 이상, 즉 고가로 책정했다. 그런데도 일본에서 불티나게 팔려 나갔다. 이는 '가치 있는 제품이라면 지갑을 열겠다'는 프리미엄 시장 고객이 존재한다는 걸 입증한 사례로 지금껏 회자된다.

'죽은 빵도 살린다'는 발뮤다 토스터기도 룰 브레이커의 선봉장이다. 종전 토스터기가 빵을 바짝 굽는 데 초점을 맞췄다면 발뮤다는 겉은 바삭, 속은 촉촉한 식감을 주목했다. 비결은 토스터기에 달려 있는 손톱만 한 크기의 물컵에 있다. 다른 토스터기와 달리 발뮤다 토스터기는 조리할 때 빵 종류에 따라 소량의 물을 붓게끔 돼 있는데 이게 '신의 한수'였다. '테라오 겐' 대표가 스페인 여행 시절 먹었던 빵맛을 떠올리며 직원들과 바비큐 파티 때 재현해봤으나 그 맛이 아니었다. 연구 끝에 결국 빵맛을 좌우하는 건 습도였음을 간파, 이를 제품에 녹여내다 보니 어찌 보면 불편해 보이는 조리 방식에도 불구하고 히트상품이 됐다.

발뮤다의 성공 비결을 책으로 펴낸 '0.1mm의 혁신' 저자인 '모리야마 히사코'는 "제품 본연의 기능이 뛰어나 사용자 만족도가 높은 제품은 비싼 가격에도 잘 팔린다는 프리미엄 시장을 발뮤다는 일찌감치 인식하고 제품 본연의 기능은 물론 고급스러운 디자인으로 가치를 극대화해 미래 시장에서 어떤 기업이 살아남을 수 있을지 청사진을 제시했다"고 평가했다.

■ 강점 2 | 가전 No 라이프스타일 YES

발뮤다는 단순 가전제품 회사이길 거부한다. 라이프스타일 회사라는 말이 더 적합하다고 강조한다. 현장 취재차 들른 일본 도쿄 마츠야긴자 백화점에서도 '발뮤다더키친' 팝업스토어는 가전매장이 아니라 라이프스타일 매장 한편을 차지하고 있었다.

시장에 나온 지 얼마 안 된 전기오븐 '발뮤다더레인지'(한국 미출시)는 이런 발뮤다의 철학을 뚜렷하게 보여준다. 여느 오븐 제품처럼 제품 기능을 부각하기보다 오븐으로 만들 수 있는 다양한 음식 레시피를 제시하는 식이다. 마치 서점의 요리책 매장을 방문한 듯한 착각이 들 정도도. 이를 통해 고객은 오븐을 통해서 언제 어떤 장소에서 어떤 음식을 요리해서 즐길 수 있을지를 상상하게 된다. 물론 세련된 디자인하며 귀를 간질이는 감각적인 조작 방법은 기본이다. 음식을 데우거나 요리하기 위해 레버를 돌리면 디지털 현악기를 튕기는 듯한 소리가 나고 조리하는 동안엔 재즈 리듬을 연상시키는 음향 효과가 흘러나와 오감을 자극시킨다.

혁신적인 디자인 외에 제품 일관성도 성공 포인트다. 발뮤다 관계자는 "14날 이중 날개 선풍기 '그린팬'을 샀던 고객이 토스터기, 가습기를 연속으로 구매하는 사례가 많은데 고객 분석을 해보면 제품 혼자 독자적으로 튀지 않으면서도 자연스럽게 집 안 분위기를 세련되게 살려주는 디자인 덕분이란 응답이 가장 많다"고 소개했다.

무인양품 가전매장 양품계획이 발뮤다와 협업, 공기청정기를 내놓게 된 배경도 여기에 있다. '가나이 마사아키' 양품계획 대표는 "지금까지 출시된 대부분의 가전제품은 카페나 미용실처럼 멋지게 꾸민 공간과 디자인적으로 어울리지 않았다. 그 근사한 틈새 공간을 무인양품 제품이 채워왔는데 발뮤다는 심플하고 아름다운 디자인으로 위협감을 줬다. 차라리 협력하는 게 낫다는 결론을 냈다"고 밝혔다. 무인양품은 발뮤다의 철학과 엔진을 담은 공기청정기를 공동 개발, 중국 시장에 선보이면서 해외 동반 진출 효과를 내기도 했다. 게다가 발뮤다는 제품 패키지에도 각별한 공을 들인다. 발뮤다 관계자는 "선풍기나 히터기처럼 여름, 겨울 한철만 쓰이는 제품은 안 쓸 때 다시 박스에 넣어둬야 한다. 이때 박스가 골판지로 된 흔히 볼 수 있는 형태라면 수납 공간의 인테리어를 망칠 수 있기 때문에 여기에도 디자인을 입혀 더욱 열띤 호응을 얻을 수 있었다"고 전했다.

■ 강점 3 | 매력적 CEO · 스피드 경영

테라오 겐 창업자는 국내외에서 '일본 가전업계 애플' '리틀 스티브잡스'란 별명을 붙어있다. 이 같은 명성 뒤엔 그의 독특한 경영 스타일이 자리한다. 무엇보다 그는 발뮤다를 벤처기업으로 인식한다. 따라서 공룡 기업과는 남다른 방식으로 시장에 접근해야 한다고 본다. 이를 위해 무엇보다 '스피드 경영'이 필요하다고 강조한다. 제품 개발 기간이 여타 가전업체에 비해 6개월 이상 짧은 것도 이런 맥락에서다.

신제품 오븐 '발뮤다더레인지(사진 왼쪽)'와 히트상품 토스터기 '발뮤다더토스트' 사이에서 포즈를 취한 창업자 테라오 겐 사장

창업 초기 그는 시행착오를 줄이기 위해 영리한 전략을 썼다. 3D 프린터를 적극 활용한 것. 발뮤다의 대표 공기청정기 '에어엔진' 개발 때 일이다. 에어엔진은 낮은 소비전력으로 멀리까지 맑은 바람을 날려보내는 그린팬과 나쁜 공기를 빨아들이는 터보팬이란 이중팬 구조로 기존 제품과 확연히 차별화했다. 남다른 성능과 디자인이었지만 개발 기간은 10개월에 불과했다. 업계에선 획기적인 일로 회자된다. 벤처기업 지원을 위해 정부가 도쿄국립산업기술연구센터에 둔 3D 프린터를 적극 활용해 갖가지 시제품을 빠른 시간 내에 만들며 테스트해볼 수 있었던 덕분이다. 비용 절감은 덤이다. 이런 노하우가 쌓인 가운데 회사 경영 사정이 나아지면서 지금은 본사 연구센터에 대규모 3D 프린터를 대량 구축. 제품 설계. 시제품 개발 속도를 더욱 앞당기고 있다.

테라오 겐 사장은 "소비자 인식 조사. 시장 조사를 신뢰하지도 않고 하지도 않는다. 세상의 불편이 어디에서 오는지는 일상생활에서 충분히 발견할 수 있기 때문이다. 이런 문제의식을 직원들과 나누다 보면 사나흘. 일주일이면 신제품 계획이 마련된다. 작은 기업이기 때문에 가능한 의사결정 과정이다"라고 소개했다.

자료원: 매경이코노미 제1943호, 2017. 01.

시장 경쟁 체제하에서 상품관리를 좀 더 개념적으로 파악하면 다음의 [그림]과 같이 나타낼 수 있다. 자신이 속해있는 기업과 경쟁사는 다양한 상품을 시장에 진출시키고 있으며, 이윤/매출/시장점유율 극대화 등의 목적 달성을 위하여 시장 정보를 분석하고 그에 따라 의사결정을 내리고 있다. 경쟁사 또한 마찬가지로 시장에서 이윤/매출/시장점유율의 극대화를 위한 노력을 끊임없이 수행하고 있는 실정이다.

따라서 모든 기업은 판매에 영향을 주는 요인을 과학적으로 분석하고, 또한 경쟁사의 반응을 고려하여, 자사의 목표를 달성하기 위하여 한정된 마케팅 자원을 효율적으로

그림 1	경쟁 체제하의 마케팅 관리 시스템

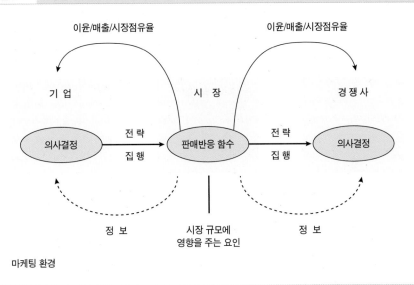

분배하는 노력이 절실하다.

　제5부에서는 한정된 마케팅 자원의 효율적인 분배를 위하여 근본적으로 필요한 마케팅 믹스 관리에 관하여 먼저 토론한다. 제12장에서는 첫째, 소비재상품의 마케팅 믹스 관리 모형에 해당되는 BRANDAID 모형을 종합적으로 서술하고, 둘째로 산업재 마케팅 믹스 모형에 해당되는 ADVISOR 모형을 깊이 있게 취급하며, 마지막으로 방어전략 수립에 관한 DEFENDER 모형을 실제 사례를 들어가면서 토론한다. 제13장에서는 종합적인 마케팅 믹스 관리 사례로서 대우증권의 1등 탈환 전략에 관한 사례를 살펴본다. 제14장에서는 현재 기업들이 쉽게 자주 활용하고 있는 표준화된 포트폴리오 모형에 대한 비판과 더불어 보다 더 과학적인 AHP모형, STRATPORT 및 Market Selection 모형에 대하여 상세히 언급된다. 또한 15장에서는 과거 OB 맥주의 맥주시장 방어 전략과 관련된 사례를 포함하였으며 마지막으로 16장에서는 '처음처럼'의 성공적인 시장진입 전략에 대하여 살펴보았다.

| 그림 2 | 제5부의 구성 내용 |

마케팅 믹스 관리 모형   :   제12장

↓

사례: 대우증권의 1등 탈환전략   :   제13장

↓

상품/사업 포트폴리오 관리   :   제14장

↓

사례: OB맥주의 방어전략   :   제15장

↓

사례: '처음처럼'의 시장진입전략   :   제16장

12 CHAPTER

NEW PRODUCT MARKETING STRATEGY

마케팅 믹스 관리 모형

사례: 中 소비자 사로잡은 마스크팩 '성공 방정식'

중국 내 시장조사기관에 따르면 2017년 중국 마스크팩 시장 총매출액은 191억 위안(약 30억 달러)을 기록했으며, 2023년까지 총매출액이 326억 위안(약 52억 달러)에 다다를 것으로 예상된다. 특히 한국산 마스크팩의 경우 우수한 품질로 꾸준히 인기를 얻고 있으며 텐마오와 타오바오 등 중국 주요 온라인 쇼핑몰에서 매출액 상위권을 차지하고 있다.

■ 중국 내 한국 마스크팩 성공사례

— 제이준(JAYJUN) : 마스크팩을 붙이기 전후 에센스를 몸의 다른 부위에도 바르는 중국인들의 사용 행태를 고려해 에센스 양을 넉넉하게 만들어 중국 소비자들의 지갑을 열고 있다. 땅이 넓은 중국의 특성상 이동시간이 긴 점에서 착안해 마스크팩 구매 시 샘플 에센스, 클렌징폼, 아이크림 등을 증정한다. 온·오프라인 유통채널에서 소비자들의 소비 행태를 각각 분석해 맞춤형 제품을 내놓는 방식으로 플랫폼끼리의 경쟁이 생기지 않도록 유의하고 있다.

— 에스앤피(SNP) : '화장품 원료와 연구를 중심으로 한 화장품 기업'이라는 좌우명을 내세워 '화장품+의약품(cosmeceutical)'이라는 새로운 개념으로 마케팅 전략을 세워 성공을 거두고 있다. 바다제비집 아쿠아 앰플 마스크팩, 골드 콜라겐 마스크팩 등이 대표적이며, 특히 캐릭터가 그려진 페이스 아트 마스크팩을 출시, 피부 관리 효과는 물론 마스크팩 사용 시 재미를 부여해 트렌디한 제품을 원하는 소비자들의 마음을 사로 잡았다.

— 메디힐(MEDIHEAL) : 메디힐은 초창기 중국 시장에 진입하기 위해 현지의 다양한 유통채널을 이용했으나 이로 인해 가짜 수입업체의 제품이 정품으로 인식돼 가품 유통 문제가 심각했다. 이를 방지하기 위해 중국어 홈페이지를 개설하고, 모든 제품을 한국 본사에서 직접 중국으로 보내는 시스템을 도입했다.

SNP의 캐릭터 마스크팩은 경쟁이 심한 중국 마스크팩 시장에서 좋은 성과를 거두고 있다

■ 신세대 겨냥한 온라인 홍보 중요

화장품에 대한 관심이 높고 주로 소비하는 계층은 1980년대생인 '바링허우'와 1990년대에 태어난 '주링허우' 세대다. 이들은 인터넷 발전이 가속화 되던 시대에 태어나 온라인 매체 사용에 익숙하고, 개성 있는 제품 및 신제품에 거부감이 없으며 브랜드 평가와 체험을 중시한다. 따라서 중국 진출을 노리는 우리 기업들은 고품질의 개성 있는 상품을 기반으로 위챗, 웨이신 등을 통한 SNS 마케팅, 예능 프로그램 마케팅 등으로 젊은 소비자들을 확보할 필요가 있다. 특히 온라인 후기를 보고 화장품을 구매하는 소비자들이 늘어나고 있기 때문에 SNS상에서 많은 팔로워를 보유한 인터넷스타 '왕홍'의 생방송 등을 통해 홍보를 하는 것도 효과적인 방법이다.

자료원: 중소기업뉴스, 2018. 04. 11.

앞의 사례에서 본 바와 같이 기업은 시장 확대 또는 침투를 위하여 제품개발, 유통, 촉진 등 제한된 마케팅 자원을 효율적으로 분배하기 위한 노력을 지속한다. 우리 주변에서 흔히 접할 수 있는 백화점이나 슈퍼마켓을 생각해 보자. 판촉 여사원이 나와서 판매 증대를 위하여 힘쓸 뿐 아니라 정기적으로 세일을 실시하고 있다. 정기적인 세일뿐만 아니라 철이 바뀌면서 세일, 창고를 정리하면서 세일, 시장을 철수하면서 세일, 국경일이나 공휴일을 맞이하면 세일, 간헐적으로 고객을 유인하기 위하여 세일, 부진품목을 정리하면서 세일, 아침의 한가한 시간에 고객을 유인하기 위한 세일, 제조업자의 세일 등 세일의 방법도 무궁무진하다.

가격을 낮추어서 고객을 유인하고 판매를 증대시키기 위한 수단은 세일뿐만이 아니다. 쿠폰, 수량할인, 끼워 팔기, 멤버십(membership) 제도 등도 있다. 그리고 이와 같은 방법의 실시 또한 다양하게 이루어지고 있음을 볼 수 있다. 가격의 할인 또는 재조정을 통해서만 매출액 증대를 달성할 수 있는 것은 아니다. 광고의 경우 TV, 라디오, 신문, 잡지 등의 4대 매체에 대한 마케팅 비용의 할당과 매체별 광고예산의 효율적인 집행은 그 효과에 큰 영향을 줄 수 있다. 또한 유통망 개설과 영업 인력의 확보 및 교육 그리고 성과급 제도 등 다양한 방법에 동원될 수 있다.

따라서 마케팅 관리자는 일차적으로 다양한 마케팅 믹스에 대한 효율적인 예산의 할당과 집행에 많은 노력을 기울여야 함은 분명한 일이다. 이를 위하여 마케팅 믹스의 전반적인 각도에서 과학적인 마케팅 믹스 관리를 위한 도구들이 도입되어야 할 것이다.

본 장에서는 효율적 마케팅 믹스 관리를 위한 대표적인 분석 모형 세 가지를 토론하고자 한다. 주로 소비재와 연관된 BRANAID모형과 산업재 모형에 해당되는 ADVISOR 모형, 그리고 소비자의 지각을 분석하여 방어전략 수립에 효과적인 DEFENDER 모형을 소개하고자 한다.

SECTION 01 BRANDAID 모형

BRANDAID(Little, 1975)의 마케팅 시스템은 크게 나누어서 [그림 12-1]에 나타난 바와 같이 5개의 요소로 구성되어 있다. 이들은 시장 환경, 제조업자, 경쟁자, 소매상 및 소비자이다. BRANDAID 모형은 각 구성요소 간의 마케팅 전략변수와 그 결과로서 나타나는 시장점유율, 매출액 등을 시간의 경과에 따라서 파악하고 분석하게 하며, 이에 따르는 마케팅 전략을 수립할 수 있게 하는 동적인 시스템이다.

[그림 12-1]에서 볼 수 있듯이 제조업자는 소비자에게 직접적으로 자신이 의사결정을 하는 시장전략 변수(제품 가격, 광고, 촉진 …)를 통하여 기본적으로 시장을 관리하며 동시에 소매상들에게 가격, 거래방법, 판매원 관리, 구색 등을 통하여 또한 시장을 관리하고 있다. 동시에 소매상은 자신의 유통능력에 따라서 제조회사와 경쟁업자에게 영향력을 행사하고 있다. 이와 같은 관계를 화살표에 따라서 표시하고 있으며 또한 영향을 주는 시장전략 변수들이 열거되어 있다.

기업에서는 일정기간 동안의 경영실적을 평가하는 주요 측정도구로써 매출, 시장점유율과 이익을 활용한다. 기본적으로 BRANDAID시스템은 t기의 상품 b의 매출 $S_b(t)$, t기의 상품 b의 시장점유율 $M_b(t)$와 t기의 상품 b를 통한 이익 $P_b(t)$가 측정된다.

$$S(t) = \sum_b S_b(t)$$
········· <12-1>

$$M_b(t) = S_b(t)/S(t)$$
········· <12-2>

$$P_b(t) = g_b(t)S_b(t) - \sum_i C_b(i,\ t)$$
········· <12-3>

여기에서 $S_b(t)$는 상품 b의 t기 매출액이며, $S(t)$는 동일 상표 계열 내에서 자사 상품을 포함하여 경쟁상품까지 이르는 시장규모이며, $M_b(t)$는 상품 b의 t기 시장점유율이다.

그림 12-1   BRANDAID 시스템

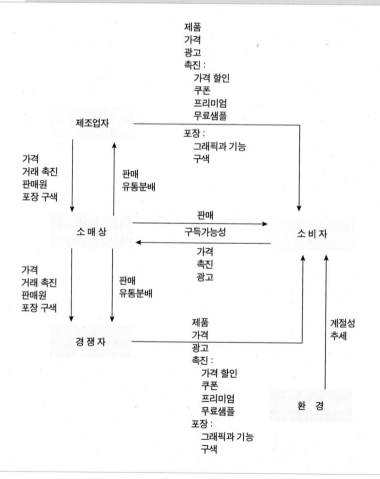

상품 b를 통한 t기의 기업의 이익은 공헌 이익에서 마케팅 비용 $C_b(i,\ t)$들의 합을 뺀 것인데, 여기에서 공헌이익률 $g_b(t)$은 공헌이익 매출로 표시되어 있다. 이와 같은 구조는 기본적으로 지리적으로나 자금의 흐름 등의 관점에서 다른 기준에 의해서 보다 더 세부적으로 모형화될 수 있다. 여기에서 모든 분석단위는 상품(b)별로 분석되기 때문에 문제가 없을 것이다. 서술상 편의를 위해 첨자 b를 생략한다.

BRANDAID에서 t기의 판매량 $S(t)$는 기준 판매량 S_0와 효과지수들과의 곱의 형태로 나타낸다.

$$S(t) = S_0 \prod_{i \in I} e(i,\ t) \qquad\qquad \cdots\cdots\cdots <12-4>$$

일반적으로 기준 판매량은 과거 실적과 기준이 되는 마케팅 활동으로부터 산정될 수 있으며 효과지수는 통상 $e(i,\ t) = 1.0$을 중심으로 산출된다. 예를 들어서 3월($t=3$)의 판매지수가 계절적 또는 월별요인에 의하여 $e(i,\ t) = 1.3$이 될 수 있다. 여기에는 마케팅 노력의 효과를 포함하는데 가격에 의한 개선효과가 30%이고 광고에 의한 효과가 20%라면 $(1.3) \times (1.2) = 1.56$이 된다.

여기에서 이해하여야 할 점은 t기의 매출 $S(t)$가 기준매출액과 마케팅 믹스들의 효과지수 $e(i,\ t)$를 곱한 형태로 표시되었다는 점이다. 따라서 $e(i,\ t)$를 어떤 과정을 통하여 추정하는가 하는 것이 본 모형의 주요한 내용이 된다. 여기에서 i는 판매에 영향을 주는 요인들로서 $i=1,\ 2 \cdots I$로 표시하며, 예를 들어 광고, 촉진 등이 포함된다.

먼저 BRANDAID의 하부모형에 해당되는 광고모형을 살펴보자. 광고모형에서는 광고량과 매출과의 관계를 규명하기 위하여 광고량의 기준을 설정하고 이에 따른 매출 기준을 산정하는 작업으로부터 시작한다. 기준지수에 해당되는 광고량을 투자했을 때 유지되는 매출액에 비하여 광고량을 50%, 100% 증대했을 때 매출액의 증가와 광고량을 50% 감소했을 때와 광고하지 않았을 때 등의 매출액의 감소를 예를 들어 살펴보면 [그림 12-2]와 같다.

사례: 스마트폰 시장 정체, 중국 돌풍에 맞선 삼성·LG의 전략은 '롱테일'

삼성전자와 LG전자가 정체에 빠진 스마트폰 시장에서 중국 기업의 거센 도전에 응하기 위한 전략으로 '롱테일'을 내세우고 있다. 롱테일 전략은 신제품보다 기존 제품 판매 기간을 최대한 활용하는 방식이다. 애플이 신규 아이폰을 내놓고 다음해 디자인은 거의 그대로지만 기능을 업그레이드한 'S 시리즈'를 내놓는 것과 비슷하다.

전세계 스마트폰 시장은 스마트폰 보급률이 높아진 탓에 성장세가 감소하면서 침체기에 빠졌다. 시장조사 업체 스트래티지 애널리틱스의 최근 자료를 보면 2012년 스마트폰 보급률은 14.7%였다. 2017년에는 43.1%로 올라갔고 이후로도 꾸준히 증가할 것으로 전망된다. 반면 세계 스마트폰 시장은 2011년부터 2015년 평균 39% 성장했지만 보급률이 높아지면서 2017년에는 3%에 불과한 성장 수치를 보였다. 게다가 그동안 공들인 중국시장은 비보, 화웨이, 샤오미 등 현지 기업들의 강세가 도드라졌다. 이들은 중국 내 판매를 넘어서 미국과 유럽으로 전선을 확대하는 상황이다.

이 같은 상황에서 삼성전자와 LG전자는 비용이 덜 들면서 브랜드 인지도를 최대한 높일 수 있는 롱테일 전략을 택했다. 삼성전자는 컨퍼런스콜에서 "차별화된 플래그십 신모델 출시와 함께 롱테일 판매 전략에 비중을 실을 것이다"고 선언했다. LG전자 역시 컨퍼런스콜에서 "신제품을 늦게 출시하더라도 G6·V30 업그레이드 버전을 통해 판매량을 최대한 유지하는 롱테일 전략을 펼치겠다"고 말했다.

삼성전자는 최근 갤럭시S8에 버건디 색상을 추가하고, 갤럭시노트8 평창 에디션을 1만대 내놓았다. 신작인 갤럭시S9이 스페인 바르셀로나에서 열리는 이동통신 전시회 'MWC 2018'에서 공개될 예정이지만, 그 전까지 높은 판매량을 보이고 있는 기존 제품을 활용하겠다는 전략이다. 실제로 전작 갤럭시S8과 갤럭시노트8은 출시되고 시간이 지났음에도 여전히 높은 판매량을 보이고 있다. 삼성전자 측은 "아직 롱테일 전략에 대한 자세한 계획은 정해지지 않았다"면서도 "예전처럼 한 제품을 잠시 반짝 마케팅하는 것보다 예전 제품들까지 신제품 출시와 함께 중요 제품으로 가져가는 것으로 보면 된다"고 설명했다.

LG전자도 롱테일 전략에 힘을 쏟고 있다. V30에 라즈베리 로즈 색상을 추가했고, G6에도 라즈베리 로즈

버건디 색상을 추가한 갤럭시S8(왼쪽)과 갤럭시노트8 평창 에디션(오른쪽)

LG전자 모델이 라벤더 바이올렛 색상이 적용된 Q6(왼쪽)와 G6(오른쪽)를 들고 있는 모습

색상을 추가하며 G6와 Q6에 라벤더 바이올렛 색상을 적용했다. 'MWC 2018'에서는 인공지능이 업그레이드 된 2018형 V30을 내놓을 계획이다. 기존 MWC에서 G 시리즈 신작을 공개했던 것과는 다른 모양새다.

LG전자 측은 "롱테일 전략은 소비자의 지속적 가치를 끌어내기 위한 것"이라며 "졸업식이나 크리스마스처 럼 시의성 맞는 소비자 수요를 조사해 소프트웨어를 업그레이드하거나 새로운 색상을 추가하는 롱테일 전략 을 구사 중에 있다. 또 G6의 후속작은 원래 계획대로 진행 중이고 롱테일 전략과 함께 맞물려 진행할 계획이 다"고 말했다.

자료원: 조선비즈, 2018. 02. 20.

[그림 12-2]가 주어진 각각의 광고지수에 대하여 시간의 변화에 따른 판매량지수의 변화를 살펴보는 데 반하여, 다음의 [그림 12-3]은 광고지수와 판매량의 관계를 파악한 것이다.

이와 같은 시간의 변화에 따른 광고의 효과지수 $e(i, t)$는 다음과 같이 수식화될 수 있다.

$$e(i, t) = \alpha \cdot e(i, t-1) + (1-\alpha)\, \gamma(a(t)) \qquad \cdots\cdots\cdots <12-5>$$

위의 t기의 광고효과지수 $e(i, t)$는 전기로부터 이월된 광고효과지수 $e(i, t-1)$과 당기 의 광고효과지수 $\gamma(a(t))$를 합하여 산출된다. 여기에서 α가 0에 가까울수록 전기의 이월 효과가 낮으며 1에 가까울수록 전기의 효과가 그대로 이월되고 있음을 볼 수 있다. 그리 고 당기의 효과지수 $\gamma(a(t))$는 앞의 [그림 12-3]에서 파악한 광고지수와 판매량의 관계로 부터 추정된다. 그리고 광고지수 $a(t)$는 소비자에게 광고가 전달된 비율을 나타내는데 기 준연도 대비의 비율, 즉지수로서 나타내며 이를 위한 수식은 다음과 같다.

$$a(t) = \frac{h(t)k(t)X(t)}{h_0 k_0 X_0} \qquad \cdots\cdots\cdots <12-6>$$

여기에서 $X(t)$, $h(t)$와 $k(t)$는 t기의 광고액, 매체의 효율, 광고카피의 효과를 나타내 며, X_0, h_0, k_0는 각각에 대응되는 기준연도의 수치들이다.

앞에서의 $a(t)$를 좀 더 일반화시켜서 다양한 광고매체가 활용되고 있는 실제적인 상 황을 상정해 볼 수 있다. 다양한 매체가 활용될 경우 광고지수는 이들의 분모 분자를 일 반화하여 각각을 합해주는 수치가 될 것이다.

이에 따라서 광고지수 $a(t)$는 다음과 같이 표현될 수 있다.

그림 12-2   주어진 광고지수의 변화에 따른 판매량지수의 변화

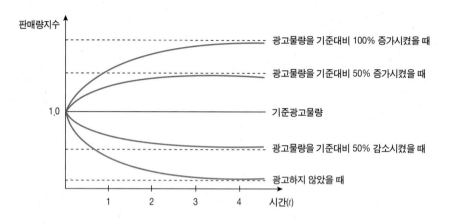

그림 12-3   광고지수와 판매량지수와의 관계

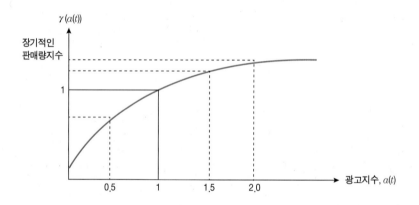

$$a(t) = \frac{\sum\limits_{j} h(j,\,t)k(j,\,t)X(j,\,t)}{\sum\limits_{j} h_0(j)k_0(j)X_0(j)} \qquad \cdots\cdots\cdots \langle 12\text{-}7 \rangle$$

그런데 여기에 각각의 광고 매체의 비중 또는 중요도 $w(j,\,t)$까지를 고려한다면, 광고지수 $a(t)$는 다음과 같이 수식화된다.

$$a(t) = \frac{\sum\limits_{j} h(j,\,t)k(j,\,t)w(j,\,t)X(j,\,t)}{\sum\limits_{j} h_0(j)k_0(j)w_0(j)X_0(j)} \qquad \cdots\cdots\cdots \langle 12\text{-}8 \rangle$$

지금까지 설명한 광고모형을 정리하면 광고모형은 광고 효과지수 $e(i,\,t)$의 추정으로

부터 시작된다. $e(i, t)$는 기본적으로 판매량지수 $\gamma(a(t))$로부터 추정되며, $e(i, t)$가 추정되면 식〈12-4〉에서 활용되어서 t기의 $S(t)$를 계산하게 된다.

BRANDAID 모형은 하부모형으로서 앞에서 언급한 광고모형을 비롯하여 촉진모형, 가격모형, 판매원 관리모형, 경쟁모형 등을 비롯한 다양한 모형을 포함하고 있다. 이와 같은 모형들은 기본적으로 $e(i, t)$, 즉 마케팅 믹스의 효과지수를 추정하기 위한 하부모형에 해당된다. 하부모형들은 앞에서 언급한 BRANDAID 시스템의 주요 요인들에 해당되는 것들이다. 기본적으로 하부모형들은 광고모형과 유사하게 측정된다.

광고모형에서 살펴보았듯이 광고모형은 다양한 광고매체에 투자한 비용과 그 결과로서 발생한 판매량과의 효율성 관계를 추정하고 그 효율성을 매출에 연계시키는 작업이었다. 촉진모형 또한 촉진 방법의 상대적인 효율성을 파악하여 그것을 지수화하여 매출에 반영시키는 방법이다. 마찬가지로 가격모형, 판매원 관리 모형 등도 가격의 변화, 투자한 비용들의 변화에 따라서 판매량의 변화를 파악하는 모형이다.

전체적으로 BRANDAID모형은 다양한 마케팅 믹스에 투자한 비용들의 변화에 따라서 판매에 어떤 영향을 주고 있는가를 분석하고 이에 대한 전략을 수립할 수 있게 한다. 이와 같은 모형화는 종합적으로 살펴보면 투자와 그에 대한 판매와의 인과 관계를 어떻게 규명하는가에 달려있다. 따라서 우리나라 기업도 마케팅 믹스와 판매와의 관계를 규명하고 자기 기업에 적합한 모형을 개발하여 마케팅 비용의 효율화를 기하는 것이 바람직한 일로 생각된다.

사례: 식품업계 전반에 '빅데이터 활용', 고객밀착형 마케팅 전략이 필요할 때

최근 방대하고 복잡한 데이터를 분석하는 '빅데이터' 활용에 대한 관심이 높은 가운데 국내 식품업계에서도 빅데이터를 신제품 개발과 마케팅에 적극 활용하고 있다. 소비자들의 라이프스타일과 개성이 다양해지면서 전통적 마케팅만으로는 다변화된 소비자들의 요구를 파악하기 어렵다고 판단했기 때문이다. 최근에는 단순히 경쟁사보다 발 빠르게 신제품을 내놓는 것을 넘어 유통 업체와 손을 잡거나 제품이 아닌 생산공장에 빅데이터를 적용하는 등 식품 업계 전반으로 확산되고 있다.

CJ제일제당은 2013년 하반기부터 트렌드전략팀을 별도로 신설해 빅데이터 분석과 활용 업무를 진행하고 있다. 트렌드전략팀은 블로그, 트위터 등 개인정보법에 문제가 없는 글들을 바탕으로 수십 억 건의 자료를 분석해 소비자들의 관심 사항을 소비자 인식과 행동 데이터, 각종 시장 동향 데이터 등과 접목해 마케팅과 영업

빅데이터를 통한 날씨판매지수로 효율성을 도모하고 있는 파리바게뜨

에 적극 반영하고 있다. 특히 CJ제일제당은 빅데이터를 활용, 비나 눈이 오는 날 소비자들의 취식행태를 분석해 장마철 마케팅에 적극 나서고 있다. 실제로 장마철에 밀가루 및 부침가루 판매규모가 평월에 비해 30% 이상 증가한다는 점에 착안해 부침가루로 만드는 '파전', 밀가루로 만드는 '수제비' 등을 선보여 좋은 반응을 얻었다. 또한 1~2인 가구 증가에 따른 식사나 안주메뉴 빅데이터를 '비비고 왕교자'에 적용. 판매율이 2016년 같은 기간보다 75% 늘어난 것으로 집계됐다. 이 같은 판매율은 만두시장에서 비수기로 일컫는 3~8월 판매율로, 겨울철 성수기와 비슷한 수준이다.

파리바게뜨를 운영하는 SPC그룹은 2012년 날씨를 빅데이터로 분석한 '날씨판매지수'를 업계 최초로 도입했다. 날씨판매지수는 날씨에 따른 제품별 판매율을 나타내는 지수로, 최근 5년간 전국 지점의 기상관측 자료와 10억건 이상의 점포별 상품 판매 테이터를 분석한 자료다. 날씨판매지수를 통해 파리바게뜨는 재고물량을 획기적으로 줄이고 매출도 덩달아 늘어나는 일석이조의 효과를 거두고 있다.

한국야쿠르트도 소비자들이 편의점에서 작은 용량의 야쿠르트를 한번에 몇개씩 사간다는 정보를 파악, 기존 65㎖ 용량의 4배 이상 늘린 280㎖ 대용량 제품을 선보인 바 있다.

매일유업은 국내 식품업계 최초로 빅데이터를 활용해 유가공 공정의 생산·에너지 최적화 및 품질 향상에 나서고 있다. 매일유업은 올해 말까지 식품업종 생산·에너지 최적화를 위한 빅데이터 플랫폼 개발에 착수, 우선 청양공장을 스마트공장으로 구축할 계획이다. 실시간 생산·에너지 빅데이터를 수집, 저장, 에너지 효율 및 공정 운전 최적화 분석을 시행하고 관련 분석정보를 사용자에게 가시화하는 플랫폼을 구축한다는 방침이다.

빅데이터는 신제품 출시에도 적극 반영되고 있다.

편의점 GS25는 오리온과 함께 오모리김치찌개라면을 즐겨 찾으면서 감자스낵을 좋아하는 20대 여성 고객이 만족할 수 있는 새로운 맛의 '유어스스윙칩 오모리김치찌개맛'을 출시했다.GS리테일의 고객 분석팀은 온라인 버즈 분석을 통해 오모리김치찌개라면에 대한 키워드가 '매콤한', '김치찌개', '깊은 맛'이라는 것을 확인했다. 이후 오모리김치찌개의 익숙한 맛을 감자스낵과 조화시키기 위해 오모리김치로 만든 시즈닝을 개발하고 감자칩과 시즈닝의 최적 배합 비율을 찾기 위해 연구를 거듭한 끝에 신제품을 선보이고 있다.

동원F&B는 빅데이터를 활용해 청정원의 자연숙성 발효양조간장을 넣은 '자연&자연 동원 골뱅이', 팔도와 함께 출시한 '동원참치라면' 등을 출시하며 빅데이터 마케팅에 집중하고 있다.

식사나 안주메뉴 빅데이터를 '비비고 왕교자'에 적용한 CJ제일제당

해태제과 허니버터칩도 감자칩의 주요 구매층인 10~20대 여성들이 단맛과 버터향을 좋아한다는 빅데이터 분석을 기반으로 제품을 개발해 없어서 못팔 정도의 돌풍을 일으킨 바 있다.

식품업계 관계자는 "이제 식품업계도 빅 데이터를 통해 소비자들의 세분화되고 다양해진 요구를 충족시키는 고객밀착형 마케팅 전략이 필요한 때"라며 "앞으로 빅 데이터 분석과 진단을 통해 보다 세분화된, 개별화된 고객만족을 실현해나갈 것"이라고 말했다.

자료원: 뉴시스, 2017. 01. 31.

SECTION 02 ADVISOR 모형

산업재 시장은 일반적으로 소비재와는 달리 제품이 지니고 있는 차이점 때문에 일반적으로 마케팅 믹스의 관리의 연구에서 소홀히 되어 온 느낌이 있다. 그리고 소비재 연구에서 활용되었던 모형들을 직접적으로 산업재의 마케팅 믹스 관리에 적용한다는 것은 난점이 있어온 것은 사실이다. 이러한 문제를 해결하고 마케팅 믹스의 효율적 관리를 위하여 ADVISOR(Lilien, 1979) 모형은 산업재의 마케팅 믹스 관리를 광고비 지출, 마케팅 비용, 마케팅 예산 배정, 광고비의 증감, 유통 채널의 선택의 5가지 분야에 초점을 맞추어서 개발된 것이다.

ADVISOR의 하부모형은 Norm모형, Change모형, 유통채널 모형의 세 가지로 분류된다. Norm모형은 광고비 지출, 마케팅 비용, 마케팅 예산배정의 문제를 포함하고 있으며, Change모형은 광고비의 증감 문제를, 유통채널 모형은 유통채널의 선택에 관하여 실제 자료를 분석하여 이를 설명하고자 하는 모형이다. 다음에서는 이에 대한 구체적인 모형과 실제 자료의 분석 결과를 설명하고자 한다.

먼저 Norm 모형은 마케팅 비용, 광고비용 그리고 마케팅 비용이 광고에서 차지하는 비율을 분석하기 위한 모형으로서, 마케팅 비용을 분석하기 위한 모형은 전기 매출,

구매자 수, 그리고 연속형 변수와 이산형의 더미(dummy) 변수로서 승수(multiplication)형 태로 되어 있다. 편의상 모형에 로그(log) 변환을 통하여 OLS에 의하여 계수들을 추정할 수 있다.

$$Marketing_t = \beta_0 \, Sales_{t-1}^{\beta_1} Users^{\beta_2} \prod_i C_{var_i}^{\beta_i} \prod_i \beta_j^{Dvar_j} \qquad \cdots\cdots\cdots \text{<12-9>}$$

$Marketing t = t$기의 마케팅 비용(MKTG)

$Sales_{t-1}^{\beta_1}$ $= t-1$기의 매출액(SLS)

$Users$ = 마케팅 활동을 통하여 접촉해야 할 고객 수

C_{var_i} = 연속형 독립 변수

D_{var_j} = 0-1의 더미(dummy) 변수

회귀식 〈12-9〉는 종속변수인 마케팅 비용을 추정하기 위하여 전기의 판매액(Sales t-1)과 사용자수(Users), 그리고 연속형 변수와 더미 변수로 구성되어 있다. 각 변수에 대한 정의는 〈표 12-1〉에 요약된 바와 같다. 예를 들어서 마케팅 비용(MKTG)은 〈표 12-1〉의 18째 줄에 PSTS+ADV로 정의되어 있으며 PSTS는 21째 줄에 자세히 정의되어 있고 ADV는 첫째 줄에 정의되어 있다. 그리고 모형이 승수모형이기 때문에 마케팅 비용에 자연로그를 취하여 회귀식을 추정하게 되기 때문에 LMKTG에 대한 정의는 14째 줄에 제시되어 있다. 마찬가지로 $Sales_{t-1}$은 SLS로 표기되며 자연로그를 취한 변수 LSLS가 15째 줄에 나타나있다. 또한 〈표 12-1〉에는 ADVISOR에서 활용되는 모든 변수들이 설명되어 있으며 각 변수들이 사용되는 모형들 또한 마지막 줄에 제시되어 있다.

앞에서의 식 〈12-9〉에 의하여 마케팅 비용을 분석하고 마케팅 비용 가운데서 광고비가 차지하는 비용과 광고비를 분석한다. 이와 같은 절차는 다음의 식에 의하여 표시될 수 있다.

$$Advertising = \frac{Advertising}{Marketing} \times Marketing$$

다음 단계에서 Advertising / Marketing의 식은 로지스틱 변환을 통하여 분석한 결과, 확정된 모형은 〈표 12-2〉의 중간에 제시한 바와 같다. 그리고 광고비에 의한 분석도 마케팅 비용과 마찬가지로 분석되어서 앞에 〈표 12-2〉에 제시한 것과 같다.

우리는 여기에서 〈표 12-2〉의 결과를 면밀하게 살펴볼 필요가 있다. 먼저 〈표 12-2〉의 맨 밑줄에 해당되는 회귀식은 다음과 같이 해석될 수 있다.

표 12-1	변수의 정의

변 수 명	설 명	모 형
1. ADV	제품 1,000개에 대한 광고 및 판매촉진 총지출액	
2. ADVDUM	=0 만약, 광고 예산 < 표본 중위수 =1 그 외	
3. CCOM	(시장점유율이 1% 이상인 1기전의 주요 경쟁자수-2기전의 주요 경쟁 자의 수)/(2기전의 주요 경쟁자의 수)	CHANGE-ADV
4. CONC	산업의 가장 큰 3 고객에 의해 구매되는 총판매액의 비율	CHANGE-ADV
5. CPLANS	1기전 대비 금기의 제품 계획의 변화(원 설문지에서 가능한 제품 계획 가능성의 가중평균에 대한 변화로부터 형성된 변수)	CHANGE-ADV
6. CSHARE	(1기전 시장 점유액-2기전 시장 점유액)/(2기전 시장 점유액)	CHANGE-ADV
7. DIFF	산업 평균과 비교한 제품의 품질에 대한 현재와 기대 소비자의 지각하는 차이 =0 기대고객이 현재고객보다 높은 품질로서 지각 =1 그 외	NORM-A/M MKTG
8. DIRUSER	사용자에게 직접 판매된 비율+회사소유의 재판매업자를 통해 사용자에게 판매된 비율+1	NORM-A/M
9. LADV	LN(ADV)	
10. LCONC	LN(1+CONC)	NORM-ADV MKTG
11. LCUSER	LN(1기전 산업의 downstream specifier의 수+1기전 산업의 사용 자의 수+1기전 산업의 독립 재판매업자의 수)	CHANGE-ADV
12. LCYCLE	제품수명주기의 단계 =0 성장기 =1 성숙기 =missing 도입기와 쇠퇴기	NORM-ADV MKTG
13. LDIRUSER	LN(DIRUSER+1)	NORM-MKTG
14. LMKTG	LN(MKTG)	
15. LSLS	LN($표시 제품 판매액) (1기 지연, 단위: 1,000)	NORM-ADV A/M MKTG
16. LSPEC	LN(SPEC+1)	NORM-ADV MKGT
17. LUSERS	LN(산업의 downstream specifier의 수+산업의 사용자수×조직의 일상적 의사결정자의 수+산업의 독립 재판매업자의 수×재판매조직의 일상적 의사결정자의 수)	NORM-ADV MKGT
18. MKTG	PSTS+ADV	
19. PLANS	=1 만약, 제품 계획이 긍정적이면 (즉, 만약 응답자들이 시장의 확대를 나타내면,) =0 그 외	NORM-MKTG ADV
20. PROD	제품 복잡성 =1 만약, 제품이 기계류, 부품류이면, =0 그 외	NORM-MKTG A/M
21. PSTS	제품의 대한 현재기의 인적 판매와 기술 지원에 대한 총지출액(적용 가능한 간접비 포함)	
22. SPEC	주문에 의한 제품 판매량의 비율	

$$LMKTG = 0.712LSAS + 0.082LUSERS - 1.633LCONC$$
$$- 0.993LSPEC - 0.305DIFF + 0.194LDIRUSER$$
$$- 0.424LCYCLE + 0.809PLANS + 0.528PROD + 0.185$$

위 식에서 log를 제거하여 앞에서 제시한 마케팅 비용(=MKTG)를 구할 수 있게 된다. 이 식은 여러 개의 독립변수들과 마케팅 비용과의 관계를 나타낸 것으로서 〈표 12-2〉에서 광고비와 독립변수와의 관계 및 광고비가 마케팅 비용에서 차지하는 관계 (A/M)도 또한 마찬가지로 회귀식이 도출될 수 있다.

특히 Advertising/Marketing, 즉 마케팅 비용 중에서 광고비가 차지하는 비율을 설명하는 식은 logit모형을 채택하고 있다. 따라서 〈표 12-2〉의 logit(A/M)은 $ln\{(ADV/MKTG)/(1-ADV/MKTG)\}$를 종속변수로 하는 회귀식이 된다. 그 결과는 〈표 12-2〉에 나타난 바와 같으며 이를 정리하면 다음과 같다.

$$ln\{(ADV/MKTG)/(1-ADV/MKTG)\} = -0.232LSLS + 0.383DIF$$
$$- 0.255LDIRUSER + 0.230PROD + 0.544$$

또한 광고를 설명하는 식은 다음과 같다.

$$LADV = 0.618LSLS + 0.104LUSER - 1.881LCONC$$
$$- 1.989LSPEC - 0.892LCYCLE + 1.503PLANS - 0.651$$

전체적으로 모든 독립변수들이 활용되어서 마케팅 비용을 설명하고 있으며, A/M의 경우에는 LUSERS, LCONC 등을 포함하는 5개의 독립변수들이 비유의적으로 나타났다. 여기에서 PROD의 경우 통계적으로 비유의적으로 나타났으나 모형의 논리적인 일관성을 유지하기 위하여 모형을 설명하기 위한 변수로서 활용되고 있음에 유의할 필요가 있다.

다음에는 각 독립변수들과 종속변수들의 관계를 파악해 보고자 한다. 매출(Sales; LSLS)은 광고비 및 마케팅 비용과 양(+)의 관계를 강하게 나타내고 있으나, A/M과 매출의 관계는 음(-)의 관계를 보여주고 있다. 즉 매출액이 증가함에 따라서 마케팅 비용 가운데서 광고비가 차지하는 비율은 줄어들고 있음을 보여주고 있다. 이 사실은 ADVISOR가 적용된 모형의 자료에서 파악해 볼 때 산업재의 주요 광고매체가 제한되어 있기 때문이며, 광고비 이외의 마케팅 비용(예: 판매원 비용)에는 추가적으로 투자가 많이 되었던 것으로 파악하고 있다. 또한 매출액과 광고비와의 계수는 0.618이며 매출액과 마케팅비용과의

표 12-2　NORM 모형의 결과

종속변수	연속형 변수						이분형 변수			상수	R2 / F	SE / N
	판매액 (LSLS)	사용자의 수 (LUSERS)	고객 집중도 (LCONC)	주문에 의한 판매비율 (LSPEC)	기대고객 속성차이 (DIFF)	사용자에게 직접 판매액 (LDIRUSER)	제품수명 주기단계 (LCYCLE)	제품 계획 (PLANS)	제품 복잡성 (PROD)			
광고 (LADV)	+0.618 (9.1)	+0.104 (3.6)	-1.881 (3.1)	-1.989 (4.4)	*	*	-0.892 (3.7)	+1.503 (6.0)	*	-.651	0.59 / 25.0	1.12 / 110
A/M (Logit(A/M))	-0.232 (4.5)	*	*	*	+0.383 (2.0)	-0.255 (2.1)	*	*	0.230** (1.2)	+0.544	0.24 / 7.5	0.91 / 100
마케팅 (LMKTG)	+0.712 (12.6)	+0.082 (3.1)	-1.633 (3.1)	-0.993 (3.1)	-0.305 (1.7)	+0.194** (0.6)	-0.424 (2.0)	+0.809 (3.9)	+0.528 (2.5)	+0.185	0.72 / 28.2	0.91 / 110

*비유의적이며 논리적으로 무관한 변수
**논리적 일관성을 위해 포함된 변수
단, ( )인은 t-통계량 또는 변수량
모든 식은 0.001 수준에서 유의적

관계는 0.712로서 나타난 것에 주목할 필요가 있다.

지금까지 설명한 Norm 모형과 더불어서 Change 모형은 환경변화에 따라서 마케팅 또는 광고 예산이 변화할 때 그 변화를 파악하고자 하는 것이 목적이다. 따라서 광고비의 변화율을 종속변수로 하여 다변량 로지스틱(logistic)함수를 이용하여 회귀식을 추정하는 것이다. 여기에 포함되는 독립변수들은 〈표 12-1〉의 변수의 정의에서 언급되었음을 참고하여 주기 바란다.

지금까지 토론한 ADVISOR의 목적은 모형을 통하여 기업이 분석하고자 하는 종속변수와 독립변수의 관계를 규명하고 그에 따른 마케팅 예산의 과학적인 분배를 위한 것이다. 따라서 기업이 접하고 있는 환경에 따라서 ADVISOR 모형은 조금씩 달라질 수 있을 것이며 또한 도입되는 독립변수들도 차이가 있게 된다. 이러한 점을 고려하여 자사의 실정에 적합한 모형들을 개발함은 물론 실제 검증과정을 거쳐서 마케팅 관리에 활용함이 바람직하다.

사례: '말이 필요없는' 돈 되는 사업, 열광하는 사람들

소셜네트워크서비스(SNS)나 모바일 메신저에서 언어가 점차 밀려난지 오래다. 특히 젊은 세대들은 문자 외에 사진, 이모티콘(emoticon) 등의 보여지는 이미지로 소통하는 데 익숙하다. 이모티콘은 감정(emotion)과 조각 그림(icon)의 합성어로, 자신의 감정을 담은 작은 그림을 뜻한다.

■ 백마디 말보다 이모티콘 하나 감정 표현에 효과적

요즘 이모티콘은 '패션' 같은 기능을 한다. 새로 나온 옷을 골라 사입듯 '신상' 이모티콘을 찾고, 자신의 개성을 잘 드러내 줄 만한 것을 사들인다. "내 마음을 정확히 표현해주는 이모티콘을 발견하면 스트레스가 확 풀린다", "예전엔 누가 그런 걸 돈 주고 사나 했지만 요즘은 한 세트에 2,000~3,000원 하는 이모티콘 사는 게 전혀 이상하지 않다"가 사용자들의 보편적 반응이다.

이모티콘은 차가운 디지털 공간에 온기를 불어넣어 주고, 풍부한 감정 표현을 돕는다는 점에서 효과적이다. 일종의 놀이, 가벼운 농담 기능을 하면서 '재미'는 중요한 요소가 됐다. 나이 든 세대는 이모티콘을 더욱 특별하게 받아들인다. 이모티콘 구매 이유 조사에서 '남들에게 없는 것을 갖고 싶어서'라는 응답은 27.8%, 50대 응답은 모든 세대 중 가장 높은 44.4%였다. '새로운 이모티콘을 쓰면 유행에 앞서가는 느낌을 준다'(34.7%)는 응답도 50대(43.2%)에서 가장 높았다.

■ 사업이 쑥쑥, 돈이 된다, 이모티콘을 활용한 영역의 확장

2011년 카카오톡이 이모티콘 카카오프렌즈를 처음 선보였다. 무료 채팅 메신저라는 새로운 플랫폼의 폭발성만큼이나 이모티콘에 대한 반응도 폭발적이었다. 지난 4년간 총 1,000만 명이 이모티콘을 구매했고 매달 발신되는 이모티콘 메시지 수는 20억건, 하루 1,000만 명의 메신저 이용자가 이모티콘을 이용해 대화를 나눈다. 카카오톡이 국민 메신저가 된 데는 8할이 카카오프렌즈 덕분이라는 말도 나왔다.

캐릭터 이모티콘의 활성화는 캐릭터 디자인 전체의 파이를 키웠다. 게임, 애니메이션, 광고 등 각 분야 안에서만 머물던 캐릭터가 온라인과 오프라인의 경계를 넘어, 연령과 성별의 차이를 넘어 생명력을 얻기 시작했다. 특히 카카오프렌즈의 경우, 문구ㆍ완구류는 물론 제과 업계, 화장품 업계, 패스트푸드 업계, 의류 업계에 이르기까지 캐릭터의 활용 영역이 확장됐다. 마트에만 가도 캐릭터 이모티콘이 그려진 방향제, 치약ㆍ칫솔 등의 생활용품을 흔히 볼 수 있다.

카카오가 운영하는 카카오프렌즈는 서울 강남역에 첫 번째 플래그십 스토어를 열고 한 달 만에 누적 방문객이 45만명을 돌파하는 등 순항 중이다. 카카오프렌즈는 캐릭터를 활용한 인형ㆍ리빙ㆍ패션ㆍ아웃도어ㆍ음식ㆍ화장품 등 1,500여 종의 여러 가지 제품을 갖췄다. 이 중 특히, 사자 한 마리에 젊은 층이 열광하고 있는데 바로 카카오프렌즈 캐릭터 '라이언(RYAN)'이다. 카카오 브랜드팀 디자이너 다섯명의 손에서 탄생한 이 캐릭터는 사자를 뜻하는 'Lion'과 비슷한 발음의 사람 이름을 붙였다. 모바일뿐만 아니라 라이언을 활용한 쿠션과 인형, 파우치, 휴대폰 케이스 등 실물(實物) 상품도 인기. 노숙인이 판매하는 잡지 '빅이슈' 134호는 라이언을 표지 모델로 등장시켜 초판이 완판됐다. 부랴부랴 재판을 찍어 평소 2배인 2만 5,000부가 팔려나갔을 정도. 카카오 사원들은 온ㆍ오프라인 매출을 책임지는 살림꾼 라이언을 '라 상무님'이라고 부른다.

■ 전세계서 급성장하는 '이모지(emoji) 산업'

이모지의 어원은 '에모지(繪文字ㆍ그림문자)'다. 컴퓨터 자판 부호를 조합해 감정을 표현하는 이모티콘과 달리 이모지는 실제 그림이다. 1999년 일본 최대 통신기업 NTT도코모가 선보인 250개의 그림문자가 기원이다. 하지만 전 세계적으로 널리 사용되기 시작한 건 2011년 애플 운영체계의 일부가 되면서부터다.

SNS 마케팅의 일환으로 이모지를 사용하는 기업도 늘었다. 버거킹과 맥도날드는 각각 자사의 '치킨 프라이스'와 '빅맥' 등 인기 메뉴를 형상화한 이모지를 출시했다. 펩시콜라는 '펩시모지'라는 이름의 자체 이모지를 제품 디자인과 이벤트 등에 활용 중이다. 콘돔회사 듀렉스는 성병 예방을 명분으로 콘돔 이모지를 다음 버전의 유니코드에 포함하자는 캠페인을 벌이고 있다. GM은 2016년형 크루즈 보도자료에 이모지 버전을 작성해 배포하기도 했다.

자료원: 조선일보, 2016. 11. 14.

SECTION 03 DEFENDER 모형

Hauser and Shugan(1983)의 DEFENDER모형은 소비자의 지각과 선호에 대한 분석을 통하여 기존시장에 경쟁적 신제품의 진입으로 인한 공격에 직면하여 이익 극대화를 위하여 기업이 어떠한 마케팅 전략을 수립해야 하는가에 대한 규범적인 시사점(normative implications)을 제시하고 있다.

DEFENDER 소비자 모형에서 관심의 초점은 방어적 전략을 구사한 결과로 나타나는 시장점유율에 있다. 이 모형은 시장반응의 수준(the level of market response)에 관리적 관심이 있으며, 다음과 같은 가정을 하고 있다. 첫째, 기존 상표들은 다속성 공간에서 그 위치를 나타낼 수 있으며, 둘째, 소비자들은 자신의 효용을 극대화할 수 있는 상표를 선택한다. 셋째, 제품 범주의 효용곡선은 각 제품속성들을 선형으로 반영하면서 오목한 형태를 나타내며, 마지막으로 소비자의 인지수준과 제품의 구득가능성은 광고와 유통경로에 대한 반응함수로 모형화될 수 있다.

DEFENDER 모형에서는 기존의 지각도와는 다르게 기존 상표들의 지각도상의 위치를 각 제품의 평균가격으로 나눈 "원(₩)당" 지각도("per dollar" perceptual map) 또는 가치도(value map)로 표시한다. 또한 지각도는 통상적으로 원점이 존재하지 않으며 설명의 편

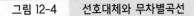

그림 12-4   선호대체와 무차별곡선

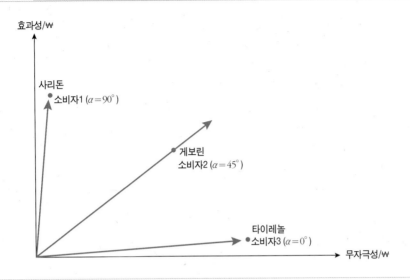

리성을 위해 1, 2, 3, 4분면으로 나타내나, 가치도는 원점이 존재하며 1사분면만으로 소비자의 제품에 대한 지각과 선호를 나타낸다는 점에서 차이가 있다. 또한 원점을 갖는 효용공간이기에 미시경제학적인 접근이 가능하다는 점에서도 지각도와 다르다고 할 수 있다.

    DEFENDER 모형의 이해를 위해서 알아두어야 할 개념은 소비자 기호분포이다. 먼저 소비자의 이상적 벡터의 기울기와 무차별곡선을 살펴보자. 예를 들어 [그림 12-4]에서 소비자 1이 "효과성/₩"만을 중시한다면, 그의 무차별곡선은 수평선이 될 것이고 그는 사리돈을 선택할 것이다. 만약 소비자 3이 "무자극성/₩"만을 중시한다면, 그의 무차별곡선은 수직선이 될 것이며 타이레놀을 선택할 것이다. 또한 소비자 2가 "효과성/₩"과 "무자극성/₩"에 대해 동일한 가중치를 부여한다면 그의 무차별곡선의 각도는 45°가 될 것이며 게보린을 선택할 것이다.

    즉 소비자의 무차별곡선이 수직축과 이루는 각도가 0°에 가까울수록 "무자극성/₩"을 선호하고 90°에 가까울수록 "효과성/₩"에 대한 선호가 강함을 알 수 있다. W_1과 W_2를 "원(₩)당"지각차원에 대한 중요도라 하면, 각 소비자는 $W_1 \times$ "(무자극성/₩)"+$W_2 \times$ "(효과성/₩)"의 효용을 갖는 제품 중에서 효용이 가장 큰 제품을 선택하는 것을 가정할 수 있다. 이때 소비자의 무차별곡선의 기울기 α는 arctan(W1/W2)이다(Hauser, 1988).

    [그림 12-4]의 진통제시장에 소비자들이 90명이 존재하는데, 이들의 무차별곡선의

그림 12-5   소비자기호 분포

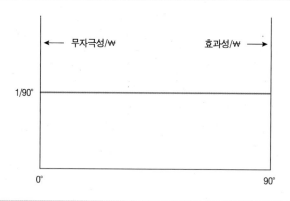

그림 12-6   DEFENDER모형에서 세 가지 가능한 재포지셔닝 방법

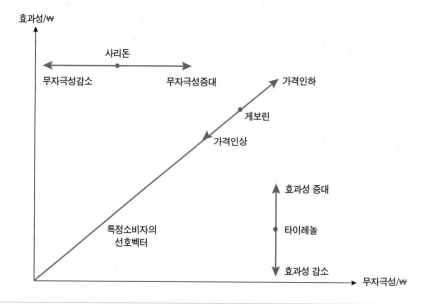

기울기를 조사하여 본 결과 1°부터 90°까지 고루 분포되어 있다고 가정하여 보자. 이를 간단히 하면 [그림 12-5]와 같이 나타낼 수 있다. 여기서 소비자기호는 선호대체성을 말한다.

DEFENDER 모형의 가치도를 이용하여 [그림 12-6]에서와 같이 세 가지 기본적인 재포지셔닝의 방법을 생각해 볼 수 있다. 첫째, 가격할인을 통하여 상표의 위치를 원점에서 멀리 떨어지게 할 수 있다. 둘째, "무자극성/₩"을 증대시켜 상품의 위치를 수평적 차

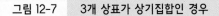

그림 12-7   3개 상표가 상기집합인 경우

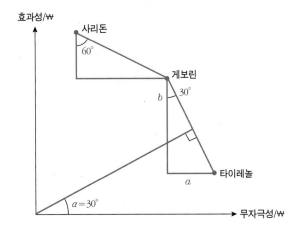

원으로 우향시킨다. 셋째, "효과성/₩"을 증대시켜 상품의 위치를 수직적 차원으로 상향시킨다. 둘째와 셋째의 재포지셔닝에는 물리적인 개선도 가능하며 광고를 통한 재포지셔닝도 가능하다. 또한 세 가지 방법을 결합하여 사용할 수도 있다.

　각 상표의 지각위치가 [그림 12-7]과 같고, (타이레놀, 게보린, 사리돈)을 상기집합으로 갖고 있고, 이때 각 상표의 시장점유율이 각각 50%, 20%, 30%인 경우를 가정하여 보자. 그러면 소비자들의 50%가 타이레놀을 선택하였으므로 소비자들 중의 50%는 기호각도 a가 0°에서 30°사이에 속함을 알 수 있다. 따라서 타이레놀의 확률은 $0.5/(30°-0°)$임을 알 수 있다. 게보린과 사리돈에 대해서도 이와 같은 방법으로 확률을 구하면 각각 $0.2/(60°-30°)$, $0.3/(90°-30°)$ 임을 알 수 있다([그림 12-8] 참고).

　그러나 만약 (타이레놀, 사리돈)이 상기집합이고 각각 50%의 시장점유율을 차지하는 경우에, 타이레놀의 확률은 $0.5/(45°-0°)$이며 사리돈 역시 $0.5/(90°-45°)$의 확률을 갖는다. 그리고 (타이레놀)만이 상기집합인 경우에는 소비자들이 "효과성/₩"보다 "무자극성/₩"을 선호한 데서 기인한다고 볼 수 있으므로, 이러한 경우에는 균등분포(uniform distribution)가 아닌 삼각분포(triangle distribution)를 기호분포로 선택할 수 있으며 확률은 $2/90°$를 갖는다.

그림 12-8	소비자 기호분포

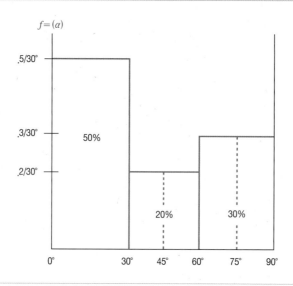

사례: 스티브 잡스가 최고의 세일즈맨인 이유: 그가 모두에게 말했던 단 한가지에 있다

"당신을 위해 놀라운 노트북 컴퓨터(PC)를 추천합니다. 13.3인치 LED(발광다이오드) 디스플레이, 풀사이즈 키보드, 1.6㎓ 프로세서, 단일 알루미늄 본체 디자인을 갖춘 노트북."

"이봐, 대체 왜 내가 그 노트북PC를 신경 써야 하지?"

2008년 스티브 잡스는 새로운 노트북PC '맥북 에어'를 출시했을 때 단 한 문장으로 말했다. "이건 세상에서 가장 얇은 노트북PC입니다". 알루미늄 본체, 디스플레이, 키보드 등은 제품의 '스펙'이었지만 소비자들에게 장점으로 이어지지 않았다. 잡스는 '어떻게' 애플이 강력한 성능을 얇은 노트북PC에서 구현했는지 말하는 대신 '왜' 얇은 노트북PC가 고객들에게 이로운지 설명했다.

'스티브 잡스 프레젠테이션의 비밀' '어떻게 말할 것인가(Talk like TED)' 등 베스트셀러 저자이자 구글과 인텔, HP, 코카콜라 등 세계 일류 기업의 커뮤니케이션 코치로 활동 중인 '카민 갤로'는 경영 전문 매거진 'Inc.'에 잡스가 세계 최고 세일즈맨인 이유를 분석한 글을 기고했다. 그는 잡스나 구글의 창업자인 래리 페이지와 세르게이 브린이 성공할 수 있었던 이유를 단 하나의 가장 중요한 질문에 대답했기 때문이라고 주장했다. 그 질문은 '내가 왜 그걸 신경 써야 하는데(Why should I care)'였다. 800쪽에 달하는 바인더에 당신의 최신 제품에 대한 기밀이 담겨 있다고 가정하자. 당신이 만약 최고경영자(CEO)라면 고객들에게 어떻게 말해야 할까?

갤로는 제품의 스펙을 말하는 데서 시작하지 말고 왜 그 제품이 그들의 삶을 바꾸게 되는지 말하라고 조언한다. 어떤 발표든지 당신의 청중은 그들 스스로 하나의 질문을 던지게 된다. 이는 당신이 대답해야 할 가장 중요한 질문이자 가장 결정적인 하나의 질문이다. "내가 왜 그걸 신경 써야 하지?" 꽤나 충격으로 다가올 수 있지만 갤로는 "당신의 고객은 당신의 제품이나 서비스, 회사, 아이디어 따위는 신경 쓰지 않는다. 그들은 그들의 희망, 꿈, 삶의 질을 신경 쓴다"고 지적한다. 그는 "그들에게 당신의 제품이 그들의 삶을 어떻게 향상시킬 수 있을지 말해라. 그러면 당신은 그들의 관심을 받을 것"이라고 말한다.

■ 잡스는 '왜'를 '어떻게'보다 먼저 설명했다.

그에 따르면 잡스도 한때 "사람들이 컴퓨터에 대해 알기를 원하지 않는다"고 말했다. 그들은 컴퓨터가 어떻게 그들을 더 잘살 수 있게 도울지 알고 싶어한다. 잡스는 "당신은 고객 경험에서 시작해 기술로 거슬러 올라가야 한다. 그 반대는 안 된다"고 말했다. 잡스는 이 개념을 그의 프레젠테이션에 적용했다. 예를 들면 오리지널 아이팟(iPod)이 얼마나 많은 용량을 내장하고 있었는지(5GB) 기억하는 사람은 거의 없지만 주머니 속에 1,000곡이 넘는 노래를 담을 수 있는 가장 상징적인 제품 중 하나였다. 그러나 아이팟은 잡스가 근본적인 질문을 던진 것에서 출발했다. "애플의 고객들은 왜 새 MP3플레이어에 신경을 써야 할까?"

■ 구글은 한 문장으로 투자자를 사로잡았다

갤로는 유명 벤처 투자자인 '마이클 모리츠'가 "위대한 리더는 복잡한 제품을 그것의 본질로 분해할 수 있다"고 말했다고 전했다. 그는 스탠퍼드대 대학원생 시절의 구글 공동 설립자 브린과 페이지를 회상해보라고 말한다. 브린과 페이지가 '세쿼이아캐피털'로 투자 유치를 위해 찾아갔을 당시 그들은 당시 투자자였던 '모리츠'에게 그가 저항할 수 없었던 단순한 한 문장을 제시했다. 그 문장은 '왜 고객이 구글을 신경 써야 하는가'라는 질문에 대한 답을 제시했다. 그 답은 "구글은 세계의 정보를 조직하고 이를 접근 가능하게 한다"였다. 물론 투자자들은 구글 설립자들이 실제로 그들이 말한 내용을 실행할 수 있는 기술을 가졌다는 점에 만족했기에 투자를 결정했다.

■ '피치 라인(Pitch line)'은 어떻게 만들어야 할까

갤로는 신제품 출시에 앞서 많은 기업체의 고위 관계자들을 만날 때마다 그들에게 제품의 장점을 알리고 왜 자신이 그것에 신경 써야 하는지에 관한 답을 주는 단 한 문장, '피치 라인'을 만들라고 충고한다. 그 대답은 140자 내외로 짧고, 질문에 대답하지 않고 자리만 차지하는 전문용어가 없어야 한다. 예를 들어 갤로는 '도시바 아메리카 메디컬 시스템'의 경영진과 협력해 CT 두뇌 검사기 출시 프로젝트를 도왔을 때 다음과 같이 설명했다. "이 신제품은 최초로 320개 초고강도 검출기열을 가진 동적 대용량 CT 기계로 전체 장기를 단일 갠트리 회전으로 영상화할 수 있습니다." 갤로는 이 대답은 너무 복잡하고 추상적이며 가장 중요한 '내가 왜 그걸 신경 써야 하지'란 질문에 대답하지 못했다고 설명했다. 한 고위 관계자는 당황한 끝에 갤로에게 다음과 같이 말했다. "이봐요 카민, 당신에게 만약 발작이 왔을 때 병원에 우리 제품이 있다면 의사들은 예전보다 훨씬 더 정확한 진단을 빨리 내릴 수 있을 거예요. 우리 제품은 집에 무사히 귀가해 여생을 보내는 것과 당신의 가

족을 두 번 다시 알아볼 수 없게 되는 것의 차이를 뜻할 수 있어요." 그러자 갤로는 "왜 방금 전에도 당신은 그렇게 말하지 않았느냐"고 답했다. "난 그걸 샀어요." 갤로에 따르면 그해 중요 방사선학 콘퍼런스에 참가한 고위 관계자들의 발표는 '헬스케어' 분야에서 상을 받기에 이르렀다. 그러나 이 모든 것은 가장 중요한 한 가지 질문에서 출발했다. "내가 왜 그걸 신경 써야 하지?"

자료원: 매일경제, 2018. 03. 15.

SECTION 04   맺음말

　　지금까지 BRANDAID, ADVISOR와 DEFENDER의 세 가지 마케팅 믹스 관리 모형에 관하여 토론하였다. 이와 같은 모형들은 1980년대 이후 계량적 기법들의 발달과 더불어서 최근에 이르기까지 대단한 진전을 보아왔으며 실무적으로 활용이 되고 있다. 마케팅 믹스 모형의 발전은 근본적으로 여기에 공헌하는 하부 믹스 모형들의 연구 결과에 토대를 가지고 발전된 것이다.

　　앞에서 토론한 가격의 문제를 다시 언급하면 세일의 문제, 쿠폰, 수량 할인, 끼워 팔기 등 다양한 연구의 바탕 위에 많은 진전을 보아온 것이다(Dockner and Jorgensen, 1988; Kohli and Park, 1989, 1994). 마찬가지로 광고, 인적 판매, 판매원 관리 등 다양한 촉진 믹스, 유통 등에 관한 하부 믹스의 관리에 관한 연구로부터 출발한 것이다(Lilien, Kotler, and Moorthy, 1992). 근본적으로 이와 같은 계량적인 연구방법론들은 소비자 행동에 근거를 두고 있기에 소비자 행동에 관한 연구(Kahneman and Tversky, 1979: Hoch and Ha, 1986: Ha and Hoch, 1989)에 기본을 두고서 모형이 설정되어야 함은 물론이다.

　　전 세계의 선진 기업들은 1990년대 들어와서 많은 기업들이 광고비를 삭감하고 대신 마케팅 정보시스템을 활용하여 소비자 개인별 판촉에 많은 마케팅 자원을 활당하고 있다. 이와 같은 사실은 시장현상이 항상 유동적으로 변화하고 있으며, 동시에 효율적인 마케팅 자산의 활용이라는 문제를 과학적으로 관리하기 위한 노력을 기울이고 있다는 증거이다.

　기업에 따라 다르기는 하나 경쟁이 치열해질수록 광고비, 소비자 판촉, 소매점 판촉 등의 마케팅 비용이 증가해가고 있는 실정이다. 우리나라 기업은 다양한 마케팅 전략 변수에 마케팅 자원의 효율적인 분배를 위하여 과학적인 방법들을 도입하여야 할 시점에 이르렀다. 이에 따라서 과학적인 마케팅 믹스 관리를 위하여 계량적인 모형을 도입하고 그 결과를 분석하여 마케팅 자산의 효율화를 기하여야 할 것이다.

　이를 위하여 자사에 적절한 모형의 개발이 시급한 실태이다. 본장에서는 소비재 모형과 관련하여 BRANDAID, 산업재를 위하여 ADVISOR, 그리고 방어 전략 수립을 위한 DEFENDER를 설명하였다. 지금까지 대단히 많은 마케팅 믹스 전략 모형들이 도입되어서 실무적으로 활용되고 있기에 이에 대한 많은 이론적인 검토와 아울러서 실무적인 응용을 필요로 할 것으로 생각된다.

토론 문제

01. 하나의 기업을 선정하여서 마케팅 믹스 관리가 어떻게 수행되고 있는가를 파악해 보라. 4P(Product, Promotion, Place, Price)별로 하부 마케팅 믹스를 파악하고 그에 대한 투자가 올바로 적절히 이루어지고 있는지 조사하여 보고 이에 대하여 토론하여 보자.

02. 또한 선정된 기업의 각 하부 마케팅 믹스별로 자료를 수집하고 적절한 계량적 마케팅 믹스 관리 모형들을 설정하여 보라.

03. 다음과 같은 자료가 있다.

| 표 1 | 분말쥬스 Tang의 자료 | | | | | | | (*단위: 000) |

기 간		Tang의 판매량*	광고비	촉진비	소매가*	경쟁상품의 판매량*	경쟁상품의 가격*	가격차이+	경쟁상품의 광고비
연도	분기								
1	1	530	365	289		0		-0.5	
	2	511	435	338		0		0.1	
	3	514	303	330		0		1.4	
	4	545	188	190		0		2.2	
	계	2,100	1,291	1,147	$8.41	0			
2	1	579	437	1,006		0		3.3	
	2	615	331	51		0		3.8	
	3	664	570	129		0		4.7	
	4	850	1,176	471		0		6.0	
	계	2,708	2,514	1,657	$8.38	0			
3	1	801	992	254		0		6.3	
	2	853	771	356		0		5.1	
	3	872	802	128		0		4.8	
	4	1,029	988	448		0		4.0	
	계	3,555	3,553	1,186	$8.71	0			
4	1	1,019	1,400	710		0		3.4	
	2	1,002	806	549		0		3.2	
	3	1,024	843	1,011		0		4.5	
	4	1,197	1,110	684		0		2.1	
	계	4,242	4,159	2,954	$8.70	0			

5	1	1,088	883	339		0		3.4	
	2	1,070	769	1,070		22		4.8	
	3	1,052	864	1,006		50		5.1	
	4	1,142	430	763		89		8.0	
	계	4,352	2,946	3,718	$8.71	161	7.49		59
6	1	1,044	884	576		200		7.9	
	2	965	363	851		271	7.53	7.9	630
			520 (추정)	490 (추정)	$9.08				

위의 자료는 5년 반동안 4분기(quarter)별로 제품 판매 실적 및 마케팅 관련 자료이다. 경쟁자는 제5차연도 2/4분기부터 등장하기 시작하였으며 이에 따라서 경쟁자와 광고비도 또한 같은 시기부터 주어져 있다. 가격차이는 2차적 경쟁관계에 있는 농축 오렌지주스와의 가격차이를 나타내고 있다. 이와 같은 자료를 활용하여 마케팅 믹스 모형을 설정하여 보라.

04. 위와 같은 과정을 산업재를 대상으로 조사하여 보고 ADVISOR모형을 적용시켜 보자.

05. 샴푸시장의 대표적인 상품을 선정하여 선호 대체에 따른 무차별곡선(DEFENDER 모형의 첫 번째 그림 참조)을 그리고 DEFENDER 모형에 따른 재포지셔닝과 시장점유율을 예측하여 보자.

참고 문헌

Brodie, R. J. and Danaher P. J. (2000), "Building Models for Marketing Decisions: Improving Empirical Procedures," *International Journal of Research in Marketing*, 17(2/3), pp. 135-139.

Dockner, E. and Jorgensen, S. (1988), "Optimal Pricing Strategies for New Products in a Dynamic Oligopoly," *Marketing Science*, 7(4), pp. 315-334.

Eliashberg, J., Jonker, J. J., Sawhney, M. S., and Wierenga, B. (2000), "MOVIEMOD: An Implementable Decision-Support System for Prerelease Market Evaluation of Motion Pictures," *Marketing Science*, 19(3), pp. 226-243.

Gaskin, S. P. (1983), *Defender: The Test and Application of a Defensive Marketing Model*, M.S. Thesis, Sloan School of Management, M.I.T., Cambridge, Mass.

Ha, Y. W. and Hoch, S. J. (1989), "Ambiguity, Processing Strategy, and Advertising-Evidence Interactions," *Journal of Consumer Research*, 16(3), pp. 354-360.

Hauser, J. R. and Gaskin, S. P. (1984), "Application of Defender Consumer Model," *Marketing Science*, 3(4), pp. 327-

351.

Hauser, J. R. (1985), *Theory and Application of defensive Strategy*, Cambridge, MA: Marketing Science Institute, Report No. 85-107.

Hauser, J. R. and Shugan, S. M. (2008), "Defensive Marketing Strategies," *Marketing Science*, 27(1), pp. 88-110.

Hauser, J. R. (1986), "Theory and Application of Defensive Marketing Strategy," *The Economics of Strategic Planning*, ed. L. G. Thomas, pp. 113-139.

Hauser, J. R. (1988), "Note-Competitive Price and Positioning Strategies," *Marketing Science*, 7(1), pp. 76-91.

Hoch, S. J. and Ha, Y. W. (1986), "Consumer Learning: Advertising and the Ambiguity of Product Experience," *Journal of Consumer Research*, 13(2), pp. 221-233.

Jianan, W. and Rangaswamy, A. (2003), "A Fuzzy Set Model of Search and Consideration with an Application to an Online Market," *Marketing Science*, 22(3), pp. 411-434.

Kahneman, D. and Tversry, A. (1979), "Prospect Theory: An Analysis of Decision under Risk," *Econometrica*, 47(2), pp. 263-292.

Kohli, R. and Park, H. (1989), "A Cooperative Game Theory Model of Quantity Discounts," *Management Science*, 35(6), pp. 693-707.

Kohli, R. and Park, H. (1994), "Coordinating Buyer-Seller Transactions Across Multiple Products," *Management Science*, 40(9), pp. 1145- 1150.

Lilien, G. L., Kotler, P., and Moorthy, K. S. (1992), *Marketing Models*, New Jersey: Prentice-Hall.

Lilien, G. L. (1979), "Advisor 2 Modeling the Marketing Mix for Industrial Products," *Management Science*, 25(2), pp. 191-204.

Lilien, G. L. and Kotler, P. (1983), *Marketing Decision Making: A Model- Building Approach*, New York: Harper & Row Publishers.

Little, J. D. C. (1975), "BRANDAID: A Marketing-Mix Model, Part 1: Structure," *Operation Research*, 23(4) pp. 628-655.

Little, J. D. C. (1979), "Decision Support System for Marketing Manager," *Journal of Marketing*, 43(3), pp. 9-26.

Manchanda, P., Rossi, P. E., and Chintagunta, P. K. (2004), "Response Modeling with Nonrandom Marketing-Mix Variables," *Journal of Marketing Research*, 41(4), pp. 467-478.

Naik, P. A., Raman, K., and Winer, R. S. (2005), "Planning Marketing- Mix Strategies in the Presence of Interaction Effects," *Marketing Science*, 24(1), pp. 25-34.

Roberts, J. H., Morrison, P. D. and Nelson, C. J. (2004), "Implementing a Prelaunch Diffusion Model: Measurement and Management Challenges of the Telstra Switching Study," *Marketing Science*, 23(2), pp. 186-191.

Shugan, S. M. (2002),"Marketing Science, Models, Monopoly Models, and Why We Need Them," *Marketing Science*, 21(3), pp. 223-228.

Stasch, S. F. and Lanktree, P. (1980), "Can Your Marketing Planning Procedures Be Improved?," *Journal of Marketing*, 44(3), pp. 79- 90.

Urban, G. L. and Hauser, J. R. (2004), *Design and Marketing of New Products*, Custom Edition, Virginia College Online: Pearson Custom Pub.

Urban, G. L, (1974), "Building Models for Decision Making," *Management Science*, 4(3), pp. 1-11.

Zoltner, A. A. and Dodson, J. A. (1983), "A Market Selection Model for Multiple End-Use Products," *Journal of Marketing*, 47(2), pp. 76- 88.

13 CHAPTER

NEW PRODUCT MARKETING STRATEGY

효율적인 고객관리를 통한 대우증권의 1등 탈환 전략 사례

본 사례는 외환위기 및 대우 그룹 해체로 인해 존폐의 위기에 처했던 대우증권이 선도업체 위상을 탈환하기까지 재건과정에서 실행했던 마케팅 전략 및 영업활동을 분석하고 있다.

국내 증권업계 선두주자였던 대우증권은 1999년 '대우사태'로 인해 한때 업계 5위까지 추락하고 1조 2,000억원의 적자를 기록하였으며 신용등급은 투자 부적격 단계인 CCC+까지 하락하는 등 위기를 맞이하게 되었다. 하지만 불과 5년 후 2004년 대우증권은 위탁매매 영업 부문 1위 위상을 되찾으면서 전 사업 분야에서 성장을 지속하고 있다. 2006년 증권업종 시가총액 1위를 회복하는 등 각종 경영지표는 큰 폭으로 개선되었고, 신용등급은 AA-로 상향조정되었다.

대우증권의 사례를 살펴봄으로써 위기를 효과적으로 극복하고 새롭게 도약하기 위해 활용 가능한 마케팅 및 영업 전략을 소개한다.*

---

* 본 사례는 2007년 한국마케팅저널 10월 제9권 제3호에 게재된 이문규, 박흥수, 권익현, 김도연, 강성호의 "효율적인 고객관리를 통한 대우증권의 1등 전략 사례"에 기반하여 작성 되었음.

SECTION 01 도 입

1997년 IMF 외환 위기라는 초유의 사태는 한국 경제에 엄청난 충격을 주며 공황상태로 이끌었다. 외환위기를 전후로 하여 당시 국내 대기업의 3분의 1 가량이 도산하였고 한보, 삼미, 진로, 기아, 대농 등 20여 개의 재벌 그룹들이 줄줄이 해체되어 현재 일부 계열사만 명맥이 이어지고 있다. 금융기관들 역시 부실채권 부담을 떠안게 되면서 구조 조정되거나 정리되어졌다. 이와 같이 IMF를 통해 위기 상황에 직면했던 기업들 중 상당수가 역사 속에 사라졌거나 여전히 어려운 경영 상황에 있으며 일부만이 극적으로 회생하였다.

대우증권은 이러한 경영 위기를 극복하고 성공적으로 재기한 대표적인 사례로서 회자되는 기업이다. 당시 재계 서열 2위로서 성장 신화의 상징이었던 대우 그룹은 무리한 사세 확장으로 인해 외환 위기와 함께 해체의 운명을 맞이하게 되었다. 부동의 1위 증권사로서 국내 증권업계를 선도했던 대우증권은 모그룹이었던 대우 그룹의 부도로 인해 존폐의 위기에 처하였다. 1조 2,000억원의 적자를 기록하고 신용등급은 BBB+에서 CCC+로 하락하였고, 시장점유율은 절반으로 급감하였다. 영업인력과 고객의 이탈이 계속되는 가운데 한때 업계 5위까지 추락하기도 하였다.

그러나 각고의 노력 끝에 대우증권은 2004년 위탁매매(brokerage)영업부문에서 업계 1위를 탈환한 이래 투자은행과 자산관리 분야에서의 급신장도 병행되어 2006년에는 증권업종 시가총액 1위를 회복하고 증권명가로서의 위상을 확고하게 되찾았다. 각종 경영 지표의 개선과 더불어 대우증권의 신용등급은 13단계나 상승하여 2006년 6월 시점 AA−까지 끌어올려졌다. 뿐만 아니라, 2007년 7월 재정경제부의 '국책은행 역할 재정립 방안' 발표에 따라, 대우증권은 현 대주주인 산업은행으로부터 투자은행 업무와 국제적 네트워크를 이관 받고 정부의 지원하에 선도 투자은행으로 육성될 전망이다. 금융기관 간의 무한 경쟁과 금융 시장의 대변혁이 예고되는 2009년 자본시장통합법 시행 이후 국내 종합 금융회사로서 유리한 고지를 점할 수 있는 도약의 발판을 마련하게 된 것이다.

역사는 여러 기업의 흥망성쇠를 통해 영원한 일등 기업은 없으며, 한번 추락한 기업이 원래의 위상을 회복하는 것이 얼마나 어려운지를 시사해준다. 급변하는 시장 환경 속에서 기업들이 무한 경쟁에 돌입하게 됨에 따라 리더의 위치에 도달하는 것만큼 유지하는 것 역시 어려워진 가운데, 선도 기업의 위치에서 한때 나락으로 떨어졌던 대우증권을 단기간에 완벽한 회생의 길로 이끈 마케팅 전략에 주목할 필요가 있다. 이에 본 장에서는 대우증권의 재건 과정상에서 어떠한 마케팅 전략 및 영업 활동이 어떤 방식으로 전개, 실행되었는지 구체적으로 살펴봄으로써 경영 위기를 효과적으로 극복하기 위한 실제 응용 가능한 마케팅 영업 전략 및 노하우의 일례를 제시하고자 한다.

SECTION 02 대우증권의 과거 및 현황

1. 대우증권의 과거

대우증권은 1970년 동양증권으로 영업을 시작한 것이 모태로서 1973년 대우실업에 의해 인수된 후, 1983년 당시 증권업계 선두를 다퉜던 삼보증권과 동양증권이 합병하여 탄생하였다. 대우증권은 당시 증권업무의 모든 영역에서 부동의 1위 증권사로서 1984년에 국내 증권업계 최초로 해외영업소를 설립하고 1990년대에는 증권감독원 선정 4년 연속 최우수 증권사로 선정되었다. 대우증권 특유의 명성과 시스템으로 많은 증권업계 인재를 배출하여 증권 사관학교라는 별칭을 얻기도 하였다. 한국의 증권 산업을 이끌다시피 했던 대우증권은 그러나 1997년 IMF 외환위기와 1999년 대우그룹 부도 사태를 겪으면서 2000년 업계 5위까지 추락하였다. 대우그룹의 공중분해와 동시에 대우증권은 무려 15년 이상 지속되었던 전성기를 뒤로하고 창사 최대의 위기 상황을 맞이하게 된 것이다.

대우사태의 파장으로 대우증권의 주식위탁매매 시장점유율은 10% 수준에서 2001년 5%까지 추락하였다. 1998년 23조원에 육박했던 자산관리 잔고도 2003년 4조 4,000억원 수준까지 급락하여 부동의 1위 자리를 경쟁사에게 내어 주었다. 수익증권 환매 사태와 대우그룹 콜자금 지원 등으로 1조 2,000억원의 적자 상태에 처하였고 BBB+로 당시

업계 최고 수준이었던 신용등급도 1999년 8월 투자부적격 단계인 CCC+까지 하락하였다. 우량 직원과 고객들의 이탈이 가속화되는 가운데 잔존한 직원들조차 악화된 경영 상황과 고객 이탈에 체념하는 패배의식이 팽배했다. 한편 대주주는 대우그룹에서 최대 채권은행인 한국 산업은행으로 변경되었다.

국제영업부문도 대우 그룹 부도로 인해 신용이 훼손되면서 큰 타격을 입었다. 국제영업부분 역시 대우 사태 이전에는 업계 1위로서 지난 1992년 국내 자본시장 개방 이후 수년 동안 외국인약정(주문) 주식중개시장점유율이 17~20%에 달했었다. 그러나 대우사태 이후 해외 운용사의 펀드매니저들이 내부 신용가이드라인에 준하여 대우증권과의 거래를 단절하는 움직임이 나타났고 심지어 몇 달 동안 외국인 거래가 전무하기까지 했다. 이러한 국제영업상황의 악화는 구조조정으로 이어져 대우증권은 최대 3,300명이었던 인력을 2,300명 수준으로 감축하고 런던, 뉴역, 홍콩 지역을 제외한 해외 현지법인 및 합작은행들을 폐쇄하기에 이르렀다.

2. 대우증권의 현황

2001년 대우사태로 위기상황에 몰렸던 대우증권은 주식위탁매매(brokerage)에 역

그림 13-1   대우증권의 사업 영역

위탁매매 Brokerage	• 주식, 채권, 선물옵션, 파생상품 등의 위탁 매매
기업금융 Investment Banking	• 경영/채무 자문(Financial Advisory)-M&A, 구조조정, 경영권 방어, 재무자문 • 언더라이팅(underwriting)-IPO, 주식/사채 및 관련물의 발행, 인수, 공무, 주선
자산관리 Wealth Management	• 자산관리, 투자자문, 자산배분, 재무설계 서비스
기 타	• 이자수익 사업(Interest Income), 자기매매(Dealing and Trading) • 직접투자(Principal Investment)
주요 역할	• 시장조성(Market Making) • 매출 및 매매(Sales and Trading) • 재무서비스(Financial Services) • 투자/자산관리 자문, 경영/재무 자문(Advisory) • 거래이전(Client Transactions)

량 l 을 집중하는 전략을 통해 2004년 시장점유율을 7.9%로 끌어올리고 마침내 업계 1위 위상을 되찾았다. 2005년에는 새로운 CI를 선포하고 2006년에 증권업종 시가총액 1위를 탈환함으로써 쇠락의 흔적을 완전히 털어내고 선도기업으로 화려하게 부활하였다. 대우 증권의 신용등급도 개선되어 CCC+에서 2006년 6월 시점 AA−로 상향조정된 상태이다.

대우증권의 사업 분야는 다른 대형 증권업체와 마찬가지로 위탁매매(brokerage), 기업금융(Investment Banking), 자산관리(Wealth Management) 등의 증권, 투자금융 업무 영역이다([그림 13-1] 참조). 대우증권은 이제까지 위탁매매 위주의 수익구조에 머물렀으나 기업금융(IB) 영업의 점유율을 꾸준히 늘려왔고, 2009년 자본시장 통합법 시행 이후 선도적인 종합금융회사로 진화하기 위해 IB 부문의 강화가 한층 가속화될 전망이다.

SECTION 03 대우증권의 마케팅 전략 방향: 선택과 집중

한때 업계 5위로까지 추락했다가 업계 1위를 재탈환한 대우증권의 경이적인 부활의 비결은 성장원동력을 확보하기 위한 '선택과 집중'전략의 실천과 그에 따른 경영의 효율성 제고에 있었다.

1. 선택: 중점 사업 영역

2004년 당시 증권업계에서는 브로커리지 비중을 줄이고 자산관리 등을 강화하는 움직임이 있었으나 대우증권은 가장 경쟁력이 있다고 판단되는 업무 분야인 브로커리지를 통해 안정적으로 수익 기반을 마련하고 이에 기초하여 IB(Investment Bank)와 자산 관리 등 다른 분야의 역량도 점진적으로 강화하는 전략을 과감하게 채택하였다. 당시 증권사 영업이익의 주 수입원은 수수료였고 그 가운데 브로커리지의 비중이 가장 컸다.

중점 사업 영역의 선택 기준으로 첫째, 당장 대우증권이 가장 잘 할 수 있는 것, 둘째, 노력투입으로 지금 시장 지배자가 될 수 있는 것, 셋째, 미래 성장을 위한 cash cow가 되는 것 등이 고려되었다. 이러한 기준에 기초하여 대우증권은 먼저 브로커리지 부문 시장점유율 1위 달성 목표를 전략적으로 선택하였다. 경영위기를 극복하고 단기간 자본력을 키우는 원동력이 된 브로커리지 집중 전략을 채택한 데에는 다음과 같은 근거가 있었다. 첫째, 최대 수익원인 브로커리지 부문의 경쟁력을 우선 회복하는 것이 효율적이다. 당시 브로커리지 수익 비중이 50~70%를 차지하고 있는 반면, 자산 관리 수익은 투입 자원에 비해 미약했으며 투자은행은 걸음마 단계에 불과했다. 둘째, 중심 영역의 도약을 통해 조직문화의 구심점을 마련할 수 있다. 브로커리지 부문은 인력의 70%를 차지하고 있었으며 회사 위상의 추락과 조직 혼란에 따라 가장 사기가 저하된 부문이었다. 셋째, '1등 위상'의 타 영업부문 확산을 유도할 수 있다. 브로커리지 부문은 가장 파급 영향력이 큰 부문이자 핵심영역으로서 IB 및 금융상품 등 모든 고객 자산의 바탕이 되는 영역이다.

2. 집중: 전략 명확화 및 실행

전략적으로 선택된 중점 사업영역에 집중하기 위해 전략의 명확화 및 실행방향의 설정의 이행되었다.

명확한 목표의 설정과 공유를 내용으로 하는 신경영 전략이 2004년 7월 선포되었

그림 13-2	집중: 전략의 실행 방향

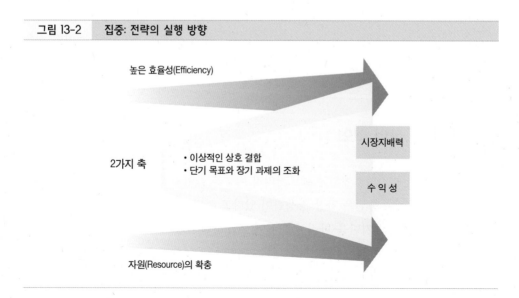

그림 13-3   집중: 전략의 실행

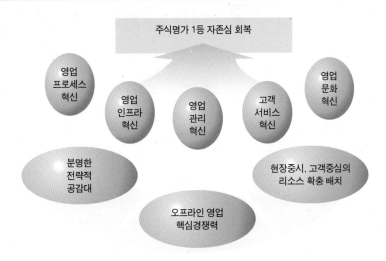

다. 신 경영 전략의 구체적인 내용은 '선택과 집중'을 통한 '1등 자존심 회복', 브로커리지 · IB 등 증권 사업 본연의 업무 시장지배력 강화, 'Take the Lion's Share' 등이었다. 이러한 경영전략의 조직 내 체화를 위해 일련의 활동이 전개되었다. '영원한 1등을 향한' 조직 비전 목표의 명확한 제시를 통해 '1등 자존심 회복'이라는 뚜렷한 목표를 향한 열정과 도전 정신을 부활시켰다. '선택과 집중'을 통해 중심 사업의 cash cow를 확보하고 '1등 자존심'의 전 영업부문 확산을 통해 역량을 확장하고 다각화하는 것으로 영업목표도 명확화되었다. 한편 신경영 전략의 전파 및 공유를 목적으로 전임직원 '사장과의 대화'가 정기적으로 실시되고 월초 CEO Letter를 통해 경영현황과 목표가 즉시 전파되었다.

　이렇게 명확화된 전략의 실행 방향은 이상적인 사업부문의 상호 결합 그리고 단기 목표와 장기 과제의 조화를 두 축으로 하여 높은 효율성 확보 및 자원의 확충을 통해 시장 지배력과 수익성를 달성하는 것으로 설정되었다([그림 13-4] 참조). 또한 구체적인 마케팅 전략으로 [그림 13-3]에서 보는 바와 같이 '주식 명가 1등 자존심 회복'이라는 목표하에 전략적 공감대 형성, 오프라인 영업의 핵심 경쟁력화, 현장 및 고객 중시를 위한 기업 자원의 확충 배치를 바탕으로 영업 프로세스, 영업 인프라, 영업 관리, 고객 서비스, 영업 문화 측면의 혁신을 추진하였다.

SECTION 04 대우증권의 마케팅 전략 실행

1. 영업 프로세스 혁신

대우증권이 영업 프로세스 혁신을 위해 활용한 전략은 다음과 같다.

첫째, 킹핀(Kingpin)중심의 영업 프로세스를 재구축하였다. 킹핀전략(kingpin strategy)이란 '변화에 가장 큰 영향을 주는 영역이나 사람에 자원을 집중하여 더 큰 변화를 꾀하는 전략'으로서 일선에서 영업을 진두지휘하는 지점장들을 조직 변화의 킹핀으로 설정하여 조직 전체의 혁신적 변화를 유도하고자 하였다. 우선 최우선 사업 분야인 위탁매매 집중을 목적으로 영업망 역할이 재편되었다. 지점장들에게는 이제까지의 '관리자형'에서 '영업 리더'이자 '변화 중심자'로서의 변신이 요구되어졌고, 동시에 지점장을 중심으로 한 현장 영업 프로세스가 재구축되었다. 지점장들은 고객 유치를 위한 적극적 영업활동을 직접 수행함과 동시에 주 단위로 고객 유치 및 실적에 대한 영업일지를 작성하여 사장에게 보고해야 했다. 또한 영업지원 센터 개편, ez DM, exEMS 등 지원 인프라 신설, 영업활동 지원비 확대 강화와 같이 지점장의 영업에 대한 전사적 지원 체계가 수립되었다.

둘째, 점진적으로 보다 더 높은 고난도의 목표를 설정(stretching goal)해 나갔다. 10~20% 성장하기는 어렵지만, 오히려 50~100% 성장이 쉬울 수 있다는 관점에서 전 영업 및 업무 목표의 패러다임이 이동하였다. 예를 들면 36기(04년) 사업 목표는 "1등 자존심 회복"으로서 브로커리지 부분에서 달성되었고 37기(05년) 사업 목표는 "50% UP! All-Together"로서 IB, 자산관리 부문에서 달성된 데 이어, 38기(06년) 사업 목표는 "순이익 6,000억원 달성"으로 확장되었다. 즉 높은 목표의 설정을 통해 성취 의욕을 고취하고 조직 및 경영 성과의 극대화를 추구하는 것이다.

셋째, 오프라인 영업력을 핵심 경쟁력, 독점의 기술로 육성, 강화하였다. 우선 가장 핵심적 영역이지만 가장 안 되고 있던 부분이었던 시황회의 정례화가 이루어졌다. 이로 인해 지점은 자율적이며 지속적으로 학습하는 조직으로 변화되었고, 1인 1종목/1산업 분석을 통한 개인 역량의 강화 및 팀워크를 통한 협업이 유도되었다. 또한 지역본부장의 매일 시점 순회를 통한 모니터링 및 피드백이 실시되었다. 한편 영업역량 강화를 위한 지속적 교육도 추구되어, 온/오프라인 학습시스템이 구축되었고 펀드매니저 과정 등과 같은 내부교육이 연중 50회 이상 실시되었으며 직원별 맞춤식 교육 및 외부 위탁교육도 수행되었다. 인력 생산성 제고 측면에서 신입직원, 아웃소싱 직원 대상의 OJT가 강화되고 CLC(Corporate Leadership Council) 제도가 운영되었다. 또한 우수사례 발굴 전파를 위해 우수 사례 전파사이트를 운영하고 비디오 동영상을 배포하였다.

넷째, 온라인 부가가치 서비스 창출을 통한 온라인 서비스를 혁신시켰다. 투자 상담전문 직원이 온라인 투자자에게 보유종목에 대한 리스크관리 및 투자상담을 제공하는 '온메이트' 서비스가 실시간으로 운영되었고 이러한 온라인 프리미엄 서비스 제공은 수수료 인상의 효과도 거둘 수 있게 되었다. 한편 전용프로그램이 없어도 홈페이지에 접속만 하면 매매주문까지 낼 수 있는 인터넷 트레이딩 시스템 '스피드웨이(Speedway)'가 개발되었는데 이는 최신 신기술(X-Internet) 방식을 이용한 업계 최고의 홈페이지 주문서비스로서 미래의 온라인 브로커리지 시장을 선도할 서비스로 각광받게 되었다. 이와 더불어 고객 맞춤형 서비스를 제공하고자 고객요구별 HTS(Home Trading System) 개발을 자체개발 및 외부개발 HTS 계약을 통해 추진함으로써 다양한 HTS 라인업을 확보하게 되었다. 이와 더불어 기존에 추진되어 왔던 모바일 트레이딩 매체 개발도 지속적으로 추진하였다.

2. 영업 인프라혁신

영업 인프라 혁신을 달성하기 위해 대우증권은 다음과 같은 전략을 전개하였다.

첫째, 시황 및 시장, 금융상품, 업무 노하우 학습을 통한 임직원 역량 강화 프로그램이 구축되었다. 온·오프라인 교육 연계를 기반으로 매주 목요일에 개최되는 대규모 '인하우스 컨퍼런스(In-House Conference)'는 '모든 직원'이 '동시에' '같은 내용'의 교육을 공유할 수 있도록 만든 신교육시스템이다. 항상 시장을 학습하는 영업 및 조직문화의 조성과 경기/산업/기업/금융상품 전반에 대한 연중학습이 이루어진다. 또한 전문적 지식과 시장대응능력을 지닌 금융지식인 양성을 위해 상시적 학습체계구축을 통한 개인별 역량강화, 수준 높은 서비스 제공을 위한 종목선정 및 투자권유의 정보 풀 확보, 시황관 및 시장정보의 공유를 통한 전사적 영업 문화 구축이 시도되었다. 뿐만 아니라 새로운 Conference Hall 개장(2006. 03. 28), 전 임직원의 실시간 참여가 가능한 온라인 컨퍼런스-콜 인프라 도입, 시장 이슈분석 및 영업활동에 필요한 신속하고 다양한 교육제공(예: 업종세미나, 사이버강좌, 고수열전, 주말 강좌 등)으로 온/오프라인 환경 및 프로그램 혁신이 이루어졌다.

둘째, 위탁증거금제도, 신용 재매매 제도 변경 등 고객 친화적 제도 개선을 선도하였다. 고객 서비스 제고 차원에서 대형증권사로서는 최초로 개별종목의 리스크에 따라 차별화된 증거금을 적용하는 차등 증거금 제도(2004. 9~)를 도입하였다. 이 제도는 우량 종목 매수기회를 확대하지만, 위험 종목에 대한 매매는 제한함으로써 리스크 관리 및 고객 자산을 보호하는 작용을 한다. 2005년도 이후 시행되고 있는'베스트이지론(Bestez-Loan)'은 기존의 주식 담보대출과 매입자금 대출, 공모주 청약 대출 등은 물론 신개념의 대출 서비스인 '이지 리볼빙 어카운트(Ez-revolving)'까지 다양한 유형의 대출을 편리하게 이용할 수 있는 통합형 대출 서비스이다. '이지 리볼빙 어카운트'서비스는 대용증권을 담보로 이자 없이 주식매수자금을 하루 동안 대출해주는 '단기 매입자금 대출'과 미수금을 최대 3일간 연8% 금리로 대출해 주는 '단기 주식담보 대출'로 구성되는데 배타적 사용권을 인정받았다. 또한 미수금이 발생한 투자자에게 1개월간 현금증거금 100%를 요구하는 이른바 동결 계좌(frozen account) 제도 및 신용 재매매 도입 예정에 따른 착실한 준비를 통해 고객 편의적, 시장 지향적 제도를 구현하고자 했다. 예를 들면, 2007년 2월 이후 보수형, 기본형, 매매형 등과 같은 세분화 서비스를 제공하고 있다.

셋째, 신CI(Corporate Identity) 도입을 통해 회사의 위상을 재정립하고 미래의 성장방향에 대한 구체적 비전을 제시하였다. 2005년 9월 창립 35주년을 맞이하여 새로운 CI를 선포함으로써 1등 회사로서의 달라진 회사의 위상을 새롭게 정립하고, 대우사태 이후 과거 5년간 위축되었던 회사의 정체성과 일체성을 회복하고, 회사의 브랜드 이미지를 제고하여 영업과 마케팅 활동의 표상으로 활용하고자 했다. 동시에 '고객들과 주주들에게 고객이 진정으로 원하는 가치를 제공하고 지속적으로 성장하며 이익을 창출하는 좋은회사', '자본력을 확대하고 충분한 맨파워(Man-power)를 확보해 글로벌 경쟁력을 갖춘회사', '핵심 경쟁력을 차별화하고 경쟁우위영역을 확장하기 위해 항상 새로운 영역에 도전하는 회사'가 되겠다는 세 가지 '새로운 약속'을 제시하였다.

3. 영업관리 혁신

대우증권은 다음과 같은 전략을 실행함으로써 영업관리 혁신을 달성하고자 하였다.

첫째, 종합 영업 정보 시스템(ezManager)을 통해 실시간으로 영업실적을 확인하였다. 실시간 영업 현황판을 신규로 구축하고 공유함으로써 영업실적 및 영업 데이터의 실시간 전사 공유가 가능하게 되었으며 이와 더불어 상품별 시장점유율 및 목표 달성률이 10초 간격, 1일 실시간으로 업데이트 되고, 영업 현황에 대한 각종 통계 및 분석데이터가 제공되었다. 한편 CS & CRM Support 기능도 강화 되었다. 고객활동 강화를 위한 CS-CRM 관련 기능이 강화되고, 고객 지원센터와 영업점의 유기적 활동 프로세스가 유도되었으며, 프로모션 및 각종 이벤트 활성화를 위한 기초 시스템이 구축되었다. 뿐만 아니라 실시간성과 연동 보상 시스템이 구축됨으로써 영업성과 및 추정성과 보수율과 더불어 인당 순수익 및 수익 점유율 추이가 1일 업데이트되었고 순수익 Best-Worst 전체 리스트 검색기능으로 팀워크 및 경쟁문화가 유도되었다.

둘째, 영업력 확장 및 동기부여를 위한 새로운 평가 및 보상제도가 시행되었다. 영업 목표달성을 위한 총체적 지원 체계로서 실적에 기초한 단순 명확한 평가, 성과에 대한 확실하고 정당한 보상, 그리고 팀워크와 경쟁 시스템 등이 도입되었다. 또한 평가요소는 명확해지고, 획기적인 보상이 실시되었다. 예를 들면, 목표 달성률로 평가요소를 단순화하고 핵심가치를 통해 질적 평가가 보완되고, 상대평가를 통한 순위평가가 이루어져 그 결과가 완전히 공개되었다. 상위 성과자에 대해서는 획기적 성과급이 지급되고 발탁승격이 실시되었다. 평가 방식 또한 단순 명확해져서 평가 등급을 S, A, B, C, D로 단순화 하고 영업목표 달성여부, 의미 있는 성과도출 여부를 기준으로 평가하였다.

4. 고객 서비스 혁신

고객 서비스 혁신 측면에서 수행된 마케팅 전략은 다음과 같다.

첫째, 신 금융 상품 및 서비스 확대를 통해 상품 혁신 및 고개기반을 획대하였나. 국내 대표 우량기업 20개를 모아 대우증권 자체적으로 집계한 지수인 대표기업지수(KLCI)가 개발되었고, 선박펀드, 마스터랩(공모주, ELW, MMW 형), '역동의 아시아'랩(Wrap), SRI(Social Responsibility Investing) 펀드(랩) 등 다양한 금융 신상품이 개발, 출시되었다. 또한 대우증시 포럼, CEO 초청 조찬 세미나, 투자 설명회, 증권교실, 실전투자대회 등이 개최되고 Dynamic Asia Insight가 발간되는 등 소비자 참여형 금융시장 활동이 전개되었다. BESTez Qway V.5 및 Real-time Compact, ON-MATE 서비스, eXpert 서비스, SpeedWay 상품이 출시되는 등 상품 및 서비스 인프라 혁신도 활발히 진행되었다. 이와

그림 13-4	신 금융상품 및 서비스 확대

금융신상품 출시
- 대표기업지수(KLCI)
- 선박펀드
- 마스터랩: 공모주, ELW, MMW형
- '역동의 아시아' 랩(Wrap)
- SRI 펀드(랩)

금융시장 활동
- 대우증시 포럼 재개최
- CEO 초청 조찬 세미나
- 투자 설명회
- 증권교실
- 실전투자대회
- Dynamic Asia Insight 발간

상품 및 서비스 인프라 혁신
- BESTez Qway V.5
- Real-time Compact 출시
- ON-MATE 서비스
- expert 서비스
- SpeedWay

신금융서비스
- ezRevolving Account
  (대용증권매수, 매도담보대출 등)
- 유가증권대출, 신용거래, 대차약정, 공모주청약
  자금 대출
- (법인)단기자금 운용 상품(MMS, MMW, MMT 등)

더불어 ezRevolving Account(대용증권매수, 매도담보대출 등), 유가증권대출, 신용거래, 대차약정, 공모주청약자금 대출, (법인)단기자금 운용 상품(MMS, MMW, MMT 등) 등의 신금융 서비스가 개발되었다.

둘째, 고객밀착형 CS 및 CRM 활동 강화를 통해 고객 만족도를 향상시켰다. 고객 만족도 조사, CS 모니터링, CS 클리닉, CS 교육, VOC(고객의소리), 고객 칭찬 제도와 같은 고객밀착 CS활동으로 2005년 NCSI 증권업 부분 1위를 차지하였으며 인터넷 이용 고객을 위해 BESTez 투자교실, 인터넷 사이버 창구, ez도우미, Q-guard/온라인 바이러스 백신, 온라인 투자 커뮤니티(예: ez 토론방, ez채팅, Live Poll, 인터넷 방송 등)를 신설하였다. CRM 활동도 활발하여 CRM을 바탕으로 고객 니즈(Needs)에 기초한 통합 마케팅을 추진함으로써 고객발굴 강화, 최상의 고객 맞춤형 서비스를 제공하고자 하였다. 예를 들면 "신나는 대우증권과 함께하는 80일간의 행복프로모션," Wake-UP프로모션, 실전투자대회, 종목 클린징 프로그램, 우수 고객 서비스 제도 등이다. 또한 매월 정기적으로 MCR(Monthly Client Review)이 간행되었다.

셋째, VIP 고객 대상 문화 마케팅으로 기업 이미지 제고 및 우수고객 확충을 도모했다. 2006년 3월 전담 조직이 신설되어 문화 마케팅 17건, 제휴 마케팅 2건이 추진되었고, 참석VIP 고객 5,500여 명(신규/가망고객) 중 1,100여 명이 고객화 되는 성과를 거두었다. 관련 주요 공연 및 행사로는 조수미 갈라 콘서트, 도깨비 스톰, SCP 전국 순회 공연, 이문세 공연, 오리엔 탱고 공연, 외국 자동차 판매사, 롯데백화점 등과 VIP 제휴행사(골프스쿨 등) 등이 있다. 이러한 문화 마케팅활동으로 2006 사회공헌大賞 문화예술부문(한국경제신문사)을 수상함으로써, 기업 이미지를 제고하였다. 또한 시대적 조류를 반영하는 트렌드 마케팅을 선도한다는 의미에서 여타 경쟁사의 벤치마킹 대상이 되었다.

5. 영업 문화 혁신

영업 문화 혁신을 위해 선택과 집중 → 목표 확장 → 핵심역량 확장의 순으로 단계별 전략하에 조직 문화를 혁신하는 로드맵이 설정되었다(그림 13-5] 참조). 1단계는 선택과 집중의 전략하에 열정, 도전의 문화, 즉 1등 자존심을 회복하기 위해 증권업 본연의 업무에 핵심역량을 집중하는 기업문화를 창출하는 것이었다. 2단계에서는 목표 확장을 전략으로 하여 팀워크, 경쟁의 문화, 즉 정(正)과 반(反)을 통한 성장과 융화를 도모하고 전부문 목표 및 조직성과를 확장하는 조직문화가 추구되었다. 3단계의 전략은 핵심역량 확장으로서 창조, 혁신의 문화 추진을 통해 고객 지향적 가치와 신성장 동력을 발굴하고 육성하는 지속적 성장의 키워드를 마련하고자 했다.

대우증권이 전개한 구체적인 영업 문화 혁신 활동은 다음과 같다.

첫째, 미니홈피인 '불씨월드'를 사내 인트라넷에 오픈하여 즐겁고 창조적인 영업문화, 조직 문화를 정착시켰다. 대우증권 영업직원은 불씨월드를 통해 본인 및 회사의 영업 및 자산 현황을 파악하는것이 용이해졌다. 또한 개개인의 예탁 자산증가분에 따라 사이버머니 '불씨'를 받을 수 있게 됨에 따라 상시적 예탁자산 증대활동으로 영업기반 및 영업성과 개선을 추구하고 자신의 영업 신 기록에 도전하는 무한도전, 무한성취의 조직문화가 정착되었다. 불씨월드상의 직원간 커뮤니케이션 활성화 및 흥미추구를 위한 노력의 일환으로, 전산 및 개인 게시판 기능을 구현시키고, 미니 홈페이지를 통한 개인PR 및 인적 네트워크형성을 촉진하였으며, '불씨월드'와 '미니홈피'기능을 분리하였다. 한편 cyber money인 '불씨'는 기부금, 동료선물, 영업지원비, 포상금, 쇼핑몰 등과 같이 다양하게 활용될 수 있었으며, 사회공헌활동 및 조직 활동 지원 기능도 제공하였다.

또 다른 영업문화 혁신 활동의 예로 '지수공감 Up & Down' 이벤트를 들 수 있다. 전사 영업 직원 및 본사직원들 전체를 대상으로 KOSPI지수의 시가와 종가를 맞추는 '지수공감Up & Down' 이벤트의 상시 개최를 통해 전임직원의 시장에 대한 관심을 촉진하여 시황예측능력을 향상시키고자 했다. 미니홈피 메인창을 통해 당일시가, 종가를 선택하여 이벤트에 참가하고 맞출 때마다 소정의 불씨를 지급하는 방식으로 진행되었다. 이러한 이벤트의 개최는 전임직원의 시황예측 능력 및 고객 상담 능력 강화, 즉 고객 서비스 강화를 위한 내부 역량 강화로 이어졌다.

한편 혁신으로의 도약을 선언한 2004년 9월 전국 주식 영업팀장 회의를 소집하여 팀장들로 하여금 각 지역 특산주 1병씩을 지참해 오도록 요구하였다. 그렇게 준비된 전국 각 지역 특산주들은 대항아리에 하나로 모아져 선봉주라고 지칭되었다. 전참여자들은 선봉주를 세 잔씩 나누어 마시고 '우리는 하나다'를 복창하였다. 현재 120개의 술병들은 대우증권 연수센터에 전시되어 있다. 선봉주는 하나의 목표와 공동체를 지향하는 팀워크와 경쟁의 정신, 그리고 한 번에 끝나지 않고, 완성을 지향하며 성취하고야마는 열정과 도전정신이라는 대우 증권인의 혁신을 상징하는 것이었다.

또한 신입 사원을 대상으로 국토 대장정을 실시함으로써 대우증권의 꿈과 희망을 전파하고 새로운 열정과 도전정신을 전달하고자 했다. 신입 사원 국토 대장정은 2004년부터 시행되어오고 있는데 5년 동안 매년 상·하반기 2회씩 신입사원들을 대상으로 강원도, 경상도, 제주도, 전라도, 충청도, 경기도 등 국토 끝단을 구간별로 나눠 전국을 일주하는 릴레이 행진 프로그램이다. 신입사원들이 우리 땅을 동료와 함께 걸으며 대우증권인으로서의 열정과 도전의식, 회사와 동료에 대한 신뢰구축, 1등 기업으로서의 강력한 자신감 등 회사의 비전을 공유하고 자신의 한계를 극복해가면서 성취감과 자신감을 느낄 수 있도록 기획되었다.

그림 13-5	조직 문화 로드맵(2004년-)

전 략	추천문화	내 용
선택과 집중	열정 도전 熱情, 挑戰	• 기업문화 → 1등 자존심 회복, 핵심역량 집중 증권업 본연의 업무의 중요성 인식
⇩		
Stretching Goal	팀워크, 경쟁 協同, 競爭	• 조직문화 → 정(正)과 반(反)을 통한 상징과 융화, 전부문 목표확장 및 조직성과 확대
⇩		
핵심역량 확장	창조, 혁신 創造, 革新	• 지속적 성장의 키워드 → 고객 지향적 가치 발굴 및 제공 신 성장 동력 발굴 및 육성

SECTION 05 대우증권의 영업 성과

증권 업계리더의 위상을 복원하려는 대우증권의 마케팅 영업 노력은 2004년에서 2006년에 이르는 3년이라는 단기간 동안 다음과 같은 경이적인 영업성과를 이룩하였다. 자기자본은 1조 2,400억원에서 1조 9,100억원으로, 주가는 2,855원에서 19,200원으로, 시가총액은 6,600억원에서 3조 7천억원으로 각각 상승하였다. 회사손익은 1,488억원 손실에서 4,104억원 이익으로 전환되고, 브로커리지 상대수익 M/S는 8.0%에서 12.3%로, 금융상품 판매 잔고는 4조 4천 억원에서 15조 2천억원으로 각각 큰 폭의 성장세를 나타냈다.

부문별 영업성과 변화 추이를 살펴보면 다음과 같다.

우선, 브로커리지(brokerage) 영업부문의 경우, 2006년 12월 시점 시장점유율은 2003년 대비 46.4% 상승한 12.3%로서 2위사와 3.5%의 격차를 보이며 1위 위상을 확고히

그림 13-6 영업 성과(2004년-2006년)

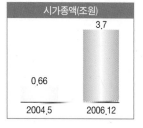
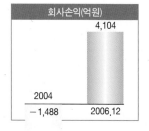

하였다. 1999년 당시 10%를 넘나들던 대우증권의 브로커리지 시장점유율은 5%까지 추락했었다. 그러나 브로커리지에 역량을 집중하면서 2004년 시장점유율을 10%대로 복원시켜 업계 1위의 위상을 탈환하였으며, 성장세를 지속하여 2006년 12월 시점에는 시장점유율 12%대를 점하고 있다.

이러한 브로커리지 영업 정상 탈환의 자신감을 바탕으로 투자은행과 자산관리분야에서도 빠른 성장이 견인되었다. IB(Investment Bank) 및 자산 관리 영업 부문을 살펴보면, 2006년 기준으로 IB는 전부문에서 업계 선두이며, 자산관리 판매 잔고의 경우 2006년 9월 시점 15조 2천억원으로서 2004년 6월 시점대비 24.5% 성장한 것으로 나타나 업계 최고의 증가율을 보였다. 세부적인 IB 부문별 시장점유율을 살펴보면, 2006년 기준으로 IPO(기업공개, Initial Public Offering) 부문 43%, 회사채 부문 13%, ABS(자산담보부증권, Asset Backed Securities)부문 17%로서 IB 전부문에서 최강자의 위상을 보이고 있다. 또한 자산 관리 판매 잔고의 경우 2004년 6월 시점에는 4조 4천억원이었으나 이후 성장세가 지속되어 2006년 6월 시점 15조 2천억원에 이르고 있다. 대우증권의 자산관리 성장은 경쟁 대형 증권사들의 자산 관리 잔고가 정체 혹은 감소추세를 보인 것과 대비된다. 이러한 자산관리 분야의 성장세는 랩어카운트(종합 자산관리계좌), 퇴직연금, 주가연계증권(ELS) 등 신규상품 개발 및 자산운용능력의 강화에 기인한다.

그림 13-7   브로커리지 부문 영업 성과(2004년-2006년)

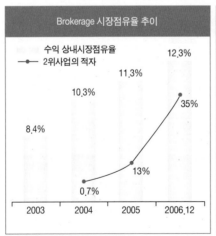
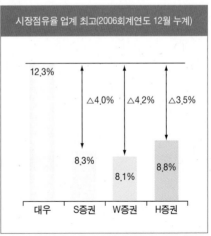

그림 13-8	IB 및 자산관리 부문 영업 성과(2004년-2006년)

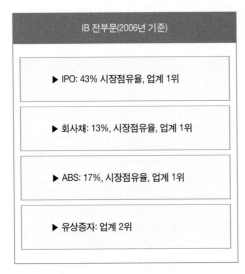

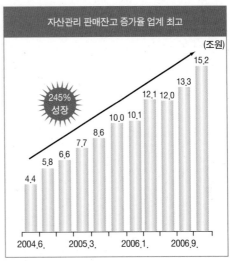

이 같은 노력이 성과를 거두면서 대우증권의 경영지표는 큰 폭으로 개선되었고 신용등급은 13단계나 상승하였다. 2005회계연도에 창사 이래 최대 규모인 4,104억원의 순이익(ROE 27%)을 올렸고, 2006회계연도 12월말 누계 기준 순이익은 업계 최고 수준인 46억원이다. 신용 등급의 경우 99년 대우사태로 투자 부적격 등급인 CCC+까지 추락한 이후 7년 만에 13등급이나 상향 조정되어 206년 6월 시점 AA-이다. 자기자본규모도 지난 2003년 1조 2,400억원에서 2006년 1조 9,100억원으로 대폭 증가하였고, 총자산규모면에서는 2003년 4조 600억원에서 2006년 9조 2천억원으로 늘어났다. 또한 주가는 2006년 7월 시점 2004년 6월 대비 569% 상승한 것으로 나타나 증권업계 최고의 상승률을 나타냈으며 시가총액은 2006년 12월 기준으로 3조 7천억으로서 증권업계 1위를 탈환하였다.

이러한 대우증권의 극적인 재건과 두드러진 성과는 대외적으로도 많은 주목과 인정을 받게 되었다. 2005~2006년 한경비즈니스와 매경이코노미는 베스트 증권사로 대우증권을 2년 연속 선정하였다. 해외의 유수 금융 전문지도 대우증권의 성과에 대해 공인과 찬사를 표명하였다. Asiamoney는 2004~2006년 3년 연속 주식부문 한국 최우수 증권사로 대우증권을 선정하였고, FinanceAsia도 2006년 한국 최고 증권사로 대우증권을 지명하였다. 뿐만 아니라 2006년 대한상공회의소 개최 '제13회 기업혁신 대상'에서 업계 처음으로 대상인 '대통령상'을 받고 한국경제신문 개최 '제14회 다산 금융상 금상'을 수 상하는 등 각종 국내 최고 권위상을 석권하기에 이르렀다.

| 그림 13-9 | 재무성과: 영업이익 및 당기 순이익 |

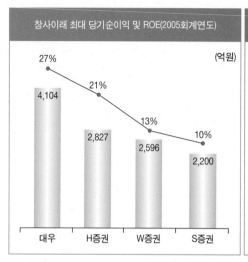

창사이래 최대 당기순이익 및 ROE(2005회계연도)

(억원)

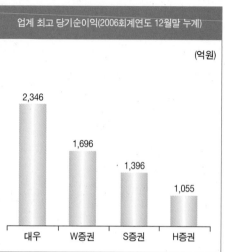

업계 최고 당기순이익(2006회계연도 12월말 누계)

(억원)

| 그림 13-10 | 주가 상승률 및 시가 총액 추이(2004년-2006년) |

주기추이: 증권업계 최고 상승률

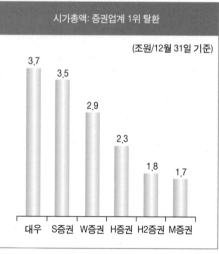

시가총액: 증권업계 1위 탈환

(조원/12월 31일 기준)

SECTION 06 대우증권의 향후 계획

2009년 이후 자본시장통합법의 시행이 확정됨에 따라 금융 투자업간 겸업 허용으로 글로벌선진투자은행과 같이 기업금융, 자산관리, 직접투자, 증권 서비스 등 모든 금융 투자업을 대상으로 하는 투자은행(IB)이 등장할 전망이다. 또한, 법에 규정되어 있지 않은 금융상품도 일정 요건만 충족되면 판매가 가능해져 다양한 신종 금융상품이 등장하게 될 예정이다. 이러한 배경하에서 대우 증권을 포함한 국내 증권 산업 발전방향은 '자산 관리업'강화로 수익구조를 다변화하고, 골드만삭스나 메릴린치와 같은 '글로벌 투자은행(IB)'을 육성하는 것이다. 단기적으로는 국내시장, 장기적으로는 신흥시장(emerging market)을 무대로 글로벌 투자은행과 본격적인 경쟁이 가능하도록 대비하는것이 국내 증권 업계의 과제이다.

2007년 7월 재정경제부는 '국책은행역할 재정립방안'발표를 통해 산업은 행의 투자은행(IB)업무와 국제적 네트워크를 대우증권으로 이관하여 대우증권을 자본시장통합법 시대의 토종선도 투자은행으로 육성한다는 계획을 내놓았다. 이에 대우증권은 산업은행 IB 부문과의 연계를 통한 시너지 효과로 2015년까지 자기자본 12조원, 순이익 2조 4,000억원을 달성한다는 중장기 비전을 선포하였다. 더불어 대우증권은 향후 사업구조를 IB 40%, 브로커리지 30%, 자산관리 20%, 기타 10% 수준의 균형 잡힌 선진형 수익구조로 전환할 계획이다.

대우증권은 현재 80%에 이르는 브로커리지 업무를 50%대로 감소시키고, 주식 및 채권발행, 파생상품, 프로젝트 파이낸싱 등 IB 업무를 대폭 확대할 예정이다. 산업은행의 IB 업무 중 우량기업 회사채 주선, 기업인수합병(M&A) 업무, 사모투자펀드(PEF), 주식 파생상품 업무 등 상업성이 강한 부문을 점진적으로 이관받게 된다. 이러한 산업은행의 IB 부문의 이관과 더불어 현재 9.1%에불과한 대우증권의 IB 부문이 39.9%수준으로 확대될 것으로 전망되고 있다. 대우증권은 2006 회계연도 기준으로 글로벌 투자은행 평균 34조원의 5.8%에 불과한 2조원대의 자기자본을 수익력 확대 등을 통해 2010년 5조원대로 대폭 확충할 예정이다.

그림 13-11	대우증권의 마케팅 비전

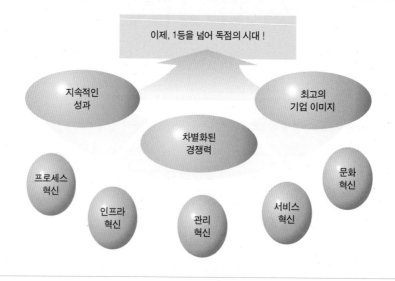

또 산업은행 보유 해외 네트워크에 IB 전문인력을 파견하여 해외 진출의 거점으로 삼는 방안도 추진될 계획이다. 투자 대상지역도 동남아지역에 대한 편중에서 벗어나 남미 및 동유럽으로 확대될 예정이다. 이와 함께 산업은행의 높은 신용등급을 적극적으로 활용하여 해외IB 영업부문에서 M&A, 자기자본투자(PI), 사모펀드(PEF), 자산유동화증권(ABS) 등으로 업무범위를 넓혀 글로벌 경쟁력을 높여가기로 했다. 대우증권 리서치센터와 산은 경제연구소의 인적교류 및 상호 데이터베이스(DB) 활용, 공동 연구 및 신상품 개발 등이 진행되고 브랜드와 전산 및 리스크 관리시스템도 통합될 계획이다. 이와 같은 산은 IB 부문과의 연계활동을 통해 현재AA−수준인 대우증권의 신용등급을 최고 등급 수준으로 향상시켜 자금조달 비용감소 및 IB 등의 영업력 확대를 유도할 방침이다.

이미 대우증권은 확충된 자본을 바탕으로 수익성 높은 사업에 대한 자기자 본투자(PI)를 확대하며 투자은행(IB)으로서의 기반을 갖춰 가고 있다. 대우증권은 PI 내에서 해외 투자 규모를 올해는 1,000억원 이상으로 7배 정도 확대하였다. PI부문의 활성화 및 리스크가 큰 만큼 높은 수익이 기대되는 해외 직접투자를 통해 새로운 수익원 확보로 수익구조를 안정화시키겠다는 전략이다. 실제로 골드만삭스 등 글로벌 IB들의 경우 자기자본투자를 포함한 투자수익은 전체수익에서 차지하는 비중이 평균 25%에 이를 정도이다. 따라서 장기적으로는 글로벌 IB수준에 이르도록 대우증권의 PI부문을 활성화한다는 계획이 추진되고 있다.

해외시장 개척 측면에서 PI부문과 함께 강화되고 있는 것이 국제 영업 부문이다. 외국인 주식 주문 중개는 수수료가 국내 중개 수수료보다 월등히 높고 규모 자체도 증가 추세라는 점에서 수익원으로서 주목되고 있지만, 현재 외국인 약정 주식 중개 시장은 외국계 증권사가 80%를 점유하고 있다. 대우증권은 국제영업부문에서의 1위 회복을 목표로 삼고, 우선 현재 런던, 홍콩, 뉴욕현지 법인의 영업 인력을 07년 상반기까지 기존의 2배로 확충하였다. 더불어 주식·채권중개영업을 중심으로 해외 직접투자와 상품개발에 필요한 시장조사, 사업 분석업무도 강화되고 있다.

이상에서 살펴본 향후 계획에 맞추어 대우증권은 프로세스, 인프라, 관리, 서비스, 문화혁신을 통해 지속적인 성과, 차별화된 경쟁력, 최고의 기업 이미지로서 국내 증권업계 1위에 안주하지 않고 독점적인 위상을 확보하겠다는 마케팅 비전을 수립하였다. 더불어 윤리경영, 사회 책임경영, 환경경영, 혁신경영, 창조경영을 바탕으로 좋은 회사, 글로벌 경쟁력을 갖춘 회사, 항상 새로운 영역에 도전하는 회사로서 자리매김하고 2010년 자기자본 5조, ROE 30%를 달성한다는 회사의 비전을 제시하고 있다.

토론 문제

01. 기업이 나아가야 할 방향으로서 대우증권의 고객관계관리(CRM) 방안은 무엇인가? 구체적으로 어떤 작업들이 필요할 것인가? 증가추세인 고객예탁금 관리 방안은 무엇인가?

02. 2009년 이후 자본시장 통합법이 도입되면 일정 요건만 충족하면 법에 규정돼 있지 않은 금융 상품도 판매할 수 있게 되고, 펀드 상품 운용과 관련한 규제를 대폭 폐지하여 앞으로는 다양한 구조의 창의적인 신상품을 개발할 수 있는 길이 열릴 전망이다. 이러한 배경하에 신상품 개발측면에서 적합한 금융연구 방안은 무엇인가?

03. 자본시장 통합법이 시행되면 증권회사, 선물회사, 자산운용회사 등의 겸용이 허용됨에 따라 금융 투자회사는 다양한 금융상품과 서비스를 일괄적으로 투자자에게 제공할 수 있게 된다. 자본시장 통합법의 도입에 따른 금융 시장 환경의 대격변과 증권사들 간의 무한경쟁은 대우증권에게 변화에 따른 기회와 위협 가능성을 동시에 가진다. 이와 같이 업종 간 방화벽이 사라지면 증권업으로서 향후 나아갈 방향은 무엇인가?

04. 은행 및 여타 통합 금융기관과의 경쟁관계 혹은 상생의 협력관계 관리유지 방안은 무엇인가?

05. 대우증권이 종합 금융기관으로 나아가는 1단계 조치는 무엇인가? 궁극적으로 IB를 지향하여 나아가기 위해서 초기단계 포석은 어떻게 해야 할 것인가? 이에 상응하는 4P 전략은 무엇인가?

06. 수익성과 성장성이라는 두 가지 상충되는 목표의 달성방안은 무엇인가? 고객 유인책은 무엇인가? 특히 타 업종에서 유입 가능한 가망고객들의 유인방안은 무엇인가? 고객 유인 측면에서 촉진/광고 전략, 대인판매전략, 제품전략, 가격전략수립방안은 무엇인가?

참고 문헌

김희숙, 킹핀전략(2006. 4. 26), (http://www.seri.org/kz/kzKsosv.html?ucgb= KZKSOS&no=8101&cateno=2)
동아일보,"주식약정 1위 자존심 회복 대우증권 손복조 사장,"2005. 6. 13.
대우증권, "선택과 집중(Marketing as Strategy)"(2007), 제15회 마케팅 프론디어 大賞 후보 기업 발표 자료.
매일경제, "대우증권 출신 CEO 대단히 우수하군," 2007. 4. 20.
매일경제, "CEO Lounge: CEO 동향 & 화제," 2005. 10. 5.
매일이코노미, "자본시장통합법 릴레이 기고 · 자본 시장 빅뱅, 이제 시작이다," 2007. 6. 21.
머니투데이, "산은과 연계해 글로벌과 IB 부문 적극 육성," 2007. 7. 8.

서울경제, "대우증권, 은메이트 서비스 실시," 2006. 6. 12.

서울경제, "성공기업 경영파일," 2007. 3. 13.

손복조 (2007), "증권산업의 이해와 발전방향," 연세대 경영대학.

연합인포맥스, "대우증권, 불씨경영 화제," 2005. 7. 21.

이데일리, "대우 證, 유가증권 통합대출 서비스 개시," 2005. 3. 7.

이데일리, "대우證, 신입사원 국토대장정," 2005. 7. 18.

이투데이, "대우증권 인터넷트레이딩 시스템 스피드웨이 출시," 2006. 6. 11.

자본시장의 지도가 바뀐다(2007. 7. 6)(http://blog.naver.com/leithus/ 50017192871)

주간조선, "포커스−해체된 그룹들, 권력에 울고 시장에 통곡하고," 2005. 12. 14.

중앙일보, "자본시장통합이란 뭔가요," 2007. 4. 25.

한국경제TV, "대우증권, 대형 IB 도약 기회," 2007. 7. 6.

한국일보, "IMF 그후 10년, 살벌한 정글 … 적자생존," 2007. 6. 7.

14 CHAPTER

NEW PRODUCT MARKETING STRATEGY

상품/사업 포트폴리오 관리

사례: LG전자, ZKW 품었다 ─────────────────

"미래 전장 사업의 글로벌 주도권을 잡게 됐다."

LG전자가 이사회를 열고 오스트리아의 세계적 자동차 조명 업체인 ZKW를 인수하기로 확정하자 투자은행(IB) 업계에서는 이 같은 평가를 내놓고 있다. LG그룹은 LG전자를 필두로 4차 산업혁명의 핵심 산업으로 부상한 자율주행차 등 자동차 사업을 미래 핵심 성장엔진으로 설정하고 가열차게 뛰어왔다. LG전자는 전장 사업을 강화하기 위해 이미 수년 전부터 ZKW를 비롯한 해외 차량용 조명 업체 인수에 관심을 보였다. 한때 이탈리아 피아트크라이슬러오토모티브(FCA) 부품 계열사인 마그네티마렐리의 조명 사업만 인수하는 방안을 타진하기도 했다. 그러나 매각자 측에서 분할 매각을 거부한 데다 LG전자도 높은 매매가격이 부담스러워 협상을 중단한 것으로 알려졌다. 이후 2017년부터 ZKW 인수에 관심을 보였다. 2017년 말 물밑 작업이 시작됐지만 인수 경쟁자로 일본 파나소닉이 등장하면서 협상에 난항을 겪었다. 미국 테슬라에 전기차용 배터리를 독점 공급하고 있는 파나소닉 역시 ZKW 인수를 통해 LG전자와 같은 전장 사업 포트폴리오 강화를 노린 것이다.

이로 인해 협상 가격이 올라가면서 ZKW 측은 더욱 강력한 인수 의지를 보인 LG전자를 선택했다는 후문이다. 전자 업계 관계자는 "1조원을 훌쩍 뛰어넘는 가격에도 LG가 참여한 것은 그만큼 최고경영진의 의지가 강했다는 얘기"라며 "실제 구본준 LG 부회장이 차량용 전장 사업을 그룹의 신성장동력으로 꼽고 세심한 부분까지 직접 챙기는 것으로 알고 있다"고 전했다.

1938년 오스트리아에서 설립된 ZKW는 슬로바키아, 중국, 멕시코 등에 생산기지를 두고 있는 글로벌 전장 부품사다. 고용 직원 수는 2017년 기준 8495명이다. BMW, 아우디, 벤츠, 폭스바겐, 볼보, 포드 등 글로벌 완성차 업체 대부분이 이 회사 주요 고객이다. 모머트 가문이 소유한 비상장기업으로 LG전자는 ZKW 지분을 100% 인수하게 된다.

전장 업계 관계자는 "현재 LG전자는 차량용 조명 사업을 하지 않고 있고, LG이노텍 역시 ZKW보다 낮은 단계의 2·3차 부품 공급사여서 인수 시 전장 사업에서 각종 기술과 비즈니스 노하우를 전수받게 된다"고 설명했다.

ZKW는 이른바 '티어 원(Tier 1)'으로 불리는 1차 부품 공급사로 LG이노텍과도 새로운 비즈니스 관계를 형성할 가능성이 크다. LG이노텍은 차량용 LED 사업에 진출해 올해부터 헤드램프를 일부 양산하고 있다. 지난 1분기 전장 사업 매출은 2198억원으로 향후 ZKW와 공급 관계를 형성할 경우 상당한 매출 증대 효과가 기대된다. 한마디로 LG전자는 1조 4,000억원을 들여 수십 년간 유럽, 북미 완성차 업체들과 관계를 맺어온 ZKW의 '글로벌 신뢰도'를 획득한 것이라

LG 계열사별 차량용 부품 사업

회사	주요 사업
LG전자	내비게이션, 카오디오, 구동모터, 인버터, 배터리팩, 설계엔지니어링
LG화학	차량용 리튬이온 배터리
LG이노텍	텔레매틱스, 카메라모듈, LED램프
LG디스플레이	차량용 디스플레이, 계기판
LG하우시스	차량용 내장재
LG CNS	전기차 충전 솔루션 및 충전인프라 구축

※ 자료-LG

는 평가다. 이 밖에도 LG화학의 전기차 배터리 사업, LG하우시스의 차량용 외장재 사업 등 그룹 주력사들 간 다양한 시너지 효과가 기대된다. LG디스플레이 역시 벤츠 · BMW에 차량용 디스플레이를 공급하고 있다.

자료원: 매일경제, 2018. 04. 26.

앞의 사례에서 LG전자의 사업 포트폴리오 관리 사례를 살펴보았다. 이와 같이 많은 기업들이 제품믹스 의사결정을 포트폴리오 의사결정 관점에서 파악하고 그에 대한 마케팅 자원을 각 제품에 할당하는 것은 중요한 일이다. 이상적인 제품 포트폴리오의 결정과 각 제품에 대한 자원 할당의 문제를 해결하기 위해, 오랜 기간 동안 다양한 제품 포트폴리오 모델이 개발되고 적용 되어 왔다.

[그림 14-1]에 나타난 바와 같이 기본적으로 포트폴리오 모형은 마케팅 중심으로 발전된 상품/사업 포트폴리오 모형과 재무중심으로 발전된 모형으로 분리될 수 있다.

상품/사업 포트폴리오 모형은 1960년대 후반 GE모형으로부터 시작하여 BCG모형, A. D. Little모형 등의 매트릭스 형태의 표준화된 모형이 등장하면서부디 발전이 시삭된다. 표준화된 포트폴리오 모형이 횡축과 종축을 사전에 구체화시켜서 일반적으로 적용되던 것과는 달리 customized된 모형은 이의 문제 점들을 해결하기 위한 것이다. 즉, 시장관리자로 하여금 기업의 현실에 중요한 속성들을 필요에 따라서 포함시키고 그 결과를 분석하게 하는 모형으로서 한걸음 발전된 단계에 이르게 된다.

한편으로 포트폴리오 결정의 문제는 기업의 제한된 자원의 분배문제와 더불어서 장기적으로 계획수립의 문제와 결부되게 되는데 이러한 문제를 해결하기 위하여 경영과학의 최적화 기법들이 도입되게 되며 이에 대한 모형으로서는 STRATPORT(Larrech and

그림 14-1	포트폴리오 모형의 분류

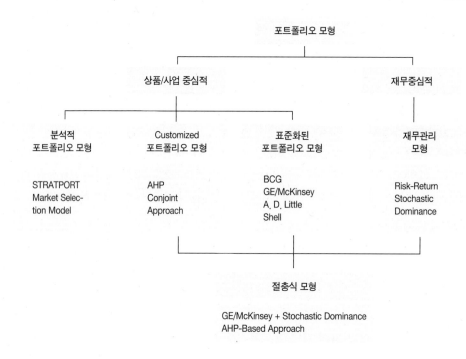

Srinivasan 1981, 1982), Market Selection 모형(Zoltner and Dodson, 1983) 등을 들 수 있다. 이에 대한 개괄적인 사항들은 [그림 14-1]에 나타낸 바와 같다.

표준화된 모형은 명백한 한계점이 존재하고 최적 포트폴리오 구성보다는 상품/사업의 분류에 초점을 두고 있음에도 불구하고 널리 사용되고 있다. 또한 개념적으로 우월한 탄력적 모형의 경우 그 실행이 어렵고 최고 경영자의 참여가 매우 필요하다는 점에서, 비교적 적용이 용이한 표준화된 모형은 계속 널리 사용되리라 보여진다.

다양한 표준화된 모형이 사업의 분류와 각 사업에 대한 전략적 기준의 관점에서 동일한 결과를 가져온다면 모형 선택의 문제는 심각하지 않으며, 각 모형들은 상호 교환적으로 사용이 가능하다. 하지만 사용한 모형이나 측정방법에 의하여 상품/사업의 집단이 상이하게 분류되고 수립된 전략이 상이한 결과를 제시한다면 모형선택은 중요한 문제점으로 대두된다.

따라서 본 장에서는 현재 실무자들에 의하여 널리 활용되고 있는 다양한 포트폴리오 모형에 관하여 토론한 후 문제점을 지적하고 나아가서 최근에 이르기까지 연구가 진행되어온 새로운 포트폴리오 모형들을 소개하고자 한다.

SECTION 01 표준화된 포트폴리오 모형에 대한 비판

　상품/사업 포트폴리오 모형은 여러 가지 형태가 개발되어 왔다. 그 중에서 많이 알려진 모형을 몇 개를 소개하면 BCG 매트릭스, Shell International 형태의 매트릭스, McKinsey/GE형태의 매트릭스, A.D. Little의 매트릭스 등이 있다. 여기에서는 상품/사업의 포트폴리오 모형에 관하여 전통적인 매트릭스들을 BCG 모형 중심으로 살펴본 후 그들을 비교하고 이에 대한 대책을 강구하고자 한다.

　광범위하게 사용되고 있는 포트폴리오 매트릭스는 Boston Consulting Group(BCG)에 의하여 개발된 4개의 직사각형 그리이드이다. [그림 14-2]의 BCG 매트릭스는 종축은 시장성장률을, 횡축은 상대적 시장점유율을 나타낸다. 매트릭스상에 종축과 횡축의 좌표와 더불어서 각 상품 또는 사업단위를 원모양으로 나타나는데 각 원의 크기는 전체 기업 포트폴리오에 차지하는 각 사업단위의 상대적인 매출액 수준을 나타낸다.

　각 매트릭스 칸의 명칭과 그 의미를 살펴보면, 별(star)은 성장률이 높은 시장에서 높은 상대적 시장점유율을 확보하고 있는 상품 또는 사업단위들이다. 여기에 해당되는 상품들은 양호한 수익과 높은 성장기회를 동시에 제공하고 있다. 물음표(question marks)는 성장률이 높은 시장에서 낮은 상대적 시장점유율을 갖는 상품이나 사업단위들을 지칭한다. 시장의 성장성 때문에 매력적이지만 상대적으로 시장점유율이 낮기 때문에 시장성장에 따라 잠재적 수익을 실제적으로 획득할 수 있는가 하는 의문을 갖게 한다.

　자금 젖소(cash cow)는 성장률이 낮은 시장에서 운영되는 상대적 시장점유율이 높은 상품이나 사업단위를 지칭하는데, 이는 재투자와 성장을 위하여 필요로 하는 것보다도 많은 자금을 창출하기 때문이다. 개(dogs)는 성장률이 낮고 상대적 시장점유율이 낮은 상품이나 사업단위를 가리키는데, 각 그리이드에 적합한 전략은 각각 별(star)에 대해서는 build전략, 물음표는 hold전략, cash cow는 harvest전략 그리고 dog은 divest전략을 구사한다는 것이 BCG매트릭스를 포함하는 표준화된 포트폴리오 모형들의 주장이다.

　BCG매트릭스를 포함한 전반적인 매트릭스 형태의 포트폴리오 모형들은 현재 기업

| 그림 14-2 | BCG 매트릭스 |

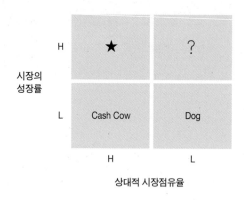

의 포트폴리오 구성을 진단하고, 포트폴리오 내의 상품 또는 사업단위들에 대한 방향 설정 및 전략 수립과 관련하여 광범위한 처방을 내릴 수 있는 기준을 제시하기 위하여 개발되었다. 하지만 매트릭스의 수평축과 수직축의 정의 문제와 측정척도 자체의 타당성이 결여되어 있어서 분류 결과에 대한 신뢰성 문제가 제기되고 있다. 또한 현재 사업의 분류에만 한정할 뿐 미래지향적인 적정 포트폴리오의 선택에는 유용한 도구가 되지 못한다.

그 밖에 가장 심각한 문제는 기업의 특수한 상황에 적용시킬 수 없을 정도로 지나치게 일반화되어서, 현상의 기술적인 진단에만 치중하여 방향성을 제시하지 못할 뿐만 아니라 구체적인 계획수립에 그리 유용한 도구를 제공하지 못한다.

표준화된 포트폴리오 모형에 대한 이와 같은 비판에 대하여 좀 더 확실한 증거를 제시하기 위한 연구가 Wind, Mahajan, and Swire(1983)에 의하여 수행되었다. 이 연구는 Fortune 500대 기업 중에서 15개 사업단위의 PIMS자료를 이용하여 여러 가지 표준화된 포트폴리오 모형들을 실증적으로 비교 검토하였다. 첫째, 성장률–시장점유율 형태의 매트릭스에 대하여 종축과 횡축의 정의를 달리함으로써 각 사업 또는 상품의 위치의 차이를 비교하였으며, 둘째로 종축과 횡축의 동일 정의에 대하여 다양한 포트폴리오 모형들이 나타내는 결과를 비교하였다.

첫 번째 분석의 결과는 〈표 14-1〉에서와 같이 종축과 횡축의 정의를 어떻게 내리느냐에 따라서 15개 사업에 대한 평가가 다양하게 나타나고 있는데, 그 중에서 2, 11, 12번 사업만이 일관성 있는 결과를 보여주고 있다.

두 번째 분석으로서 동일한 정의를 가지고 4가지 표준화된 포트폴리오 모형을 15가지 사업에 대하여 적용한 결과를 [그림 14-3]이 나타내고 있다. [그림 14-3]에서 각 매트

표 14-1   성장률-시장점유율 정의에 따른 표준화된 포트폴리오 모형의 비교

16개 점유율-성장률 매트릭스		15개 사업의 분류*														
		1	2	3	4	5	6	7	8	9	10	11	12	13	14	15
해당시장 점유율	1. 실질시장 성장	2	1	3	4	4	4	2	2	3	3	4	4	2	3	2
	2. 시장 성장	1	1	4	4	4	4	2	2	4	3	4	4	2	3	1
	3. 예상실질시장성장	1	1	3	3	3	3	1	1	3	4	4	4	2	4	2
	4. 예상 장·단기 실질 시장 성장	1	1	3	3	3	3	1	2	3	4	4	4	1	4	2
3개 선도자 대 비 점유율	1. 실질시장 성장	4	1	3	4	4	4	2	4	3	3	4	4	2	1	2
	2. 시장 성장	3	1	4	4	4	4	2	4	4	3	4	4	2	1	1
	3. 예상실질시장성장	3	1	3	3	3	3	1	3	3	4	4	4	2	2	2
	4. 예상 장·단기 실질 시장 성장	3	1	3	3	3	3	1	4	3	4	4	4	1	1	2
선도자 대 비 점유율	1. 실질시장 성장	4	1	3	4	4	4	2	4	3	4	4	4	1	1	2
	2. 시장 성장	3	1	4	4	4	4	2	4	4	3	4	4	4	1	1
	3. 예상실질시장성장	3	1	3	3	3	3	1	3	3	4	4	4	2	2	2
	4. 예상 장·단기 실질 시장 성장	3	1	3	3	3	3	1	4	3	4	4	4	3	2	2
점유율 지 표	1. 실질시장 성장	4	1	3	4	4	4	2	4	3	4	4	4	2	1	2
	2. 시장 성장	3	1	4	4	4	4	2	4	4	4	4	4	2	1	1
	3. 예상실질시장성장	3	1	3	3	3	3	1	3	3	4	4	4	2	2	2
	4. 예상 장·단기 실질 시장 성장	3	1	3	3	3	3	1	4	3	4	4	4	1	2	2

일관된 분류: 3개 사업: 2, 11, 12
비일관된 분류: 12개 사업
　1 2 - -　　　2개 사업: 7, 15
　- - 3 4　　　6개 사업: 3, 4, 5, 6, 9, 10
　1 2 3 4　　　4개 사업: 1, 8, 13, 14

* 　1. 낮은 시장점유율-낮은 성장률　　　3. 높은 시장점유율-낮은 성장률
　　2. 낮은 시장점유율-높은 성장률　　　4. 높은 시장점유율-높은 성장률

릭스의 숫자는 사업단위를 나타내고 있다. 예를 들어, 사업 15는 성장-점유율 매트릭스에서 2상한에 위치하고 있으며 Shell International 매트릭스에서는 3상한에 위치하고 있다. 그림에서 본 바와 같이 각 사업들은 포트폴리오 모형에 따라서 제각기 다른 결과를 보여 주고 있다.

　[그림 14-3]을 좀 더 명확히 파악하기 위하여 각각의 사업에 대하여 각 모형의 분석 결과를 〈표 14-2〉과 같이 나타낼 수 있다. 그 결과 14개 사업은 모형에 따라서 상이한 결과를 보여주고 있으며 12번 사업만이 유일하게 일관성 있는 결과를 보여주고 있다.

　앞에서는 표준화된 포트폴리오 모델을 사용하는 경우, 사업부를 포트폴리오 매트릭스에 분류하는 것이 (1) 사용하는 차원에 대한 조작적 정의 (2) 차원을 "고"와 "저"로 구분하기 위한 분류기준 (3) 항목들을 혼합하여 종축 또는 횡축을 구성할 경우 항목들에 부여

| 그림 14-3 | 4개의 표준화된 포트폴리오 모형의 비교 |

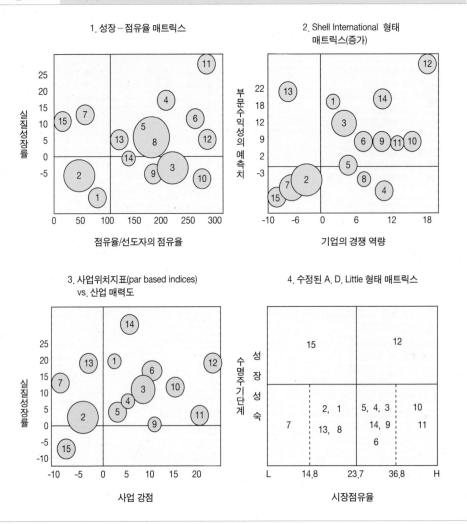

하는 가중치 (4) 사용된 포트폴리오 모형에 따른 축 등의 요인에 따라서 영향을 받기 때문에 그 결과가 일관성이 결여되었고 수립된 전략의 신뢰성이 낮아지게 된 것이다.

따라서 차원의 조작적 정의, cut-off point, 가중치, 사용 모형의 유형의 차이에 따라 사업부의 포트폴리오 위치가 민감하게 변하는 경우 포트폴리오 분석과 전략에 있어서 하나의 모형을 사용하는 것은 위험성이 높다. 따라서 하나의 포트폴리오 모형에 의존하기보다는 다수의 모형을 사용하고 비교할 필요가 있을 것이다.

결론적으로 표준화된 포트폴리오 모형은 앞에서 본 바와 같이 상이한 결과를 나타

| 표 14-2 | 4개의 포트폴리오 모형에 의한 15개 사업의 분류에 대한 비교 |

포트폴리오 모형	15개 사업의 분류*														
	1	2	3	4	5	6	7	8	9	10	11	12	13	14	15
성장률-시장점유율	4	1	3	4	4	4	2	4	3	3	4	4	4	1	2
유사 Shell International	4	1	4	3	4	4	1	3	4	4	4	4	2	4	1
사업 위치 지표와 매력도	4	2	4	4	4	4	2	1	3	4	3	4	2	4	1
A. D. Little	1	1	3	3	3	3	1	1	3	3	3	4	1	3	2

```
*     사업의 위치    산업의 매력
  1.       저            저
  2.       저            고
  3.       고            저
  4.       고            고
```

냈기 때문에 각 모형의 독특한 장점을 이용할 수 있게 여러 모형을 통합하는 것이 바람직하다. 경영관리자는 이러한 통합적 모형을 통하여 포트폴리오 분석과 전략에 대한 기준으로 하나의 표준화된 모형을 사용하는 경우에 나타나는 위험을 감소시킬 수 있다.

이에 따라서 기업이 처한 상황을 보다 더 포괄적으로 이해하고 기업 경영자의 의사결정에 도움을 줄 수 있는 포트폴리오 모형들이 1980년대 이후에 등장하게 된다. 여기에서는 Larreche and Srinivasan(1981, 1982)의 STRATPORT, Wind and Saaty(1980)의 AHP모형과 Zoltner and Dedson(1983)의 Market Selection Model에 관하여 보다 자세하게 토론하고자 한다.

SECTION 02 시장 선택 모형(Market Selection Model: MSM)

많은 기업이 이질적이고 복합적인 시장에서 재화와 용역을 공급하는 제품 포트폴리오를 가지고 있다. 산업재 생산기업뿐만 아니라 소비재 생산기업의 경우도 복수의 제품 구조와 시장 선택(market selection)이 중요한 현안이 되고 있는 것이다. 상이한 시장에 상이한 기회가 존재하고 최종 제품과 서비스의 미래도 그 시장의 미래에 긴밀히 연관되어 있으므로 시장 선택이야말로 사업계획의 핵심요소가 된다. 효과적인 시장 선택의 문제는 현재와 미래의 기업목표와 목적에 공헌하는 시장을 획득할 수 있도록 제한된 자원을 할당하는 문제와 연결된다.

시장 선택 모형(Zoltner and Dodson, 1983)은 크게 탐색과 평가의 두 가지 부분으로 나누어지는데, 탐색 부분은 사업의 목표를 최대한 만족시키는 시장 포트폴리오를 얻을 수 있는 선택을 제공해주며, 평가 부문은 선택된 포트폴리오가 사업목표를 어느 정도나 만족시킬 수 있는가에 대한 주관적인 속성을 평가 할 수 있게 해준다.

일반적으로 하나의 시장은 다양한 속성을 지니고 있다. 따라서 시장선택의 기본이 되는 것은 시장이 지니고 있는 속성들을 평가하여 이를 시장선택에 반 영하는 것이다. 〈표 14-3〉은 최종시장이 n개 있을 때 각 시장에서 m개의 속성을 평가한 매트릭스이다. 여기에서 a_{ij}는 i번째 시장에서 속성 j를 평가한 값을 나타낸다. 그러면 시장 선택 모형에 사용되는 속성(attribute)은 어떠한 것들이 있는가? 중요하다고 판단되는 속성들의 기준에 의해 제품의 포트폴리오를 선택하는 것이 MSM의 핵심이므로 중요한 속성은 객관적으로 결정되어야 한다. 일반적으로 잠재성장률, 판매수익, 순이익, ROI, 현금 흐름 등이 시장 포트폴리오를 평가하기 위해 사용된다. 그 외에도 생산의 시기 적절성, 경쟁적 우위, 기술적 우위, 사회·정치 환경의 위협 등 주관적 속성이 사용되기도 한다. 시장 선택 모형에 있어서 속성 선택이 매우 중요한 요소이므로 환경의 변화에 탄력적으로 중요한 속성을 수용할 수 있는 능력이 필요하다.

시장을 $i(i=1, 2 \cdots n)$로 나타내고 속성을 $j(j=1, 2 \cdots n)$로 나타낼 때, 시장 i가 지

| 표 14-3 | 최종시장의 속성 평가 매트릭스 | | |

최종시장	속성		
	1 ——————————	j ——————————	m
1	a_{11}	a_{1j}	a_{1m}
·	·	·	·
i	a_{i1}	a_{ij}	a_{im}
·	·	·	·
n	a_{n1}	a_{nj}	a_{nm}

니고 있는 속성 j의 값을 a_{ij}로 표시한다. 그리고 전체시장 (j=1, 2 … n) 가운데서 선택되는 시장의 집합, 즉 포트폴리오를 P라고 한다. 각 시장 i가 속성 j에 대하여 a_{ij}의 값을 가지고 있을 때 그 결과치로 나타나는 시장에서의 평가를 $f_j(a_{ij})$라는 함수로 표시한다.

즉 자전거 시장(i)에서 경쟁정도(j)의 값이 a_{ij}일때 시장에서의 평가는 $f_j(a_{ij})$로 나타낸다는 것이다. 단순한 경우 $f_j(a_{ij})=a_{ij}$가 될 수도 있으며 a_{ij} 값을 경우에 따라서 화폐 단위나 다른 척도로도 나타낼 수 있다. 이와 같이 수식을 표기할 때 시장선택의 문제는 다음과 같이 개념적으로 표시될 수 있다.

| 그림 14-4 | MSM을 이용한 시장 선택 |

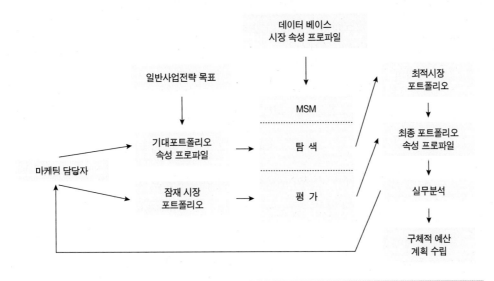

최소화: $\sum\limits_{j=1}^{m} w_j(d_j^- + d_j^+)$

제약조건: $f_j(a_{ij} \mid i \in P) - d_j^- + d_j^+ = MP_j^*$ for $j = 1, \, 2, \, \cdots m$

여기서 d_j^-와 d_j^+는 요구되는 속성 수준 MP_j^*에서 벗어난 편차(deviation)를 말하며, w_j는 각 속성들의 상대적인 중요성을 나타내는 가중치이다.

앞의 문제를 좀 더 구체적으로 표시하면 다음과 같이 상한선과 하한선을 가지고 있는 문제로 바꿀 수 있다. 여기에 시장에서 요구되는 속성 수준 MP_j^*의 상한선을 MP_j^-로 나타내고 하한선을 MP_j^+로 표시한다면 앞의 문제는 속성 한 가지를 최적화(최대화/최소화)시키면서 최적인 포트폴리오를 요구할 때, 예를 들면 매출액, 이익률, 성장률 등의 한 가지 속성을 최대화시킨다든지 위험들을 최소화시킨다든지의 개별 속성을 최적화시키는 포트폴리오를 구할 때의 모형이 된다.

최대화/최소화: $f_k(a_{ik} \mid i \in P)$

제약조건: $MP_j^- \le f_j(a_{ij} \mid i \in P) \le MP_j^+$

$$\text{for } j = 1, \, 2, \, \cdots, \, m \text{ and } j \ne k$$

앞의 개념적인 모형으로부터 좀 더 $f_j(a_{ij} \mid i \in P)$를 단순화시켜서 구체적인 예를 제시하고자 한다. 만일 기업이 수익성을 극대화 하고자 한다면 수익성이라는 속성이 k번째 속성일 때 다음과 같은 구체적인 모형을 갖게 된다.

최대화: $\sum\limits_{j=1}^{n} a_{ik} X_i$

제약조건: $MP_j^- \le \sum\limits_{j=1}^{n} a_{ik} X_i \le MP_j^+$

$$\text{for } j = 1, \, 2, \, \cdots, \, m \text{ and } j \ne k$$

$X_i = \begin{cases} 1: \text{시장 } i \text{가 기업의 포트폴리오의 한 부분으로 선택되면,} \\ 0: \text{그렇지 않은 경우} \qquad\qquad\qquad \text{for } i = 1, \, 2, \, \cdots\cdots, \, n \end{cases}$

위의 문제에 현실적인 제약점들을 추가하여 제약식을 만들 수 있다. 예를 들어서 기업이 가지고 있는 마케팅 예산의 총액이 B이고 각각의 시장을 관리하는데 b_i의 비용을 필요로 한다면 다음과 같은 제약식이 추가될 수 있다.

$$\sum_{i=1}^{n} b_i X_i \leq B$$

$$X_i = \begin{cases} 1: \text{시장 } i \text{가 선택되면,} \\ 0: \text{선택되지 않으면} \end{cases}$$

마찬가지로 시장 i에서 속성 j가 지니고 있는 최소한의 속성값이 요구되고 있다면 다음과 같은 제약식이 추가될 수 있다. 예를 들어 시장규모 관점에서 최소한의 시장규모를 a라고 한다면

$$\sum_{i=1}^{n} (a_{ij}-a)X_i \geq 0$$

$$X_i = \begin{cases} 1: \text{시장 } i \text{가 선택되면,} \\ 0: \text{선택되지 않으면} \end{cases}$$

매력적이 되기 위한 시장성장률, ROI 등과 같은 속성들이 여기에 해당될 수 있을 것이다. 다음으로 Zoltner and Dodson(1983)에 의해 언급된 시장선택 모형의 적용 예를 소개하고자 한다.

최소화: $\displaystyle\sum_{i=1}^{n} a_{ik} X_i$

제약조건: $\displaystyle\sum_{i=1}^{n} a_{i1} X_1 \geq MINREV$

$\displaystyle\sum_{i=1}^{n} a_{ij} X_i \leq MAXPROD_j$ for $j = 3, 4, 5, 6$

$\displaystyle\sum_{i=1}^{n} [(1+a_i)a_{i1}-(MINGROW)a_{i1}] X_i \geq 0$

$\displaystyle\sum_{i=1}^{n} [r_1 a_{i1}-(MINCYCLE)a_{i1}] X_i \geq 0$

$\displaystyle\sum_{i=1}^{n} [r_1 a_{i1}-(MAXCYCLE)a_{i1}] X_i \leq 0$

$X_i = \begin{cases} 1: \text{시장 } i \text{가 선택되면,} \\ 0: \text{선택되지 않으면} \end{cases}$ for $i = 1, 2, \cdots\cdots, n$

여기에서 $MINREV$는 기업이 달성하고자 하는 최소한의 수익이며, $MAXPROD_j$는 기업이 지니고 있는 최대한의 생산 능력을 나타내며, $MINGROW$는 기업이 필요로 하는 최소한의 성장률, $MINCYCLE$와 $MINCYCLE$는 최소 또는 최대의 사업의 주기를 나타내고 있다. 예를 들어서 $MINREV = \$700,000$, $MAXPROD_j = 260,000$톤, $MINGROW = 0.05$,

MINCYCLE=0.02, *MAXCYCLE*=0.06이 될 수 있다.

　　이와 같은 모형에 의하여 포트폴리오가 선정되면 다시 질적인 분석을 통하여 선택된 포트폴리오를 평가하게 된다. 여기에서 평가한 속성들은 계량적인, 측정 가능한 성과 요인들로 표현되지만 이러한 시장 속성 리스트는 불완전한 경우가 많다. 최종적인 시장 선정에 있어 커다란 영향을 미치기는 하지만 계량화할 수 없고 측정하기도 힘든 경영 내적 외적 요인들이 상당히 많이 존재하기 때문이다. 시장 선택 모형은 계량적인 기준 못지않게 질적인 기준에 의하여 많이 이루어진다. 속성에 포함되지 않은 다른 외생변수를 고려하는 경우, 탐색 과정에서 발견된 포트폴리오를 출발점으로 하여 수용 가능한 포트폴리오 대안을 시장 계획자가 이끌어 내는 방법을 사용할 수도 있다.

사례: 아직 공유기업으로 아시나요… 우버, 에어비앤비의 변신 ───

　　2012년부터 전 세계적으로 열풍이 불었던 '공유경제'의 창시자격인 우버(Uber)와 에어비앤비(Airbnb). 2009년과 2008년에 각각 창업한 두 회사는 차 한대도 소유하지 않고(우버), 호텔 하나도 소유하지 않고(에어비앤비)도 '자동차'와 '숙박'의 공급과 수요를 연결해 이용자를 기하급수적으로 끌어 모으면서 세계에서 가장 가치 있는 비상장 기업으로 성장했다.

　　하지만 우버와 에어비앤비가 작은 스타트업에서 세계적 기업이 되기까지 과정은 순탄하지 않았다. 특히 기존 법 제도 안에서 성장했던 택시 및 숙박 업계와 끊임없이 충돌하면서 상황에 맞춰 비즈니스 모델을 바꿔야 했다. 창업 후 약 10년이 흐른 2018년, 우버와 에어비앤비는 더 이상 순수한 의미의 '공유경제' 기업으로 불리지 않는다. 우버는 '택시' 서비스 기업으로 자리매김했으며 에어비앤비도 강력한 브랜드를 기반으로 아파트 사업에 진출하는가 하면 '우버 트립스'를 확대하면서 경험 서비스 기업으로 변신 중이다.

■ 모빌리티 서비스 대명사 꿈꾸는 우버

　　우버의 새 비전은 차량 공유 회사에서 '토털 모빌리티' 업체로 변신하는 것이다. 구글이란 단어가 '검색하다'는 동사가 됐듯 우버는 '이동하다'는 동사가 되고 싶어한다. 자동차는 이동 수단의 하나일 뿐이다. 이를 회사 내부에서는 '우버 2.0'으로 불렀다. 그들은 우버를 '연결운송제공 회사'로 정의했다. 즉 우버 애플리케이션(앱) 하나로 중간 이동 수단(자동차, 자전거, 트럭, 헬기 등)과 상관없이 모든 이동(모빌리티)을 제공하겠다는 것이다. 우버가 천문학적 비용투자를 하면서 탑승당 8~10달러를 버는 로봇택시 사업을 하는 이유도 미래 교통(모빌리티) 시장을 선점하기 위해서다. UBS는 오는 2030년에는 도로에 자율주행차량이 절반 정도 차지할 것으로 예측했으며 1마일당 우버 운행 비용도 현재 2.5달러에서 0.70달러로 떨어질 것으로 분석했다.

　　미래 GM, 포드, 다임러, 도요타, 혼다, 현대·기아차 등 대부분 완성차 회사들과 구글 웨이모, 애플 등 플랫폼 기업들이 자율주행차 사업에 사활을 걸고 있는 상황이다. 이들은 로봇택시가 자율주행과 라이드 셰어가 결합된 모습이 될 것이며 이는 도로를 더 안전하게 만들고 비용도 효율적으로 운영하게 하는 동력이 될 것이라고 생각한다.

■ 경험 비즈니스 제공하는 에어비앤비

에어비앤비는 10년 후 연 10억명이 넘는 사람이 에어비앤비를 통해 숙박을 이용할 수 있도록 한다는 미래 비전을 제시했다. 이를 위해 단순 숙박 중계가 아닌 5성 호텔급 서비스 '플러스와 '럭셔리'를 내놨다.

에어비앤비 플러스는 셀프 체크인을 할 수 있고 예술품, 가구, 편의용품 등을 갖춘 호스트를 선정해 이들의 숙박시설을 집중 홍보해준다. 럭셔리(브랜드명 비욘드)는 전 세계 유명한 건축가가 디자인한 건축물이나 유명인들의 고급 주택 등에서 숙박할 수 있도록 해주는 등 맞춤형 여행. 최상급 서비스를 갖춘 숙소를 예약할 수 있다. 에어비앤비는 '트립' 서비스도 확대한다. 여행자들이 알지 못하는 특별한 장소에서 개최되는 소규모 라이브 공연인 '에어비앤비 콘서트', 여행자들이 전 세계 친구들을 사귈 수 있도록 호스트가 기획하는 특별한 식사 체험을 제공하는 '소셜 다이닝', 잘 알려지지 않은 특별한 장소로 떠나는 며칠간의 여행. 사하라 사막에서 캠핑을 하며 베두인 사람들과 함께 살아보는 경험, 북극 여행 등 '어드벤처'를 공개했다. 이는 에어비앤비가 '숙박 플랫폼'에서 '경험' 제공 서비스 회사로 변신하는 기반이 될 것으로 예상된다.

■ 제프 홀든 우버 CPO "2023년 우버 에어택시, 우버X 가격으로 탄다"

"지금으로부터 5년 후인 오는 2023년까지는 승객을 태우고 비행하는 것이 목표입니다. 샌프란시스코에서 새너제이까지 9분 내에 갈 수 있습니다. 가격은 기존 우버 요금과 같습니다." 제프 홀든 우버 최고제품책임자(CPO)는 샌프란시스코 우버 본사에서 열린 '우버 모빌리티 서밋' 기자간담회에서 야심차게 주진하고 있는 에어택시 서비스 '우버 엘리베이트'가 오는 2020년 이후에는 제 궤도에 오를 것으로 예측했다. 2020년부터 시범 운행을 하고 2023년부터는 승객을 태우는 서비스를 하겠다는 것이다. 우버가 구상하는 에어택시는 현존하는 헬기처럼 복잡한 구조에 엔진 구조가 아니라 100% 배터리로 작동하는 전기 유인 드론이다. 간단한 조작으로 수직이착륙(eVTOL · electric vertical takeoff and landing)하며 A 지점에서 B 지점까지 빠르게 이동하는 것을 목표로 한다. 우버는 2020년 댈러스, LA, 두바이 등의 도시에서 에어 택시를 테스트하고 2023년 첫 상용화, 오는 2028년 LA올림픽에서는 보편적 서비스로 확대하는 것을 목표로 하고 있다. 이를 위해 나사와 무인

우버가 미래에 교통시장을 선점하기 위해 천문학적 비용을 투자하는 로봇택시

교통 관리 시스템 공동 개발을 시작했다. 제프 홀든 CPO는 "우버는 라이드 쉐어(탑승 공유) 회사이지만 앞으로는 효율적이고 빠른 모빌리티를 제공하려 한다"며 "우버의 모빌리티 서비스에는 기존 자동차뿐만 아니라 자전거, 그리고 에어택시도 포함돼 있다. 에어택시가 상용화된다면 더 다양한 옵션으로 원하는 목적지까지 빠르게 이동하는 것이 가능해진다"고 말했다.

　　놀라운 점은 에어택시의 가격 정책이다. 기존 우버 서비스와 같이 책정하겠다는 것이다. 우버의 에어택시는 샌프란시스코에서 새너제이까지 약 9분 내 주파할 수 있는데 현재 1시간~1시간 30분 거리를 9분 내 주파할 수 있는 만큼의 요금을 부담할 수 있도록 한다는 방침이다. 홀든 CPO는 "우버 에어택시의 승하차 지역은 도심 외곽에 위치해 있는데 이 지점까지 우버를 타고 갔다가 갈아타고 바로 우버 에어를 탑승할 수 있게 할 것이다"고 말했다.

자료원: 매일경제, 2018. 03.13.

SECTION 03　계층적 분석 모형(Analytic Hierarchy Process: AHP)

　　AHP는 Saaty(1980)에 의해서 개발되어서 포트폴리오 결정을 포함하여 신제품 개발 등 다양한 마케팅 의사결정에 활용되고 있다(Wind and Saaty, 1980). 계층적 분석 모형의 구성 단계를 살펴보면, 첫째, 복합적인 문제를 계층적 구조로 분화시키는 것이다. 각 계층은 몇 가지의 관리 가능한 요소로 나누어지고, 각 요소는 각 하위 계층으로 다시 나뉘어지는 나뭇가지 구조(tree structure)를 형성하게 된다. 둘째, 각 계층의 각 요소는 서로 서로에 대한 상대적 중요도에 따라 각 상위 계층의 요소에 대해 각각 매트릭스 형태의 입력 자료를 얻는다. 셋째, 계층적 분석 모형 알고리즘을 통하여 확률 형태의 최적해를 도출해 낸다. 넷째, 최적해를 통하여 최적의 제품 포트폴리오를 구성하고 구체적인 계획을 수립한다.

| 그림 14-5 | 계층적 분석 모형의 틀 |

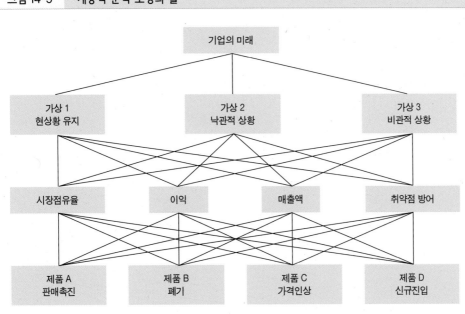

| 표 14-4 | 계층적 분석 모형의 입력 |

이 익	A	B	C	D
A	1	1/5	1/4	1/6
B	5	1	1/3	1/2
C	4	3	1	1/4
D	6	2	4	1

[그림 14-5]는 기업의 미래에 대해 세 가지 시나리오의 환경으로 나누고 각 환경의 요소는 다시 시장점유율, 이익, 매출액, 취약점 방어의 4개의 목표로 계층화되고 다시 4개의 구체적 행동으로 나누어지는 가지 구조를 보여 주고 있다.

〈표 14-4〉는 계층적 분석 모형의 실제적 입력 예를 나타낸다. 각 응답자 또는 집단 의사결정자는 각 행동의 상대적 중요성을 상위의 4개 목표에 대해 각각 작성한다. 마찬가지로 각 목표의 상대적 중요도도 상위의 환경에 대해 작성하여 계층적 분석 모형의 알고리즘에 적용시킨다.

〈표 14-4〉는 대칭 행렬의 형태로 나타내고 있는데, 이익 측면에서 각 행동의 상대적 중요성을 응답자가 답한 것이다. 여기에서 B안의 A안에 대한 중요성이 5이며, 반대로

그림 14-6   계층적 분석 모형의 틀

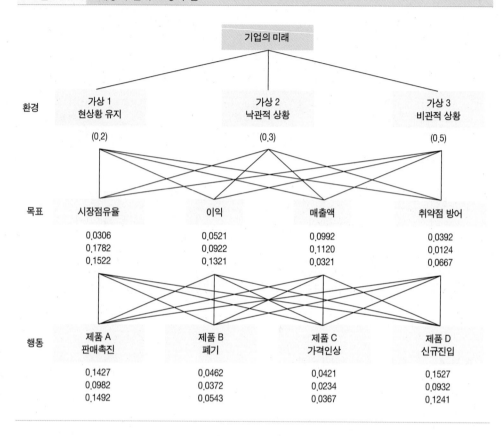

A에 대한 B의 중요성은 1/5이다. 보통 9점 척도를 사용하는데 수가 높아질수록 절대적 중요성이 높아지게 된다.

위의 단계를 거쳐 [그림 14-6]과 같은 확률형태의 출력을 얻게 된다. 위의 그림에서 미리 책정된 가상 시나리오의 확률은 다음과 같다.

가상 1 (현상태 유지): 0.2
가상 2 (낙관적 상황): 0.3
가상 3 (비관적 상항): 0.5

가상 시나리오의 확률에 바탕을 두어 도출된 목표의 상대적 중요성은 다음과 같다.

시장점유율: 0.3620

이   익   : 0.2764

매출액   : 0.2433

취약점 방어: 0.1183

여기에서 각 요소당 3개의 확률이 나오는데 그것은 세 개의 가상 시나리오 순으로 나타낸 확률을 뜻하는 것이다. 즉, 시장점유율에서 첫째의 0.0306은 가상 시나리오 1의 상황에서 시장점유율의 중요성을 의미한다.

가장 하위의 구체적 행위에 대한 중요성은 다음과 같다.

A 사업의 제품 활동 촉진: 0.3901

B 사업의 폐기   : 0.1377

C 사업의 가격 인상   : 0.1022

D 사업의 신규진입 : 0.3700

위 예의 문제에서 가장 중요하게 고려해야 할 우선순위는 A사업에 대한 촉진 (promotion)과 D사업의 신규진입이다. 이에 따라 새로운 자원 할당, 예산 편성 및 최적 포트폴리오 구성 문제가 새롭게 수립될 것이다. 또한 계층적 분석 모형에 의해 제시된 지침은 다른 전략에 대한 민감도 분석(sensitivity analysis)에도 유용하게 사용될 수 있다. 개념적으로 계층적 분석 모형은 자원의 할당문제와 선택 예측 문제에 적용할 수 있다. 그러나 계층적 분석 모형이 다른 포트폴리오 구성 접근법에 대해서 우월한지의 여부는 실증적인 검증의 문제이며 서로 보완적 관계에 있다고 할 수 있다.

SECTION 04 STRATPORT(STRATegic PORTfolio planning) 모형

  기업은 주어진 시점에서 내부적으로 지니고 있는 보유자금과 외부 조달자금을 원천으로 하여 기업의 달성가능한 최대의 성장을 이룩할 수 있는 포트폴리오를 구성하고자한다. 주어진 이용가능한 현금자원하에서 기업의 전략적 포트폴리오 문제는 현재 고려되

그림 14-7   STRATPORT의 개관

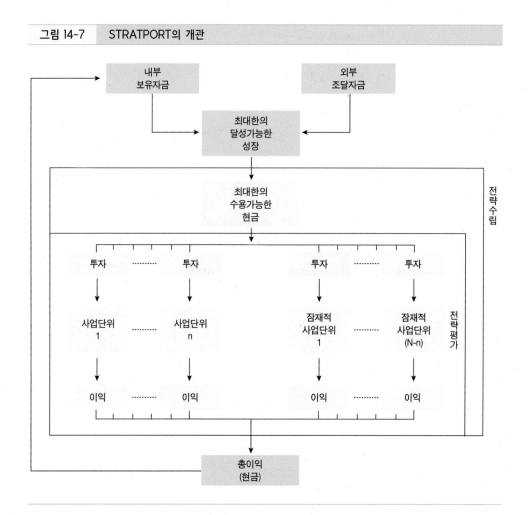

고 있는 상품 또는 사업 단위에 마케팅 자원을 어떻게 할당하는가의 문제이다. 이를 위해서 기업은 현재 진행되고 있는 사업뿐만 아니라 새로운 사업까지도 고려하게 된다. 일반적으로 고려하여야 할 주요한 투자항목은 생산설비, 운전자본, 마케팅, R&D 등으로서 기업의 장기적 이윤을 최대화할 수 있는 투자가 되어야 할 것이다. 여기에서 산출되는 이윤은 각 기간에 있어서 내부 보유자금에 영향을 주게 된다.

기업 경영은 이와 같은 과정을 반복하게 되는데 STRATPORT는 이러한 과정을 충분히 고려하여 수학적으로 최적화 문제를 해결함으로써 이에 대한 전략을 평가하고 전략 수립의 보완적인 도구로 활용될 수 있다. STRATPORT의 전반적인 모습은 [그림 14-7]에 도시된 바와 같다.

[그림 14-8]에 나타난 바와 같이 STRATPORT의 분석은 기간별로 계획기 간과 계획후 기간으로 분류된다. 계획기간(1, 2 ···, T) 동안에는 마케팅 투자가 이루어지고 투자에

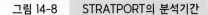

그림 14-8   STRATPORT의 분석기간

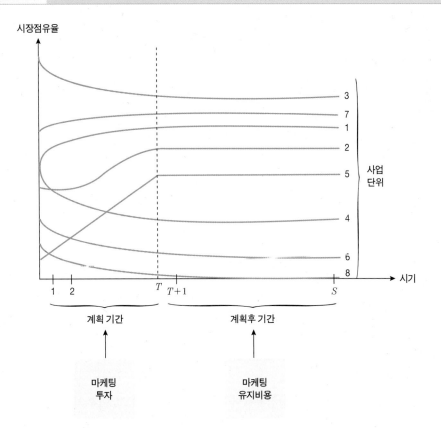

그림 14-9   STRATPORT의 전반적인 구조

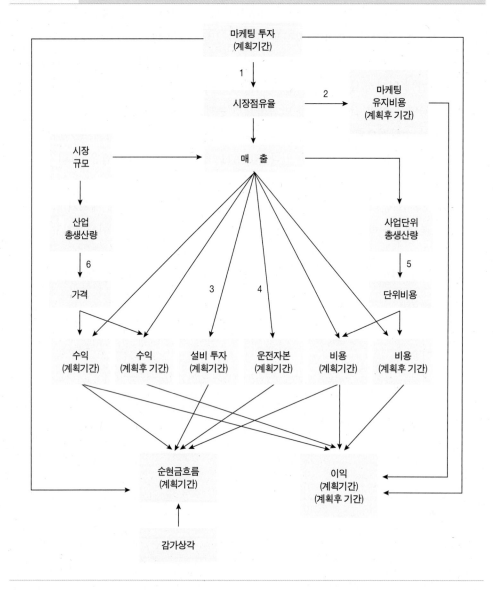

따라서 시장점유율의 변화를 볼 수 있으며 그에 따른 매출에 변화가 있게 된다. 계획후 기간($T+1$, …, S)에는 시장점유율을 일정수준 이상 유지하기 위한 각 사업단위별로 마케팅 유지비용이 지출된다.

즉, 계획기간 동안에는 시장점유율에 변화가 있게 되며 그 이후의 계획후 기간에는 일정한 점유율이 유지된다. 여기에서 기본적으로 단위 기간은 연, 4분기, 계절, 월별자료들이 활용되어 그에 상응하는 포트폴리오 전략을 수립할 수 있다. 계획기간은 일반적으로 2~5년이며 계획후 기간은 5~10년 정도에 해당되는 장기간이 된다.

[그림 14-9]는 하나의 사업단위에서 STRATPORT의 전반적인 구조를 도시화한 것이다. 먼저 계획기간 동안의 마케팅 투자에 의해서 예상되는 시장점유율이 결정된다. 동시에 계획후 기간 동안 시장점유율을 유지하기 위한 마케팅 비용들이 결정된다. 매출액은 시장점유율이 예측되어서 결정됨에 따라 예측되는 시장규모와 더불어서 산정된다. 여기에는 물론 계획기간과 계획후 기간에서 시장의 성장률이 고려된다. 예측된 시장규모에 따라서 산업의 총생산량이 결정되고 수요와 공급 관계에 따라 각 시점에서 시장가격을 구할 수 있다. 마찬가지 방법으로 매출이 시장규모와 시장점유율로부터 구해지면 총비용이 판매량으로부터 직접 계산되고 단위당비용 또한 계산될 수 있다. 마지막으로 판매량으로부터 계획기간 동안의 설비투자와 운전자본 소요액이 추정된다. 각 계획 기간 동안의 현금의 흐름은 사업 단위별로 산정될 수 있으며 감가상각액이 더해지게 되면서 계획기간과 계획후 기간에서 이익이 추정된다. 물론 이 과정에서 인과 관계를 설명하기 위하여 시장반응함수, 시장유지함수, 설비투자함수, 운전자본 측정을 위한 함수, 비용함수, 가격함수들이 여기에 포함되게 된다. 그 결과로서 STRATPORT는 계획기간 동안에 주어진 기업의 여건하에서 최대의 효과를 발휘할 수 있는 최적자원 할당의 결과를 제시한다. 물론 이 과정에서는 앞에서 언급한 6종류의 함수들의 제약식이 비선형이기 때문에 이를 수학적으로 풀기 위해서 Lagrange Multiplier 방법이 활용된다.

SECTION 05 맺음말

기업의 상표 및 사업의 포트폴리오 결정문제는 사례를 통하여 또는 실제 당면한 문제를 통하여 그 중요성을 실감하고 있다. 즉 기업이 현재 가지고 있는 상품 리스트를 지속적으로 가지고 갈 것이냐, 아니면 부분적으로 폐기시킬 것이냐, 그리고 새로운 시장에 뛰어들 것인가 하는 문제이다.

　이와 같이 중요한 문제를 BCG 매트릭스, GE 또는 Shell 매트릭스와 같은 단순한 형태에 의존하여 의사결정을 내린다는 것은 현명한 처사로 판단될 수가 없다. 더구나 앞에서 Wind, Mahajan, and Swire(1983)에서 지적된 바와 같이 대단히 위험한 일이다. 따라서 과학적인 방법에 의하여 보다 장기적인 안목에서 시장을 분석하고 기업에 적합한 모형들을 개발하여 포트폴리오를 관리하여야 함은 분명한 일이다.

　본 장에서는 기존 매트릭스 형태 분석의 문제점을 제시하고 시장관리자가 필수적으로 파악하고 있어야 할 네 개의 포트폴리오 모형들을 제시하였다. 여기에 제시된 모형들은 일반적으로 다양한 시장환경에 적응할 수 있는 탄력적인 모형들이다. 따라서 모형들을 적절히 변형하여 활용함으로써 과학적이고 합리적인 의사결정에 도달할 수 있을 것이다.

토론 문제

01 표준화된 포트폴리오 모형에 관하여 문제점들을 구체적으로 서술하라.

02 표준화된 포트폴리오 모형이 문제점들을 지니고 있는 것은 사실이나 이의 유용성 또한 없는 것은 아니다. 그렇다면 이를 어떻게 활용하겠는가? 이에 관해서는 Hax and Majluf(1983a)와 Hax and Majluf(1983b)들을 읽어보고 이를 정리하여 보라.

03 Market Selection Model을 활용하기 위한 간단한 자료를 수집하여 보라. 그리고 이에 대해 선형계획모형을 설정하여 보라.

04 가상적인 상황을 설정하여 AHP모형을 적용해 보라.

05 STRATPORT 모형의 개관을 이해하고 이에 따른 구조를 파악하여 보라. 수학적인 모형에 관심이 있으면 Larreche and V. Srinivasan(1981, 1982) 자세히 읽어보라.

참고 문헌

김임수 (1992), 기업의 사업 포트폴리오 구성과 시장선택에 관한 연구, 연세대학교 대학원.

Day, G. S. (1977), "Diagnosing the Product Portfolio", *Journal of Marketing*, 41(2), pp. 29-38.

Liu, D. R. and Shih, Y. Y. (2005), "Integrating AHP and Data Mining for Product Recommendation based on Customer Lifetime Value", *Information & Management*, 42(3), pp. 387-400.

Fu, H. P., Chao, P., Chang, T. H., and Chang, Y. S. (2008), "The Impact of Market Freedom on The Adoption of Third-Party Electronic Marketplaces: A Fuzzy AHP Analysis," *Industrial Marketing Management*, 37(6), pp. 698-712.

Gabrielsson, P. and Gabrielsson, M. (2004), "Globalizing Internationals: Business Portfolio and Marketing Strategies in the ICT Field," *International Business Review*, 13(6), pp. 661-684.

Harrell, S. G. and Taylor, E. D. (1981), "Modeling the Product Life Cycle for Consumer Durables," *Journal of Marketing*,45(4), pp. 68-75.

Hax, A. C. and Majluf, N. S. (1983), "The Use of the Growth-Share Matrix in Strategic Planning," *Interfaces*, 13(1), pp. 46-60.

Hsu, P. F. and Wang, C. (2007), "Optimal Allocation of Marketing Strategies in Taiwan's Bio-Cosmetics Sector by Using the Analytic Hierarchy Process," *Journal of International Marketing & Marketing Research*, 32(1), pp. 3-15.

Larréch, J. C. and Srinivasan, V. (1981), "STRATPORT: A Decision Support System for Strategic Planning," *Journal of Marketing*, 45(4), pp. 39-52.

Larréch, J. C. and Srinivasan, V. (1982), "STRATPORT: A Model for the Evaluation and Formulation of Business Portfolio Strategies," *Management Science*, 28(9), pp. 979-1001.

Lilien, G. L., Kotler, P., and Moorthy, K. S. (1992), *Marketing Models*, New Jersey: Prentice-Hall.

Lilien, G. L. and Kotler, P. (1983), *Marketing Decision Making: A Model Building Approach*, New York: Harper & Row Publishers.

Lin, C., Tan, B., and Hsieh, P. J. (2005), "Application of the Fuzzy Weighted Average in Strategic Portfolio Management," *Decision Sciences*, 36(3), pp. 489-511.

Little, J. D. C. (1979), "Decision Support System for Marketing Managers," *Journal of Marketing*, 43(3), pp. 9-26.

Saaty, T. L. (1980), *The Analytic Hierarchy Process*, New York: McGraw-Hill.

Urban, G. L. (1969), "A Mathematical Modeling Approach to Product Line Decision," *Journal of Marketing Research*, 6(1), pp. 40-47.

Urban, G. L. (1974), "Building Models for Decision Making," *Interfaces*, 4(3), pp. 1-11.

Varadarajan, R., DeFanti, M. P., and Busch, P. S. (2006), "Brand Portfolio, Corporate Image, and Reputation: Managing Brand Deletions," *Journal of the Academy of Marketing Science*, 34(2), pp. 195-205.

Wind, Y. and Claycamp, H. J. (1976), "Planning Product Lines Strategy: A Matrix Approach," *Journal of Marketing*, 40(1) pp. 2-9.

Wind, Y., Mahajan, V., and Swire, D. J. (1983), "An Empirical Comparison of Standardized Portfolio Models," *Journal of Marketing*, 47(2), pp. 89-99.

Wind, Y. and Mahajan, V. (1981), "Decision Product and Business Portfolio," *Harvard Business Review*, 59(1), pp. 155-165.

Wind, Y. and Saaty, T. L. (1980), "Marketing Application of the Analytic Hierarchy Process," *Management Science*, 26(7), pp. 641-658.

Zoltner, A. A. and Dodson, J. A. (1983), "A Market Selection Model for Multiple End-Use Products," *Journal of Marketing*, 47(2), pp. 76-88.

15 CHAPTER | 동양맥주의 방어 전략 사례

NEW PRODUCT MARKETING STRATEGY

　　창밖을 바라보고 있는 강이사의 심정은 매우 착잡하다. 동양맥주에 몸담은지 25년, 그동안 오직 회사의 일이라면 만사를 제쳐놓고 뛰어왔던 전형적인 OB man인 그는 그동안 평화공존 체제를 유지해 왔던 맥주시장에 불어오는 태풍을 느끼고 있기 때문이다. 진로의 맥주시장 진출, 조선맥주의 HITE출시 이후의 시장점유율 감소 등으로 이제는 안일하게 맥주업계의 1위 자리를 지키는 것이 아니라 회사의 운명을 건 3파전을 치러야 하기 때문이다.

　　맥주시장의 변화하는 환경을 적절히 극복하고 위협요인에 대처하면서 안정된 시장점유율과 매출액을 달성하기 위해 강이사는 그가 과장 시절부터 고락을 함께 했으며 또한 가장 신임하는 이부장을 주축으로 하는 마케팅 전략팀을 구성함으로써 맥주업계의 현황을 파악하고 새로운 시장기회에 대해 모색하도록 지시를 내렸다.

---

* 본 사례는 과거 Hite와 Cass의 시장진출 시점에서 Hite의 시장확대와 OB맥주의 방어라는 각도에서 사례를 분석하여 보고 당시 상황에서 OB맥주는 어떻게 전략을 수립하였어야 할 것이며 이를 또한 다른 상품에 어떻게 연계시킬 수 있을 것인가에 주안점을 두고서 작성한 것임.

SECTION 01 국내 주류업계와 맥주시장의 현황

우리나라에서 맥주가 처음 만들어진 것은 59년 전인 1934년부터인데, 국내의 맥주 제조업은 맥주회사 민영화 방침에 따라 동양맥주 주식회사가 OB맥주를, 조선맥주 주식회사는 Crown맥주를 주상품으로 하는 순수 민간업체로 발족하였다. 이후 국내 맥주시장은 두 회사가 양분해 왔으며 현재의 시장규모는 약 2조원에 이른다.

국내에서 생산되는 맥주는 일반맥주, 프리미엄 맥주, 생맥주, 드라이 맥주 등으로 구분할 수 있는데, 일반맥주는 가정용과 업소용으로 구분되며 가정용과 업소용 모두 OB맥주가 시장점유율 면에서 앞서 왔다.

1980년대에는 OB와 Crown이 7대 3의 비율로 시장을 양분하는 체제가 유지되어 왔었다. 그러나 1990년대에 와서 거센 변화의 바람이 불기 시작했다. 낙동강 페놀유출사건을 계기로 Crown맥주가 OB의 기존시장을 잠식한 이후 신제품 개발, 유통망 확보, 서비스 확대 등의 전면적 양상으로 번지기 시작하여 현재 약 6.5대 3.5의 선까지 시장점유율의 변동이 일어나 그동안 지속되어 왔던 1위와 2위의 자리바꿈까지 예견되는 상황으로 급변하기도 했었다.

또한 연간 2조원 규모의 맥주시장에 새로운 상황이 전개되고 있는데, 최근 (주)진로의 맥주시장으로의 진출의지가 구체적으로 모습을 드러내면서 맥주시장에는 과거에 없었던 긴장감이 팽배하고 있는 실정이다. (주)진로의 움직임이 본격화되자 기존의 시장을 양분하여 공생해왔던 동양과 조선맥주는 진로의 일거수일투족을 예의주시하면서 대응책 마련에 부심하고 있다.

일반적으로 주류시장은 전반적인 경기와 맞물리는 경향이 있기는 하지만 전체적으로 볼 때 현재의 시장규모는 증가하는 추세이다. 맥주시장은 지속적으로 성장하는 반면, 소주시장은 계속해서 감소하고 있는 실정으로 이는 (주)진로의 맥주시장 진입을 설명해 줄 수 있는 상황이라고 할 수 있다. 또한 맥주시장의 성장과 소주 시장규모의 감소는 소비자들이 전반적으로 알콜도수가 높은 주류를 기피하는 추세라고 볼 수 있다. 실제로 소주의 경우 기존의 알콜도수보다 낮은 '라이트'가 출시된 상태이고, 청하나 이화 등의 냉

| 표 15-1 | 우리나라 소비자들의 주류소비패턴의 변화와 특성 |

A. 소비패턴의 변화	B. 90년대 음주문화의 특성

• 50년대: 막걸리(탁주)
• 60년대: 막걸리, 소주, 맥주의 부상
• 70년대: 소주
• 80년대: 맥주
• 90년대: 저알코올주의 선호
	• 간단히 1차로 끝냄
	• 잔돌리기의 사양
	• 가정에서의 음주증가
	• 여성음주 증가
	• 술에서 미각적인 속성을 강조
	  원인: 생활수준의 향상
	      자가운전자의 증가
	      음주운전 단속강화
	      유흥업소의 심야영업 중지

청주의 소비가 증가하는 추세이다.

참고적으로 우리나라 소비자들의 주류소비패턴의 변화와 90년대의 음주문화의 특성을 살펴보면 〈표 15-1〉과 같다.

한편 국내 맥주시장은 국민소득의 증가와 국민의 문화생활 및 기호의 고급화 등으로 지속적으로 성장을 해오다가 90년대에 이르러 전체 주류시장 내에서 차지하는 점유율이 50%를 넘어서고 있다. 맥주가 대중주로서 자리잡기까지 많은 시대적, 사회경제적인 원인들이 작용했다고 볼 수 있는데, 이를 분류해 보면 첫째, 지속적인 경제성장과 그에 따른 개인소득 증대와 둘째, 개인소득 증대율 수준에 못 미치는 맥주가격의 저상승으로 인해 타주류와의 가격경쟁에서 유리해졌기 때문이며, 셋째로 사회경제수준별 상위계급으로의 지향심리 등이 작용하여 국민소득 성장과 더불어 국민의 문화생활, 기호 등이 고급화되었다는 것이다.

〈표 15-2〉에서 보는 바와 같이 전체 주류시장 내에서의 맥주 점유율은 1970년에 5.7%, 1975년에 8.6%에 불과했으나, 1980년대에 들어와서는 1980년 22.5%, 1985년 34.3%로 꾸준히 성장하다가 1987년에는 35.7%를 차지하면서 국내주류 중 최고의 판매량을 기록하여 대중주로서의 위치를 갖게 되었다. 1991년에는 시장점유율 55.5%로 명실상부하게 대중들이 가장 선호하는 술로 자리를 잡게 되었다.

| 표 15-2 | 전체 주류시장내 맥주 점유율의 변화 | | | | | | | | (단위: %) |

연 도	'70	'75	'80	'85	'86	'87	'88	'89	'90	'91
점유율	5.7	8.6	22.5	34.3	33.9	35.7	40.5	45.3	48.2	55.5

SECTION 02 일본의 맥주시장

　　과거 국내의 맥주시장은 대체적으로 일본의 맥주시장과 유사한 경향이 있으므로 일본 맥주시장의 발달과정을 참고할 필요가 있다. 과거 일본시장에서는 맥주가 성숙 후기로 접어들고 있다. 즉, 대량생산과 가격경쟁의 시기로부터, 감각기관에 호소하여 판매만을 목적으로 한 광고판촉 위주의 시기를 거쳐서 소비자의 개성과 개개인의 취향에 충실한 신제품을 개발하는 시기에까지 이르고 있다.

　　일본의 맥주시장은 1960년대에 경제성장과 함께 대량 소비단계에 들어서게 되면서 기린, 삿뽀로, 아사히 등이 라거(lager)맥주경쟁에서 가격경쟁을 시작했고, 1970년대에는 생맥주시장에서 감각적 가치에 호소하는 시기였는데 여기서의 주역은 산토리와 삿뽀로가 담당하였다. 1980년대 초반에는 다양한 용기를 중심으로, 1980년대 중반에는 드라이경쟁을 거쳐, 1980년대 후반에는 좀 더 구체적으로 미각에 호소할 수 있는 상품으로 뜨거운 경쟁을 하였다. 드라이 맥주가 시장을 휩쓸던 당시 70%에 달하던 기린맥주의 시장점유율이 50%로 감소했음을 상기한다면 소비자 욕구에 부응하는 제품의 개발의 중요성은 실로 대단한 것이라고 할 수 있다. 따라서 국내 맥주시장도 소비자 욕구의 다양화로 인하여 결국에는 미각에 호소하는 경쟁에 이르게 될 것이라고 전망해 볼 수 있다.

표 15-3	일본 맥주시장의 동향			

연 대	1960년대	1970년대	1980년대		
	고도 성장기	성숙 전기	성숙 후기		
특 징	대량생산 가격 경쟁형	판매중시 광고 판촉형 (감각가치에 호소)	소비자 중시, 신제품 개발 (개성화, 자기취향에 충실)		
시 기	도입기	제1차 성장기	성숙기	제 2 차 성숙기	
	~1964	1965년 이후	1980년대	1985~	1988~
특 징	라거맥주 전쟁	생맥주 전쟁	용기전쟁	드라이전쟁	미각전쟁
	기린, 사뽀르, 아사히	산토리 vs 삿뽀로		기호의 다양화	full line 전략

SECTION 03 새로운 태풍의 눈, (주)진로의 맥주시장 진입

(주)진로는 그동안 소주시장에서 선도적 기업으로서의 위치에 만족하지 않고, 소비자들의 생활패턴과 음주문화의 변화로 인해 소주시장이 맥주시장에 잠식되는 것을 보고 맥주시장으로의 진출을 결심하게 된다. (주)진로는 맥주시 장과는 다른 양상을 띠며 지역직인 편중을 크게 보이던 소주시장에서 가장 큰 시장점유율을 보유하여 왔다. 하지만 80년대와 90년대를 거치면서 70년대에 대중주로서의 자리를 맥주에게 빼앗기고 주류시장에서 차지하는 자리마저 그 밖의 주류들에게 위협을 당하자 사운(社運)을 건 맥주시장에서의 승부를 계획하게 되었다. 미국의 Coors사와 합작투자를 하여 진로 Coors라는 회사 이름을 갖고 1994년 맥주시장에 본격적으로 진출하였다.

(주)진로가 맥주시장에 내놓은 Cass의 목표고객층은 요즈음 소비자 전체 수요의 상당한 부분을 차지하고 있는 신세대층이며 고급맥주로서의 이미지를 강하게 부각시키고

있다. 이에 따라 병의 모양과 라벨의 색깔 등도 신세대층이 선호하는 형태로 디자인되었고, 최근의 맥주시장에서 신제품의 성패를 좌우한다고 할 수 있는 미각문제를 위해 미국의 Coors사의 최신식 기술을 도입, 이미 4개의 생산라인을 설치하였고 까다로운 소비자들의 미각에 호소하는 맥주시장에 참여하게 되었다.

SECTION 04   동양맥주와 조선맥주의 대응

진로 Coors의 시장진입에 따라 피할 수 없는 3파전을 치러야 할 OB와 Crown맥주는 신제품 개발과 제품의 수요를 뒷받침할 수 있는 기반시설 확충에 총력을 기울이고 있다. 특히 OB맥주의 경우, 그동안 OB와 Crown맥주가 평화 공존하면서 7대 3의 비율로 양분해왔던 국내 맥주시장에 (주)진로가 미국의 Coors와 손잡고 시장진입을 계획하자 그동안 Crown의 아성으로 여겨지던 영남 지역에 영업인력을 30% 증가시키는 등 Crown맥주측을 긴장시키고 있다.

OB맥주는 1994년 (주)진로의 시장진입에 대항하기 위해서 4계절 맥주라는 신상품을 출시할 예정이었다. 4계절 맥주는 계절에 따라 용기에 각기 다른 문양과 디자인을 출시할 예정이었다. 계절에 따라 용기에 각기 다른 문양과 디자인을 새길 뿐만 아니라 알코올 함량도 차이가 나는 제품을 말하는데, 예를 들어 여름에는 알코올도수 4도 정도의 제품을 출하시키고 겨울에는 5도 정도로 알코올 도수를 약간 높여서 출하하는 형태이다. 이러한 제품을 출하시킴에 따라 그동안 존재했던 맥주시장에서의 성수기(여름)와 비수기(겨울)의 소비자들의 음용량의 차이를 줄일 수 있을 것이라고 동양맥주 측은 전망하였다.

OB맥주는 1992년 7월 'OB 1번지'라는 생맥주 전용점을 개설, 직장인들의 많은 호응을 얻은 뒤, 1993년에는 'OB 1번지'의 급성장을 맞이하였다. OB 1번지의 주요 목표 고객층은 20대 후반과 30대의 직장인들인데 이들은 술을 마시는 경우, 가볍게 한 잔 정도로 끝내고 술을 마시는 분위기 그 자체를 즐기는 특성을 갖고 있다. 따라서 다량의 술을 음용하는 것이 아니고 한 잔 가볍게 하는 정도이기 때문에 다양한 우리 고유의 안주와 클래식 음악을 주로 틀어놓는 등 주고객층의 특성에 맞게 분위기를 연출하려고 노력하고 있다.

　　HITE맥주를 1993년 5월 출시하면서 맥주시장에서의 시장점유율을 크게 바꾸어 놓았던 조선맥주는 아직까지는 HITE의 매출신장에만 전력을 기울이고 있을 뿐 (주)진로의 시장진입에 대한 뚜렷한 반응을 보이지는 않고 있다.

SECTION 05 소비자의 미각을 잡기 위한 첨단기술 전쟁

　　1994년의 맥주시장은 비열처리 맥주 경쟁체제로 돌입이 예상되었는데 OB와 HITE맥주의 '물논쟁'에 이어 시장에 새롭게 뛰어든 (주)진로도 첨단공법을 이용한 비열처리 맥주전쟁을 준비하고 있었다.

　　OB맥주는 1994년 3월 'OB ICE'를 출시하면서 비열처리 맥주시장을 선점하기 위해서 노력을 기울였다. 이렇게 OB맥주 측이 신경을 쓰는 이유는 1993년 5월 조선맥주가 HITE맥주를 시판하기 시작함으로써 6개월 만에 시장점유율이 13%나 상승한 데 기인한다. 조선맥주는 소위 맥주시장에서의 '불논쟁'을 불러일으키면서 소비자들에게 깨끗한 물로 만든 맥주를 마실 것을 강조하고 있다. 이에 OB맥주측은 강경하게 대응하여 진정하게 깨끗하게 만들어지는 맥주는 OB맥주임을 강조하는 광고(동양맥주만이 환경관리 모범업체로 선정된 사실)를 신문에 게재하기도 했다.

SECTION 06 맥주시장 내에서의 변화와 향후의 전망

국내 맥주시장에서 많은 변화가 일어나고 있는데 그 변화는 다음과 같다. 첫째, 소비자들의 음용상황의 변화를 들 수 있다. 소비자들이 맥주를 마시는 상황을 살펴보면, 대부분의 소비자들은 친구나 회사 동료들과 만나서 맥주를 마시는 것을 알 수 있었다. 특히 친구와의 만남이나 가족들과 함께 마시는 경우처럼 개인적 인간관계를 유지하기 위해서 맥주를 마시는 경우가 증가하고 있는 추세이다. 또한, 모임 및 파티 등의 행사장에서의 맥주 음용률이 증가하고 있는 것이 특징이다. 소비자들의 맥주의 음용상황에 대한 내용은 〈표 15-4〉에 잘 나타나 있다.

둘째, 맥주 음용량의 증가와 더불어 가정용 시장이 점차 확대되고 있는 추세이다. 〈표 15-5〉에서 보는 바와 같이, 1991년 가정용 시장에서의 시장점유율은 업소용시장의

표 15-4   맥주의 음용상황 (단위: %)

음용 목적	음용 상황	1989	1990	1991
개인적 인간관계 유지	친구와의 만남	52	52	54
	가족끼리	6	7	8
	합 계	58	59	62
업무관련	사업상 관계로	8	5	3
	회사동료와 함께	13	16	12
	합 계	21	21	15
즐거움의 추구	기분이 내켜서	7	8	9
	여행/야외	1	1	2
	합 계	8	9	11
행 사	파티나 잔치	3	2	2
	모임(동창회 등)	5	6	6
	합 계	8	8	8
반 주	반주로	2	2	2

자료원: 오리콤조사국(1991) 자료에서 재구성.

표 15-5	가정용 대 업소용 시장 비율			(단위: %)
		1989	1990	1991
가정용 시장	가정	21	17	25
	가게, 야외	7	11	13
	합 계	28	28	38
업소용 시장	1종 업소(카페포함)	29	27	20
	2/3종 업소	23	26	25
	생맥주 체인점	19	19	18
	합 계	71	72	62

점유율을 상당한 부분 잠식한 것으로 나타났다. 또한 〈표 15-5〉에서 파악한 바와 같이 가족들과 함께 마시는 경우나 친구들과 함께 맥주를 마시는 경우는 꾸준히 상승하고 있는 반면 사업상 관계 등으로 인한 맥주 음용의 경우는 줄어들고 있는 추세이다. 이러한 추세는 맥주가 생활속에서의 맥주, 가족과 함께 하는 맥주로서 자리매김을 하고 있다는 것을 반영한다고 볼 수 있다. 때문에 이러한 현 상황하에서 볼 때 가정용 시장을 위한 마케팅 전략이 새롭게 요구되는 것이다.

가정용 시장을 목표로 한 마케팅 전략은 OB맥주의 ICE맥주의 출시와 조선 맥주의 HITE맥주의 출시로 실천에 옮겨지고 있는 상황인데 이러한 제품들은 각 제품의 새로운 미각 측면을 중심으로 소비자들에게 어필하고 있다.

맥주의 특정상표에 대한 소비자들의 의견을 알아본 결과 아직까지 소비자들은 상표에 상관없이 마시거나 특별한 이유없이 맥주를 마시는 것을 알 수 있다. 즉, 특정상표에 대한 뚜렷한 제품차별화가 이루어져 있지 않거나 또는 특정상표에 대한 충성도가 낮은 경향을 보여주고 있다.

셋째, 또 하나의 주목할 만한 시장에서의 변화는 NAB(non-alcoholic beverage)시장의 괄목할 만한 성장이다. 1993년도에 600억 정도였던 NAB시장이 1994년도에는 1,000억 정도로 증가할 전망이며, 국내 맥주업체는 OB맥주의 'OB SOUND'의 출시와 함께 외제 NAB음료 시장을 공략하기 시작했다. 국산 NAB음료는 외제 NAB음료밖에 대할 수 없었고 외제 NAB의 맛에 부정적인 태도를 보이던 국내 소비자들에게 큰 환영을 받은 바 있다. 따라서 1994년 5월 초 미국 Coors와 합작으로 국내 맥주시장의 판도 변화를 초래한 (주)진로는 호주의 스완(Swan)사와 손잡고 1,000억이라는 NAB시장에도 뛰어들 전망이다. 크라운 맥주 역시 HITE의 성공을 바탕으로 독자적인 기술로 NAB시장에 참여한 준비를 하고 있는 실정이다.

현재 맥주시장의 향후 전망은 다음과 같이 예측될 수 있다. 과거의 소비자들이 맥주를 음용하던 상황과는 많은 변화가 일어남에 따라 특히 가정용 시장의 중요성이 증가하고 있는 추세이고, 이는 소비자들이 직접 상표를 선택하는 상황이 늘어나고 있다는 것을 반영해주고 있다. 또한 맥주를 마시는 이유 중에서 개인적인 인간관계 유지가 중요한 것으로 나타나 개인적인 선호에 따라서 상표 선택이 좌우되는 경향이 있음을 알 수 있다. 이와 같은 추세로 볼 때 과거의 업소시장에 가중치를 두었던 마케팅 전략에서 가정용 시장을 위한 새롭고 체계적인 마케팅 전략의 필요성이 요구된다고 할 수 있다.

SECTION 07 소비자 인식의 조사

동양맥주의 마케팅 조사부에서는 이부장을 중심으로 현 상황의 어려움을 타개하고 새로운 사업 전략의 기회를 모색하기 위하여 1992년 하반기에 소비자 인식을 조사하였다. 전국의 남녀를 대상으로 1,200명의 표본을 선정하여 설문조사를 실시하였고, 과학적인 설문조사를 행하기 위해 초점집단과의 면접을 통해 설문서 문항을 개발하였다. 초점집단과의 면접결과는 〈표 15-6〉과 같다.

초점집단과의 면접을 통해 얻은 자료를 바탕으로 여러 가지 맥주의 속성을 주류간과 맥주상표별로 제시, 비교하여 소비자들이 어떻게 인식하고 있는지를 파악한 후, 지각도를 작성하여 고객들이 이상적으로 생각하는 제품개념을 알아 내고자 하였는데 그 결과는 다음과 같다.

1. 주류시장 분석결과

분석 결과 각각 맛요인, 스트레스요인, 포만감요인의 세 가지 요인이 도출되었다.

표 15-6	초점집단면접의 결과

연령층			내 용
20대	일반적인태도	음용장소	생맥주집, 레스토랑, 식당, 로바다야끼, 락카페
		음용실태	많이 먹는 경우 5,000cc 이상
			적게 먹는 경우 500cc 이상
		차 수	레스토랑이나 식당에서 반주
			보통 1차부터
		음용이유	대화를 위하여
			술 자체에 대한 선호
			가격이 부담없다
			도수가 알맞아 기분 유지가 잘 된다
			갈증을 푸는 데 알맞다
			대중화가 잘 되어 있다
			남녀가 구분되어 있지 않은 이미지 때문이다
			다른 음료에 대한 대용품으로
		맥주에 대한 불만	배가 부르다
			특히 여자의 경우 화장실 사용이 빈번하다
			살이 찐다
		함께 마시는 사람	친구들과
			선후배와
		소비자의 태도	사회경제적 측면: 선물로 하는 데는 무리
			그러나, 받는다면 괜찮을 듯
	상표에 대한 태도	선호도 측면	OB를 일반적으로 선호하나 특별한 선호상품을 갖고 있지 않다
			첫 이미지에 따라 상표선택을 한다
			Dry에 대한 첫 이미지가 싫어서 안 마신다
			Light는 여성용 술같은 느낌이다
			Light는 마시기에 도수가 약하다
		포장측면	OB일반용은 답답한 느낌이다
			Dry는 포장이 잘된 것 같다
			사실상 음용에 있어 포장상태는 상관 없다
	경쟁제품에 대한 태도	소주	소주 칵테일로 마시는 경우도 많다
			고기와 함께 마시기도 한다
		청하 매취순	맛이 좋아 여성들이 잘 마신다
		양주	비싸서 잘 못 마신다
30대	일반적인태도	음용장소	생맥주집, 집, 모임, 레스토랑
		음용실태	많이 먹는 경우 5,000cc 이상
			2차 이후
			반주로 양식을 먹을 때 이용
		음용이유	대화를 위하여
			모임에서 가볍게 마신다
			술 자체를 선호한다
			식사와 반주로 혹은 식사 후에 가볍게 마신다
		맥주에 대한 불만	살이 찐다
			배가 부르다
			맛이 쓰다
		함께 마시는 사람	친구나 후배와
			모임에서
			부부간에
		소비자의 태도	선물로 하는 데는 무리가 있다
			캔맥주의 경우는 많은 양을 마시지 않게 된다
			도수가 약간 더 높은 것이 개발되면 선택의 폭이 넓어질 것이다.

표 15-6		초점집단면접의 결과(계속)	

연령층			내 용
30대	상표에 대한 태도	선호도	특정상표를 선호하지는 않는다.
			상표에 따른 맛 구분이 되지 않는다
		포장	노란 병을 보면 맥주라는 것을 알 수 있다.
	경쟁 제품에 대한 태도	Crown	맛이 쓰다
			강한 맛이 더 좋다
		수입맥주	맛이 밍밍하다
		청하	시원하고 깨끗하게 마실 수 있다
			손님에게 접대할 만한 술이다 소주보다
			고급스런 느낌이다
		소주	손님 접대용으로는 알맞지 않다
		양주	질적인 면에서 다른 술에 비해 높다
			고급술이어서 선물용으로 알맞다
40대	일 반 적 인 태 도	음용장소 음용실태	생맥주집, 레스토랑, 집
			5,000cc 이상
			1차부터
		음용이유 맥주에 대한 불만	맥주에 대한 선호 때문에 모임에서
			도수가 낮기 때문에 안 취하고 많이 마신다
			가격이 비싸다
		함께 마시는 사람 소비자의 태도	친구들과 모임에서
			선물로 할 수 도 있고, 받아도 좋을 듯하다
	상품에 대한 태도	선호도	OB맥주를 주로 마신다
			세분화된 상표에 대해 인식을 잘 못한다
			OB에 대한 충성도가 높다
		Crown 수입맥주 소주	맛이 못하다
			맛이 심심하다
			취하고 싶은 날 음용한다
			가격이 싸기 때문에 고기를 먹을 때 반주로 이용한다

일반적으로 맛요인은 깨끗하다거나 여성적이라거나 부드럽다는 식의 감각적 요소들로 구성되어 있고, 스트레스요인은 취하고 싶을 때 마시기 적당 하다는 식으로 심리적인 요소들로 구성되어 있으며, 포만감요인은 배가 부르다 거나 알코올도수가 높다는 식의 건강과 관련된 신체적 요인들로 구성되어 있다. 즉, 소비자들은 주류를 평가할 때 맛이 어떤가, 스트레스를 잘 풀 수 있는가, 배가 부르지 않은가라는 차원에서 주류를 평가한다는 것을 〈표 15-7〉의 요인 분석 결과를 보면 알 수 있다.

각 요인별로 주류들을 평가해 본 결과, 맛에서는 마주앙＞청하＞양주＞병 맥주＞생맥주＞청주＞막걸리＞소주의 순으로 좋게 생각하는 것으로 나타났고, 스트레스를 풀거나 취하고 싶을 때 적당한 술은 소주＞양주＞병맥주＞생맥주＞청하＞청주＞막걸리＞마주앙의 순으로 나타났다. 마지막으로 포만감 요인에서는 생맥주＞병맥주＞막걸리＞마

표 15-7	전체 주류시장 요인분석 결과			
	Factor 1 (맛 요인)	Factor 2 (스트레스 요인)	Factor 3 (포만감 요인)	Communality
맛이 깨끗하다	.77372	.19409	-.21748	.54221
뒷맛이 좋다	.77145	.08818	-.19251	.7 1972
여성적이다	.69298	-.23478	.22242	.67536
맛이 부드럽다	.67128	-.31088	.23498	.60247
많이 마시기에 좋다	.56571	.27473	.41599	.58481
스트레스 쌓일 때 마시기 좋다	.02158	.80617	.15810	.63997 .
취하고 싶을 때 마시기 적당하다	.09765	.76855	-.15528	.56854
쏘는 맛이 강하다	-.16430	.60176	-.39128	.6836 1
마시면 배가 부르다	-.06560	-.04890	.84441	.65315
알코올도수가 높다	-.07579	.54285	-.59390	.62432
Eigenvalue	2.76002	2.37895	1.15520	
Pct of Var	27.6	23.8	11.6	
Cum pct	27.6	51.4	62.9	

그림 15-1	맛 요인(요인 1)과 스트레스 요인(요인 2) 지각도(전체 주류시장)

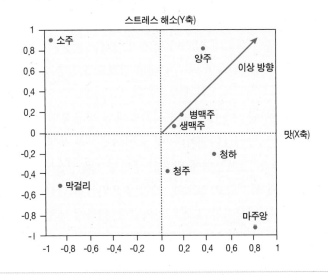

주앙>청하>청주>소주>양주의 순으로 마시면 배가 부르다고 생각하는 것으로 나타
났다.

지각도를 살펴보면 맛 요인(요인 1)과 스트레스 요인(요인 2)의 이차원에서 각 주류의
위치와 이상점의 방향을 나타낸 것이 [그림 15-1]이다.

맛 요인과 스트레스 요인에 있어서는 이상방향(ideal vector)이 1사분면에 약 45도 각

그림 15-2	맛 요인(요인 1)과 포만감 요인(요인 3) 지각도(전체 주류시장)

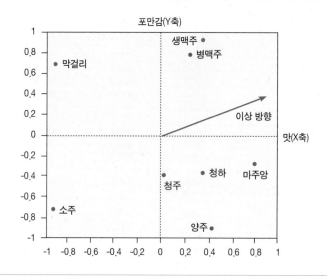

도로 나타나 맛이 좋으면서, 스트레스 해소에도 적당한 주류가 가장 이상적인 것으로 나타났다. 따라서 맥주제품의 입장에서 볼 때 스트레스 해소를 위해서 지금보다 알코올도수가 더 높은 제품을 개발할 필요가 있으며 맛에 있어서는 지금의 맥주보다 더 깨끗하면서도 뒷맛이 좋은 맥주가 개발된다면 맥주에 대한 선호도를 한층 더 높일 수 있을 것으로 보인다.

맛 요인(요인 1)과 포만감 요인(요인 3)의 이차원에서 각 주류의 지각도상 위치와 이상점의 방향을 나타낸 것이 [그림 15-2]이다. 맛 요인(요인 1)과 포만감 요인(요인 3)에 있어서는 이상방향(ideal vector)이 1사분면에 맛요인 축방향으로 기울어져 나타나 두 요인 중 맛 요인이 보다 중요하게 생각되고 있으며, 맛이 좋으면서 포만감의 문제를 인식상에서 해결할 수 있는 술이 가장 이상적인 것으로 나타났다. 따라서 맥주제품의 입장에서 보면 마주앙과 같이 좋은 맛을 가진 주류로 인식되면서 현재의 맥주보다 포만감이 덜한 맥주 개념으로 제품을 생산해야 할 것으로 보인다. 이러한 제품개념에서 보면 깨끗하고 부드러운 맛을 가졌다는 점을 강조하여 포만감이 덜하도록 제품을 보강한 뒤 이를 인식상에서 촉진하는 방향도 고려해야 할 것으로 생각되었다.

포만감 요인(요인 3)과 스트레스 요인(요인 2)의 이차원에서 각 주류의 지각도상 위치와 이상점의 방향을 나타낸 것이 [그림 15-3]이다. 포만감 요인과 스트레스 요인에 있어서는 이상방향(ideal vector)이 1사분면에 스트레스 요인 축방향으로 기울어져 나타나 두

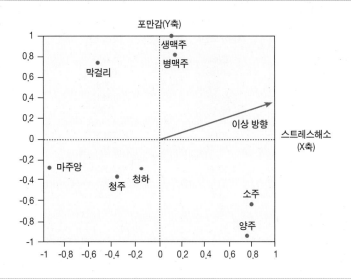

그림 15-3　포만감 요인(요인 3)과 스트레스 요인(요인 2) 지각도(전체 주류시장)

요인 중 스트레스를 푸는 데 보다 적당하고, 마셔도 배가 부르지 않는 술이 가장 이상적인 것으로 나타났다. 즉, 포만감을 줄이면서 알코올도수를 현재보다 높여 스트레스를 해소하기에 보다 적합한 제품을 제공하여야 할 것이다.

결론적으로 주류시장의 지각도를 종합적으로 고려하여 보면 지금보다 맛이 깨끗하고 뒷맛이 좋으며, 포만감이 적으며 알코올도수가 높아 스트레스 해소에 적합한 맥주제품을 개발하여야 한다는 결론을 얻을 수 있다. 그러나 이와 같은 문제는 시장의 용도에 따른 제품간 경쟁구조와 시장 세분화와 연결지어서 전략을 수립하여야 할 것이다.

2. 맥주시장 분석결과

요인분석 결과 〈표 15-8〉과 같이 두 가지의 요인이 도출되었는데, 고급스럽다, 포장용기가 세련되었다, 맛이 가볍고 깨끗하다, 여성적이다, 맛이 부드럽다는 항목이 한 요인으로 묶였고, 맛이 쓰다, 쏘는 맛이 있다는 항목을 한 요인으로 묶였다. 각각의 요인을 감성요인, 맛 요인으로 명명하였다. 여기서 감성 요인은 주로 촉각과 시각에 관련된 감각적 요소들로 구성되어 있고 맛 요인은 미각과 관련된 요소들로 구성되어 있다고도 볼 수 있다. 즉, 소비자들은 세련되고 고급스러운가, 쓰고 쏘는 맛이 있는가라는 차원에서 주로 맥주를 평가하는 것으로 나타났다.

표 15-8	맥주시장 요인분석 결과		
	Factor 1 (감성 요인)	Factor 2 (맛 요인)	Communality
고급스럽다	.72939	.1 2727	.5482 1
포장용기가 세련되었다	.70422	.07626	.50174
맛이 가볍고 깨끗하다	.70240	-.03097	.49432
여성적이다	.64692	-.06597	.42286
맛이 부드럽다	.63523	-.15890	.42876
맛이 쓰다	-.10199	.79158	.6370 1
쏘는 맛이 있다	.70433	.79024	.63000
Eigenvalue	2.36083	1.30208	
Pct of Var	33.7	18.6	
Cum pct	33.7	52.3	

요인별로 각 맥주 상표들을 평가해 본 결과 감성 요인에서는 버드와이저＞OB슈퍼드라이 크라운＞드라이마일드＞크라운 슈퍼드라이＞OB라이트＞OB스카이＞OB보통맥주＞크라운보통맥주＞생맥주의 순으로 고급스럽게 생각하는 것으로 나타났고, 쓰고 쏘는 맛요인에서는 크라운 보통맥주＞크라운 슈퍼드라이＞생맥주＞버드와이저＞크라운 드라이마일드＞OB보통맥주＞OB스카이＞OB라이트의 순으로 쓰고 쏘는 맛이 있는 맥주라고 생각하는 것으로 나타났다.

감성 요인(요인 1)과 맛 요인(요인 2)의 이차원에서 각 맥주의 지각도상 위치와 이상점의 방향을 나타낸 것이 [그림 15-4]이다. 감성 요인과 맛 요인에 있어서는 이상방향(ideal vector)이 4사분면에 약간 감성 요인 축방향으로 기울어지게 나타나는데 이는 감성요인에서는 술이 감각적인 가치가 높을수록 소비자들이 선호하고, 맛의 경우에는 쓰고 쏘는 맛이 적을수록 고객들이 선호한다는 것을 의미한다. 즉, 소비자들은 고급스럽고 세련된 느낌을 주고 맛이 가볍고 깨끗한 술, 쓰고 쏘는 맛이 약간 적은 맥주를 가장 이상적인 제품으로 생각하고 있다.

맥주시장의 지각도를 통하여 살펴보면 버드와이저와 같은 외국 상표의 선호도가 높게 나타난다는 것은 Coors와 합작하고 있는 진로의 맥주 선호도가 높을 가능성이 있다는 것을 파악할 수 있으나 후에 언급되는 ㈜진로 자체에 대한 이미지와 진로맥주와 타 맥주간의 상표교체(brand switching) 관계를 파악하여 전략을 수립하여야 한다.

결론적으로 지각도 분석을 통하여 파악한 전략의 핵심은 다음과 같다. 주류시장 내에서는 맛이 깨끗하고 뒷맛이 좋은 맥주, 스트레스 요인으로 알코올도수가 높은 맥주, 포만감이 적은 맥주가 가장 이상적이 맥주임을 알 수 있다. 또한 맥주시장 내에서는 감성

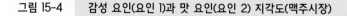

그림 15-4　감성 요인(요인 1)과 맛 요인(요인 2) 지각도(맥주시장)

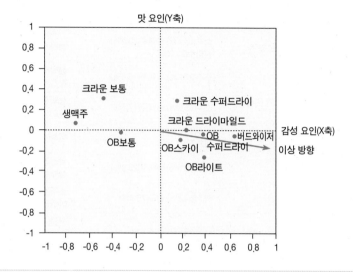

그림 15-5　지각도를 통한 전략 수립

주류시장

맛 요인	→	깨끗하고 뒷맛이 좋은 맥주
스트레스 요인	→	알코올도수가 높은 맥주
포만감 요인	→	포만감이 적은 맥주

맥주시장

| 감성 요인 | → | 고급스럽고 세련된 맥주 |
| 맛 요인 | → | 쓰고 쏘는 맥주보다는 부드러운 맥주 |

요인으로 고급스럽고 세련된 맥주, 맛 요인으로는 쓰고 쏘는 맥주보다는 부드러운 맥주가 가장 이상적인 맥주임을 알 수 있다. 그러므로 지각도 분석에 의한 이상적 유형의 새로운 맥주의 개발이 요청되었다. 이를 도시하면 [그림 15-5]와 같다.

　둘째, 상황별 시장구조에 대해서 연구하였는데, 맥주와 타주류와의 경쟁관계를 파악하기 위해서 여러 가지 상황(예: 사교, 친교, 레저 등)을 제시하고 각각의 상황에서 어떤 주류를 선택할 것인지, 그리고 맥주는 어떤 상황에서 선택할 것인지를 밝히고자 했다. 각 상황별 경쟁구조를 종합해 보면 〈표 15-9〉와 같다.

표 15-9	상황별 경쟁 구조	
상 황	1차적 경쟁 상품	2차적 경쟁 상품
자주 만나는 친구와 저녁 때 술마시는 경우	소주(33.7%) 병맥주(28.5%) 생맥주(22.0%)	청하(5.2%)
오랜만에 좋아하는 친구들을 만나 못나눈 이야기를 하는 경우	소주(27.9%) 병맥주(25.8%)	생맥주(16.1%) 양주(6.6%) 청하(6.7%)
직장동료와 감정상의 문제를 해결하기 위해 술을 마셔야 할 경우	소주(65.5%) 병맥주(17.5%)	생맥주(6.1%) 청하(2.3%) 양주(4.6%)
퇴근 후 직장동료와 술을 마시는 경우	소주(36.6%) 병맥주(30.0%) 생맥주(21.1%)	청하(4.5%)
직장동료의 경조사에 참석한 경우	소주(48.5%) 병맥주(26.9%)	막걸리(4.2%) 청하(2.7%) 생맥주(3.6%) 청주(2.7%)
집으로 손님을 초대했을 경우	맥주(54.2%) 양주(16.8%)	소주(10.0%) 청하(5.1%) 마주앙(4.2%)
사업상 손님을 외부에서 접대해야 하는 경우	양주(47.2%) 병맥주(24.3%)	청하(4.9%) 마주앙(4.8%) 소주(7.2%) 매취순(3.4%) 칵테일(1.8%)
피로연 등의 파티를 하는 경우	병맥주(37.2%) 소주(7.4%)	청하(1.5%) 샴페인(13.0%) 칵테일(14.1%) 마주앙(12.0%) 와인쿨러(2.0%)
야외에서 술을 마시는 경우	병맥주(45.9%) 소주(37.3%)	청하(2.1%) 막걸리(1.6%) 와인쿨러(1.8%)
여행중에 술을 마시는 경우	병맥주(67.1%) 소주(16.4%)	청하(0.8%) 양주(3.0%) 와인쿨러(3.8%)
한식을 먹는 경우	소주(55.2%) 병맥주(11.5%) 청하(16.3%) 매취순(4.0%)	청주(4.4%) 막걸리(1.8%) 보해라이트(1.6%)
일식을 먹는 경우	병맥주(8.8%) 소주(21.5%)	청주(9.8%) 청하(39.8%) 매취순(8.2%)
중국식을 먹는 경우	소주(20.8%) 고량주(52.9%)	병맥주(8.9%) 청하(6.5%) 매취순(3.5%)
서양식을 먹는 경우	병맥주(24.4%) 마주앙(29.2%)	양주(15.2%) 칵테일(8.3%) 샴페인(7.5%) 와인쿨러(4.7%)
술을 선물할 때	양주(63.5%) 마주앙(9.0%) 청하(8.9%)	매취순(5.2%) 샴페인(2.3%)
술을 선물로 받을 때	양주(67.0%) 마주앙(9.8%)	청주(3.7%) 매취순(3.6%) 청하(2.4%) 샴페인(3.2%)
운동을 한 후	병맥주(59.4%) 생맥주(25.8%)	와인쿨러(5.9%) 막걸리(2.9%)
스트레스를 받아서 술을 마시는 경우	소주(60.0%) 병맥주(14.0%)	양주(11.2%) 청하(3.4%) 생맥주(6.1%)

셋째, 시장 세분화에 관련된 내용을 조사하였는데, 주류를 선택하는 기준들의 중요도를 평가하게 함으로써 주류내에서 편익 세분화를 밝혀보고자 하였다. 분석결과 전체의 시장은 네 개의 집단으로 분류되었다. 각 집단별로 중요시 하는 속성을 살펴보면 1집단의 경우에는 가격에 민감하고 뒷탈이 없으며 즐거운 분위기를 제공해주는 주류를 선

표 15-10	편익 세분시장의 특성			

	집단 1	집단 2	집단 3	집단 4
구 분	가격 민감형	스트레스 해소형	분위기 추구형	다속성 추구형
시장크기	11.7%	31.9%	15.5%	40.9%
중요시하는 속성	뒷탈이 없다 가격이 적당 즐거운 분위기 조성 알코올도수 적당	취하고 싶을 때 마시기 좋다 스트레스 해소에 적당하다	뒷탈이 없다 즐거운 분위기 조성	종합적으로 모든 속성 고려
음용량	중간정도 음용	다량음용	중간정도 음용	소량음용
가장 즐기는 주류	생맥주	소주	청하	병맥주
연 령	20대	20대	30-50대	30-50대
직 업	사무/기술직, 학생	학생, 자영업	자영업, 사무/기술직, 가정주부	경영/관리직 사무/ 기술직 전문/자유직
학력 소득	중고등학교 졸업 50만원 이하, 50만원 이상~ 100만원 미만	대학교 졸업 50만원 이상~ 100만원 미만	중고등학교 졸업 100만원 이상~ 200만원 미만, 200만원 이상~ 300만원 이하	대학교 졸업 100만원 이상~ 200만원 미만, 200만원 이상~ 300만원 이하
거주지역	충청남도 경상북도 전라남도	서울/경상북도 전라북도 경상남도 전라남도	충청남도 경상남도 전라북도	경기도 경상남도 전라북도 전라남도

호하고 알코올도수를 중시하는 집단이고, 2집단의 경우에는 취하고 싶을 때 마시기 좋고 스트레스 해소에 적합한 주류를 좋아하며, 3집단의 경우에는 뒷탈이 없고 즐거운 분위기를 조성해주는 주류를 좋아하는 것으로 나타났다. 4집단은 주류를 선택할 때 모든 점―맛, 분위기, 품위, 가격, 알코올도수, 뒷탈, 배부른 정도, 스트레스, 접대―을 동시에 고려하여 종합적으로 판단하는 집단으로 나타났다. 이러한 특성들을 기준으로 1집단은 가격민감형 집단, 2집단은 스트레스해소형 집단, 3집단은 분위기추구형 집단, 4집단은 다속성추구형 집단으로 명명하였다. 각 집단의 특징은 〈표 15-10〉과 같이 요약될 수 있다.

넷째, 소비자들의 맥주 소비행태에 대해서는 우선 음용량에 따른 소비자 집단의 맥주 및 수류 소비행태를 알아보았는데 다량음용자, 중간음용자, 소량음용자로 구분한 결과 전체 소비자중에서 다량음용자는 23.8%, 중간음용자는 38.9%, 소량음용자는 37.4%를 차지하는 것으로 나타났다. 이렇게 구분된 집단 간의 특성을 비교해 보면 〈표 15-11〉과 같다.

그리고 대부분의 사람들이 가장 즐겨 마시는 주류는 병맥주(37.3%)이고 그 다음이 소주(26.7%), 생맥주(19.3%)의 순인 것으로 나타났다. 그리고 병맥주와 생맥주를 합하면 약 57%정도를 차지하여 맥주가 국민 전체의 대중주로 자리잡아 가고 있음을 보여주는 한

표 15-11	음용량에 따른 집단간 비교		
	다량음용자	중간음용자	소량음용자
집단의 비율	23.8%	38.9%	37.4%
지 역	부산, 경기/ 인천, 경기	서울	대전, 충남
성 별	남자	남자	여자
연 령	40대 자영업	30대	20대
직 업	스트레스 해소	사무/기술직	가정주부
주류선택시 중요시 하는 요인	포만감	가격, 분위기	세련미 추구
맥주상표	칼스버그 버드와이저 OB보통맥주	OB수퍼드라이 크라운수퍼드라이	OB스카이 버드와이저 OB라이트
맥주불만 사항	도수가 약하다	빈번한 화장실 출입	배가 금방 부르다 살이 찐다

예라고 볼 수 있다.

기존제품의 불만사항들에 대해서 알아본 결과, 포만감 요인, 빈번한 화장실의 출입, 그리고 가격이 비싸다라는 항목들이 두드러졌고, 맥주에 대한 상표 충성도의 경우 특정 브랜드에 대해 상당히 높은 충성도를 보이는 것으로 나타나 소비자들의 태도가 강화되고 자기상표를 가지게 되는 추세라고 볼 수 있다. 그리고 특정상표를 고집하는 이유는 맛이 좋아서라는 이유가 업소의 경우 52.7%, 가정의 경우 30.5%로 나타났다.

또한 진로 Coors에서 생산될 맥주제품에 대한 평가는 그 품질이 OB맥주와 비교해서 그 품질이 대체적으로 조금 못하거나 거의 같을 것이라고 예상하는 것으로 드러났다.

다섯째, 시장확대를 위한 소비자 구매의도를 분석했는데, 이는 제품의 개념을 확대하여 맥주의 본원적 수요를 증대시키고자 하는 의도에서 실시되었다. 맥주용기 변화, 새로운 종류의 맥주, 선물용 맥주, 새로운 형태의 맥주집, 그리고 가정용 시장 확대를 위한 맥주소비행태 등에 대한 분석을 시행한 결과, 맥주용기의 변화에 대한 항목에 대해서는 용량의 다양화(48.7%)를 가장 선호하는 것으로 나타났고, 새로운 종류의 맥주 형태에 대한 질문에 대해서는 건강 식품이 포함된 맥주가 평균 점수 3.15(5점척도)로서 비교적 선호되는 것으로 나타나 소비자들의 건강에 대한 지대한 관심을 반영했다. 선물용 맥주에 대한 소비자들의 반응은 그리 긍정적이지 못했으며 선물용 맥주의 가장 바람직한 형태로는 캔맥주의 형태(3.44)를 가장 선호하는 것으로 나타났다. 새로운 형태의 맥주집에 대한 소비자들의 반응은 조용하고 가격이 저렴한 형태의 맥주집을 선호하는 것으로 나타났다. 가정에서 맥주를 비치하는 현황을 알아본 결과 46.8%가 맥주를 가정에 비치하는 것으로 나타나 최근의 음용형태의 변화를 반영함을 볼 수 있다. 집에서 맥주를 구입할 때 상표를 결정하는 사람은 아버지 (30.8%)가 상대적으로 높게 나타났고 함께 음용하는 사람은 친구 (32.2%), 배우자(26.8%), 그리고 가족 모임(21.0%)의 순으로 나타났다.

SECTION 08 동양맥주의 전략대안

　　이부장을 중심으로 한 동양맥주 마케팅부에서 실시한 조사결과를 보고받은 김이사는 동양맥주가 당면하고 있는 문제를 다음과 같이 생각하고 있다.

　　첫째, 가정용 시장의 중요성이 증가되는 현 상황에서 어떠한 방법으로 소비자들에게 접근하는가 하는 문제이다. 소비자들의 주류에 대한 음용 상황이나 음용 형태의 변화가 급속히 일어나고 있는 상황이고 이러한 변화가 더욱 가속화될 것으로 미루어 짐작할 수 있기 때문이다. 더구나 소비자들은 이제 더 이상 수동적이지 않다는 것이 조사를 통해서 확연해졌다.

　　둘째, 국내의 맥주시장은 이미 소비자들의 미각을 겨냥한 제품들의 경쟁에 돌입했다. 현재와 같은 상황하에서는 경쟁사에 비해 두드러진 전략적 우위가 없다고 볼 수 있다. 신규 참여자인 (주)진로마저 첨단기술을 무기로 빠른 시장 확보를 위하여 한바탕 전쟁을 치를 각오를 하고 있으며 조선맥주 또한 신제품으로 시장 확대를 위한 발빠른 움직임을 보이고 있다. 그렇다면 어떠한 방법으로 전략적 우위를 획득할 수 있을까 하는 것이 문제였다.

　　셋째, 새로운 본원적 수요에 대한 창출이 문제이다. 전체적으로 맥주시장의 규모가 증가하고 있다고는 하지만 (주)진로의 시장참여로 인해 기존의 시장점유율을 잠식당할 것은 당연한 일이다. 그렇다면, 우리 동양맥주가 맥주시장에서의 1위의 자리를 고수하기 위해서는 소비자들의 본원적 수요를 증대시킬 필요가 있음은 당연하다.

　　이러한 당면문제들을 생각하면서 25년간 동양맥주에 몸담은 이후 가장 어려운 결정을 내려야 하는 자신의 모습을 본 강이사는 가슴이 답답해옴을 느끼지 않을 수 없었다. 경쟁사들은 비장한 각오로 동양맥주에게 도전장을 내고 있는 상황이며 이들의 도전장을 받는 동양맥주의 입장에서는 그동안의 안이한 사고와 자세를 버리고 장기적인 전략과 함께 구체적인 사업내용 등을 결정하여 당면하고 있는 문제점들에 대한 세부적인 의사결정을 내려야 한다.

잔뜩 흐려있는 바깥의 날씨를 등지고 강이사는 한숨과 함께 그의 몸을 소파에 깊이 묻었다.

토론 문제

01 조선맥주의 Hite가 시장확대에 성공하게 된 주요 원인들을 파악해 본다.

02 시장을 주도하던 OB맥주가 시장 선도자(market leader)의 위치를 잃게 된 원인은 어디에 있다고 생각하는가?

03 조선맥주의 Hite와 진로 Coors의 Cass가 시장에 진출하기 이전 시점에서 OB맥주는 어떤 전략을 수립하였어야 할 것인가? 시장의 방어전략을 수립해 보자.

04 현재 OB맥주가 시장을 재탈환하기 위해서는 시장전략을 어떻게 수립하여야 할 것인가? 시장 세분화를 통한 제품차별화 및 유통, 촉진, 가격전략을 수립하여라.

05 위에서 언급한 시장 방어전략 및 재탈환 전략의 개념들을 일반화하여 다른 상품에도 적용하여 보자.

NEW PRODUCT MARKETING STRATEGY

CHAPTER 16 | 세계 최초 알칼리수 소주 '처음처럼'의 시장 진입 전략 사례

두산은 2001년 〈산〉 소주 제품으로 소주 시장에 진입하였다. 하지만 2002년도 6.8% 였던 〈산〉 소주의 시장점유율이 2004년도 들어 5.4%로 하락하였고 제품의 선호도에 있어서도 경쟁제품과 비교할 수 없을 낮은 수준으로 조사되었다. 따라서 기존의 〈산〉 소주를 통해서는 경쟁제품과 경쟁이 의미가 없다고 판단한 두산은 급기야 〈산〉 소주를 대체할 신제품을 개발하기로 한다. 당시 두산은 시장 선도 브랜드인 〈참이슬〉의 충성 고객층은 감소하면서 비호감 계층이 증가하는 등 소주에 대한 고객의 욕구가 변화하고 있다는 시장 조사를 토 대로 새로운 형태의 소주를 개발하고자 하였다.

본 사례에서는 위기에 빠진 두산이 소주 사업 분야에서 재기할 수 있었던 신제품 '처음처럼'의 개발 과정을 살펴본다. 처음처럼이 제품 개발 과정에서 체계적인 시장 조사의 중요성과 구체적인 소비자 욕구 파악법 등을 살펴볼 수 있을 것이다.*

---

* 본 사례는 2007년 한국마케팅저널 10월 제9권 제3호에 게재된 박흥수, 김동훈, 이동진의 "세계 최초 알 칼리수 소주 〈처음처럼〉"에 기반하여 작성되었음.

SECTION 01 주류 산업의 이해

1. 기업 소개

　　㈜두산 주류 BG는 세분화된 제품시장을 대상으로 제품을 차별화하여, 소주 시장, 청주 시장, 매실주 시장, 와인 시장에 진출한 상태이다. 또한, 청주 시장에서는 〈청하〉, 매실주 시장에서는 〈설중매〉, 와인 시장에서는 〈마주앙〉과 같이 각 세분 시장을 대표하는 선두브랜드를 보유하고 있다.

　　특히, 〈청하〉, 〈백화수복〉, 최고급 수제 〈청주 설화〉 등의 청주 및 주정을 생산하는 국내 최대 규모의 군산공장, 〈마주앙〉, 〈설중매〉 등의 와인과 과실주를 생산하는 경산공장, 그리고 〈처음처럼〉을 생산하는 대관령 기슭의 강릉공장이 가동되고 있다. 그리고 국내 최고의 연구진으로 구성된 R&D 주류연구소에서 고객이 원하는 제품을 개발, 생산하기 위하여 많은 노력을 기울이고 있다. 그 결과 제품의 기술력과 품질을 인정받아 ㈜두산 주류 BG는 국내뿐만 아니라 세계 40여 개국에 수출되고 있으며 이 중 소주는 2004년부터 일본 수출 1위를 달성하였다.

2. 주류 유통구조

　　주류는 일반적으로 제조회사, 도매상, 소매상의 과정을 통해 유통되는데, 크게 세 기지 경로를 통해 이루어진다. 첫 번째로 주류 도매상을 통해서 대중 식당이나 고깃집, 일식집, 생맥주집과 같은 유흥업소로 유통되는 경우가 가장 많은데, 주류 도매상은 전국적으로 1,200개소에 이르며 유흥업소는 약 430,000개소 가량 된다. 두 번째로 많은 경로는 슈퍼마켓 본부를 통해서 가정 업소로 유통되는 경우이다. 이때, 슈퍼마켓 본부는 300여 개 정도 있으며, 대형할인점, 편의점, 슈퍼마켓과 같은 가정 업소는 103,000여 개 정도 된다. 세 번째 경우는 특수 거래처를 통해 유통되는 구조이다.

3. 주류 산업 시장

　주류 산업 시장은 크게 맥주, 소주, 위스키, 기타로 구분되는데, 매출액은 맥주>소주>위스키>기타의 순으로 이루어진다. 대한주류공업협회에서 발표한 2001년과 2005년의 매출액 규모를 비교해 보면, 맥주가 39.4%에서 38.2% 로, 위스키 21.6%에서 19.6%로, 기타 12.7%에서 12%로 전반적으로 감소하는 추세를 나타내고 있다. 반면 소주는 26.3%에서 30.3%로 다른 주류들과 다르게 매출액이 성장하고 있다.

SECTION 02   '처음처럼'개발 배경 및 시장 기회

1. 선호도 조사

　두산에서는 신제품을 개발하기에 앞서 먼저 여러 소주 브랜드에 대한 소비자 선호도 조사를 실시하였다. 조사 대상은 주류의 주요 소비자인 20~40대의 성인 남녀이며 조사 제품은 〈참이슬〉, 〈진로〉, 〈산〉, 〈그린〉, 〈시원〉, 〈잎새주〉로 총 6가지 제품으로써, 이들 제품에 대한 소비자들의 선호도를 조사하였다.

　선호도 조사 결과를 살펴보면 〈참이슬〉은 모든 연령에서 70% 이상의 선호도를 유지하며 압도적인 우위를 점하고 있다. 그 다음으로는 〈산〉이 평균 7.5%안팎의 선호도를 유지하고 있어 2위를 달리고 있지만 1위인 〈참이슬〉과의 격차가 너무 커, 사실상 소주 시장은 〈참이슬〉이 독점적으로 지위를 차지하고 있다. 〈시원〉이나 〈진로〉, 〈잎새주〉, 〈그린〉과 같은 제품들은 연령대별로 차이를 나타내긴 하지만, 대부분 낮은 선호도를 보이고 있다. 이외에 전체 중 8% 정도는 선호하는 제품이 없다고 답변하여, 이들이 지닌 소주에 대한 욕구는 충족되고 있지 않음을 짐작할 수 있다.

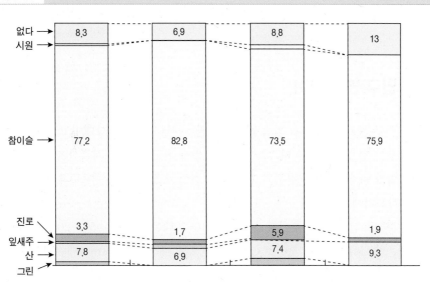

그림 16-1   소주 브랜드별 소비자 선호도

2. '산'소주 시장점유율의 정체

두산의 대표적 소주 제품인 〈산〉 소주의 경우 사입률은 90%, 인지율은 70%로 매우 높은 수준을 보이고 있다. 하지만 정작 시장점유율은 2001년에 6.4%, 2002년에 6.7%, 2003년에 5.6%, 2004년에 5.4%, 2005년에 5.6%로 최근 5년간 평균 5%대에서 정체하고 있는 것으로 나타나고 있다. 위의 조사에서도 나타나듯이 〈산〉의 선호도는 〈참이슬〉에 비해 상대적으로 매우 낮은 상태에 있다. 이는 〈산〉이 지닌 제품력 자체의 한계로 인한 결과로서, 이를 위해 신 제품 개발을 고려하게 되었다.

3. 시장 상황

두산은 신제품 개발의 위해 당시 시장 상황에 대한 외부적으로 위협 요인과 기회 요인을 살펴보았다. 위협 요인은 무엇보다도 진로가 거대 맥주 제조 회사인 하이트와 합병함으로써 유통력이 증대되고 시장 관리 커버리지가 확대 되었다는 것이다. 반면에 〈참이슬〉의 충성고객이 최근 5년간 20%에서 11.3%로 감소하고 있으며, 〈참이슬〉에 대한 비호감층이 4.1%에서 7.9%로 증가한다는 것은 소주에 대한 소비자의 욕구가 변화하는 동시에 새로운 욕구가 증가된 다는 것으로 두산에게는 큰 기회 요인으로 작용할 수 있었다.

4. 국내 인구 변화 추이

국내 인구는 2000년 이후 지속적인 정체를 나타내고 있는 상태이고 2023년을 정점으로 총인구는 감소할 전망이다. 우리나라는 세게 최고 수준의 저출산율(1가구 1.17명)로 인해 고령화가 매우 빠르게 진행되고 있으며 진행 속도면에서는 대표적 고령화 사회인 일본을 능가하기에 이르렀다.

연령대별로 인구 비중 추이를 살펴보면 10~20대는 1990년 45%, 2003년 32%로 나타나고 있는데 2010년에는 30%로 감소할 것으로 예상된다. 30~40대는 1990년 39%, 2003년 48%이며, 2010년에는 45%로 2003년 이후 정체될 것으로 보인다. 50대 이상 연령대를 살펴보면 1990년 16%, 2003년 19%, 2010년 25%로 지속적인 증가 추세에 있다. 특

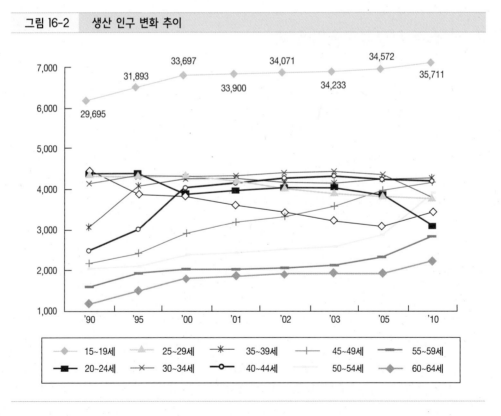

그림 16-2   생산 인구 변화 추이

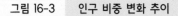
그림 16-3   인구 비중 변화 추이

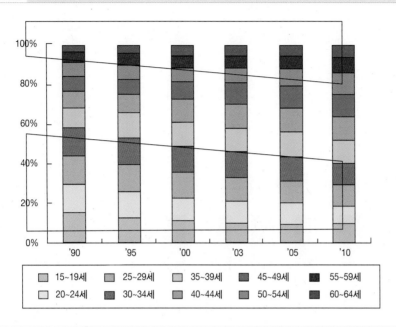

히 50대 이상 연령대는 현재까지는 낮은 비중으로 인해 주류 산업에서의 중요도가 낮았지만 향후 차지하는 인구비 중이 증가함에 따라 '노령층 시장(senior market)'이 될 가능성을 엿볼 수 있다.

5. 국내 소득/지출 변화 추이

1990년부터 2002년까지의 국내의 GDP와 GNI 그리고 1인당 GNI 및 가구 소득, 가구 지출 그리고 가구 지출에 대한 항목구성 비중에 대해 살펴보았다. 자료에 따르면 GDP와 GNI, 가구 소득 및 지출의 성장률은 정체되어 있음을 알 수가 있다.

가구 지출 항목과 구성 비중을 살펴보면 흥미로운 사실을 발견할 수가 있는데, 전반적인 식료품(식자재) 구입 비중은 감소한 반면(32.2% → 26.2%), 외식비는 오히려 2배 가까운 증가 추세를 나타낸다는 것이다(6.5% → 11.0%). 이는 식생활이라는 동일선상에서도 기본적 욕구와 관련한 소비보다는 즐거움, 휴식, 인화 등의 의미를 가미한 제품군의 소비 비중이 증가한다는 것이다. 즉 이제 단순히 제품의 기본적 욕구만을 충족시키는 제품으로는 소비자를 유인하기가 어렵다는 것으로 해석할 수 있다. 따라서 주류 역시 제품의

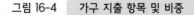

표 16-1	주요 소득 및 지출 지수 변화 추이			
	GDP (단위: 10억원)	GNI (단위: 10억원)	1인당 GNI (단위: 만원)	가구 소득 (단위: 천원)	가구지출 (단위: 천원)
1990	178,797	178,628	417	945	685
1995	377,350	376,316	835	1,911	1,266
2000	521,959	519,227	1,105	2,387	1,632
2001	551,558	550,014	1,162	2,625	1,762
2002	596,381	596,881	1,253	2,792	1,835

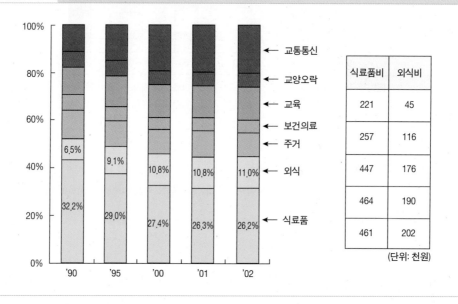

그림 16-4   가구 지출 항목 및 비중

맛, 원료, 주질 등과 같은 기본적인 요소뿐만 아니라 건강, 유행, 선도성 등과 같은 부가적이고 정서적인 욕구를 충족시켜야 할 것이다.

6. 1인당 알코올 소비량 추이

[그림 16-5]는 1990~2001년까지의 주요 OECD국가들의 1인당 알코올 소비량 추세를 나타낸 것이다. 이를 보면 영국을 제외한 한국, 일본, 미국, 호주 네 나라 모두에서 1인당 알코올 소비량이 감소하고 있음을 알 수 있다. 우리나라의 경우 1인당 알코올 소비

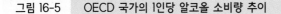

그림 16-5   OECD 국가의 1인당 알코올 소비량 추이

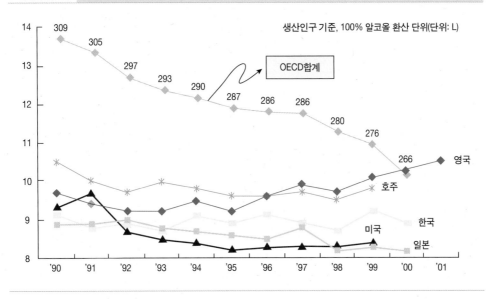

그림 16-6   우리나라의 주류별 1인당 알코올 소비량

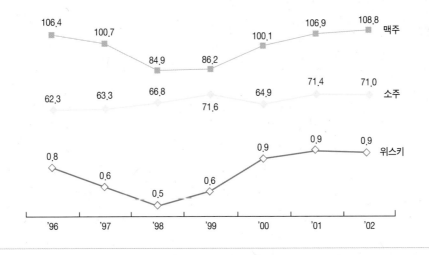

량은 경기 변동에 따라 다소 등락의 여지가 있기는 하나, 소비량으로 봤을 때 9리터 수준에서 큰 변화는 보이지 않고 있는 상태이다.

또한 우리나라의 1인당 알코올 소비량을 주요 주종인 맥주, 소주, 위스키로 나누어 추이를 살펴보았다([그림 16-6] 참조). 소비량은 주공협회 출고량 및 통계청 인구통계를 기준으로 하고 한 병당 소주는 360ml, 맥주 500ml, 위스키 500ml를 기준으로 환산하여 계산하였다. 그 결과 맥주와 위스키는 1998~1999년 사이에 발생한 IMF시기에 소비량이 대폭 감소하였다가, 이후에 점차 회복세를 보이고 있다. 반면 소주는 경기 상황과 관계없이 국민주로서 1인당 연간 70병의 일정한 소비 추세를 보이고 있다. 따라서 상대적으로 경기 변동에 영향을 덜 받는 소주 제품과 상대적으로 고가인 '저도주'제품 간의 적절한 제품 포트폴리오가 필요한 상황이다.

7. 주류 소비자 인구통계학적 분석

두산은 주류 음용자들의 프로파일 분석을 위해 2002년과 2003년 두 차례에 걸쳐 과거 1개월간의 소주와 청주 음용 경험 여부에 대한 조사를 하였다. 이를 위해 먼저 남녀 성별에 따라 소주와 청주 경험 여부를 살펴보고, 연령에 있어서는 19세부터 64세까지를 5년 단위로 나누어 살펴보았다. 그리고 성별과 연령의 조합에 따른 경험 비중도 확인하였다.

〈표 16-2〉를 보면 2002년 대비 2003년 남성 음용경험은 소주와 청주 모두에서 감

표 16-2   주류 소비자 인구 통계학적 분석

		과거 1개월간 소주 음용 경험자 구성비(%)					과거 1개월간 청주 음용 경험자 구성비(%)		
		2002년 (N=2,294)	2003년 (N=2,149)	증감 (%)			2002년 (N=49)	2003년 (N=32)	증감 (%)
성 별	남	69.9	66.4	-3.5	성 별	남	71.1	63.8	-7.3
	여	30.1	33.6	3.5		여	28.9	36.2	7.3
연령별	19-24	17.3	19.8	2.5	연령별	19-24	13.3	10.8	-2.5
	25-29	13.2	11.3	-1.9		25-29	9.9	10.2	0.3
	30-34	15.0	11.6	-3.4		30-34	25.5	11.3	-14.2
	35-39	15.5	15.8	0.3		35-39	16.0	15.2	-0.8
	40-44	13.4	11.8	-1.6		40-44	13.4	13.3	-0.1
	45-49	11.6	13.6	2.0		45-49	8.1	12.3	4.2
	50-54	6.8	6.1	-0.7		50-54	10.0	12.9	2.9
	55-59	4.4	5.0	0.6		55-59	3.7	9.2	5.5
	60-64	2.8	5.0	2.2		60-64	0.0	4.7	4.7
성* 연령별	남:19-29	19.4	19.5	0.1	성* 연령별	남:19-29	16.2	10.7	-5.5
	남:30-39	22.5	19.3	-3.2		남:30-39	27.8	18.3	-9.5
	남:40-49	17.2	16.8	-0.4		남:40-49	16.3	13.8	-2.5
	남:50-64	10.7	10.9	0.2		남:50-64	10.9	21.0	10.1
	여:19-29	11.1	11.6	0.5		여:19-29	7.0	10.3	3.3
	여:30-39	7.9	8.1	0.2		여:30-39	13.8	8.3	-5.5
	여:40-49	7.8	8.7	0.9		여:40-49	5.2	11.8	6.6
	여:50-64	3.3	5.1	1.8		여:50-64	2.9	5.8	2.9

소하는 것으로 나타난 반면, 여성의 음용 경험 비중은 오히려 증가하는 것으로 확인되었다. 소주 음용 경험률을 연령에 따라 살펴본 결과, 25~34세의 중간 연령층의 경험률은 줄어들고, 19~24세와 같은 상대적 저연령층 과 45~49세, 60~64세와 같은 고연령층의 음용 경험률이 다소 증가한 것으로 나타났다. 특히 30대 남성들의 음용 경험률은 3% 이상 하락하였으며, 50대 이상의 여성 음용 경험률은 2% 가량 증가한 것으로 나타났다. 청주 음용 경험률을 연령별로 살펴본 결과, 19~44세까지의 연령층에서는 대부분 감소한 것으로 나타났으며 특히 30대 초반인 30~34세 사이의 경험률이 큰 폭으로 감소하였다. 하지만 오히려 45세 이상의 연령층에서는 적게는 3%에서 많게는 5.5%까지 증가한 것으로 나타났다.

8. 소주 소비자 행동 분석

소주 음용에 대해 조금 더 자세하게 알아보기 위하여 그림에서 연령별 인구 구성비, 월 평균 음용빈도, 1회 음용량, 시장점유율 비중에 관한 정보를 제시하였다.

위의 결과에 나타난 소주 음용자 구성비, 음용빈도 및 1회 음용량을 고려할 때 20대 초반 및 30대 후반이 가장 큰 소주 음용층인 것을 알 수 있다. 특히 20대 초반은 음용 빈

그림 16-7	소주 소비자 행동 분석

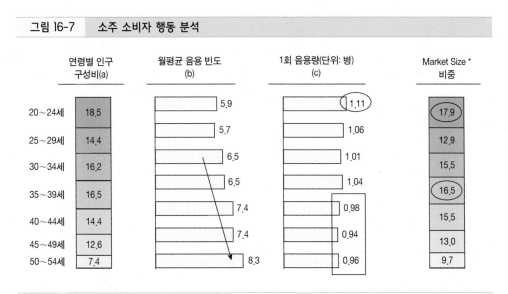

(주) 1. 서울 거주 만 20~54세 월1회 소주 음용자 1,000명 기준[출처: 03년 HRC 소비가 조사]

　　2. *Marlat Size 비중: 소비자의 인식상 비중임(제품의 판매가격 등은 고려되지 않음)

도는 상대적으로 낮지만 1회 음용량이 크므로, 술자리에서 폭음을 하는 경향이 있을 것으로 예상된다. 반면 40대 이후의 연령에서는 음용 빈도는 높지만, 1회 음용량은 상대적으로 적은 것으로 나타나고 있다.

SECTION 03 '처음처럼'제품 개발 과정

1. 신제품 개발 주요 원칙

두산은 신제품 개발을 위해서 다음과 같은 원칙들을 설정하였다. 첫째, 소비자 인식에 있어서 〈참이슬〉과 철저하게 차별화되어야 하며, 이를 위해서는 신제품을 마셔야 할 확실하고 신뢰할 수 있는 이유를 제시하여야 한다. 특히 코카콜라 대 펩시콜라처럼 확실히 차별화된 소비자 인식 구조의 형성이 필요하다. 둘째, 두산이 가지고 있는 내부의 역량을 극대화하여야 한다. 셋째, 1회 음용량이 많은 20~30대의 젊은 다량 음용자(heavy user)들을 공략해야 한다. 넷째, 건강, 웰빙과 같은 요소를 통해 소주 시장의 새로운 흐름을 형성하여야 한다.

2. 소주 트렌드의 변화

90년대 초반까지는 톡 쏘면서 쓴 맛을 가진 소주가 인기를 끌었고 대표적 제품으로서 진로가 있다. 그러다가 1994년 이후에 부드러운 맛을 가진 소주가 인기를 얻기 시작했고 이때 등장한 제품이 〈그린〉이다. 1997년 이후에는 부드러우면서도 깨끗한 소주가 소비자의 입맛을 사로잡았고, 이때 등장한 〈참이슬〉과 〈산〉이 현재까지도 소주 시장의 대표적 제품으로 꼽히고 있다. 하지만 시장조사결과에서도 볼 수 있듯이 소비자의 욕구는 변화하여 왔고 현재도 변화 중이다. 따라서 향후 소비자들이 충족 받기 원하는 욕구는 어떠한 것이 있는지 파악하여 이를 충족시키기 위한 마케팅 노력이 수반되어야 한다.

3. 주요 트렌드 확인

소비자들의 라이프 스타일과 트렌드 고찰을 통해서 주요 트렌드와 키워드를 도출하였다.

트렌드는 크게 건강 지향, 감성 지향, 개성 지향의 세 가지로 구분할 수 있다. 먼저 건강 지향 트렌드를 살펴보면 건강이나 자연추구 등을 통해 인간 근본의 중요성을 인식하고 휴식이나 여가에 대한 관심을 통해 편안함을 추구하며 고령화 사회에 따라 건강에 대한 관심이 커지는 것이 주요한 특징이다.

두 번째 트렌드인 감성 지향은 시장 전반적으로 여성적인 사고와 가치관의 비중이 커지며 아날로그에 대해 향수를 느끼고 기능적 요소와 함께 감성적 요소도 함께 추구한

| 그림 16-8 | 트렌드 도표 |

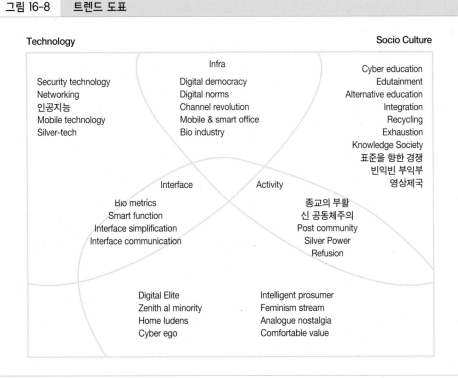

다는 것이다. 여성적인 사고는 여성 취업이 증가하고 전문직 여성이 늘어나면서 여성의 구매파워가 증가하는 데 따른 것이며 아날로그 향수는 디지털 세상속에 살면서도 디지털에 대한 비인간적인면에 대한 거부와 아날로그의 인간적인 면에 대한 동경이 함께 작용하여 나타난 것이다. 또한 요즘 소비자들은 기본적인 기능적 속성 이외에 디자인이나 컬러, 향기와 같은 감성적 요소들이 충족되는 제품의 구매를 더욱더 선호하고 있다.

세 번째 트렌드인 개성 지향은 소비형태가 다중화되고 제품 가치가 변화하고 있다는 것이 주요한 특징이다.

4. 신제품의 이상점(ideal point)

신제품 개발에 있어서 가장 중요한 목표는 경쟁 제품과 확실한 차별화 및 소주 제품이 지니고 있는 본질적인 문제점에 대한 해결이다. 현재 주요 트렌드와 소비자들이 원하는 소주의 이상점 등을 통해 신제품이 포함해야 할 속성, 혜택, 가치를 도출하였다. 먼저 주요 트렌드인 건강, 감성, 개성과 소비자들이 인식하는 소주의 이상점인 숙취 감소, 부드러운 목 넘김을 바탕으로 "알칼리수로 만들어 목 넘김이 부드럽고 아침이 활기찬 웰빙 소주"를 신제품 컨셉으로 도출하였다. 이를 위해 신제품은 20도의 도수, 알칼리수, 알라닌/아스파라긴을 주요 속성으로 하며, 소비자에게는 숙취 감소와 부드러운 목 넘김이라는 혜택을 제공하고 이를 통해 소비자의 웰빙이라는 가치를 전달할 수 있게 된다.

5. 시장 세분화

신제품 컨셉을 결정한 뒤에는 현재 소주 시장을 세분화하고 어떠한 시장에 진입할 것인지를 결정해야 한다. 소주 시장은 크게 음용 빈도, 구매시 고려하는 주요 속성을 기준으로 세분화할 수 있다. 그리고 각 시장 규모가 어느 정도인지와 주로 구매하는 제품이 무엇인가 하는 것이 시장 선정시 고려해야 할 요소이다. 이를 종합하여 소주 시장은 크게 ① 품질 중시 시장, ② 소주 저관여 시장, ③ 브랜드보다 가격을 중시하는 시장, ④ 도수/숙취 시장, ⑤ 대표 브랜드 시장, ⑥ 제조사 중시 시장, ⑦ 부드러움/제조사 중시 시장, ⑧ 가격/프 로모션 중시 시장, ⑨ 오로지 가격 중시 시장으로 구분할 수 있다.

여기에서 신제품 컨셉에 부합하면서 매출 확보를 위해 시장 규모와 음용 빈도가 높

그림 16-9	소주 시장의 세분화

시장명	시장 1 품질중시	시장 2 소주 저관여	시장 3 브랜드보다 가격중시	시장 4 도수/숙취 중시	시장 5 대표 브랜드	시장 6 제조사 중시	시장 7 부드러움/ 제조사 중시	시장 8 가격/프로모션 중시	시장 9 오로지 가격중시
시장 규모	22.5%	18.4%	11.7%	1.3%	99%	90%	70%	62%	41%
소주 음용 정도	8.8	5.8	5.2	8.4	6.8	10.0	5.2	4.7	5.7
주음용 브랜드 　참이슬 　산소주	91.6 6.5	81.9 16.5	96.3 2.5	89.7 6.4	91.2 2.9	95.2 3.2	95.8 2.1	97.9 2.3	89.3 10.7

은 다량 음용자(heavy user)를 공략해야 한다. 따라서 품질을 중시하는 시장과 도수 및 숙취를 중시하는 시장에 진입하기로 결정하였다.

6. 소주에 대한 불만족 욕구와 대안 탐색

현재 소비자들이 소주에 대해 가지고 있는 주요 불만족 사항과 이를 위한 대안은 어떠한 것이 있는지 살펴보고, 이를 신제품 개발 과정에 반영하여야 한다. 소비자들을 대상으로 조사한 결과 소주에 대한 가장 큰 불만족은 심한 알코올 냄새와 음주 후의 숙취 현상인 것으로 나타났다. 특히 숙취는 소주가 건강에 해롭다고 생각하는 소비자 인식의 핵심 근거로서 이에 대한 직접적인 대안이 필요한 상황이다. 숙취를 완화하는 것은 건강에 덜 해롭다는 인식 형성에 영향을 주기 때문에 이를 위한 구체적인 방안들을 고려해야 한다. 도수를 낮추는 방법, 첨가물을 사용하는 방법, 기능성 물을 사용하는 방법 등 크게 세 가지 방안을 고려할 수 있다. 첫째, 도수를 낮추는 방법에 있어서는 찬반의견이 분분하지만 최소한 도수를 낮추는 것이 숙취를 완화시키는 데 도움을 준다고 소비자들은 인식하고 있다. 둘째, 첨가물을 사용하는 방법은 현재까지 출시된 유사한 제품들의 효과는 미미했지만, 향후 혁신적인 첨가물을 사용한다면 숙취 완화 효과를 기대해 볼 수 있다. 마지막으로 기능성 물을 사용하는 것은 음주 후 마시는 물이 숙취개선에 효과가 있다는 측면에서 소주 제조에 사용되는 물 자체를 개선하면 숙취를 완화할 가능성을 찾아볼 수 있다.

7. 소주의 주원료 -물

소주는 79%의 물과 20%의 알코올, 그리고 1%의 첨가물로 구성되어 있다. 따라서 소주의 맛과 품질을 좌우하는 가장 중요한 요소는 80%를 차지하는 물인 것이다.

음용수 기준을 바탕으로 광천수, 죽탄수, 옥정수, 지장수, 황토수, 육각수, 정화수 등 많은 물을 연구했지만 실제 좋은 물이 되려면 ① 유해물질이 없고, ② 미네랄이 풍부하며, ③ 약알칼리성을 띠고, ④ 육각수에 가까우며, ⑤ 항산화 작용을 해야 하는 것으로 나타났다. 이러한 5가지 좋은 물의 요건을 완벽하게 충족시켜주는 물이 바로 '알칼리 환원수'이며, 알칼리 환원수의 효과는 이미 많은 언론에서 소개된 바 있다.

알칼리수는 물 입자가 작고, PH8.3~PH8.5를 유지하며 미네랄과 활성수소가 풍부한 것이 특징이다. 이러한 알칼리수는 목 넘김이 부드럽고, 산성 체질을 중화시켜주며, 알코올 분해 활동을 촉진시키고 활성산소를 제거하는 것과 동시에 노화를 방지하는 작용을 한다. 만약 알칼리수를 원료로 소주를 만든다면 맛이 부드럽고, 산성 안주를 중화시키며, 신체 균형을 환원시키면서 숙취를 해소하게 될 것이다. 이와 같은 알칼리수 소주에 대한 효과를 좀 더 구체적으로 살펴보도록 하자.

첫째, 알칼리수의 주요한 역할 중 하나로 알칼리수의 산성 중화 작용 효과를 예상할

그림 16-10   소주의 구성 성분

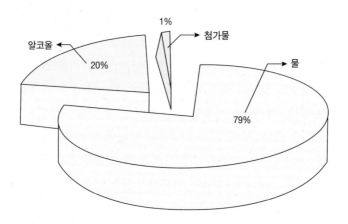

수 있다. 소주 안주는 크게 찌개와 고기로 구분할 수 있다. 찌개에는 감자탕, 알탕, 동태 찌개 등이 대표적이고, 고기는 회, 삼겹살, 소고기 등 이 대표적 제품이다. 이때 소주와 먹는 안주들은 대부분 PH5.7~7.1의 약산성을 띠고 있다. 이때 알칼리수로 만든 소주를 마신다면 이와 같은 안주들의 체내 산성작용을 중화시키는 데 도움이 될 것이다.

둘째, 알칼리수는 활성산소 제거에 효과가 있다. 알칼리수는 자연수/수돗 물 → 필 터링 시스템 → 살균 시스템-(정수) → 전기 분해를 통해 알칼리 환원수와 산성수로 구분 되는데, 양극 측에 해당하는 산성수는 신체 노화를 촉진시키는 반면, 음극 측에 해당하 는 알칼리 환원수 활성산소를 제거해 주는 활성 수소를 지니고 있다. 특히 산성지수가 높 고, 산화환원지수(ORP) 수치가 낮을수록 환원력이 높은데, 환원력이 높을수록 산성 체질 중화 및 신체 균형 유지를 통한 노화 방지에 대한 효과가 뛰어나다. 따라서 알칼리수로 만든 소주는 활성산소를 제거하여 산성화를 약화시키면서, 신체 노화를 방지하는 역할 을 할 것이다.

셋째, 알칼리수는 매우 작은 물 입자를 지니고 있다. 일반적으로 보통의 물은 10~13 개의 물분자 구조가 모여 형성된 반면, 알칼리 환원수는 6개, 즉 육각형 형태로 보통 물

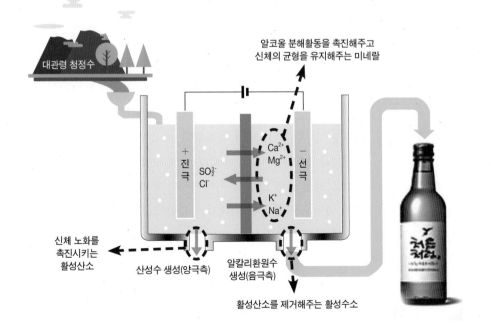

그림 16-11   알칼리수 제조 공정

구조 크기의 절반에 가깝다. 이러한 미세한 물 구조는 인체 내 흡수와 배출이 빠르기 때문에 술 맛에 있어 숙성감을 더해 준다.

넷째, 알칼리수는 풍부한 미네랄을 함유하고 있다. 미네랄은 단백질, 지방, 탄수화물, 비타민과 더불어 인체에 꼭 필요한 5대 필수 영양소 중의 하나로 체중의 약 4%를 차지하고 있다. 미네랄은 주로 체내 물의 균형을 조절하고, 적정한 PH 농도를 유지하며, 독성 물질을 해독하고, 세포의 자율신경을 보조하며, 분해를 촉진하는 기능을 한다. 사람이 알코올을 대사하는 과정 중에서 알코올 탈수소효소(ADH) 수치가 낮아지는데, 이때 ADH 수치를 자동조절 하기 위해 인체 내 다른 부위에서 미네랄을 가져오게 되며, 이 과정에서 숙취의 대표적인 현상인 두통과 매스꺼움, 무기력 등이 발생하게 된다.

따라서 알칼리수는 풍부한 자연 미네랄로 인해 음주 후 ADH의 자동 조절을 도와 숙취를 해소하는 데 기여하게 된다. 결국 소비자들의 주요 불만 사항인 숙취 문제를 위해서는 알칼리수를 소주 원료로 사용하는 것이 가장 적합하다는 결론이 도출된다.

이뿐만 아니라, 숙취 해소를 위해 신제품에는 북어국에 많이 들어 있는 알라닌과 아스파라긴을 첨가하고, 소주 맛을 풍부하도록 하기 위해 최고급 스테비오 사이드를 사용하며, 자이리톨 성분을 포함하도록 하였다.

8. 신제품 개발 과정

신제품 개발은 1년 6개월에 걸쳐 이루어졌으며, 4,650명의 소비자를 대상으로 총 31회의 시장 조사를 실시하였다. 구체적으로 살펴보면, 제품 컨셉 테스트를 위해 1,000명의 소비자를 대상으로 3회의 조사가 이루어졌고, 최상의 맛을 위해 2,200명의 소비자를 대상으로 22회의 조사가 이루어졌다. 또한 제품명과 패키지 디자인을 위해 450명을 대상으로 3번의 조사를 실시하였으며, 제품 포지셔닝을 위해 3회에 걸쳐 1,000명의 소비자를 대상으로 조사하 였다. 이를 통해 브랜드 아이덴티티를 개발하였는데, 전체적으로 모던하고 심플한 디자인을 바탕으로 깔끔한 미색과 심플함으로 소주의 순수함을 반영하고, 수기체의 제품명을 통해 안정감을 표현하였다. 〈처음처럼〉이라는 이름은 술을 마신 다음 날에도 몸 상태가 원래대로 환원된다는 의미를 지니고 있으며, 이를 위해 처음 돋아나는 새싹 이미지를 제품명 아래에 삽입하고 맨 처음 기쁜 소식을 전해주는 까치를 제품명 위에 배치하였다.

그림 16-12	브랜드 개발

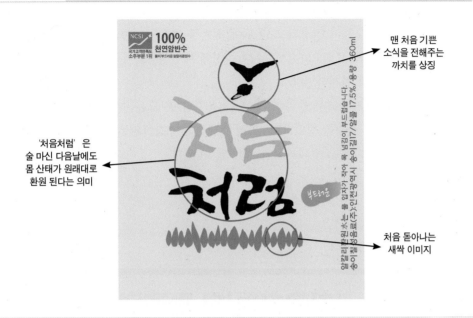

그림 16-13	주요 속성별 상대적 선호도 조사 결과

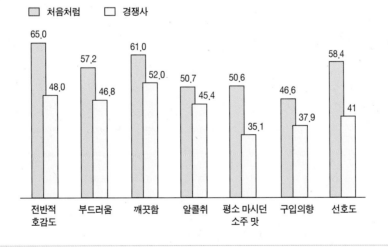

9. 주요 속성별 상대적 선호도

제품의 주요 요소들이 결정되고 난 뒤에 전반적 호감도, 부드러움, 깨끗함, 알코올취, 소주맛, 구매의향, 선호도와 같은 주요 속성에 대한 〈처음처럼〉과 경쟁제품에 대한 소비자 선호도 조사를 실시하였다.

[그림 16-13]의 결과에서 알 수 있듯이 〈처음처럼〉은 모든 주요 속성에서 경쟁 제품에 비해 높은 선호도 점수를 받았으며, 특히 전반적인 호감도와 소주 맛, 선호도에서 경쟁 제품과의 격차가 더욱 크게 나타나는 것을 알 수 있다.

SECTION 04   '처음처럼'의 마케팅 전략

1. 브랜드 전략

여기에서는 〈처음처럼〉브랜드가 지니고 있는 여러 가지 이슈들과 전략에 대해 살펴보고자 한다. 먼저 두산에서는 〈참이슬〉의 소주시장 독주에 대한 대응이 필요하지만, 기존 제품인 〈산〉소주의 성장 한계를 인식함으로 인해 건강, 자연, 웰빙 트렌드에 부합하는 신개념의 소주를 개발할 필요성이 있었다. 이때 내부적으로는 〈참이슬〉독주를 막고 시장점유율 20% 이상을 달성하여 소주 시장의 새로운 대표주자가 된다는 비전을 지니고 있었고, 외부적으로는 부드러운 맛과 부담 없는 가격을 통해 즐겁고 편안한 소주문화를 제공한다는 비전을 가지고 있었다. 이러한 내/외부적 비전을 통해 소주 시장의 새로운 패러다임을 창출하는 것이 〈처음처럼〉 브랜드의 비전인 것이다.

〈처음처럼〉의 브랜드 아이덴티티는 크게 기능적 혜택, 감성적 혜택, 자기 표현적 혜택으로 구분할 수 있다. 기능적 혜택(functional benefit)에서는 "몸에 잘 받는, 산성음식과 잘 어울리는, 부담 없는 뒤 끝"을 주요 가치로 제공하고, 감성적 혜택(emotional benefit)에

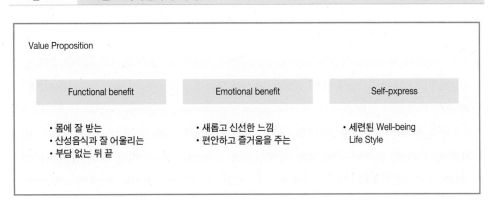

그림 16-14	브랜드 아이덴티티 체계

Value Proposition

Functional benefit	Emotional benefit	Self-pxpress

- 몸에 잘 받는
- 산성음식과 잘 어울리는
- 부담 없는 뒤 끝

- 새롭고 신선한 느낌
- 편안하고 즐거움을 주는

- 세련된 Well-being
  Life Style

Brand-Customer Relationship

편안하고 건강한 즐거움을 주는 생활동반자

서는 "새롭고 신선한 느낌, 편안하고 즐거움을 주는"이라는 가치를 제공하며, 자기표현적 혜택(self-expressive benefit)에서는 "세련된 웰빙 라이프 스타일"을 주요 가치로 제공하고 있다. 이를 통해 고객에게 '편안하고 건강한 즐거움을 주는 생활 동반자'로서의 관계를 지향하고 있다.

2. 4P 전략 방향

〈처음처럼〉의 기본적인 마케팅 전략은 다음과 같다. 먼저 마케팅 및 영업 활동을 24~35세에 집중하여 공략한다. 그리고 유흥업소가 밀집한 중심상권을 집중적으로 공략한 후에 가정시장으로 확대하도록 한다. 그 다음 〈참이슬〉에 대비한 저가정책을 통하여 유통 채널 마진을 극대화함으로써 신제품 확산의 명분을 제공하고, 소비자 가계의 부담을 축소하도록 한다. 마지막으로 목표 고객의 인지도 제고와 더불어 제품 시용 유도를 위해 차별화된 소비자 캠페인 및 새로운 미디어를 적극적으로 활용하도록 한다. 이와 같은 마케팅 전략들은 특정 대상을 집중적으로 공략한 후에 이를 발판으로 삼아 시장을 확대시킨다는 기본 방침을 공통적으로 지니고 있다.

3. 광고 전략

광고는 크게 4단계로 구분하여 전략을 사용하였다. 먼저 1단계에서는 'pH8.3의 알칼리수, 풍부한 미네랄, 작은 물 입자' 등과 같이 제품이 지닌 주요 특징들에 대해 알리고, 세계최초 알칼리수 소주가 탄생했음을 소비자들에게 인식시켜야 한다. 이를 위해 PR성 광고를 활용한다.

2단계에서는 '부드러운 목넘김, 산성 음식 중화, 빠른 숙취 해소' 등과 같은 기능적 가치를 강조하고, 고객이 차별성과 신뢰성을 인식하도록 한다. 이를 위해 합리적이면서 재미있는 광고를 사용한다.

3단계에서는 '새롭고 신선함, 몸이 편안함, 술자리가 즐거움' 등과 같은 정서적 가치를 강조하며, 이를 통해 〈처음처럼〉이 내 브랜드라고 인식하는 충성 고객을 확대시켜 정서적 연대감 형성을 목표로 한다. 이를 위해 소비자의 정서를 자극하는 감성적 광고 형태를 사용하도록 한다.

4단계에서는 '세련된 웰빙 라이프'를 통한 사회적/생활 가치를 제공하고, 새로운 음주 문화를 선도하면서 친밀한 유행 브랜드로 자리 잡아 소비자의 생활속의 브랜드로 인식되도록 한다. 이 단계에서는 TV 방송이나 광고 같은 것 들이 실제 생활세계의 일부분을 나타내고 있다는 것을 의미하는 slice of life형태의 광고를 제작하도록 한다.

표 16-3	단계별 광고 전략		
1단계	**2단계**	**3단계**	**4단계**
• 사실/특성 - pH9.3의 알칼리수 - 풍부한 미네랄 - 작은 물 입자	• 기능가치 - 부드러운 목넘김 - 산성음식 중화 - 빠른숙취 해소	• 정서가치 - 새롭고 신선함 - 몸이 편안함 - 술자리가 즐거움	• 사회/생활가치 - 세련된 웰빙 라이프
• 제품 탄생 고지 - 세계최초알칼리수소주 - 새로운 카테고리 소주	• 제품 편익 소구 - 우월한 차별성 - 신뢰성/납득성	• 감정적 연대감 - 마이브랜드 - 충성고객 확대	• 생활속의 브랜드 - 새로운 음주 문화 - 친밀한 유행 브랜드
• PR성 광고	• Ractional+Fun광고	• Emotional 광고	• Slice of Life 광고
제품 속성 고지	제품 대세론	소비자 대세론	

4. 가격 전략

〈처음처럼〉은 경쟁사인 〈참이슬〉에 대비하여 상대적으로 저가로 진입하는 시장 침투 가격전략을 사용하였다. 먼저 유흥용 제품을 살펴보면, 〈참이슬〉의 출고가격이 24,000원인 데 반해 〈처음처럼〉은 2,100원 저렴한 21,900원으로 책정하였고, 1차 유통업체에서 〈참이슬〉마진이 6,000원인 것에 반해 〈처음처럼〉은 1,100원 높은 7,100원의 마진을 남길 수 있도록 하였다. 가정용 제품의 경우에는 〈참이슬〉이 24,000원인 데 반해, 〈처음처럼〉은 21,900원으로 2,100원이나 저렴하게 책정하였으며, 그 결과 〈참이슬〉의 1차 유통업체 마진이 1,200원인 데 반해 〈처음처럼〉은 600원 높은 1,800원의 마진이 발생하였다. 이처럼 〈참이슬〉에 비해 상대적으로 낮은 가격은 유통업체들의 높은 마진을 보장해주기 때문에 신제품 취급 동기를 강화할 수 있었다.

5. 촉진 전략

〈처음처럼〉은 부드러운 목넘김과 숙취 예방이 주요 강점인 만큼 소비자들이 이를 실제로 경험하도록 하는 것이 매우 중요하다. 따라서 두산은 샘플 지급을 통한 대대적인 촉진 전략을 시행하였다. 1차 유통업체에 있는 직원 9,600명 전원, 2차 유통업체인 업소(60,000개)와 가정(18,000개), 의견 선도자 76,000명, 일반 소비자 1,330,000명, 그룹사 6,000명 등 총 150만명의 소비자에게 샘플을 지급하였다.

또한 '처음돌이'를 마스코트로 내세워 주요 지점에서 카퍼레이드, 지하철 순회, 꼭지점 댄스, 즐거운 선택 등 다양한 캠페인을 실시하였다. 그리고 실제 구매가 이루어지는 곳을 찾아가 다양한 접점 이벤트를 실시하기 위해, 유흥시장에서는 즉석 스크래치 카드나 펀&펀 배틀 등과 같은 이벤트를 실시하고, 가정 시장에 대해서는 매장 내 주요 장소에 제품을 다량 전시하도록 하였다. 이와 같은 다양한 이벤트와 행사는 소비자들에게 〈처음처럼〉이라는 브랜드를 인식시키는 동시에 브랜드에 대한 호기심을 불러일으켜 구매 욕구를 증가시켰다.

SECTION 05 시장 성과

1. 시장점유율 변화

전국과 수도권에서의 〈처음처럼〉의 시장점유율 증가추이를 나타내고 있는 [그림 16-15]와 [그림 16-16]을 보면, 〈처음처럼〉이 소주 시장에 출시된 후 1년간 시장점유율이 빠른 속도로 증가하고 있음을 알 수 있다.

[그림 16-15]와 [그림 16-16]에서 나타나듯이 〈처음처럼〉의 시장점유율은 수도권 및 전국 지역에서 모두 증가하고 있다. 2006년 1월에 6.4%였던 수도권 점유율이 11월에는 19%까지 증가하였고, 전국 점유율 역시 5.3%에서 10.9%로 증가하였다. 특히 〈참이슬〉이라는 독보적 경쟁자가 있는데도 불구하고 단기간에 이처럼 시장점유율이 증가한 것은 보기 드문 사례로, 현재까지는 매우 성공적으로 시장에 진입하였음을 알 수 있다.

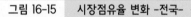

그림 16-15   시장점유율 변화 -전국-

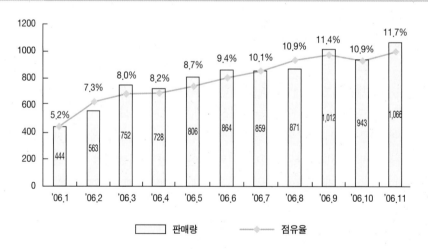

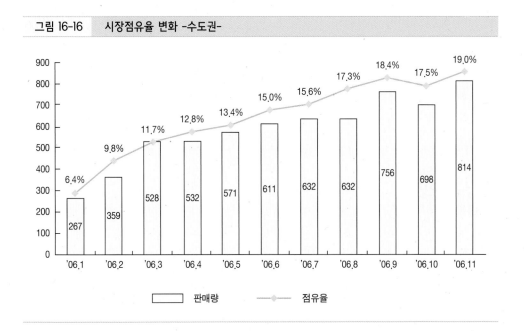

그림 16-16   시장점유율 변화 -수도권-

2. 브랜드별 이미지 조사

〈처음처럼〉은 경쟁 제품인 〈참이슬〉과의 확실한 차별화를 주요한 목표로 설정하며
출시되었다. 제품 출시 후 이에 대한 소비자의 반응을 확인하기 위해 〈처음처럼〉과 〈참

표 16-4   '처음처럼'과 '참이슬'의 이미지 조사 결과

처음처럼		참이슬	
순하다	18.4	깨끗하다	10.1
부드럽다	9.7	전통있다/오래됐다	9.5
알칼리수	9.6	대중적이다	7.0
깨끗하다	8.5	친근하다	5.4
새롭다	6.5	두꺼비	3.9
도수가 낮다	6.5	맑다	3.8
맛이 순하다	5.2	부드럽다	3.5
신선하다	5.1	목 넘김이 부드럽다	3.5
맛이 싱겁다	4.5	우리나라 대표 소주	3.3
맛이 부드럽다	3.0	깔끔하다	3.1
목 넘김이 부드럽다	2.5	진로	2.8

이슬〉에 대한 소비자 조사를 실시하였다. 조사 결과 〈처음처럼〉은 '순하다', '부드럽다', '알칼리수'의 이미지로 주로 소비자에게 인식되고 있었으며, 〈참이슬〉은 '깨끗하다', '전통있다/오래됐다', '대중적이다'의 이미지로 인식되고 있다. 따라서 소비자가 인식하는 두 제품간의 이미지는 〈처음 처럼〉이 의도한 것처럼 확연히 다르게 인식하고 있음을 알 수 있다. 이와 같은 두 제품간의 이미지 차이는 〈표 16-4〉에서 확인할 수 있다.

3. 성공 요인

〈처음처럼〉이 이처럼 소주 시장에서 성공을 거둘 수 있었던 이유는 4가지 요인으로 압축해 볼 수 있다. ① 알칼리 환원수, ② 감성적 브랜드명, ③ 차별화된 마케팅 전략, 그리고 ④ 전조직원의 강력한 성공 의지, 이들 4가지 요인들이 지금의 〈처음처럼〉을 만들어낸 것이다.

첫째, 알칼리 환원수를 사용하여 목 넘김이 부드럽고 숙취가 적다는 점에서 뛰어난

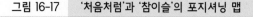 그림 16-17   '처음처럼'과 '참이슬'의 포지셔닝 맵

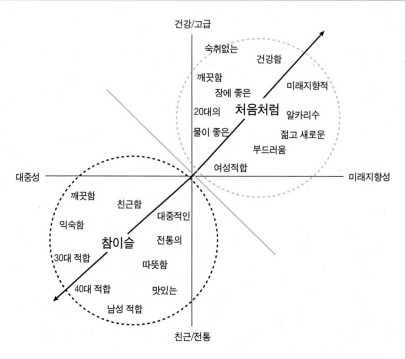

제품력을 지니고 있다. 이러한 기능들은 건강을 중시하는 트렌드와 부합하여 더욱 큰 반향을 불러일으켰다.

둘째, 감성적인 브랜드명의 사용이다. 감성을 중시하는 소비자의 라이프 스타일에 부합하고 제품의 특징을 잘 나타내는 브랜드명을 개발함으로써 시너지 효과가 발생하였다.

셋째, 차별화된 마케팅 전략이다. 〈처음처럼〉은 기존주류업체와는 차별화된 다양한 마케팅 활동을 전개하였다. 이러한 마케팅 전략은 단기간에 소비자에게 제품을 알리고 인지도를 제고시키는 데 주요한 역할을 하였다.

마지막으로 성공을 향한 전 조직원의 강력한 의지이다. 두산이 소주 시장에 진입한 지는 오래되었지만, 시장점유율이 5% 내외로 1위인 〈참이슬〉과는 비교도 되지 않는 위치에 처해 있었다. 따라서 이번 제품만은 소주 시장에서 꼭 성공하고 말겠다는 조직원들의 강력한 열망이 신제품에 대해 끝없이 고민하고 노력하게 만들었다.

이처럼 〈처음처럼〉은 다양한 노력들을 통해 성공할 수 있었으며, 이는 주류 업계뿐만 아니라 신제품을 개발하려는 다른 기업들에게 좋은 사례가 될 수 있을 것이다. 특히 〈참이슬〉과 같이 독보적인 우위를 차지하는 기업에 대항하여, 경쟁력 있는 신제품 개발을 고민하는 많은 기업들에게 도움을 주리라 기대된다.

SECTION 06 향후 과제와 전략 방향

현재 〈처음처럼〉은 소주 시장에서 괄목할 만한 성과를 거두었지만, 앞으로 극복해야 과제들이 있다. 여기에서는 〈처음처럼〉이 직면하고 있는 문제에는 어떠한 것이 있으며, 이를 위한 향후 전략은 어떠한 방향으로 전개되어야 하는지 살펴보고자 한다.

1. 〈참이슬〉과의 경쟁 전략

브랜드별 이미지 조사를 살펴보면, 〈처음처럼〉은 '순하다', '부드럽다', '알칼리수'의 요소에서 높은 점수를 받아 〈처음처럼〉만의 이미지를 구축하고 있음을 알 수 있다. 하지만 〈처음처럼〉에게 필요한 '깨끗하다'의 이미지는 〈참이슬〉에 대해 더욱 강하게 형성되어 있으며, '전통있다', '대중적이다', '친근하다'의 요소에서도 〈참이슬〉이 월등히 강한 이미지를 형성하고 있다. 〈처음처럼〉은 기존에 구축한 차별화된 이미지를 유지하는 동시에, 이러한 차별적 이미지와 시너지를 일으킬 수 있는 이미지 요소를 강화할 수 있는 마케팅 전략을 계획해야 한다.

〈처음처럼〉은 알칼리수를 주원료로 사용하여 '부드러운 목 넘김', '산성화 방지', '숙취해소' 등과 같은 다양한 기능적 우위를 지니고 있어, 지금까지는 이러한 기능적 속성들을 강조하는 광고 전략을 시행했으나, 이제는 이를 기반으로 '웰빙 소주'로서의 이미지를 강조하는 전략을 사용해야 한다. 소주의 경우 심한 알코올 냄새가 주요 불만족 요인으로 꼽히고, 숙취로 인해 건강을 해친다는 인식이 많다. 소주 시장의 대표 제품인 〈참이슬〉에 대한 소비자의 인식 역시 소주에 대한 인식과 크게 다르지 않을 것이다. 따라서 〈참이슬〉과 차별화하기 위해서 〈처음처럼〉은 부드럽고, 숙취해소를 돕는 '웰빙 소주'라는 이미지를 고객들에게 인식시키기 위한 다양한 마케팅 전략을 강구해야 한다.

2. 〈참이슬 fresh〉와의 경쟁 전략 방향

〈참이슬〉 측에서는 〈처음처럼〉과 경쟁하기 위하여 〈참이슬 fresh〉를 출시하였고, 현재 대대적인 마케팅 전략을 펼치고 있다. 이로 인해 〈처음처럼〉의 주요 목표 고객이었던 20대들이 〈참이슬 fresh〉로 이탈하는 현상이 나타나고 있다. 따라서 〈처음처럼〉은 20대의 이탈을 방어하기 위한 전략을 강구해야 한다. 이를 위해 20대를 대상으로 소주 속성에 대한 중요도 및 브랜드별 만족도 조사를 실시해야 한다. 조사 결과를 통해 20대가 중요하게 생각하는 속성은 무엇이며, 이 중에서 〈처음처럼〉이 〈참이슬 fresh〉에 비해 만족도가 낮은 것은 무엇인지 찾아내고, 이를 향상시키기 위한 전략을 세워야 한다. 또한 소비자 조사를 바탕으로 〈처음처럼〉이 더욱 강화해야 할 이미지 요소는 무엇인지 확인하고, 관련 방안을 강구해야 한다. 그리고 20대들에게 〈처음처럼〉이 〈참이슬 fresh〉보다 제품력이 뛰어난 브랜드임을 강조하기 위하여, 현재 진행하고 있는 '따라오려면 제대로 따라오라'라는 식의 마케팅 전략과 더불어 더욱 다양화되고 적극적인 마케팅 방안이 구상되어야 할 것이다.

토론 문제

01 '처음처럼'이 성공적으로 시장에 진입하게 된 원인을 파악해 보자.

02 주류 시장의 경쟁관계를 다양한 각도에서 파악해 보자. 다양한 각도에 따라서 시장전략은 어떻게 달라질 수 있을 것인가를 토론해 보자.

03 '처음처럼'이 경험하게 될 시장의 위기는 어떤 것들이 있을까 토론해 보고 위협요소에 대해 대처할 수 있는 마케팅 역량를 논의해 보자.

04 '처음처럼'이 현재의 시장점유율을 넘어서는 성과를 올리기 위해 수립해야 할 마케팅 전략을 논의해 보자.

국문색인

영문색인

공저자 약력

■ 박 흥 수

박흥수 교수는 연세대학교 경영대학 교수로 재직하였으며 2015년 퇴직하여 현재 명예교수로 모교에 봉사하고 있다. University of Pittsburgh에서 마케팅 전공으로 경영학 박사(Ph.D.)를 취득했다. 그는 Management Science, Journal of Product Innovation Management, Psychology & Marketing, Journal of International Marketing, Journal of Business Research 등 해외 유명저널과 「마케팅연구」, 「소비자학연구」, 「경영학연구」, 「광고학연구」, 「유통연구」 등 국내 유명저널에 다수의 논문을 게재하였으며 한국경영학회에서 최우수 논문상을 수상한 바 있다. 주요 저서로는 「마케팅원론」(학현사), 「신상품마케팅」(박영사), 「크로스마케팅 경영전략 I, II」(라이트북닷컴), 「기업을 위한 신제품 개발」(중소기업진흥공단) 등이 있다. 그는 연세대학교에서 경영연구소장, 출판문화원장을 역임하였으며 한국소비자학회장과 한국경영학회장을 지냈다. 삼성, LG, 두산 등 유수기업의 마케팅자문활동을 수행했으며, SK주식회사와 삼성출판사의 사외이사를 역임했다.

■ 하 영 원

하영원 교수는 University of Chicago에서 마케팅 전공으로 경영학 박사학위(Ph.D.)를 받았다. 미국 Rutgers University에서 조교수로 교직생활을 시작한 그는 1989년 귀국한 뒤 현재까지 서강대학교 경영대학 교수로 재직 중이며, 서강대학교 경영전문대학원장을 역임한 바 있다. 하 교수는 「마케팅연구」, 「소비자학연구」 편집위원장, 한국경영학회 부회장, 한국소비자학회 회장, 한국마케팅학회 회장을 역임하였고 Journal of Marketing Research, Journal of Consumer Research, Advances in Consumer Research 및 Psychological Science의 reviewer로도 활동하였다. 그는 또한 효성과 삼성카드의 사외이사 및 삼성카드 이사회 의장을 역임하였고, 현재 국내 유수기업의 자문위원으로도 활동하고 있다. 하영원 교수는 Journal of Consumer Research, Psychological Review, Journal of Experimental Psychology, Marketing Letters, Journal of International Marketing, Journal of Business Research 등 해외 유명저널과 「경영학연구」, 「마케팅연구」, 「소비자학연구」, 「광고학연구」, 「유통연구」 등의 국내 저명학술지에 다수의 논문을 게재하였으며, 한국경영학회, 한국소비자학회, 한국마케팅학회에서 수여하는 최우수 논문상을 다수 수상하였다. 이 밖에도 한국의 최고경영인상 특별상, 대한민국 경영대상 학술공헌상, 정진기언론문화상 등을 수상하기도 하였다. 주요 저서로는 「마케팅원론」(학현사), 「소비자행동」(집현재), 「마케팅전략」(박영사), 「의사결정의 심리학」(21세기 북스) 등이 있다.

■ 강 성 호

강성호 교수는 연세대학교에서 마케팅 전공으로 경영학 박사학위(Ph.D.)를 취득하고 현재 조선대학교에서 부교수로 재직하고 있다. 그의 관심분야는 마케팅전략, 유통관리, 소매관리, 신제품 개발, Business-to-Business 마케팅 등이며, 이러한 관심분야에서 활발한 연구와 저술활동을 하고 있다. 그는 Journal of Business-to-Business Marketing, Cross Cultural Management, Managing Service Quality, Journal of Marketing Channels, International Journal of Mobile Communications, Social Responsibility and Environmental Management 등의 해외 유명저널과 「경영학연구」, 「소비자학연구」, 「유통연구」, 「한국마케팅저널」, 「마케팅관리연구」 등의 국내 유명저널에 다수의 논문을 발표하였다. 주요 저서로는 「신상품마케팅전략」(박영사), 「이제 빙그레 웃어요: 마케팅 CEO의 경영혁신」(연세대학교 출판부)이 있다. 그는 한국경영학회 이사, 한국전략마케팅학회 이사, 조선대학교 지식경영연구원 사무국장을 역임했다.

제2판
신제품마케팅전략

초판발행   2009년 3월 10일
제2판발행   2018년 9월 10일

지은이   박홍수 · 하영원 · 강성호
펴낸이   안종만

편 집   전채린
표지디자인   김연서
기획/마케팅   이영조
제 작   우인도 · 고철민

펴낸곳   (주) **박영사**
            서울특별시 종로구 새문안로3길 36, 1601
            등록 1959.3.11. 제300-1959-1호(倫)

전 화   02)733-6771
f a x   02)736-4818
e-mail   pys@pybook.co.kr
homepage   www.pybook.co.kr
ISBN   979-11-303-0614-8 93320

정 가   32,000원